Über dieses Buch Marilyn Monroe, Sexsymbol der 50er und 60er Jahre, die 1962 im Alter von 36 Jahren an einer Überdosis Schlaftabletten starb, ist heute zu einem Mythos geworden. Summers, der ursprünglich nur einen Artikel über die 1982 wiederaufgenommene Untersuchung der Begleitumstände von Marilyns Tod schreiben sollte, hat für sein Buch gründlich recherchiert und zahlreiche ihr nahestehende Personen, die bisher geschwiegen hatten, interviewt. Er zeigt die junge Marilyn, die alles daran setzte, eine gute Schauspielerin zu werden, aber auch ihre verletzliche Naivität und psychische Labilität, die sie immer wieder in emotionale Katastrophen trieb. Summers weist auch zum ersten Mal nach, daß Marilyn Monroe Affären mit den Brüdern Kennedy hatte und daß diese Beziehungen einer der Schlüssel zu ihrem Tod waren – Anlaß genug, die Wahrheit über Marilyns Tod zu vertuschen.

Der Autor Anthony Summers studierte in Oxford und arbeitete später bei einer Zeitung in London. Heute ist er leitender Filmproduzent bei der BBC. Zahlreiche Veröffentlichungen, darunter ein Bericht über den Tod Präsident Kennedys.

Anthony Summers

Marilyn Monroe

Die Wahrheit über ihr Leben und Sterben

Deutsch von Hans M. Herzog

Fischer Taschenbuch Verlag

Ungekürzte Ausgabe
Veröffentlicht im Fischer Taschenbuch Verlag GmbH,
Frankfurt am Main, Dezember 1988

Lizenzausgabe mit freundlicher Genehmigung der
Marion von Schröder Verlag GmbH, Düsseldorf
Titel der englischen Originalausgabe:
›Goddess. The Secret Lives of Marilyn Monroe‹
erschienen bei Victor Gollancz Ltd., London

Umschlaggestaltung: Buchholz / Hinsch / Hensinger
Umschlagfoto: Bert Stern, Los Angeles, 1962
Druck und Bindung: Clausen & Bosse, Leck
Printed in Germany
ISBN 3-596-25679-8

Für Olga und Ronan

»Sie haben recht, wenn Sie sagen, daß es nicht leicht sei, sie kennenzulernen.
Man sieht *sie klar und deutlich – sieht sie* mehr, *als man irgend jemanden*
zu sehen meint, und dann entdeckt man, daß man sie doch nicht kennt.«

HENRY JAMES
DIE FLÜGEL DER TAUBE

INHALT

I

INS LAND DER SKORPIONE

»Die Industrie gibt, die Industrie nimmt. Hollywood, die Traumfabrik, hatte eine Traumfrau erschaffen. Würde es ihr gelingen, sich der Realität bewußt zu werden? Wie sah die Realität überhaupt aus? Existierte für sie ein Leben außerhalb des Traums?«

NORMAN ROSTEN, *Dichter und langjähriger Freund Marilyns*

»In Hollywood nennt man alle Frauen ›Starlets‹, die noch keine dreißig sind und nicht in einem Bordell arbeiten.«

BEN HECHT, *dem Marilyn ihre ersten größeren Interviews gab*

1

DIE STUNDE VOR Mitternacht, Samstag, der 4. August 1962, in Los Angeles. Die Menge im Konzertsaal der Hollywood Bowl saß unter der Mondsichel und lauschte den bittersüßen Klängen des Orchesters Henry Mancini.

Plötzlich, und von den meisten Konzertbesuchern unbemerkt, gab es eine kleinere Störung. Entschuldigungen flüsternd, überbrachte ein Aufseher einem Mann auf einem der teureren Plätze eine wichtige Mitteilung. Der Mann stand auf, ging zum Telefon und lauschte. Dann sprach er ein paar knappe Sätze in die Muschel, holte seine Frau und eilte zum Wagen.

In den nun folgenden Nachtstunden, während Los Angeles schlief, gab es noch andere kleine Vorkommnisse, noch mehr Kommen und Gehen. Überall in der Stadt schrillten Telefone in Schlafzimmern und weckten Ärzte, einen prominenten Rechtsanwalt, einflußreiche Persönlichkeiten aus dem Showbusiness und Privatdetektive. Ein berühmter Schauspieler, Schwager des Präsidenten der Vereinigten Staaten, meldete ein Telefongespräch mit Washington an. Einige Nachbarn von ihm wurden in ihren hübschen Häusern am Strand durch Hubschrauberlärm aus dem Schlaf gerissen. Ein Krankenwagen wurde zu einem schlichten Haus in einem Vorort gerufen, an seinen Auftrag kann sich der Fahrer angeblich nicht mehr erinnern.

Weder erfuhr die Öffentlichkeit etwas von diesen nächtlichen Ereignissen, noch wurden sie, soweit uns bekannt ist, von irgendeiner offiziellen Stelle schriftlich festgehalten. Dabei war der Anlaß ein Vorfall, der als Nachricht des Jahres galt, über den sogar noch mehr berichtet wurde als kurz darauf über die Kubakrise.

Marilyn Monroe war tot.

Zwanzig Jahre später, 1982, stellte der Bezirksstaatsanwalt von Los Angeles neue Untersuchungen in einem Fall an, der unaufhörlich Ursache von Gerüchten und Kontroversen gewesen war. Sein Mandat war nicht gerade umfassend: Existierten ausreichende Anhaltspunkte, die ein Ermittlungsverfahren rechtfertigten? War der Star womöglich ermordet worden? Nach vier Monaten informierte man den Staatsanwalt, die Beweise seien »nicht ausreichend, die Theorie zu stützen, daß kriminelle Handlungen begangen wurden«. Dabei handelte es sich allerdings nur um eine sogenannte Voruntersuchung. Mehr war es wirklich nicht; die Untersuchungsbeamten sprachen nicht einmal mit dem Detektiv, der am Todesort gewesen war.

In dem Bericht von 1982 wurde eingeräumt, daß im Verlauf der Untersuchung »sachliche Unstimmigkeiten« und »unbeantwortete Fragen« aufgetaucht seien. Heute sagen beteiligte Beamte im Privatgespräch klipp und klar, sie hätten den Eindruck gehabt, sie seien in einen wahren Sumpf aus Unwahrheiten und Irreführungen geraten. Ihrer Meinung nach sei 1962 etwas vertuscht worden.

Bei diesem »etwas« handelt es sich um Marilyn Monroes Beziehungen zu Präsident John Kennedy und seinem Bruder Robert – und vor allem darum, was Robert Kennedy tat zum Zeitpunkt, als Monroe starb.

Die Herren von der Staatsanwaltschaft zucken bedauernd mit den Schultern, wenn man sie auf den Kennedy-Aspekt anspricht. »Uns hat man nicht gebeten«, formulierte es einer, »ein politisches Vertuschungsmanöver zu untersuchen.« Keine ähnlich verständliche Entschuldigung kann die Presse dafür vorbringen, daß sie es damals vorzog, sich bequemerweise in Klischees zu ergehen, statt fundierte Recherchen anzustellen. Bis heute gibt es im gesamten Bücher- und Artikelberg über Marilyn Monroe keinen Versuch eines qualifizierten Autors, eine professionelle Untersuchung über jene Frau zu verfassen, die den Typus Göttin dieses Jahrhunderts am perfektesten verkörperte. Norman Mailer, der Aufsehen erregte, als er in seinem Buch die Möglichkeit einer Ermordung andeutete, bedauert heute, daß »ich dabei nicht mein Bestes gegeben habe«.

Wenigstens wird das Schweigen über Marilyn Monroes Ende konsequent durchgehalten. Obwohl auf Schreibmaschinen Millionen Worte getippt wurden, freundliche und grausame, anspruchsvolle und dumme, hat noch keiner ihre Lebensgeschichte komplett dokumentiert.

Wer war diese Frau, die sich zu der berühmten Marilyn Monroe mauserte? Wie hat sie es geschafft, daß wir zu ihren Lebzeiten und auch noch gegen Ende dieses Jahrhunderts mehr Notiz von ihr nahmen als von irgendeiner anderen Frau? Inwieweit war Talent an diesem Zauber beteiligt, welcher Anteil kam auf das Konto genau berechneter Umarmungen mächtiger Männer? Wo lag der verborgene Kern des Phänomens Marilyn Monroe?

Hinter Sensationsmache und Hysterie kommt ein Kind zum Vorschein, später eine Frau, die zwar als Symbol der Liebe galt, doch im Grunde einsam war, die im Alter von sechsunddreißig Jahren als Berühmtheit starb – aus Unvernunft. Sie gab sich als Geliebte der ganzen Welt aus, sehnte sich aber nach Monogamie und Mutterschaft. Ihre schauspielerische Brillanz verbarg eine schwer gestörte Psyche. Die Privatperson las philosophische Schriften und entwarf Gärten, versank aber geradezu in Medikamenten und Alkohol. Marilyn Monroe war die Vorläuferin eines Jahrzehnts, das laut von Erfüllung tönte, doch nur Verwirrung zuwege brachte.

In ihrem letzten Interview sagte sie: »Wenn man berühmt ist, kommt einem die menschliche Natur auf irgendwie unverstellte Art in die Quere ... Leute, denen man zufällig begegnet, finden, tja, wer ist die schon – Marilyn Monroe, für wen hält die sich eigentlich? Es ist ja ganz hübsch, wenn dich die Leute in ihre Tagträume aufnehmen, aber du willst doch auch um deiner selbst willen akzeptiert werden.«

Gegenüber einem anderen Journalisten hatte sie ein paar Monate früher laut gedacht: »Ich frage mich, wie ich mir vorkomme, wenn ich fünfzig bin.« Dann kam sie auf Geburtstage zu sprechen und erwähnte, sie sei im Sternzeichen des Zwillings geboren.

»Was sind Zwillinge denn für Menschen?« fragte der Reporter.

»Jekyll und Hyde. Zwei in einem«, lautete die Antwort.

»Und das sind Sie?«

»Mehr als zwei. In mir stecken eine Menge Leute. Manchmal erschrecken sie mich. Ich wünschte, ich wäre bloß ich selbst! Früher dachte ich immer, ich würde verrückt, bis ich entdeckte, daß einige Menschen, die ich bewunderte, genauso waren.«

Marilyn – und wir dürfen sie Marilyn nennen, weil die ganze Welt sie so kennt – hat nicht einmal ihren vierzigsten Geburtstag erlebt, geschweige denn ihr halbes Jahrhundert. Würde sie heute noch leben, wäre sie sechzig. Doch immer noch wird über ihr Leben ebenso falsch berichtet wie über ihren Tod.

Wir sollten diese Göttin endlich der Realität wiedergeben. Für wen halten wir sie eigentlich?

Unerkannt von Passanten, fuhr 1983 eine ältere Frau regelmäßig durch die Straßen von Gainesville, Florida; sie trug einen eimerförmigen Hut auf dem Kopf und saß auf einem Dreirad, dessen Lenker eine rote Warnflagge zierte. Bei der Frau handelte es sich um eine erstaunliche Überlebende – um Marilyns Mutter, inzwischen über achtzig, die hier in beinahe völliger Anonymität lebte.

Gladys Monroe – Marilyns Großmutter mütterlicherseits hieß nämlich Monroe – kam 1902 als Kind amerikanischer Eltern in Mexiko zur Welt. Mit vierundzwanzig hatte sie schon zwei Ehen hinter sich und zwei Kinder geboren, die von Verwandten ihres ersten Mannes aufgezogen wurden. Der zweite Ehemann blieb nicht lange. Als Marilyn am 1. Juni 1926 im Los Angeles General Hospital auf die Welt kam, war er bereits auf und davon.

Wer Marilyns Vater war, wissen wir nicht. Auf ihrer Geburtsurkunde wird er mit »Edward Mortenson« angegeben, und ihre Mutter war zwei Jahre vor Marilyns Geburt mit einem Martin E. Mortenson verheiratet. Angeblich war er ein norwegischer Einwanderer, ein Bäkker, der 1929 bei einem Motorradunfall ums Leben kam, aber selbst das ist umstritten. Obwohl sie ihr Leben lang seinen Namen auf amtlichen Unterlagen angab, bestritt Marilyn jedenfalls, daß Mortenson ihr Vater sei.

Einem Interviewer verriet Marilyn, daß ihr echter Vater »im selben Mietshaus wohnte wie meine Mutter – während ich zur Welt kam, ließ er sie sitzen und verschwand«. Dieser Hinweis paßt am besten auf einen Mann namens Stanley Gifford. Er arbeitete bei Consolidated Film Industries, wo Marilyns Mutter als Cutterin beschäftigt war, und Gerüchte besagten, Gifford sei Gladys' Liebhaber gewesen, als ihre Ehe mit Mortenson zerbrach.

Das Kind Marilyn mußte sich mit einem fiktiven Vater begnügen. Ihre Mutter zeigte ihr einmal ein Foto und sagte: »Das ist dein Vater.« Marilyn konnte sich später an einen Mann mit Schlapphut erinnern – »mit lebhaft lächelnden Augen und einem schmalen Schnurrbart wie Clark Gable«.

Das war der Beginn eines lebenslangen Phantasiegebildes. Als Kind, erinnerte sich Marilyn später, redete sie leichtgläubigen Freunden ein, Clark Gable sei tatsächlich ihr Vater. In den letzten Monaten ihres Lebens, nachdem sie mit Clark Gable in *The Misfits (The Misfits – Nicht gesellschaftsfähig)* vor der Kamera gestanden hatte, griff sie auf diese alte fixe Idee zurück. Die Witwe von Marilyns Psychiater, Hildi Greenson, berichtet: »Marilyn hatte einmal auf diesem Foto einen Mann gesehen, der wie Gable aussah, daher redete sie sich manchmal ein, Gable sei ihr Vater.«

In ihrem Todesjahr, 1962, mußte Marilyn in einem amtlichen Formular die Spalte »Name des Vaters« ausfüllen. Sie schrieb einfach – und, wie ihre Sekretärin meinte, grimmig – »unbekannt«.

Wenn die Identität von Marilyns Vater auch immer noch ungeklärt bleibt, so sind doch die Fakten über ihre Familie mütterlicherseits peinlich genau dokumentiert. Aufgrund ihres Wissens über diesen Teil der Familiengeschichte befürchtete Marilyn, daß sie erblich vorbelastet war und zur Geisteskrankheit neigte. Diese Furcht war verständlich.

Tilford Hogan, ihr Urgroßvater mütterlicherseits, erhängte sich im Alter von zweiundachtzig. Nun ist Selbstmord bei alten Menschen nichts Ungewöhnliches und kein Indiz für Wahnsinn; tatsächlich aber traten in der Familie Geisteskrankheiten auf.

Laut Totenschein starb ihr Großvater mütterlicherseits, Otis Monroe, in einer Anstalt an progressiver Paralyse. Paralyse und paretische Dementia gelten allgemein als eine Form von Geisteskrankheit, die im Endstadium der Syphilis auftritt.

Marilyn lief zwar nicht Gefahr, die Syphilis zu erben, aber ihre Großmutter mütterlicherseits, Della, starb im Alter von zweiundfünfzig Jahren ebenfalls in einer Irrenanstalt, ein Jahr nach Marilyns Geburt. Sie war so etwas wie eine religiöse Fanatikerin gewesen. Als Todesursache wurde Herzkrankheit angegeben, außerdem »manisch-depressive Psychose« als mitverursachender Faktor.

Als Erwachsene gab Marilyn an, sie könne sich erinnern, wie ihre Großmutter kurz vor ihrer Einweisung in eine psychiatrische Klinik versucht habe, sie zu ersticken. Da Marilyn damals erst dreizehn Monate alt war, ist es äußerst unwahrscheinlich, daß sie so etwas wirklich noch in Erinnerung hatte. Mit ziemlicher Sicherheit gehört ihre kleine Schauergeschichte in ihr Repertoire an phantasievollen Erfindungen, mit denen sie ihre Jugend ausschmückte.

Ein Familienleben fand so gut wie gar nicht statt. Nach Marilyns Geburt trat Gladys ihre Stelle als Cutterin wieder an. Finanziell sorgte sie zwar für ihr Baby, ließ es aber die meiste Zeit über in der Obhut von Pflegeeltern. Verwandte ihres ersten Mannes hatten schon lange vorher Gladys' ältere Kinder zu sich genommen.

Als Marilyn sieben war und eine Zeitlang bei ihrer Mutter lebte, kam es zur Katastrophe. Gladys machte eine schwer depressive Phase durch, es folgte eine regelrechte Explosion von Wutausbrüchen und Frustration. In einigen Berichten steht, sie habe einen Freund mit einem Messer angegriffen. Prompt wurde sie in dieselbe Klinik eingewiesen, in der ihre Mutter gestorben war.

Von kurzen Zeitspannen abgesehen, blieb Gladys bis zum Tod Marilyns in der Psychiatrie. Marilyns ehemalige Managerin Inez Melson wurde schließlich zu Gladys' Vormund bestellt. Sie verbrachte mehr Zeit mit ihr als jeder andere heute noch Lebende und hält sie für eher überspannt als verrückt.

»Marilyns Mutter beschäftigte sich zu intensiv mit ihrer religiösen Sekte, den Christlichen Wissenschaftern, und mit dem Bösen«, meint Frau Melson. »Darin lag ihre Überspanntheit. Ihrer Meinung nach hatte sie im Laufe ihres Lebens Fehler gemacht und wurde dafür bestraft.«

Mit diesem Wahn folgte Gladys dem Beispiel ihrer Mutter. Religiöse Zwangsvorstellungen wie auch die Überzeugung, man müsse für nicht näher bezeichnete Sünden büßen, treten sowohl bei manisch-depressiven Psychosen wie bei Schizophrenie auf.

Als Kind wurde Marilyn sowohl von Gladys als auch von einer Pflegemutter reichlich mit religiösem Gedankengut eingedeckt, und auch noch als Erwachsene blieb sie eine halbherzige Anhängerin der Christlichen Wissenschaft. Allerdings wurde Religion bei ihr nicht zur Zwangsvorstellung. Vor ihrer Heirat mit dem Dramatiker Arthur Miller trat Marilyn zum jüdischen Glauben über; später nannte sie sich unbekümmert eine »atheistische Jüdin«.

Marilyn war nicht zwangsläufig zur Geisteskrankheit verurteilt, doch es bestand durchaus Gefahr für sie. Psychosen liegen häufig in der Familie, wie Psychiater bestätigten, die der Verfasser bei seinen Recherchen befragte.

In diesem Buch wird das Leben der erwachsenen Marilyn untersucht, nicht ihre Kindheit – über diesen trostlosen, erschütternden Lebensabschnitt existieren bereits gute Darstellungen anderer Biographen. Ihre Herkunft vergaß die Erwachsene nie, auch erlaubte sie ihrem Publikum nicht, ihre Kindheit und frühe Jugend zu ignorieren: zehn Pflegefamilien, zwei Jahre im Waisenhaus von Los Angeles, noch eine Pflegestelle und schließlich, nach der Einweisung ihrer Mutter in eine Anstalt, vier Jahre unter amtlich bestellter Vormundschaft.

Dieser ständige Wechsel von Bezugspersonen bildete ein klassisches Sprungbrett für spätere psychische Störungen. Dr. Valérie Shikhverg, psychiatrische Fachärztin an mehreren New Yorker Kliniken, betrachtet Marilyn als idealtypische Anwärterin auf das, was man heutzutage eine »Borderline-Persönlichkeit« nennt – man verwendet diesen Begriff für jemanden, der »sich an der Grenze zwischen Psychose und Neurose [aufhält], wobei es zu häufigen Fluktuationen zwischen beiden Formen kommt«.

»Die Probleme eines solchen Menschen«, sagt Dr. Shikhverg, »wurzeln in frühester Kindheit. ›Borderlines‹ haben sehr oft Mütter, die ihrer Situation nicht gewachsen waren oder an regelrechten Psychosen litten. Charakteristisch für den familiären Hintergrund sind Trennung, Scheidung oder das völlige Fehlen eines Elternteils oder beider Eltern während der frühen Kindheit. Marilyns familiärer Hintergrund war wie geschaffen dafür, sie zu einem solchen ›Grenzfall‹ zu machen.«

»Borderline«-Persönlichkeiten neigen zu emotionaler Instabilität und exzessiver Impulsivität, außerdem tragen sie nach außen gern ein scheinbar aufgeschlossenes und aktives Verhalten zur Schau. Auch geben sie sich oft theatralisch oder verführerisch und legen übersteigerten Wert auf ihr Äußeres. Ein »Borderline-Typ« ist auf permanente Bestätigung von außen angewiesen, genießt Beifall, kann das Alleinsein nicht ertragen, tendiert bei Ablehnung zu »depressiven, zusammenbruchähnlichen Reaktionen« und neigt zu Alkohol- und Drogenmißbrauch sowie zu Selbstmorddrohungen – als Hilfeschrei.

In diesem Persönlichkeitsprofil, das 1984 auf Tausenden von Fallstudien basierend erstellt wurde, erkennt man Marilyn Monroe erschreckend deutlich wieder. Mit unbarmherziger Präzision verlief Marilyns Leben wie nach einem Drehbuch, in dem Glanz und Tragik vorgezeichnet waren.

2

»ALS ICH MIT angemalten Lippen und nachgezogenen Augenbrauen in die Schule ging, fingen alle an zu tuscheln. Ich hatte nicht die leiseste Ahnung, wieso man mich für eine Sirene hielt. Ich wollte nicht geküßt werden und träumte nicht davon, daß mich vielleicht mal ein Graf oder ein Filmstar verführte. In Wirklichkeit war ich trotz Lippenstift, Wimperntusche und frühreifen Kurven so reserviert wie ein Fossil. Aber auf die Leute hab ich anscheinend ganz anders gewirkt.«

So Marilyn Monroe 1954 im Rückblick auf ihre Teenager-Zeit. Wenigstens stehen diese Worte in ihren Erinnerungen, wie sie der Autor Ben Hecht aufschrieb, als der über Nacht so erfolgreiche achtundzwanzigjährige Star ihm damals seine »Lebensgeschichte« erzählte.

Hecht hoffte, als Ghostwriter die Autobiographie der jungen Marilyn verfassen zu dürfen, die ein großer New Yorker Verlag in Auftrag gegeben hatte. Da Marilyn kein anderes ähnlich umfassendes Interview mehr gab, handelt es sich um eine wichtige Quelle; sie ist jedoch keineswegs unumstritten.

Nach zahlreichen Gesprächen mit Hecht ließ sich Marilyn von ihm alle 160 Manuskriptseiten laut vorlesen. Anschließend, so Hechts Witwe, »lachte und weinte sie und erklärte, sie sei ›begeistert‹«.

Marilyn half sogar bei der Korrektur des Manuskripts, doch dann kühlte die Beziehung ab. Joe DiMaggio, Marilyns damaliger Ehemann, soll gegen die Veröffentlichung Einspruch erhoben haben, und sie stieg aus dem Vertrag aus. Als das Material trotzdem in der Zeitschrift *British Empire News* erschien, drohte Marilyn mit einer Klage und führte als Begründung falsche Zitate an.

Mochte ihr Ghostwriter sich geirrt haben – das gleiche galt ganz bestimmt auch für Marilyn selbst, denn in ihren eigenen Erzählungen nahm sie es mit der Wahrheit nicht immer so genau. Noch während der Interviews teilte Hecht seinem Redakteur mit, er sei sicher, daß Marilyn manches erfinde. Hecht erläuterte das: »Wenn ich sage, sie lügt, dann meine ich damit, daß sie nicht die Wahrheit sagt. Ich glaube allerdings weniger, daß sie versucht, mir etwas vorzumachen, sondern vielmehr, daß sie gern phantasiert.« Bald mußte sich Hecht abmühen, Marilyns »merkwürdige Körpersprache« zu interpretieren, »herauszulesen, wann sie etwas Ausgedachtes fabrizierte und wann sie ehrlich war«.

Marilyn, die weltweit die Phantasie anregte, baute sich ihr öffentliches wie ihr privates Image aus einem Gemisch von Tatsachen und passenden Phantastereien. Sie nahm sich jede Menge Freiheiten heraus, und die Herausforderung bestand zum Teil darin, die Frau ausfindig zu machen, die sich hinter dieser Phantasie verbarg.

Was Marilyn Ben Hecht erzählte, war für die fünfziger Jahre starker Tobak. Was sie ihm nicht verriet, hätte sie, wäre es bekannt geworden, als Schauspielerin möglicherweise erledigt. Jedenfalls ging es damals keinen etwas an.

Mit fünfzehn war Marilyn immer noch »Norma Jeane« (oder Norma Jean, wenn ihr der Sinn nach dieser Schreibweise stand), wie ihre Mutter sie bei der Geburt genannt hatte. Zu Beginn jenes Jahres 1942 beschloß ihr gesetzlicher Vormund, eine gewisse Grace McKee, aus heiterem Himmel, ihr Mündel in die Welt der Erwachsenen zu entlassen.

Später erkämpfte sich Norma Jeane alle ihre Triumphe und Katastrophen selbst. Aber ihre erste Ehe wurde arrangiert. Grace McKee wollte mit ihrem neuen Mann in den Osten ziehen, und es paßte den beiden nicht, Norma Jeane mitzunehmen. Die Lösung war, das Mädchen unter die Haube zu bringen.

Einen geeigneten Kandidaten sah Mrs. McKee in Jim Dougherty, einem Nachbarssohn, den sie gut kannte. Die Weltwirtschaftskrise hatte seiner Familie übel mitgespielt – noch heute erinnert er sich, daß sie eine ganze Weile neben dem zerbeulten Familienauto im Zelt wohnten. Mit einundzwanzig war Jim zäh und dickköpfig, ein talentierter Footballspieler, der aufs College verzichtet hatte und statt dessen zuerst als Einbalsamierer in einer Leichenhalle und später als Monteur bei dem Flugzeugkonzern Lockheed Aviation arbeitete.

Jim Dougherty kannte Norma Jeane. Sie waren ein paarmal zusammen ausgegangen, und als er entdeckte, daß sie sich beim Tanzen »ganz nah an mich schmiegte, die Augen fest geschlossen«, hatte er es genossen. Norma Jeane »lachte im passenden Moment und konnte still sein, wenn's drauf ankam«. Trotzdem trieb sich Dougherty mit einer Reihe anderer Mädchen herum.

Als ihr Vormund vorschlug, er solle Norma Jeane heiraten, war Jim Dougherty total überrascht. Seine Mutter gab die Nachricht an ihn weiter. Jim hätte nicht im Traum daran gedacht, aber als er erfuhr, daß Norma Jeane sonst wieder ins Waisenhaus geschickt werde, stimmte er zu. Er sagt, so wurden in seiner Familie eben Entscheidungen getroffen.

Man legte die Hochzeit in den Juni, damit Norma Jeane Zeit hatte, sechzehn zu werden. In den verbleibenden Wochen begannen die beiden »Verlobten« verspätet damit, sich den Hof zu machen. Doughertys ganzer Stolz war sein Auto, ein 1940er Ford Coupé, in dem er Norma Jeane zum Pop's Willow Lake kutschierte, einem Treffpunkt für Stelldicheins in den Hügeln. Sie mieteten ein Kanu, paddelten unter die Bäume am Ufer und küßten sich.

Am 19. Juni 1942 – ihr sechzehnter Geburtstag lag noch keine drei Wochen hinter ihr – heirateten sie ordnungsgemäß. Die Flitterwochen fielen aus: Am Montagmorgen fuhr er wieder zum Arbeiten zur Flugzeugfabrik.

Norma Jeane gab ihre Darstellung dieser Ehe in den Interviews mit Ben Hecht zum besten, zu der Zeit, als sie gerade berühmt wurde. Jim Dougherty erzählte seine Version in den siebziger Jahren.

Man hat den Eindruck, als sprächen beide von zwei völlig verschiedenen Beziehungen. Marilyn erzählte Hecht: »Mir kam es so vor, als hätte ich mich in einen Zoo zurückgezogen. Unsere Ehe war eigentlich so etwas wie eine Freundschaft mit sexuellen Privilegien. Später fand ich heraus, daß Ehen oft nichts anderes sind. Ich war eine seltsame Ehefrau. Ich konnte Erwachsene nicht ausstehen ... Ich mochte Jungen und Mädchen, die jünger waren als ich. Ich spielte mit ihnen, bis mein Mann rauskam und rief, ich solle ins Bett kommen.«

Anscheinend war Jim Dougherty dieses Maß an Gleichgültigkeit nicht aufgefallen. »Unsere Ehe«, ließ er verlauten, »war vielleicht nicht gerade im Himmel geschlossen worden, eher in den Köpfen von zwei älteren Damen, doch als wir diese Partnerschaft erst einmal eingegangen waren, gab es keine Vorspiegelung falscher Tatsachen, was unsere Gefühle füreinander betraf.«

Die hausfraulichen Qualitäten der minderjährigen Ehefrau waren zunächst katastrophal. Vom Kochen hatte sie keine Ahnung. Jemand riet ihr, sie solle eine Prise Salz in den Kaffee tun, also nahm sie einen ganzen Löffel. Anläßlich eines funkensprühenden Kurzschlusses in der Leitung kam Kaffee gerade recht – sie goß ihn über Teppich und Leitung und schloß sich anschließend im Schlafzimmer ein. Sie brachte rohen Fisch auf den Tisch.

Nach und nach jedoch machte Norma Jeane Fortschritte. Laut Jim Dougherty konnte sie sehr gut Wild und Kaninchen zubereiten; Möhren und Erbsen kochte sie zusammen, »weil ihr die Farben gefielen«. Doughertys Meinung nach hatte sie alles in allem das Zeug zu einer guten Ehefrau. Doch als sie etwas über ein Jahr verheiratet waren, im Herbst 1943, trat er in die Handelsmarine ein.

Zunächst meinte der Krieg es gut mit Mr. und Mrs. Dougherty. Er wurde auf Catalina Island stationiert, einer dem Los Angeles County vorgelagerten Insel im Pazifik, und Norma Jeane zog auch dorthin. Dougherty fand, daß sie ein idyllisches Jahr miteinander verbrachten. Sie gingen fischen, schwimmen und brachten sich in Form. Marilyn nahm bei einem ehemaligen Olympiasieger Unterricht im Gewichtheben. Sie war vielleicht ein bißchen zu sehr damit beschäftigt, die Aufmerksamkeit der Horden uniformierter Männer auf der Insel auf sich zu lenken, aber Jim war nicht der Typ, der sich ununterbrochen Sorgen machte. Die beiden gingen viel aus, und eine Nacht tanzte Marilyn beinahe durch, wobei sie von Doughertys Einheit keinen ausließ – bis auf ihn. Als er sagte: »Komm, wir gehen nach Hause«, wollte sie noch ein wenig weitertanzen. So kam es zu ihrem ersten richtigen Krach. Aber Dougherty ließ sich immer noch keine grauen Haare wachsen.

Er fühlte sich auch noch sicher, als er 1944 nach Übersee versetzt wurde. Bei seiner Ankunft in Neuguinea wartete schon ein Stapel Briefe auf ihn. Norma Jeane, die nun bei Doughertys Mutter wohnte, hatte ihm fast täglich geschrieben. Während Dougherty den Pazifik befuhr, bekam er noch monatelang ständig Briefe; seine Teenager-Ehefrau trat inzwischen einen Job bei Radio Plane an, einer Firma, in der Flugzeuge zum Zielschießen hergestellt wurden.

Norma Jeane kontrollierte Fallschirme und spritzte Flugzeugrümpfe. Später sagte sie: »In der Fabrik trug ich Overalls. Ich war erstaunt, daß sie darauf bestanden. Wenn man ein Mädchen in einen Overall steckt, kann man es auch gleich in einem hautengen Trikot zur Arbeit schikken, besonders wenn es Overalls zu tragen versteht. Die Männer schwirrten genauso um mich rum wie früher die Jungen auf der High-School. Vielleicht war ich ja schuld, daß die Männer in der Fabrik mit mir ausgehen und mir Drinks spendieren wollten. Ich fühlte mich nicht wie eine verheiratete Frau.«

In ihren Briefen an Jim schrieb Norma Jeane, wie sehr er ihr fehle. In einem Brief zitierte sie aus einem Song von Sammy Cahn und Jule Styne; letzteren sollte sie später im Filmbusiness kennenlernen. Der Song enthielt ein Versprechen, das Soldatenbräute in allen Ländern der Alliierten ablegten. »I'll walk alone«, versicherte sie ihrem Matrosen, ich bleibe allein, bis du wiederkommst.

Als Dougherty nach etlichen Monaten auf See seinen ersten Heimaturlaub bekam, wartete Norma Jeane am Bahnhof auf ihn. Er erinnert sich: »Wir steuerten in meinem Wagen auf das luxuriöseste Ferienhotel am Ventura Boulevard zu, das La Fonda, und kamen kaum aus unserem Zimmer. Zur Feier des Tages hatte Norma Jeane ein schwarzes Netznachthemd gekauft, und wir nahmen die meisten Mahlzeiten auf dem Zimmer ein.« Allerdings fiel ihm in jener Woche auf, daß seine Frau zuviel trank.

Kurz bevor er wieder zur See mußte, berichtet Dougherty, »packte sie eine Art Angst. Sie weigerte sich, über meine Abreise zu reden oder daran zu denken.« Doch Jim Dougherty blieb keine Wahl, er mußte auf den Pazifik zurückkehren.

Norma Jeane arbeitete wieder bei Radio Plane. Gegen Ende 1944, der Krieg sollte in wenigen Monaten vorbei sein, änderte sich ihr Leben. Genauer gesagt, Norma Jeane nahm die Gelegenheit beim Schopf, es zu verändern, als Schütze David Conover bei Radio Plane erschien, um Fotos von Frauen bei kriegswichtigen Tätigkeiten zu machen.

Conover war Armeefotograf bei einer Filmeinheit der Streitkräfte. Sein Kommandeur war Hauptmann Ronald Reagan, der Schauspieler, der es bis zum Präsidenten der Vereinigten Staaten bringen sollte. Conovers Aufgabe bei Radio Plane lautete, »die Moral hebende Schnappschüsse von hübschen Mädchen« für die Zeitschrift *Yank* aufzunehmen. Später sagte er, ihm sei sofort aufgefallen, daß die achtzehnjährige Norma Jeane sich von den anderen unterschied, daß »in ihren Augen etwas war, was mich bewegte und faszinierte«. Conover fotografierte sie am Fließband und während der Mittagspause –

nachdem sie auf seine Bitte hin in einen engen roten Pullover geschlüpft war. Er teilte Norma Jeane mit, sie gehöre in keine Fabrik, sondern auf das Titelblatt einer Zeitschrift.

Conovers Neuentdeckung verdiente bei Radio Plane zwanzig Dollar in der Woche, ihr Arbeitstag hatte zehn Stunden. Er bot ihr einen Job als freischaffendes Fotomodell für fünf Dollar pro Stunde an – ein unerwartetes Taschengeld, das sich für Norma Jeane als wahre Goldgrube erwies. In den drei Wochen, nachdem sie Conover kennengelernt hatte, nahm sie an mehreren Foto-Sessions teil und begleitete ihn auf einer Foto-Safari durch Südkalifornien. Einige dieser Fotos landeten auf dem Schreibtisch der Modellagentur Blue Book, und man bestellte Norma Jeane zu einem Gespräch. Ihre Karriere als Covergirl hatte begonnen.

Erfolge als Fotomodell stellten sich rasch ein. Bald erschienen Fotos der spärlich bekleideten Norma Jeane in einschlägigen Magazinen. Gelegentlich trug sie einen Badeanzug, dann wieder Shorts und rükkenfreies Oberteil, doch alle Aufnahmen waren absolut brav.

Mit beinahe neunzehn hatte dieses Modell eine gute Figur – einen Brustumfang von 90 Zentimetern, den sie gebührend herausstrich – und blasse Haut, auf die sie ganz schön stolz war. Ihr schulterlanges kalifornienblondes Haar wurde nur im Sommer richtig hellblond, wenn die Sonne es bleichte. Norma Jeane hatte keinerlei Schwierigkeiten, Arbeit als Fotomodell zu finden.

Als Jim Dougherty nach einer Reise rund um die Welt das nächstemal heimkehrte, wartete seine Frau nicht am Bahnhof. Sie kam eine Stunde zu spät, wofür sie einen Fototermin verantwortlich machte. Sie verhielt sich Jim gegenüber reserviert; auch wohnte sie nicht mehr bei seiner Mutter und hatte ihren Job in der Fabrik aufgegeben.

Norma Jeane mochte nur noch über ihren Erfolg als Pin-up-Girl reden, und Dougherty konnte nur Begeisterung heucheln. Ihr gemeinsam Erspartes hatte sie für neue Kleidung ausgegeben, einen Großteil seines kostbaren Urlaubs verbrachte sie auf Fototerminen. In den folgenden Monaten versuchte Dougherty, in ihrer Nähe zu bleiben, und fuhr die Westküste der Vereinigten Staaten auf und ab.

Weihnachten 1945 konnte Norma Jeane unmöglich zu Hause sein – wieder ein Fototermin. Als sie dann eintraf, kam es zum entscheidenden Krach. In Doughertys Worten: »Ich hab ihr bloß gesagt, sie müsse sich zwischen einer Karriere als Fotomodell oder vielleicht dem Film und einem Familienleben mit mir entscheiden.«

Norma Jeane erwiderte nichts darauf, und Dougherty mußte zurück auf See. Er befand sich gerade in China, hatte den halben Jangtsekiang hinter sich und kaufte Armreifen und Nagellack für Norma Jeane, als er das nächstemal von ihr hörte. Die Neuigkeiten standen im Brief eines Anwalts, Scheidungsunterlagen waren zur Unterschrift beigefügt. Dougherty beschloß, nicht zu unterschreiben, sondern zuerst mit seiner Frau zu sprechen.

Eines frühen Morgens, gerade in Kalifornien an Land gegangen, nahm er ein Taxi direkt vom Hafen zu dem Haus, wo Norma Jeane wohnte. Einen Mantel umgehängt, kam sie erschöpft an die Tür geschlurft. Es täte ihr leid, sagte sie, ob sie sich nicht morgen treffen könnten? Am nächsten Tag und bei verschiedenen späteren Begegnungen verkündete ihm Norma Jeane ihren neuen Entschluß. Sie wollte Filmschauspielerin werden.

Bei einem Shakespeare-Festival auf der High-School hatte Dougherty mit seinem Vortrag von Shylocks »Racherede« aus *Der Kaufmann von Venedig* den ersten Platz belegt. Nun sagte er: »Ich dachte immer, ich bin der Schmierenkomödiant in der Familie. Wieso willst du auf einmal auftreten?« Norma Jeane ließ sich zwar von ihm aufziehen, bestand aber darauf, daß die Ehe am Ende sei.

»Ich hatte einen geheimen Wunsch: ich wollte zum Film«, sagte sie Jahre später. »Mir kam es so vor, als wäre ich im Gefängnis und sähe auf eine Tür, über der AUSGANG stand.«

In der Schule hatte Norma Jeane in kleinen Theaterstücken mitgewirkt, meist in männlichen Rollen, doch davon abgesehen, besaß sie keinerlei Bühnenerfahrung. Nun kam sie in dem alten Wagen, den sie mit Dougherty geteilt hatte, aus den Vororten angeklappert und fing an, Hollywood zu erkunden.

»Du sitzt allein herum«, erinnerte sie sich später, »draußen ist es Nacht. Wie eine endlose Schnur von Käfern rollen Autos den Sunset Boulevard entland. Ihre Gummireifen geben ein edles Geräusch von sich, ein Schnurren. Du hast Hunger, und du sagst dir: ›Es ist gut für meine Taille, wenn ich nichts esse. Es gibt nichts Besseres als einen waschbrettflachen Bauch.‹ Wenn ich in die Nacht von Hollywood hinaussah, dachte ich immer: Da draußen gibt's sicher Tausende von

Mädchen, die wie ich allein herumhocken und davon träumen, Filmstar zu werden. Aber wegen denen werd ich mir keine Sorgen machen. Ich träume am stärksten.«

3

»SO ENDET MEINE Geschichte von Norma Jean ... Ich zog in ein Zimmer nach Hollywood, um allein zu leben. Ich wollte herausfinden, wer ich war. Als ich eben ›So endet Norma Jean‹ schrieb, wurde ich rot, als hätte man mich bei einer Lüge ertappt. Dieses traurige, verbitterte Kind, das zu rasch erwachsen wurde, ist meinem Herzen fast immer nah. Auch jetzt, wo ich von Erfolg umgeben bin, spüre ich noch, wie ihre ängstlichen Augen aus meinen schauen. Ständig sagt sie: ›Ich hab nie gelebt, ich wurde nie geliebt‹, und das verwirrt mich oft, und ich denke, daß ich es bin, die das sagt.«

Das äußerte Marilyn 1954, und ihre Verwirrung war echt. Ihr Psychiater fand es später heraus, und für die Stammtischexperten stand es sowieso immer außer Frage: Als Mrs. Dougherty Schauspielerin wurde, hörte Norma Jeane nicht auf zu existieren.

Daß im Totenschein von 1962 nur vom Ableben einer Hollywood-Erfindung namens Marilyn Monroe die Rede war, ist nicht ohne Ironie. Gestorben war nämlich Norma Jeane, eine Norma Jeane, die sich die meiste Zeit ihres Lebens nicht nur der Welt, sondern auch sich selbst durch einen Filter aus Unwahrheiten präsentiert hatte. Ehe sie mit Jim Dougherty brach, hatte Norma Jeane angefangen, ein Netz aus Irreführungen zu knüpfen; dazu gehörten auch bewußte Täuschungsmanöver.

Die ehemalige Mrs. Dougherty sagte zu Ben Hecht: »Während mein Mann im Ausland war, blieb ich ihm absolut treu.« Drei Jahrzehnte später behauptete Jim Dougherty immer noch, daß »ich nicht mal mit dem Gedanken gespielt habe und es bis heute nicht glaube, daß sie mich betrog. In all den Jahren, die wir uns kannten, hat Norma Jeane, soviel ich weiß, nie gelogen. Hätte sie sich mit anderen Männern getroffen, hätte sie es mir gesagt.«

Der verheiratete einsame Matrose im Krieg mußte vor der schmerzhaften Wahrheit die Schotten dichtmachen. Beim Exmann Dougherty geht Stolz vor Wahrheit, zumal die Gattin inzwischen Marilyn Monroe hieß. Daß Norma Jeane ihn betrogen hat, ist allerdings verbürgt.

1960, kaum zwei Jahre vor ihrem Tod, verriet Marilyn selber einem anderen Interviewer: »Während meiner Ehe bin ich erst fremdgegangen, als mein Mann zur Marine ging, und dann lag es bloß daran, daß ich so verdammt einsam war und irgendwen als Gesellschaft brauchte; also hab ich ab und zu nachgegeben, hauptsächlich, weil ich nicht allein sein wollte.«

Ihrer eigenen Rechnung nach fing die junge Frau also etwa zur Halbzeit ihrer vier Jahre dauernden Ehe damit an, ihren Mann zu betrügen. Es besteht kaum ein Zweifel darüber, was sie 1945 während der Weihnachtstage unternahm, als Dougherty allein zu Hause blieb und sie wegen eines Fototermins unterwegs war.

Norma Jeane hatte Jim im Dezember erzählt, sie müsse fast einen Monat lang verreisen, um mit einem Fotografen namens André de Dienes zu arbeiten. Er wolle mit ihr ein paar hundert Kilometer nach Norden fahren, in den Bundesstaat Washington. Das Honorar würde zweihundert Dollar betragen, genau der Betrag, den sie für Reparaturen an Doughertys altem Ford brauchten. Sie sagte, eigentlich wolle sie gar nicht mit, finde aber, sie solle es doch tun – nicht allein wegen des Geldes, sondern weil de Dienes ein berühmter Fotograf sei und ihrer Karriere förderlich sein könne. Also fuhr sie mit.

Jim Dougherty saß gerade beim Weihnachtsessen, da kam ein Ferngespräch von Norma Jeane. Unter Tränen beteuerte sie, sie wäre jetzt so gern zu Hause, fühle sich aber verpflichtet, bei de Dienes zu bleiben. »Man hat ihm fast seine gesamte Kameraausrüstung gestohlen, und ich bin schuld«, erklärte sie. »Ich habe den Wagen nicht abgeschlossen ...« Als sie nach Hause kam, weigerte sich Norma Jeane laut Dougherty, über die Reise zu sprechen, und sagte nur, für de Dienes wolle sie nie wieder als Fotomodell arbeiten.

Später hat André de Dienes, eingewanderter Sohn eines ungarischen Bankiers, seine Version der damaligen Ereignisse erzählt. Der damals Zweiunddreißigjährige war neu in Kalifornien und suchte ein Modell, das sich im Freien fotografieren ließ, in typischer Western-Landschaft, vorzugsweise nackt. Eines Tages klingelte das Telefon in seinem Hotel-Bungalow am Sunset Boulevard. Es war die Agentur Blue Book, die ein neues Girl anbot.

»Und dann kam ein entzückendes kleines Mädchen vorbei, in rosa Pullover und karierter Hose«, erinnerte sich de Dienes später. »Ich habe mich auf der Stelle in dieses junge Mädchen verliebt. In meinem Unterbewußtsein wollte ich sie heiraten. Was war daran so schlimm? Ich war ja selbst ein netter Junge.« An jenem Nachmittag verlangte de Dienes, der tatsächlich ein erfolgreicher Fotograf der Stars werden sollte, von Norma Jeane, ihm nackt Modell zu stehen. Sie war unentschlossen. Er erinnert sich, daß »sie mir erzählte, sie sei verheiratet, doch ihr Mann sei auf See, und sie liebe ihn nicht«.

De Dienes warb in Doughertys Abwesenheit um Norma Jeane, schickte Blumen, kam zum Essen zu ihr nach Hause. So standen die Dinge, als er und Norma Jeane die Weihnachtsreise unternahmen.

Norma Jeane ging nicht sofort mit de Dienes ins Bett. Er sagte, er habe tagelang versucht, sie zu verführen, bis sie eines Nachts glücklicherweise kein Hotel fanden, das noch zwei leere Zimmer hatte. Norma Jeane war einverstanden, ein Zimmer mit ihm zu teilen – und das Bett. »Sie war wunderschön und wirklich nett«, meinte der Fotograf. »Aber letzten Endes war es so, daß sie mir gnädig etwas gewährte.« Im Bett, so der Fotograf, entdeckte die Neunzehnjährige sexuelle Varianten, die sie mit Jim Dougherty nie probiert hatte.

De Dienes war gerührt, als er Norma Jeane an der frischen Luft im Schnee fotografierte. »Sie war süß. Wunderschön. Ihr Lächeln. Ihr Lachen. Und zerbrechlich war sie – psychisch und physisch. Sobald sie mit ihrer Arbeit fertig war, hüpfte sie in den Wagen und schlief ein. Dieses Mädchen hatte im Showbusiness nichts zu suchen. Sie war ein sensibles, süßes kleines Ding.«

Norma Jeane vergaß, den Wagen abzuschließen, und de Dienes' Ausrüstung wurde gestohlen. Das verzieh er ihr, und er verzieh ihr auch, als sie sich immer noch weigerte, ihm für Aktaufnahmen Modell zu stehen. De Dienes war verliebt, und kaum waren sie wieder in Los Angeles, da bat er sie, ihn zu heiraten. Er sagt, sie sei einverstanden gewesen. Dann mußte er geschäftlich nach New York, wo er sein Zimmer mit ihren Fotos tapezierte.

Sagt der Mann wirklich die Wahrheit? In diesem Buch kommen noch andere Männer zu Wort, die behaupten, sie seien mit Marilyn ins Bett gestiegen.

Einer der unglaubwürdigen unter ihnen ist meiner Meinung nach David Conover. Als Soldat nahm er die Fotos auf, denen sie ihren ersten Auftrag als Fotomodell verdankte – das läßt sich durch die Bilder beweisen. Später allerdings schrieb er ein Buch, in dem er behauptet, daß er Marilyns Liebhaber und Freund fürs Leben wurde. Durch einen Besuch bei Conover in Kanada vergewisserte ich mich, daß seine »Dokumentation« eine Fälschung ist. Er war entweder ein Betrüger oder geistesgestört oder beides. Dann war da noch Hans Jørgen Lembourn, Däne und Verfasser der äußerst literarischen Schilderung »eine vierzig Nächte dauernden Affäre mit Marilyn Monroe«, wie es sein Verlag formulierte. Bei genauerer Prüfung erweist sich sein Buch als substanzlos.

Dagegen wird André de Dienes nachhaltige Unterstützung zuteil. Der Modezeichner Jean-Louis, der in späteren Jahren für Marilyn arbeitete, kannte de Dienes in den vierziger Jahren und bestätigt, daß »er damals mit Marilyn eine echte Beziehung, eine Liebesaffäre hatte«. War de Dienes ein einmaliger Seitensprung gegen Ende ihrer Ehe, und wie sprang sie mit ihm um?

Ganz der leidenschaftliche Verehrer, der immer noch glaubte, er sei mit Norma Jeane verlobt, schickte de Dienes ihr Geld, damit sie die Scheidung von Dougherty finanzieren konnte. »Aber als es ans Heiraten ging«, erinnerte er sich wehmütig, »sagte sie den Termin telefonisch ab, während ich unterwegs war, um sie in Las Vegas zu treffen. Aus Eifersucht fuhr ich nach Los Angeles. Und dort habe ich sie mit einem anderen Mann in ihrem Apartment überrascht ... Da wußte ich, daß alles aus war.«

Nachtragend war de Dienes nicht. Bis zu seinem Tod 1985 bewahrte er ein Exemplar von Mary Baker Eddys Buch *Science and Health (Wissenschaft und Gesundheit)* auf, das Norma Jeane von ihrer letzten Pflegemutter, einer Christlichen Wissenschafterin, bekommen hatte. Auf dem Deckblatt steht in sauberer, kindlicher Handschrift:

> Liebster André,
> Die Zeilen 10 und 11 auf der Seite 494 dieses Buches werden immer mein Gebet für Dich sein.
>
> In Liebe, Norma Jeane

In diesen Zeilen steht:

> »Die Liebe Gottes hat immer alle menschlichen Bedürfnisse erfüllt und wird es immer tun ... da die Liebe Gottes alle Menschen zu jeder Stunde mit allem Guten ausstattet.«

Nach ihren eigenen Worten über ihre Anfangszeit in Hollywood vermied es Norma Jeane eisern, den Versuchungen der Männerwelt zu erliegen. Ihre ergreifende Erzählung hört sich so an: »Jetzt war ich so eine Art ›Kind-Witwe‹. Mit einsamen Augen schaute ich auf die Straßen. Ich hatte keine Verwandten, die ich besuchen, keine Freunde, mit denen ich ausgehen konnte ... Es gab immer Männer, die einem Mädchen gern behilflich sein wollten, Anschluß zu finden. Gingst du an ihnen vorbei, sagten sie: ›Hi, Baby.‹ Drehtest du dich dann nicht zu ihnen um, feixten sie und meinten: ›Dich hat wohl einer sitzenlassen, was?‹ Ich gab ihnen nie eine Antwort.«

Als sie mit Ben Hecht sprach, deutete Marilyn an, sie habe 1946 ein keusches Leben geführt. Allerdings war sie in dem Jahr pleite, und es mag Liebesaffären gegeben haben, die nicht gar so göttlich inspiriert waren. Als sie später von dem Schauspiellehrer Lee Strasberg betreut wurde, äußerte sie im privaten Gespräch, zu Beginn ihrer Zeit in Hollywood sei sie Callgirl gewesen. Strasberg, der seine angehenden Schüler oft freimütig aus ihrem Leben erzählen ließ, sagte, dieses Bekenntnis habe sich bei ihrem ersten ernsthaften Gespräch so ergeben.

Später erzählte Strasberg seiner Biographin: »Sie sagte mir, man habe sie kommen lassen, wenn bei einer Tagung jemand ein hübsches Mädchen brauchte.« Später hatte sie, wie er sagte, das Gefühl, daß »ihre Callgirl-Vergangenheit gegen sie arbeitete«. Strasbergs Biographin Cindy Adams hat keinen Zweifel, was er damit sagen wollte. »Er hat es dreimal gesagt, auf Band«, erinnert sie sich, »und genau das meinte er auch: Sie war ein Callgirl.«

Lena Pepitone, von 1957 bis zu Marilyns Tod ihr Dienstmädchen in New York, sagt, die Schauspielerin habe vor ihr keinerlei Geheimnisse gehabt. Und Marilyn habe ihr erzählt, wie sie sich als Norma Jeane kurz vor dem Ende ihrer Ehe mit Dougherty einmal einem Mann regelrecht verkaufte. Der Mann überredete die beschwipste Norma

Jeane, ihn in sein Hotelzimmer zu begleiten. Erst wollte er sie lediglich nackt sehen, dann verlangte er nach mehr. Norma Jeane wollte weglaufen, überlegte es sich aber anders, wie sie ihrem Dienstmädchen angeblich verriet: »Dann dachte ich drüber nach. Eigentlich störte es mich nicht besonders. Was machte es schon aus?« Sie bestand allerdings darauf, daß er ein Präservativ benutzte. Laut Lena Pepitone gab es noch weitere Besuche in derselben Bar, andere Männer und noch mehr Taschengeld für Norma, die damals ohne Halt war.

Rückschlüsse auf das tatsächliche Sexleben des Sexsymbols schlechthin kann man aus zahlreichen Erinnerungen ziehen – manchmal komische, öfter traurige.

Im Lauf der Jahre machte der berühmte *Life*-Fotograf Philippe Halsman zahlreiche Aufnahmen von Marilyn. Die beiden arbeiteten zum erstenmal 1949 zusammen. Damals war sie dreiundzwanzig und eins von acht Mädchen, die vier Situationen darstellen sollten: die Begegnung mit einem schrecklichen Ungeheuer, den Genuß eines köstlichen Getränks, Vergnügen über einen wirklich komischen Witz und die Umarmung eines wundervollen Liebhabers. Marilyn, erinnerte er sich später, spielte nur die Liebesszene wirklich überzeugend.

Jahre später schrieb Halsman: »Stand sie einem Mann gegenüber, den sie nicht kannte, so fühlte sie sich nur sicher, wenn sie wußte, daß der Mann sie begehrte; daher war alles in ihrem Leben darauf ausgerichtet, diesen Impuls zu wecken. Darin war sie äußerst talentiert. Ich kann mich noch an ein Erlebnis in ihrem winzigen Apartment erinnern; mein Assistent und ein weiterer *Life*-Mitarbeiter waren auch dabei. Jeder von uns hatte das Gefühl, etwas Unglaubliches würde passieren, wenn die anderen beiden den Raum verließen.«

Bei anderer Gelegenheit ließ Halsman Marilyn mehrmals vor der Kamera in die Luft springen. »Mit Erstaunen sah ich, daß diese Verkörperung des Sex-Appeals wie ein kleines, unreifes Mädchen hüpfte. Ich sagte zu ihr: ›Springst du noch mal hoch? Ich glaube eigentlich nicht, daß du beim erstenmal deinen Charakter zum Ausdruck gebracht hast.‹ – ›Willst du damit sagen, nach der Art, wie ich springe, kannst du meinen Charakter beurteilen‹, fragte sie. ›Natürlich‹, antwortete ich. Da schaute sie mich mit großen, erschrockenen Augen an, zitterte und wollte nicht mehr springen.«

Halsman hat Marilyn offenbar als einziger die Frage nach dem Erlebnis gestellt, das Norma Jeanes permanente Angst erklären konnte. »Sag mal«, erkundigte er sich, »wie alt warst du, als du zum erstenmal mit einem geschlafen hast?«

»Sieben«, erwiderte Marilyn.

»Mon Dieu!« rief Halsman und ließ die Kamera sinken. »Wie alt war der Mann?«

Ihre Antwort kam im berühmten Flüsterton, mit angehaltenem Atem: »Jünger.«

Das war Marilyns einziger Scherz über Kindersex. Normalerweise äußerte sie sich anders, verbittert. Schon früh erklärte sie, man habe sich ihr als Kind unsittlich genähert, und dieses Ereignis brachte sie ihr Leben lang immer wieder zur Sprache. Hat es wirklich stattgefunden?

Der erste, sicher überlieferte Hinweis auf eine Vergewaltigung Norma Jeanes stammt offenbar aus dem Jahr 1947, und sie äußerte ihn dem Journalisten Lloyd Shearer gegenüber, der sie im Auftrag der Werbeabteilung der 20th Century-Fox interviewte. Er bekam eine grausliche Geschichte zu hören, zu der er folgendermaßen Stellung nahm: »Beim Essen vertraute sie uns an, ein Vormund von ihr sei über sie hergefallen, ein Polizist habe sie vergewaltigt, und ein Matrose habe sie angegriffen. Ich hatte damals den Eindruck, daß sie in einer Phantasiewelt lebte, diese Geschichten von A bis Z erfand und von ihrer eigenen Sexualität völlig in Beschlag genommen wurde.« Shearer war dermaßen skeptisch, daß er sich entschloß, gar nichts über Marilyn zu schreiben.

Wie sie 1954 erzählte, war sie als Kind folgendermaßen mißbraucht worden: »Ich war fast neun und lebte bei einer Familie, die ein Zimmer an einen Mann namens Kimmel untervermietet hatte. Der Mann sah streng aus, jeder respektierte ihn und nannte ihn Mr. Kimmel. Eines Tages ging ich an seinem Zimmer vorbei, da öffnete sich die Tür, und er sagte leise: ›Komm bitte mal rein, Norma ...‹ Er lächelte mich an und verschloß die Tür. ›Jetzt kommst du nicht mehr raus‹, sagte er, als gehörte das zu unserem Spiel. Ich stand da und starrte ihn an. Ich hatte Angst, traute mich aber nicht zu schreien ... Als er seine Arme um mich legte, trat ich um mich und wehrte mich, so gut ich konnte, aber ohne einen Mucks. Er war stärker als ich und ließ mich einfach nicht los. Er flüsterte mir ständig zu, ich solle ein braves Mädchen sein. Als er die Tür aufschloß und mich rausließ, rannte ich los, um meiner ›Tante‹ zu erzählen, was Mr. Kimmel getan hatte. ›Ich muß dir was sagen‹, stotterte ich, ›über Mr. Kimmel. Er ... er ...‹«

Laut Norma Jeanes Bericht befahl ihre damalige Pflegemutter: »Sag bloß nichts gegen Mr. Kimmel. Mr. Kimmel ist ein feiner Mann. Er ist mein bester Untermieter!« Später gab Kimmel Norma Jeane, wie sie erzählte, etwas Geld, damit sie sich Eiscreme kaufte.

Marilyn Monroe, die Schauspielerin, erzählte diese Geschichte immer wieder – Journalisten, Liebhabern, jedem, der es hören wollte. Peggy Feury, die heute das Schauspielstudio The Loft in Los Angeles leitet, erinnert sich, daß sie Marilyn kurz vor ihrem Tod 1962 bei einer Party in New York traf. Auch damals brachte sie die Vergewaltigung immer wieder ins Gespräch.

Wollte sie mit ihrer Geschichte nur um Sympathie werben, oder war wirklich etwas dran? Bei einem Interview mit dem Journalisten Jaik Rosenstein sagte Marilyn, kurz bevor sie starb: »Es ist wirklich passiert. Aber ich bin nicht heulend oder schreiend aus dem Zimmer gerannt ... Ich wußte, es war nicht richtig, doch wenn ich ehrlich sein soll, dann war ich wohl eher neugierig als sonst irgendwas ... Mir hat nie jemand was von Sex erzählt, und ich fand, offen gestanden, nie, daß es so etwas Besonderes oder Schlimmes war.«

Der Psychiater Dr. Ralph Greenson, der sie in ihren letzten Lebensjahren in Hollywood behandelte und Freundschaft mit ihr schloß, war davon überzeugt, daß sie »ganz schreckliche Erfahrungen« gemacht hatte. Allerdings verwies er auch auf ihre »Mißhandlungsphantasie«. Selbsttäuschungen und Wahnvorstellungen sind Anzeichen von Schizophrenie. Dr. Ruth Bruun, eine New Yorker Psychiaterin, die für ihr Buch Marilyns Familiengeschichte berücksichtigte, erkennt in den noch erhaltenen Informationen über ihre Mutter und Großmutter Hinweise auf Schizophrenie.

Der einzige Psychiater Marilyns, dessen Erkenntnisse teilweise überliefert wurden, ist Dr. Greenson. Im Briefwechsel mit einem Kollegen, der hier zum erstenmal zugänglich gemacht wird, gibt er seiner Besorgnis über Marilyns »Tendenz zu paranoiden Reaktionen« Ausdruck. Zunächst hielt er diese für »eher masochistisch und ein Darstellen, ein Zur-Schau-Stellen der Abweisungen, die das Waisenmädchen erlebte ... Von zentraler Bedeutung scheinen mir die Tendenz zu schwer depressiven Reaktionen zu sein sowie die spontane Abwehr derselben.« Nach ihrem Tod beschrieb er Marilyn als Frau mit »extrem labilen psychischen Strukturen ... Ich-Schwäche und gewissen psychotischen, darunter auch schizophrenen, Symptomen«.

Die Geschichte eines sexuellen Übergriffs im Kindesalter ist nicht die einzige Episode, die an Phantasievorstellungen oder wenigstens narzißtische Übertreibung denken läßt. Ihr erster Mann, Jim Dougherty, entsinnt sich eines Vorfalls, als ihn Norma Jeane nach einer kleinen abendlichen Meinungsverschiedenheit mitten in der Nacht aufweckte und sagte, sie sei, nur mit einem Nachthemd bekleidet, spazierengegangen. Dougherty erinnert sich: »Sie umarmte mich, Tränen liefen ihr übers Gesicht, und sie rief: ›Ein Mann ist hinter mir her! Ein Mann ist hinter mir her!‹ Ich drückte sie eine Weile an mich, dann sagte ich: ›Schatz, du hast einen Alptraum.‹ – ›Nein!‹ beteuerte sie. ›Ich bin wach. Ich wollte von zu Hause abhauen. Ich bin die Straße runtergegangen, und ein Mann hat mich bis hierher verfolgt.‹«

Die Fachleute streiten sich immer noch über Sigmund Freuds sogenannte Verführungstheorie, nach der der sexuelle Mißbrauch von Kindern durch Erwachsene eine Hauptursache der Neurose darstellt. Es wird berichtet, daß Freud diese Theorie später fallenließ und die Ansicht vertrat, in den meisten Fällen beruhe der von Patienten behauptete sexuelle Mißbrauch eher auf Phantasievorstellungen als auf Tatsachen. Er schrieb im Jahr 1900: »Schließlich muß ich mich für die *Realität* in der Sexualität interessieren, von der man nur unter großen Schwierigkeiten etwas erfährt.«

Ob real oder eingebildet, das traumatische Erlebnis in ihrer Kindheit vergaß Norma Jeane nie. Aber wie sah die weniger gewalttätige Seite ihres Sexuallebens aus? Sie selbst erwähnt ein angenehmeres Ereignis, das sich angeblich zutrug, als sie acht war, also in demselben Jahr wie Mr. Kimmels Tat. »Ich verliebte mich in einen Jungen, der George hieß ... Wir versteckten uns gemeinsam im Gras, bis er Angst bekam, aufsprang und weglief. Mir hat das, was wir im Gras taten, nie Angst gemacht. Daß ich es nicht tun durfte, wußte ich, sonst hätte ich mich nicht versteckt, aber *was* ich nicht durfte, wußte ich nicht. Nachts lag ich wach und versuchte herauszukriegen, was Sex war und was Liebe war. Mir brannten tausend Fragen auf den Lippen, doch es gab keinen, den ich fragen konnte.«

Norma Jeane sagte, sie habe sich die Jungen vom Leib gehalten, bis sie sechzehn war und Jim Dougherty heiratete. »An Sex«, lautete ihre 1954 zur Veröffentlichung bestimmte Version, »dachte ich überhaupt nicht.« In einem langen privaten Gespräch mit ihrer New Yorker Gastgeberin und Freundin Amy Greene behauptete Norma Jeane kaum zwei Jahre später, schon als Schülerin mit einem Jungen geschlafen zu haben.

Mit elf war Norma Jeane zur Emerson Junior High School gegangen; als sie gerade fünfzehn war, wechselte sie auf die Van Nuys High School, die sie nach knapp einem Jahr wieder verließ, um Jim Dougherty zu heiraten. Falls sie die Wahrheit sagte, gehörte Norma Jeane zu den 3 Prozent Amerikanerinnen, die in den vierziger Jahren – wie Kinsey einer verblüfften Nation eröffnen sollte – noch vor ihrem sechzehnten Geburtstag die Unschuld verloren, und zu den 50 Prozent, die nicht mehr unberührt in die Ehe gingen.

Für Jim Dougherty muß all das neu sein, schließlich erklärt er: »Zu Beginn unserer Ehe wußte sie nichts, aber auch gar nichts über Sex. Doch meine Mutter hatte mich vor der Heirat beiseite genommen, daher wußte ich, daß ich in der ersten Nacht vorsichtig sein mußte ... Vor der Hochzeitsnacht war sie nicht bis zum letzten gegangen ... nie.«

Später sagte Norma Jeane: »Als erstes bewirkte die Ehe bei mir, daß mein ohnehin geringes Interesse an Sex weiter abflaute. Meinem Mann war das entweder egal, oder er bemerkte es nicht. Wir waren beide zu jung, um offen über ein so peinliches Thema zu reden.«

Wie lautet Jim Doughertys Version? »Norma Jeane mochte Sex sehr. Für sie war Sex so natürlich wie das Frühstück am Morgen. Damit hatten wir nie Probleme ... Zogen wir uns aus, kam bei uns beiden unvermeidlich eine knisternde Erregung auf, und fast ehe das Licht aus war, fielen wir übereinander her ... Manchmal neckte sie mich ein bißchen und hatte bloß zwei kleine rote Halstücher an, wenn ich von Lockheed nach Hause kam ...«

Weiter verriet Dougherty einem Interviewer: »Sie war wirklich ein Hammer. Wenn ich von der Arbeit kam, konnte ich nicht mal meinen Henkelmann absetzen, schon schleppte sie mich ins Schlafzimmer.« Daß Dougherty nicht nur angab, wird von einem anderen Zeugen bestätigt. In der Fabrik arbeitete neben Dougherty der damals noch unbekannte Robert Mitchum, der einige Jahre später in einem Film neben dem neuen Star Marilyn Monroe eine Hauptrolle übernahm. Er traf Dougherty ständig gut gelaunt an, so auch an jenem Morgen, als der mit einem Schnappschuß von seiner »Alten« aufkreuzte. Darauf posierte die junge Norma Jeane nackt neben dem Gartentor. Wie Dougherty Mitchum erzählte, habe sie sich so hingestellt, als wartete sie darauf, daß er nach Hause käme.

Die Männer in Marilyns Leben, die auf Dougherty folgten und sich zum Thema äußerten, zeichnen ein völlig anderes Bild von ihrer Sexualität. Wie Marilyns eigene Bemerkungen gegenüber Dr. Greenson weisen diese Angaben auf eine Frau hin, die im Sex nur wenig Befriedigung fand. Ursache dieser Veränderung waren womöglich die schlechten Erfahrungen Marilyns nach ihrer Ehe mit Jim Dougherty. Irgendwann in dieser Zeit wurden auch die Weichen für das vielleicht traurigste Kapitel in Marilyn Monroes Leben gestellt.

Während die fünfziger Jahre ins Land gingen, registrierte ein riesiges Publikum Jahr um Jahr Marilyns Versuche, Kinder zu bekommen. Als eine Heirat auf die andere folgte, verkündeten die Schlagzeilen immer wieder gynäkologische Operationen oder Fehlgeburten. Marilyn selber erzählte ständig, wie sehr sie sich Kinder wünsche, und legte Wert darauf, wohltätige Einrichtungen für Kinder und Waisenfonds zu unterstützen. Statt Blumen wurden bei ihrem Begräbnis Geldspenden für Kinderkrankenhäuser gegeben. Ein Vermächtnis Marilyns an einen ihrer Psychiater kommt jetzt einer Kinderklinik in London zugute. Doch auch diese Seite Marilyns geht auf eine traurige Verwirrung zurück.

Als sie mit achtundzwanzig Rückschau hielt, sagte die ehemalige Norma Jeane über ihren ersten Mann: »Er hat mich nie verletzt oder gekränkt, außer in einer Sache. Er wollte ein Baby. Allein der Gedanke, ein Kind zu kriegen, ließ mir die Haare zu Berge stehen. Ich konnte es mir nur als jemanden wie mich vorstellen, als eine neue Norma Jeane im Waisenhaus. Dadurch würde etwas mit mir geschehen. Jim konnte ich's nicht erklären. Wenn er eingeschlafen war, lag ich wach und weinte. Ich wußte nicht genau, wer da eigentlich weinte – Mrs. Dougherty oder das Kind, das sie bekommen konnte. Es war keine von beiden, sondern Norma Jeane, die immer noch lebte, immer noch allein war, immer noch wünschte, sie wäre tot.«

Wieder erinnert sich Jim Dougherty vollkommen anders. Er schreibt, Norma Jeane sei ganz erpicht darauf gewesen, ein Kind zu kriegen, sobald sie verheiratet waren, und er habe es ihr ausgeredet. Außerdem erzählt er die lustige Geschichte, wie Norma Jeane ein brandneues Diaphragma ausprobierte, das sie auf sein Drängen hin gekauft hatte. Sie bekam das Ding zwar hinein, mußte dann aber ihren Mann rufen, damit er ihr half, es wieder herauszuholen.

Norma Jeane bewies schnell, daß sie mit Kindern umgehen konnte; einmal kümmerte sie sich wochenlang um Doughertys Neffen. Es machte ihr viel Spaß. Dougherty sagt, als er in die Handelsmarine eintrat, sei seine Frau verzweifelt gewesen: »Sie flehte mich an, ich solle ihr ein Kind machen, damit sie ein Stück von mir hätte, falls irgendwas passierte.« Jahre später, als sie Marilyn hieß, erzählte Norma Jeane einer Freundin, der Schauspielerin Jeanne Carmen, wie sehr sie sich nach einem Kind von ihrem ersten Mann gesehnt habe.

Doch im Laufe ihrer vierjährigen Ehe wurde alles ganz anders. In den letzten Monaten war es Dougherty, der Norma Jeane anflehte, doch Kinder zu bekommen. Aber jetzt weigerte sie sich und führte als Grund die Angst an, womöglich ihre gute Figur zu verlieren. Norma Jeanes Meinung hatte sich drastisch geändert, was vielleicht durch zwei bruchstückhafte Informationen – die sich beide bis zu ihr persönlich zurückverfolgen lassen – zu erklären ist.

Nach allem, was man in der Öffentlichkeit weiß, starb Marilyn Monroe kinderlos. Allerdings steht in dem 1979 erschienenen Buch ihres ehemaligen Hausmädchens Lena Pepitone die Behauptung, der Teenager Norma Jeane habe ein Kind zur Welt gebracht. Kaum jemand nahm davon Notiz, und Marilyn-Monroe-Forscher hatten den Verdacht, Mrs. Pepitone habe damit nur in die Schlagzeilen kommen wollen. Bei Recherchen zu diesem Buch tauchten jedoch zwei weitere Zeuginnen auf, denen Marilyn gesagt haben soll, sie habe ein Kind zur Welt gebracht.

Laut Pepitone erzählte Marilyn ihr, sie sei von einem Mann belästigt worden, fügte aber hinzu, der erwähnte Mann habe tatsächlich Geschlechtsverkehr mit ihr ausgeübt. Sie wurde schwanger, was sie ihrem Vormund einige Monate lang verheimlichte. Als sie die Schwangerschaft schließlich zugab, sorgte ihr Vormund dafür, daß sie ärztlich betreut wurde und daß das Kind in einem Krankenhaus zur Welt kam.

Mrs. Pepitone zitiert Marilyn mit den Worten: »Ich hatte das Baby ... mein Baby. Ich hatte solche Angst, doch es war wunderbar. Es war ein kleiner Junge. Ich herzte und küßte ihn. Ich mußte ihn einfach immerzu berühren. Ich konnte es nicht fassen, daß es mein Baby war ... Als es dann Zeit wurde, die Klinik zu verlassen, kamen der Doktor und eine Schwester mit Grace [ihr Vormund, Grace McKee] ins Zimmer. Sie machten alle so merkwürdige Gesichter und sagten, sie würden das Kleine jetzt mitnehmen ... Ich flehte sie an: ›Nehmt mein Baby nicht weg ...‹ Sie nahmen mir mein Baby fort ... ich hab's nie wiedergesehen.«

In einem Interview sagte Lena Pepitone, Marilyn habe mal erklärt, sie hätte nie erfahren, was aus dem Kind geworden sei, und ein andermal habe sie das Gegenteil behauptet und gesagt, sie überweise dem Paar in Kalifornien, das den Jungen aufziehe, regelmäßig Geld. Pepitone hatte den Eindruck, Marilyn habe das Kind mit vierzehn oder fünfzehn Jahren geboren.

Auch Amy Greene, mit der Marilyn 1955 zusammenwohnte, erinnert sich genau an ihre Bemerkung, sie habe als Teenager ein Kind zur Welt gebracht, das Baby zur Adoption freigegeben und deswegen immer noch Schuldgefühle. Die ehemalige Schauspielerin Jeanne Carmen, die Marilyn zur gleichen Zeit wie Amy Greene kennenlernte, entsinnt sich einer ähnlichen Geschichte, mit einer Abweichung – wie sie von Marilyn erfuhr, wurde das Kind nach der Ehe mit Dougherty und vor ihrem wirklichen Durchbruch in Hollywood geboren, als Marilyn etwa einundzwanzig war. Carmen sagt: »Marilyn war darüber ungemein beunruhigt. So sagte sie in einem Atemzug: ›Es gibt keinen Gott‹, und ›Werde ich nun bestraft, weil ich das Baby weggegeben habe?‹ Direkt unter der Oberfläche lauerte die Verzweiflung.«

»Marilyn«, meint Amy Greene, »flunkerte viel, besonders wenn sie schockieren, eine Reaktion erzielen wollte.« In diesem Fall könnte es sich um die Wunschvorstellung einer Frau handeln, die zu der Zeit befürchtete, sie werde niemals Kinder haben können.

Peter Leonardi, Mitte der Fünfziger Marilyns Friseur und Sekretär, verriet, als Starlet habe sie auf die Bemerkung eines Agenten hin, daß Schwangerschaft gleichbedeutend mit beruflichem Scheitern sei, eine »Tubenligatur« bei sich vornehmen lassen. Robert Slatzer, den eine fast lebenslange Freundschaft mit Marilyn verband, schreibt, sie habe diese

Operation später auf chirurgischem Wege rückgängig machen lassen. Laut Amy Green, vielleicht die verläßlichste dieser Quellen, machte Marilyn einmal das erschreckende Eingeständnis, sie habe zwölf Abtreibungen hinter sich, davon einige bei obskuren »Engelmachern« während ihrer allerersten Zeit in Hollywood. »Und dann wunderte sie sich«, seufzt Amy Greene, »daß sie Probleme mit dem Kinderkriegen hatte . . .«

Marilyns geplagter Unterleib verursachte ihr seit ihrer Jugend Kummer, schon vor den operativen Eingriffen. Ihr erster Mann berichtet: »Während ihrer Periode hatte Norma Jeane derartige Beschwerden, daß die Schmerzen sie regelrecht umhauten.«

Als sie eben Filmsternchen geworden war, hielt Marilyn manchmal, wenn sie ihre Periode hatte, mit quietschenden Reifen an, sprang aus ihrem Wagen und krümmte sich vor Schmerzen auf dem Boden. Ihr erster Biograph, Maurice Zolotow, drang einmal im Studio bis zu ihrer Garderobe vor, wo ihm nicht weniger als vierzehn Tablettenschachteln auffielen. Fast alle enthielten Schmerzmittel, die ihr gegen Menstruationsbeschwerden verschrieben worden waren.

Henry Rosenfeld, der reiche New Yorker Kleiderfabrikant, kannte Marilyn von Beginn ihrer Karriere an bis zu ihrem Tod. »Sie wollte so gern ein Kind kriegen«, sagte Rosenfeld, »daß sie es sich alle zwei oder drei Monate einredete. Dann nahm sie vielleicht vierzehn oder fünfzehn Pfund zu. Ständig hatte sie Scheinschwangerschaften.«

Dem Autor Ben Hecht schilderte Marilyn ihren Wunschtraum, eine Tochter zu bekommen. »Sie wird keine Norma Jeane sein«, schwärmte sie. »Und ich weiß auch, wie ich sie erziehe: ohne Lügen. Nicht die Lügen, daß es einen Weihnachtsmann gibt oder daß die Welt voll von edlen, ehrenhaften Leuten ist, die ganz wild darauf sind, sich gegenseitig zu helfen und anderen Gutes zu tun.«

Und Marilyn erzählte Ben Hecht noch etwas über die Welt der Norma Jeane. Noch ehe sie neunzehn wurde, sagte Marilyn, habe sie zwei Selbstmordversuche unternommen; einmal habe sie das Gas angelassen, das andere Mal Schlaftabletten genommen. Als Ben Hecht schließlich ihre Lebensgeschichte schrieb, ließ er dieses Kapitel weg.

Als Norma Jeane am 1. Juni 1946 zwanzig wurde, war sie allein mit ihren Träumen. Ihren Geburtstag verbrachte sie in einem Mietzimmer in Las Vegas, wo sie ihren Wohnsitz angemeldet hatte, um die Bedingungen für eine rasche Scheidung von Jim Dougherty zu erfüllen. Es war heiß, und sie litt an einer Angina.

Zwei Monate später stattete Dougherty in Los Angeles Norma Jeane einen seiner letzten Besuche ab – um seinen Teil der Scheidungsunterlagen abzuliefern. Bei ihrem vorigen Gespräch hatte sie nicht das geringste Interesse mehr an eigenen Kindern gezeigt. Sie sprach von ihrem dringenden Wunsch, Schauspielerin zu werden, und kein Studio, sagte sie, würde für die Ausbildung einer verheirateten Frau, die schwanger werden könnte, Geld ausgeben.

Als Norma Jeane ihm diesmal die Tür öffnete, strahlte sie ihn an, aber nicht, weil er sich endlich mit der Scheidung einverstanden erklärt hatte. Zu Beginn dieser Woche hatte sie auch ohne die Scheidungspapiere das bekommen, was sie sich am sehnlichsten wünschte – man hatte ihr einen Vertrag als Repertoire-Schauspielerin bei der 20th Century-Fox versprochen.

Nachdem sie ihrem Exmann von dem Vertrag erzählt hatte, erwähnte sie noch eine Kleinigkeit. Das Studio hatte ihr einen neuen Namen gegeben. Was Jim davon halte? »Schön«, antwortete er höflich, »einfach schön.« Dann ging er.

Der Name war Marilyn Monroe.

4

EINEN MONAT, BEVOR Marilyn ihre große Chance bekam, stand Robert Slatzer, ein angehender Illustriertenreporter aus Ohio mit einem Faible fürs Showbusiness, im Foyer der alten 20th-Century-Fox-Studios am Pico Boulevard und las in Walt Whitmans Gedichtband *Grashalme*. Er wartete auf ein Interview mit einem kleineren Filmstar jener Tage. Der damals neunzehnjährige Slatzer erinnert sich heute, daß »sich auf einmal ein Mädchen durch die Riesentüren schob, mit einer großen Fotomappe unterm Arm. Dann blieb sie irgendwie mit einem Absatz hängen, und die Bilder verteilten sich über den Fußboden. Ich kam ihr zu Hilfe und freue mich heute, daß sie sich zum Warten nur auf einen Platz setzen konnte – neben mich. Sie sagte, ihr Name sei Norma Jeane Mortensen. Sie hatte wirklich Interesse an meinen Gedichten, und ich sagte, vielleicht könnte ich ja einen Artikel über sie schreiben. Schließlich haben wir uns noch für den gleichen Abend verabredet.«

Am Abend lieh sich Bob Slatzer einen zerbeulten Studebaker und machte sich auf den Weg zur Nebraska Avenue, wo er Norma Jeane abholte. Sie fuhren den Pacific Coast Highway hinauf und aßen am Meer zu Abend. Malibu war damals noch ein hübscher Ort, nicht der Schindel- und Betonmischmasch von 1985. Später gingen sie am Strand spazieren und plätscherten in der Brandung. Slatzer schreibt, er sei schüchtern gewesen, schüchterner als Norma Jeane. Er glaubt sich erinnern zu können, daß sie sich noch in dieser ersten Nacht liebten. Als sie nach Hause fuhren, bat ihn Norma Jeane, sie doch an der Ecke abzusetzen, statt sie bis zur Haustür zu bringen.

»Ich glaube, wir fühlten uns sofort zueinander hingezogen«, schreibt Slatzer beinahe entschuldigend. »Ich fand, sie hatte etwas Zauberhaftes an sich, sie war anders als die üblichen Mädchen, mit denen uns die Talentleute der Studios zusammenbrachten. Ich weiß nicht, ich kann wohl sagen, daß ich sie vom ersten Augenblick an liebte.«

Als die Zeit verging und Marilyn nicht nur andere Männer liebte, sondern auch international ein Begriff wurde, blieb Robert Slatzer in das Mädchen verliebt, das im Foyer der 20th Century-Fox seine Fotomodell-Mappe hatte fallen lassen. Im Sommer 1946 war er oft mit ihr verabredet. Andere junge Männer waren das allerdings auch.

Heute ist der sechzigjährige Tommy Zahn, der als Leutnant ein Rettungsboot des Los Angeles County befehligt, eine geradezu legendäre Figur an den Stränden Kaliforniens. 1946, sagt man, sah er aus wie der Schauspieler Tab Hunter nach einem Bodybuildingkurs. Damals war er noch Rettungsschwimmer und hoffte, vielleicht Schauspieler zu werden. Sein Leinwandtraum wurde fast wahr, er hatte nämlich am Muscle Beach, dem Muskelstrand, das junge Mädchen Darrylin Zanuck kennengelernt. Darrylin himmelte Tommy aus der Ferne an und stellte ihn dann ihrem Vater Darryl Zanuck vor, dem Produktionschef der 20th Century-Fox. Zanuck nahm Zahn als Schauspieler unter Vertrag, worauf der Beach Boy ins Studio marschierte, um schauspielern, singen und tanzen zu lernen. So kam es, daß Tommy Zahn im Spätsommer 1946 eine aufstrebende Schauspielerin kennenlernte, die in den kommenden Jahren zum Kreis seiner Verehrerinnen zählte. Seine Erinnerungen an Norma sind liebevoll und, vielleicht, einmalig.

»Sie war in prima Verfassung«, sagt Tommy Zahn, »enorm in Form. Ich hab sie immer zum Surfen nach Malibu mitgenommen – Tandem-Surfing, wissen Sie, zwei Surfer auf einem Brett. Später, im tiefsten Winter, nahm ich sie auch mit, und das hat ihr überhaupt nichts ausgemacht; sie lag im kalten Wasser auf dem Surfbrett und wartete auf die Wellen. Im Wasser war sie echt fit, sehr robust, richtig gesund, hatte wirklich 'ne gute Einstellung zum Leben. Als ich sie kennenlernte, war ich zweiundzwanzig, und sie war wohl zwanzig. Mensch, ich hab sie wirklich gemocht.«

Während sich zwei Männer mit Norma Jeane am Strand vergnügten, lag ein dritter mit Verletzungen im Krankenhaus und betrachtete ihr Foto. Damals band man es zwar nicht gerade seiner Mutter auf die Nase, daß man Magazine wie *Titter* und *Laff* las, doch die Hefte boten kaum mehr als lange Beine in kurzen Shorts und spitze Brüste in engen Pullovern. Howard Hughes, der Schauspielerinnensammler, brauchte allerdings auf seine Mutter keine Rücksicht mehr zu nehmen. Er lag im Krankenhaus nach einem Flugzeugunglück. Die Hefte ließ er sich dutzendweise ranschaffen, teils weil sie ihm gefielen, teils weil ihm die Filmgesellschaft RKO Radio Pictures gehörte.

Am 29. Juli 1946 meldete die *Los Angeles Times* in ihrer Klatschspalte: »Howard Hughes ist auf dem Weg der Besserung. Er schnappte sich ein Magazin, fühlte sich vom Covergirl angezogen und wies prompt einen Untergebenen an, das Mädchen für Filmaufnahmen zu verpflichten. Es handelt sich um Norma Jeane Dougherty, ein Fotomodell.« Während der vergangenen zwölf Monate hatte Norma Jeane das Titelblatt von *Laff* nicht weniger als viermal geziert, und zwar unter drei verschiedenen Namen: zwei Abwandlungen ihres richtigen Namens und einmal Jean Norman. Hughes hätte sie also schwerlich übersehen können, aber dieses eine Mal kam er etwas zu spät.*

Einer seiner Mitarbeiter rief Norma Jeanes Agenten an, der seinerseits die Gelegenheit nutzte, um sogleich bei der 20th Century-Fox anzurufen und dort die Begeisterung zu schüren. Norma Jeane schnitt

* Ihre Schauspiellehrerin Natasha Lytess berichtet, Marilyn habe einmal von einem kurzen Techtelmechtel mit Howard Hughes gesprochen. Die Schauspielerin Terry Moore, die Hughes heiratete, sagt, er habe Marilyn ein Schmuckstück geschenkt – eine Anstecknadel. Da der Geber Howard Hughes war, zeigte sich Marilyn überrascht, als sie herausfand, daß die Nadel »nur« 500 Dollar wert war.

die kurze Meldung aus der *Los Angeles Times* aus und zeigte sie aufgeregt etlichen Freunden. Zu diesem Zeitpunkt hatte sie die entscheidende Verbindung allerdings schon geknüpft.

Für Rollenbesetzungen war bei der Fox Ben Lyon zuständig. Lyon, in den dreißiger Jahren selbst ein Star und in Großbritannien gefeiert wegen seiner Radioserie »Life with the Lyons«, war es, der einst Jean Harlows Fähigkeiten erkannt hatte. Jetzt erklärte er sich bereit, mit Norma Jeane zu sprechen. Später erinnerte er sich, daß »sie ein gutes Gesicht hatte. Bei manchen Gesichtern kann man erkennen – daran, wie das Fleisch auf den Knochen verteilt ist, die Flächen und die Winkel –, daß sie sich gut fotografieren lassen ... Außerdem war da noch ihre Art, sich zu bewegen.«

Zwei Tage darauf richtete zum erstenmal eine Filmkamera ihr Glasauge auf Norma Jeane. Sie trug ein paillettenbesetztes Gewand, schwankte auf hohen Absätzen einher und befolgte Anweisungen wie »quer über die Bühne gehen. Hinsetzen. Eine Zigarette anzünden. Ausmachen. Zum Bühnenhintergrund gehen. Quer. Aus dem Fenster sehen. Hinsetzen. Zum Bühnenrand vorkommen und abtreten.«

Der Kameramann Leon Shamroy drehte später mit Marilyn den Film *There's No Business Like Show Business (Rhythmus im Blut).* Als er sich die Schnellkopie ansah, lief es ihm eiskalt den Rücken runter. »Dieses Mädchen«, sagte er, »hatte etwas, das ich seit den Stummfilmzeiten nicht mehr gesehen habe. Sie besaß eine gewisse phantastische Schönheit wie Gloria Swanson ... sie konnte wie Jean Harlow Sex auf ein Stück Zelluloid projizieren ... Sie zeigte uns, daß sie Gefühle im Film verkaufen konnte.«

Binnen einer Woche hatte Darryl Zanuck persönlich das Filmmaterial gesehen, war begeistert und einverstanden, Norma Jeane Dougherty für 75 Dollar in der Woche als Vertragsschauspielerin zu verpflichten. Der Vertrag sollte nach einem halben Jahr erneuert, die Wochengage dann auf 100 Dollar erhöht werden. Norma Jeane eilte mit der Neuigkeit nach Hause und verkündete: »Es ist das beste Studio der Welt ... Die Leute sind wunderbar, und ich werde in einem Film auftreten. Zwar bloß in einer kleinen Rolle, aber wenn ich erst mal auf der Leinwand bin ...«

Nun konnte Norma Jeane nicht nur ihr früheres Leben, sondern auch ihren Namen ad acta legen. Der ehemalige Rettungsschwimmer, damals mit ihr als hoffnungsvoller Anfänger bei Fox unter Vertrag, verrät, daß ihre Taufe durch das Studio mit einem Fehlstart begann: »Ben Lyon konnte ihren richtigen Namen nicht ausstehen, daher machte er sie zu Carole Lind. Damit versuchten sie's eine Zeitlang, aber es klang nicht gut; der Name war zu offensichtlich die Mischung aus einer Opernsängerin und einer toten Schauspielerin.«

Ben Lyon und seine Frau, die Schauspielerin Bebe Daniels, die beide Norma Jeane in ihr Herz schlossen, entschieden, daß ihnen etwas Besseres einfallen müßte. Sie luden Norma Jeane zum Brainstorming in ihr Strandhaus in Malibu ein. »Schließlich sagte ich zu ihr: ›Ich weiß, wer du bist. Du bist Marilyn!‹ « erinnert sich Lyon. »Ich erzählte ihr, es habe früher einmal eine großartige Schauspielerin namens Marilyn Miller gegeben, und an die erinnere sie mich. ›Aber was ist mit dem Nachnamen?‹ meinte Marilyn. ›Meine Großmutter hieß mit Nachnamen Monroe, und den würde ich gern behalten.‹ Darauf sagte ich: ›Prima! Das klingt doch hübsch, und zwei Ms bringen bestimmt Glück.‹ So hat sie ihren Namen bekommen.«

Marilyn arbeitete zwar immer noch als Fotomodell, doch mit dem Herzen war sie im Filmstudio. Tommy Zahn erinnert sich, daß alle hart arbeiteten, und keiner härter als sie.

Zahn holte Marilyn frühmorgens ab, dann verbrachten die beiden ihre Wochentage damit, schauspielen, singen und tanzen zu lernen. Besonders das Tanzen fiel ihnen nicht leicht. Samstags trafen sich alle neuen Vertragsschauspieler im Studio. Einige führten Pantomimen oder Scharaden vor, und andere mußten erraten, was sie darstellten. Zahn dachte sich eine Pantomime aus, dann traten er und eine ziemlich schüchterne Marilyn als Paar auf.

Zwar bekam sie noch keine richtigen Rollen, doch Marilyn verlor keine Zeit, sich den Weg nach oben zu ebnen. Sie sorgte dafür, daß die Publicityleute wußten, wer sie war, und umwarb die Journalisten, die ständig im Studio stationiert waren. Einer von ihnen, Ralph Casey Shawhan, erinnert sich, daß Marilyn, wenn der Künstlereingang geschlossen war, oft den Presseleuten im dritten Stock pfiff, damit sie herunterkamen und sie einließen. Shawhan sieht sie heute noch vor sich, wie sie unten am Fenster stand und heraufblickte, in »abgeschnittenen, unten ausgefransten Jeans, lange bevor irgend jemand anders so was trug«.

In der Kälte kichernd, posierte Marilyn mitten im November am Strand für Pressefotos. Die Journalisten mochten sie, und vom Presseclub bekam sie einen Preis. Nichts davon hatte mit Film zu tun, aber Marilyn begriff früh, wie wichtig eine gute Presse war.

In diesem ersten Jahr schlurfte irgendwann einmal ein Männchen von ein Meter fünfzig in abgetretenen Schuhen und rutschenden Socken durch das Verwaltungsgebäude der Fox. Es war der legendäre *New York Post*-Journalist Sidney Skolsky, dessen regelmäßig in zahlreichen Zeitungen erscheinende Kolumne über Hollywood Karrieren beeinflussen konnte. Skolsky befand sich auf dem Weg zur Trinkwasserfontäne. Was ihn aufhielt und ablenkte, war ein wohlgeformtes Hinterteil, das sich ihm, endlos lange über den Wasserspender gebeugt, entgegenreckte. Er und die Durstige scherzten über das Fassungsvermögen von Kamelen, woraus sich ein längeres Gespräch ergab. Marilyn breitete ihre ganze tragische Kindheitsgeschichte vor ihm aus und gewann einen neuen, einflußreichen Freund. Von einer Unterbrechung während ihrer Zeit in New York abgesehen, blieb Skolsky bis zu ihrem Tod Marilyns Vertrauter.

»Daß Marilyn bereit war, hart an sich zu arbeiten, stand fest«, fiel Skolsky auf. »Sie wollte Schauspielerin und Filmstar sein. Ich wußte, daß nichts sie davon abhalten konnte. Marilyn war so voller Elan, Entschlossenheit und innerem Drang – sie ließ sich nicht aufhalten.«

»Ich machte mir nicht die Illusion, daß ich eine gute Schauspielerin sei«, sagte Marilyn ein paar Jahre später. »Ich wußte, wie drittklassig ich war. Ich konnte mein fehlendes Talent förmlich fühlen, als ob ich im Inneren billige Kleider trüge. Aber, mein Gott, wie gern wollte ich lernen! Mich verändern, verbessern! Ich wollte nichts anderes. Keine Männer, kein Geld, keine Liebe, sondern schauspielerische Fähigkeiten.«

Anfang 1947, mit einundzwanzig, befand sich Marilyn endlich in einem richtigen Filmatelier – als eine von einem Dutzend Komparsen in *Scudda Hoo! Scudda Hay!*, einem Film über einen Farmer und sein Maultiergespann. Marilyns Rolle endete weitgehend auf dem Fußboden des Schneideraums, aber ein Sprachfetzen überlebte – passenderweise das Wort »Hallo!« – und mit ihm eine kurze Totale, wo man sie in einem Kanu umherpaddeln sieht.

Inzwischen bezahlte das Studio Marilyns Kursgebühren im Actors'

Studio, einer Schauspielschule in Hollywood. »Sie kam pünktlich zum Unterricht und erledigte ihre Aufgaben gewissenhaft«, sagte Mrs. Morris Carnovsky, die mit ihrem Mann die Schule leitete, »aber nie hätte ich vorausgesagt, daß sie einen solchen Erfolg haben würde.« Sie wirkte auf Mrs. Carnovsky »sehr jung, gehemmt und schüchtern«. Zu eben diesem Zeitpunkt traf Marilyn ein schwerer Rückschlag. Nach einem Jahr Vertragsdauer beschloß die Fox, sie fallenzulassen.

Warum man Marilyn feuerte, wurde nie geklärt. Ihr erster Wohltäter beim Film, Ben Lyon, war sprachlos. Marilyn irrte verzweifelt durch die Studioflure, auf der Suche nach dem Büro des großen Meisters, Darryl Zanuck. Immer wenn sie ihn sprechen wollte, war Zanuck »nicht in der Stadt«. Marilyns rettungsschwimmender Freund Tommy Zahn meint zu wissen, was damals geschah, nicht zuletzt, weil er zur gleichen Zeit rausflog. Er glaubt, er sei überhaupt nur engagiert worden, weil Zanuck vorhatte, ihn für die Ehe mit einer seiner Töchter aufzubauen. Man bemerkte und mißbilligte Zahns Liebelei mit Marilyn an höchster Stelle und kündigte beiden. Zahn verzog sich nach Honolulu. Und Marilyn war beruflich wie privat entwurzelt.

Aber sie gab nicht auf. Von nun an nahm sie sich nur möblierte Zimmer, die sie anscheinend allein bewohnte oder mit anderen Mädchen teilte, ging jedoch weiterhin ins Actors' Studio. Sie versuchte, sich mit neuen Aufträgen als Fotomodell über Wasser zu halten und vielleicht auch mit dem Nebenverdienst als Callgirl, wovon sie später Lee Strasberg erzählte.

Einen Fotomodell-Job vermittelte ihr Bill Burnside, ein dreiundvierzigjähriger Schotte, Repräsentant der J. Arthur Rank Organization in Hollywood. Sie war nicht zuletzt deshalb an ihm interessiert, weil er ihr Idol Clark Gable kannte, dessen Foto sie überallhin begleitete. Jetzt, da Marilyn arbeitslos war, versuchte Burnside, ihr zu helfen. Er nahm sie zum Modellstehen mit zu Paul Hesse, einem Werbefotografen der Spitzenklasse. Hesse sagte bloß: »Herzchen, du bist zu dick.« Darauf brach sie in Tränen aus. Burnside rettete die Situation, indem er selbst Marilyn fotografierte. So kamen die beiden sich nahe.

Mit achtzig erinnerte sich Bill Burnside: »Sie wußte sehr genau, wie sie auf Männer wirkte. Wenn ich sie in ein Restaurant mitnahm, einerlei wie vornehm, genügte ein Wink von ihr, und die Kellner sprangen. Die hatte sie damals schon, diese Starqualität, mit einundzwanzig ... Was das Physische betraf, so hielt sie mich in den ersten Monaten unserer Bekanntschaft auf Abstand.« Am Ende kam es zu einer monatelangen Affäre. Burnside besaß immer eins der Fotos, die er damals aufnahm, mit der Widmung: »Was sich lohnt zu besitzen, lohnt, daß man drauf wartet. In Liebe, Marilyn.«

»Ich glaube, sie hat bei mir Bildung gesucht«, sagte Burnside. »Sie stand nicht nur auf Shelley und Keats, sondern auch auf einige leichtere Sachen. Ihr war klar, daß sie Wissenslücken hatte.« Während dieser Phase ohne Arbeit stürzte Marilyn sich in Anstrengungen, um sich »Kultur« anzueignen. Auf der Schule, die sie mit fünfzehn verlassen hatte, war ihre Arbeitshaltung allgemein mit »ausreichend« benotet worden; in ihren Englischkursen allerdings hatte sie »gut« bekommen. Jetzt, da sie ihren Horizont erweitern wollte – teils um ihrer Karriere willen, teils, weil sie wissensdurstig war –, fing sie an, sich eine ansehnliche Bibliothek aufzubauen.

Marilyn war ihr Leben lang an Okkultem interessiert, sie ging oft zu Astrologen und Medien. Dabei bewahrte sie sich jedoch eine gewisse Skepsis, und Carroll Righter, einen berühmten Astrologen, beschied sie mit einer Antwort, die ihre Prioritäten veranschaulichte. Auf seine Frage: »Wußten Sie, daß Sie unter demselben Sternzeichen [Zwillinge] wie Rosalind Russell, Judy Garland und Rosemary Clooney geboren wurden?« schaute Marilyn ihm gerade in die Augen und antwortete: »Von all diesen Leuten weiß ich nichts. Ich wurde unter demselben Zeichen geboren wie Ralph Waldo Emerson, Königin Viktoria und Walt Whitman.«

Das Sternzeichen Zwillinge, behauptete Marilyn, stünde für Intellekt. Ihren Wissensdrang sollte sie ihr Leben lang beibehalten, was viele für eine prätentiöse Pose hielten. Dem war nicht so. Marilyn verschlang Thomas Wolfe, James Joyce, Lyrik, vor allem romantische Gedichte, Biographien und Geschichtsbücher.

Abraham Lincoln wurde Marilyns spezieller Held. (Später schloß sie Freundschaft mit Lincolns Biographen Carl Sandburg.) Lincolns Porträt begleitete sie, wo immer sie wohnte, bis an ihr Lebensende, und seine Ansprache von Gettysburg hing gewöhnlich daneben. Es war ihre erste Liebesaffäre mit einem Präsidenten der Vereinigten Staaten.

Im Actors' Studio bekam Marilyn mehr als nur einen Hauch linker Politik mit; die Carnovskys, ihre Lehrer, wurden im Zuge der Untersuchungen des Kongresses über »unamerikanische Umtriebe« in den fünfziger Jahren als Kommunisten abgestempelt. Marilyn selbst betätigte sich nie politisch, aber sie rechnete sich der Arbeiterklasse zu und erwies den einfachen Leuten ihre Reverenz. So erklärte sie 1962, in ihrem letzten Interview: »Ich möchte sagen, daß die Leute – falls ich ein Star bin –, daß die Leute mich zum Star gemacht haben. Kein Studio, keine Einzelperson, sondern die Leute waren es.«

Inzwischen versuchte Marilyn, die ja weiterhin für Pin-up-Fotos posierte, auch dieser Tätigkeit einen anderen Rang zu verleihen. Bereits 1947 fiel dem Fotografen Earl Theisen auf, daß sie ein Buch mit dem Titel *De Humani Corporis Fabrica* besaß, die wissenschaftliche Untersuchung der menschlichen Anatomie eines Gelehrten aus dem sechzehnten Jahrhundert, Andreas Vesakius. Es enthielt detaillierte Erläuterungen, und Marilyn erklärte, sie studiere darin den Knochenbau des Körpers. Bilder aus dem Buch, angefertigt von Jan Stephan van Kalkar aus dem Umkreis Tizians, schmückten noch lange die Wände ihrer dürftig möblierten Zimmer. So arm wie zu jener Zeit war Marilyn nie wieder. Wenn sie nicht von Männern eingeladen wurde, ließ sie Mahlzeiten ausfallen, um ihren Schauspielunterricht weiterbezahlen zu können.

Sie verbrachte viel Zeit mit Kaffeetrinken in Schwab's Drugstore am Sunset Boulevard, der Einsatzzentrale ihres Journalistenfreundes Sidney Skolsky. Skolsky war Marilyn bei der Eröffnung eines Kundenkreditkontos in einer Buchhandlung behilflich, was ihr half, ihren Lesehunger zu stillen.

Ihre Affäre mit Bill Burnside ging zu Ende, als er eine ausgedehnte Südamerikareise unternahm. Bei seiner Rückkehr gab sie ihm ein Gedicht:

»Ich hätte dich früher einmal lieben können
und sagte es sogar.
Doch du gingst fort,
weit, weit fort.
Als du wiederkamst, war es zu spät.
Und Liebe war ein vergessenes Wort.
Weißt du noch?«

Womöglich war einer der jungen Männer, die Marilyn bei Schwab's kennenlernte, schuld daran, daß ihr das Warten auf Bill Burnside schwerfiel. Der Drugstore war voll von arbeitslosen Schauspielern, und einer von ihnen hieß Charlie Chaplin. Auch ihm schenkte Marilyn ihre Zuneigung – für kurze Zeit.

5

IN DEN ZWANZIGER Jahren verführte der berühmte Charlie Chaplin ein fünfzehnjähriges Mädchen namens Lita Grey und ging eine kurze Ehe mit ihr ein. Sie bekam zwei Söhne von ihm, der eine erhielt während seines ersten Lebensjahrs keinen Namen, der andere, Sydney, kam ein Jahr später zur Welt. Man sagt, Lita wollte ihren Erstgeborenen Charlie nennen, doch der große Charlie fand es befremdlich, einen Sohn zu haben, der vielleicht Schauspieler werden würde und denselben Namen trug wie er. Trotzdem wurde er nach der Scheidung seiner Eltern Charlie genannt. 1947 war er einundzwanzig, genauso alt wie Marilyn. Er war ein Möchtegern-Schauspieler, wie sein Vater befürchtet hatte, und mußte sich nach der Decke strecken.

Obwohl sein Vater enorm reich war, speiste er den jungen Charlie mit einer schmalen Unterhaltssumme ab, mit der dieser sich und seine Großmutter durchbringen mußte, während seine Mutter als Nachtclubsängerin durchs Land tingelte. Als sie in diesem Jahr einmal nach Hause kam, brachte Charlie seine aktuelle Freundin zum Essen mit. Es war Marilyn Monroe, und Lita hielt sie für »wirklich naiv, kein bißchen kultiviert, wie eine Unschuld vom Lande. Damals war sie viel molliger; man hatte sie noch nicht abgespeckt und aufpoliert. Aber Charlie war völlig verknallt in sie.«

Charlie war noch monatelang von ihr angetan und hatte Weihnachten das nötige Kleingeld beisammen, um Marilyn eine Anzahl eleganter Kleider zu kaufen. Laut Chaplins langjährigem engem Freund Arthur James blieb Marilyn oft über Nacht bei Charlie. Die beiden quetschten sich in ein Einzelbett, während Bruder Sydney im selben Zimmer in seinem Bett schlief. Die Romanze endete, als Charlie eines Tages nach Hause kam und Marilyn in der falschen Koje fand – nämlich in Sydneys. Sie blieben jedoch gute Freunde, und Marilyn führte fünfzehn Jahre später einige ihrer letzten verzweifelten Telefongespräche mit Chaplin und James. Chaplin überlebte sie nicht lange. Er scheiterte als Schauspieler, war sein Leben lang ein schwerer Trinker und wurde 1968 sterbend in seinem Badezimmer gefunden.

Es gab ein trauriges Vermächtnis dieser Liaison mit Chaplin. Laut Arthur James wurde Marilyn irgendwann im Winter 1947 schwanger und hatte eine ihrer vielen Abtreibungen.

In dieser Zeit beruflichen Stagnierens traf sich Marilyn ab und zu auch noch mit Robert Slatzer, dem Illustriertenreporter, der einen Freund in der Stadt hatte, Will Fowler, Autor, Zeitungsmann und Sohn von John Barrymores Biographen Gene Fowler. Fowlers Bericht von einem Abend in Marilyns Apartment läßt darauf schließen, daß sie ihren Körper gelegentlich benutzte, um befreundete Männer zu amüsieren, ganz gleich, wie schüchtern sie in anderen Situationen auftrat.

»Sie war sternhagelvoll«, erinnert sich Fowler. »Sie zog sich einfach nackt aus. Es machte ihr Spaß, ihren Körper vor Männern zur Schau zu stellen. Damals tat sie alles, was Männer von ihr verlangten, und zwar bloß, um ihnen einen Gefallen zu tun. Sie spazierte auf und ab, besoffen und nackt. Es war genauso ihre Idee wie unsere, ohne irgendeinen sexuellen Hintergrund, was diesen Abend betraf.«

Es liegen zu viele Berichte über Marilyns zwanghaftes Sich-Ausziehen vor, als daß es sich hier nur um die Angeberei einer Zufallsbekanntschaft handeln könnte. In New York gab sie dem Journalisten Joe Wohlander nackt ein Interview. Mrs. Ben Bodne, Ehefrau des Besitzers des Hotels Algonquin, bestätigt, daß Marilyn ihr einmal auf der Fifth Avenue in einem neuen Nerzmantel begegnete. Als sie wissen wollte, was Marilyn darunter anhatte, erwiderte diese: »Nichts«, und öffnete zum Beweis kurz den Mantel. Angefangen bei Jim Dougherty, bestätigen ungezählte Zeugen die Legende, daß Marilyn keine Unterwäsche mochte und es haßte, Slips zu tragen.

Marilyn selbst erzählte einem Reporter über ihre Kindheit: »Daß ich die Aufmerksamkeit anderer gewinnen wollte, hatte, glaube ich, etwas mit meinen Schwierigkeiten sonntags in der Kirche zu tun. Kaum saß ich auf der Bank, die Orgel spielte und alle sangen ein Kirchenlied, da überkam mich auch schon der Impuls, mir alle Kleider auszuziehen. Ich wollte unbedingt nackt sein und aufstehen, damit mich Gott und alle anderen sehen konnten. Um mich selbst davon abzuhalten, mußte ich die Zähne zusammenbeißen und mich auf meine Hände setzen ... Ich träumte sogar davon. In den Träumen betrat ich die Kirche in einem Reifrock ohne etwas drunter. Die Leute lagen im Mittelgang auf dem Rücken, und ich stieg über sie hinweg, während sie zu mir hochsahen.«

Als sie 1947 nackt vor Robert Slatzer und Will Fowler herumstolzierte, hatte sich die einundzwanzigjährige Marilyn bereits erste oberflächliche Kenntnisse der Schriften Sigmund Freuds angeeignet. In seiner *Traumdeutung* äußert er die Ansicht, daß der »Nacktheitstraum« sehr verbreitet sei und daß der Traum, in der Öffentlichkeit nackt zu sein, auf eine Angst hindeute, im wirklichen Leben sein wahres Gesicht zeigen zu müssen. Vielleicht lag die Ironie von Marilyns persönlichem Schicksal darin, daß ihr krampfhaftes Bestreben, die Vergangenheit als Waisenkind abzustreifen, in einem endlosen Ringen um Sympathie für erlittene Mißhandlungen mündete und so zu ihrer verläßlichsten Waffe wurde. Im Sommer 1947 nahm Marilyn eine neue Geschichte in ihren Klagenkatalog auf.

Als sie in einem Haus in Burbank wohnte, rannte sie eines Tages gegen Mitternacht Zeter und Mordio schreiend in einem Nachthemdchen auf die Straße. Ihrer eigenen Darstellung nach – und eine andere existiert nicht – war sie aufgewacht und hatte bemerkt, wie ein Mann durch ihr Schlafzimmerfenster kletterte. Sie rief den Mann an und rannte dann um ihr Leben. Nachbarn wurden geweckt, man verständigte die Polizei. Während die Polizei am Tatort eintraf, tauchte laut Marilyn der Eindringling wieder auf und entpuppte sich als Polizist. Marilyn behauptete, die Polizisten hätten sie gedrängt, keine Anzeige gegen den Kollegen zu erstatten, und so hätte man die Sache auf sich beruhen lassen. Diese Geschichte wurde von früheren Biographen als Tatsache behandelt.

Was er von Marilyns verschiedenen Darstellungen sexueller Anschläge halten soll, muß der Leser selbst entscheiden. Da ist einmal der immer wiederkehrende Bericht von der Belästigung, als sie ein Kind war, oder – falls wir die Version ihres Hausmädchens akzeptieren – von der Vergewaltigung, die zur Schwangerschaft führte. Daneben gibt es die Schilderung einer gewalttätigen »Umarmung« durch einen Pflegevater, wodurch sie sich »geschändet« fühlte. Und 1947 folgte der angebliche Vergewaltigungsversuch durch einen Polizisten.

Ist Marilyn als ein Sonderfall in der Statistik der Sexualdelikte anzusehen? Für den Autor liegt der Schlüssel möglicherweise in dem

Bericht ihres ersten Mannes über die Nacht, als er von Marilyns Ausruf geweckt wurde, sie sei im Nachthemd auf der Straße vor einem Mann geflüchtet. Jim Dougherty hegte keinerlei Zweifel, daß dies ein Traum war, und ihr treuer Freund Sidney Skolsky nahm ihr die Vergewaltigung im Kindesalter nie ab.

Ende 1947 lernte der Schauspieler John Carroll Marilyn in einem Drive-in-Restaurant kennen. Sie schleppte eine Tasche mit ein paar Habseligkeiten und sagte, sie wolle nach San Francisco trampen. Sie erzählte Carroll, sie sei deprimiert – sie habe Hollywood und ihr Unvermögen, die richtige Arbeit zu finden, satt. Carroll sagte, er wolle ihr helfen. Einmal trat Marilyn als »Starlet-Caddy« bei einem Golfturnier auf, da begegneten sie sich wieder, und diesmal lernte Marilyn auch Carrolls Frau Lucille Ryman kennen, die bei Metro-Goldwyn-Mayer für die Besetzungen zuständig war. Carroll hörte sich die Geschichte von dem mitternächtlichen Eindringling an und schlug seiner Frau vor, daß sie »diesem kleinen Mädchen« halfen.

Bald zahlten die Carrolls Marilyn die Miete und gaben ihr ein Taschengeld. Als nächstes zog sie in ein ungenutztes Apartment der Carrolls ein, wo es zu einer der Episoden kam, die uns inzwischen schon geläufig sind: Marilyn sagte, sie habe einen Jungen auf einer Leiter gesehen, der in ihr Zimmer starrte. Daraufhin zog sie ganz zu den Carrolls.

Schon bald schenkte Carroll Marilyn Schmuck, der auf mysteriöse Weise verschwand. Marilyn ihrerseits überraschte Lucille, indem sie ihr mitteilte: »Du liebst John nicht... Ich glaube, ich bin in ihn verliebt... Würdest du dich von ihm scheiden lassen, damit wir heiraten können?« Erstaunlich, daß es nicht zu einer längeren Verstimmung kam. Marilyn verdankte dieser Beziehung einen persönlichen Management-Vertrag mit den Carrolls, und Lucille sollte ihr bei ihrem wichtigsten Durchbruch im Filmgeschäft behilflich sein, bei ihrer Rolle in *The Asphalt Jungle (Asphalt-Dschungel)* von John Huston.

»Hollywood, das ist ein Ort, da zahlt man dir tausend Dollar für einen Kuß und fünfzig Cent für deine Seele. Ich weiß es, denn das erste Angebot hab ich oft genug abgelehnt, und meine Seele ist unverkäuflich. Männer, die mir unsittliche Angebote machten, lösten bei mir Brechreiz aus. Ich hab nein gesagt...«

So lautete Marilyns öffentliches Sprüchlein, als sie im ersten Erfolgstaumel mit Ben Hecht redete. Sie erzählte in allen Einzelheiten, wie sie angeblich einen Besetzungscouch-Hai abgewimmelt hatte, der sie in sein Büro im Goldwyn-Studio gelockt habe. Marilyns alter Freund Tommy Zahn erinnert sich, daß sie tatsächlich wählerisch sein konnte. Randolph Churchill aus England hatte Marilyn eingeladen, bei ihm in einem sonst leeren Strandhaus vorbeizuschauen, »zu einer geschäftlichen Unterredung«.

»Sie wußte, glaube ich, daß er etwas anderes vorhatte«, meint Zahn, »und sie bat mich, zu ihrem Schutz mitzukommen.«

Allerdings gaben Zyniker zu verstehen, daß Marilyns Körper oft genug zur Verfügung stand, wenn sie eine echte Chance sah, im Filmgeschäft weiterzukommen. Anscheinend haben die Zyniker recht.

In einem Gespräch mit dem Journalisten Jaik Rosenstein sagte Marilyn zwei Jahre vor ihrem Tod: »Als ich Fotomodell wurde, gehörte es irgendwie dazu. Alle Mädchen haben's gemacht. Die haben all diese sexy Fotos nicht bloß für Werbung geknipst, um Erdnußbutter besser verkaufen zu können oder um irgendein Fotomagazin zu füllen. Sie wollten die Ware vorkosten, und wenn du nicht mitmachen wolltest, dann gab's fünfundzwanzig andere Mädchen, die es taten. Das war keine riesendramatische Tragödie. Von Sex hat noch keiner Krebs bekommen.«

Was Hollywood anging, erzählte Marilyn Rosenstein folgendes: »Wenn ein Produzent eine Schauspielerin in sein Büro ruft, um mit ihr über ein Drehbuch zu reden, dann weiß sie, daß er nicht nur an das Skript denkt. Und für das Mädchen ist 'ne Rolle in einem Film oder irgendein kleiner Vertrag mit einem Studio das Wichtigste von der Welt, wichtiger als Essen. Auch wenn sie Hunger hat oder meinetwegen im Auto schlafen muß, das ist ihr völlig egal – solange sie nur die Rolle kriegt. Ich weiß das, denn ich hab beides gemacht, immer wieder. Und ich hab mit Produzenten geschlafen. Wenn ich das bestritte, müßte ich lügen ...«

Zum Zeitpunkt dieses Gesprächs kannten Marilyn und Jaik Rosenstein sich schon seit Jahren. Sie verließ sich darauf, daß er nichts davon veröffentlichte, und er tat es auch nicht. Heute jedoch steht fest, daß Marilyn ihre Gunst berechnend einsetzte. Ein Hauptnutznießer war angeblich der Mann, der Marilyn den wichtigen ersten Vertrag bei der

Fox verschaffte: Ben Lyon. Wie die Autorin Sheilah Graham behauptet, hatte Lyon mit Marilyn geschlafen und ihr versprochen, er werde ihre Karriere fördern. Als nichts geschah und Marilyn ihm immer mehr zusetzte, rief Lyon den für Besetzungen zuständigen Mann bei Sol Wurtzel, einem B-Picture-Produzenten jener Tage, an. Nach Angaben dieses »casting director« tat Wurtzel ihm den Gefallen und gab Marilyn eine kleine Rolle in dem von ihm produzierten Film *Dangerous Years* (Gefährliche Jahre), in dem es um straffällige Jugendliche ging. Marilyn kam ein paarmal als Kellnerin in einem von der Jugendbande frequentierten Café zu Wort.

Man hat lange über Marilyns Beziehung zu Joseph Schenck, dem damals siebzigjährigen Potentaten der 20th Century-Fox, spekuliert. Schenck war einer der Gründer des Studios, das zwölf Jahre zuvor aus einer Fusion der Fox mit 20th Century Pictures entstanden war – die 20th Century gehörte ihm, seinem Bruder und Darryl Zanuck. Ein wettergegerbter Bär von einem Mann, nicht mehr jung, aber sehr aktiv, war er ein *bon vivant,* der sich zu recht für einen der großen alten Männer Hollywoods hielt.

Schenck besaß ein sicheres Auge für potentielle Stars und eine Vorliebe für schöne Frauen. Er umgab sich mit ihnen, meinte ein Chronist, »so wie gewisse Männer gute Rennpferde zu schätzen wissen«. Gegen Ende 1947 hatte dieser Kenner sein Auge auf zwei solcher Schönheiten geworfen, und zwar auf Marilyn Monroe und Marion Marshall, die später Robert Wagner heiratete.

Marion Wagner und Marilyn hatten sich kennengelernt, als sich beide als Mannequin für Bademoden bewarben. In Marions Augen »war Marilyn das sensationellste Mädchen, das mir je begegnet ist, keine aparte Schönheit, aber sie strahlte eine ganz besondere Dynamik aus. Ich weiß noch, als ich sie das erste Mal sah, kam sie zu spät, wie immer nach allen anderen Mädchen. Also, ich saß da mit diesen ganzen blasierten Mannequins in Seidenstrümpfen, mit Handschuhen, Hut und allem, und auf einmal kam Marilyn hereinspaziert, in einem knappen, tief ausgeschnittenen Strandkleid aus gemustertem Baumwollstoff, die Haare ungebleicht und nicht frisiert. Es war, als stände im Zimmer alles still, und jeder im Raum wußte, sie würde den Job bekommen; so war es auch.«

Marion Wagner hat eine der fundiertesten und verständnisvollsten

Einschätzungen der frühen Marilyn abgegeben, und sie erinnert sich noch gut an ihre gemeinsamen Abende in Joe Schencks Haus in der Nähe des Sunset Boulevards. Eine Limousine brachte die Mädchen zu der eleganten, im mediterranen Stil erbauten Villa. Dort gab es Cocktails, ein Abendessen, dann vielleicht eine private Filmvorführung im Projektionsraum des alten Herrn. Joe war ein leidenschaftlicher Kartenspieler, und Mrs. Wagner erinnert sich, daß »es ihm Riesenspaß machte, zu uns zu halten, wenn wir gegen seine Kumpels Rommé mit Zehn spielten, und wenn wir gewannen, hatte er sein Vergnügen daran. Er mochte uns beide sehr ... Für mich war er so etwas wie eine Vaterfigur, ein Beichtvater, ein sehr weiser, lieber alter Mann. War der Abend zu Ende, fuhr mich die Limousine einfach nach Hause, und soweit ich weiß, galt das auch für Marilyn.«

Im März 1948 bekam Marilyn einen Halbjahresvertrag von Columbia Pictures. Wie bei der Fox sollte sie 75 Dollar in der Woche verdienen. Darüber, wie dieser Vertrag zustande kam, existieren unterschiedliche Versionen, doch laut Jonie Taps, damals die rechte Hand Harry Cohns, des Chefs von Columbia, hat es sich so abgespielt: »Ich bekam einen Anruf von Joe Schenck. Er sagte: ›Ich stehe in ihrer Schuld, und wenn Sie ihr 26 Wochen geben können, wäre ich Ihnen sehr verbunden.‹ Ich sprach mit Harry Cohn. Er sagte: ›Wenn's ihm dermaßen wichtig ist, soll er's haben. Stell das Mädchen ein.‹«

Der altgediente Hollywood-Kolumnist James Bacon gab allerdings dem Klatsch konkretere Nahrung. Er hat einen sehr derben Bericht darüber verfaßt – und mir 1983 erzählt –, wie er von den für Schenck geleisteten Diensten erfuhr. Bacon gibt an, er habe Marilyn 1948 kennengelernt, als sie bei Columbia unter Vertrag stand. Der Presseagent Milton Stein machte sie miteinander bekannt, und Bacons erster Gedanke war, wie er sagt: »Lieber Himmel! Die ist ja aufregend.« Und weiter: »Dieses Mädchen hatte irgend etwas. Man lernte sie kennen und wußte im selben Moment, sie würde es schaffen.«

Als Mann zeigte Bacon aber auch andere Reaktionen und war ganz wild drauf, sie wiederzusehen. Nach dem dritten Treffen bot Bacon an, sie in den Studio Club zu fahren, ein Hotel für aufstrebende junge Schauspielerinnen, wo sie wohnte. Laut Bacon bat Marilyn ihn, sie statt dessen zu Joe Schencks Grundstück zu fahren, dort wohne sie im Gästehaus, erklärte sie.

Wie Bacon sagt, ließ Marilyn durchblicken, daß sie eins der Mädchen war, die sich um Schencks nachlassende sexuelle Kräfte kümmerten. Als sie erzählte, der Alte schaffe nur noch gelegentlich eine kurze Erektion, manchmal mit medizinischer Unterstützung, lachte sich Bacon halb tot. Dadurch, daß sie im Gästehaus lebte, war Marilyn meist zur Stelle, wenn solch ein glückliches Ereignis eintrat. Sie und Bacon schlürften fröhlich den Champagner des großen alten Herrn und landeten schließlich im Bett. Um drei Uhr morgens klopfte es plötzlich: Joe Schencks Butler rief Marilyn zur Pflicht. Sie eilte los, um Schenck gefällig zu sein; kichernd kehrte sie zurück und berichtete, sie sei »zu spät« gekommen.

Bacon kannte Marilyn gut, das wird von anderen bestätigt. Er war mit zahlreichen Berühmtheiten befreundet, und deren Presseagenten sagen, er sei ein gewissenhafter Journalist. Wenn man ihm gegenüber kritisiert, daß er diese Anekdote über Marilyn erzählt, tut er es mit einem Achselzucken ab und meint: »Ich weiß, daß sie zu Beginn ihrer Karriere mit vielen schlief. Es half, das gab sie zu, und ich hegte keine Illusionen, daß Marilyn Monroe etwa um meinetwillen hinter mir her war. Sie mochte mich, klar, aber sie war auch hinter den ganzen Zeitungen her, in denen meine landesweite Kolumne erschien.«

Andere Berichte scheinen Bacons Erzählungen zu bestätigen. Zwei Reporter wissen noch, wie sie Schenck in Palm Springs besuchten und merkten, daß sich Marilyn um den alten Mann »kümmerte«. Einer erinnert sich, wie Schenck leutselig vorschlug, Marilyn könne sich auch um den Reporter kümmern. Das vielleicht zwingendste Urteil stammt von dem geachteten Agenten George Chasin. Er sagt, was sich zwischen Marilyn und Schenck abspielte, war eine »physische Sache«.

Die Beziehung mit Schenck war aber mehr als nur ein vorübergehendes Arrangement. Der Schauspieler Nico Minardos, der Marilyn Ende 1952 in einer Klinik besuchte, tapste in ihr Zimmer, wo sie gerade in Schencks Armen lag.

Joe Schenck wurde zweiundachtzig Jahre alt. Als 1962 ein schwerer Herzinfarkt sein Ende besiegelte, stand Marilyn in *Let's Make Love (Machen wir's in Liebe)* vor der Kamera. Bei einer Dinner Party, die der Produzent David O. Selznick gab, kam es zu einer Szene, als ein Gast sie der Herzlosigkeit beschuldigte, weil sie nicht das Mitgefühl aufbrächte, den sterbenden Schenck zu besuchen.

Ihr späterer Freund und Berater Rupert Allan bezeugt, das Gegenteil treffe zu. Er begleitete Marilyn, die dem alten Mann einen Besuch abstattete, als er hilflos in seiner Villa lag. Der unten wartende Allan erinnert sich noch an Marilyns perlendes Lachen aus dem Krankenzimmer im ersten Stock. Schencks erstaunte Pflegerin sagte, die Lebensgeister des alten Mannes seien erwacht, sobald er hörte, daß Marilyn unterwegs war. Auf dem Nachhauseweg weinte Marilyn. Sie sah Joe Schenck nie wieder.

Amy Greene, die eng mit Marilyn befreundet war, sagt: »Sie hat mir gegenüber den Eindruck erweckt, als hätte sie sich ins Filmgeschäft hinaufgeschlafen.« Marilyn kommentierte diese Zeit mit einer zweideutigen Bemerkung: »Ich bin jede Menge auf den Knien gerutscht.«

1948, mit zweiundzwanzig, machte Marilyn regelmäßig in Begleitung die Runde durch die eleganten Restaurants und Nachtclubs Hollywoods. Besonders gern ging sie ins Romanoff's. Mit dem Inhaber, »Prinz« Mike Romanoff, und seiner Frau, Gloria, schloß sie Freundschaft.

Gloria Romanoff kannte Marilyn von Ende der vierziger Jahre bis zu ihrem Tod und brachte ihr große Sympathie entgegen. Was die Frage betrifft, ob Marilyn ihre Karriere weitgehend mit Hilfe von Sex in Gang brachte, vertritt sie folgende Auffassung: »Meine Ansicht ist wohl nicht sehr populär. Sie war ein Mädchen, das zu Anfang wahrscheinlich alles Nötige unternommen hat, um sich im Filmgeschäft durchzuboxen. Im Laufe der Jahre wurde Marilyn, wie ich glaube, dem Sex gegenüber immer indifferenter. Sie verspürte kein überwältigendes Bedürfnis, mit Männern zusammenzusein, und das hat wohl eine Menge mit dieser Anfangszeit zu tun.«

Das letzte Wort zu diesem Thema soll Marilyn gehören. Als der britische Journalist W. J. Weatherby sie fragte, ob die Geschichten über die Besetzungscouch zuträfen, erwiderte sie: »Das kann schon sein. Allerdings kann man sich nicht bis zum Starstatus hinaufschlafen. Das erfordert viel, viel mehr. Aber es hilft. Viele Schauspielerinnen bekommen auf diese Art ihre erste Chance. Die meisten der Männer dort sind solche Ekelbrocken, daß die Mädchen wirklich *alles* verdienen, was sie denen abknöpfen!«

Gelegentlich nahm sich Marilyn noch jüngere Liebhaber, doch von jetzt an waren fast alle Männer, die ihr etwas bedeuteten, älter als sie.

»Unsicherheit, so etwas nervt mich wirklich«, sagte Marilyn Jahre später. »Ich hab mich immer zu älteren Männern hingezogen gefühlt, weil die jüngeren nichts im Kopf haben, die wollen einem bloß an die Wäsche, und dabei nehmen sie mich überhaupt nicht als Person wahr. Die sind bloß geil, weil ich ein Filmstar bin. Ältere Männer sind liebenswürdiger und wissen mehr, und die ich gekannt habe, hatten im Filmgeschäft was zu sagen und versuchten, mir zu helfen.«

Marilyn erzählte von Joe Schenck, sie habe ihm zu Füßen gesessen und »ihm zugehört, wenn er redete. Er steckte voller Weisheit, wie ein großer Entdecker. Sein Gesicht habe ich mir auch gern angesehen. Es war ebensosehr das Gesicht einer Stadt wie das eines Mannes. Da steckte die ganze Geschichte Hollywoods drin.« Inzwischen, im wirklichen Hollywood, unterhielt sie ernsthafte Beziehungen zu Männern, die älter als sie und ihrer Karriere förderlich waren.

Marilyn suchte nach Lehrern. Als sie 1948 von Columbia engagiert wurde, lief ihr zufällig als erstes eine Lehrerin über den Weg. Marilyn ergriff die helfende Hand und ging eine intensive, ungewöhnliche Beziehung mit ihr ein, die sieben Jahre lang halten sollte – länger als jede ihrer Liaisons mit Männern. In diesem Sommer hatte sie auch einen neuen männlichen Lehrer und eine leidenschaftliche Affäre, die sie nie vergessen konnte.

6

»ICH HABE EIN neues Girl für Sie«, meinte die Stimme am Telefon, »sie heißt ...«

Natasha Lytess, leitende Schauspiellehrerin bei Columbia, wartete, während der Cheftalentsucher des Studios in seinen Unterlagen nach dem ungewohnten Namen kramte.

»Marilyn Monroe«, sagte er schließlich. »Sehen Sie mal zu, was Sie mit ihr anfangen können.«

Es war im Frühling 1948.

Natasha Lytess, selbst ehemalige Schauspielerin, war eine hagere Frau russischer und französischer Abstammung, die langsam ergraute. Viele Jahre älter als Marilyn, nervös und sensibel, war sie als Künstlerin aus Nazideutschland geflohen, wo sie Max Reinhardts Theaterensemble angehört hatte und mit dem linken Schriftsteller Bruno Frank verheiratet gewesen war. Jetzt lebten sie und ihre dreijährige Tochter allein in Hollywood, wo sie seit sieben Jahren Schauspielunterricht gab. An Starlets ohne Erfahrung oder Talent war sie gewöhnt, und zunächst schien Marilyn auch nichts weiter zu sein.

»Ich war nicht beeindruckt«, schrieb die Lytess Jahre später. »Sie war gehemmt, verkrampft und konnte nicht ein Wort frei äußern. Ihre Angewohnheit zu sprechen, ohne die Lippen zu bewegen, war unnatürlich und sichtlich aufgesetzt. Ihre Stimme klang wie ein quäkender Pfeifton.« Trotzdem begann Lytess, an Marilyn zu arbeiten – der Anfang einer Beziehung, auf die sie mit »Stolz und Frustration, Liebe und Angst« zurückschauen sollte.

Marilyn erschien regelmäßig und ziemlich pünktlich zu ihren Stunden und arbeitete mit grenzenloser Begeisterung. Lytess war bemüht, sie so weit zu bringen, »daß sie losließ, Dinge frei äußern konnte, sich frei bewegte, wußte, daß Entspannung Autorität verleiht. Für ein an akuter Unsicherheit leidendes Mädchen bedeuteten diese neuen Empfindungen den Unterschied zwischen einem Dasein unter Wasser und einem völlig neuen Leben.«

Lange Zeit erzählte Marilyn ihrer Lehrerin nichts über ihre Vorgeschichte. Natasha Lytess hatte den Eindruck, daß »sie gewohnt war, alles zu verbergen«, und manchmal wußte sie gar nicht mehr, was sie glauben sollte. Nachdem Marilyn monatelang in schicker, teurer Kleidung zum Unterricht gekommen war, erschien sie eines Tages in Tränen aufgelöst. Sie erklärte, ihre letzte und netteste Pflegemutter, ihre liebe Freundin Ana,* sei »an Unterernährung« gestorben. Lytess war perplex, kam dann aber zu dem Schluß, diese Geschichte ginge sie nichts an. Inzwischen hing sie bereits sehr an ihrer jungen Schülerin.

Es gab Stimmen, die behaupteten, Natasha und Marilyn hätten eine lesbische Beziehung gehabt. Lena Pepitone, Marilyns Hausmädchen in New York, berichtete, Marilyn habe das selbst gesagt. »Jede Wärme, die ihr jemand entgegenbrachte, ungeachtet seines Geschlechts«, schrieb sie, »war willkommen und wurde angenommen. Marilyn brauchte Liebe – von jedem, der es ehrlich meinte.« Sowohl die altgediente Journalistin Florabel Muir aus Hollywood, die Marilyn gut kannte, als

* Ana Lower.

auch ihr guter Freund Sidney Skolsky waren der Meinung, daß sie eine lesbische Beziehung mit Lytess hatte.

Jahre später erzählte Marilyn selber W. J. Weatherby: »Die Leute versuchten, aus mir eine Lesbe zu machen. Ich hab gelacht. Jede Art von Sex ist in Ordnung, wenn Liebe dabei ist.« Als sie an anderer Stelle über ihr Leben im Jahr 1948 sprach, sagte sie, der sexuelle Aspekt ihrer Männerbeziehungen sei bis dahin enttäuschend gewesen.

»Dann wurde mir klar«, sagte sie, »daß andere Leute – andere Frauen – sich von mir unterschieden. Sie empfanden Dinge, die ich nicht fühlte. Und als ich anfing, Bücher zu lesen, stieß ich auf die Worte ›frigide‹, ›abweichend‹ und ›lesbisch‹. Ich fragte mich, ob ich alles drei war ... Es gab Zeiten, da fühlte ich mich nicht mehr als Mensch, und Zeiten, da konnte ich nur noch ans Sterben denken. Außerdem war da noch die unleugbare Tatsache, daß es mich schon immer erregt hat, wenn mir eine gutaussehende Frau auffiel.«

Nach etlichen Monaten Unterricht bei Natasha Lytess kam Marilyn zu dem Schluß, daß sie eigentlich doch nicht lesbisch veranlagt sei, wie Ben Hecht von ihr erfuhr. Das geschah, als sie ihre erste Filmrolle an Land zog, in der sie reden, singen und tanzen durfte, eine Billigproduktion mit dem Titel *Ladies of the Chorus* (Die Damen vom Ballett). Marilyn spielte ein armes Mädchen, das die Armut hinter sich läßt und ein Star wird – die erste von vielen Rollen, die Parallelen zu ihrem Leben aufwies. Sie sang zwei Songs: »Every Baby Needs a Da-Da-Daddy« und »Anyone Can Tell I Love You«.

Als Marilyn sich auf das Vortragen dieser Songs vorbereitete, erinnert sich Lytess, »wurde sie offener und hing wie ein Kind von meinem Trost und Rat ab. Eines Tages erzählte sie mir, sie habe sich verliebt.« Damals verriet sie Natasha Lytess jedoch nicht den Namen des Betreffenden.

Im gleichen Sommer, 1948, kam eine junge Witwe namens Mary D'Aubrey, die mit ihrer Mutter in der Harper Avenue in Hollywood wohnte, in ein Schlafzimmer gestolpert, wo sie ihren Bruder Fred mit seiner neuen Freundin im Bett überraschte. »Hi! Kann ich etwas Saft haben?« lautete Marilyns fröhliche Begrüßung. Fred Karger war damals zweiunddreißig – zehn Jahre älter als Marilyn – und mit einer anderen Frau verheiratet. Er war musikalischer Leiter bei Columbia und ein erfolgreicher Komponist, am bekanntesten heute durch das

Thema aus *Verdammt in alle Ewigkeit.* Freds Vater, Maxwell Karger, war einer der Gründer von M-G-M, und seine Mutter Anne war eine sehr warmherzige, lebhafte Frau irischer Abstammung. Max war schon lange tot, während Anne – inzwischen zweiundsechzig und allgemein als Nana bekannt – einem fröhlichen Haushalt mit massenhaft Kindern und Enkeln vorstand. Als junge Dame hatte sie im frühen Hollywood einen regelrechten Salon geführt, und ein wenig von diesem Leben prägte auch die Atmosphäre des bescheideneren Hauses.

Der Produzent von *Ladies of the Chorus* hatte Marilyn zwecks Musikunterricht zu Fred geschickt. Karger diagnostizierte eine schrille, untrainierte Stimme und erkannte, daß ihre Besitzerin bis zum Hals in Unsicherheit und Lampenfieber steckte. Er sah aber auch ihre Entschlossenheit, so lange zu üben, bis sie erfolgreich auftreten konnte. Er nahm sie mit zu Freunden, damit Marilyn vor einem, wenn auch noch so kleinen, Publikum auftrat. Regisseur Richard Quine erinnert sich, wie Karger Klavier spielte, während Marilyn sich ein Herz faßte, sich an den Kaminsims stellte und »Baby, Won't You Please Come Home« sang.

Als Marilyn eines Tages anrief, um mitzuteilen, sie sei krank, folgte den Liedern die Liebe. Karger fuhr zu ihr und traf sie einsam und hungrig in einem engen Einzimmerapartment an. Er lud sie zu sich nach Hause ein, zur fürsorglichen Mutter Nana, und eine Liebesaffäre begann.

Freds Nichte Anne und sein Neffe Bennett erinnern sich noch an ihre kindliche Scheu angesichts des seltsam andersartigen Wesens, das ihr Onkel mit nach Hause gebracht hatte. »Da gab's einen alten Schrank, in dem ich meine Spielsachen untergebracht hatte«, berichtet Bennett, »und eines Morgens – ich wußte nicht, daß sie da war – platzte ich in Freds Zimmer, und sie saß nackt vor dem Spiegel und schminkte sich. Ich wollte rasch wieder verschwinden, aber sie sagte, ich solle ruhig reinkommen und meinen Baseballschläger und den Handschuh holen.«

Bennett und seine achtjährige Schwester Anne teilten sich ein Zimmer mit Etagenbett in der Nähe von Freds Raum, und Anne weiß noch, wie eines Tages »ein Traum hereinkam, eine wunderschöne blonde Dame. Sie mochte Kinder sehr, und irgendwie gehörte sie bald zum Kreis unserer Freunde. Sie gab eine Geburtstagsparty für mich, dabei saß sie auf dem Fußboden und machte mit uns Partyspiele. Wir mochten sie wirklich sehr.«

Für ihre Beziehung zu den Kargers nahm Marilyn, die Frau der vielen Namen, eine Umbenennung in Kauf. Die Kinder riefen sie nur »Maril«, und Maril war den Kindern gegenüber von grenzenloser Großzügigkeit. Weihnachten fiel ihr auf, daß Terry, Freds Tochter aus einer früheren Ehe, mehr Geschenke als Anne und Bennett bekommen hatte. Marilyn verschwand unauffällig und kam, mit neuen Geschenken beladen, wieder. Die Waise tat etwas, das charakteristisch für sie wurde; sie fand eine neue Familie und gab sich alle Mühe, sie zu ihrer eigenen zu machen. Nach dem Ende ihrer Affäre mit Charlie Chaplin jr. hatte Marilyn engen Kontakt zu seiner Großmutter gehalten. Jetzt schloß sie sich Freds Mutter an. Nana bekochte sie, stopfte ihre Kleider und scheuchte sie morgens ins Studio. Noch Jahre später vergaß Marilyn nie Nanas Geburtstag und schickte ihr Blumen zum Muttertag.

Marilyn hatte eine Familie gefunden und war zum erstenmal bis über beide Ohren verliebt. Auf Freds Drängen hin zog sie aus dem deprimierenden Apartment in ein besseres, nicht weit entfernt von den Kargers. Außerdem mietete sich das Liebespaar einen Unterschlupf in Studionähe, wohin sie sich gemeinsam zurückziehen konnten. Marilyn verriet Ben Hecht später: »Für mich fing ein neues Leben an ... ich war mir immer ungeliebt vorgekommen. Jetzt wußte ich, in meinem Leben hatte es etwas Schlimmeres als das gegeben: mein eigenes liebloses Herz ... Sogar Norma Jeane vergaß ich. In meiner Haut tauchte ein neues Ich auf – keine Schauspielerin, niemand, die nach einer Welt der grellen Farben suchte. Als er ›Ich liebe dich‹ sagte, das war besser, als von tausend Kritikern ein Star genannt zu werden.«

Es quälte Marilyn, daß sie in Kargers Ehe eingedrungen war, und sie weinte, als diese schließlich in die Brüche ging. Gleichzeitig wollte sie ihn für sich; ein Wunsch, der unerfüllt blieb.

Es gab, wie Marilyn es formulierte, »eine Wolke in meinem Paradies. Ich wußte, er mochte mich und war glücklich, wenn er bei mir war. Aber seine Liebe war anscheinend lange nicht so groß wie meine. Er kritisierte meinen Verstand. Immerzu wies er darauf hin, wie wenig ich wüßte und wie wenig Ahnung ich vom Leben hätte ... Auch sein Zynismus verletzte mich ... «

So fragte Karger sie: »Was ist für dich am wichtigsten im Leben?«

»Du«, antwortete Marilyn.

»Wenn ich mal verschwunden bin«, sagte Karger darauf lächelnd.

Wenn Marilyn weinte, kommentierte er: »Du weinst zu leicht, weil dein Intellekt nämlich unterentwickelt ist. Verglichen mit deiner Figur, ist er total unterentwickelt.«

Nana Karger hoffte, ihr Sohn würde Marilyn heiraten. Unterdessen zog er sich immer mehr zurück. Eines Nachts, berichtet Marilyn, erzählte er ihr den Grund. »Für mich wär's soweit in Ordnung, aber ich muß dauernd an meinen Sohn denken. Wenn wir verheiratet wären und mir würde irgendwas zustoßen – zum Beispiel, ich falle tot um –, das wäre für ihn dann ganz schlimm.«

»Wieso?« wollte Marilyn wissen.

Kargers Antwort war hart. »Es wäre nicht gut für ihn, von einer Frau wie dir aufgezogen zu werden. Das wäre ihm gegenüber nicht anständig.«

Marilyn, in dem Teil ihres Innern, der sich nach Kindern sehnte, verletzt, versuchte, Karger zu verlassen. Eine Zeitlang befuhren sie die traurigste aller Achterbahnen – die unausweichliche endgültige Trennung, die doch unmöglich zu sein scheint. Marilyn erinnerte sich: »Wir nahmen einen dritten und einen vierten Abschied. Es war, als ob man auf den Rand eines Daches zu rannte, um hinunterzuspringen. Ich blieb jedesmal kurz vor dem Sprung stehen, drehte mich zu ihm um und bat ihn, mich festzuhalten. Es ist schwer, etwas zu tun, was dir das Herz brechen kann.«

Marilyn konnte Karger nicht vergessen. Weihnachten 1948 ging sie zu einem teuren Juwelier und kaufte eine 500-Dollar-Uhr auf Raten. Damals war sie pleite, und sie brauchte zwei Jahre für die Abzahlung. Ihr ganzes Leben lang verteilte Marilyn mit wahrer Wonne Geschenke, in die ihr Name eingraviert war, und signierte Fotos, doch auf der Uhr befanden sich lediglich die Ziffern »25. 12. 48«.

»Du wirst dich in ein anderes Mädchen verlieben«, erklärte sie Karger. »Wenn mein Name darauf stände, könntest du mein Geschenk dann nie mehr benutzen.«

Nachdem er Marilyn monatelang abgewimmelt hatte, heiratete Karger etwa ein Jahr darauf Jane Wyman, die Schauspielerin und Exfrau des späteren Präsidenten Ronald Reagan. Später ließ er sich von der

Wyman scheiden, um sie 1961 wieder zu heiraten, ein Jahr vor Marilyns Tod. Selbst damals hielt Marilyn noch an der Erinnerung fest. Dazu erzählt ihr Freund Sidney Skolsky: »Nur ein einziges Mal habe ich erlebt, daß Marilyn etwas Gehässiges tat, und das war eines Nachts im Restaurant Chasen's. Als wir zur Garderobe gingen, fand im großen Raum für private Festlichkeiten gerade eine Feier statt ... Marilyn und ich erfuhren, daß es die Hochzeitsfeier von Fred Karger und Jane Wyman war. Marilyn sagte, sie müsse hineingehen und Fred gratulieren. Sie wußte, es würde Jane Wyman wütend machen. Frech platzte sie in den Empfang und gratulierte Fred ... Man hätte die unglaublich gespannte Atmosphäre genauso leicht schneiden können wie den Hochzeitskuchen.«

Die vielleicht beste Einschätzung von Marilyns Gefühlen für Fred Karger stammt von Patti, seiner Ehefrau zum Zeitpunkt der Liaison mit Marilyn. Ohne jede Bitterkeit sagt sie heute: »Sie wollte ihn von ganzem Herzen. Ich glaube, ihre Liebe war sehr groß.« Vi Russel, damals die beste Freundin von Kargers Schwester und praktisch ein Familienmitglied, äußert: »Ich glaube nicht, daß sie je über Fred hinweggekommen ist. Nach ihm glaubte sie nie wieder, daß ein Mann sie lieben könnte. Andererseits hat sie aber auch nie an sich selbst geglaubt. Wie sollte sie jemand lieben können, wenn sie nicht einmal sich selbst liebte?«

Wie es scheint, konnte auch Fred Karger nicht vergessen. In späteren Jahren rief er seine frühere Frau Patti völlig verstört an und erzählte, er habe gerade von Marilyn geträumt. Karger starb siebzehn Jahre nach Marilyn, an ihrem Todestag.

Mitte der fünfziger Jahre in New York sprach Marilyn voll Reue über ihre Zeit mit Fred Karger. Die Reue bezog sich auch auf die Kinder, die sie nicht zur Welt gebracht hatte. In den Monaten mit Karger, sagte Marilyn, habe sie mehr als einmal den schon bekannten Weg zur Abtreibung angetreten.

Natasha Lytess überzeugte Marilyn davon, daß Karger ihre Tränen nicht wert sei. Bald zog sie mit ihrem Kind in das Apartment, das Marilyn gemietet hatte, um in der Nähe der Familie Karger zu sein. Beide Frauen hatten kaum Geld, und die jüngeren Kargers waren von der Atmosphäre dieser Wohnung nicht sehr angetan: Dort wohnten zwei einsame Frauen fast ohne Möbel, Marilyn schlief auf einer Matratze auf dem Fußboden. In den vorangegangenen Monaten hatten sich Marilyns Pläne für eine Filmkarriere wieder einmal zerschlagen.

Jonie Taps, Chefassistent von Harry Cohn, dem Leiter von Columbia Pictures, bekam am selben Tag, an dem sein Boß die ersten Schnellkopien von Marilyns Szenen in *Ladies of the Chorus* sah, einen Anruf von Cohn. »Weshalb hast du dieses fette Schwein in den Film gesteckt?« brüllte Cohn. »Fickst du vielleicht mit ihr oder was?« Als Marilyns Vertrag im September auslief, wurde er von Cohn nicht verlängert. Der alte Joe Schenck unternahm einen Rettungsversuch, aber diesmal hatte er keinen Erfolg.

Laut Marilyn fiel sie bei Harry Cohn in Ungnade, weil sie seine Annäherungsversuche abwies. Sie behauptete, Cohn habe sie in sein Büro gelockt, ihr eine Kreuzfahrt auf seiner Jacht versprochen und sodann auf der Stelle versucht, mit ihr intim zu werden. Sie lehnte ab, sagte sie später. Als Cohn ihr mit den Worten »Das ist deine letzte Chance« gedroht habe, sei sie gegangen.

Fred Karger gab an, er habe Marilyn bei einem letzten verzweifelten Versuch, den Studioboß zur Verlängerung ihres Vertrags zu überreden, in Cohns Büro begleitet. Marilyn war in dieser Zeit oft mit Fred Kargers Tochter zu Versammlungen der Christlichen Wissenschafter gegangen. Nun, auf dem Weg zu Cohn, telefonierte sie mit dieser Anhängerin der Christlichen Wissenschaft, um geistlichen Rat einzuholen.

Der Rat half nichts. Cohn blieb bei seiner Entscheidung, und Marilyn stand wieder auf der Straße.

Im Oktober des Jahres 1948 wurde Marilyn ein wenig getröstet. *Ladies of the Chorus,* ihr Film bei Columbia, erlebte sein ganz durchschnittliches Debüt. Er war schrecklich, aber Karger hatte gute Arbeit geleistet, und Marilyn bekam ihre erste Rezension. »Einer der Glanzpunkte ist Miss Monroes Gesang«, schrieb Tibor Krekes im *Motion Picture Herald.* »Sie ist hübsch und zeigt – mit ihrer angenehmen Stimme und ebensolcher Ausstrahlung – vielversprechendes Talent.«

Im selben Monat ging Marilyn mit einigen Kargers ins Kino, um sich zum erstenmal in einer öffentlichen Vorführung selbst anzusehen. *Ladies of the Chorus* lief im Carmel Theater am Santa Monica Boulevard – das in späteren Jahren nur noch pornografische Filme zeigte.

Fred Kargers Nichte Anne erinnert sich, daß »sie sich wie ein kleines Kind benahm. Sie verkroch sich in ihrem Sitz, bis sie nur noch die Leinwand sah. Sie steckte in einem großen Mantel und hatte eine Sonnenbrille auf.«

An diesem Abend erkannte sie keiner der Zuschauer. Doch bei Columbia, wo man sie gerade hatte fallenlassen, trudelte ein wenig Fanpost ein.

7

»SIE IST ALLES andere als ein Kind«, sollte eine verbitterte Natasha Lytess später einmal sagen. »Ein Kind ist naiv, offen und vertrauensvoll. Ich wünschte, ich hätte nur ein Zehntel ihres Geschäftssinns, ihres Talents, das auszubauen, was ihr nützt, und fallenzulassen, was sie nicht weiterbringt.« Anfang 1949 war Marilyn wieder einmal pleite, arbeitslos und im Begriff, Fred Karger zu verlieren, den ersten Mann, dem sie wirklich ihr Herz geschenkt hatte. Sie war eine ramponierte Dreiundzwanzigjährige, und das half ihr in gewisser Weise. Sie wollte zum Film und hatte gelernt, wie man etwas erreicht.

Jimmy Starr, ehemaliger Kolumnist des *Los Angeles Herald-Express,* behauptet, das Geheimnis des Marilyn-Monroe-Gangs zu kennen. »Sie lernte den Trick, von einem Absatz einen halben Zentimeter abzuschneiden, damit ihr Ärschchen wackelte, wenn sie ging. Es klappte.«

An einem Frühlingstag jenes Jahres klappte es tatsächlich. Und zwar war sie, nach erfolglosen Unternehmungen als Assistentin eines Zauberers und eines Trickgolfspielers und nachdem sie bei einer Reihe Nacktaufnahmen für eine Kalenderserie Modell gesessen hatte, wieder einmal arbeitslos. Wie sie selbst berichtet, saß sie gerade in Schwab's Drugstore, da hörte sie, daß für einen kurzen Bühnenauftritt in dem Marx-Brothers-Film *Love Happy (Glücklich verliebt)* ein sexy Mädchen gebraucht wurde. Sie ging zum Drehort, wo sie zuerst den Regisseur kennenlernte, dann Groucho und Harpo Marx. »Können Sie gehen?« fragte der zigarrenkauende Groucho. »Für diese Rolle ist eine junge Dame erforderlich, die dergestalt an mir vorbeigehen kann, daß sie meine ältliche Libido wachruft, woraufhin aus meinen Ohren Rauch entweicht.«

Marilyn ging – vermutlich auf einem verkürzten Absatz. Als sie sich umdrehte, quollen ganze Rauchschwaden aus Groucho Marx. Er nannte Marilyn »Mae West, Theda Bara und Bo-peep in einer Person«, und am nächsten Morgen wurde die Szene abgedreht.

Der Produzent von *Glücklich verliebt* beschloß, mit Marilyn für den Film Reklame zu machen. Er rührte ein wenig die Werbetrommel, stellte sie als Hollywoods »Waisenkind« dar, das versuchte, den Durchbruch zu schaffen, und schickte sie auf eine landesweite Promotion-Tour. So kam es, daß Marilyn ihre erste Reise nach New York unternahm. Zum Abschied war Fred Karger nicht am Bahnhof.

Eine ihrer wichtigsten Aufgaben im Staat New York war ein Auftritt vor dem »Traumhaus« der Zeitschrift *Photoplay*, ein Publicity-Gag, bei dem gleichzeitig für *Glücklich verliebt* und für Haushaltsgeräte geworben wurde. Die damalige Herausgeberin von *Photoplay*, Adele Fletcher, erinnert sich, wie eine stotternde Marilyn sie bat, mit ihr zur »T-T-Toilette« zu kommen und ihr zu helfen, einen Kaffeefleck aus dem Kleid zu waschen. Dort zog ihr Schützling sämtliche Kleider vom Leib. »Weshalb ist sie bloß so sauer?« fragte die nackte Marilyn, als eine schockierte Frau entrüstet schnatternd das Örtchen verließ. Dann kam Marilyn wieder zum Vorschein, in ihrem Kleid über dem noch feuchten Höschen, um für die Fotografen einen Staubsauger durch die Gegend zu schieben.

New York hielt aber auch Tröstliches für sie bereit. Marilyn wurde von Earl Wilson interviewt, einem Showbusiness-Klatschkolumnisten, der später ihr Freund und ein wichtiger Pressekontakt an der Ostküste wurde. Auf das Drängen von Werbeleuten des Studios stellte er sie als das »Mmmmmmm Mädchen« vor. Marilyn traf auch ihren Exliebhaber und Fotografen André de Dienes, der mit ihr zum Fotografieren an den Strand fuhr.

In Manhattan nahm man sie ins El Morocco mit, damals einer der exklusivsten Nachtclubs im Lande. Marilyn, zunächst nur bescheidene »Touristin«, wurde von dem achtunddreißigjährigen millionenschweren Kleidungsfabrikanten Henry Rosenfeld auf die »richtige« Seite des Clubs eingeladen.

Marilyn hatte einen bleibenden Freund gefunden. Sie besuchte Rosenfeld in seinem Haus in Atlantic Beach, fuhr in seinem Rennboot mit, und die beiden verbrachten lachend und plaudernd gemütliche

Abende miteinander. In späteren Jahren stand ihr der Millionär in Krisenzeiten bei, suchte ihr Ärzte und Psychiater und brachte ihre Finanzen in Ordnung. Noch viel später, 1984, legte der dreiundsiebzigjährige Rosenfeld in seinem Büro im Empire State Building auf die Frage, ob er und Marilyn ein Liebespaar gewesen seien, nur sein immer noch jungenhaftes Gesicht in Falten. Dann vertraute er dem Frager an, daß »Marilyn glaubte, durch Sex komme man sich näher und vertiefe die Freundschaft. Sie verriet mir, daß sie kaum je einen Orgasmus hatte, aber sie war sehr uneigennützig. Vor allem versuchte sie, das andere Geschlecht zu befriedigen. Oh, aber es war nicht nur Sex. Sie konnte so glücklich und vergnügt sein. Dieses Lachen vergesse ich nie!«

Von New York aus verfrachtete man Marilyn in den Mittelwesten, wo sie als »das heißeste Ding, das sich in Badeanzügen wieder abkühlt«, auftrat. Marilyns Begeisterung für die Filmvermarktung kühlte sich ebenfalls ab. Sie kehrte nach Los Angeles zurück, wo sie Komparsin in einem Western war – diese Rolle hatte ihr Ben Lyon verschafft – und herausfand, daß Fred Karger sie immer noch nicht heiraten wollte. Dafür lernte sie bei einer Privatparty in Palm Springs einen Mann kennen, der eben dies vorhatte. Er war auch der Mann, dessen Anstrengungen Marilyn Monroes Erfolg sicherstellten.

Johnny Hyde, einer der erfolgreichsten Agenten im ganzen Land, teilte Marilyn mit, er könne sie zum Star machen. Er war dreiundfünfzig – dreißig Jahre älter als sie – und sehr wohlhabend. Außerdem litt er an einem schweren Herzleiden und hatte keine anderthalb Jahre mehr zu leben. Hyde widmete diese Zeit beinahe ausschließlich Marilyn.

Schon früher hatte Fred Karger ihre ungleichmäßigen Zähne durch einen Zahnarzt richten lassen. Jetzt sorgte Hyde dafür, daß zwei winzige Schönheitsfehler an ihrem Kinn chirurgisch entfernt wurden.* Er stellte Friseure an, die ihr Haar von da an regelmäßig bleichten, und vermutlich war er der Agent, der Marilyn dazu überredete, zwecks Empfängnisverhütung eine Operation vornehmen zu lassen.

Am allerwichtigsten war, daß Hyde Zugang zu allen Filmmoguln

* Entgegen allen Gerüchten deutet nichts darauf hin, daß Marilyn je die Form ihrer Nase verändern ließ.

Hollywoods hatte. Tagsüber lobte er Marilyns Talente in höchsten Tönen, abends begleitete er sie in die Häuser der Berühmten und Mächtigen. Als Hyde starb, hatte er Marilyn die erste Rolle in einem wichtigen Film und einen Vertrag bei der 20th Century-Fox gesichert, dem Studio, das sie einst verschmäht hatte. Der Vertrag garantierte ihr für den ersten Film eine Wochengage von 500 Dollar; vorgesehen war eine Vertragsdauer von sieben Jahren, in deren Verlauf die Höchstgage schließlich 1500 Dollar pro Woche betragen sollte.

Der von Hyde vermittelte wichtige Film war *Asphalt-Dschungel* unter der Regie von John Huston. Schon drei Jahre vorher hatte Huston Probeaufnahmen mit Marilyn geplant, diese aber wieder abgesetzt, weil er annahm, man habe sie nicht für eine Rolle, sondern lediglich zur sexuellen Ausbeutung auf der Besetzungscouch vorgesehen. Daß sie jetzt zu ihm kam, verdankte sie den Bemühungen dreier Personen: Johnny Hyde, ihr Exliebhaber Bill Burnside und ihre gar nicht nachtragende ehemalige Gastgeberin, Lucille Ryman. Hyde begleitete sie zu ihrer ersten Begegnung mit Huston, dann ging sie wieder, um sich mit dem Drehbuch vertraut zu machen.

Marilyns Schauspiellehrerin Natasha Lytess schrieb, daß sie »fast drei Tage und Nächte lang« gemeinsam an der Skriptlektüre arbeiteten. Marilyn ging wieder zu Huston, wieder mit Hyde; sie war extrem schüchtern – und unnötig ängstlich. Ihre ohnehin üppigen Brüste hatte sie noch zusätzlich gepolstert; Huston entfernte die Polster ohne viel Federlesens. Mit ihrer schauspielerischen Leistung trug sie allerdings den Sieg davon. Huston erklärt: »Marilyn bekam die Rolle nicht wegen Johnny. Sie bekam sie, weil sie verdammt gut war.«

Nun löste Johnny Hyde seine zwanzigjährige Ehe und war endgültig nur noch für Marilyn da. Darüber, wie sie zu ihm stand, existieren unterschiedliche Angaben. Drehbuchautor Nunnally Johnson, ein guter Bekannter Hydes, hielt ihn für »einen lieben und freundlichen Mann, der sich von weiblicher Schönheit mehr faszinieren ließ als so ziemlich alle anderen, die mir je begegnet sind«.

Johnson selbst ließ sich von Marilyn nicht beeindrucken: »Als ich sie damals gelegentlich traf, stand für mich fest, daß sie in die Kategorie strebsames junges Flittchen gehörte. Normalerweise geschah das bei Romanoff's, und wenn ich dann und wann einmal bei ihnen saß, nahm sie kaum an der Unterhaltung teil, obwohl Johnny und ich uns alle erdenkliche Mühe gaben, sie in das meist lockere Geplauder mit einzubeziehen. Sie hörte aufmerksam zu, und ihre Augen waren immer auf uns gerichtet, während die meisten Gäste bei Romanoff's hin und wieder schauten, wer gerade reinkam, wer von wem begleitet wurde, und so. Aber wenn ich mich recht entsinne, hat sie leider nie ein Wort von sich gegeben.«

Gloria, eine gute Bekannte Marilyns, hatte den Eindruck, daß Männer ihr irgendwie gleichgültig waren, doch sie sagt: »Johnny Hyde war für sie sehr wichtig. Sein aufrichtiges Interesse an ihr hat sie sehr beeindruckt. Er hat sie in keiner Weise ausgebeutet, während sie sonst in der Regel eine Art Jagdbeute abgab.«

Als Hyde seine Frau verließ und ein luxuriöses neues Haus kaufte, ließ er vier weiße Ledersitzgruppen ins Eßzimmer stellen und eine Tanzfläche in die Mitte bauen. Marilyn nannte es »mein eigenes, privates kleines Romanoff's«. Billy Wilder, der bei zwei Filmen mit ihr Regie führen sollte, lernte Marilyn kennen, als er und Sam Spiegel mit Johnny Hyde Karten spielten. »Sie saß einfach im Hintergrund herum, las einen Roman«, erinnert er sich, »und wartete, daß Johnny sein Rommé mit Zehn beendete.«

Marilyns Schweigen läßt sich vielleicht auf eine gewisse Unsicherheit zurückführen, wie sie sich in besseren Kreisen zu verhalten hatte, oder auch nur auf die clevere Erkenntnis, Hyde würde für sie schon die richtigen Fäden knüpfen. Dem Regisseur Garson Kanin erzählte sie: »Sehen Sie, ich hatte jede Menge Freunde und Kontakte – Kontakte, Sie wissen doch, wie ich das meine? Aber keiner von denen, keins dieser großen Tiere, hat für mich auch nur einen Finger krumm gemacht, keiner außer Johnny. Weil er an mich glaubte ...«

In Hollywood wurde über die Liaison zwischen Marilyn und dem siechen Hyde gespöttelt. Der Autor James Bacon behauptet, daß seine Affäre mit Marilyn während ihrer Freundschaft mit Hyde weitergegangen sei und daß sie sich in den Federn über das sexuelle Unvermögen des Kranken lustig gemacht habe. Und dann gab es ein Wochenende, an dem Marilyn Hyde in Palm Springs zurückließ, um Karger in Los Angeles zu besuchen. Im Gespräch mit Karger sagte sie über Hyde: »Er ist so süß. Ich liebe ihn von ganzem Herzen. Aber ich fühle nicht so wie er.«

Später erzählte Marilyn, Hyde habe sie angefleht, ihn zu heiraten, aber sie habe geantwortet: »Ich liebe dich nicht, Johnny ... Es wäre nicht fair.« Bezeichnenderweise ließ sich Marilyn anscheinend nicht davon beeindrucken, daß sie durch die Ehe mit Hyde einen ordentlichen Batzen seines Vermögens hätte bekommen können. Inzwischen arbeitete Hyde fieberhaft weiter an ihrer Karriere, bevor er den ersten einer tödlichen Reihe von Herzanfällen bekam.

Roy Craft, ein Publicitymanager der Fox, der eng mit Marilyn zusammenarbeitete, erinnert sich an eine ziemlich mitleiderregende Geschichte, als ihn ein besorgter Hyde vom Krankenhausbett aus anrief. Craft hatte einen Fototermin für eine Zeitschrift vereinbart, bei dem Marilyn und der junge Schauspieler Dale Robertson die korrekten Umgangsformen in einem Nachtclub szenisch darstellen sollten. Hyde bat inständig, den Termin abzusagen, da er befürchtete, es könne der Eindruck entstehen, Marilyn sei wirklich mit Robertson liiert. Aus Rücksicht auf Hyde tat ihm das Studio den Gefallen.

Ab und an wohnte Marilyn noch bei Natasha Lytess. Nach deren Darstellung ließ Marilyn viel Zeit verstreichen zwischen ihren Besuchen bei dem kranken Mann, der alles für sie aufgegeben hatte. Hyde habe eines Nachts im Dezember 1950 angerufen und gefragt: »Wo bleibt Marilyn, Natasha? Ich gabe gewartet und gewartet. Natasha, in meinem ganzen Leben habe ich noch nie so eine Grausamkeit, einen derartigen Egoismus erlebt.«

Eine Woche später, nachdem Marilyn an seinem Bett gewacht hatte, starb Johnny Hyde im Cedars of Lebanon Hospital. Im Widerspruch zu ihrer früheren Gefühlskälte setzte sie sich nun über die Aufforderung der Familie Hyde hinweg, sie möge dem Begräbnis fernbleiben, und warf sich schluchzend auf den Sarg. Ihre New Yorker Freundinnen Amy Greene und Maureen Stapleton sagen, sie habe auch noch ein halbes Jahrzehnt später um Johnny getrauert, immer noch unglücklich darüber, daß seine Kinder »sie haßten, weil sie die Ehe kaputtgemacht habe«.

Nunnally Johnson war der Meinung, daß »Johnny der erste Mann war, der sie mit einem an Hochachtung grenzenden Respekt behandelte, und er war außerdem der einzige Mensch auf der ganzen Welt, der überhaupt ernsthaft an ihr Interesse zeigte. Als man Johnny begrub, war sie wieder allein auf der Welt.«

Weihnachten 1950, einige Tage nach dem Begräbnis, hatte Natasha

Lytess auf dem Nachhauseweg das sichere Gefühl, daß irgend etwas nicht stimmte. Als sie die Wohnung betrat, fand sie auf ihrem Kissen einen Zettel von Marilyn, auf dem stand: »Mein Auto und meine Pelzstola hinterlasse ich Natasha.«

An Marilyns Schlafzimmertür forderte ein anderer Zettel die Leserin auf, dafür zu sorgen, daß Lytess' Tochter den Raum nicht betrat. Natasha stürzte ins Zimmer, das »aussah wie die Hölle auf Erden. Marilyn lag ausgezogen im Bett, ihre Wangen aufgedunsen wie zwei Hefeklöße.«

Wie Lytess berichtet, schrie sie: »Marilyn! Was hast du getan?« Als keine Antwort kam, »riß ich ihren Mund auf, griff hinein und nahm eine Handvoll nasses grünliches Zeug raus, das sie noch nicht heruntergeschluckt hatte. Auf dem Nachttisch stand ein leeres Glas, in dem Schlaftabletten gewesen waren.«

Fast zwölf Jahre danach sagten die Psychiater im Selbstmordverhütungszentrum von Los Angeles über die tote Marilyn: »Wenn sie enttäuscht oder deprimiert war, hat sie in der Vergangenheit verschiedentlich Überdosen von Barbituraten genommen und so um Hilfe gerufen.«

Wenn wir ihre eigene Aussage gelten lassen, daß sie vor ihrem neunzehnten Lebensjahr zwei Selbstmordversuche unternahm, war dies der dritte. Und das ein halbes Jahr vor ihrem fünfundzwanzigsten Geburtstag.

8

»UM SIEBEN UHR morgens sollte sie im Studio sein, aber geschafft hat sie's nie. Ich wohnte gleich gegenüber und mußte rübergehen und an ihre Türe hämmern. Sie machte auf, sah völlig kaputt aus, wollte 'ne Zigarette.* Ich sagte dann: ›Na los, komm endlich in die Gänge.‹ Manchmal mußte ich sie buchstäblich unter die Dusche schubsen.«

Den in Frankreich geborenen Alan Bernheim hatte man mit der Aufgabe betraut, Marilyn zur Arbeit zu bringen; er war in den vierziger Jahren nach Hollywood gekommen. Heute ist er ein bekannter Produ-

* Mitte der fünfziger Jahre hörte sie auf zu rauchen.

zent, damals arbeitete er mit Charles Feldman und Hugh French zusammen, die nach Johnny Hydes Tod Marilyns Agenten geworden waren. Wie er und die anderen herausfanden, war Marilyn ein Ausbund an Widersprüchen, eine Expertin der Verwandlungskunst.

Die deutsche Schauspielerin Hildegard Knef begegnete der unausgeschlafenen Marilyn zum erstenmal in einer Garderobe der 20th Century-Fox. Sie erinnerte sich an folgende Szene: »Das verschlafene Mädchen mit durchsichtiger Duschhaube auf weißblondem Haar und dicker Ölschicht auf blassem Gesicht setzt sich neben mich ... Aus einem verwaschenen Frotteebeutel angelt sie ein Brötchen, eine Pillendose, ein Buch. Im Spiegel lächelt sie mir zu: ›Hi, ich heiße Marilyn Monroe. Und du?‹«

Der erste Eindruck der Knef von Marilyn war der von einem »Kind mit kurzen Beinen und dickem Popo. Sie steht auf, schlurft mit alten Strandlatschen in den Schminkraum.« Eineinhalb Stunden später läuft der Knef im Flur ein Mädchen über den Weg, und »nur an den Augen erkenne ich sie wieder. Mit der Schminke scheint sie gewachsen, scheinen die Beine länger, der Körper schmaler, ist das Gesicht schimmernd und scheint von Kerzenlicht beleuchtet.«

Die beiden sind am Abend auf einem Ball, es werden Preise verliehen, Nachwuchs wird vorgestellt. »Sie trägt«, schreibt die Knef, »ein zu enges rotes Kleid, eins, das ich im Fox-Fundus hängen sah. Es steht ihr nicht, und obwohl zu eng, sieht es aus, als wär's Mutters altes, aus der Mottenkiste geholt ... Die Augen halb geschlossen, die Hände zittern ein bißchen. Ein Glas zuviel; Kind, das Bowlenreste probiert. Die Fotografen halten die Kameras über ihre Köpfe, fotografieren in den Ausschnitt hinein. Sie reckt und streckt sich, dreht und lächelt, ist gefällig, bietet an. Jemand beugt sich hinunter, flüstert in ihr Ohr. ›Bitte nicht‹, sagt sie, ›ich kann nicht.‹ Die Hand stößt ein Glas um, endlich steht sie auf, die Leute kichern, der enge Rock preßt die Knie zusammen, sie trippelt zum Mikrofon, der Weg endlos, der Gang lächerlich, sie starren auf das Kleid, warten, daß es platzt, den Busen freilegt, den Bauch, den Hintern. Der Ansager brüllt: ›Marilyn Monroe!‹ Ein großer Scherz, ein toller Gag, glauben sie und lachen, als sie sich am Mikrofon festhält, die Augen schließt, Pause läßt, in der man nur den Atem hört, lautsprecherverstärkt, obszön, kurz, stöhnend: ›Hi‹, flüstert sie und trippelt weg.«

Asphalt-Dschungel, Marilyns echter Durchbruch im Film, kam im Juni 1950 in die Kinos. Es ist die knallharte Geschichte eines Juwelenraubs, von Schuld und Sühne und davon, was passiert, wenn Gangster sich in die Haare kriegen; der Film ist immer noch eins der herausragenden Werke dieser Gattung. Marilyn spielte die junge Geliebte eines alternden Kriminellen, ihre Beziehung wird – den Moralvorstellungen der Zeit entsprechend – als die zwischen »Nichte« und »Onkel« ausgegeben. Marilyn fiel den Rezensenten der *New York Post* und der *Herald Tribune* auf, und als sie »eine untadelige Darstellung« lobte, schloß die *New York Times* Marilyn mit ein.

Trotz alledem bekam Marilyn kaum Arbeit, die ihr gefiel. Sonst bestand das alte Jahr für sie aus einer Reihe von Nebenrollen für die Unterhaltungsmaschinerie Hollywoods. Dank Johnny Hyde hatte sie zwar einen Siebenjahresvertrag in der Tasche, aber Darryl Zanuck speiste sie mit Kurzauftritten in Filmen ab, die man getrost vergessen konnte. Im Gegenzug führte Marilyn einen geschickten Zweifrontenkrieg – in der Öffentlichkeit arbeitete sie am schamlosen Aufstieg des Sexsymbols und privat an der Schaffung der kultivierten Schauspielerin.

1951, mit fünfundzwanzig, meldete sich Marilyn zu einem Kurs für Erwachsenenbildung an der Universität von Kalifornien in Los Angeles (UCLA) an. Ihre Fächer waren Literatur und Kunstgeschichte mit dem Schwerpunkt Renaissance. Zu ihren Kursen erschien sie unauffällig gekleidet, kaum jemand wußte, daß sie ein Starlet war. Für ihren Literaturdozenten hätte sie »genausogut irgendein Mädchen sein können, das gerade aus einem Kloster kam«.

Als Marilyn zum erstenmal Hildegard Knef begegnete, hatte sie einen Schwall von Fragen über deutsche Literatur vom Stapel gelassen und zufällig einen Band mit Gedichten von Rainer Maria Rilke unter dem Arm gehabt. In diesem Jahr spielte Jack Paar, der spätere Showmaster in der Fernsehsendung »Tonight«, mit Marilyn in dem Film *Love Nest* (Liebesnest). Als er Marilyn kennenlernte, las sie gerade Marcel Proust, in Paars Worten »ein ziemlich exotischer französischer Autor, der damals unter den intellektuellen Snobs sehr en vogue war«. Paar bezeichnete das als Marilyns »Nummer« und bemerkte dazu: »Ich befürchte, unter der Fassade war Marilyn nichts weiter als die verängstigte Serviererin in 'nem lausigen Eßlokal.« Paar, selbst nicht gerade berühmt für kulturellen Bildungseifer, gehörte zu den vielen, die sie unterschätzten.

Während eine oberflächliche Rolle die andere ablöste, arbeitete Marilyn in aller Stille an ihren schauspielerischen Fähigkeiten. Sie sorgte dafür, daß ihre Lehrerin Natasha Lytess ebenfalls zur Fox ging. Dazu Lytess: »Ihre Angewohnheit, sofort meine Blicke zu suchen, wenn sie eine Szene beendet hatte, wurde Anlaß zu Scherzen in den Projektionsräumen ... Das Filmmaterial der täglichen Schnellkopien war voll von Szenen mit Marilyn, wie sie, wenn sie mit ihrem Text fertig war, sofort nach mir Ausschau hielt, um zu erfahren, ob sie gut gewesen war.«

Marilyn konsultierte Lytess allerdings nicht, als sie beschloß, gesonderten Unterricht bei Michael Chekhov zu nehmen, einem Neffen des russischen Dramatikers Tschechow, der bei Stanisklawskij gelernt hatte. In privaten Schauspielsitzungen spielte sie die Cordelia zu seinem König Lear und war von seinem Können fasziniert. Noch kurz vor ihrem Tod nannte sie ihn in Interviews ihr Schauspielidol, den Mann, »der mir zeigte, daß ich wirklich Talent besaß und es weiterentwickeln mußte«.

Einmal machte Chekhov mitten in einer Szene aus *Der Kirschgarten* eine Pause und fragte Marilyn, ob sie gerade an Sex gedacht habe, als sie diese Szene spielte. Marilyn verneinte. Darauf bemerkte Chekhov scharfsinnig: »Jetzt verstehe ich dein Problem mit deinem Studio, Marilyn. Du bist eine junge Frau, die Sex ausstrahlt, ganz egal, was du tust oder denkst. Und die Studiobosse sind nur an deiner sexuellen Ausstrahlung interessiert. Jetzt begreife ich ihre Weigerung, dich als Schauspielerin zu betrachten. Als Sex-Stimulans bist du für sie wertvoller.«

Einem Interviewer verriet Marilyn, was sie Chekhov antwortete: »Ich will Künstlerin sein, nicht irgendein erotisches Kuriosum. Ich will dem Publikum nicht als Aphrodisiakum in Zelluloidform verkauft werden. Die ersten paar Jahre war's ja in Ordnung, aber jetzt ist es was anderes.«

Natürlich setzte Marilyn ihre Sexualität bewußt als Waffe ein, nicht zuletzt, um den Studioboß Darryl Zanuck aus seiner Apathie zu reißen. Der Autor Robert Cahn hielt die Wirkung fest, die Marilyn eines Nachts im Jahr 1952 erzielte:

»Im Café de Paris, besser bekannt als Verpflegungsstelle der 20th Century-Fox, tummelte sich eine fröhliche Mischung aus Studiobonzen und frisch manikürten Verkäuferinnen. Bei Highballs und Hors d'œuvres trafen sich die Besucher mit erlauchten Gestalten wie Susan Hayward, Jeanne Craig, June Haver, Anne Baxter, Gregory Peck und Tyrone Power. An der Bar bestellte ein müder Presseagent gerade seinen fünften Highball, als er einen Blick zum Eingang warf, wo eben Marilyn Monroe aufgekreuzt war, ein kürzlich vom Studio verpflichtetes Starlet. Inmitten der langsam um sich greifenden Stille stand sie da, eine blonde Erscheinung in schulterfreiem schwarzem Cocktailkleid, ein wenig außer Atem, als sei sie Cinderella und soeben der Kürbiskutsche entstiegen. Während die etablierten Stars sie schweigend musterten, stahl ihnen die junge Marilyn Monroe, die nicht einmal fünfzig Minuten Leinwandzeit zu Buche stehen hatte, die Schau ... Als sich die Gäste schließlich zum Essen niederließen, plazierte man die Blondine am Kopfende des Tisches Nr. 1, zur rechten Hand des Präsidenten der 20th Century-Fox, Spyros Skouras.«

Das Publikum hatte sein Urteil bereits gefällt. Marilyns kurze Leinwandauftritte hatten jedesmal zu einem Schwall von Fanpost geführt. Durch ihre Fotos in den einschlägigen Magazinen war sie zum Pin-up der Nation geworden – für die US-Truppen in Deutschland »Pin-up-Girl des Jahres 1951«. Nun, an dem Morgen, nachdem Marilyn Spyros Skouras im Sturm erobert hatte, beugte sich Darryl Zanuck dem Druck. Ihre Gage kletterte auf 500 Dollar pro Woche, und Zanuck befahl, man möge ihr mehr Rollen geben. Dank der Vermittlung ihres Freundes Sidney Skolsky lieh man sie an ein anderes Studio aus, für das sie in *Clash by Night (Vor dem neuen Tag)* mitspielte, einem anspruchsvollen Film nach dem Bühnenstück von Clifford Odets. Bald lobte sie die *New York World-Telegram* als »eine starke Schauspielerin, ein talentierter neuer Star«.

Marilyn hatte nie aufgehört, sich ihre Freunde in der Presseabteilung warmzuhalten. Das zahlte sich jetzt aus. Zusammen mit den Fotos anderer Starlets erschien in diesem Jahr ihr Bild in der Zeitschrift *Life.* Im Herbst rief Roy Craft den Redaktionsleiter Westküste von *Look* an, Rupert Allan, und dessen Pendant bei *Collier's,* Ted Strauss.

Rupert Allan, Absolvent der Universität von Oxford, wurde schnell von ihr erobert. Er wartete, wie fast alle Männer warteten, während

Marilyn sich in ihrem winzigen Apartment umzog. Er war amüsierter Beobachter ihrer Kameraübungen und Zuhörer ihrer Ausführungen zur menschlichen Anatomie, wie florentinische Ärzte sie lehrten. Mit Kenneraugen musterte er die an die Wand gepinnten billigen Reproduktionen von Werken Dürers, Fra Angelicos und Leonardo da Vincis.

Allans Interesse wuchs, als er neben dem Bett das Bild einer Frau in Schwarz entdeckte, weder Sarah Bernhardt noch die Garbo, sondern die italienische Schauspielerin Eleanora Duse. Nach wenigen Tagen war Allan Marilyns Berater in Sachen Kunst. Er sollte ihr zukünftiger Presseagent und Freund fürs Leben werden. Zum damaligen Zeitpunkt kam Marilyn in der Zeitschrift *Look* groß heraus: ihre erste Titelgeschichte in einer landesweit anerkannten Zeitschrift. Sie setzte die Welt davon in Kenntnis, daß diese Hollywood-Schauspielerin ihr Hirn zu gebrauchen wünschte.

Das Studio informierte Ted Strauss von *Collier's*, Marilyn habe »schreckliche Angst« vor einem Interview für einen größeren Artikel, und drängte ihn, sie zum Essen auszuführen. Strauss unternahm die Pilgerreise zum selben Apartment, wartete und nahm sie dann mit zu Romanoff's. Dort erlebte er Marilyns Wirkung auf einen Saal voller Leute.

»Sie war eine Erscheinung«, meint Strauss heute. »Sie trug irgendwas Rotes, war halb an- und halb ausgezogen, mit einem Dekolleté fast bis zum Nabel. Wir kamen so eine Art Ziegfeld-Follies-Treppe runter, und alles erstarrte. Die Leute dort sahen aus wie eine Partygesellschaft auf dem Friedhof – ich weiß noch, bei der Beleuchtung wirkten ihre Augen wie Augenhöhlen in Totenschädeln. Das war nicht alles. Ich hatte mit einem durchschnittlichen kleinen Mädchen auf dem Weg nach oben gerechnet. Als ich wieder vom Tisch aufstand, war ich sehr beeindruckt. Sie war wahnsinnig helle und einfühlsam. Sie tat das, was ihrer Meinung nach die Leute von ihr erwarteten, nur unsicher – sie versuchte verzweifelt, mit ihrer Herkunft fertig zu werden. Wir sprachen über die Schauspielerei, aber sie redete genauso viel von Kindern, daß sie Kinder wollte, die ohne Zwang aufwachsen sollten.«

In diesem Jahr ihres Durchbruchs beim Film, 1951, wurde Marilyn fünfundzwanzig. Sie zog aus dem gemeinsamen Apartment mit Natasha aus und führte wieder ein recht zurückgezogenes Privatleben. Meist lebte sie allein, nur einige Monate lang teilte sie die Wohnung mit einer jungen Schauspielerin, die sie bei einem Wohltätigkeitsbaseballspiel kennengelernt hatte. Die neue Freundin hieß Shelley Winters und hatte einiges mit Marilyn gemeinsam: ein Vorleben aus gescheiterten Romanzen und ungeborenen Kindern sowie eine gesunde Respektlosigkeit gegenüber dem Showbusiness-Establishment.

Shelley Winters fiel Marilyns extreme Unsicherheit auf. Sie sehnte sich so sehr nach Aufmerksamkeit, daß sie ihre Freundin überallhin verfolgte, sogar auf die Toilette. »Mußtest du mal aufs Klo«, schrieb Winters, »dann dachte sie gleich, du wärst auf und davon und hättest sie allein gelassen. Sie machte die Klotür auf, um nachzuschauen, ob du noch da warst. Sie war ein kleines Kind.«

An Sonntagvormittagen hörten die beiden jungen Frauen andächtig klassische Musik; sobald die Uhr zwölf schlug, wurde auf Sinatra oder Nat King Cole umgeschaltet. Eines Tages, als sie sich die Fotos unverheirateter Schauspieler im *Academy Players' Directory* ansahen, beklagten sich beide über ihr Pech in der Liebe. Shelley Winters erinnert sich, wie Marilyn überlegte: »Wär das nicht toll, wenn man's wie die Männer halten könnte: Du machst dir einfach Kerben in den Gürtel und schläfst mit den attraktivsten Burschen, ohne dich gefühlsmäßig zu engagieren.«

Es endete damit, daß die beiden eine Liste der berühmten Männer aufstellten, mit denen sie gern ins Bett gegangen wären. Laut Shelley Winters standen auf Marilyns Liste Zero Mostel, Eli Wallach, Charles Boyer, Jean Renoir, Lee Strasberg, Nick Ray, John Huston, Elia Kazan, Harry Belafonte, Yves Montand, Charles Bickford, Ernest Hemingway, Charles Laughton, Clifford Odets, Dean Jagger, Arthur Miller und Albert Einstein.

Nach Marilyns Tod entdeckte Shelley Winters unter ihrer Habe eine gerahmte Fotografie Einsteins mit der Widmung: »Für Marilyn, mit Respekt, Liebe und Dank, Albert Einstein.« Sie zog den scheinbar logischen Schluß daraus. Ein anderer Freund Marilyns, der ebenfalls auf der Liste stand, rückt die Angelegenheit zurecht.

Der Schauspieler Eli Wallach arbeitete später mit Marilyn zusammen, leugnet aber, daß er je das Glück hatte, ihr »Opfer« zu werden. Mit Vergnügen übernimmt er jedoch die Verantwortung für das signierte Porträt Einsteins. Marilyn bekam es von Wallach – es war ein privater Scherz, da Marilyn ihm ein Buch mit Einsteins Briefen geschenkt hatte.

Von den siebzehn Männern auf Marilyns Liste sollte sie neun kennenlernen, und drei wurden erwiesenermaßen ihre Liebhaber. Es steht so gut wie fest, daß sie einem noch in dem Jahr, als die Liste entstand, ihre Zuneigung zuteil werden ließ.

An einem warmen Tag des Jahres 1951 kam Jean Howard, die Fotografin und Exfrau von Marilyns Agent Charlie Feldman, zu dessen Haus in Coldwater Canyon. Als sie ging, sagt sie rückblickend, »fiel mir ein blondes Mädchen auf, das am Pool saß. Ich kannte sie nicht, bot ihr aber einen Schluck Cola an, den sie ablehnte. Charlie hatte an dem Tag eine Besprechung mit Elia Kazan, und Marilyn wartete auf die beiden.«

Elia Kazan – »Gadge« für seine Freunde – war mit einundvierzig bereits ein Gigant der amerikanischen Bühnen- und Leinwandlandschaft. Er war sowohl Schauspieler als auch Regisseur und erlebte in dem Jahr mit *A Streetcar Named Desire (Endstation Sehnsucht)* einen seiner größten Triumphe. Er hatte in einem Vorort von Istanbul das Licht der Welt erblickt, war aber inzwischen überzeugter New Yorker. Über Hollywood äußerte er sich mit Geringschätzung, obwohl er wußte, daß die Stadt für einen führenden Filmregisseur ein notwendiges Übel darstellte. 1951 war er schon seit langem mit der Bühnenautorin Molly Thatcher verheiratet und hatte vier Kinder. Heute weigert sich Kazan zwar, über Marilyn zu sprechen, aber das alte Gerücht über die Affäre der beiden wird von anderen bestätigt.

Aus Marilyns Mund erfuhr der Fotograf Milton Greene von der Beziehung, und Eli Wallach wußte ebenfalls Bescheid. Alain Bernheim, der damals für Marilyns Agenten arbeitete, wurde in die Angelegenheit mit hineingezogen: »*Endstation* war für mehrere Oscars nominiert worden, aber Marilyn konnte nicht mit ihm zur Preisverleihung, da er verheiratet war. Also setzte er sie mit der Bemerkung bei mir ab, er werde später in einem kleinen Club in Beverly Hills zu uns stoßen. Und so verbrachte ich auf einmal Stunden mit Marilyn Monroe im Dunkel einer schummrigen Piano-Bar und wartete, bis Gadge Zeit hatte.«

Ein anderer Agent, Milt Ebbins, entsinnt sich eines komischen

Zwischenfalls, der sich zu einem anderen Zeitpunkt dieser Liaison ereignete. Er traf sich mit Kazan in dessen Zimmer im Beverly Hills Hotel zu einer geschäftlichen Besprechung und war baß erstaunt, als auf einmal Marilyn in einer Hälfte von Kazans Pyjama hereinspazierte – in der oberen.

Als er in der Nacht der Oscar-Preisverleihung mit Marilyn zusammensaß, zeigte sich Alain Bernheim aus einem anderen Grund überrascht. »Es war verblüffend«, erzählt er heute. »Marilyn ließ all das vom Stapel, was Kazan ihr gesagt hatte, als wären es ihre eigenen Ansichten. Ich kannte Kazan gut, und ich wußte, es stammte alles von ihm. Sie hatte alles komplett geschluckt, praktisch auswendig gelernt, was er über die Liebe, die Schauspielerei und Politik zu sagen hatte.«

Für Marilyn bedeutete die Beziehung zu Kazan zweifellos eine starke Beeinflussung durch radikale Ideen. Kazan war früher Mitglied der Kommunistischen Partei gewesen. Knapp ein Jahr, nachdem er Marilyn kennengelernt hatte, 1952, sagte er zum Unmut seiner Freunde und Kollegen vor dem Untersuchungsausschuß des Kongresses über »unamerikanische Umtriebe« gegen seine ehemaligen Genossen als Zeuge aus.

Als Rupert Allan für seinen *Look*-Artikel Marilyn besucht hatte, war ihm ein Foto, das an ihrem Bett stand, aufgefallen. Es zeigte zwei Männer; den einen erkannte er sofort: Elia Kazan. Auf die Frage, wer der andere sei – ein großer Bursche –, antwortete Marilyn: »Das möchte ich im Augenblick lieber nicht sagen.«

Allan hatte Arthur Miller nicht erkannt.

Marilyn hatte Miller im Dezember 1950 kennengelernt, in Begleitung von Elia Kazan. Es war nur wenige Tage nach ihrem Selbstmordversuch nach Johnny Hydes Tod. Damals arbeitete sie an ihrer Rolle in dem Film *As Young as You Feel* (So jung wie man sich fühlt) und fühlte sich hundeelend. Sie tauchte für einige Szenen auf und verzog sich dann wieder in irgendeine Ecke, um mit ihren Gedanken allein zu sein.

Arthur Miller war damals fünfunddreißig, zehn Jahre älter als Marilyn, ein zerknitterter dunkelhaariger, ausgesprochen hochgewachsener Mann. Von Zeitungsleuten bekam er in der Regel das Etikett »hager« angehängt, dabei konnte sein bebrilltes Gesicht gelegentlich rundlich und ziemlich sanft aussehen. Der Sohn eines Kleiderfabrikanten kam aus einer gutsituierten Familie, die in der 112. Straße lebte, damals eine gute Wohngegend in Harlem. Dann stellte die Weltwirtschaftskrise die Welt der Millers auf den Kopf. Die Familie sah sich gezwungen, in ein kleines Holzhaus nach Flatbush zu ziehen, und Millers Vater wurde nie mehr so wohlhabend wie früher. Der junge »Al«, wie er zu Hause genannt wurde, erledigte ständig irgendwelche Gelegenheitsarbeiten. So scheiterte er als Mantelverkäufer und gab anschließend eine kurze Einlage als Schnulzensänger für einen kleinen Sender in Brooklyn. Mit solchen Jobs konnte er seine Ausbildung finanzieren, die ihn schließlich zur Universität Michigan führte. Im Zweiten Weltkrieg kam er wegen einer alten Football-Verletzung nicht zur Truppe, arbeitete aber ein Jahr als Monteur auf der Marinewerft in Brooklyn.

Als Arthur Miller Marilyn kennenlernte, hatte er zwei Kinder und war mit einer schlanken Brünetten verheiratet, die ein Jahr jünger war als er: Mary Slattery, seine Freundin aus Collegetagen. 1940 hatten sie geheiratet. Mary arbeitete als Korrekturleserin im Verlag Harper's, während der freischaffende Arthur Miller versuchte, sich als Schriftsteller zu etablieren. In dieser Phase ergriff Miller Partei für radikale Anliegen und zählte Kommunisten zu seinen Freunden; das sollte eines Tages den Zorn eines Untersuchungsausschusses über sein Haupt bringen.

Ein Gespräch mit seiner Schwiegermutter über eine Frau, die ihren eigenen Vater den Behörden übergab, weil er im Krieg defekte Ersatzteile an die Regierung geliefert hatte, gab Miller die zündende Idee für sein erstes erfolgreiches Stück. 1947 bekam *All My Sons (Alle meine Söhne)* den Preis der New Yorker Theaterkritiker, und zwei Jahre darauf brachte ihm *Death of a Salesman (Der Tod des Handlungsreisenden)* den Pulitzerpreis ein und anhaltenden Ruhm. Als er Weihnachten 1950 nach Hollywood kam, um mit seinem Freund Elia Kazan einen Film über organisiertes Verbrechen im Gewerkschaftsmilieu zu besprechen, war Arthur Miller der gefeiertestе Dramatiker Amerikas.

Es existieren eine Reihe von Augenzeugenberichten über den Beginn von Marilyns Romanze mit Miller. So weiß man von dem jungen Schauspieler Cameron Mitchell, der in der Broadway-Inszenierung von *Der Tod des Handlungsreisenden* aufgetreten war, daß er eines Tages mit Marilyn zum Essen ging, als sie plötzlich abrupt stehenblieb.

Ein paar Meter vor ihnen lehnten zwei Männer an der Mauer eines Studiogebäudes – Kazan und Miller. Ihr war der schlaksige Riese Miller aufgefallen, und sie fragte Mitchell nach ihm, worauf er die beiden kurz miteinander bekannt machte.

Diese flüchtige Begegnung war offenbar der Grund, weshalb Miller bald darauf Marilyn bei den Dreharbeiten von *As Young as You Feel* zusah. Dann suchte er sie – mit Kazan im Schlepptau – in ihrer Garderobe auf. Dort war sie nicht, und der Regisseur des Films, ein Freund von Kazan, erzählte Miller, daß sie sich seit dem Tod Johnny Hydes von allen zurückziehe.

Laut Miller fanden die beiden Männer Marilyn schließlich in einem nahe gelegenen Lagerhaus des Studios. Marilyn erinnerte sich später, sie habe geweint, als die zwei sie aufstöberten.

Bei einer von Marilyns Agenten Charlie Feldman veranstalteten Party trafen sich Marilyn und Miller noch in derselben Woche wieder. Wie Natasha Lytess berichtet, kreuzte Marilyn gegen vier Uhr morgens in redseliger Stimmung zu Hause auf. »Selten hatte ich sie so zufrieden erlebt«, meinte Lytess. »Sie zog einen Schuh aus und wakkelte mit dem großen Zeh. ›Ich hab einen getroffen, Natasha‹, sagte sie. ›Das ging rums! Siehst du meinen Zeh? Diesen Zeh? Er hat dagesessen und meinen Zeh gehalten. Das heißt, ich saß auf der Couch, und er saß auch drauf und hielt meinen Zeh fest. Das war, als ob du gegen 'nen Baum rennst! Verstehst du, wie ein kaltes Getränk, wenn du Fieber hast.‹«

Miller schrieb Marilyn nach wenigen Tagen. Der Brief enthielt unter anderem einen Lektürevorschlag: »Wenn Du jemanden bewundern willst, warum nicht Abraham Lincoln?« Wie alle Welt eigentlich wissen mußte, bewunderte Marilyn Lincoln bereits. Diese Verehrung hatte, wie sie angab, schon in den unteren Klassen der High-School angefangen, als ihr Aufsatz über Lincoln die beste Note in der Klasse bekam. Wie es ein glücklicher Zufall wollte, hatte Arthur Miller die Abraham Lincoln High School besucht. Fünf Jahre später, ehe sie Miller heiratete, schwärmte Marilyn gegenüber Joshua Logan, dem Regisseur von *Bus Stop:* »Sieht Arthur nicht genau wie Abraham Lincoln aus? Ich bin verrückt nach ihm.«

»Ich fand ihn anziehend, weil er brillant ist«, erzählte Marilyn der Königin der Klatschkolumnisten, Louella Parsons. »Er hat einen schärferen Verstand als jeder andere Mann, der mir begegnet ist. Und er versteht und billigt mein Bestreben, mich weiterzubilden.«

Natasha Lytess erinnert sich, wie sie sofort nach der ersten Begegnung mit Miller »feststellen konnte, daß Marilyn in ihn verliebt war. Nichts Großes, aber an ihrem Verhalten konnte man es merken.« Ein Jahr darauf entdeckte ein Freund Millers Foto neben Marilyns Bett, dasselbe, das Rupert Allan von *Look* gesehen hatte. Dieser Besucher erkannte den Mann auf dem Bild und berichtete später, daß »Marilyn beichtete. Sie sagte, andere Leute in ihrem Zimmer hätten ihn nicht erkannt. Marilyn vermittelte den Eindruck, sie seien beide sehr voneinander angetan. Aber sie sagte, er sei verheiratet, und sie glaube nicht, daß sich irgendwas ergeben werde.« Die Schauspielerin Maureen Stapleton, die fünf Jahre später mit Marilyn in New York zusammenarbeitete, sagte: »Ich weiß von Marilyn persönlich, daß sie sich schon lange, lange vor ihrer Heirat für Arthur entschieden hatte. Sie kam nicht bloß nach New York und ins Actors' Studio, weil sie eine große Künstlerin werden wollte. Sobald sie genau wußte, was sie wollte, hatte der Bursche keinerlei Chance mehr. Sie wollte Arthur haben – und sie bekam ihn.«

1951 blieb Miller jedoch mit Frau und Kindern in New York. In Hollywood stellte sich Marilyn der Herausforderung. In seinem langen ersten Brief an sie hatte Miller geschrieben: »Verzaubere sie mit diesem Image, auf das sie aus sind, doch ich hoffe, ja ich bete fast, daß Du bei diesem Spiel weder Schaden nimmst noch Dich veränderst . . .«

Am Silvesterabend 1951 klingelte das Telefon bei Jim Bacon von der Nachrichtenagentur Associated Press, der mit Marilyn seit drei Jahren sporadisch zusammen war. Sie hatte eine dringende Bitte: »Ich will nicht den ganzen Silvesterabend allein zu Hause sein, Jim. Nimmst du mich mit auf eine Party?« Bacon sagte, seine Frau habe dafür wohl kaum Verständnis.

Am anderen Ende der Leitung beteuerte das Stimmchen des Pin-up-Girls des Jahres: »Oh, das verstehe ich.« Dann legte sie auf.

Es sollte noch viele einsame Festtage geben für das Mädchen, das am stärksten geträumt hatte.

9

»ICH MÖCHTE, DASS du mit diesem Mädchen redest«, sagte Harry Brand, Publicity-Chef der Fox. »Wir werden sie als größte Sexbombe des Films seit Jean Harlow lancieren – oder vielleicht sollte ich besser sagen, sie lanciert sich selbst.« Es war der 5. Januar 1952, und Darryl Zanucks oberster Manipulator gab dem Klatschkolumnisten Hy Gardner ein Essen aus.

Bei Brands nun folgendem Tip für Gardner handelte es sich um das vorsichtige Ankurbeln eines größeren Coups auf dem Gebiet Pseudo-Öffentlichkeitsarbeit. »Nur wegen einer Kleinigkeit machen wir uns noch Sorgen«, vertraute er ihm an. »Als es ihr dreckig ging, hat Marilyn im Evakostüm einem kleinen Fotografen Modell gestanden, und die Bilder schmücken jetzt einen Aktkalender. Ich würde Ihnen die Schnappschüsse ja zeigen, aber unsere Rechtsabteilung hat sie in den Tresorraum eingeschlossen.«

Diese heiße Information war an Marilyns Auftreten gekoppelt, die sich bereit zeigte, den Kolumnisten ein wenig zu verwöhnen. Damit hatte Brand das Fundament für den Kalenderstreich gelegt, eine Geschichte, die in den kommenden Monaten und Jahren ein nie versiegender Quell von Schlagzeilen wurde.

Die autorisierte Version der Kalendergeschichte klingt wie folgt: 1949 ließ sich die dreiundzwanzigjährige Marilyn, pleite und arbeitslos, von dem Fotografen Tom Kelly nackt ablichten. Kelly verkaufte die Bilder schließlich der Western Litograph Company für eine Kalenderreihe, und drei Jahre später brachte irgendwer zufällig das Gesicht des neuen Fox-Stars mit dem Gesicht und dem Körper in Verbindung, die überall in den Vereinigten Staaten in Autowerkstätten und Friseursalons hingen – was Marilyn, ihrem Studio und ihrem aktuellen Produzenten wahrschcinlich peinlich war.

In den frühen fünfziger Jahren ließen anständige Mädchen sich nicht nackt fotografieren, und bald kläffte die Presse vor den Toren der 20th Century-Fox. Die Studioverantwortlichen taten furchtbar schockiert. Man sprach davon, Marilyn aus dem Vertrag zu entlassen und ihren neuesten Film, *Clash by Night,* zurückzuziehen; Marilyn selbst heulte sich angeblich die Augen aus. Dann schlug Marilyn vor, sie könnte sich doch zu den Nacktaufnahmen bekennen, aber gleichzeitig betonen, daß sie es nur äußerster Not gehorchend getan habe, als sie kein Geld mehr hatte, um ihre Miete zu zahlen. Diese rührselige Geschichte sollte das öffentliche Mitleid fördern und einen schlimmen Skandal in einen gigantischen Publicityerfolg verwandeln.

Natürlich funktionierte es, und Marilyns Kalenderfotos verkaufen sich auch heute noch. Allerdings wurde die Wahrheit darüber, wie man die Story unter die Leute brachte, noch nie veröffentlicht. Es ist eine witzige Geschichte, die noch dazu viel über Marilyn als Meisterin der Eigenwerbung verrät.

In Zusammenarbeit mit Sidney Skolsky inszenierte Marilyn die Presseinformation auf die ihr eigene raffinierte Art. Sie sorgte dafür, daß sie von der UPI-Reporterin Aline Mosby interviewt wurde. Mosby, deren Agentur Tausende Zeitungen, Zeitschriften, Radio- und Fernsehstationen belieferte, wurde zu Marilyn geschickt und bekam den Tip, sie über den Aktkalender auszufragen. Zwei Publicityagenten der Fox, Sonia Wolfson und Johnny Campbell, waren bei dem Interview anwesend. Über den Kalendertrick hatte man sie im dunkeln gelassen, und Marilyn drehte es so, daß die Mosby den Eindruck hatte, ihr würde der absolute Exklusivknüller gesteckt.

»Sie bat Aline, mit ihr auf die Damentoilette zu kommen«, erinnert sich Campbell, »und täuschte irgendwelche Menstruationsbeschwerden vor. Dahin konnte ich die beiden natürlich nicht begleiten. In der Sicherheit des Klosetts gab sie sich dann als Heldin der Kalenderfotos zu erkennen. Wir alle waren deswegen sehr beunruhigt, konnten aber nichts unternehmen.«

Aline Mosbys verständnisvoller Artikel wurde ein paar Tage später veröffentlicht, und Marilyn tat völlig verblüfft. »Ich begreife immer noch nicht, *wie* man mich erkannt hat«, protestierte sie. Und Campbell gibt zu, daß »Marilyn die Stimmung im Land damals besser eingeschätzt hat als wir alle. Sie begriff, daß die Zeiten sich geändert hatten.«

Die Kalendergeschichte zog immer weitere Kreise. Bald hing die nackte Marilyn Monroe in Wohnzimmern des ganzen Landes, war auf Cocktailtabletts und Trinkgläsern als Farbdruck zu bewundern. Marilyn murmelte, sie wolle nicht, daß das Bild zu einer »nationalen Institution« würde, aber sie sagte es sehr leise.

Inzwischen sorgten die Verteidiger der amerikanischen Moral dafür, daß der Skandal nicht in Vergessenheit geriet. Anfang 1953 nahm man in Los Angeles den Inhaber eines Fotogeschäfts fest, nachdem man beobachtet hatte, wie Schuljungen den Kalender in seiner Schaufensterauslage anstarrten. In Pennsylvania und Georgia wurde der Kalender behördlich verboten. Marilyn dankte den Behörden freundlich, und die Bilder tauchten wieder auf – schwarz gerändert. Auch drei Jahre später verkaufte sich der Kalender noch, obwohl die US-Post entschieden hatte, die Aufnahmen seien obszön.

Im Dezember 1953 schmückte eins der Aktfotos aus dem Kalender, das ein junger Unbekannter namens Hugh Hefner für 500 Dollar erworben hatte, die Seiten des damals neuen *Playboy.* Die bekleidete Marilyn zierte auch das Titelblatt. So kann der *Playboy* sich damit brüsten, daß sein erstes Playmate – oder Sweetheart of the Month, wie das Ausklappfoto damals genannt wurde – Marilyn Monroe war.

Marilyn spielte eine Schlüsselrolle bei dieser Frühoffensive in Sachen amerikanische sexuelle Revolution. Die aus kommerziellen Gründen oftmals publizierte Behauptung, sie habe früher einmal die Miete durch ihr Mitwirken an Pornofilmen verdient, entbehrte allerdings jeder Grundlage. In letzter Zeit tauchten zwei alte Sexfilme wieder auf dem Markt auf, eine primitive Darstellung des Geschlechtsakts und ein Striptease-Streifen mit dem entzückenden Titel *Apple Knockers and the Coke Bottle* (Apfeltitte und die Cola-Flasche). Beim Verkauf beider Filme wurde mit der Unterstellung gearbeitet, die agierende Frau sei Marilyn, doch in beiden Fällen ergaben Nachforschungen, daß es jemand anderes war.

Einer Mitarbeit an pornographischen Filmen am nächsten kam Marilyn mit einundzwanzig, fünf Jahre vor der Kalender-Episode – und dabei handelte es sich um harmloses Zeug. Eines Samstags begleitete Steffi Skolsky, die Tochter von Marilyns Freund Sidney, ihren Vater ins Studio. Während sie auf ihn wartete, spazierte sie in einen Vorführraum, wo sich die Schauspieler Szenen anschauten, die sie »aus Spaß an der Freude« gedreht hatten »und weil Zanuck gern ein bißchen was hatte, das er in den frühen Morgenstunden laufen lassen konnte«. Die junge Steffi sah die vollbekleidete Marilyn in einer »äußerst anzüglichen« Umarmung mit dem Schauspieler Robert Karnes. Vermutlich ist diese Szene schon vor langer Zeit auf den Müll gewandert.

Die Aktkalendergeschichte erblickte am 13. März 1952 das Licht der Öffentlichkeit. Zu der Zeit brodelte eine von Marilyns weniger erfolgreichen Presse-Operationen auf kleiner Flamme vor sich hin. Sie war es nie müde geworden, den Menschen die Geschichte ihrer traurigen Kindheit zu erzählen. Dies war zu einem anderen Fluß steten Mitgefühls geworden, aus dem sie bis an ihr Lebensende schöpfte und andere versorgte. Einer seiner wichtigsten Nebenarme war ihre ungeklärte Abstammung.

Mit achtzehn, während ihrer Ehe mit Dougherty, hatte Marilyn plötzlich verkündet, jetzt wolle sie ihren »Vater« anrufen. Sie habe ihn durch Leute identifiziert, die früher einmal mit ihrer Mutter zusammengearbeitet hätten. Vor Doughertys Augen wählte sie eine Nummer, legte aber bald wieder auf. Ihr »Vater«, so sagte sie, habe sich geweigert, mit ihr zu sprechen.

Marilyn nannte ihren ersten Mann immer »Daddy«. Nach ihrem Tod fand ihre Testamentsvollstreckerin Inez Melson in einer Aktentasche Briefe eines anderen Ehemanns, Joe DiMaggio. Melson fiel auf, daß DiMaggio seine Briefe mit »Pa« unterschrieb.

Dieses Bedürfnis nach einer Vaterfigur war offenbar zu einem Teil von Marilyns Gespinst aus Phantasievorstellungen geworden. Als junges Starlet bat sie 1950 Sidney Skolsky, er möge mit ihr wegfahren, sie wolle ihren »Vater besuchen«. Am nächsten Tag fuhr sie mit ihm Richtung Palm Springs und behauptete, ihr Vater wohne auf einem Bauernhof in der Gegend. Irgendwann stellte Marilyn den Wagen ab und ging zu Fuß die Zufahrt hinauf und auf ein Haus zu, das von Bäumen verdeckt war. Was dann geschah, konnte Skolsky nicht sehen.

Als sie zurückkam, erfuhr Skolsky von Marilyn, ihr »Vater«, ein »Scheißkerl«, habe ihr gesagt: »Hör zu, Marilyn, ich bin verheiratet und habe Kinder. Ich will nicht, daß du mir hier irgendwelchen Ärger machst.« Über diesen Vorfall schrieb Skolsky nichts in seiner Zeitung, obwohl Marilyn vielleicht genau das beabsichtigt hatte.

Es ist fraglich, ob hinter jenem Vorhang aus Bäumen wirklich eine Begegnung stattfand. Als Skolsky zwei Wochen später anfing, Natasha Lytess davon zu erzählen, unterbrach sie ihn und erklärte, Marilyn habe vor kurzem mit vielen ähnlichen Details für sie eine ganz ähnliche Vorstellung gegeben.

Jahre später spielte Marilyn ähnliche Szenen ihrem Masseur Ralph Roberts und ihrer Pressebeauftragten Pat Newcomb vor, wieder zwei Episoden im Abstand von etwa einem Monat. Das geschah 1961, kurz nachdem Marilyn aus einer psychiatrischen Klinik gekommen war.

Handelte es sich dabei um echte Kontaktaufnahmen mit dem Vater, der sie im Stich gelassen hatte, oder um Sympathiewerbung mit allen Mitteln? Stanley Gifford, einem ihrer möglichen Väter, gehörte nach dem Zweiten Weltkrieg tatsächlich ein Molkereibetrieb in der Nähe von Palm Springs. Vielleicht war er ihr Vater und wies sie wirklich ab. Sicher ist, daß Marilyn nach der merkwürdigen Doppelwallfahrt im Jahr 1950 über ihren angeblichen Vater widersprüchliche Aussagen machte.

So verriet sie Amy Greene in New York, sie sei ihrem Vater begegnet. Dagegen erzählte Marilyn ihrem langjährigen Vertrauten Henry Rosenfeld, sie habe herausgefunden, daß ihr Vater »ein Farmer im Mittelwesten« sei, und sie wolle ihn gar nicht mehr kennenlernen.

Bei einer Party in New York nahm Marilyn einmal an einem Spiel teil, bei dem sie sagen mußte, was sie sich am allermeisten wünschte. Ihre Antwort lautete, berichtet Rosenfeld, sie würde gern »ihre schwarze Perücke aufsetzen, ihren Vater in einer Kneipe aufgabeln und mit ihm schlafen. Dann würde sie sagen: ›Wie fühlst du dich jetzt, wo du eine Tochter hast, mit der du im Bett warst?‹«

Anfang 1952, als die Marilyn-Legende die Öffentlichkeit in ihren Bann zu ziehen begann, versuchte sie, aus ihrem familiären Hintergrund Kapital zu schlagen. Das geschah bei einem Treffen mit dem Reporter Jim Henaghan in seinem Haus am Strand von Malibu. Als die Dämmerung hereinbrach und die Drinks flossen, schrieb Henaghan später, da schöpfte Marilyn aus dem Vollen. Ihr Vater sei bei einem Verkehrsunfall ums Leben gekommen, sagte sie, was einem ihrer möglichen Väter wirklich widerfahren war. Dann fuhr sie fort: »Ich hatte nie ein eigenes Zuhause. Oder überhaupt *irgend etwas,* das mir ganz allein gehörte. Meine Mutter starb, als ich noch ein Baby war ...«

Wie auch immer die Wahrheit über ihren Vater aussah, Marilyns Mutter war keinesfalls tot. Marilyn wußte sehr genau, daß sie in einer Nervenheilanstalt in der Nähe untergebracht war. Aber ihren Public-Relations-Leuten hatte sie schon vor geraumer Zeit erklärt, beide Eltern wären tot, und dieses Märchen beutete sie jetzt munter aus.

Diesmal erwies sich das als Bumerang. Henaghan verfaßte einen Artikel, in dem er die Waise Marilyn als »Hollywoods einsamstes Mädchen« darstellte. Dann fand Erskine Johnson, ein anderer Journalist, heraus, daß Marilyns Mutter am Leben war. Seine Zeitung veröffentlichte den Artikel.

Marilyns Welt brach nicht zusammen, was sie selbst ein wenig erstaunte. Die Zeitungen hielten den Bericht einfach für eine der vielen guten Geschichten über die Monroe. Warum sollten sie auch etwas anderes daraus machen? Marilyn war zum öffentlichen Eigentum geworden, zu einem elementaren Faktor nationaler Unterhaltung, den niemand verlieren wollte. Von nun an sollte ihr Leben zwischen Sensation und Tragik hin- und herpendeln, und alle Welt sah zu.

Im Kielwasser der Kalenderaffäre bekam Marilyn im Frühling 1952 massive Publicity. Das Magazin *Life* verlieh ihr seine hochgeschätzten Weihen, indem es verkündete, daß »endlich der einzig wahre Artikel eingetroffen ist – ein sensationelles Glamourgirl, das garantiert Menschen aus aller Herren Länder an der Kinokasse verzaubert«. Und während sie mit Cary Grant gerade in *Monkey Business (Liebling, ich werde jünger)* vor der Kamera stand, merkte die Welt am wohl untrüglichsten aller Anzeichen, daß ein Star geboren war: die Zeitungen fingen an, von Marilyns Krankheiten zu berichten.

Am 28. April kamen die Dreharbeiten zum Stillstand, als Marilyn im Krankenhausbett auf ihre Blinddarmoperation wartete. Der Eingriff fand im Cedars of Lebanon Hospital statt, wo Johnny Hyde ein Jahr zuvor gestorben war. Im OP fragte sich eine Krankenschwester laut, ob Marilyn wirklich »überall blond« war, wie sie einmal vor Presseleuten gescherzt hatte. (Sie war es nicht, in späteren Jahren gehörte das Bleichen ihrer Schamhaare mit Wasserstoffperoxyd zu den Pflichten ihrer Friseusen.) Die Witze hörten sofort auf, als eine Schwester folgende Notiz fand, mit Bleistift geschrieben und mit Klebestreifen auf dem Bauch der Patientin befestigt:

> Muß unbedingt vor der Operation gelesen werden.
> Lieber Doktor,
> Schneiden Sie so wenig wie möglich, ich weiß, es klingt eitel, aber damit hat es eigentlich nichts zu tun – daß ich eine *Frau* bin, ist

wichtig und bedeutet mir viel. Retten Sie bitte (kann Sie gar nicht genug bitten), was Sie können – ich bin in Ihren Händen. Sie haben Kinder, und Sie müssen wissen, was das bedeutet – bitte, Doktor –, irgendwie weiß ich, Sie werden's tun! danke – danke – um Gottes willen, lieber Herr Doktor, nicht die Eierstöcke entfernen – noch einmal tun Sie bitte, was in Ihrer Macht steht, um große Narben zu vermeiden. Ich danke Ihnen von ganzem Herzen.
Marilyn Monroe

Der Chirurg Dr. Marcus Rabwin wußte bereits von der Besorgnis seiner Patientin, was ihre Gebärfähigkeit betraf. Da eine sehr geringe Möglichkeit bestand, daß es zu Unterleibskomplikationen kommen könnte, wurde ein Gynäkologe hinzugezogen. Es war Dr. Leon Krohn, der Marilyn von jetzt an bei ihrem Wunsch, Kinder zu bekommen, medizinisch betreute.

Die Operation ging glatt, und als der Star aufwachte, fand er nur die Routinenarbe vor. »Als ich Marilyn sagte, sie könne nach Hause gehen«, verrät Dr. Rabwin, »hatte sie Tränen in den Augen und sagte: ›Ich kann nicht, weil ich kein Geld habe, um die Krankenhausrechnung zu bezahlen.‹ Ich riet ihr, das Studio anzurufen, die würden das schon regeln. Sie sagte: ›Glauben Sie wirklich?‹ Sie rief an, und natürlich sorgten sie innerhalb von einer Stunde dafür, daß die Rechnung bezahlt wurde und eine Limousine vor der Tür stand.«

Unsicherheiten hin oder her – jetzt konnte Marilyn leben wie ein Star. Die Studiolimousine beförderte sie ins relativ bescheidene Beverly Carlton Hotel, wo sie vor der Operation gewohnt hatte. Doch bald versteckte man sie in der luxuriösen Zurückgezogenheit einer Suite mit Swimming-pool im Bel-Air Hotel. Sie zahlte die Rechnung von 750 Dollar im Monat, und jetzt konnte sie sich's auch leisten.

Am 1. Juni 1952, ihrem sechsundzwanzigsten Geburtstag, bekam Marilyn bergeweise Geschenke und Telegramme von der Elite Hollywoods. In jener Nacht, so erzählt man sich, dinierte der Star allein; aber sie führte ein langes Telefongespräch mit einem Mann in New York. Es handelte sich nicht um Arthur Miller – der war noch nicht verfügbar. Der Name des Mannes lautete DiMaggio.

II
DAS DIMAGGIO-DESASTER

»Es macht keinen Spaß, mit einem elektrischen Licht verheiratet zu sein.«

JOE DIMAGGIO

10

WENN DIE ZEITUNGEN heutzutage gelegentlich einen Artikel über den großen alten Mann des Baseballs schreiben, nennen sie ihn gern den »letzten Helden«. Joe DiMaggio, der 1951 zum letzten Mal ernsthaft einen Schläger schwang, verbrachte die Jahrzehnte danach damit, dem Beifall zu lauschen. Er spielte Golf, zelebrierte nostalgische Auftritte für die Baseball-Fangemeinde und wurde für die Leute, die sich im Fernsehen Werbung ansehen, zum »Mister Kaffee« und Reklamemann für eine Sparkasse. Morgens hielt er an Tausenden von kalifornischen Sonnentagen hof in der Schankstube eines Restaurants in San Francisco, das seinen Namen trug. Inzwischen sind die Lorbeeren des einundsiebzigjährigen DiMaggio wahrhaft immergrün geworden, ohne daß er seit dreißig Jahren groß etwas dafür getan hätte.

Den Lektoren im New Yorker Verlagsgeschäft wurde Jahr für Jahr aufs neue klar, daß der letzte Held nie seine Autobiographie zu Papier bringen wird. Sie boten Verträge an, und er lehnte sie ab. Dabei weigert sich DiMaggio gar nicht, über seine längst vergangene Blütezeit oder die Feinheiten der Kaffeewerbung zu erzählen. »Mich legen sie nicht rein«, meinte DiMaggio vor ein paar Jahren. »Die Leute wollen von Marilyn hören, und genau darüber will ich nicht sprechen.«

Auf dem Papier ist das, worüber DiMaggio nicht reden will, eine kurzlebige spektakuläre Affäre von neun Monaten, eine alles andere als dauerhafte Ehe, die so rasch aufflammte und wieder verglühte wie die Blitzlichter der Pressefotografen, die daraus einen öffentlichen Zirkus machten. Genaugenommen ist es allerdings ein volles Jahrzehnt, worüber DiMaggio auf keinen Fall reden möchte, eine Zeit, die glanzvoll begann, aber nebulös und tragisch endete.

»Man kann das auf zwei Arten sehen«, war von DiMaggio zu erfahren. »Einerseits sollten solche Geschichten als historische Ereignisse überliefert werden. Andererseits hat jeder das Recht, sein Leben ungestört zu Ende zu führen.« Ohne DiMaggio fehlt bei dieser Geschichte ein Kronzeuge. Dank anderer Kenner der Materie erhalten wir jedoch zum erstenmal ein schlüssiges Bild: eine traurige Geschichte, in der unser letzter Held keineswegs einen heroischen Eindruck hinterläßt und Marilyn ganz sicher nicht die romantische Heldin abgibt.

Marilyn lernte Joe DiMaggio durch ein Publicity-Foto kennen. Auf Vorschlag des Presseagenten Roy Craft hatte sie sich im Frühling 1952 mit zwei Spielern der Chicago White Sox beim Baseballtraining ablichten lassen. Das Bild war in den Teil der Zeitung gelangt, den Joe DiMaggio las, und er schaute es sich auch ganz genau an. Eine in Shorts und Pulli erfrischend unschuldig aussehende Marilyn schwankte auf hohen Stöckelschuhen und schwang einen Baseballschläger. DiMaggio, für den Verabredungen mit jungen Schauspielerinnen so etwas wie ein Hobby waren, hielt Rücksprache mit Gus Zernial, einem der beiden Spieler auf dem Foto.

Nun kannte DiMaggio zufällig einen Agenten namens David March, und March hatte ein ganz anderes Interesse an Marilyn – er wollte ihr weiterhin geschäftlich zu Diensten sein. DiMaggio redete kurz mit March, der versprach, alles zu versuchen, um eine Verabredung zu arrangieren. Als er Marilyn anrief, war sie alles andere als begeistert.

»Ich will ihn gar nicht kennenlernen«, war Marilyns Reaktion. »Ich mag keine auffallend gekleideten Männer mit karierten Anzügen, großen Muskeln und rosa Krawatten. Sie machen mich nervös.«

Marilyn, die sich über den Unterschied zwischen Baseball und Football nicht so ganz im klaren war, gab zu, den Namen DiMaggio schon mal gehört zu haben. Sie meinte, es handele sich vielleicht um einen italienischen Schauspieler. Schließlich erklärte sie sich doch bereit, als vierte Person zu einem Abendessen mit DiMaggio, March und einer anderen jungen Schauspielerin zu erscheinen. Das Rendezvous sollte um halb sieben abends in einem – natürlich – italienischen Restaurant mit dem Namen Villa Nova stattfinden.

Wer sich nicht einfand, war Marilyn, und DiMaggio hegte bereits Zweifel, ob sein Gastgeber sie wirklich kannte. March rief Marilyn an, die murrte, sie sei zum Ausgehen zu müde. Fast zwei Stunden später tauchte sie endlich zum erstenmal vor DiMaggios Augen auf. Was Marilyn sah, war ein athletischer Mann mit grauen Schläfen in einem konservativen Anzug.

»Er war anders, als ich erwartet hatte«, verriet sie später Sidney

Skolsky. »Ich hatte mir einen Mann mit glänzenden schwarzen Haaren vorgestellt, in protziger Freizeitkleidung und mit New Yorker Schnauze.« Tatsächlich aber sagte DiMaggio an jenem Abend so gut wie gar nichts.

Was sich bei dieser ersten Begegnung sonst noch zutrug, ist in einem wahren Chaos phantasievoller Presseberichte verlorengegangen. Wie Marilyn vor dem Scheitern ihrer Ehe erzählte, bot sie zu ihrer eigenen Überraschung DiMaggio an, ihn nach Hause zu fahren. Dann fuhren sie drei Stunden lang durch Beverly Hills, da es anscheinend doch eine Menge zu bereden gab. Schließlich bekam er ihre Telefonnummer, und Marilyn dämmerte es langsam, daß DiMaggio – wie der Rest der Nation bereits wußte – auf seinem Gebiet ein ganz Großer war.

Am nächsten Tag im Studio erzählte Marilyn prompt ihrem Presseagenten von der Begegnung. »Sie kicherte wie ein Schulmädchen«, erinnert sich Roy Craft. »Sie hatte da einen phantastischen Mann kennengelernt. Um wen es sich handelte, wollte sie zuerst gar nicht verraten. Man hätte meinen können, sie wär eine Fünfzehnjährige nach ihrer ersten Verabredung.«

Craft reagierte, wie es sich für einen Werbemann gehört: Marilyn mußte mit Amerikas Lieblingschampion zusammen fotografiert werden. Als DiMaggio Marilyn bei den Dreharbeiten zu *Liebling, ich werde jünger* besuchte, überredete man ihn, mit Marilyn und Cary Grant für einen Schnappschuß Aufstellung zu nehmen. Das Foto, auf dem DiMaggio ein Gesicht machte, als wäre er am liebsten ganz woanders, wurde natürlich landesweit veröffentlicht. Vorher war Cary Grants Gesicht sorgfältig herausgeschnitten worden, und so hatte Amerika seine neue Romanze.

Wenn man von einigen Gerüchten absieht, wanderte die Liebesheirat zwei Jahre lang von einer albernen Zeitungsschlagzeile zur anderen bis zum Standesamt. Für Marilyn – und vor allem für DiMaggio – war es nicht ganz so einfach.

Joseph Paul DiMaggio ist ein Italoamerikaner, wie er im Buche steht. Er kam als achtes von neun Kindern eines sizilianischen Ehepaars zur Welt, das um die Jahrhundertwende in die USA ausgewandert war. Sein Vater, der Fischer Zio Pepe, ließ sich mit der Familie nach einem Fehlstart in einem Fischerdorf im Norden der USA ein Jahr nach Josephs Geburt in San Francisco nieder. Das Leben im Hafen war nicht gerade ein Zuckerschlecken. Vom Fischfang einmal abgesehen, war man oft einem gefährlichen Konkurrenzkampf ausgesetzt. Im Schlepptau der Einwanderer hatten auch gewisse brutale sizilianische Bräuche den Ozean überquert; Gewalttätigkeiten waren an der Tagesordnung, und die Armut stand damals immer vor der Tür.

Der junge DiMaggio sollte Fischer werden, doch er enttäuschte seinen Vater. Schiffe mochte er nicht besonders; er wurde leicht seekrank. Er stahl sich davon und übte am Strand Baseball, mit einem zerbrochenen Ruder als Schläger. Die anderen hielten das für kindisch, und DiMaggio mußte jahrelang auf einen der wichtigsten italienischen Werte verzichten: die Anerkennung seiner Brüder.

Mit neunzehn hatte er sein Ansehen wiederhergestellt; als Spieler der San Francisco Seals schwang der junge Joe DiMaggio den Baseballschläger in 56 Spielen fehlerlos, ein neuer Rekord für die Pazifikküste der USA. Die Talentsucher wurden aufmerksam, und 1936, mit zweiundzwanzig, spielte DiMaggio im Yankee Stadium für New York. Von seinem Militärdienst bei der Luftwaffe gegen Kriegsende abgesehen, fesselte er die folgenden fünfzehn Jahre lang mit seinem Können die amerikanische Öffentlichkeit. 1941, sechs Monate vor Pearl Harbor, schlug DiMaggio in 56 aufeinanderfolgenden Spielen 56 erfolgreiche Läufe und stellte damit einen Rekord auf, der heute noch Bestand hat. Seine Mannschaft, die New York Yankees, gewannen die Meisterschaft, »World Series« genannt, und aus den Musikboxen im ganzen Land plärrte ein Song, der extra für ihn geschrieben worden war:

> He'll live in baseball's Hall of Fame,
> He got there blow by blow.
> Our kids will tell their kids his name,
> Joltin' Joe DiMaggio.
> (In der Ruhmeshalle des Baseballs wird er wohnen,
> Schlag für Schlag ist er dorthin gekommen.
> Uns're Kinder werden ihre Kinder seinen Namen lehren,
> der umwerfende Joe DiMaggio.)

Nach dem Krieg begeisterte DiMaggio die Zuschauer auch weiterhin. Aber Verletzungen und Krankheiten machten ihm zu schaffen. In seiner Glanzzeit hatte er ein unwahrscheinlich ausschweifendes Leben geführt, mehr gezecht, als seine Magengeschwüre zuließen, und täglich zwei bis drei Packungen Zigaretten geraucht. Geheiratet hatte er auch – den blonden Möchtegern-Filmstar Dorothy Arnold. Sie war Sängerin in einem New Yorker Nachtclub gewesen und hatte einen Vertrag bei den Universal Studios unterschrieben. 1939 feierten Tausende Bewohner San Franciscos, italienische Fahnen schwenkend, ihre Hochzeit mit DiMaggio. Vier Jahre später wurden sie geschieden, nachdem Dorothy ihn wegen Grausamkeit verklagt hatte.

Als Joe DiMaggio sich 1951 aus den Baseballstadien verabschiedete, hatte er bereits zahlreiche Frauen gehabt, doch keine, an die sich irgendwer erinnert. Man brachte ihn eher mit seinen Freunden in Zusammenhang; mit Toots Shor, dem in New York eine Kneipe für Prominente gehörte, und mit George Solotaire, dem Möchtegern-Songschreiber, der in New York zum wohlhabenden Konzertagenten wurde. DiMaggio lebte am Rande des Showbusiness, und daran war nichts Ungewöhnliches; schließlich hatte er ja lange genug Amerika unterhalten.

Inzwischen war DiMaggio siebenunddreißig, reich, im Ruhestand und ganz offensichtlich einsam. Der König des Baseballplatzes war abgetreten und sah sich nach einer Königin um. Er nahm an, mit Marilyn Monroe hätte er sie gefunden. Nach der Begegnung im Villa Nova nahm DiMaggio sofort die Verfolgung auf. Es kam zu weiteren Rendezvous und wahrscheinlich auch zum Schäferstündchen. DiMaggio, für den Erfolge im Bett nichts Ungewohntes waren, gab zunächst ein bißchen damit an. Offiziell äußerte sich Marilyn später, daß sie »am nächsten Abend mit ihm essen war und auch an den folgenden Abenden, bis er nach New York abreisen mußte«.

Nicht einmal zwei Monate später war die Affäre mehr als nur gutes Material für Marilyns Publicitybüro. Dr. Rabwin, der Marilyns Blinddarmoperation durchführte, kann sich noch erinnern, daß täglich jede Menge Anrufe von DiMaggio aus New York eintrafen. Rosen wurden zu Dutzenden abgegeben. 1952, um Marilyns sechsundzwanzigsten Geburtstag herum, wurde in den Zeitungen über eine Heirat spekuliert. Marilyn verweigerte einen Kommentar zu diesem Thema, ließ sich jedoch (exklusiv) zu folgender Aussage herab: »Es gibt nichts auf der Welt, was mir so wichtig ist, wie lieben und geliebt zu werden.« Weiter verriet sie: »Männer sind wie Wein – sie werden mit dem Alter immer besser. Was nicht heißt, daß ich etwas gegen jüngere Männer hätte.«

Ein Jahr später zitierte der Klatschkolumnist Dick Williams Marilyn mit diesen Worten: »›Ständig sind Gerüchte im Umlauf, ich hätte was mit anderen Männern‹, sagte sie, nippte an einem Glas Wasser und schaute mich mit ihrem Schlafzimmerblick träge an. ›Ich weiß ehrlich nicht, wovon diese Leute reden. Außerdem macht das Gerede Joe sehr wütend. Er würde ein paar von denen gern durchprügeln.‹«

Hätte DiMaggio gewußt, was sich wirklich abspielte, wäre für seine Gefühle der Begriff Wut eine gewaltige Untertreibung gewesen. Offenbar hatte Marilyn während der zwei Jahre, in denen ihr DiMaggio den Hof machte, mit mindestens vier anderen Männern Affären; manchmal auch dann, wenn Joe in Los Angeles war. Mit einem von ihnen erwog sie die Heirat, und mit einem anderen war sie vielleicht kurz – und heimlich – verheiratet.

Bei den Dreharbeiten zu ihrem neuen Film *Liebling, ich werde jünger* fiel Marilyn im Frühjahr 1952 ein zwanzigjähriger Schauspielernovize auf. Es war Nico Minardos, etwa sechs Jahre jünger als sie, ein stämmiger, gutaussehender, dunkler Grieche, der erst kürzlich aus Athen gekommen war. Er studierte Schauspielkunst an der Universität in Los Angeles, und zu seinem Kurs gehörten Praktika bei 20th Century-Fox. Marilyn ließ sich durch einen anderen Griechen, der damals bei der Fox arbeitete, mit ihm bekannt machen, und eine Affäre begann.

Minardos, inzwischen erfolgreicher Produzent und ehemaliger Schauspieler, hat sich, was Marilyn betraf, nie um Publicity bemüht. Als er für dieses Buch befragt wurde, gab er an, er habe vom Frühsommer 1952 an eine etwa siebenmonatige Affäre mit Marilyn gehabt, und sie hätten sich noch bis zu ihrem Tod zehn Jahre später sporadisch getroffen. Als Marilyn DiMaggio kennenlernte, hatten sie und Minardos schon etwas miteinander.

»Ich war ein junger lebenslustiger Bursche«, erinnert sich Minardos, »und sie ein wirklich hübsches Mädchen. Eins der hübschesten, das mir je begegnet ist; wenn sie morgens ohne Make-up aufwachte – absolut wundervoll. Sie war gescheit, vielleicht eher gewitzt als hochintelligent, und so ein sensibles Kind. Und doch war sie mies im Bett. Oh, geliebt hab ich sie. Ich war noch sehr jung.«

»Mies im Bett« hin oder her, Minardos und Marilyn waren eng befreundet. Entweder trafen sie sich in ihrem Hotel oder in seinem Apartment am Wilshire Boulevard. Wenn sie am Steuer ihres grünen Pontiacs ankam, spielte er manchmal gerade mit einem Freund Karten. Dann mußte Marilyn warten, bis die beiden jungen Männer, wegen der sommerlichen Hitze in Unterhosen, ihr Spiel beendet hatten. Das schien ihr aber nichts auszumachen.

Marilyn war eindeutig nicht mehr die sexuell erfüllte Person, von der ihr erster Mann Jim Dougherty gesprochen hatte. »Sie bekam nie einen Höhepunkt«, verrät Minardos, »obwohl sie sich große Mühe gab. Sie hatte wirklich schwere psychische Probleme und war sehr, sehr unglücklich.«

Marilyn erzählte Minardos, daß sie als Kind vergewaltigt worden war, und er wußte nicht recht, ob er ihr glauben sollte. Als sie ihm von ihrem Kinderwunsch berichtete, hatte er den unbestimmten Eindruck, sie sei nicht aufrichtig. Als sie zur Blinddarmoperation ins Krankenhaus ging, machte sie Minardos weis, ihr würde »ein Eierstock entfernt«. Rückblickend sagt Minardos: »Das Faszinierende an Marilyn war, daß sie auch im wirklichen Leben schauspielerte. Sie war sich der Realität bewußt, spielte aber Theater, weil sie das Drama so liebte...«

Am Ende stand für Minardos fest, daß Marilyn Sex benutzt hatte (und immer noch benutzte), um ihren Willen durchzusetzen. In diesem Zusammenhang erwähnt er vor allem Spyros Soukas, den Boß des Fox-Studios, der Marilyns Karriere gefördert hatte.

»Eines Nachts in ihrem Hotel«, sagt Minardos, »meinte Marilyn: ›Macht es dir was aus, für eine Stunde zu verschwinden? Ich bin hier zwischen acht und neun geschäftlich verabredet.‹ So wie sie das sagte, kam mir das Ganze ziemlich merkwürdig vor. Ich war jung und eifersüchtig und ließ mir viel Zeit. Auf einmal klopfte es, und eine Stimme sagte: ›Ich bin's, Liebling.‹ Verschwinden konnte ich nicht mehr, also zog ich mir die Hose an und öffnete die Tür; es war Skouras. Er war so wütend, daß er mich damals aus dem Studio rausschmiß. Später, als ich ihn besser kannte, redete er mich nie mit meinem Namen an – er nannte mich immer ›Marilyns Freund‹. Damals und auch später kritisierte ich Marilyn für ihr Verhalten. Ihr Erfolg kam teilweise auf nicht ehrenwerte Weise zustande, indem sie nämlich Leute ausnutzte.«

Im November 1952, als sie DiMaggio schon ein halbes Jahr kannte, nahm Marilyn Minardos zu seinem ersten großen Erntedank-Festessen mit – im Hause ihres Exliebhabers Fred Karger. Die Familie Karger hieß den jungen Minardos herzlich willkommen. Auf Marilyns Bitte nahm Minardos sie Monate später zu einem griechischen Fest mit, zum Ostergottesdienst in einer orthodoxen Kirche. Sie war von der endlos langen Zeremonie begeistert und bestand zu Minardos' Verdruß darauf, bis zum Ende des Gottesdienstes zu bleiben.

Etwa ab Herbst 1952 sprach Marilyn laut Minardos von Heirat. Das ging sogar so weit, daß sie in Athen bei seinen erstaunten Eltern anrief, denen sie theatralisch verkündete: »Ich will mit Ihrem Sohn ein Kind haben.«

Aber der junge Minardos hatte seine Gründe, vor einer Heirat zurückzuschrecken. Heute meint er dazu: »Ich wollte auf gar keinen Fall ›Mr. Monroe‹ werden. Wenn ich mal eine Frau heiratete, dann nur eine ›Mrs. Minardos‹.«

Schaudernd erinnert sich Minardos, daß kaum ein Jahr später in Zeitungen von Joe DiMaggio als »Marilyns Lebensgefährten« die Rede war. Einmal ertappte Minardos Marilyn, wie sie eifrig einen Liebesbrief an DiMaggio schrieb; dabei lag ein schmales braunes Buch geöffnet neben ihr. Es entpuppte sich als ein Band mit Briefen eines englischen romantischen Dichters, aus dem Marilyn ganze Passagen wortwörtlich abschrieb. Dieser Brief wurde schließlich eine Gemeinschaftsproduktion von Minardos und Marilyn.

Schon früh war Minardos klargeworden, daß Joe DiMaggio »extrem eifersüchtig« war. Das fand sogar Erwähnung in der Presse, die Marilyns sonstige Liebeleien verschwieg. Die Zeitungen hatten herausgefunden, daß DiMaggio jegliche Publicity scheute, während Marilyn sie genoß. Im Beverly Hills Hotel wartete er also im ersten Stock auf sie, obwohl er genau wußte, daß sie allein im Erdgeschoß aß. Der Italiener aus San Francisco freute sich keineswegs darüber, daß Marilyn ihren Körper zur Schau stellte. Sie versuchte zwar, wie sie sagte, sich in ihrer Kleidung zu mäßigen, doch die Exhibitionistin in ihr war stärker.

Der Kostümdesigner Billy Travilla, der zu der Zeit Marilyns Filmgarderobe entwarf, versuchte vergeblich, sie vom Tragen zu enger Kleider abzuhalten. Als sie für die Rollschuhszene in *Liebling, ich werde jünger* einen weitgeschnittenen Rock tragen mußte, dachte Travilla, diesmal könne wenigstens nichts schiefgehen. Er kleidete sie für die Szene an und mußte dann hilflos mitansehen, »wie sie nach hinten griff und sich sorgfältig ein paar Rockfalten zwischen die Pobacken klemmte. ›Hab ich dich reingelegt, Billy, stimmt's?‹ sagte sie, als die Szene abgedreht war. ›Du und dein großer, blöder Rock.‹«

Als sie es mit einem anderen alten Trick versuchte, spielte die Natur nicht mit. Marilyn verriet Travilla, daß Jean Harlow, eins ihrer Idole, vor dem Drehen ihre Brustwarzen mit Eis eingerieben habe, damit sie vorstanden. »Meine werden nicht steif«, beklagte sich Marilyn. »Da stimmt irgendwas nicht.« Das Problem wurde mit einem Kunstgriff gelöst – man setzte im Büstenhalter an den richtigen Stellen zwei kleine Knöpfe ein. Die *New York Daily News* schrieb über *Liebling, ich werde jünger:* »Marilyn Monroe kann dümmer aussehen und spielen als alle anderen Blondinen, die sich zur Zeit auf der Leinwand tummeln.« Wie berichtet wird, nahm Marilyn dies als Kompliment.

Auch wenn sie nicht vor der Kamera stand, waren Marilyns Auftritte eine einzige Tortur für Joe DiMaggio. Beim Besuch eines Stützpunkts der US-Marineinfanterie reizte sie zehntausend Männer mit den Worten: »Ich weiß wirklich nicht, was ihr Jungs an Mädchen in Pullis immer so aufregend findet. Nehmt ihnen die Pullis ab – und was ist dann noch an ihnen dran?«

Im selben Jahr fungierte sie als »Großmarschall« bei der Wahl zur Miß Amerika; dabei trug sie ein geradezu groteskes Kleid, das beinahe bis zum Nabel ausgeschnitten war. Wie man hörte, war DiMaggio verletzt und peinlich berührt. Hätte er gewußt, was sich außer der öffentlichen Präsentation ihrer weiblichen Reize noch abspielte, wäre die Peinlichkeit für ihn zur Höllenqual geworden. Marilyn hatte sich bei Dreharbeiten außerhalb von Los Angeles mit noch einem anderen Mann vergnügt.

11

DIE SOMMERROMANZE ZWISCHEN Marilyn und Robert Slatzer, dem jungen Journalisten aus Ohio, den sie im Foyer der 20th Century-Fox kennengelernt hatte, lag jetzt sechs Jahre zurück. Er wohnte in Columbus, Ohio, wo er regelmäßig für eine Zeitung arbeitete, und fuhr öfter nach Hollywood, wo er hoffte, bei der Filmindustrie unterzukommen. Slatzer war immer noch fasziniert von dem »arglosen Mädchen«, das er an einem kalifornischen Strand geliebt hatte. Und Marilyn ermunterte ihn weiterhin. Auf seine Briefe aus Ohio antwortete sie mit einer Flut von Ferngesprächen – eine Angewohnheit, die zu einer Art Monroeschem Markenzeichen werden sollte. Zu Anfang ihrer Laufbahn führte das zu unbezahlten Rechnungen und mindestens einem Gerichtsverfahren, weil die Telefongesellschaft sie verklagt hatte.

Wenn Slatzer in Hollywood war, teilten sie sich ab und zu möblierte Zimmer. »Manchmal mußten wir das notgedrungen tun«, schreibt Slatzer. »Hattest du die Miete nicht bezahlt, konnten sie einen einsperren und einem alles wegnehmen. Das ist uns beiden ein paarmal passiert, also teilten wir dann und wann eine Bleibe, das war billiger so. Man könnte sagen, daß wir zusammen wohnten, aber nur zwei Wochen hier, einen Monat dort. Gelegentlich schliefen wir miteinander, aber ich glaube, ich war eher einer ihrer wenigen Freunde fürs Leben.«

Heute verbringt Slatzer, der inzwischen neunundfünfzig ist und sich von einer Herzoperation erholt, die meiste Zeit in seinem kleinen, nestartigen Haus oben in den Hollywood Hills. Vor der Haustür hängt eine amerikanische Fahne schlaff herab, und der Gast wird in Zimmer geführt, in denen sich Bücher stapeln, die schon lange nicht mehr in die überfüllten Regale passen. Immer noch leisten hübsche junge Frauen Slatzer Gesellschaft. Gespräche werden häufig vom Kreischen eines Vogels oder vom Klingeln des Telefons unterbrochen – das oft eine weitere Anfrage bezüglich Marilyn Monroe ankündigt.

Seit Marilyns Tod hat sich Slatzer den zweifelhaften Ruf erworben, ein Monroe-Besessener zu sein. In seinem 1974 erschienenen Buch *The Life and Curious Death of Marilyn Monroe* vertritt er seine Lieblingsthese, Marilyn sei im Anschluß an eine unglückliche Affäre mit Robert Kennedy ermordet worden. Diese Theorie und Slatzers Art, seine Auffassung ziemlich ausufernd vorzutragen, führten zu Spott und zur Vermutung, er sei ein Scharlatan. Manche bezweifeln, daß er Marilyn überhaupt gekannt hat. Solche an Verleumdung grenzende Kritik stammt von Reportern und Redakteuren, die sofort und unbesehen eine Monroe-Schlagzeile drucken, aber vor eigenen ernsthaften Nachforschungen zurückschrecken.

Tatsächlich fehlt Slatzer die Disziplin, die einen gründlich recherchierenden Journalisten auszeichnet. Wie seine Interviewaussagen ist auch sein Buch über Marilyn wirr, Belege fehlen fast durchweg. Wegen seiner Behauptungen, die den Zeitraum vor Marilyns Tod betreffen – vor allem wegen der schwerwiegenden Aussagen über Präsident Kennedy und seinen Bruder Robert –, schien es mir unbedingt nötig zu sein, seine Behauptung, er habe Marilyn gekannt, entweder zu beweisen oder zu widerlegen. Nach intensiven Gesprächen mit Slatzer, die sich über zwei Jahre hinzogen, und nach eigenen Nachforschungen mußte ich akzeptieren, daß Slatzer tatsächlich mit Marilyn über Jahre hinweg eng befreundet gewesen war.

Diese Überzeugung beruht auf Gesprächen mit zahlreichen Zeugen; die meisten davon fanden statt, ohne daß Slatzer vorher davon wußte. Unter anderem interviewte ich Allan »Whitey« Snyder, der Marilyn vor ihrer ersten Probeaufnahme schminkte, ihr ständiger Maskenbildner wurde und schließlich die tote Marilyn für ihr Begräbnis zurechtmachte. Snyder, anerkanntermaßen einer der engsten Freunde Marilyns, bestätigt, daß sie Slatzer bereits 1946 kennenlernte. Außerdem schrieb Snyder: »Während ich sie schminkte, erzählte sie mir nicht selten, Bob lasse mich grüßen; dann wieder erwähnte sie ein Telefongespräch mit ihm oder sagte mir sogar, sie sei am Abend mit ihm verabredet. Bob Slatzer konnte ein sehr guter Zuhörer sein, eine Eigenschaft, die für Marilyn in all den Jahren so ungeheuer wichtig war, daß ihre Freundschaft hielt ... Ich erfuhr von Marilyn, daß sie Bob mitten in der Nacht anrufen und stundenlang mit ihm reden konnte ... Meiner Meinung nach hat sie ihn immer sehr gemocht.«

An die Anfangszeit der Affäre zwischen Slatzer und Marilyn kann sich Noble »Kid« Chissell erinnern, ein ehemaliger Boxchampion bei der US-Marine, der in Hollywood als Stuntman und Kleindarsteller arbeitete. Sein Auto borgte sich Slatzer für die erste Verabredung mit Marilyn, und als Slatzer sie nach Hause fuhr, war Chissell dabei. Er weiß noch, wie Marilyn damals in Slatzers Wohnung ab und zu Frühstück machte, und auch, daß ihre Romanze zahllose Trennungen überlebte. Einmal vor Weihnachten, Ende der vierziger Jahre, begleitete Chissell das mit kleinen Geschenken beladene Paar ins Waisenhaus, in dem Marilyn selbst gelebt hatte; die Bescherung war Marilyns Idee.

Ein halbes Dutzend weiterer Zeugen, die Slatzer alle seit den frühen Fünfzigern kennen, bestätigt seine Verbindung zu Marilyn. Einer von ihnen ist der Engländer Gordon Heaver, der 1952 nach Hollywood kam und bei den Paramount Studios arbeitete. Im selben Jahr begegnete er Marilyn in Begleitung Slatzers. Andere vertrauenswürdige Zeugen aus Slatzers Heimatstadt Columbus erinnern sich, daß er Marilyn in Gesprächen als gute Freundin bezeichnete. Einer dieser Ohrenzeugen ist Slatzers Zahnarzt, Dr. Sanford Firestone.

Nachdem er gehört hatte, daß Slatzer mit einer Frau telefonierte, die sich Marilyn nannte, wollte Dr. Firestone unbedingt herausfinden, ob sich sein Freund nicht vielleicht einen ganz raffinierten Scherz erlaube. Dank eigener Verbindungen in Hollywood gelang es Firestone, selbst mit Marilyn zu sprechen. Sie bestätigte, daß sic tatsächlich bei Slatzers Telefonat am anderen Ende der Leitung gewesen war; schließlich lernte Firestone sogar Marilyn persönlich kennen.

Von Slatzer erfahren wir erstaunliche Dinge aus dem Jahr 1952, als Marilyn bereits als Joe DiMaggios feste Freundin galt.

Liebling, ich werde jünger war abgedreht, und Marilyn flog Anfang Juni Richtung Osten, um in *Niagara* die Rolle einer untreuen Ehefrau zu spielen; der Film machte nicht zuletzt Furore mit seinem dramatischen Drehort, den Niagarafällen. Berühmt wurde er allerdings durch eine sinnliche »Gehsequenz«; damals war es die längste Einstellung dieser Art in der Filmgeschichte und ist es vielleicht auch heute noch.

Während sich Schauspieler und Filmteam auf der amerikanischen Seite der kanadischen Grenze, in Buffalo, versammelten, begab sich Marilyn zu einem kurzen Intermezzo mit DiMaggio nach New York City. Sie stürzten sich in das Nachtleben Manhattans, und bei dieser Gelegenheit präsentierte der Champion den Freunden seine Trophäe.

Die Freunde, denen Marilyn in Toots Shors Kneipe begegnete, waren richtige Männerkumpels – großmäulige Sportler, Spieler, Cat cher und gewohnheitsmäßige Nachtschwärmer. Ein Journalist, dem sie später ein Interview gab, berichtete: »Für Marilyn, die um Joes willen tapfer errötend die Augen niederschlug, war das alles reiner Blödsinn. Sie hatte andere Interessen, denen sie während ihres Aufenthalts in New York viel lieber gefrönt hätte: ein Nachmittag im Theater, Museumsbesuche und ähnliches. Aber Joe, der am Ende doch das Sagen hatte, wollte davon nichts wissen.«

Vermutlich ohne DiMaggios Wissen ging Marilyn noch einem weiteren Interesse nach – sie verabredete ein Stelldichein mit Robert Slatzer.

Laut Slatzer rief Marilyn vor ihrer Abreise aus Hollywood an und schlug vor, sich am *Niagara*-Drehort zu treffen. Slatzer, inzwischen fünfundzwanzig, langweilte sich bei seinen Zeitungsjobs und war von Marilyn immer noch so fasziniert, daß er sofort zusagte. Im General Brock Hotel, auf der kanadischen Seite der Fälle, nahm er Kontakt mit Frank Neill auf, einem Presseagenten des Studios. Neill sah in Slatzer einen Zeitungsmenschen und gelegentlichen Filmkritiker, also besorgte er ihm das ideale Quartier – ein Zimmer gleich neben dem von Marilyn.

Slatzer berichtet, daß Marilyn ihn begeistert begrüßte. Sie trank viel und stellte sich häufiger, als Slatzer von seinen Besuchen in Kalifornien in Erinnerung hatte, nackt zur Schau. Das wird von einer ihrer Friseusen bestätigt, die erzählt, wie Marilyn nackt ans Fenster trat und kicherte, als sie sah, daß eine Gruppe Jugendlicher zu ihr hochschaute.

Jungverheiratete verbrachten ihre Flitterwochen traditionsgemäß an den Niagarafällen, und die Frau, die von der Presse als zukünftige Braut Joe DiMaggios gehandelt wurde, versetzte Slatzer plötzlich in Erstaunen. »Wär das nicht ein wunderbarer Ort zum Heiraten?« sagte sie. »Dann müßten wir nicht erst zu den Niagarafällen fahren, weil wir ja schon hier sind.«

Sie hatten vorher noch nie ans Heiraten gedacht, und Slatzer kam zu dem Schluß, sie sei betrunken. Doch nach einer weiteren durchzechten und durchliebten Nacht stellte er auf einmal selbst ernsthaft diese Frage. Diesmal weigerte sich Marilyn mit den Worten, zum Heiraten sei sie nicht bereit.

Während die Dreharbeiten zu *Niagara* weitergingen, fiel dem Maskenbildner Whitey Snyder auf, daß Marilyn wieder einmal schreckliche Angst hatte, vor der Kamera aufzutreten. Auch war sie extrem nervös. Der Regisseur wies Snyder eine Rolle zu, die ihm bald zur Gewohnheit werden sollte: er wurde Marilyns Babysitter. Stundenlang redete er ihr geduldig zu, sie möge sich doch zum Drehort begeben, und als sie plötzlich beschloß, noch einmal DiMaggio zu besuchen, begleitete Snyder sie nach New York. Slatzer war inzwischen gekündigt worden, weil er zu lange mit Marilyn herumgeschäkert hatte. Sie rief ihn an, hatte Mitleid und schlug vor, er solle wieder zum Drehort kommen. Slatzer folgte ihrem Ruf und begleitete sie nach Ende der Dreharbeiten nach Kalifornien.

Der Sommer in Los Angeles schien nach außen hin das nächste Kapitel der DiMaggio-Romanze zu bringen. In Presseberichten stand, daß sich Marilyn mit DiMaggio und seinem zehnjährigen Sohn Joe jr. an einem Swimming-pool in Hollywood räkelte, und DiMaggios Exfrau beschwerte sich lautstark darüber.

Auf einmal verblaßten seltsamerweise die Schlagzeilen. Anfang September gab Marilyn bekannt, sie und DiMaggio hätten keine Heiratspläne. Zur Ehe allgemein erklärte sie, ein wenig mehr Eifersucht des Mannes würde einer Frau nie schaden. »Ohne das würde es manchmal ziemlich öde werden«, sagte sie. »Aber es ist wie mit Salz auf einem Steak. Man braucht nur eine kleine Prise davon.« DiMaggio, so scheint es, bekam jedenfalls sein gerüttelt Maß ab.

Robert Slatzer war auf Marilyns Geheiß nach Kalifornien gekommen. Zwei Monate lang, berichtet er, kam er sich vor wie in einer französischen Farce: »Ich sah sie so oft wie DiMaggio. Ob sie Ausreden erfand, wenn er anrief, sie aber mit mir ausgehen wollte, und umgekehrt, weiß ich nicht. Während der Baseball-Endspiele war DiMaggio als Kommentator beim Sender, und wenn er nicht in der Stadt war, sah ich sie praktisch jede Nacht. Wenn er anrief, war ich bei ihr zu Hause. Manchmal rief ich um Mitternacht an, und DiMaggio war da; dann kam es vor, daß sie mich um drei Uhr morgens mit den Worten zurückrief: ›Jetzt kann ich sprechen.‹«

Slatzer hatte ein klassisches Zusammentreffen mit DiMaggio, als beide Männer eines Nachts zu einer Verabredung mit Marilyn erschienen. »Ich stand da und wartete auf sie«, sagt Slatzer, »als DiMaggio angefahren kam. Wir wußten jeweils, wer der andere war, und das Warten verlief sehr ruhig – wir hatten uns nicht viel zu sagen. Dann tauchte Marilyn auf und ließ uns beide ein. Er war ein großer Kerl, also wollte ich mich nicht mit ihm anlegen. Ich goß mir 'nen Drink ein, und da ich mich in der Wohnung offensichtlich ziemlich gut auskannte, war er verstimmt. Die zwei stritten sich, und er verlangte von mir, ich solle gehen. Ich weigerte mich. Da wurde sie wütend und schmiß uns beide raus. Etwa eine Stunde später rief sie an, entschuldigte sich und sagte, sie hätte ihre Termine durcheinandergebracht.«

Ende August tauchte in Dorothy Kilgallens Klatschkolumne eine dreizeilige Bemerkung auf, die sich von all dem Tratsch über DiMaggio deutlich abhob. Dort stand: »Eine unbekannte Größe ist in das Rennen um die Gunst Marilyn Monroes eingestiegen: Robert Slatzer, Literaturkritiker, ehemals Columbus, Ohio. Er macht ihr telefonisch und postalisch den Hof und fördert ihre geistige Entwicklung, indem er sie mit bedeutenden Werken der Weltliteratur beschenkt.«

Drei Wochen später berichtete Slatzer persönlich seinen Lesern, er habe Marilyn mit den *Sinnsprüchen* des Omar Chajjam und den Werken Edgar Allan Poes versorgt. Sie habe ihm, wie er sagte, *Der Prophet* von Kahlil Gibran geschenkt. Man geht wohl recht in der Annahme, daß Marilyn solche Lektüre nicht mit Joe DiMaggio austauschen konnte.

Eines Nachts Anfang Oktober sprach Marilyn des langen und breiten über DiMaggio. Dazu Slatzer: »Sie erzählte mir, sie könne sich nicht vorstellen, je mit ihm glücklich zu werden. Grund war seine Eifersucht, nicht nur wegen mir – er wurde eifersüchtig, wenn die beiden beim Essen im Restaurant saßen und jemand sie um ein Autogramm bat. Dann war er völlig außer sich und machte sie zur Sau. Zu der Zeit hätte ich gewettet, daß sie DiMaggio nie und nimmer heiraten würde, und wenn sie hundert Jahre alt würde.« Wenn man Slatzer Glauben schenken kann, heiratete sie statt dessen ihn, in einer standesamtlichen Trauung auf der anderen Seite der mexikanischen Grenze.

Slatzers Bericht über seine Heirat mit Marilyn stieß verständlicherweise auf Skepsis. Heute existieren keine urkundlichen Belege darüber, und vernünftige Leute können sich kaum vorstellen, Marilyn habe etwas so Wichtiges unternommen, ohne in die Schlagzeilen zu geraten. Die Zweifler weisen darauf hin, daß sich Slatzer erst Jahre nach Marilyns Tod öffentlich zu einer solchen Heirat bekannte. Und doch wurde bei Interviews für dieses Buch seine Darstellung von manchen bestätigt.

Zwei Zeugen scheinen mir besonders wichtig zu sein, da sie behaupten, Marilyn selbst habe diese Episode erwähnt. Dr. Firestone, Slatzers Zahnarzt, weiß noch, daß Marilyn Jahre später von ihren »Flitterwochen mit Bob in Mexiko« sprach. Von Slatzer hatte Firestone damals nichts über die Heirat gehört; also nahm er an, Marilyn habe nur vage von einem romantischen Ausflug gesprochen.

Terry Moore, Schauspielerin und ehemalige Frau von Howard

Hughes, kannte, wie sie sagt, Marilyn von ihrer Anfangszeit in Hollywood her; beide standen jeweils zu gleicher Zeit bei der Fox und später bei Columbia unter Vertrag. »Ich erinnere mich noch sehr gut, wie aufgeregt sie war, als sie mit Bob ausging«, berichtet Terry Moore. »Sie wollte sich unbedingt weiterbilden und kultiviert sein, und sie sah zu Bob auf, weil er belesen war. Gleich nachdem es passierte, erzählte sie mir, sie habe ihn geheiratet. Ich weiß das, weil ich ihr vorher von meiner eigenen kurzen Ehe mit Glenn Davis berichtet hatte.«

Von Slatzers Freund Will Fowler erfahren wir: »Bob sagte mir, er wolle sich nach Mexiko fortstehlen und Marilyn heiraten. Ich kann mich erinnern, daß Bob mir die Heiratsurkunde zeigte, als sie zurückkamen. Die sah aus wie ein edles schwarzweißes High-School-Diplom mit goldenem Siegel ...«

Laut Slatzer fand die Eheschließung nach einer langen durchredeten und durchzechten Nacht am 4. Oktober 1952 statt, während sich DiMaggio an der Ostküste aufhielt. Sie fuhren mit dem Auto nach Tijuana, wo sie früher schon einige Wochenenden verbracht hatten, ein Heirats- und Scheidungsparadies. Zehn Jahre später flog Marilyn in eine andere Grenzstadt, um sich von Arthur Miller scheiden zu lassen.

»Wir wußten nicht so genau, wie das Ganze ablief«, berichtet Slatzer. »Ich fragte den stellvertretenden Leiter des Ausländer-Clubs, der mir bereits bekannt war. Er sagte, wir sollten einfach die Straße runtergehen zu einem dieser wirklich schnellen Anwälte. Marilyn hatte von einer Kirche geredet und hielt diese Schnellabfertigung nicht für besonders romantisch. Jedenfalls fanden wir hinter einer Ladenfront an der Hauptstraße einen Rechtsanwalt. Seinen Namen weiß ich nicht mehr – es ist wirklich verdammt lange her. Er sagte, in etwa einer Stunde könne er uns drannehmen, und wir müßten zwei Trauzeugen haben. Der eine könne seine Frau sein, den anderen wollten wir uns auf der Straße suchen.«

Für Slatzers Schilderung der Ereignisse am Hochzeitstag gibt es nur eine Bestätigung aus erster Hand: die des zweiten Trauzeugen. Ohne Slatzer vorher Bescheid zu sagen, nahm ich 1982 Kontakt mit Kid Chissell auf, der die beiden schon in den vierziger Jahren zusammen gesehen hatte. Zur angeblichen Heirat sagte Chissell: »Es war reiner Zufall. Ich war gerade in Tijuana, um einen alten Kumpel aus meiner Marinezeit zu besuchen. Auf einmal sah ich Bob und Marilyn aus einem Laden kommen. Ich schubste ihn an, und er drehte sich abrupt um und sah mich böse an. Als sie mich erkannten, lachten wir alle drei, und sie fragten, ob ich nicht ihr Trauzeuge sein wolle. Ich war einverstanden, meiner Meinung nach wurde es auch langsam Zeit ... Dann meinte Marilyn, ihr wär's lieber, vor ihrer Heirat in eine Kirche zu gehen; also gingen wir in eine katholische Kirche, was anderes hatten sie da unten nicht. Bob und ich blieben bei der Tür, Marilyn bedeckte den Kopf mit ihrem Pulli und zündete vorn am Altar Kerzen an. Als sie fertig war, gingen wir zum Anwalt. Dessen Frau gab Marilyn eine Blume, sie füllten die Unterlagen aus, und er traute sie. Anschließend kauften wir Marilyn ein Paar mexikanische Sandalen, weil ihr die Schuhe, die sie in der Anwaltspraxis ausgezogen hatte, geklaut worden waren. Dann gingen wir in den Ausländer-Club und genehmigten uns 'nen Drink.«

Sollte Chissell seine Geschichte erfunden haben, so trug er sie jedenfalls überzeugend vor. Sein und Slatzers Bericht stimmen in allen wesentlichen Einzelheiten überein. Daß Marilyn erkannt wurde, war nicht sehr wahrscheinlich, behauptet Slatzer: »Wie die bezaubernde Schönheit Marilyn Monroe sah sie wirklich nicht aus. Ungeschminkt und mit zurückgekämmten Haaren sah sie wie irgendein kleines Mädchen aus, das einen Wochenendausflug nach Tijuana unternahm.«

In jener Nacht, sagt Slatzer, vollzogen sie die Ehe in ihrem Schlafzimmer im etwa dreißig Kilometer von Tijuana entfernten Rosarita Beach Hotel, damals ein abgeschieden gelegenes, altmodisches Haus. »Als ich am nächsten Morgen aufwachte«, berichtet Slatzer, »saß sie halb aufrecht im Bett und rieb sich die Augen. Sie weinte ein bißchen, wollte aber nicht verraten, warum.«

Die Ehe dauerte drei Tage. »Wir fuhren nach Los Angeles zurück und fragten uns, was wir wegen DiMaggio unternehmen sollten«, sagt Slatzer, »aber Darryl Zanuck bekam uns als erster zu fassen. Montags rief Marilyn am späten Nachmittag an und sagte, es gäbe Schwierigkeiten im Studio. Sie hatte ein paar Leuten von der heimlichen Trauung erzählt, und das hatte sich rasch herumgesprochen. Schließlich kam es zu einer Konfrontation mit Zanuck, und der ließ nicht mit sich reden. Seine Worte waren: ›Wir haben einen Haufen Geld in dieses Mädchen investiert und lassen uns das durch so eine Heirat nicht kaputtmachen. Macht das rückgängig.‹«

Laut Slatzer beugten er und Marilyn sich dem Willen des Studios. Sein Freund Will Fowler bestätigt, dies habe ihm Slatzer auch gesagt, und die Schauspielerin Terry Moore erinnert sich: »Marilyn erzählte mir, das Studio habe irgendwie einen Riegel vorgeschoben.«

Weniger bereitwillig gibt Slatzer zu, daß Marilyn es sich bereits anders überlegt hatte, kaum daß sie wieder in Hollywood war. DiMaggio rief wiederholt an, und Slatzers frisch angetraute Frau schien verwirrt und durcheinander zu sein. Am nächsten Tag fuhr das Paar wieder nach Tijuana und bestach den Anwalt, damit er die Heiratsurkunde vernichtete, die noch nicht offiziell zu den Akten gekommen war. Was er dann auch tat.

Im heutigen Tijuana, einer wimmelnden, chaotischen Stadt, scheint es unmöglich zu sein, weitere Nachforschungen über Slatzers Heirat mit Marilyn anzustellen. Der traurigste Kommentar zum Thema stammt von Terry Moore: »Marilyn wollte frei sein und hatte doch Angst vor der Einsamkeit. Ich glaube, über ihre Gefühle zu DiMaggio war sie sich selbst nicht im klaren, und sie mochte Bob. So schnell, wie sie da reingeraten ist, war sie wieder draußen.«

In den letzten Wochen des Jahres 1952 stand Marilyn für *Gentlemen Prefer Blondes (Blondinen bevorzugt)* vor der Kamera, eins der wichtigsten Musicals der fünfziger Jahre. Außerdem war der Film ein Riesenerfolg für Marilyn, die mit Jane Russell Hauptdarstellerin war. Die beiden hatten dieselbe High-School besucht, und Russell hatte Marilyn mit ihrem ersten Mann, Jim Dougherty, noch einmal bei einer Tanzveranstaltung getroffen. Nun wurden Jane Russell und Marilyn Monroe zur Enttäuschung aller Klatschmäuler gute Freundinnen.

Jane Russell war mit dem ehemaligen Footballspieler Bob Waterfield verheiratet, und Marilyn wollte von ihr wissen, ob es ratsam sei, einen berühmten Sportler zu heiraten. Dazu hört man von Russell heute: »Ich sagte ihr, sie müsse sich die Zeit nehmen und sich in ihrem eigenen Freundeskreis über Bücher, Gedichte und Kunst unterhalten. Aber anscheinend war sie nicht in der Lage, sich dazu aufzuraffen. Marilyn hatte das Gefühl, ein Teil von ihr würde ausgelöscht, weil sie ihn nicht verwirklichen konnte.«

Joe DiMaggio machte keinerlei Anstalten, das Feld zu räumen. Von Sidney Skolsky erfahren wir, wie das Jahr 1952 zu Ende ging: »Sie war auf der Weihnachtsfeier ihres Studios, machte einen fröhlichen Eindruck, offensichtlich amüsierte sie sich. Dann ging sie, und ihr blieb nichts anderes übrig, als nach Hause zu fahren – damals ein Einzelzimmer im Beverly Hills Hotel – und auf einen Anruf von Joe zu warten, der gerade seine Familie in San Francisco besuchte. Als sie ihr Zimmer betrat, sah sie auf dem Tisch einen Mini-Weihnachtsbaum sowie ein Pappschild, auf dem in Druckbuchstaben die Worte ›Frohe Weihnachten, Marilyn‹ standen, und auf einem Stuhl in der Ecke saß Joe.«

Ein paar Tage später bekannte sie gegenüber Skolsky: »Zum ersten Mal in meinem Leben hat mir jemand einen Weihnachtsbaum geschenkt. Ich war so glücklich, daß ich geweint habe.«

Im selben Monat gab Marilyns Studio Informationen an die Presse weiter, die belegen sollten, daß Marilyn Monroe nun – offiziell – ein waschechter Star war. Sie könne sich doppelt glücklich schätzen, da sie »bekannter« sei als Rita Hayworth oder die Königin von England. Sie bekam mehr als 5000 Fanbriefe pro Woche, sollte von nun an eine Luxusgarderobe benutzen, in der früher Marlene Dietrich residiert hatte, und das Studio nannte sie auf einmal »*Miss* Monroe«.

Ein paar Monate zuvor war in Hollywood ein Hubschrauber neben dem Swimming-pool des Bandleaders Ray Anthony gelandet. Der Luftstrom hatte Stühle und Tische ins Wasser gewirbelt und den Effekt Tausender schwimmender Gardenien ruiniert. Dem Hubschrauber entstieg Marilyn in einem flammendroten Gewand, mit dem sie alle vor den Kopf stieß, abgesehen von den Fotografen. Ihr Auftritt war so geschmacklos, daß er selbst den Public-Relations-Manager entsetzte, der ihn veranstaltet hatte – die erste Darbietung eines Songs mit dem Titel »Marilyn« und dem Text:

»No gal, I believe,
Beginning with Eve,
Could weave a fascination like my MA-RI-LYN.
I planned everything,
The church and the ring,
The one I haven't told it yet is MA-RI-LYN.
She hasn't said yes,
I have to confess,
I haven't kissed or even met my MA-RI-LYN.

But if luck is with me,
She'll be my bride for evermore.«

(Ich glaub, kein Mädel, angefangen bei Eva, ist so faszinierend wie meine Marilyn. Ich hab alles geplant, Kirche und Ring, wem ich noch nichts davon erzählt habe, ist meine Marilyn. Sie hat nicht ja gesagt, das muß ich zugeben, nicht mal kennengelernt oder geküßt hab ich meine Marilyn. Aber wenn das Glück mir beisteht, dann wird sie für immer meine Braut.)

In der Phantasie war Marilyn nun mit ganz Amerika verheiratet. In Wahrheit war sie ein Wrack, begehrt von allen, mit einem Baseballchampion als Notanker.

12

IM HOCHSOMMER DES Jahres 1953 kniete Marilyn kurz nach ihrem siebenundzwanzigsten Geburtstag auf dem Bürgersteig vor dem Kino »Grauman's Chinese Theater« am Hollywood Boulevard. Neben ihr kniete Jane Russell, die andere Hauptdarstellerin aus *Blondinen bevorzugt*. Sie drückten ihre Hände in feuchten Zement, dann ihre Füße und anschließend kratzten sie ihre Namen neben die Abdrücke. Eine begeisterte Menge tobte, und Marilyn gab eine ihrer üblichen Witzeleien zum besten. Augenzwinkernd schlug sie vor, daß Jane Russell, für die Howard Hughes einmal einen Spezial-BH entworfen hatte, ihren Busenabdruck im Zement verewigen sollte. Und sie selbst, seit *Niagara* als einzige Schauspielerin gefeiert, die auftreten konnte, indem sie von der Kamera wegging, könne sich dann ja in den Zement setzen. Diese beiden Vorschläge wurden ebenso abgelehnt wie der, als i-Tüpfelchen in ihrer Unterschrift einen Diamanten zu verwenden, um so ihren Song »Diamonds Are a Girl's Best Friend« zu feiern. Stattdessen nahm man einen Bergkristall, der bald darauf gestohlen wurde.

Die Zeremonie vor Grauman's war kitschig, aber wichtig: Eine weitere Bestätigung, daß Marilyn wirklich ein Star war. Wie Jane Russell sagt, war Marilyn froh und ängstlich zugleich. Nun erkannten die Menschen in ihrem Umkreis, daß bei der unverfrorensten Schauspielerin der Welt Unsicherheit allgegenwärtig war.

Am Tag des Auftritts vor Grauman's Theater bekam die Friseuse Gladys Whitten, die von Marilyn immer »Gladness«, Fröhlichkeit, genannt wurde, einen Anruf, aus dem panische Angst herausklang. »Ich brauch deine Hilfe«, sagte Marilyns Stimme vom anderen Ende der Stadt, »bitte komm, Gladness, und bring deine Mom mit.« Es hörte sich nach einer schlimmen Krise an, bis Marilyn erklärte, um was es ging: »Ich kann mich nicht entscheiden, was ich anziehen soll.«

Whitten tat ihr den Gefallen, wie immer: »Sie war wie ein kleines Mädchen. Ich konnte es nicht ändern. Ich wollte ihr einfach helfen.«

Marilyn hatte Glück, daß ihre Helfer alle Kapriolen geduldig ertrugen. »Manchmal kam sie rein«, erzählt Gladys Whitten. »Wir brachten ihre Frisur in Ordnung, schminkten sie, sie fing an, sich umzuziehen, und auf einmal sagte sie: ›Oh, ich hab' vergessen zu duschen.‹ Dann nahm sie ihre Dusche – und wir konnten wieder von vorn anfangen . . .«

Marilyn konnte ebenso komisch wie frustrierend sein. Einmal rief sie ganz aus der Nähe des Studios an, und ihr hilfloses Stimmchen bat: »Gladness, würdest du mich bitte abholen? Mein Wagen ist nicht gekommen. Ich mußte von Beverly Hills bis hierher laufen, und keiner hat mich mitgenommen.«

Die erstaunte Gladys eilte zu ihrer Rettung und traf auf eine wartende Marilyn, deren Gesicht dick mit Vaseline eingeschmiert war. Marilyn war der festen Meinung, das hielte ihre Haut jung, obwohl andere warnten, sie würde dadurch nur unerwünschten Haarwuchs fördern.* Jedenfalls hatte sich an dem Morgen kein Autofahrer überwinden können, den »am schnellsten aufsteigenden Stern des Jahres 1953« mitzunehmen, der in Jeans und Pulli mit verschmiertem Gesicht herumlief.

Die ehemals pünktliche Marilyn fing nun an, die Regisseure mit ihrem später legendären Zuspätkommen auf die Palme zu bringen. Jane Russell erinnert sich, daß »sie lange vor mir eintraf und ihre Rolle beherrschte. Sie war bereit, aber zu nervös, um vor die Kamera zu treten. Also sprach ich mich mit Whitey ab, und wenn es Zeit wurde,

* Nach ihrem dreißigsten Geburtstag aufgenommene Fotos belegen, daß Marilyn später Härchen auf den Wangen wuchsen.

holte ich sie ab, und wir gingen gemeinsam raus.« Ihre Unsicherheit hatte inzwischen chronische Züge angenommen.

Bei den Dreharbeiten vertrug sie nicht die geringste Kritik. Nach einem Bühnenkuß mit Marilyn verkündete der Schauspieler Tommy Noonan: »Es war, als würde man von einem Staubsauger aufgesogen.« Marilyn reagierte auf Noonans Spruch mit einem tränenreichen Zusammenbruch. »Sie war wirklich außer sich«, meint Jane Russell. »Sie sagte: ›Wie kann man nur so gemein sein?‹«

Whitney Snyder war hinter den Kulissen nun ebensosehr Babysitter wie Maskenbildner. Schon seit geraumer Zeit hatte er die Aufgabe, im Hotel oder in der Garderobe bei Marilyn zu sitzen und ihr vor ihrem Kameraauftritt gut zuzureden. Snyder – er hatte inzwischen Marjorie Plecher geheiratet, die bei mehreren Filmen Marilyns Garderobe mitbetreute – sagt, Marilyn habe vor ihren Auftritten immer »Angst, pure Angst« empfunden. »Vor den Kameras fühlte sie sich nie sicher«, meint seine Frau Marjorie. »Sie hatte solche Angst, nicht richtig auszusehen oder falsch zu spielen, daß sie physisch nicht in der Lage war, den Wohnwagen zu verlassen. Es war die schlimmste Form von Lampenfieber. Sie hatte viel Talent, aber sie war einfach nicht selbstsicher, konnte nie an sich glauben.«

Snyder, die Friseuse Gladys Whitten und noch ein paar andere wurden nun zu Marilyns treuergebener Privatgarde. Sie waren die Ameisensoldaten des Gewerbes, und in ihrer Gegenwart fühlte sich Marilyn wohler als mit den meisten Berühmtheiten. Sie wußte, wie wertvoll sie waren, und das versuchte sie ihnen mit Geschenken zu zeigen. Es konnte ein vergoldeter Geldschein-Clip für Snyder sein, eine silberbeschichtete Karaffe für Whitten oder eine signierte Fotografie, auf der stand: »Für Gladness, weil sie dafür sorgt, daß ich so aussehe. Ich liebe Dich.«

Nach *Blondinen bevorzugt* schenkte Marilyn Natasha Lytess ihr Auto, einen Pontiac, der ihr erst ein paar Monate gehört hatte. Dem Wagen folgte ein Vicuña-Mantel. Lytess' Dankbarkeit wurde durch ihre Überlegung getrübt, daß Marilyn materielle Dinge fortgab, weil »sie nicht in der Lage war, etwas von sich zu geben«. Diese Charaktereinschätzung teilte schließlich auch der nächste in der Reihe von Marilyns Männerbekanntschaften. Es war Billy Travilla, Kostümdesigner bei *Blondinen bevorzugt* und etlichen anderen Filmen.

Travilla hatte Marilyn drei Jahre vorher kennengelernt, 1950. Sie war vierundzwanzig, er ein Jahr älter. Er erinnert sich: »Bei unserer ersten Begegnung trug sie einen schwarzen Badeanzug. Sie öffnete die Schiebetüren meines Anproberaums, dabei rutschte ein Träger runter, und eine Brust kam zum Vorschein. Sie war nicht nur schön, sondern hatte auch den Wunsch, ihre Schönheit vorzuzeigen. Natürlich machte sie das absichtlich – und einige Leute fühlten sich vor den Kopf gestoßen. Sie hatte etwas so Kindliches an sich, daß sie sich alles leisten konnte, und man konnte ihr nicht böse sein, so wie man einer Siebenjährigen nicht böse sein konnte. Sie war Frau und kleines Kind zugleich, und Männer wie Frauen vergötterten sie. Als Mann konnte man sich nicht entscheiden, ob man sie nun auf den Schoß nehmen und tätscheln oder in die Arme nehmen und auf die Matratze schleppen sollte ... In meinem Leben habe ich viele Frauen eingekleidet, aber keine war wie diese Lady. Wenn Sie mich fragen: Sie hatte eine gespaltene Persönlichkeit. Gebildet war sie zwar nicht, aber eine sehr gescheite Frau – und sie war launisch wie ein Kind. Wollte sie etwas erreichen, so machte sie das auf wundervolle Art. Manchmal kam sie ins Büro, um sich zu beschweren, wie das halt alle mal machen; aber Marilyn hatte immer ein Tränchen, eine echte Träne, in einem Auge, und ihre Lippen zitterten. Diese Lippen! Dagegen kommt ein Mann nicht an. Schließlich will man ja nicht, daß das Baby weint.«

»Liebster Billy, bitte zieh mich immer und ewig an. Ich liebe Dich, Marilyn«, schrieb sie auf einen Aktkalender, den sie Billy Travilla schenkte. Sie kannten sich schon drei Jahre, berichtet Travilla, da kam es während der Dreharbeiten von *Blondinen bevorzugt* zu einer kurzen Affäre, »als meine Frau in Florida und Joe DiMaggio auch gerade unterwegs war«. Die Liaison dauerte nur ein paar Wochen, dennoch können wir dank Travilla einen privaten Blick auf die Frau mit dem kindlichen Gemüt werfen.

Eines Tages kam die Sekretärin des Kostümbildners herein, als Marilyn gerade auf seinem Schoß saß. Marilyn stand auf, während Travilla sitzen blieb – sein Zustand ließ nicht zu, daß er sich sofort erhob. In Gegenwart der Sekretärin kicherte Marilyn entzückt und fragte: »Billy, warum kannst du denn nicht aufstehen?«

»Ich weiß noch, wie ich sie einmal abends um halb acht abholen kam«, erzählt Travilla. »Ich klopfte an ihre Hotelzimmertür, und sie bat mich zu warten. Auf einmal tauchte ein gutaussehender junger Schauspieler auf, der ebenfalls Blumen dabeihatte. Er sagte, er sei verabredet, und ich sagte, ich auch. Gut zwanzig Minuten vergingen; dann machte sie die Tür auf. Sie nahm dem Pagen die Blumen ab, sagte dem anderen, sie sei eher mit mir als mit ihm verabredet, und ich trat ein. Das Zimmer war offensichtlich schnell aufgeräumt worden, damit sie Besuch empfangen konnte, sah aber immer noch chaotisch aus. Ihre Hanteln guckten unter der Couch hervor, und sie wußte nicht, was sie mit den Blumen machen sollte. Ich schlug vor, die Rezeption anzurufen, doch sie sagte: ›Nein, ich hab eine bessere Idee‹, und stellte beide Sträuße in die Klosettschüssel. Dann kamen wir zu der Frage, ob sie in hochhackigen Schuhen zu groß wäre, um mit mir auszugehen. Ich mußte mit ihr vor dem Spiegel auf und ab gehen, während sie ihre Größe mit hohen Absätzen prüfte – sie war zwei Zentimeter größer als ich. Die hochhackigen Schuhe siegten dann doch, nach ungefähr zwanzig Minuten.«

Dann erinnert sich Travilla noch, daß »wir eines Nachts im Tiffany's in der Achten Straße waren. Ich ging auf die Toilette, dabei kam ich am Büro des Clubs vorbei. Mir fiel auf, daß Marilyns Aktkalender im Büro hing; ich erzählte es Marilyn. Sie sagte: ›O Billy, wo? Ich will ihn sehen.‹ Als wir hinkamen, war die Tür zu, also klopften wir an. Ein großer Schwarzer tauchte auf, fragte, was wir wollten, und Marilyn sagte, sie wolle sich ihren Kalender anschauen. Wie sich herausstellte, benutzte Billie Holiday das Büro als Garderobe, und ich schätze, sie hatte gehört, daß Marilyn Monroe im Publikum saß, und nahm nun an, Marilyn wolle mal eben hallo sagen. Als sie die Wahrheit erfuhr, bekamen wir nur einen ganz kurzen Eindruck von Billie Holiday – einen wirbelnden weißen Ärmel, von dem Perlen baumelten, und eine schwarze Hand. Sie riß den Kalender von der Wand, zerknüllte ihn, schmiß ihn Marilyn ins Gesicht und schimpfte sie eine Fotze. Völlig verdattert gingen wir an unseren Tisch zurück. Der Manager sagte, wir sollten bleiben und uns die Show ansehen, aber wir gingen.«

Rückblickend verbindet Travilla die persönliche Sicht des Exliebhabers mit den präzisen Beobachtungen, die seine lebenslange Arbeit mit weiblichen Stars ergaben: »Ich glaube, sie wollte lieben, konnte aber nur sich selbst lieben. Sie war ein absolut narzißtischer Mensch. Sie war ganz hingerissen von ihrem eigenen Gesicht, wollte es ständig verbessern und verändern. Übrigens war alles richtig, was sie damals in dieser Hinsicht unternahm. Mir sagte sie mal: ›Ich bringe es fertig, daß mein Gesicht alles ausdrückt, genauso wie du eine weiße Pappe nehmen und ein Gemälde daraus machen kannst.‹ Und sexuell in Stimmung kam sie erst, wenn sie sich im Spiegel diesen phantastischen Mund ansah, den sie mit ungefähr fünf Lippenstiftschichten angemalt hatte, um die richtigen Kurven, die richtigen Schatten hinzukriegen, damit die Lippen hervortraten; eigentlich waren ihre Lippen nämlich sehr flach.«

»Wenn es je eine gab, die einen aufgeilte und dann hängenließ«, sagt Travilla, »dann war es Marilyn, wenn sie's darauf anlegte. Sie machte das ernsthaft und als Gag. Wenn wir im Atelier ein Standfoto aufnahmen und ich ganz in ihrer Nähe war, dann flüsterte sie manchmal: ›Sag was Schmutziges‹, und ich tat es. Das konnte man dann von den Fotos ablesen, man konnte es sehen, dieser Mund sagte: ›Fick mich‹ oder ›Leck mich‹. Das hat sie angemacht.«

»Einmal«, erinnert sich Travilla, »kam so ein kleiner verkalkter Typ von Eastman Kodak vorbei – wir arbeiteten gerade mit einer neuen Filmsorte –, und da kommt sie in so 'nem Chiffon-Nachthemdchen an; dann posiert sie, mal so und mal so, und der kleine Kerl wird richtig zappelig. Und sie wußte das, sie trat zu uns und fragte: ›Finden Sie das in Ordnung so, Mr. Eastman?‹ So hatte sie ihren sexuellen Spaß – wenn sie einen erregte.«

Wie viele ihrer Kollegen und auch Liebhaber war Travilla erstaunt, wie nachsichtig er Marilyn gegenüber war. »Dieses Mädchen hatte etwas an sich, das man einfach lieben mußte. Sie tauchte zu einem Morgentermin nicht auf, rief nachmittags um drei an, sie sei unterwegs, und dann wartete man bis sieben. Sie war die einzige Frau, die mir begegnet ist, die einen Mann ohne Blinzeln ansehen konnte, ihm tief in die Augen sehen, und er kam sich groß, attraktiv und faszinierend vor. Wenn sie wollte, warst du der König des Abends. Sie sorgte dafür, daß man sich wie der einzige vorkam, auch wenn es nicht stimmte.«

Travilla machte sich da keine Illusionen. Edward G. Robinson jr. war in dem Jahr für etwa einen Monat ein weiterer Liebhaber Marilyns. Der Sohn des berühmten Schauspielers war eine traurige Figur. Er kam aus einer kaputten Familie und litt unter einer katastrophalen Beziehung zu seinem Vater. Aus ihm wurde nie mehr als ein vielversprechender Schauspieler; er war Alkoholiker, als er im Alter von vierzig Jahren erstickte, während er sich gerade einen Film seines Vaters ansah. 1953 war Robinson neunzehn, ein ziemlicher Luftikus, der hinter reiferen Frauen her war. Laut Robinsons Freund Arthur James und seiner letzten Frau Nan Morris war Marilyn eine davon.

James sagt, Marilyn lernte Robinson über einen gemeinsamen Freund kennen, einen anderen Sohn mit einem berühmten Namen: Charlie Chaplin jr., Marilyns ehemaliger Liebhaber. Während der Dreharbeiten zu *Blondinen bevorzugt* wurde aus der Bekanntschaft eine Affäre. Robinson war bei Marilyns Studio, der 20th Century-Fox, auf der Suche nach kleinen Rollen, und Marilyn versuchte zu helfen. Er wohnte in einem Apartment im selben Haus wie James' Schwester, und dort traf James die beiden gemeinsam an.

In dieser Liebesaffäre war die Leidenschaft bald aufgebraucht und verwandelte sich in Freundschaft. »Wir drei Männer bildeten so was wie ein Trio«, berichtet James, »und Marilyn traf sich mit uns allen gelegentlich, gemeinsam oder einzeln, bis an ihr Lebensende. Alle drei waren depressiv veranlagt, Marilyn, Charlie und Eddie, und wenn es schlecht lief, zogen sie sich gegenseitig runter. Die beiden mochten sie sehr, und sie versuchten, ihr beizustehen. Doch Charlie und Eddie waren selbstmordgefährdet, mehr noch als Marilyn. Aus eigener Kraft schafften sie den Durchbruch nicht, und mit ihren berühmten Namen kamen sie auch nicht zu Rande. Manchmal war es Marilyn, die ihnen ihre Lebensgeister wiedergab.«

Am Rande wurde Arthur James auch noch einer der vielen, die sich Marilyns gedankenlose Telefonanrufe zu nachtschlafender Zeit gefallen ließen. »Sie rief um drei oder vier Uhr morgens aus irgendeiner Wohnung an«, erinnert er sich, »und fragte, ob ich sofort vorbeikommen könne. Ich zog mir was über den Pyjama, fuhr den weiten Weg, und sie war nicht mehr da ...«

Mit Eddie Robinson hatte Marilyn nicht nur einen Trinker kennengelernt, sondern auch einen Mann, der mit Drogen experimentierte, einen »Pillen-Freak«, wie es Arthur James formuliert. Zu dieser Zeit und in diesen Kreisen überquerte Marilyn, das Fitneß-Mädel mit den Hanteln unter der Couch, wahrscheinlich eine gefährliche neue Schwelle und geriet in Hollywoods Drogenszene.

Seit 1920 war Drogenmißbrauch die Geißel der Filmkolonie gewesen. Nur die Moden wechselten. Die ersten Stummfilmstars nahmen Marihuana oder, schlimmer, Heroin. Mit dem Aufschwung der pharmazeutischen Industrie in den vierziger und fünfziger Jahren kam auch die Zeit der Pillen. Die Nachkriegsjahre waren die Blütezeit der »Bennies«, der verschiedenen Derivate des Benzedrins. Bennies hielten einen wach, man blieb schlank, weil sie den Appetit zügelten, und sie führten zu einer leichten Euphorie.

Als nächstes kam Dexedrin, ein enger Verwandter von Benzedrin, das in Kombination mit Natriumamytal bald als Dexamyl vertrieben wurde. Dexamyl, so konnte man Anfang der fünfziger Jahre in Hollywood hören, führte zum perfekten »High«. Auf die Highs und den turbulenten Absturz folgte ein heftiges Verlangen nach Schlaf. Stars wie Versager griffen nach den Barbituraten Seconal und Nembutal, Pillen einer neuen Generation – sie retteten einen aus dem zerklüfteten Meer der Schlaflosigkeit. Man nehme dazu noch Alkohol, und der tödliche Cocktail ist komplett. Nembutal sollte eines Tages Marilyn umbringen.

Serienmäßig auftretende Todesfälle hatten in Hollywood keineswegs dazu geführt, daß man dem reißenden Absatz tödlicher Rezepte Einhalt gebot. Dr. Lee Siegel, Studioarzt bei 20th Century-Fox, betreute sowohl Judy Garland als auch, über längere Zeit, Marilyn Monroe. Dr. Siegel praktiziert immer noch am Wilshire Boulevard und schüttelt heute den Kopf, wenn er sich zurückerinnert, wie die Studiobosse damals zur Einnahme von Tabletten regelrecht ermunterten. »Zu der Zeit«, erläutert er, »betrachtete man Pillen als zusätzliches Mittel, um die Stars bei der Stange zu halten. Die Ärzte saßen zwischen allen Stühlen. Wenn der eine Arzt solche Tabletten nicht verschreiben wollte, dann fand sich immer ein anderer. Als Marilyn Anfang der fünfziger Jahre zu mir in Behandlung kam, nahm jeder Pillen.«

Seit Marilyn 1962 an einer Barbiturat-Vergiftung starb, gingen ihre Biographen davon aus, daß sie nur Schlaftabletten nahm, und die erst ab Mitte der fünfziger Jahre. In kürzlich durchgeführten Interviews deutet sich eine frühere Abhängigkeit Marilyns an. So sagt Amy Greene, die 1955 mit ihr zusammenwohnte: »Sie erzählte mir, sie habe schon immer Medikamente genommen. Als sie anfing, Pillen zu schlukken, war sie noch ein Kind, gerade mal siebzehn oder achtzehn.«

Marilyns Partner bei ihrer Trennung von der 20th Century-Fox, Milton Greene, berichtet, sie habe schon lange Dexamyl genommen, den Mode-»Upper« jener Zeit. Er enthielt auch Amphetamin, allgemein als »Speed« bekannt.

Bunny Gardel, die bei zahlreichen Filmen für Marilyns Körper-Make-up zuständig war, lernte sie bereits während ihrer Anfangszeit bei der Fox kennen. Schon zu Beginn der fünfziger Jahre, sagt Gardel, »kam sie in die Garderobe und hatte eine Plastiktüte dabei – und so viele Pillen haben Sie noch nie in einer einzigen Tüte gesehen. Da waren Uppers, Downers, Vitamine und Gott weiß was sonst noch alles drin.«

Im September 1953 beging Grace McKee, Marilyns ehemaliger Vormund und die Frau, die am ehesten eine Mutterfigur für sie gewesen war, Selbstmord; sie starb an einer Überdosis Barbituraten. Möglicherweise hat Marilyn die genaue Todesursache nie erfahren, da die Sterbeurkunde erst vor kurzem bei Nachforschungen aufgestöbert wurde, aber daß es Selbstmord gewesen war, wußte sie. Mittlerweile rutschte Marilyn selbst immer tiefer in ein Leben, das in unterschiedlichem Ausmaß permanent von Barbituraten getrübt war.

1953 kam zu Marilyns persönlichen Problemen noch ein wachsendes berufliches Dilemma. Einerseits zementierte sie, von ihrem begeisterten Studio bestärkt, ihr Image als nationales Sexsymbol. Bei einer Preisverleihung der Zeitschrift *Photoplay* sorgte sie für einen Tumult, als sie in einem Kleid auftauchte, das ihr Kostümdesigner Billy Travilla an jeder berühmten Kurve in die richtige Position hatte nähen müssen. »Als sie durchs Publikum zum Podium vorwackelte«, schrieb ihr Exgeliebter, der Journalist James Bacon, »sah ihr Allerwertester aus wie zwei Welpen, die sich unter einem Seidentuch balgten.«

Doch während die Welt noch kicherte, klammerte sich Marilyn fest an die Worte des Regisseurs John Huston, der ihr einmal gesagt hatte, aus ihr könne »einmal eine sehr gute Schauspielerin werden«. Nun verriet sie der *New York Times:* »Genau das will ich wirklich werden. Ich will wachsen, mich weiterentwickeln und ernsthafte dramatische Rollen spielen. Meine Schauspiellehrerin Natasha Lytess erzählt allen Leuten, ich hätte eine große Seele, aber bis jetzt interessiert sich keiner dafür.«

Die Chance, ihre schauspielerischen Fähigkeiten zu beweisen, bekam Marilyn in *How to Marry a Millionaire (Wie angelt man sich einen Millionär?)*. Die anderen Hauptdarstellerinnen waren Betty Grable – die amtierende Königin Hollywoods – und Lauren Bacall. Dieser Film ist eine einigermaßen anspruchsvolle Komödie um drei New Yorker Fotomodelle, die darauf aus sind, reiche Ehemänner zu ergattern. Den Kopf voller Zweifel, stürmte Marilyn unangemeldet in das Büro des Regisseurs Jean Negulesco. Erst stellte sie ihm verklausulierte Fragen über »Charakterisierung« und »Motivation«, doch dann erfuhr Negulesco, daß »sie sich Sorgen machte, wie diese Rolle ihr Sex-Image ausdrücken würde, das sie ihrer Meinung nach ausstrahlen mußte«. Darauf sagte er: »Marilyn, probier bloß nicht, diesen Sex zu verkaufen. Du *bist* Sex. Du bist der personifizierte Sex. Für diese Rolle brauchst du nur eine Motivation: du mußt dir klarmachen, daß du im Film ohne Brille so blind bist wie eine Fledermaus.«

Marilyn ging in ihrer Rolle auf. Der Produzent und Drehbuchautor Nunnally Johnson war der Ansicht, daß »*Wie angelt man sich einen Millionär?* der erste Film war, in dem die Leute Marilyn wirklich um ihrer selbst willen mochten. Den Grund dafür hat sie selbst sehr scharfsichtig erkannt. Sie sagte, dies sei ihr einziger Film gewesen in dem sie eine gewisse Zurückhaltung an den Tag legte – nicht im herkömmlichen Sinn, sondern was ihre körperlichen Reize betraf.«

Marilyns Produzenten und Schauspielerkollegen hatten eine verzagte Frau und eine mit Schwierigkeiten ringende Kollegin vor sich. In einer Szene mit einem Telefonanruf während eines Frühstücks im Bett war sie bald »hoffnungslos verwirrt, nahm den Hörer ab, bevor das Telefon klingelte, und trank aus der Tasse, bevor sie Kaffee eingegossen hatte«. Als die Dreharbeiten einen ganzen Nachmittag ins Stocken gerieten, waren Marilyn die Sorgen des Produzenten ganz egal.

Lauren Bacall schrieb in ihren Erinnerungen: »Marilyn war verängstigt, unsicher, vertraute nur ihrer Schauspiellehrerin und kam immer zu spät. In unseren gemeinsamen Szenen sah sie mir auf die Stirn statt in die Augen ... Nicht leicht, oft lästig. Und doch konnte ich Marilyn persönlich nicht böse sein. Sie hatte nichts Gemeines, nichts Gehässiges an sich. Sie mußte sich eben auf sich und auf die Leute konzentrieren, die nur wegen ihr da waren.«

Bald darauf schrieb der Drehbuchautor Nunnally Johnson einem Freund: »Die Monroe ist eine Art Zombie. Mit ihr zu reden ist, als rede man mit einem Menschen unter Wasser . . .« Diesen Vergleich vergaß Johnson nicht. Jahre später versenkte er sie »drei Meter unter Wasser . . . Du kannst nicht zu ihr durchdringen. Sie erinnert mich an ein Faultier. Steckst du einem Faultier 'ne Nadel in den Wanst, dann sagt es acht Tage später ›Aua‹.«

Das Faultier feierte auf der Leinwand Triumphe. Und Regisseur Negulesco meint: »Am Ende verehrte ich sie, weil sie wirklich ein Kind mit diesem ›gewissen Etwas‹ war, das Gott ihr gegeben hatte und das wir immer noch nicht definieren oder begreifen können. Es machte sie zum Star. Wir hatten zunächst keine Ahnung, ob sie nun gut oder schlecht war; aber als wir den Film fertiggestellt hatten, da gab es eine Person auf der Leinwand, eine einfach *großartige* Schauspielerin – Marilyn.« Sogar Nunnally Johnson war am Schluß zufrieden.

Am Uraufführungsabend von *Wie angelt man sich einen Millionär?* gaben Johnson und seine Frau eine Party, zu der sie neben Humphrey Bogart und Betty Grable auch Marilyn einluden. Es wurde ein ausgelassener Abend. »Schon als Marilyn kam, verlangte sie einen Drink, einen starken, Bourbon mit Soda«, schrieb Johnson. »Dann wollte sie noch einen haben, obwohl es ein einfaches, frühes Abendessen geben sollte. Vor lauter Aufregung war sie angespannt, nervös und verängstigt, sie fürchtete sich vor dem Abend. Ich hatte keine Ahnung, wie naiv und jugendlich sie war, daß der Abend beinahe unerträglich wichtig für sie war. Als wir dann gerade in den Wagen steigen wollten – eine gemietete Limousine, komplett mit Fahrer –, wollte sie ihren dritten Drink, diesmal einen wirklich starken. Bogey und ich, Gentlemen bis zum bitteren Ende, tranken mit ihr auf dem Weg ins Kino. Als wir es betraten, ließen sich im gesamten Bundesstaat Kalifornien bestimmt keine drei gelösteren Menschen finden.«

»Kurz gesagt«, meinte Johnson, »sie war breit. Sie war breit, als der Film anlief und sie auf die Toilette mußte. Mrs. Johnson (nicht breit) begleitete sie, da sie offensichtlich Gesellschaft brauchte. Auch auf der Toilette war sie noch breit, und sie steckte in einem engen Kleid, in das man sie eingenäht hatte . . . Marilyn auf den Topf zu setzen und sie anschließend wieder so anzuziehen, daß sie auf ihren Platz zurückkehren konnte, war wohl die reinste Knochenarbeit (wie mir meine Frau später berichtete). Frauen, die sich in ihre Kleider einnähen lassen, sollten sich nie betrinken . . .«

Die Filmkritik hielt *Wie angelt man sich einen Millionär?* für einen uneingeschränkten Erfolg. Aus der in Sex-Appeal eingehüllten Schmetterlingspuppe kam eine Schauspielerin zum Vorschein. Und bei alldem Tamtam um Zelluloidehemänner stand Marilyn auch noch kurz vor einer eigenen neuen Ehe.

Lauren Bacall schreibt, wie Marilyn »eines Tages in meine Garderobe kam und sagte, eigentlich wolle sie am liebsten mit Joe DiMaggio in irgendeinem Spaghettirestaurant in San Francisco sitzen. Sie fragte mich nach meinen Kindern, meinem Familienleben – ob ich glücklich sei? Wegen dieser Seite meines Lebens schien sie mich zu beneiden, sie klang wehmütig und hoffte wohl selbst auf etwas Ähnliches ...«

Marilyn hatte gebeten, vor der Premiere an der Party der Johnsons teilnehmen zu dürfen, weil sie mit keinem anderen Mann als DiMaggio im Kino gesehen werden wollte. Der Liebhaber, der ihr noch vor einem Jahr als Langweiler erschienen war, stellte nun den sicheren Ankerplatz dar. Im November 1953 trennten sie nur noch zwei Monate von der Heirat mit einem amerikanischen Helden. Die Reise dorthin war nicht unkompliziert verlaufen.

13

IM SOMMER DES Jahres 1953 kam einmal der Zeitpunkt, da die Probleme, die der Status als Marilyns Zukünftiger mit sich brachte, selbst DiMaggio in die Knie zwangen. Über ein Jahr lang hatte er sie umworben, und immer noch kolportierte die Presse fleißig Geschichten über die hingebungsvolle Treue der beiden. Marilyn hatte sich eine bescheidene Dreizimmerwohnung am Doheny Drive genommen, auf der weniger feinen Seite des Sunset Boulevard, bei deren Einrichtung ihr Jane Russell half.

Die Wohnung am Doheny sollte ihr jahrelang immer wieder als Refugium dienen – und sie war, wenn man der Presse glaubte, ein Liebesnest für sie und DiMaggio. Die Öffentlichkeit erfuhr, dafür hatte Marilyn gesorgt, daß Joe dort etwas Kleidung deponiert hatte. Außerdem verkündete sie ihrem Freund, dem Journalisten Sidney Skolsky, sie müsse schnell nach Hause, um ihren Liebsten zu bekochen. Pflichteifrig ergötzte Skolsky seine Leser mit den genauen Einzelheiten: Joe hatte Marilyn beigebracht, wie man italienische Spaghetti kocht, sie tranken italienischen Wein, und Marilyn hatte ein paar Brocken Italienisch gelernt. Joe sah gern fern, verriet Skolsky, machte aber gelegentlich eine Pause, um seiner schauspielernden Liebsten den einen oder anderen guten Rat zu geben, wie zum Beispiel: »Kümmer dich nicht um die Publicity, Baby. Nimm dir das Geld.«

DiMaggios Bruder Mike war im Spätfrühling 1953 tot im Wasser gefunden worden, in der Nähe seines Fischerboots in Bodega Bay, nördlich von San Francisco. Marilyn begleitete DiMaggio auf der Reise in den Norden zu dem anschließenden sehr italienischen Familientreffen. Nach ihrer Rückkehr hieß es in Hollywood, der Anblick des trauernden DiMaggio habe Marilyn endlich erweicht. Sie sei bereit, ihn zu heiraten – aber noch nicht gleich.

Den Hochzeitsgerüchten widersprechende Neuigkeiten folgten sofort. Die beiden hätten sich verkracht und stünden kurz vor der Trennung. Für den stolzen DiMaggio sei Marilyn seine Demütigung wie sein Glück. Er hasse die lächerliche Publicity und verabscheue es, wie Marilyn in aller Öffentlichkeit ihren Körper zur Schau stelle. Er hatte sich geweigert, zur Preisverleihung des Magazins *Photoplay* zu gehen, wo sie sich zum Gespött gemacht hatte; so benahm sich die Frau eines Italieners einfach nicht. Statt dessen lungerte er draußen herum und wartete darauf, sie nach der Zeremonie schnellstens wegzubringen. Schlimmer als alles andere: Wie wir heute wissen, waren dies die Monate, in denen Marilyns Liebhaber sich die Klinke in die Hand gaben. Falls DiMaggio davon auch nur andeutungsweise gehört hatte, war es erstaunlich, daß er überhaupt noch die Fassung behielt. Er war ein besitzergreifender Mensch und auf Marilyns enge Freunde eifersüchtig, ganz gleich welchen Geschlechts.

Natasha Lytess schrieb dazu später: »Ich begegnete ihm zum erstenmal, als ich Marilyn in ihrem Apartment am Doheny Drive besuchte. Er öffnete die Tür, und mich ergriff sofort eine instinktive Abneigung – der Mann machte einen verschlossenen, leeren Eindruck. Sie stellte uns vor, und als ich kaum zwei Wochen später anrief, war er am Apparat und sagte: ›Ich glaube, wenn Sie Miss Monroe sprechen wollen, sollten Sie am besten mit ihrem Agenten telefonieren . . .‹ Sie hatte nicht den Mut, ihm da Paroli zu bieten.«

Auch bei Natasha Lytess gab es mehr als nur ein Quentchen Eifersucht. George Masters, in späteren Jahren Marilyns Friseur, kannte beide Frauen gut. Er berichtet, daß Natasha einmal zu Marilyn sagte: »Du bist wunderbar. Ich liebe dich.« Worauf Marilyn angeblich antwortete: »Lieb mich nicht, Natasha. Bring mir nur was bei.«

Marilyns Vertrauter in New York, Henry Rosenfeld, war der Meinung, daß Natashas Liebe von ihrer Schülerin nicht erwidert wurde. Er zitiert Marilyn mit den herben Worten: »Lieber Himmel! Wenn ich 'nen Schwanz hätte, würde mich Natasha nie verlassen.«

Von Natasha Lytess stammt der erste Hinweis, daß DiMaggio sich privat vom starken, ruhigen Helden unterschied, den Amerika in ihm sah. Später berichtete sie nämlich: »1952 und 1953 rief sie mich Tag und Nacht an, manchmal weinend, und beklagte sich darüber, daß er sie mißhandele.«

Im Spätsommer 1953 fuhr Marilyn mit der Eisenbahn nach Jasper in die kanadischen Rocky Mountains. Sie sollte mit Robert Mitchum in *River of No Return (Fluß ohne Wiederkehr)* vor der Kamera stehen, ein Film, dessen vorgesehene Drehzeit derartig überzogen wurde, daß ihn Mitchum »Film ohne Wiederkehr« nannte. Marilyn, unglücklich verliebt und noch dazu ärgerlich, daß man sie in eine so abgelegene Gegend verfrachtet hatte, machte zunächst einen in sich gekehrten, verschlossenen Eindruck. Jim Bacon war bestürzt, als er sie vor ihrer Abfahrt aus Los Angeles interviewen wollte. »Ihr Haar hing ihr strähnig ins Gesicht«, schrieb er, »in dem sie überall Feuchtigkeitscreme hatte; ihre Augenbrauen waren verschmiert. Im Geist war es dieselbe alte Marilyn, doch sie sah aus wie Frankensteins Tochter. Ich machte, daß ich so schnell wie möglich fortkam.«

Draußen in der Wildnis versteckte sich Marilyn hinter ihrer schmierigen Maske, selbst bei Ausflügen in den nächstgelegenen Ort. Whitey Snyder, der treue Maskenbildner, meinte schließlich zu ihr: »Wasch dir das Zeug vom Gesicht. Du jagst den Leuten Angst ein.«

Robert Mitchum bekam keine Angst. Er hatte zuerst durch ihren ersten Mann Jim Dougherty etwas von Marilyn und ihrer Zeit im Zweiten Weltkrieg am Fabrikfließband gehört. Vor der Kamera mimte Mitchum nun den rauhbeinigen Liebhaber der Saloonsängerin Marilyn. In der drehfreien Zeit ließ er sie an seinem feuchtfröhlichen Lebensstil teilhaben, und das lockte sie aus der Reserve. Daher stammen eine Reihe obszöner Anekdoten, die heute noch kursieren.

So erinnert sich Mitchum, daß er die grübelnde Marilyn über einem psychoanalytischen Wörterbuch antraf und sie ihn um Erklärungen bat. Mit großen Augen hörte die Siebenundzwanzigjährige zu, wie er versuchte, den Begriff »Analerotik« zu erläutern.

Das blieb nicht die einzige komische Situation, in der Definitionen gefragt waren. Eines Tages, berichtet Mitchum, »stellte sich mein Double neben sie und sagte: ›Hey, Blondie, laß uns heute nachmittag mal 'nen flotten Dreier machen.‹ ›Was ist das?‹ will sie wissen. ›Na, wie wär's, wenn mein Freund und ich 'ne kleine Nummer mit dir schieben?‹ Darauf sie: ›Beide gleichzeitig?‹ ›Warum nicht?‹ meint er. ›Na‹, sagt sie, ›das würde mich umbringen.‹ Er wieder: ›Also, ich hab noch nie gehört, daß jemand dran gestorben ist.‹ ›Oh, natürlich stirbt man daran‹, antwortet sie. ›Es taucht bloß nicht in den Zeitungen auf; dort nennt man das: eines natürlichen Todes gestorben.‹« Als Mitchum 1982 diese Geschichte erzählte, fügte er hinzu, Marilyn habe nur Spaß gemacht. Was sein Double betraf, war er sich nicht so sicher.

Die Dreharbeiten zu *Fluß ohne Wiederkehr* waren eine ziemlich rauhe Angelegenheit. Es gab haarsträubende Szenen, in denen ein Floß einen reißenden Fluß hinuntersauste; Regisseur Otto Preminger bestand darauf, bei diesen Szenen keine Stuntmen einzusetzen. Es kam zu etlichen Unfällen, echten und vorgetäuschten.

Zunächst rutschte Marilyn im Wasser aus, als sie hohe Gummistiefel trug. Die Stiefel liefen voll Wasser, und sie mußte von Mitgliedern des Filmteams an Land geschleift werden, wobei Mitchum mithalf. Im ganzen Land verkündeten die Schlagzeilen: MARILYN MONROE FAST ERTRUNKEN. Ein andermal, erinnert sich Stuntman Norman Bishop, »waren Marilyn und Mitchum draußen auf einem Floß, und plötzlich saß das verfluchte Ding auf 'nem Felsen fest. Es wackelte und konnte jeden Moment umkippen.« Bishop und ein Kollege erreichten das Floß mit einem Rettungsboot und halfen den beiden an Land.

Ein dritter Zwischenfall, am 20. August, gelangte ebenfalls in die Zeitungsschlagzeilen; diesmal lauteten sie: MISS MONROE IN KANADA AM BEIN VERLETZT. In den Berichten standen keine Einzelheiten über den Unfall – es hatte ihn auch gar nicht gegeben. Marilyn war wiederholt mit Regisseur Otto Preminger aneinandergeraten und übte nun offenbar auf raffinierte Art Rache. Die Schauspielerin Shelley Winters plauderte diese List kürzlich aus.

Shelley arbeitete in der Nähe an einem anderen Film und besuchte Marilyn bei den Dreharbeiten. Mit Hunderten anderer Touristen beobachtete sie, wie Marilyn auf einem Floß stand, das an einem Bootssteg angebunden war; bis diese Szene im Kasten war, verging ein ganzer Tag. »Marilyn«, schreibt Shelley Winters, »tat, was sie immer tat, wenn sie durcheinander war: Sie klappte einfach den Mund auf und lächelte alles und jeden in Sichtweite an. Preminger griff zu schlimmen Worten und ließ durchblicken, sie solle doch besser bei ihrem ursprünglichen ›Beruf‹ bleiben. Marilyn schaute nicht auf, ihr Lächeln gefror nur noch mehr.«

Als die Szene abgedreht war, half Shelley Winters Marilyn ans Ufer und merkte, daß sie ein wenig ausrutschte. »Paß auf, wo du hintrittst«, warnte sie Marilyn, »auf diesem glitschigen Bootssteg kannst du dir ein Bein brechen.« Das brachte Marilyn auf eine Idee. Als der Wagen am Hotel hielt, sagte sie zu Shelley: »Ich kann nicht aussteigen. Ich hab mir das Bein gebrochen.« Man schickte nach starken Männern und ließ Ärzte kommen. Shelley Winters versorgte Marilyn mit dem schmerzstillenden Mittel Percodan, flößte ihr einen doppelten Wodka ein und hörte zu, wie der Star ein Ferngespräch mit dem Studioboß Darryl Zanuck führte. Sie rechne damit, die Dreharbeiten bis zum Ende durchzustehen, meinte Marilyn edelmütig, trotz »beträchtlicher Schmerzen«.

»Ich hatte nicht den Eindruck, daß sie unter Schmerzen litt«, erinnert sich Shelley Winters. Danach ließen sich Marilyn, Mitchum und Shelley ein riesiges Hummeressen schmecken, das sie mit reichlich Alkohol hinunterspülten.

Am nächsten Morgen wurde eine Truppe von Ärzten im Privatflugzeug eingeflogen. Die Röntgenaufnahmen zeigten keinerlei Verletzungen, und die Experten deuteten höflich an, es könne sich »möglicherweise« um eine Verstauchung handeln. Marilyn bestand darauf, daß man ihr einen Gipsverband anlegte und Krücken gab. Nach einer kostspieligen Pause, in der sich Marilyn als Krüppel ausgab und Preminger sich in Höflichkeiten wand, konnten die Dreharbeiten wiederaufgenommen werden.

»Dumm? Meine junge Freundin Marilyn war schlau wie ein Fuchs«, schreibt Shelley Winters. »Eines Nachts feierten wir in einem Nachtclub, und irgendwann legte sie mit Mitch eine Art Rumba aufs Parkett.

›Um Gottes willen, Marilyn, setz dich hin!‹ riet ich ihr. ›Du bist doch angeblich schwer verletzt!‹ ›Ach ja, das hab ich vergessen‹, sagte sie kichernd und setzte sich auf Mitchs Schoß.«

Die Gaunerei zähmte nicht nur Otto Preminger, sie brachte auch Joe DiMaggio auf Trab. Laut Maurice Zolotow, der Marilyn etwa ein Jahr danach interviewte, rief Joe an dem Abend an, als sie die Verletzungsfarce inszeniert hatte. Sie weinte, und prompt rückte DiMaggio am nächsten Tag in Begleitung eines weiteren Arztes an. DiMaggio brachte auch seinen ständigen Schatten mit, den New Yorker Konzertagenten George Solotaire. In der kanadischen Wildnis gaben die beiden ein seltsames Paar ab: DiMaggio, in Freizeitkleidung, schleifte eine komplette Angelausrüstung mit sich herum; in seinem Schlepptau befand sich Solotaire, im Anzug, mit Sonnenbrille und einem Homburg auf dem Kopf.

In der freien Natur fühlte sich DiMaggio mehr zu Hause, als es ihm in der surrealen Atmosphäre Hollywoods je gelingen konnte. Er sprang herum, Zigarette im Mundwinkel, und half dem Team oder machte Schnappschüsse von Marilyn. Wenn die beiden angeln gingen, nahmen sie den zehnjährigen Tommy Rettig mit, einen Kinderdarsteller, der im Film Mitchums Sohn spielte. Vorher hatte der Junge Marilyn anvertraut, sein Pfarrer habe gesagt, es sei in Ordnung, mit »einer Frau wie dir« zusammenzuarbeiten, aber er solle sich sonst von ihr fernhalten. Marilyn war durch die Andeutung betroffen und gab sich nun alle Mühe, sein Vertrauen zu gewinnen. Anscheinend wurden Kinder ihr immer wichtiger.

Im gecharterten Zug, der das Ensemble durch die Gegend fuhr, stellte ihr Maskenbildner Whitey Snyder eines Abends Marilyn die Frage: »Warum heiratest du nicht den Makkaroni und ziehst ein Dutzend Kinder groß?«

»Vielleicht mach ich's«, antwortete sie.

Während DiMaggios Besuch verschwand das Paar für ein Wochenende, was Gerüchte über eine heimliche Hochzeit in Umlauf setzte. Bald fuhren sie zusammen zu DiMaggios Haus in der Beach Street, San Francisco, das er zu Beginn seiner Karriere für 14000 Dollar gekauft hatte und wo seine Schwester Marie Gastgeberin spielte. Manchmal gingen die zwei noch vor Sonnenaufgang fischen; dazu zog sich Marilyn eine Lederjacke und Jeans an und wickelte sich einen Schal um. Man erkannte sie nur selten, und wurden sie doch einmal entdeckt, machte DiMaggio den Reportern wütend klar, sie sollten »abhauen«. In seinem ureigenen Revier bot DiMaggio Marilyn einen Frieden, wie sie ihn nur selten erlebte.

In diesem Jahr verbrachte der Autor Lee Belser den Halloweenabend bei einer neuen, ruhigeren Marilyn. Sie räkelte sich in ihrem Apartment am Doheny Drive, sorgte sich um ein Kätzchen, das draußen maunzte, und brachte verkleideten Kindern, die an ihrer Tür klingelten, Äpfel und Kekse. Joes Schwester hatte die Kekse gebacken, und Joe stand im Mittelpunkt der Gespräche.

»Je später es wurde«, bemerkte Belser, »desto ältere Burschen klingelten an der Tür. Marilyn bat mich, an die Wohnungstür zu gehen, und das wurde dann wirklich lustig. Da stand ich nun, öffnete Marilyn Monroes Tür und schickte all diese erwachsenen Männer in Halloweenverkleidung weg.«

In den letzten Wochen des Jahrs 1953 verschwand Marilyn spurlos und ließ sich damit auf ein neues Spielchen mit den Medien und ihrem Studio ein. Sie wurde nämlich bei den Dreharbeiten für einen Film mit dem Titel *Pink Tights* (Rosa Trikot) erwartet, in dem Frank Sinatra die männliche Hauptrolle übernehmen sollte, was aber nicht reichte, sie zur Arbeit zurückzuholen. Nach Weihnachten – DiMaggio hatte ihr einen Nerzmantel geschenkt – meldete sich Marilyn telefonisch und gab bekannt, sie hätte keine Heiratsabsichten. Ein Bote DiMaggios fuhr nach Las Vegas und bereitete in einem dortigen Hotel Hochzeitsfeierlichkeiten vor, die wieder abgeblasen wurden.

Am folgenden Tag gab 20th Century-Fox in Los Angeles Marilyns Suspendierung bekannt, weil sie nicht bei der Arbeit erschienen war. Marilyn war sich endlich ihrer Macht bewußt geworden und rührte keinen Finger. Sie hatte entschieden, *Pink Tights* sei nicht gut genug für sie.

Ein Jahr später gab Marilyn einen ausgesprochen nüchternen Abriß der nun folgenden Ereignisse: »Nach vielen Gesprächen beschlossen Joe und ich, heiraten sei die einzige Lösung, da wir uns nun mal nicht voneinander trennen konnten ... Eines Tages sagte Joe zu mir: ›Jetzt hast du gerade diesen ganzen Ärger mit dem Studio und arbeitest nicht, wieso heiraten wir nicht sofort? Ich muß sowieso wegen irgendwelcher Baseballangelegenheiten geschäftlich nach Japan, da könnten wir aus der Reise gleich unsere Flitterwochen machen.‹ Also heirateten wir.«

14

AM 14. JANUAR 1954 wurde Richter Charles Peery in San Francisco bei einem Essen der Anwaltskammer durch einen Anruf gestört; am Telefon war der Manager von Joe DiMaggios Restaurant am Fisherman's Wharf, Reno Barsochinni, mit der Frage, ob der Richter sofort eine standesamtliche Trauung vornehmen könne. Peery traf erst kurz vor DiMaggio und seiner Braut im Rathaus ein. In ihrem braunen Kostüm mit Hermelinkragen machte Marilyn einen sittsamen Eindruck. Den Bräutigam begleiteten Barsochinni, sein Trauzeuge, und der alte Baseballstar Frank »Lefty« O'Doul, der DiMaggio vor dem Krieg eine erste Chance im Baseball gegeben hatte. Bei der Hochzeit waren keine Freunde Marilyns anwesend. Später sagte Marilyn, der Entschluß zu heiraten sei erst zwei Tage alt gewesen.

Die Heimlichtuerei hatte auch ihre Nachteile. So gab es im dritten Stock des Rathauses eine peinliche Verzögerung, als der Bürovorsteher nach einer Schreibmaschine schicken mußte, damit er den Trauschein ausfüllen konnte. Das kam Marilyn wie gerufen, um noch eine Reihe dringender Telefongespräche zu führen.

Bevor sie sich zur Zeremonie begab, hatte sie noch rasch den Publicitychef der Fox von ihrem Vorhaben unterrichtet. Jetzt überging sie die Feierlichkeit der letzten Minuten, in denen sie noch unverheiratet war, und kümmerte sich um ihre wichtigsten Pressekontakte. Sie versuchte, Sidney Skolsky anzurufen, doch es meldete sich niemand. Es gelang ihr, der ungeheuer einflußreichen Klatschkolumnistin Louella Parsons eine Nachricht zu hinterlassen. Dann bekam sie die Journalistin Kendis Rochlen in Los Angeles persönlich an die Strippe und informierte sie mit Worten, die diese nie vergaß.

Hinter Marilyn tönte im Rathaus ein Stimmengewirr, als Kendis Rochlen von Marilyn wissen wollte, welche Gefühle sie bei dem Gedanken habe, daß sie nun heiraten werde. »Kendis«, flüsterte sie in ihrer bekannten Zitterstimme, »ich hab meinen letzten Schwanz gelutscht ...«

Unter Journalisten kursiert die Legende, Marilyn habe diesen Spruch bei mehreren Gelegenheiten von sich gegeben. Das mag sein, doch die erfahrene Journalistin Kendis Rochlen beteuert, sie habe genau das ein paar Minuten vor ihrem Ehegelöbnis gesagt. Die Bemerkung war damals nicht druckreif, was Marilyn genau wußte.

Inzwischen hatten sich fünfhundert Menschen auf dem Marktplatz vor dem Rathaus versammelt. Als der Richter ein Fenster öffnete, um ein wenig zu lüften, übertönte das Geschrei der Menge alle Gespräche. Reporter spähten über eine Trennwand. Schließlich rief DiMaggio: »Okay, fangen wir mal mit der Hochzeit an«, und der Richter bat die Menge um Ruhe. Vom Platz drang ein gehorsames »Sch-sch« nach oben.

Marilyn unterschrieb die Heiratsurkunde mit Norma Jeane Mortenson Dougherty und gab ihr Alter fälschlich mit fünfundzwanzig an; sie war beinahe achtundzwanzig. DiMaggio holte den Ring hervor – Weißgold mit kreisförmig angeordneten Diamanten.* Der Presse fiel auf, daß Marilyn nur versprach, DiMaggio zu »lieben, zu ehren und zu schätzen«, aber nicht, ihm untertan zu sein. Das ließ man 1954 zwar öfter unter den Tisch fallen, aber dem Sohn eines sizilianischen Einwanderers mag es dennoch schwer im Magen gelegen haben. Am selben Nachmittag gab ein Sprecher des Erzbischofs bekannt, DiMaggio, dessen erste Ehe katholisch getraut worden war, sei durch seine standesamtliche Trauung mit Marilyn Monroe »automatisch exkommuniziert«.

Im Gedränge nach der Zeremonie wurde DiMaggio gefragt, was er und die Braut als nächstes tun würden. »Was glauben Sie denn?« antwortete er mit vielsagendem Augenzwinkern. Auf die Frage, ob sie Kinder haben wollten, sagte er: »Wir haben vor, ein Kind zu bekommen. Dafür stehe ich ein.« Und Marilyn ergänzte: »Ich hätte gern sechs.« Irgendwann platzte DiMaggio der Kragen. »Ich hab die Nase voll von dieser Bande. Laß uns den Empfang abblasen«, und das Paar fuhr weg.

Marilyn und DiMaggio rasten dreihundert Kilometer nach Süden

* Marilyn gab DiMaggio als Hochzeitsgeschenk Aktfotos von ihr aus der berühmten Kalenderserie, die man als zu freizügig nicht veröffentlicht hatte. Das wurde erst Jahre später enthüllt.

bis zur Stadt Paso Robles, wo sie bei Kerzenlicht Steaks aßen, während Neugierige um die Ecke schielten. Dann gaben sie an, sie wollten nach Hollywood, machten aber kehrt und fuhren zum Clifton Motel. DiMaggio vergewisserte sich, daß Fernsehgeräte in den Räumen standen; anschließend nahm sich das Paar ein Vier-Dollar-Zimmer, hing ein »Bitte nicht stören«-Schild an die Tür und ließ sich fünfzehn Stunden lang nicht mehr blicken. Später sollte ein Messingschild mit den Worten »Hier schliefen Joe und Marilyn« das Zimmer schmükken. Nach ihrem Motelaufenthalt verschwanden Mr. und Mrs. DiMaggio noch einmal zwei Wochen lang.

Doch in der letzten Januarwoche, als DiMaggio geschäftlich nach New York flog, konnte Marilyn einfach nicht anders und rief einen Journalisten an. Bald saß sie mit Sidney Skolsky in einem Auto, das sie in einer ruhigen Straße abgestellt hatten. Mit den Worten, man habe ihr »gesagt, sie solle sich nicht sehen lassen«, breitete Marilyn die Geschichte ihrer Flitterwochen aus.

Sie und DiMaggio hatten sich in der Berghütte eines Freundes bei Palm Springs verkrochen. »Wir waren die einzigen Gäste«, erzählte sie. »Joe und ich unternahmen lange Spaziergänge im Schnee. Einen Fernseher gab es nicht. Wir lernten uns richtig gut kennen. Billard haben wir auch gespielt, Joe brachte es mir bei.« Skolsky hatte seinen Exklusivbericht, und Marilyn bereitete sich auf die nächste Phase ihrer Flitterwochen vor, auf ein internationales Großereignis: die DiMaggios flogen nach Japan.

Auf der Reise in den Fernen Osten bewegte sich der Baseballchampion auf bekanntem Gelände – eine Routineangelegenheit. Zwei Jahre vorher hatte Joe, angefeuert von »Banzai DiMaggio«-Rufen, in Tokio sein letztes Wettkampfspiel bestritten. General MacArthur und Joe DiMaggio galten in Japan als die beliebtesten Amerikaner, und Baseball war dort inzwischen groß im Kommen. Genaugenommen war die Flitterwochenreise der DiMaggios eine seit langem geplante, von der Zeitung *Yomiuri Shimbun* finanzierte Promotion-Tour zur Eröffnung der japanischen Baseballsaison.

Kay Patterson, die Vertreterin von *Yomiuri Shimbun* in Kalifornien, brachte das Paar in San Francisco an Bord ihrer Pan-American-Maschine. Sie sagt heute: »Joe sah aus, als fühle er sich sehr wohl – er war ein ganz großes Tier in San Francisco –, und Marilyn machte einen bezaubernden Eindruck, völlig verknallt, sie sah ihn verliebt an; natürlich spielte sie die zweite Geige.«

Zum Auftanken legte das Flugzeug eine Zwischenlandung in Hawaii ein; bei der Gelegenheit kam dem Paar die ganze Brisanz ihrer Ehe vielleicht zum erstenmal zu Bewußtsein. Mehrere tausend Menschen rannten auf die Rollbahn und riefen: »Marilyn, Marilyn!« Auf dem Weg zum Transitraum wurden Marilyn ganze Haarbüschel ausgerissen. Sie erholte sich so weit, daß sie den Presseleuten zumurmeln konnte: »Von nun an ist die Ehe meine wichtigste Karriere.«

Hawaii war ein Vorgeschmack auf die absolute Hysterie, die sie in Tokio erwartete. Das Paar mußte durch eine Gepäckluke aus dem Flugzeug geschmuggelt werden. Diesmal schrie die Menge »Mon-chan! Mon-chan!«, was man frei mit »süßes kleines Mädchen« übersetzen könnte. Vor dem Imperial Hotel kämpften später zweihundert Polizisten mit einer Menschenmenge, die sich erst beruhigte, als Marilyn auf dem Balkon erschien. Sie bedankte sich für »den wundervollen Empfang«, hatte aber auch wieder Angst. »Ich kam mir vor«, erzählte sie später Sidney Skolsky, »wie irgendein Diktator in einer Wochenschau aus dem Krieg.«

Marilyn gab sich alle Mühe, ihre eigene Berühmtheit zurückzustellen. Mit Anstand brachte sie eine Pressekonferenz hinter sich, während der sie von zweihundert japanischen Journalisten mit dummen Fragen bombardiert wurde. Als einer wissen wollte, ob sie Unterwäsche trug, antwortete Marilyn: »Ich kaufe mir einen Kimono.« Fotos belegen, daß sie bei dieser Gelegenheit Unterwäsche trug – was sich vielleicht auf DiMaggios Einfluß zurückführen läßt.

Mit der Zeit beruhigte man sich in Japan auch wieder. »Kann sein, daß die Japaner als Ergebnis des Besuches dieser ehrenhaften hinternwackelnden Schauspielerin doch nicht ihre Unterwäsche ablegen«, befand ein Experte, »weil es nämlich hier viel zu kalt ist ... aber ich zweifele nicht daran, daß sie bald anfangen werden, mit ihren eigenen Hintern zu wackeln.«

Es hatte den Anschein, als spielte Marilyn in Japan zehn Tage lang die »zweite Geige«, vor allem nach ihrer Flucht aus Tokio. Sittsam gekleidet und unauffällig geschminkt, trottete sie hinter ihrem golfspielenden Ehemann her und saß bescheiden im Auto, während DiMaggio die Sportfans empfing. Wenn Joe abends mit seinem Freund

und Kollegen Lefty O'Doul Billard spielte, schaute sie zu. Doch nach zwei Wochen suchte Marilyn wieder Anschluß an ihren Mythos. Sie besuchte Korea, um amerikanische Soldaten zu unterhalten – ohne ihren Mann.

Wochen vorher hatte sie davon gesprochen, wie »ein Marineinfanterist mich besuchte, der gerade aus Korea zurückgekehrt war. Er sagte mir, wie wichtig Filme für die Truppe gewesen waren, und während er noch sprach, kamen ihm die Tränen ...« Und nun schlüpfte sie hinter dem Zelttuchvorhang einer improvisierten Garderobe bei klirrender Kälte für die Männer der Ersten Marineinfanteriedivision in ihr Marilyn-Monroe-Kostüm. Dreizehntausend brüllten vor Begeisterung, als sie mit ihrem dünnen Stimmchen ohne Verstärkerunterstützung sang: »Diamonds Are a Girl's Best Friend«, »Bye, Bye Baby« und »Do It Again«.

Marilyn bekam Probleme wegen »Do It Again« (Mach's noch einmal), da ein Offizier eingriff und behauptete, der Song sei zu schlüpfrig. Vergeblich verwies sie darauf, daß der berühmte George Gershwin das Lied geschrieben hatte, und schließlich machte sie aus der Refrainzeile ein »kiss me again« (küß mich noch mal).

Marilyn ließ nicht zu, daß die Zensur bis zu ihrem Publikum durchdrang. Bei wirbelndem Schnee, in einem tiefausgeschnittenen Purpurkleid, war sie drei hektische Tage lang für die Soldaten der Engel der Lust. Filmaufnahmen der Konzerte belegen, daß sich Marilyn an ihren eigenen Darbietungen berauschte und offensichtlich die Begeisterung einer Ansammlung Uniformierter in vollen Zügen genoß.

Später bekannte Marilyn ihrer Freundin Amy Greene, daß ihr Menschenmengen danach keine Angst mehr einflößten. »In meinem Herzen hatte ich mich vorher nie wie ein Star gefühlt«, sagte sie. »Es war so wundervoll runterzuschauen, und irgendein Bursche lächelte dich an.« Der in Japan wartende DiMaggio hatte sich die Wochenschauen angesehen und fand sie nicht gerade wundervoll.

Während ihrer Koreareise führten die beiden angespannte Telefonate, und durch eine hilfsbereite Fernmeldetruppe wurde eins dieser Telefongespräche mittels Lautsprechern bei einer Dinnerparty übertragen, an der Marilyn teilnahm. Das aus Militärs bestehende Publikum hörte sie fragen: »Liebst du mich noch, Joe? Fehle ich dir?« DiMaggios Antwort war ein beredtes Schweigen.

Ein paar Wochen danach quasselte Marilyn in Sydney Skolskys Gegenwart eine Weile über ihre Gesangsauftritte vor der Truppe, dann wandte sie sich an DiMaggio. »Joe«, sagte sie, »kannst du dir überhaupt vorstellen, wie das ist? Hast du je erlebt, daß zehntausend Leute aufstehen und dir applaudieren?«

Skolsky schrieb später: »Joes Stimme klang so unbeteiligt wie ein Paar abgelegter Sportschuhe, er untertrieb seine Antwort, wie er seine unglaublichen Leistungen im Yankee Stadium auch immer heruntergespielt hatte. ›Fünfundsiebzigtausend‹, antwortete er leise. Marilyn war dermaßen perplex, sie sah aus wie ein Baseballspieler, der kurz nach Anpfiff der ersten Begegnung der World Series aus dem Spiel fliegt.«

Als Marilyn nach Tokio zurückkehrte, hatte sie eine leichte Lungenentzündung – und ein ungemütliches Wiedersehen mit ihrem Mann. Es existieren unterschiedliche Berichte darüber, wie Marilyn eigentlich auf die Idee kam, ihre Flitterwochen zugunsten der US-Streitkräfte zu unterbrechen. In ihrer eigenen Version trat ein amerikanischer General während ihres Flugs von Hawaii nach Tokio mit dem Vorschlag an sie heran. DiMaggio, behauptete sie, hätte absolut nichts dagegen gehabt. Dagegen berichtet Sidney Skolsky, Marilyn habe diesen Abstecher schon lange vor ihrer Abreise aus den USA geplant. Joe DiMaggio sei nicht damit einverstanden gewesen, aber Marilyn habe ihren Willen durchgesetzt.

In all den grellen Schlagzeilen zu diesen Flitterwochen fand sich eine merkwürdige Einzelheit. Die *Los Angeles Times* meldete, bei ihrem Abflug nach Tokio sei Marilyns »rechter Daumen geschient und die meiste Zeit unter ihrem Nerzmantel versteckt gewesen. ›Ich hab ihn mir nur verknackst.‹ sagte sie. ›Einen Zeugen hab ich auch. Joe war dabei. Er hörte es knacken.‹ Sie weigerte sich, Einzelheiten über den verletzten Daumen zu berichten.« Den Artikel schmückte ein Foto des geschienten Daumens.

Privat erzählte Marilyn – und wie alle ihre Geschichten muß man auch diese mit Vorsicht genießen –, der Daumen sei von Joe DiMaggio im Zorn verletzt worden. Das teilte sie mehreren Freunden mit, so auch Amy Greene. Amy erinnert sich: »Marilyn schlang ihre Arme um ihn. Das störte ihn, weil er gerade mit George Solotaire sprach. Er schleuderte einfach ihre Arme weg, und da der fortgeschleuderte Arm in der Luft auf den Daumen traf, wurde der verletzt ...«

Amy Greenes Bemerkungen lassen vermuten, daß der Unfall eher zufällig dadurch passierte, daß sich DiMaggio über seine eigenen Kräfte nicht im klaren war. Sie bildeten aber nur den Auftakt zu einer Reihe von Berichten, aus denen hervorgeht, daß DiMaggio gegen Ende ihrer kurzen Ehe seine Frau mißhandelte.

Von Lois Weber, Mitte der fünfziger Jahre Marilyns Presseagentin, stammt die Bemerkung: »Ich bin sicher, daß Marilyn Angst vor ihm hatte, Angst vor Handgreiflichkeiten. Sie sagte, Joe sei ein launischer Mensch. Er hatte offenbar sehr rigide Ansichten.« Auch andere Zeugen attestieren DiMaggio ein besitzergreifendes und eifersüchtiges Wesen.

Marilyns Vertrauter Henry Rosenfeld zitiert sie mit den Worten, sogar während der Flitterwochen habe »er ihr schon vorgeworfen, sie ginge mit jedem ins Bett«. Ihrer Friseuse Gladys Whitten, der sie aus dem Fernen Osten ein Geschenk mitgebracht hatte, erzählte Marilyn, DiMaggio sei über den Rummel bei ihrem Abstecher nach Korea wütend gewesen. »Sie kam so gut an«, meint Gladys Whitten, »daß er sauer wurde. Marilyn sagte: ›Er hat gedroht, sich noch während der Flitterwochen von mir scheiden zu lassen!‹«

Nach dem Ende ihrer Ehe sah sich Marilyn mit der Schauspielerin Maureen Stapleton alte Fotos an. Sie hielt einen Schnappschuß hoch und sagte: »Sieh mal, das war gleich nach der Hochzeit. Und schau mal auf meine Hände – ich hab ihn regelrecht weggeschubst. Tief im Inneren wollte ich ihn eigentlich gar nicht heiraten.«

Als die Tinte auf der Heiratsurkunde kaum getrocknet war, sprach Marilyn erstaunlicherweise schon davon, einen anderen zu heiraten. Direkt nach den Flitterwochen wurde Sidney Skolsky eingeladen, die DiMaggios in ihrer Suite im Beverly Hills Hotel zu besuchen. Irgendwann verließ Joe das Zimmer, worauf Marilyn, wie Skolsky Jahre später schrieb, »eine Bombe zündete«.

»Sidney«, sagte sie.

»Ja.«

»Weißt du, wen ich heiraten werde?«

»Heiraten? Was redest du da überhaupt?«

»Ich werde Arthur Miller heiraten«, sagte Marilyn.

Der verdatterte Skolsky erklärte, nun begreife er gar nichts mehr.

»Wart's ab«, meinte Marilyn. »Du wirst schon sehen.«

Ein gutes Jahr nach Marilyns Ankündigung gegenüber Skolsky nahmen sie und der Schriftsteller wieder Kontakt auf. Und noch ein Jahr später machte sie ihre Prophezeiung wahr und heiratete Miller.

Die in Zwietracht begonnene Ehe mit Joe DiMaggio sollte nicht einmal neun Monate Bestand haben.

15

NACH DEM DEBAKEL in Asien nahm Joe DiMaggio seine Frau mit in sein ruhiges Haus nach San Francisco. Dort blieb das Paar Anfang 1954 ungefähr einen Monat lang von Belästigungen durch die Presse verschont.

Gelegentlich konnte die Welt einen flüchtigen Blick auf die beiden erhaschen: Mr. und Mrs. DiMaggio gingen an Bord von Joes Jacht, der *Yankee Clipper*, wobei Marilyn, in Jeans und Mokassins, eine Papiertüte mit dem Proviant trug.

In San Francisco fiel es ihr leichter, sich hinauszuwagen. Sie ging zu Magnin's einkaufen, und einmal verblüffte sie die Umstehenden, als sie am Fuß eines Hügels dem Cable-Car-Bremser beim Wenden half.

Die Klatschspalten fabulierten von einer möglichen Schwangerschaft, doch die Nachbarn und die Fischer am Kai sahen mehr als jeder Reporter. Sie wunderten sich, wenn sie Marilyn spätabends allein auf der hinteren Veranda stehen sahen, einen Mantel übergeworfen. Eines Nachts sah man sie hysterisch weinend die Straße vom Pier hochrennen, DiMaggio hinterher. Die Fischer sahen weg.

Hollywood wartete. Im März 1954 tauchte Marilyn wieder in Los Angeles auf. Im Hotel trug sie sich mit dem gequälten Witz ein, die Spalte für Kinder würde sie im Gästebuch frei lassen. Sie war in Hollywood, weil sie einen Preis als »beliebteste Schauspielerin« entgegennehmen sollte; aus der Verleihungszeremonie wurde eine turbulente Wiedersehensfeier, bei der DiMaggio nicht anwesend war. Er wollte Marilyn, wie er sagte, nur begleiten, wenn sie einen Oscar bekäme – aber diese Ehre wurde ihr nie zuteil.

Hinter den Kulissen schaffte Marilyn nun ihre Differenzen mit der 20th Century-Fox aus der Welt, wobei sie beim Vertragspoker höher reizte als je zuvor. Marilyn erklärte sich bereit, in *There's No Business*

Like Showbusiness (Rhythmus im Blut) mitzuspielen, einem seichten Musical, das dem Komponisten Irving Berlin gewidmet ist. Für Marilyn lag die Herausforderung in den Gesangs- und Tanznummern, von denen eine den – vielleicht passenden – Titel trug: »After You Get What You Want You Don't Want It« (Wenn du bekommen hast, was du willst, willst du's nicht mehr). DiMaggio wollte jedenfalls nichts von den Veränderungen wissen, die Marilyns Rückkehr nach Hollywood mit sich brachte.

Noch kurz vorher hatte Marilyn gesäuselt: »Joe ist unser Haushaltsvorstand, und ich werde dort leben, wo er will.« Jetzt wurde DiMaggio gedrängt, eine Zeitlang in der Stadt zu leben, die er am meisten verachtete: Los Angeles. Das Paar mietete ein Haus am North Palm Drive in Beverly Hills. Es hatte acht Zimmer – eins davon für die Besuche von Joes kleinem Sohn – und einen Swimming-pool. Vor der Tür parkten zwei schwarze Cadillacs. Außerdem war es eins der zugänglichsten Häuser der Stadt, da die Vordertür praktisch direkt auf den Bürgersteig führte.

Als Sidney Skolsky in einer von Marilyns Gesangsproben saß, fiel ihm auf, daß Joe öfter mal anrief, und er nahm an, alles sei in Ordnung. Marilyn war sichtlich in Sorge, weil nicht sie, sondern Joe den Großteil ihres Umzugs bewerkstelligte. Sie eilte nach Hause, Skolsky als getreuen Chronisten und Beobachter der häuslichen Szenerie im Schlepptau.

Bald erfuhr eine interessierte Öffentlichkeit, daß Marilyn den Fernseher direkt neben den Kamin gestellt hatte, damit sich ihr Mann die Sportsendungen von seinem Lieblingssessel aus ansehen konnte. Sie verriet, daß er ein wahrer Fernsehnarr war, was Baseball, wichtige Boxkämpfe und manchmal auch Westernfilme anging, und daß sie ihm das Abendessen an den Sessel brachte.

»Joe braucht keinen Finger zu rühren«, verkündete sie der Presse. »Wenn du deinen Mann so behandelst, hat er doppelt soviel Spaß an dir. Ich bügele Joe gern die Hemden, habe aber oft nicht die Zeit. Ein Mann sollte sich nie Gedanken über seine Kleidung machen müssen. Eine Frau sollte dafür sorgen, daß seine Schuhe und Anzüge zur Reinigung gebracht werden.« Dabei halfen ihr natürlich ihre drei Hausangestellten.

Übereifrig veröffentlichte Sidney Skolsky ihr Geplauder, ließ aber auch ein Stückchen Realität durchschimmern. »Joe und ich streiten uns auch«, zitierte er Marilyn. »Die menschliche Natur läßt sich nicht einfach unterdrücken. Die Ehe lernt man erst kennen, wenn man in ihr lebt.« Tatsächlich hatten die beiden rasch herausgefunden, daß sie überhaupt nicht zusammenpaßten.

Marilyns Vortrag über die Haushaltsführung war ein reines Hirngespinst. So berichtet die Autorin Sheilah Graham, die nach dem Ende der Ehe mit Marilyn sprach: »Sie ähnelten sich, was ihre Berühmtheit betraf, aber nicht in ihren Angewohnheiten. Joe war ein Ordnungsfanatiker. Auf seinem Toilettentisch war alles alphabetisch geordnet, von A wie Aspirin über B wie Bürste bis Z wie Zahnpasta. Dagegen konnte man Marilyn finden, indem man der Spur ihrer Socken, ihres BH, ihrer Handtücher und ihrer Handtasche nachging. Er versuchte ständig, ihr das auszutreiben, doch er schaffte es nicht. Irgendwann erreichten sie einen Punkt, wo sie sich nur noch anschreien konnten.«

Am Sex lag es nicht. Die meisten Berichte, einschließlich ihrer eigenen Bemerkungen gegenüber Freunden und Ärzten, belegen, daß das Weltsexsymbol in den vielen Betten, die es aufsuchte, kaum Befriedigung fand. Bei ihrem Baseballchampion war das wenigstens anders. »Joes größter Schläger«, erzählte sie mit Vergnügen Jet Fore, einem Freund im Studio, »ist nicht der, den er auf dem Sportplatz schwingt.« Später verriet sie Truman Capote: »Wenn's nur darauf ankäme, wären wir immer noch verheiratet.«

Als sie ein paar Monate später zu ihrer Freundin Amy Greene nach New York zog, wurden DiMaggios Leistungen im Bett auch von der weniger albern gestimmten Marilyn gelobt. »Sie sagte, in ihrem ganzen Leben sei niemand so gut im Bett gewesen wie Joe«, berichtet Amy Greene, »aber irgendwann müsse man mal aus dem Bett steigen und reden. Und das konnten sie eben nicht.«

In dem Jahr klingelte eines Abends das Telefon bei Brad Dexter, einem Schauspieler, den Marilyn vor geraumer Zeit bei den Dreharbeiten zu *Asphalt-Dschungel* kennengelernt hatte. Seitdem hatten sie kein Wort miteinander gewechselt, und Dexter traute seinen Ohren kaum, als sich am anderen Ende Marilyn Monroe meldete. »Ich möchte, daß du Joe kennenlernst«, sagte sie. »Kannst du heute abend zum Essen vorbeikommen? Und komm ein wenig früher, bevor Joe auftaucht, ich will mit dir reden.«

Dexter erschien zum verabredeten Zeitpunkt, und Marilyn schüttete ihm gleich ihr Herz aus. »Ich stehe in meiner Ehe vor einem sehr ernsten Problem«, sagte sie. »Joe hat mich isoliert; er will nicht, daß ich mit irgendwem aus dem Filmbusiness Umgang habe. Er ist furchtbar unsicher. Er hat mich sogar von meinen Freundinnen, die Schauspielerinnen sind, getrennt, und ich hab keine Ahnung, an wen ich mich wenden soll. Ich dachte mir, vielleicht könntest du eine Art Brücke zwischen uns sein. Du bist ein harter Bursche, du pokerst, du magst Sport, und ich dachte mir, vielleicht werdet ihr zwei Freunde. Wenn wir dann zusammen sind, könnten wir beide uns darüber unterhalten, was wir tagsüber im Studio gemacht haben.«

Trotz gewisser Bedenken sagte Dexter, er wolle versuchen zu helfen. Doch als DiMaggio nach Hause kam, scheiterte das Unternehmen sogleich. »Mann, der war vielleicht steif und zugeknöpft!« erinnert sich Dexter. »Joe saß einfach da, und ich sah richtig, was ihm so alles durch den Kopf ging – zum Beispiel: war ich mit ihr im Bett gewesen? Weshalb war ich da? Wir merkten alle, daß es nicht funktionieren würde. Ich täuschte eine andere Verabredung vor und blieb nicht zum Essen.«

Als die Ehe schließlich in die Brüche ging, teilte Marilyn dem Scheidungsrichter mit: »Euer Ehren, wenn mein Mann eine seiner Launen bekam, sprach er fünf bis sieben Tage lang nicht mit mir; manchmal sogar noch länger. Wenn ich ihn dann fragte, was los sei, gab er mir keine Antwort ... Ich durfte keine Besucher empfangen, nicht mehr als dreimal in den neun Monaten unserer Ehe ... Unsere Beziehung bestand hauptsächlich aus Kälte und Gleichgültigkeit.«

DiMaggios Zwölffingerdarmgeschwür, ein altes Leiden, blutete von neuem. Im Studio, bei den Dreharbeiten zu *Rhythmus im Blut*, baute Marilyn zusehends ab. Billy Travilla kann sich an einen Tag erinnern, an dem aus technischen Gründen unbedingt drei Drehbuchseiten ohne Schnitt abgedreht werden mußten. »Marilyn hatte nur eine Textzeile auf der dritten Seite«, berichtet Travilla, »und die verpatzte sie immer wieder. Man machte ihr klar, daß die Szene nun endlich im Kasten sein müsse; darauf brach sie in Tränen aus. Sie rannte in ihre Garderobe. Hinterher entschuldigte sie sich wie ein kleines Mädchen. Zu mir sagte sie anschließend: ›Weißt du, jeden Tag verliere ich ein Stück von meinem Verstand. Mein Hirn geht flöten. Ich glaub, ich werd verrückt, und ich will nicht, daß man mich so sieht. Bring mich bitte fort und versteck mich, wenn ich verrückt werde.‹«

»Sie redete sich selbst ein, daß sie den Verstand verlor«, bemerkt Travilla dazu. Marilyns durch ihre Familiengeschichte bedingte Angst, an einer erblichen Geisteskrankheit zu leiden, verfolgte sie nun ständig.

DiMaggio, der an italienische Traditionen gebundene Ehemann, fühlte sich seinerseits gekränkt durch den Hang seiner Frau, ihren Körper nicht nur bei der Arbeit, sondern auch zu Hause zur Schau zu stellen – gegen seinen ausdrücklichen Wunsch. In ihrer Ehe hatte Marilyn, die Exhibitionistin, sich so weit gezügelt, daß sie nur noch vor Frauen nackt durchs Haus spazierte. Eine Besucherin deutete bei einer solchen Gelegenheit gegenüber DiMaggio scherzhaft an, Marilyn versuche wohl, ihn ins Schlafzimmer zu locken. DiMaggio fand das überhaupt nicht komisch.

Als Marilyn DiMaggio heiratete, träumten ihre Bosse bei der Fox davon, daß die regelmäßigen Auftritte eines zahmen Baseballhelden ihr Publicitygeschäft zum Blühen bringen würden. Einer prahlte: »Wir haben keinen Star verloren, sondern ein Mittelfeld-As hinzubekommen.« DiMaggio enttäuschte sie alle. Er ließ sich nur einmal bei den Dreharbeiten zu *Rhythmus im Blut* blicken, und da weigerte er sich, mit seiner Frau, die in einem freizügigen Kostüm steckte, für Fotos zu posieren.

Ohne auch nur einen Tag Pause einzulegen, wechselte Marilyn im August 1954 direkt von den Dreharbeiten für *Rhythmus im Blut* zur Produktion von *The Seven Year Itch (Das verflixte 7. Jahr)*, bei dem Billy Wilder Regie führte. Dieser Film war ihre Belohnung dafür, daß sie bei *Rhythmus im Blut* überhaupt mitgemacht hatte; hier bot sich ihr die Gelegenheit, mit nur einem anderen Hauptdarsteller als Partner eine tragende Rolle zu gestalten. Auf DiMaggio wird dieser Unterschied keinen Eindruck gemacht haben. *Das verflixte 7. Jahr* ist die Geschichte eines verheirateten Mannes um die Vierzig (Tom Ewell), den Marilyn, das Mädchen aus der Wohnung über ihm, in Versuchung führt, während seine Frau mit dem Sohn verreist ist. Der Film steckt voller prickelnder Situationen und sexueller Zweideutigkeiten.

Billy Wilder kichert heute noch, wenn er an die Szene denkt, in der Marilyn sich über eine Hintertreppe hinunterstehlen muß, um den eine Etage tiefer wohnenden Ehemann zu besuchen. »Sie trug ein Nachthemd«, erzählt er, »und ich konnte sehen, daß sie einen BH anhatte. ›Die Leute tragen keine BHs unter ihren Nachtklamotten‹, sagte ich zu ihr, ›und gerade *weil* du einen trägst, werden ihnen deine Brüste auffallen.‹ ›Was für ein BH?‹ antwortete Marilyn und legte meine Hand auf ihre Brust. Sie trug wirklich keinen BH. Ihr Busen war ein wahres Wunder an Form und Festigkeit und von der Schwerkraft anscheinend unbeeinflußt.«

Auch in einer anderen Szene war Marilyn offenbar nackt, als sie sich nämlich im heißen New Yorker Sommer über eine Balkonbrüstung beugt, um einem Nachbarn zuzurufen, daß sie ihre Unterhose im Kühlschrank aufbewahrt. Für die frühen fünfziger Jahre war das starker Tobak; aber Wilder mußte Marilyn auch noch ihre Idee ausreden, in einer der Liebesszenen nackt aufzutreten. Dagegen war keinerlei Überredung nötig, um die berühmte »Rockszene« mit ihr zu drehen, die in der Presse »die interessanteste dramatische Darbietung seit Lady Godiva« genannt wurde und wegen der DiMaggio vor Wut schnaubte.

Im Spätsommer besuchte Marilyn Marlon Brando bei den Dreharbeiten zu dem Film *Desiree (Désirée)*, in dem Brando den Napoleon spielte. Wie auch anderen fiel ihm an diesem Tag auf, daß Marilyn grüne und blaue Flecken am Arm hatte. Als er sie nach dem Grund fragte, antwortete Marilyn, sie habe sich im Schlaf gebissen. Ein paar Wochen später, nach der Rockszene, bemerkten Freunde erneut blaue Flecken, worauf sie zugab, DiMaggio habe sie geschlagen. Am 9. September 1954 flog Marilyn zu den Außenaufnahmen für *Das verflixte 7. Jahr* nach New York. Was sich dort abspielte, schildert Marilyns Publicitymann mit den Worten: »Die Russen hätten in Manhattan einmarschieren können, und es wäre keinem aufgefallen.« Als Marilyn aus Hollywood abreiste, ging das Gerücht um, ihre Ehe mit DiMaggio sei am Ende. Sie traf in New York ohne ihn ein, versicherte aber der Presse: »Bei uns stimmt alles. Eine glückliche Ehe ist wichtiger als alles andere.«

Fünf Nächte später fand sie sich für Außenaufnahmen mit ihrem Filmpartner Tom Ewell vor dem Trans-Lux-Theater ein. In der Szene mußte Marilyn neben dem grinsenden Ewell stehen, während der Luftzug aus einem U-Bahn-Schacht ihren Rock in die Höhe pustete.

Die Publicityabteilung des Studios versäumte nicht, der Presse den genauen Drehort mitzuteilen – 52. Straße Ecke Lexington Avenue –

und daß Marilyns offenherziges Kostüm »den Verkehr zum Stoppen« bringen werde. Es war schon nach Mitternacht, doch Tausende standen hinter hölzernen Polizeiabsperrungen und gafften, als riesige Windmaschinen Marilyns Rock bis zu den Schultern bauschten. Ironischerweise wurden die Aufnahmen von Marilyns unterer Körperhälfte laut Wilder später ganz bescheiden im Studio nachgedreht. Damals sahen die New Yorker, Einstellung für Einstellung, ihren Hintern, der in einem so dünnen Slip steckte, daß man undeutlich ihr Schamhaar erkennen konnte. Und da tauchte Marilyns Mann auf.

Joe DiMaggio, der seiner Frau nach New York gefolgt war, hatte nicht vorgehabt, sich die Dreharbeiten anzuschauen. Er trank ein paar Straßen weiter mit seinem New Yorker Freund George Solotaire. Dann überredete ihn ein alter Bekannter, der Kolumnist Walter Winchell, und Joe machte sich durch die Polizeiabsperrungen auf den Weg zum Drehort. DiMaggio stellte sich kurz neben die Kamera 1, sah, wie seine Frau auf dem Gitter des U-Bahn-Schachtes wippte und hörte zu, wie das Getöse der Menge synchron mit ihrem wehenden Rock an- und abschwoll. Winchell hörte ihn murmeln: »Was geht hier verdammt noch mal vor?«, gefolgt von: »Ich hab dir doch gesagt, ich mag das nicht. Los, wir verschwinden von hier.«

Als die Szene abgedreht war, begleitete Winchell DiMaggio in Marilyns Garderobe und wurde Zeuge, wie sie ihren Mann mit gespielter Fröhlichkeit und einem »Hi, Giuseppe!« – einer ihrer Kosenamen für Joe – begrüßte, während sie sich erschöpft auf einen Stuhl fallen ließ. Er hörte auch ihrem Streit über DiMaggios Baseballverpflichtungen und dem anschließenden Gezanke beim Essen zu. Obwohl er beruflich einiges gewöhnt war, wurde es Winchell zu peinlich, und er ließ sie allein.

In dieser Nacht schliefen die im St. Regis Hotel neben der DiMaggio-Suite untergebrachten Mitglieder des Filmteams nicht besonders gut. Der Kameramann Milton Krasner konnte durch die Wand Wutschreie hören. Auch wenn man bei Marilyn immer vorsichtig sein muß, lassen sich die folgenden Berichte schwerlich als Phantastereien abtun.

Die Friseuse Gladys Whitten und die Garderobiere des Teams hatten den nächtlichen Streit nicht gehört, aber Marilyn tauchte am Morgen bei ihnen auf. »Sie sagte, sie habe nach uns gerufen und geschrien«, erinnert sich Gladys Whitten, »... Ihr Mann war sehr, sehr böse auf sie gewesen und hatte sie ein bißchen geschlagen ... Man konnte es auf ihren Schultern sehen, aber wir haben es übertüncht, verstehen Sie ... ein wenig Schminke, und schon ging sie an die Arbeit.«

Marilyns Freundin Amy Greene bekam auch blaue Flecken zu sehen. Sie war in die Suite im St. Regis gekommen, um sich einmal einen Traum zu erfüllen und einen Nerzmantel anzuziehen. »Ich saß auf dem Bett und hatte ihren Nerz an«, sagt Amy Greene, »als Marilyn anfing, sich auszuziehen. Sie vergaß, daß ich da war, und zog ihre Bluse aus ... Ihr Rücken war grün und blau – ich wollte es einfach nicht glauben ... Sie wußte nicht, was sie sagen sollte, und lügen konnte sie auch nicht, also meinte sie bloß: ›Ja ...‹«

Amy Greene ergänzt: »Marilyn konnte ein richtiger Klugscheißer sein, und wenn sie Sekt trank, zog sie ihn auf. Und die beiden waren keine Intellektuellen, sie konnten sich über ihren Kummer nicht aussprechen, da gingen sie eben aufeinander los ...« Amy Greene bekam nur dieses eine Mal die Auswirkung einer Mißhandlung zu sehen.

Einer der wenigen in Hollywood, die mit DiMaggio auskamen, der Maskenbildner Whitey Snyder, berichtet: »Sie liebten sich, aber sie konnten eben keine Ehe führen ... Manchmal setzte er ihr ganz schön zu – dann vertrimmte er sie ein wenig.«

Nach dem Rockskandal in New York zeigte Marilyn der Welt im September 1954, wie tapfer sie war. »Ich bin bloß ein hübsches Mädchen, das man bald vergessen wird«, verriet sie einer Gruppe Sportjournalisten. »Aber Joe nicht. Der ist ein ganz Großer.«

Privat war das hübsche Mädchen am Ende. Tom Ewell, der neben ihr die Hauptrolle in *Das verflixte 7. Jahr* spielte, fiel auf, daß sie körperlich krank war, »zitterte wie verrückt« und Medikamente in sich hineinschüttete. Als Milton Greene sie im St. Regis besuchte, fand er eine von Tabletten – er nahm an, Beruhigungsmitteln – benebelte Marilyn vor, die zu einem vernünftigen Gespräch nicht mehr fähig war.

Marilyn und DiMaggio flogen zu zweit nach Kalifornien zurück und tauchten für zehn Tage unter. Einen Großteil dieser Zeit unterhielt sich Marilyn mit Fred Kargers Schwester Mary. Ein paarmal sahen Nachbarn sie nach Mitternacht durch die Straßen gehen, offenbar weinend. Tagelang hatte sie sich ins Bett geflüchtet, von wo aus sie Sidney Skolsky ein Interview gewährte, in dem sie lauter Nichtigkeiten von ihrer Reise nach New York erzählte. Skolsky bekam auch einen Ehestreit mit, veröffentlichte aber nichts.

Am Morgen des 4. Oktober, einem Montag, rief Marilyn Billy Wilder an, den Regisseur von *Das verflixte 7. Jahr.* Sie klang verwirrt, stotterte und sagte, sie käme nicht zur Arbeit, weil »J-Joe und ich uns sch-sch-scheiden lassen«.

Hinter der umgehend eingeleiteten Reaktion des Publicitybüros der 20th Century-Fox steckte dessen Chef, Harry Brand. Alles wurde sorgfältig inszeniert, und dazu konferierte Brand mit dem berüchtigten Anwalt Jerry Giesler, der in Hollywood ständig irgendwelche Verwicklungen entwirrte. (Später wurde bekannt, daß Marilyn schon die letzten zehn Tage über mit Giesler in Verbindung gestanden hatte.) Am Montagnachmittag traten Anwalt und Publicitydirektor gemeinsam auf, um zu verkünden, die Zerrüttung der Ehe beruhe auf einem »Karrierenkonflikt«. Giesler gab bekannt, er werde am nächsten Tage im Auftrag Marilyns die Scheidungsklage einreichen, »die übliche seelische Grausamkeit«, wie er erläuterte. Er sagte, der Star selbst leide an einer Krankheit, die in den verschiedenen Berichten als Viruserkrankung oder nervöse Störung auftaucht. Eine Zeitung druckte seinen einzigen sonstigen Kommentar: Marilyn sei nicht schwanger.

Eine ganze Horde Medienmenschen fiel über das Haus am Palm Drive her. Busunternehmen änderten ihre Sightseeingfahrten, damit die Touristen einen Blick auf die belagerten DiMaggios werfen konnten. Marilyn und Joe setzten zwei Tage lang keinen Fuß vor die Tür, während das Studio ein großes Finale vorbereitete. »Die Monroe-Scheidung war eine gute Inszenierung«, erinnert sich der ehemalige Publicityexperte der Fox, Roy Craft.

Früh am Morgen des 6. Oktober, als sich die dorthin bestellte Presse vor dem Haus versammelte, brachte 20th Century-Fox Marilyns Kosmetikteam an seinen Bestimmungsort. Die Friseuse Gladys Whitten erinnert sich: »Irgendwer schmuggelte uns durch die Hintertür ins Haus. Und während wir Marilyn zurechtmachten, sagte sie immer wieder: ›Ich will's nicht‹, hielt sich den Kopf und weinte.«

Der Kostümbildner Billy Travilla war auch da und trank trotz der frühen Stunde mit Marilyn Wein. »Sie weinte«, berichtet er, »und sagte: ›Ich wünschte, ich wäre anders gewesen. Hätte ich ihm doch nur mehr Liebe geben können.‹ Sie verurteilte sich selbst, ohne genau zu sagen, weswegen.« Nach getaner Arbeit wurde die Kosmetikmannschaft wieder hinausgeschmuggelt und marschierte prompt zur Vorderfront des Hauses, um alles zu beobachten.

Joe DiMaggio weigerte sich, den Fluchtweg durchs Seitengäßchen zu benutzen. Um zehn Uhr öffnete er die Haustür und absolvierte den Spießrutenlauf durch die Reportermenge bis zu seinem Wagen.

»Wohin fahren Sie?« wollten die Zeitungsleute wissen.

Der kurzfristig im Gewühl eingequetschte DiMaggio übertönte den Lärm mit dem Ruf: »Ich fahre nach San Francisco.«

»Kommen Sie wieder nach Hause?«

»San Francisco ist mein Zuhause«, sagte DiMaggio und spurtete zum Auto. »Dort war schon immer mein Zuhause. In dieses Haus komme ich nie mehr zurück.« Der von seinem Freund Reno Barsochinni gesteuerte Wagen fuhr los, und DiMaggio verschwand mit einem flüchtigen Winken.

Die nun folgenden Ereignisse sind Gladys Whitten als »furchtbar« im Gedächtnis haftengeblieben. Joe Hyams, Korrespondent der *New York Herald Tribune*, sagte Jahre danach, er sähe es immer noch vor sich, »so deutlich, wie ich es damals sah, ihr [Marilyns] tränenüberströmtes Gesicht, als sie aus der Haustür trat, und die halbe Hundertschaft von Presseleuten stürzte sich auf sie, wie Raubtiere auf ihre Beute. Nur der kleine Sidney Skolsky versuchte, ihr beizustehen. Diese Szene und mein Beruf, der Journalismus, widerten mich an.«

Dem Korrespondenten der Nachrichtenagentur Associated Press waren solche Skrupel fremd. Er schrieb lediglich: »Heute legte Marilyn Monroe einen Abgang auf die Bühne, der einen Oscar verdient hätte ...«

Sie erschien fünfzig Minuten nach der Abfahrt ihres Mannes. Obwohl ihr Gesicht dick mit Theaterschminke bedeckt war, reichte das immer noch nicht aus, um eine unübersehbare Prellung auf ihrer Stirn zu verdecken. Sie trug Schwarz und klammerte sich an die Arme ihres Anwalts und des Publicitychefs der Fox. Die Reporter, denen man eine Pressekonferenz versprochen hatte, bombardierten Marilyn mit Fragen. »Ich habe dem nichts hinzuzufügen«, schluchzte sie und wiederholte immer wieder: »Es tut mir leid ...« Sie fing an zu stottern und schwankte auf ihren Absätzen, als stehe sie kurz vor einer Ohnmacht.

Sie hatte guten Grund zu schluchzen. Billy Travilla berichtet: »Als Marilyn auf dem Weg zum Auto war, drückte ihr jemand einen Umschlag mit einem Stück Klopapier in die Hand. Darauf stand mit Kot das Wort *Hure* geschrieben. Die Öffentlichkeit war so gemein zu ihr. Die Leute vor dem Haus, die nicht von der Presse kamen, waren seine Fans, nicht ihre.«

Am nächsten Tag meldete sich Marilyn bei der Arbeit und vertraute ihrem Maskenbildner an, sie habe »zum erstenmal seit Tagen das Gefühl, zu leben«. In San Francisco schlief DiMaggio bis mittags, stellte sich gut gelaunt den Fotografen und spielte anschließend Golf. Offiziell war das Drama ausgestanden. Der Presse blieb kaum etwas anderes übrig, als auf den Scheidungsprozeß zu warten, der in drei Wochen stattfinden sollte. Hinter den Kulissen hatte noch nicht einmal die Vorwäsche der schmutzigen Wäsche begonnen.

Als seine Ehe scheiterte, versuchte ein völlig frustrierter, krankhaft eifersüchtiger DiMaggio, sich Vertrauen zu erkaufen. Er wandte sich an Privatdetektive, an diese Raymond-Chandler-Figuren der fünfziger Jahre, Schnüffler, deren Berichte einen Gatten beruhigen konnten – oder ihm das Herz brachen.

Gleichzeitig hatten bei der 20th Century-Fox andere Männer die gleiche Idee, aber aus anderen Gründen. Besorgte leitende Herren der Fox fürchteten, ihre Investitionen in Marilyn könnten durch einen Skandal vor die Hunde gehen, und diese Katastrophe wollten sie verhindern. So riefen auch sie ihre bezahlten Spürhunde, und Marilyn wurde beschattet, keineswegs zum letztenmal.

In diesem Jahr ihrer Ehe mit DiMaggio besuchte Marilyn eines Abends Anne, die Mutter Fred Kargers, den sie einmal geliebt und verloren hatte. Sie hatte die Familie kennengelernt, als sie noch arm wie eine Kirchenmaus war, und nun versammelten sich alle um sie und bewunderten ihre Kleider, den Nerz und das Cadillac-Cabriolet. »Als sie in der Nacht wegfahren wollte«, sagt Patti Karger, »warteten zwei Kerle draußen, die ihr auf den Fersen waren. Alle im Haus bekamen das mit, und wir versuchten, ihr zu helfen. Marilyn wußte weder aus noch ein.«

Marilyn hatte sich angewöhnt, zu jeder Tages- und Nachtzeit Sidney Skolsky anzurufen. Einmal, erinnert sich seine Tochter Steffi, fing sie schon in den Abendstunden an und versuchte es immer wieder. »Schließlich weckte ich meinen Vater«, erzählt seine Tochter, »und Marilyn kam um sieben Uhr morgens vorbei, ungeschminkt, mit wirrem Haar, und ihren Pelzmantel hatte sie nur übergeworfen ... Mein Vater sagte später, Marilyn mußte einfach raus, verschwinden. Sie glaubte, ›die‹ wollten sie unter Drogen setzen.«

Ein paar Tage nach der Trennung der DiMaggios traf der Schauspieler Brad Dexter im Restaurant Villa Capri in Los Angeles zufällig DiMaggio, der sich gerade mit Frank Sinatra und einem Privatdetektiv namens Barney Ruditsky beriet.

Der ehemalige New Yorker Detektiv Ruditsky war nach Kalifornien ausgewandert, wo er Teilhaber der Kneipe Sherry's am Sunset Strip wurde, damals ein bekannter Gangstertreffpunkt. Nebenher betrieb er die Detektei »City Detective and Guard Service«, spezialisiert auf Leibwächterdienste und Scheidungsfälle brisanter Art.

Der neununddreißigjährige Frank Sinatra, der seinen Beruf im *Who's Who* als »Bariton« angab, kam nach einer Pechsträhne gerade wieder auf die Beine. Er hatte für seine Rolle als Soldat Maggio in *From Here to Eternity (Verdammt in alle Ewigkeit)* einen Oscar bekommen und sich als »erster großer Schlafzimmersänger der Moderne« einen Namen geschaffen. Ein paar Monate später nannte ihn das Nachrichtenmagazin *Time* in einer bemerkenswerten Titelgeschichte »eine der herrlichsten, hitzigsten, dramatischsten, traurigsten und manchmal geradezu erschreckendsten Persönlichkeiten, die heutzutage im Licht der Öffentlichkeit stehen«.

Weiter schrieb *Time* über Sinatra: »Der Mann entspricht im Aussehen der gängigen Vorstellung eines Gangsters, Modell 1929. Er hat wache Augen, einen wilden Blick und bewegte sich wie auf Stahlfedern; wenn er redet, spricht er aus dem Mundwinkel. Seine Kleidung erinnert in ihrem grellen Chic an die von George Raft – teure dunkle Hemden und weißgemusterte Krawatten ... bei der letzten Zählung besaß er Manschettenknöpfe im Wert von 30000 Dollar ... Er haßt es, in der Öffentlichkeit fotografiert oder gesehen zu werden, ohne daß er einen Hut oder ein Haarteil trägt, die seinen fliehenden Haaransatz verdecken.«

Sinatra selbst schrieb einmal: »Wäre nicht mein Interesse an der Musik gewesen, hätte ich wahrscheinlich eine Verbrecherlaufbahn eingeschlagen.« *Time* hielt dazu fest: »Er ist eingestandenermaßen ein Freund Joe Fischettis, eines wichtigen Mannes im Restbestand des Al-Capone-Imperiums; außerdem brachte er sich einmal ganz schön in Schwierigkeiten, als er in Havanna mit Lucky Luciano Freundschaft schloß – was alles nicht etwa besagen soll, er vermenge seinen Spaß mit deren Geschäften; dazu ist Frankie zu clever ...«

Damals waren Frank Sinatra und Joe DiMaggio, beide Amerikaner der ersten Generation, die meistgefeierten Italoamerikaner der Welt. Sie waren Stammgäste in den gleichen Kneipen, wie in der von Toots Shor in New York, und 1954 widerfuhr ihnen auch noch das gleiche Mißgeschick. Sinatras Probleme wurden in seiner katastrophalen Ehe mit der Schauspielerin Ava Gardner deutlich. Sogar noch vor ihrer Heirat hatte er in Reno eine Überdosis Schlaftabletten genommen. Zwei Jahre nach der Hochzeit wurde er mit »mehreren Kratzern am Unterarm« in ein New Yorker Krankenhaus eingeliefert. Als DiMaggios Ehe mit Marilyn Monroe zerbrach, war in Sinatras turbulenter Beziehung zu Ava Gardner noch kein Land in Sicht.

So standen die Dinge im Herbst 1954, als Brad Dexter den Bariton, den Baseballspieler und den Privatdetektiv im Villa Capri die Köpfe zusammenstecken sah. Seit der peinlichen Begegnung am North Palm Drive, als Marilyn vergeblich versucht hatte, ihn als »Brücke« zu ihrem Mann zu verwenden, hatte Brad Dexter weder Marilyn noch DiMaggio wiedergesehen. Nun, im Halbdunkel des Villa Capri, ließ sich DiMaggio zu der Bemerkung herab: »Ehrlich, das von neulich tut mir leid. Ich hatte keine Ahnung, wer oder was für einer Sie waren. Würden Sie mir jetzt helfen?«

Laut Dexter verschanzte sich Marilyn, als der Scheidungstermin näher rückte, in ihrer Garderobe bei der 20th Century-Fox und weigerte sich, DiMaggio zu empfangen. Er dagegen versuchte verzweifelt, sie zurückzubekommen. Der Studioboß Darryl Zanuck hatte den Befehl ausgegeben, keiner dürfe Marilyn bei der Arbeit stören, und er hatte DiMaggio vom Studiogelände verbannt. Nun wurde im Restaurant der Plan ausgeheckt, daß Dexter, der den Wachleuten als Schauspieler bekannt war, DiMaggio unter einer Decke verstecken und mit dem Auto ins Studio schmuggeln sollte.

»Sie versuchten, mich unter Druck zu setzen«, erinnert sich Dexter, »also sagte ich: ›Okay, ich rufe Marilyn an und frage, ob sie sich mit

Ihnen treffen möchte.‹ Ich sprach mit ihr, und sie sagte: ›Bitte, Brad, ich will Joe nicht sehen, ich will nicht mit ihm reden; es ist aus.‹ Dann ging ich zu ihnen, sagte ihnen, was Sache war, und weigerte mich mitzumachen.«

Am Morgen des 27. Oktober erschien Marilyn im Gerichtsgebäude von Santa Monica. Nach einer oberflächlichen Verhandlung wurde die Ehe wegen »seelischer Grausamkeit« geschieden. Joe DiMaggio war nicht vor Gericht erschienen und legte gegen das Urteil keine Rechtsmittel ein. Wenn man von den Formalitäten absieht, versuchte er jedoch immer noch verzweifelt zu retten, was zu retten war. Als man ihn am Tag vor der Scheidung in Los Angeles antraf, behauptete DiMaggio, er sei nur gekommen, »um meinen Sohn zu sehen«.

Am Tag der Scheidung unternahm DiMaggio dann den für ihn untypischen Schritt, sich mit seinen privaten Problemen an die Presse zu wenden. Er erklärte öffentlich, daß er auf eine Versöhnung hoffte. »Ich hoffe, sie kommt noch zur Besinnung«, zitierte man ihn.

Gleichzeitig sandte Marilyn merkwürdige und widersprüchliche Signale aus. Am Vorabend ihres Gerichtstermins gab sie ihr erstes Interview seit dem Bruch, in dem sie betonte, daß sie keine Beziehung zu einem anderen Mann habe. Als sie sich dann darauf vorbereitete, den Richter von DiMaggios seelischer Grausamkeit zu überzeugen, suchte sie Halt – bei DiMaggio. Die Nacht vor der Verhandlung und auch die Nacht nach der Scheidung soll sie allein mit ihrem Mann verbracht haben. Als ihr Versteck diente angeblich Frank Sinatras Wohnung.

Die Skeptiker in Los Angeles ließen die öffentlich vorgetragenen Scheidungsgründe nicht gelten. Was im Verhandlungsprotokoll über DiMaggios »Kälte und Gleichgültigkeit« stand, klang nicht ganz überzeugend. Die Leute wollten auch nicht gelten lassen, daß Marilyns beruflich bedingte Zurschaustellung ihrer Reize die Trennung ausgelöst habe. Für die Fox wies deren Sprecher Roy Croft diese Erklärung barsch zurück: »Als sie heirateten, hatte Marilyn einen gewissen Ruf. Baust du dein Haus hinter einem Schlachthof, dann brauchst du dich nicht zu beschweren, wenn du die Schweine quieken hörst.«

Als Marilyn acht Jahre später starb, schrieb DiMaggios Freund Walter Winchell: »Nach der Scheidung erfuhr ich von Joe den ›wah-

und wurde besser. Ich sorgte dafür, daß sie loszog und ein paar Platten von Ella Fitzgerald kaufte, und die haben sie am stärksten beeinflußt – sie wurde wirklich ziemlich gut ... Bei der Arbeit kam ich gut mit ihr aus. Irgendwann verspätete sie sich regelmäßig, aber da sagte ich ihr, bei mir liefe das so nicht ... Ich hatte bereits einen Namen. Ich machte ihr klar, daß sie mich nicht beeindruckte, bloß weil sie Marilyn Monroe war, und von da an kam sie nicht mehr zu spät.«

Ihre Beziehung, sagt Schaefer, bewegte sich monatelang auf einer rein beruflichen Ebene. »Erst während der Dreharbeiten zu *Rhythmus im Blut*«, erinnert er sich, »kamen wir uns auch privat näher. Marilyn hatte wohl das Gefühl, ich sei der liebenswürdigste, sanfteste Mann, mit dem sie je zu tun hatte. Und sie war ganz verliebt in meine Art, Klavier zu spielen; sie fand, ich solle weltberühmt sein. Ich war nicht der Welt größter Liebhaber, ich war nicht Tyrone Power, aber sie bekam von mir, was sie am dringendsten brauchte: Hilfe. Ich benutzte sie nicht. Ich unterstützte sie – sie war mir wichtig.«

Es kam die Zeit, in der Schaefer und Marilyn ein Liebespaar wurden; allerdings betont er, Sex habe nicht im Mittelpunkt ihrer Affäre gestanden. Auch bei ihm klingt etwas von der Ironie an, die wir schon von anderen Liebhabern Marilyns kennen: »Marilyn muß fast ständig frustriert gewesen sein. Da sie nun einmal diese phantastisch attraktive Frau war, hielt sie Sex, glaube ich, für ihre Schuldigkeit; sie nahm an, ein Mann *erwarte*, daß sie mit ihm schlafe, weil das etwas war, das sie tun konnte, das sie geben konnte. Nur war sie darin nicht sehr erfolgreich, was ihre eigene Erfüllung betraf.«

»Ich war nicht der Grund für ihr Zerwürfnis mit DiMaggio«, betont Schaefer. »Die Ehe war schon zerrüttet, und zwar nicht wegen mir. Sie wollte ihn um jeden Preis verlassen. Ich hatte nichts damit zu tun und auch kein anderer.

Aber DiMaggio wollte das einfach nicht glauben. Sein Ego war so konstruiert, daß er es einfach nicht glauben konnte.«

Im Sommer 1954 hatte Marilyn Hal Schaefer von ihren Schwierigkeiten mit DiMaggio erzählt. Ihm wie auch anderen erklärte sie später, daß ihr Mann sie manchmal körperlich mißhandele und daß er krankhaft eifersüchtig sei. Bald, sagt Schaefer, fand er das selbst heraus. Er war davon überzeugt, daß DiMaggios Detektive Marilyns Auto abhörten.

»Sie hatte so ein großes schwarzes Cadillac-Cabriolet«, erinnert sich Schaefer, »und manchmal sagte sie: ›Komm, wir nehmen den Wagen und fahren einfach drauflos.‹ Ich fuhr mit ihr in diese jüdische Gegend an der Fairfax Avenue – es war noch nicht spät –, und sie setzte sich ihre schwarze Perücke auf, geschminkt war sie auch nicht. Aber als wir wieder gingen, erkannte sie jemand, und wir stiegen ins Auto und fuhren weg. Im Wagen unterhielten wir uns und redeten darüber, wo wir hinfahren wollten, und auf einmal kam dort jemand vorbei. Entweder hatten wir 'ne Wanze im Wagen, oder man war uns gefolgt. Ich sagte ihr, daß wir meiner Meinung nach abgehört wurden.«

Nach einer Weile stand für Schaefer und Marilyn fest, daß sie überwacht wurden. »Das Ganze entwickelte sich zu einem Alptraum«, sagt er. »Sie war völlig verängstigt, aber auch wütend, weil sie das Gefühl hatte, sie konnte ihr Leben nicht leben. Sie war total frustriert.«

Als das wochenlang so weiterging, beschloß Schaefer, wie er sagt, sich mit DiMaggio auszusprechen. Er rief im Haus am North Palm Drive an und sprach mit Marilyns Mann; der sagte, er solle in etwa einer Stunde vorbeikommen. Marilyn, die Angst vor Gewalttätigkeiten hatte, überredete Schaefer im letzten Moment, nicht zu fahren.

Am Abend des 27. Juli 1954, drei Monate vor der Scheidung, erschien Schaefer nicht zu einer Verabredung mit Freunden. Um vier Uhr morgens fanden sie ihn schließlich; er lag bewußtlos auf dem Fußboden seines Zimmers im Studio. Damals hieß es, Schaefer sei wegen Überarbeitung zusammengebrochen, doch seine Freunde wußten, daß er einen Selbstmordversuch gemacht hatte. Wenn Schaefer heute daran denkt, wird ihm ganz anders: »Ich trank Reinigungsflüssigkeit für Schreibmaschinen, ich trank Tetrachlorkohlenstoff [ein Reinigungsmittel], dann trank ich noch etwa einen Liter Brandy und schluckte ungefähr hundert Tabletten – alles, was da war ...«

Schaefer überlebte mit Müh und Not. »Ich wollte einfach nicht mehr«, sagt er heute. »Es hatte zu einem großen Teil mit Marilyn zu tun, aber es war nicht nur das. Es lag an meiner Gesamtverfassung. Ich war verzweifelt, depressiv und trank zuviel.« Schaefers Leber und Nieren waren schwer angegriffen, und er erlitt mehrere Rückfälle. Nach seiner Entlassung aus dem Krankenhaus stellte er zwei Krankenpfleger an und mietete sich ein Haus an der Küste, im Norden von Los Angeles, wo seine lange und schmerzhafte Genesungszeit begann.

Marilyn hatte Schaefer direkt nach seinem Selbstmordversuch im Krankenhaus besucht und setzte die Besuche nun in seinem Haus am Strand fort. »Marilyn kam dort oben vorbei«, berichtet Schaefer. »Freitag- oder Samstagnacht blieb sie wohl auch mal da, aber nicht regelmäßig. Ich glaube, Marilyn und ich hatten zu der Zeit keinen Sex ... Ich war immer noch schwerkrank, außerdem waren die Krankenpfleger da.« Laut Schaefer begannen nun die ständigen Belästigungen von neuem.

»Als Marilyn einmal vorbeikam«, erinnert er sich, »wurde sie wieder verfolgt. Genaues weiß ich nicht mehr, weil ich so krank war. Ich kann mich nur noch an die Rufe vor dem Fenster erinnern und an die Drohungen. Und daß sie sagten, sie kämen ins Haus. Wir antworteten, wir würden die Polizei anrufen. Darauf drohten sie, die Telefonleitung durchzutrennen. Ich weiß noch von einer Nacht, es war kurz vor dem Morgengrauen. Wir hatten beide kein Auge zugemacht, und Marilyn stand in einer Ecke. Nach ihren Drohungen hatten sie uns versichert: ›Wir kommen rein, holen sie einfach raus und lassen dich in Ruhe. Dir tun wir nichts. Wir wissen, daß sie da ist, und wir wollen sie rausholen.‹ Marilyn war völlig verängstigt. Schließlich schlich sie sich hinaus zu ihrem Wagen und entkam. Wirklich gewalttätig wurden sie nie.«

Die Angst schweißte Schaefer und Marilyn nur noch mehr zusammen. »Marilyn kam hoch und half, mich zu pflegen. Sie war sehr lieb und dachte auch sehr praktisch. Ich wurde gesund, und Marilyn freute sich darüber. Sie sah gut aus, ging schwimmen, sonnenbaden. Wir dachten, wir könnten was Gemeinsames für die Zukunft aufbauen, das glaubten wir wirklich.«

Als der Herbst näher rückte, hatte sich Schaefer so weit erholt, daß er nach Los Angeles zurückkehren konnte. In der Hoffnung, dem Trubel um die Scheidung Marilyns von DiMaggio zu entgehen, traf sich Schaefer nur selten und heimlich mit ihr. Allerdings gelang ihnen das nicht immer.

Am Tag der Trennung schrieb eine Zeitung, DiMaggio »mißbillige«, daß Marilyn im Juli Schaefer im Krankenhaus aufgesucht habe. Die Klatschkolumnistin Louella Parsons, die Marilyn gut kannte, verwendete diese Meldung für einen eindringlichen Leitartikel: »Ich bin der Ansicht, daß die Eifersucht ihr häßliches Haupt erhob, als Marilyn Monroe und Joe DiMaggio zu ihrer letzten Schlacht schritten ... Joe ist italienischer Abstammung und vom Charakter her enorm eifersüchtig.«

Kaum war die Scheidung rechtskräftig geworden, spekulierte die Presse über eine mögliche Versöhnung. Nun kam es zwar zu etlichen Treffen zwischen Marilyn und DiMaggio, aber sie gingen nicht gut aus. Am 5. November spitzte sich die Lage so zu, daß keiner von beiden diesen Tag je vergessen sollte.

Am Morgen gab Marilyn öffentlich eine klare Stellungnahme ab: »An unserer angeblichen Versöhnung ist kein Wort wahr.« Der bereits geschiedene DiMaggio hatte keinerlei eheliche Rechte mehr und war jetzt so verzweifelt wie nie zuvor. Zu diesem Zeitpunkt waren seine Privatdetektive weiterhin auf Achse und bezogen Posten an Straßenekken oder in geparkten Autos. In Begleitung seines Freundes Frank Sinatra beging DiMaggio in der Nacht eine große Dummheit.

Was in dieser Freitagnacht geschah, erwies sich für DiMaggio und Sinatra auf völlig unvorhersehbare Weise als Bumerang. Zwei Jahre später wirbelte nämlich ein Artikel im Skandalmagazin *Confidential* so viel Staub auf, daß ein Ausschuß des kalifornischen Senats und ein Geschworenengericht in Los Angeles Ermittlungen einleiteten. Die nun folgende Rekonstruktion beruht auf Aussagen, die vor diesen beiden Gremien gemacht wurden, auf einer Reihe widersprüchlicher Augenzeugen- und Presseberichte sowie auf eigenen Recherchen.

Am Abend des 5. November begab sich James Bacon, der allgegenwärtige Journalist, dem Marilyn einmal kurz ihre Zuneigung geschenkt hatte, ins Restaurant Villa Capri. Dies war keineswegs das Lokal in Los Angeles, wo sich die Stars nur so drängten; es war eher ein gemütlicher Treffpunkt, in dem man sich Spaghetti mit Fleischklößen einverleibte. Allerdings wurde es von einigen berühmten Italoamerikanern frequentiert, ja sogar subventioniert. Zu ihnen gehörten Frank Sinatra und Joe DiMaggio, und beide waren bei Bacons Eintreffen anwesend.

»Von einem Nebentisch«, schrieb Bacon später, »sah es aus wie ein Treffen der ›Söhne Italiens‹ – Sinatra, DiMaggio und ein paar andere *paisanos.* Bei der Gruppe saß auch Sinatras Manager Hank Sanicola, mit dem er damals eng befreundet war. Obwohl ich ein alter Freund von Frank war, setzte ich mich nicht an ihren Tisch; ich sah nämlich, daß DiMaggio furchtbar schlecht gelaunt war.«

Zur gleichen Zeit ging am anderen Ende der Stadt, in Beverly Hills, für die Bewohner eines Apartmenthauses an der Ecke Kilkea Drive und Waring Avenue in West-Hollywood ein ruhiger Abend zu Ende. Im Erdgeschoß hatte sich die fünfzigjährige Florence Kotz in ihrem winzigen Apartment früh schlafen gelegt. Mrs. Virginia Blasgen, die Vermieterin, traf Anstalten, ins Bett zu gehen, und ihr Sohn schlief schon. Im ersten, dem einzigen anderen Stock, gab die Schauspielerin Sheila Stewart für Marilyn Monroe ein spätes Abendessen. Die siebenunddreißigjährige Sheila hatte sich vor einiger Zeit mit Marilyn angefreundet, auch weil die beiden das gemeinsame Interesse am Singen verband. An diesem Abend las Marilyn gerade ein Filmdrehbuch.

In der Dunkelheit draußen kurvte der vierundzwanzigjährige Privatdetektiv Philip Irwin in seinem Wagen herum. Sein Arbeitgeber war der Privatdetektiv Barney Ruditsky, den DiMaggio mit der Beschattung Marilyns beauftragt hatte, und Irwin war schon seit Monaten mit diesem Auftrag beschäftigt.

Als er das Apartmenthaus am Kilkea Drive passierte, fiel Irwin Marilyns dort geparktes Auto auf. Rasch rief er seinen Chef an. Ruditsky kam vorbei, observierte das Haus eine Zeitlang und telefonierte dann mit Frank Sinatra im Villa Capri.

In dem Restaurant sah der Reporter Jim Bacon zu, wie sich Sinatra und Joe DiMaggio stritten und dann eilig verschwanden. DiMaggio traf als erster vor dem Haus ein. Er fuhr zweimal um den Häuserblock, dann parkte er das Auto hinter dem Wagen seiner Exfrau.

»Er war sehr aufgeregt und ging auf das Haus zu«, gab Irwin später zu Protokoll. »Ich hielt ihn zurück und versuchte, ihn zu beruhigen.« Kurz darauf tauchte auch Frank Sinatra auf.

Zu diesem Zeitpunkt sah die Vermieterin Virginia Blasgen aus dem Fenster. Sie sagte, sie habe zwei Männer gesehen, »einen langen und einen kurzen ... der lange war wütend und ging auf und ab ... der kleine hopste immer so rum und grinste mich an ...« Mrs. Blasgen identifizierte den großen Mann als Joe DiMaggio und den kleinen als Frank Sinatra. Um 23 Uhr 15, etwa eine Stunde später, brach das Chaos über das Haus am Kilkea Drive herein.

Den größten Schrecken machte Florence Kotz durch, die schlief und von den merkwürdigen Vorgängen draußen nichts wußte. Sie erwachte von einem Krachen und Splittern, als Männer ihre Wohnungstür eintraten, und wurde dann von grellem Licht geblendet, während die Eindringlinge drauflosfotografierten. Mrs. Kotz schrie. Daraufhin flüchteten die Männer so schnell, wie sie gekommen waren, vor lauter Eile einer über den anderen stolpernd.

Auf der Suche nach Marilyn war DiMaggios Sonderkommando in das falsche Apartment getappt. Das idiotische Abenteuer firmierte fortan unter der Bezeichnung »Unternehmen falsche Tür«.

Damals, 1954, wurde der Angriff auf das Haus am Kilkea Drive von der örtlichen Polizei als versuchter Einbruch zu den Akten gelegt. Das verängstigte Opfer Florence Kotz blieb mit zertrümmerter Tür und angeschlagenem Nervenkostüm zurück. Erst 1957, als der Senat des Staates Kalifornien das Treiben verantwortungsloser Privatdetektive unter die Lupe nahm, kam es zu einer öffentlichen Untersuchung. Die Vernehmungen wurden zu einem erbitterten Ringen um Glaubwürdigkeit zwischen Robert Irwin, dem Privatdetektiv, der Marilyn Monroes Auto als erster entdeckt hatte, und Frank Sinatra.

Die Ironie will es, daß ein anderer frühmorgendlicher Überfall Sinatra zur Beantwortung der Senatorenfragen zwang: Zwei Polizisten aus Los Angeles waren um vier Uhr morgens in sein Schlafzimmer in Palm Springs marschiert und hatten ihm eine Vorladung zugestellt. Unter Eid leugnete Sinatra kategorisch, einer der Männer gewesen zu sein, die in das Apartment von Mrs. Kotz eingebrochen waren. Er behauptete, er habe draußen in seinem Wagen gesessen, während Joe DiMaggio, Barney Ruditsky und Philip Irwin die Tür eintraten. Irwin beteuerte, Sinatra habe an dem Überfall teilgenommen, und bestritt zahlreiche weitere Details aus Sinatras Erzählungen. Nachdem er sich beide Aussagen angehört hatte, gab der kalifornische Senator Edwin Regan den trockenen Kommentar ab: »Hier muß wohl ein Meineid vorliegen.« Die Angelegenheit wurde einem Großen Geschworenengericht übergeben. Auf der Suche nach Informationen, mit denen sie Irwins Behauptungen widerlegen konnten, heuerten Sinatras Anwälte nun einen weiteren zwielichtigen Detektiv aus Hollywood namens Fred Otash an. Otash versuchte nachzuweisen, daß Irwin gelogen hatte und daß Sinatra in der finsteren Nacht des 5. November 1954 gar nicht erkannt werden konnte. Der Fall wurde nie ganz aufgeklärt. Die Untersuchungen des Geschworenengerichts verliefen im Sande, und die Geschworenen leiteten die Angelegenheit zur »Anhörung eventueller weiterer Zeugen« an den Polizeichef weiter.

Joe DiMaggios Version des »Unternehmens falsche Tür« kennen wir nicht. Als der kalifornische Senat und das Große Geschworenengericht ihn zwei Jahre später befragen wollten, ließ er sie wissen, er sei nicht in der Lage, zu erscheinen. Damals hielt er sich an der Ostküste und damit außerhalb der Reichweite einer kalifornischen Vorladung auf.

Der überfallenen Florence Kotz brachte die offizielle Durchleuchtung des Falls gelinden Trost. Sie verklagte Sinatra und DiMaggio, einschließlich verschiedener Freunde und Detektive, und erhielt auf dem Wege einer außergerichtlichen Einigung 7500 Dollar.

In dem ganzen Wortberg, der sich zum »Unternehmen falsche Tür« angesammelt hat, taucht ein Name überhaupt nicht auf – der von Marilyns Liebhaber Hal Schaefer, dem der Überfall eigentlich gegolten hatte. Sheila Stewart, deren Gast Marilyn damals war, enthüllt heute, daß »Hal Schaefer an diesem Abend Marilyn begleitete, und ich kochte für beide ein Essen. Als wir das Krachen hörten, saßen beide im Eßzimmer, und ich hatte eben das Geschirr in die Küche getragen.«

Schaefer, der zugibt, daß er damals in der Wohnung war, kann sich immer noch an den Schrecken erinnern: »Es war, als hätte jemand eine Bombe gezündet. Das ganze Haus erbebte. Es war furchtbar ...« Auf die Frage, ob er und Marilyn zu dem Zeitpunkt im Bett waren, antwortet Schaefer: »Nicht in dem Augenblick, nein ... aber wir waren schließlich zwei erwachsene, mündige Menschen, und sie lebte bereits von ihrem Mann getrennt ...« Und er ergänzt: »Ich war so froh, daß sie die falsche Tür erwischten. Ich glaube, sie hätten mich schwer verletzt.«

Sheila Stewart berichtet, Marilyn habe sofort begriffen, was da geschah. Sie fuhr allein im Auto zu sich nach Hause und Schaefer ebenfalls. Marilyn stand noch in der Nacht eine Konfrontation mit DiMaggio bevor. Wieder ein anderer Privatdetektiv – er gehörte auch zu der großen Gruppe, die mit der Operation beauftragt worden war – konnte zwei Stunden nach dem Überfall aus der Dunkelheit beobachten, wie DiMaggio vor der Tür seiner Exfrau auftauchte. Sie ließ ihn ein, und als der Detektiv in den frühen Morgenstunden das Weite suchte, war DiMaggio immer noch bei Marilyn.

Doch damit war Marilyns gerüttelt Maß an Problemen noch nicht voll. Zur Zeit der Trennung beschrieb man ihren Zustand als »emotional und physisch krank«. Ihr Anwalt sagte, sie leide an einer Viruserkrankung und dementierte, daß sie schwanger sei. Er gab jedoch bekannt, sie sei bei Dr. Leon Krohn in Behandlung.

Dr. Krohn, »Red« für seine Freunde, war mehrere Jahrzehnte lang ein prominenter Gynäkologe in Hollywood. Zu seinen wenigen männlichen Patienten, die er als Allgemeinmediziner behandelte, gehörte sein Freund Frank Sinatra. Für Krohn gingen Beruf und Privatleben ineinander über. Joe übernachtete ab und an bei ihm, und Krohn blockte frühmorgendliche Telefonanrufe Marilyns ab, die regelmäßig nachfragte, »um zu hören, ob es Joe gutgehe«.

Dr. Krohn hatte sich die letzten zwei Jahre um Marilyn gekümmert, also seit ihrer Forderung, bei ihrer Blinddarmoperation müsse ein Gynäkologe anwesend sein. Am Morgen nach dem »Unternehmen falsche Tür«, das der Presse noch lange verborgen blieb, wurde bekanntgegeben, Marilyn werde innerhalb von vierundzwanzig Stunden zu einer von Dr. Krohn vorzunehmenden »Operation korrektiver Natur« in ein Krankenhaus eingeliefert werden.

Am nächsten Morgen erschien Marilyn mit »Bauchweh« im Studio und stand für Pressefotos Modell. Dann wurde sie von Joe DiMaggio zu der Operation ins Cedars of Lebanon Hospital gefahren, inzwischen für sie ein bekannter Anlaufhafen. Dr. Krohn verkündete der Presse, bei dem Eingriff solle ein gynäkologisches Problem korrigiert werden, an dem Marilyn schon »seit Jahren« leide. Joe DiMaggio verbrachte die Nacht in der Klinik, machte im Aufenthaltsraum der Ärzte ein Nickerchen oder schritt durch die Gänge vor Marilyns Zimmer.

Marilyn wurde nach vier Tagen entlassen; sie wirkte ungepflegt und abgespannt und sprach nicht mit Journalisten. Am Abend aß sie mit DiMaggio im Villa Capri, wo vor kaum einer Woche das »Unternehmen falsche Tür« seinen Anfang genommen hatte. Im kommenden Monat trafen sich die beiden noch öfter, und wieder munkelte die Presse von Versöhnung. Aber Marilyn hatte anders entschieden.

Es dauerte nur ein paar Wochen, und Joe DiMaggio war endgültig allein. Bald war er ein regelmäßiger Besucher im Büro von Marilyns Manager am Sunset Boulevard, eine traurige, hünenhafte Erscheinung, die um Auskunft bettelte, ob Marilyn seinen Namen erwähnt habe. Er sollte sie auch später noch oft treffen und berühmt werden als der

Mann, der sie bis zu ihrem Tod und darüber hinaus aus der Ferne verehrte. Und Marilyn ertrug geduldig seine Anhänglichkeit, war für seine Hilfe dankbar, aber ihr Herz schenkte sie ihm nie wieder.

Als die Journalisten im Dezember 1954 DiMaggios Kampf beobachteten, mit dem er die Uhr zurückdrehen wollte, kümmerte sich keiner um den anderen Mann, der wartete. Hal Schaefer, inzwischen bis über beide Ohren in Marilyn verliebt, fand sich bald auf dem Abstellgleis wieder. Als sie ihn anrief und unter anderem sagte: »Vielleicht sehen wir uns eines Tages mal wieder«, da wußte er, daß er sie verloren hatte.

Von DiMaggio spricht Schaefer immer noch mit einer Angst, der selbst drei Jahrzehnte wenig nehmen konnten. An Marilyn denkt er mit Trauer zurück. »Sie sagte mir, daß sie mich liebt«, erzählt er leise, »aber ich glaube, sie wußte nicht, was das wirklich bedeutete.«

Nicht einmal vierundzwanzig Stunden nach dem »Unternehmen falsche Tür«, am Vorabend ihrer gynäkologischen Operation, tanzte Marilyn bis drei Uhr morgens auf einer Party, mit der man ihr zu Ehren im Romanoff's die Fertigstellung von *Das verflixte 7. Jahr* feierte. Verwundert sah sie die Gäste an und flüsterte Sidney Skolsky zu: »Ich fühle mich wie Aschenputtel. Ich hätte nie geglaubt, daß sie alle kommen. Ehrlich.«

Marilyn hatte sich eine Stunde verspätet, weil ihr unterwegs das Benzin ausgegangen war. Zu denen, die erschienen waren, um ein riesiges »Marilyn«-Souvenirporträt zu unterschreiben, gehörten Humphrey Bogart und Lauren Bacall, Claudette Colbert, William Holden, Jimmy Stewart, Susan Hayward, Gary Cooper und Doris Day. Zum ersten Mal begegnete Marilyn Clark Gable, dem Idol ihrer Jugend, und sie sprachen davon, irgendwann gemeinsam in einem Film aufzutreten.

Ebenfalls erschienen waren Hollywoods Filmmoguln, die Marilyn mit Lob überhäuften: Sam Goldwyn, Jack Warner und Marilyns alter Gegenspieler Darryl Zanuck. »Diese Party«, schrieb Sidney Skolsky ein paar Tage später, »bedeutete Marilyn sehr viel, denn sie machte in ihrer einmaligen hollywoodschen Art deutlich, daß die Elite der Stadt sie endlich akzeptierte.«

Der Elite der Stadt stand ein übler Schock bevor. Noch während sie die Achtundzwanzigjährige als vollwertigen Star aufnahm, hatte Marilyn bereits beschlossen, sie zurückzuweisen. Sie hatte sich nämlich entschieden, Hollywood komplett den Rücken zu kehren – Ehemann, Liebhaber, Moguln und so weiter. Kurz vor Weihnachten 1954 setzte Marilyn ihre dunkle Perücke und Sonnenbrille auf und fuhr zum Flughafen von Los Angeles, in der Tasche ein Flugticket auf den Namen Zelda Zonk.

Aschenputtel alias Zelda war im Begriff unterzutauchen.

III

ZERBROCHENE EHE – GEBROCHENE SEELE

»Wie kann ich Marilyn kurz beschreiben? Je mehr man über Menschen weiß, desto komplexer erscheinen sie einem. Wäre sie ein unkomplizierter Mensch gewesen, hätte man ihr leicht helfen können.«

ARTHUR MILLER

17

WÄHREND MARILYNS FLUGZEUG in der eisigen Kälte vor Sonnenaufgang Richtung Osten unterwegs war, lenkte eine zierliche junge Frau einen Kombi über die waldgesäumten Straßen in der Nähe von Weston, Connecticut. Amy Greene war auf dem Weg zum LaGuardia-Flughafen, um Marilyn samt Reisebegleiter abzuholen. Amys dreiunddreißigjähriger Mann Milton war Marilyns Komplize bei ihrer Flucht aus Hollywood. Für die kommenden zwei Jahre sollte er ihr enger Freund, Fürsprecher und Geschäftspartner sein.

Milton Greenes Werben um Hollywoods teuerstes Gut kam nicht über Nacht. Seine erste Begegnung mit Marilyn, achtzehn Monate vorher, hat in der Monroe-Saga etwa den Stellenwert wie die von Stanley mit Livingstone. Ein Blick auf den kindergesichtigen Greene veranlaßte sie zu dem Satz: »Also wirklich, du bist ja noch ein Junge!« Er antwortete: »Und du bist noch ein Mädchen«, und sie waren sich auf Anhieb sympathisch. Der renommierte Fotograf Greene war nach Los Angeles gekommen, um für die Zeitschrift *Look* Aufnahmen von Marilyn zu machen, und hatte durch die Art, wie er das tat, nicht nur Marilyn, sondern sogar Joe DiMaggio für sein Vorhaben gewonnen. Indem er sie in weiten Kleidern und sittsamen Posen fotografierte, schaffte er Distanz zu ihrem Image als Sexbombe, ohne daß etwas von Marilyns Charme verlorenging.

Der Plan, der später Hollywood erschüttern sollte, kam bereits bei ihrem ersten gemeinsamen Abendessen andeutungsweise zur Sprache. Beim Wein erzählte Milton Greene begeistert, er träume davon, als unabhängiger Filmemacher zu arbeiten. Marilyn sagte, wenn er soweit sei, würde sie gern in einem seiner Filme mitmachen. Aus zwei Gründen war sie nicht recht zufrieden bei der Fox.

Einmal fand Marilyn, daß ihr Studio sie übervorteile. Trotz ihres Riesenerfolgs war sie immer noch an einen Vertrag gebunden, der ihr im Höchstfall eine Wochengage von 1500 Dollar einbrachte. So hatte sie an *Blondinen bevorzugt*, vor fünf weiteren erfolgreichen Filmen also, nur 18 000 Dollar verdient. Nachdem sie davon Steuern, Agenten, ihre Schauspiellehrerin Natasha Lytess und Kosmetiker bezahlt hatte, blieb für Hollywood-Verhältnisse von dem Geld nicht viel übrig. Jane Russell, die im Unterschied zu Marilyn nicht durch langfristige Verträge gebunden war, hatte als zweite Hauptdarstellerin 100 000 Dollar eingestrichen. Das sei unfair, pflichtete Greene Marilyn bei. Sie könne viel mehr verdienen, würde sie sich von der Fox trennen.

Außerdem beschwerte sich Marilyn, das Studio dränge ihr immer dümmliche Rollen auf, was sie mindestens genauso störte wie die niedrige Gage. Journalisten erzählte sie schon seit langem, sie sei »ganz erpicht darauf, mal andere Rollen zu spielen, wie die Julie in *Begrabt die Toten*, das Gretchen im *Faust* und die Teresa im *Wiegenlied*«. Sie wollte sich mit »ernsthaften« Schauspielern wie Marlon Brando oder Richard Burton die Hauptrollen teilen. Aber bei der Fox hörte ihr niemand zu.

Greene konnte nicht anders, er mußte ihr einfach zuhören. »Ich dachte immer, ich kenne sie alle«, sagte er 1983. »Schließlich hatte ich in dem Business schon so viele Fotomodelle und Schauspielerinnen erlebt. Aber eine mit einem solchen Klang in der Stimme, so freundlich und so sanft, war mir noch nie begegnet. Wenn sie auf der Straße einen toten Hund sah, fing sie an zu weinen. Beim Reden mußte man immer auf seinen Tonfall achtgeben, weil sie so hypersensibel war. Später fand ich dann heraus, daß sie schizoid war – sie konnte absolut genial oder absolut freundlich sein und dann wieder das genaue Gegenteil.« Doch zu Anfang ihrer Bekanntschaft hatte Greene den Eindruck, Marilyn sei ohne Fehl und Tadel.

Die Verschwörung setzte unverzüglich ein. Greene ließ sich von Marilyn ihren Vertrag zeigen, holte juristischen Rat ein und teilte ihr bald mit, der Vertrag sei null und nichtig, sie könne und solle sich von der 20th Century-Fox trennen. Marilyn fand diesen ketzerischen Vorschlag umwerfend. Als Greene nach New York zurückflog, fuhr sie ihn zum Flughafen und überraschte ihn mit einem leidenschaftlichen Abschiedskuß.

In den folgenden Monaten trafen sie sich noch öfter. Sie unterhielten sich auf einer Cocktailparty, bei der auch die Bogarts, Frank Sinatra und Judy Garland zu Gast waren, und verbrachten zusammen einen Scharadenabend bei Gene Kelly, in dessen Haus regelmäßig Besucher aus dem Osten der Staaten Zuflucht fanden.

Als Marilyn zu den Dreharbeiten für die Rockszene aus *Das verflixte 7. Jahr* nach New York kam, waren Milton und Amy Greene zur Stelle. Amy beobachtete, wie der aschfahle DiMaggio den Drehort verließ, und tröstete am nächsten Tag im St. Regis Hotel Marilyn wegen ihrer blauen Flecke. Als Marilyn nach Los Angeles zurückkehrte, blieb Milton in telefonischem Kontakt und sprach die Einzelheiten ihrer vertraglichen Verpflichtungen mit ihr durch. In den kommenden Wochen wußte die durch den Zusammenbruch ihrer Ehe verstörte und verwirrte Marilyn einfach nicht, was sie wegen des Vertrags unternehmen sollte. Am Ende reizte sie die Ruhe an der Ostküste ebensosehr wie die Hoffnung auf eine bessere berufliche Perspektive: Milton und Amy Greene erboten sich, die berühmte Waise in ihrem Haus aufzunehmen.

So kam es, daß Marilyn am Jahresende 1954 heimlich bei den Greenes in Connecticut eintraf. Das alte Bauernhaus aus dem frühen achtzehnten Jahrhundert war von zwölf Hektar Waldland umgeben, darin ein Forellenbach und ein eigener kleiner See. Das riesige Wohnzimmer war immer noch so hoch wie der alte zweistöckige Stall und wurde von einem gewaltigen Holzfeuer beheizt. Marilyn bekam das Atelier, mit eigenem Balkon und Seeblick – ihr Zuhause im Haus. Für sie war dieses Domizil im Wald ein Märchenland.

Bisher hatte Marilyn selten Schnee gesehen oder den Wechsel der Jahreszeiten erlebt. Als einige Monate später der Frühling ins Land zog, begrüßte sie ihn mit kindlichem Erstaunen. Hier ließ man sie in Ruhe. Sie konnte sich Miltons warme Sachen anziehen und in den Wäldern spazierengehen oder ins nahe gelegene Restaurant schlendern, das Miltons Bruder gehörte, wo sie Sandwiches und hausgemachte Schokoladen-Eclairs vertilgte. »Sie fuhr gern Auto«, erinnert sich Amy. »Wir setzten uns ins Cabriolet und kurvten mit heruntergelassenem Verdeck über den Highway. Wir spürten beide gern den Fahrtwind im Gesicht und die Wärme aus der Heizung an den Beinen.«

Für Josh, den ein Jahr alten Sohn der Greenes, wurde Marilyn bald zur »Tante«. Sie half nicht nur, ihn zu füttern und zu baden, sondern blieb zur Überraschung der Greenes auch als Babysitter zu Hause, damit die beiden am Silvesterabend ausgehen konnten. In einem Interview erklärte Marilyn, die Greenes seien »die einzige richtige Familie, die mir je begegnet ist«.

Natürlich stimmte das nicht. Das gleiche hatte Marilyn über die Familie DiMaggio in San Francisco und, vor Jahren, über Fred Kargers Familie behauptet. Es wurde zu ihrer Angewohnheit, sich an andere Leute zu hängen. Andererseits verstand sie es auch, Leute, die sie nicht mehr brauchte, abzustoßen, wie Amy voraussehend feststellte.

»Vergessen Sie nicht«, sagt Amy Greene, »daß Marilyn vor allem ein *großer* Filmstar werden wollte. Sie tat alles, gab jeden auf, um weiter nach oben zu kommen.«

Jetzt ließ sie Hal Schaefer in Los Angeles ohne viel Federlesens fallen, durch einen Telefonanruf. Marilyns treuer Freund Sidney Skolsky, der der Versuchung widerstanden hatte, seine Informationen über die DiMaggio-Ehe zu veröffentlichen, wurde für späteren Gebrauch – es vergingen mehrere Jahre – auf Eis gelegt. Auch die enge Beziehung zu ihrer Schauspiellehrerin Natasha Lytess wurde abgebrochen.

Als Natasha klarwurde, daß ihre Schülerin sich zurückzog, versuchte sie hartnäckig, finanzielle Unterstützung von ihr zu erhalten. Später schrieb Natasha Lytess: »Jahrelang war ich ihre private Regisseurin, arbeitete Tag und Nacht mit ihr. Aber als ich sie bat, etwas für mich zu tun, hatte sie das Gefühl, ich wolle sie ausnutzen.« Außer Marilyn hatten auch andere den Eindruck, daß Natasha übertriebene Ansprüche stellte. Wie auch immer – sie war überflüssig geworden und landete bald auf dem Abstellgleis.

Marilyn brauchte Freunde in ihrer schönen neuen Welt. Die Greenes waren verwandte Seelen, die ihr Raffinement und Kultiviertheit der Ostküste vermitteln konnten. Vom selbst sehr gutaussehenden ehemaligen Mannequin Amy Greene erfuhr die sechs Jahre ältere Marilyn, sie könne auch ohne die superengen Röcke und Pullis, mit denen sie sich auf der Leinwand einen Namen gemacht hatte, im Alltag eine gute Figur abgeben.

»Mir fiel auf, was für erbärmliche Klamotten sie hatte«, erinnert sich Amy. »Immer, wenn wir ausgehen wollten, mußte sie in meinen Schubladen wühlen. Wir luden dann Norman Norell zum Essen ein, damals ein führender Modezeichner, der ihr eine elegante Garderobe entwarf.« Marilyn war von dieser Veränderung angetan. Sie und Amy unternahmen ausgedehnte Einkaufsbummel nach Manhattan – auf Milton Greenes Kosten.

Marilyn war nur selten mit gleichaltrigen Frauen befreundet gewesen. Durch den vertrauten Umgang mit ihr erfuhr Amy Greene eine Menge über Marilyn, darunter etliche banale Kleinigkeiten. So fand Amy heraus, was an dem Gerücht stimmte, Marilyn trage nur höchst selten Slips – die Reaktion schockierter Verkäuferinnen in den Umkleidekabinen des Bekleidungsgeschäfts Bonwit Teller an der Fifth Avenue genügte. Dafür war Marilyn fanatische BH-Trägerin. »Irgendwer hat ihr irgendwo mal erzählt, sie bekäme keinen Hängebusen, wenn sie immer einen BH trage«, berichtet Amy Greene, »und daran hielt sie sich eisern. Sogar beim Schlafen hatte sie einen BH an. Mir verriet sie, sofort nach dem Sex ziehe sie sich, zack, den BH wieder an.«

Manches an Marilyns Verhalten war irritierend, vor allem für die peinlich ordentliche Amy. Ihr fiel auf, daß ihr Gast in einem wahren Chaos hauste; aus Koffern und Schrank quollen Kleidungsstücke, überall im Zimmer flogen Kosmetika und Toilettenartikel herum. Irgendwelche langweilige Pflichten, etwa eine anstehende Gerichtsverhandlung wegen Fahrens ohne Führerschein in Los Angeles, verdrängte sie kurzerhand. Darum würden sich ihre Freunde schon kümmern.

Die Greenes sahen erstaunt zu, wie Marilyn sich auf ihre Hausbibliothek stürzte. Sie las Bücher über Napoleon, stieß dabei auf Josephine und verschlang sämtliche Bücher über sie, derer sie habhaft wurde. Eine Zeitlang bestand das Tischgespräch im Greeneschen Haushalt zum großen Teil aus Marilyns Schwärmereien über Josephine.

»Sie war fasziniert von Frauen, die es geschafft hatten«, berichtet Amy Greene. Besonders begeistert war Marilyn, als sie erfuhr, wie Josephines Freundin Juliette Récamier, die für ihre tadellose Figur berühmt war, mit einer spezialangefertigten Aktstatue ihrer selbst umging: Als sie alterte und ihre Brüste schlaffer wurden, ließ sie die marmornen Brüste der Statue zertrümmern.

Eines Tages saß Marilyn mit Amy auf der Treppe und sinnierte über ein Büchlein, in dessen Mittelpunkt Emma, Lady Hamilton, stand, die Geliebte Lord Nelsons. Sie wollte kaum glauben, daß diese imponierende Frau als Dienstmädchen begonnen hatte, und stimmte ein wahres Loblied über Emmas Fortschritte an. »Was Geschichten anging, war sie wie ein Kind«, erinnert sich Amy Greene. »Sie sagte, als Kind habe ihr keiner Geschichten erzählt, und wenn ihr irgend jemand eine erzählte, war sie völlig hin und weg.«

Milton Greene besaß ein Motorrad mit Beiwagen und unternahm manchmal eine Spritztour mit Marilyn. Als die beiden eines Tages eben losfahren wollten, bemerkte Amy, daß Marilyn einen langen weißen Schal trug. Sie machte einen Scherz über die Tänzerin Isadora Duncan, deren Schal sich in den Speichen des Sportwagens eines Freundes verfangen und sie erwürgt hatte. »Wer ist Isadora Duncan?« fragte Marilyn und hörte sich hingerissen die Erklärung an. »Und damit«, berichtet Amy, »war in Connecticut die Isadora-Duncan-Woche angebrochen.«

Um ihre neuen Erfahrungen festzuhalten, kaufte sich Marilyn ein kleines abschließbares, ledergebundenes Tagebuch. Das trug sie im Haus mit sich herum und machte sich Notizen über Gespräche oder Zeitschriftenartikel, die sie interessant fand. Bis in die frühen Morgenstunden hörten die Greenes aus Marilyns Zimmer Radiomusik, während sie ihren unersättlichen Lesehunger stillte. Amy und Milton wurde klar, daß Marilyn von einem Leiden heimgesucht wurde, das sie nie mehr loswerden sollte: Schlaflosigkeit. Kam der Schlaf doch einmal über sie, dann hatten ihn Barbiturate bewirkt; die Tabletten – damals Seconal – standen immer in der Nähe von Marilyns Bett.

In dieser Zeit erzählte Marilyn Amy Greene von ihrer tristen Vergangenheit, von dem Kind, das sie angeblich als Teenager bekommen hatte, und von ihren zahlreichen Abtreibungen. Marilyn litt immer noch an äußerst qualvollen Menstruationsbeschwerden. Als Amy entdeckte, daß sie vor unerträglichen Schmerzen, die keine Tabletten lindern konnten, schrie, schickte sie Marilyn zu einem befreundeten Gynäkologen.

Dr. Lee Siegel, Marilyns langjähriger Arzt in Los Angeles, diagnostizierte ihre Erkrankung als Endometriose, in deren Verlauf Gewebe der Uterusschleimhauf in Bereiche außerhalb der Gebärmutter, wie Eierstöcke oder Eileiter, eindringt. Gängige Symptome sind extrem schmerzhafte Menstruationsbeschwerden sowie Schmerzen in den Fortpflanzungsorganen. An Endometriose leidenden Frauen, die Kinder bekommen möchten, wird geraten, nicht zu lange damit zu warten, da sich die Krankheit permanent verschlimmert.

Marilyn war jetzt Anfang neunundzwanzig. Ihre zahlreichen Abtreibungen, von denen einige möglicherweise unsachgemäß vorgenommen wurden, hatten sie sehr mitgenommen. In Amy Greenes

Worten: »Ihr ganzer Unterleib litt.« Inzwischen hatte Marilyn Angst vor Frauenärzten und bestand darauf, daß Amy während der ärztlichen Untersuchung im Raum blieb. Die Abtreibungen hatten tatsächlich Schäden hinterlassen, so daß es unwahrscheinlich war, daß Marilyn je Kinder bekommen konnte.

Da Marilyn so oft unter solchen Schmerzen litt, empfahl ihr der Arzt eine Totaloperation, was sie jedoch spontan ablehnte. »Marilyn wies das entschieden zurück«, berichtet Amy Greene. »Sie sagte: ›Das geht nicht. Ich will ein Kind haben, einen Sohn.‹ Sie sprach immer davon, einen Sohn zu bekommen.«

Einige Monate später meldete sich ihre Freundin Jane Russell, mit der sie in *Blondinen bevorzugt* vor der Kamera gestanden hatte, bei Marilyn und bat sie um Unterstützung für die Gesellschaft WAIF, die sich bemühte, ein Zuhause für ungewollte Kinder zu finden. Damit begann Marilyns Engagement für Kinder, das bis zu ihrem Tod anhielt. Über ihre eigenen verzweifelten Anstrengungen, Kinder zu bekommen, sollte die Weltpresse bald berichten.

Um Weihnachten 1954 genossen Marilyn und die Greenes die dreiste Flucht aus Hollywood aus vollen Zügen. Mit gespielter Unschuld nahm Amy die vielen Anfragen prominenter Anrufer entgegen. Frank Sinatra, der in Los Angeles immer noch Joe DiMaggios Händchen hielt, wurde mit einer abstrusen Geschichte abgewimmelt, genau wie Billy Wilder, der Regisseur von *Das verflixte 7. Jahr.* Bob Hope, der Marilyn für seine Weihnachtsshow nach Korea mitnehmen wollte, rief persönlich an. Während die anderen im Hintergrund kicherten, mußte sich Amy große Mühe geben, um ernst zu bleiben, als sie fragte: »Sagen Sie, Mr. Hope, ist Marilyn verschwunden?« Hinterher kugelte sie sich mit Marilyn vor Lachen auf dem Boden.

Marilyn blieb nicht lange versteckt. Anfang Januar 1955 gab Milton Greene in New York eine Cocktailparty für achtzig ausgewählte Presseleute. Ganz in Hermelin, gab Marilyn bekannt, sie habe ihre eigene Gesellschaft gegründet, die Marilyn Monroe Productions, und sie selbst als Präsidentin halte 51 Prozent der Anteile; Milton Greene, der Vizepräsident, habe die anderen 49 Prozent. Sie verkündete, sie habe nicht die Absicht, ihren Vertrag mit der 20th Century-Fox zu verlängern. Für die Fox-Bosse war das alles sehr verblüffend, da sie der Meinung waren, Marilyns geltender Vertrag müsse erst noch ablaufen.

Marilyn war nun, wie sie sagte, »eine neue Frau«. Die Presse erfuhr, sie habe das Weite gesucht, »damit ich die besseren Rollen spielen kann, die ich spielen will. Ein Großteil meiner Filme haben mir nicht gefallen. Ich bin's leid, in Sexrollen aufzutreten. Ich will vielseitiger werden. Die Menschen sind vielseitig, verstehen Sie ... das sind sie wirklich.« Auf die Frage, welche Rollen sie gern spielen würde, erwähnte Marilyn »eine der Rollen in *Die Brüder Karamasow* von Dostojewskij«. Als ein kichernder Reporter von ihr wissen wollte, wie man diese Namen buchstabiere, antwortete Marilyn: »Süßer, von diesen Namen könnte ich dir keinen einzigen buchstabieren.«

Milton Greene versuchte, seinen grandiosen Plan zu erläutern: Er wollte eine Gruppe von Regisseuren und Schauspielern auf die Beine stellen, die, unbeeinflußt von der Fließband-Tyrannei der großen Studios, ihre eigenen Filmideen verwirklichten. Die Journalisten beachteten ihn kaum. Ihre Aufmerksamkeit galt allein Marilyn, und Greene sollte bald herausfinden, daß die Leitung der Firma Marilyn Monroe Productions eine Vollzeitbeschäftigung war – und eine gewaltige finanzielle Belastung.

Marilyn hatte Milton erzählt, sie sei unterbezahlt; ihr einziges Kapital sei ihr Ruhm. Nun war sie pleite und durfte keine andere bezahlte Arbeit annehmen, da schließlich, juristisch betrachtet, ihr Vertrag mit der Fox noch in Kraft war. Mit seinen Einkünften als Fotograf zahlte Greene 1955 all ihre Ausgaben.

Ein Jahr lang setzte Milton Greene auf seine Überzeugung, Hollywood könne es sich nicht leisten, die Goldgrube Marilyn Monroe links liegenzulassen, juristische Spitzfindigkeiten hin oder her. Die 20th Century-Fox würde sich mit ihr einigen müssen, ganz gleich, wie ablehnend man Marilyns Selbständigkeit dort gegenüberstand. Zwar behielt Greene damit recht; doch in der Zwischenzeit verschuldete er sich bis über beide Ohren, um Marilyn die Wartezeit für alle sichtbar mit Luxus zu versüßen.

Greene war der Ansicht, Marilyn müsse den Lebensstil eines Stars beibehalten und dürfe nicht aus dem Gedächtnis der Öffentlichkeit verschwinden. Marilyn war ganz seiner Meinung, und bald wurde sie höchst stilvoll im Waldorf-Astoria untergebracht. Als Einsatzzentrale diente ihr nun ein sündhaft teures Drei-Zimmer-Luxusapartment, ihre erste Unterkunft in Manhattan. Greene kam für alles auf: Kleidung,

Ausgaben für ihre Kosmetiker in Höhe von 500 Dollar in der Woche und die Pflegekosten für Marilyns Mutter. Außerdem kaufte er ihr einen schwarzen Sportwagen der Marke Thunderbird; mittlerweile fuhr Marilyn gern schnelle Wagen.

Laut ihrer vertraglichen Verpflichtungen mit der Fox durfte Marilyn unbezahlt öffentlich auftreten. Greene kümmerte sich darum, daß die Öffentlichkeit eine nette Mischung von der neuen und der alten Marilyn zu sehen bekam. Zunächst sorgte er dafür, daß das schelmische Glamourgirl nicht in Vergessenheit geriet. Im März 1955 kam die leichtbekleidete Marilyn auf einem rosa Elefanten in den Madison Square Garden geritten – ihr Beitrag im Rahmen einer Revue zugunsten der Arthritis- und Rheumastiftung. Der Auftritt Marilyns mit Elefanten erfolgte unter Leitung des »Zirkusdirektors« und bekannten amerikanischen Humoristen Milton Berle, der später behauptete, er sei einmal Marilyns Liebhaber gewesen.* Begeisterter Applaus von 25 000 Menschen begleitete ihren Auftritt, und Marilyn stahl allen die Schau.

Am Karfreitag 1955 fielen zur Frühstückszeit Fernsehteams ins Haus der Greenes in Connecticut ein. Milton Greene hatte einen Live-Auftritt in der Interviewsendung »Person to Person« des Journalisten Edward R. Murrow arrangiert. Vereinbart war ein »zwangloser« Besuch bei Mr. und Mrs. Greene und ihrem prominenten Gast. Marilyn hatte ihre besonders schlimmen Menstruationsbeschwerden mit Schmerztabletten zu bekämpfen versucht und wünschte jetzt nur, sie hätte sich zu diesem Auftritt nie bereit erklärt. Ans Fernsehen war sie nicht gewöhnt, und bei der Vorstellung, direkt zu fünfzig Millionen Zuschauern zu sprechen, wurde ihr angst und bange. Ihre Stimme zitterte, und verglichen mit ihrer kühl und geschliffen formulierenden Gastgeberin Amy Greene machte der erfahrene Star einen amateurhaften Eindruck.

Hastig begann Murrow, die Greenes über ihren Gast auszufragen. Ob sie kochte? Half sie beim Putzen und machte sie ihr Bett selbst? Die Greenes logen höflich. Marilyn war mit ein paar Überlegungen zur Stelle, wie wichtig es doch sei, mit dem richtigen Filmregisseur zusammenzuarbeiten, dann griff sie auf eine alte erprobte Masche zurück.

* In seinen 1974 veröffentlichten Memoiren behauptet Berle, er habe 1948, zur Zeit der Dreharbeiten für *Ladies of the Chorus*, eine Affäre mit Marilyn gehabt.

Den Ritt auf dem rosa Elefanten habe sie wirklich genossen, sagte sie, »weil ich als Kind nie im Zirkus gewesen bin«.

Wenn sie nicht auf dem Land im Haus der Greenes war, das sie inzwischen hauptsächlich übers Wochenende als Zuflucht benutzte, hielt sich Marilyn die meiste Zeit in New York City auf. Sie ging auf Entdeckungsreise, versuchte, den Rhythmus dieser pulsierenden Stadt zu ergründen, und gab sich alle erdenkliche Mühe, eine richtige New Yorkerin zu werden. Dabei lernte sie zahllose Leute kennen und gewann ein paar echte Freunde. Einer davon war, so unwahrscheinlich das klingen mag, ein Fan von ihr – ein sechzehnjähriger Junge.

Als Marilyn zu den Aufnahmen für die Szene mit ihrem wirbelnden Rock Ende des letzten Jahres in New York gewesen war, hatten sich jeden Abend Hunderte versammelt, um zu beobachten, wie sie das Hotel St. Regis verließ. Eines Abends stand auch Jim Haspiel in der Menge, ein junger Bursche, der mit fünfzehn von zu Hause ausgerückt war und nun von der Hand in den Mund lebte und von einem möblierten Zimmer ins andere zog. Einen Großteil seiner Zeit vertrieb er sich im Kino, und er erwartete, die Leinwand-Marilyn zu sehen, »die überlebensgroße Lady aus *Niagara*«, wie er heute sagt. Als die Marilyn aus Fleisch und Blut auftauchte, war Haspiel erstaunt, daß sie ihm so klein vorkam – einen Meter siebenundsechzig, laut ihrem Reisepaßantrag – und daß sie große Ohren hatte. Er mußte sie einfach kennenlernen, das war dem Jungen sofort klar, und als Marilyn zwei Stunden später wiederkam, war er zur Stelle.

Marilyn entstieg dem Auto und wurde sofort von fotografierenden, um Autogramme bittenden Fans bedrängt. Jim Haspiel hatte weder eine Kamera noch ein Blatt Papier – er bat sie um einen Kuß. »Das Wort ›Nein‹ stand ihr im Gesicht geschrieben«, erinnert sich Haspiel, »aber ich sagte: ›Na los, bloß hier auf die Wange‹, und ein paar Leute um uns herum machten ›Oh-h-h‹; da gab sie nach und küßte mich.« Am nächsten Abend verweigerte Marilyn mit der gemurmelten Begründung, Joe würde das nicht gern sehen, sogar einem achtjährigen Knaben einen Kuß. Haspiel zog daraus den Schluß, irgend etwas müsse sie zu *ihm* hingezogen haben, und wie sich zeigte, hatte er recht damit.

Zu der Zeit heftete sich eine Gruppe hartnäckiger Fans Marilyn überall in New York an die Fersen; sie waren zwischen vierzehn und dreißig Jahren alt und als die »Monroe Six« bekannt. Anfangs hatten sie jeder für sich vor Wohnhäusern und Bürogebäuden Wache gestanden und auf ihr Idol gewartet. Nach und nach lernten sie sich besser kennen und taten sich zusammen. Gelegentlich schloß Jim Haspiel sich den sechsen an, gehörte aber nie richtig zu ihnen. Er war Einzelgänger und glaubt, daß Marilyn ihn deshalb mochte.

Nach Marilyns Tod fand man in ihrem Zimmer einen braunen Umschlag mit Fotos von all ihren »Kindern«, wie die Aufschrift besagte. Der Umschlag enthielt Aufnahmen von Joe DiMaggios Sohn, von Arthur Millers Kindern – und von Jim Haspiel. Zu Marilyns Lebzeiten verband die beiden eine einzigartige enge Beziehung.

Sie schenkte dem Sechzehnjährigen rasch ihr Vertrauen. In ihren New Yorker Wohnungen war er ein gern gesehener Gast und saß oft hinten im Taxi neben ihr, wenn sie sich durch New York kutschieren ließ. Dabei kannte Marilyn monatelang nicht einmal seinen Namen. Erst ein Jahr später, mitten in einer Unterhaltung, nannte Marilyn ihn plötzlich »Jimmy«. Daraus folgerte er, daß sie endlich einen der »Monroe-Sechs« gebeten hatte, sie über den jungen Burschen zu informieren, der sich nie die Mühe gemacht hatte, ihr seinen Namen zu verraten. Im nachhinein glaubt Haspiel, daß sie ihn wegen seiner Unverfrorenheit mochte und auch, weil sie in dem einsamen, eigensinnigen Jugendlichen sich selbst, das Waisenkind, wiedererkannte.

So haben zahlreiche seiner Anekdoten etwas mit Taxifahrten zu tun. Er fand heraus, daß Marilyn für eine gewisse penetrante Art mancher New Yorker nichts übrig hatte. Als sie auf das Wechselgeld eines Taxifahrers wartete und der ihr sagte: »Sie sind Marilyn Monroe und wollen von mir noch was rauskriegen?«, da legte sie Wert darauf, auch die letzten zehn Cent einzutreiben. Erst setzte sie sich durch, dann gab sie ihm ein großes Trinkgeld.

Die Gefühle des jungen Jim für Marilyn grenzten an Vernarrtheit. Einmal wies sie ihn ab, als er zu ihr in ein Taxi steigen wollte. Sie wollte allein sein und steckte ihm einen Zwanzigdollarschein zu, damit er sein eigenes Taxi bezahlen konnte. Er nahm das Geld nicht an und schlug ihr die Wagentür verärgert vor der Nase zu.

»Das war natürlich nicht richtig von mir«, meint Haspiel. »Ich glaube, in ihrer Welt voller Speichellecker unterschied ich mich aber dadurch von den anderen, daß ich ihr manchmal widersprach.«

Die Ordner mit Marilyns Korrespondenz, die 1986 gefunden wurden, enthalten Briefe zwischen dem Star und ihrem jungen Freund. Haspiels Geschichte zweifellos richtig.

Heute ist Haspiel nicht nur ein verheirateter Mann mittleren Alters mit zwei halbwüchsigen Söhnen, sondern vielleicht der bestinformierte Marilyn-Monroe-Experte mit einer riesigen Sammlung von Fotos, von denen er viele mit einer vor dreißig Jahren für fünfzig Dollar gekauften Kamera geknipst hat.

Haspiels Marilyn kannte außer ihm kaum jemand – eine Frau, die sich fast nie schminkte und es haßte, sich im Alltag herauszuputzen, die »mit Söckchen an den Füßen durch die Straßen New Yorks lief«. Er sah zu, wie Marilyn auf ihrem brandneuen englischen Fahrrad durch den Central Park schlingerte, oder unternahm mit ihr Ausflüge zu Nathan's Hot Dog Stand auf Coney Island. Er begleitete sie zum Einkaufen in ihrem Lieblings-Drugstore Whelan's an der 93. Straße. Haspiel bemerkte, daß sich Marilyn in dieser Alltagswelt am wohlsten fühlte. Jim erkannte auch, daß Marilyn sich weiterentwickeln wollte, nachdem Hollywood dies verhindert hatte. Als Haspiel ihr das Boulevardblatt *New York Post* reichte, damit sie irgendwelchen Klatsch über sich lesen konnte, lehnte Marilyn verächtlich ab. Statt dessen verschlang sie die *New York Times*, ja sogar das *Wall Street Journal*. In diesem Sommer fiel einem anderen Besucher in Marilyns Apartment auf, daß sich auf ihrem Kaffeetisch die Bücher häuften: Emersons *Essays*, *Griechische Mythologie* von Edith Hamilton, George Sands Briefe, James Joyces *Ulysses* und N. M. Gortschakows Buch *Regie. Unterricht bei Stanislawski*. Am letzten Titel zeigt sich, welches Ziel Marilyn mit wilder Entschlossenheit verfolgte: Sie wollte unbedingt eine ernsthafte Schauspielerin werden.

18

DREI WOCHEN NACH ihrem Fernsehauftritt mit Milton und Amy Greene, Ende April 1955, schlich sich Marilyn leise in die Kapelle eines Bestattungsunternehmens an der Lexington Avenue in New York. Sie war zum Begräbnis der britischen Schauspielerin Constance Collier erschienen, die im Alter von siebenundsiebzig Jahren gestorben war. Marilyn setzte sich neben den Schriftsteller Truman Capote, den sie vor ein paar Wochen im Nachtclub El Morocco kennengelernt hatte.

Capote schrieb später, daß sie ganz in Schwarz gekleidet war, »an einem bereits völlig abgeknabberten Daumennagel kaute ... und in regelmäßigen Abständen die Brille abnahm, um sich ihre Tränen abzuwischen, die aus ihren blaugrünen Augen quollen«. Sie verriet Capote: »Ich hasse Beerdigungen. Ich will nicht beerdigt werden – meine Asche soll von einem meiner Kinder den Wellen übergeben werden, falls ich je Kinder bekomme ...«

Marilyn war Constance Collier von Truman Capote vorgestellt worden, und sie hatte bei der legendären Aktrice in den Wochen vor deren Tod Schauspielunterricht genommen. Von Constance Collier, die ihre letzten Jahre mit der Ausbildung amerikanischer Schauspieler zubrachte, stammt folgende knappe Einschätzung Marilyns: »O ja, sie hat etwas. Sie ist ein hübsches Kind. Ich glaube nicht, daß sie eine Schauspielerin im herkömmlichen Sinn ist. Was sie aufzuweisen hat – diese Präsenz, Brillanz und aufflackernde Intelligenz –, würde auf einer Bühne nie zum Tragen kommen. Ihre Qualitäten sind so zerbrechlich und subtil, daß nur die Kamera sie einfangen kann. Zum Vergleich kann man den Flug eines Kolibris heranziehen, dessen poetische Schönheit sich nur durch eine Kamera verdeutlichen läßt. Wer aber glaubt, dieses Mädchen sei bloß eine neue Harlow oder irgendein Flittchen oder so etwas, der ist verrückt. Ich hoffe und bete, daß sie lange genug am Leben bleibt, um ihre seltsame, wunderbare Begabung freizusetzen, die wie ein gefangener Geist in ihr verborgen ist ...«

Noch während Constance Collier starb, war Marilyn auf der Suche nach dem Befreier ihrer Begabung. Sie fand ihn in Lee Strasberg, Begründer des Actors' Studio, dessen New Yorker Theaterworkshop zur einflußreichsten Einrichtung dieser Art auf der Welt geworden war. Zu den Schülern seiner Ausbildungsstätte gehörten in den fünfziger Jahren Schauspieler wie Marlon Brando, James Dean, Eli Wallach, Anne Jackson, Paul Newman, Montgomery Clift, Steve McQueen, Shelley Winters, Maureen Stapleton und Tom Ewell, Marilyns Partner in *Das verflixte 7. Jahr.* Ihr Lehrer wurde, wie ein Biograph Strasbergs aufzählt, mit Bezeichnungen wie Rabbi, Papst oder Guru belegt, andere wieder nannten ihn Gott oder Genie, Schwindler, Scharlatan oder auch den definitiven Seelendoktor.

Als Marilyn nach New York kam, war der als Sohn armer Eltern in einem jüdischen Getto in Polen geborene Strasberg dreiundfünfzig Jahre alt. Er war als Junge mit seiner Familie nach Amerika gekommen und hatte sich mit einundzwanzig schon mit Leib und Seele dem Theater verschrieben. Seine Offenbarung, der Leitstern, mit dem er Generationen amerikanischer Schauspieler den Weg weisen sollte, war die Methode Stanislawskijs, die auch »System des totalen Eintauchens« genannte Schauspielwissenschaft. Diese Methode erfordert, daß die Schauspieler durch intensive Erforschung ihrer Rollen und ihrer selbst alle ausgetretenen Pfade hinter sich lassen. Um mit dem Publikum zu kommunizieren, sollen sie in jeder Bewegung, in jedem Satz nach einer »Motivation« suchen, aus ihrer persönlichen Erfahrung, ihren eigenen Schmerzen und Freuden schöpfen. Mithin war Selbstanalyse Pflicht, und Strasberg, ein leidenschaftlicher Anhänger der Psychologie, ermunterte seine Schüler, sich einer Psychoanalyse zu unterziehen.

Strasberg sollte in Marilyns chaotischer Persönlichkeit ein Wesen von explosiver Stärke entdecken. Sie geriet an einen Lehrer, eine spirituelle Instanz und – in eine neuerliche Abhängigkeit.

Marilyn hatte Strasbergs Frau und Tochter bei Dreharbeiten in Hollywood kennengelernt und sehnsüchtig davon geschwärmt, eines Tages, zu Füßen des Meisters sitzend, lernen zu dürfen. Jetzt, im März 1955, saß Marilyn auf einmal Cheryl Crawford gegenüber, einer Mitbegründerin des Actors' Studio. Sie sprach davon, wie gern sie eine ernsthafte Schauspielerin werden würde, und Cheryl Crawford sagte ihre Unterstützung zu. Am nächsten Tag durfte Marilyn Lee Strasberg in seiner unordentlichen, mit Büchern vollgestopften Wohnung an der Ecke Broadway und 86. Straße besuchen. Nach einem kurzen Gespräch war er einverstanden, sie als Privatschülerin anzunehmen; nur Schauspieler mit Bühnenerfahrung durften Mitglieder im Studio werden. Die ersten Stunden sollten in seiner Privatwohnung stattfinden, da Marilyn, wie Strasberg sofort feststellte, »ein Mensch mit emotionalen Problemen« war.

Als Marilyn aus ihrer Vergangenheit erzählte – so auch, daß sie als Callgirl gearbeitet habe –, fiel Strasberg auf, wie nervös sie war. Vor Angst stotterte sie sogar. Trotzdem war ihr neuer Lehrer sehr von ihr angetan.

»Ich erkannte, daß sie nicht wirklich so war, wie sie aussah«, erinnerte sich Strasberg später, »und ihr Innenleben war nicht identisch mit dem, was nach außen hin passierte; das bedeutet immer, da ist eine Substanz, mit der man arbeiten kann. Es war fast, als hätte sie nur darauf gewartet, daß man auf einen Knopf drückte, und als es wirklich geschah, öffnete sich eine Tür und gab den Blick auf einen kostbaren Schatz aus lauter Gold und Edelsteinen frei.«

Später scheute Strasberg keine Übertreibung, wenn es galt, Marilyn zu beschreiben. So sagte er über ihre Ausstrahlung: »Eine Art mystische Flamme umgab sie, so als sähe man den von einem Heiligenschein umgebenen Jesus beim Abendmahl. Marilyn war in helles weißes Licht getaucht.«

1955 bekam Marilyn allerdings keine schwülstigen Schmeicheleien von Lee Strasberg zu hören. Was er ihr zu bieten hatte, waren Monate aufreibender Übungen und harter Arbeit. Im Mekka der amerikanischen Schauspielkunst waren alle gleich, Stars gab es keine. Marilyn erschien ungeschminkt, in ausgebeulten Jeans und Pulli, und suchte sich den entlegensten Platz im Raum aus. Dem Schauspieler Kevin McCarthy fiel sie zuerst kaum auf, als sie nebeneinandersaßen und sich eine schlecht vorgetragene Szene aus Tschechows *Drei Schwestern* ansahen. Dann erkannte er sie doch und bemerkte, daß Marilyn die verblüffende Fähigkeit besaß, ihre Monroe-Persönlichkeit »an-« bzw. »abschalten« zu können, das heißt, von Unauffälligkeit auf das von Strasberg beschriebene weiße Licht umzuschalten.

»Eben noch saß neben mir ein verwuscheltes Häufchen Mensch«, erinnert sich McCarthy, »das nach gar nichts aussah. Auf einmal, fünfzehn Minuten später – ich hatte die Szene gerade mit ein paar ziemlich groben Bemerkungen unterbrochen –, schaute ich noch mal hin. Aus diesem Nichts war eine atmende, pulsierende Marilyn Monroe entstanden ... Ich weiß noch, daß ich sie ansah und dachte: ›Mein Gott, sie ist es.‹ Da war sie gerade zum Leben erwacht.«

Marilyn schloß rasch mit Eli Wallach Freundschaft, der eben aus London zurückgekommen war und in *Teahouse of the August Moon (Das kleine Teehaus)* auf der Bühne stand. Auch Wallach, der später ebenso wie McCarthy mit ihr in *The Misfits (The Misfits – Nicht gesellschaftsfähig)* vor der Kamera stehen sollte, fiel Marilyns Fähigkeit zu dieser phänomenalen Metamorphose auf. Auf der Straße drehte man sich nach ihr um, die Leute glotzten und bekamen Stielaugen, während noch einen Moment vorher alle an ihr vorbeigegangen waren. »Ich hatte einfach Lust, mal kurz Marilyn zu sein«, murmelte sie zur Begründung.

Ihre Widersprüchlichkeit verwirrte Eli Wallach. Kurz bevor *Das verflixte 7. Jahr* im Sommer 1955 in New York anlief, sahen er und Marilyn zu, wie Bauarbeiter eine zwölf Meter hohe Plakatwand mit der berühmten Rockszene aufstellten. Als ein riesiger Kran ihren Rumpf in Position brachte, meinte Marilyn nachdenklich: »So sehen mich die Leute eben, mit meinem Rock über dem Kopf.«

»Anscheinend machte es ihr nichts aus«, sagt Eli Wallach. »Sie akzeptierte es.«

Manchmal überstieg der Schauspielunterricht bei Strasberg offenbar Marilyns intellektuellen Horizont. Ihr Kollege Frank Corsaro nannte sich nach einer Weile »Marilyns Übersetzer«. »Die Hälfte der verdammten Zeit hatte sie keinen Schimmer, wovon Lee überhaupt sprach«, erzählt Corsaro.

Peggy Feury, die heute eine Schauspielschule in Los Angeles leitet, ist da anderer Meinung. »Was die Schauspielerei anging, war Marilyn wirklich intelligent«, sagt sie. »Ihr Problem lag darin, daß sie furchtbare Angst bekam, sie könnte es nicht schaffen; dadurch war sie dermaßen verkrampft, daß alle sie für blöd hielten.«

Einige Aufgaben fielen Marilyn leichter als andere. Als sie im Improvisationskurs ein Kätzchen mimen sollte, stellte sie alle anderen in den Schatten. Marilyn hatte sich eine kleine Katze geliehen, sie stundenlang beobachtet und dann so lange geübt, bis sie die Bewegungen des Tiers perfekt beherrschte. Marilyn mußte nur lernen, ihre Furcht zu überwinden, das schreckliche Lampenfieber, das unweigerlich mit dem Vortragen eines Textes vor einem Publikum verbunden war.

Außerhalb des Actors' Studios deckten nun Lee und Paula Strasberg Marilyns Bedürfnis nach Geborgenheit ab. Als sie immer mehr Zeit in der Stadt verbrachte und sich seltener bei den Greenes in Connecticut aufhielt, ließ sich die Waise von einer neuen Familie unter die Fittiche nehmen. In der Wohnung der Strasbergs durfte sie kommen und gehen, wann sie wollte, und wurde so etwas wie Paula Strasbergs drittes Kind; im Wochenendhaus der Familie konnte sie sich erholen.

Susan, die siebzehnjährige Tochter Strasbergs, auch eine Schauspielerin, übernachtete manchmal mit Marilyn in einem Zimmer. Von ihrem Bett aus sah Susan ehrfürchtig zu, wie die nun bald dreißigjährige Berühmtheit ihren Körper für den Tag zurechtmachte. Und nachts beobachtete sie, wie Marilyn »die Schuhe in eine Ecke schleuderte und mitten im Zimmer allein vor sich hin tanzte, wenn niemand mit ihr tanzen wollte«.

Als die Besucherin einmal bekannte, sie beneide Menschen, die zeichnen konnten, lieh Susan ihr Zeichenblock und Stift. Marilyns zeichnerisches Talent war für alle überraschend. »Zwei ihrer Skizzen habe ich aufbewahrt«, sagt Susan. »Mit der einen hat sie sich selbst porträtiert, mit flüchtigen Strichen, in denen sich katzenhaft-sinnliche Anmut und Beweglichkeit widerspiegeln. Auf der anderen sieht man ein kleines Negermädchen in einem trist aussehenden Kleid, ein Strumpf ist auf den Knöchel gerutscht.« Diese Zeichnung nannte Marilyn »Einsam«. Eine Reihe ihrer Skizzen sind erhalten geblieben, amateurhaft in der Ausführung, aber voller Humor und Sensibilität. Eine, auf der eine elegante Frau ein Glas Champagner in der Hand hält, nannte sie »Ach Scheiße, was soll's!«.

Im Lauf der Jahre zahlte Marilyn die Gastfreundschaft der Strasbergs mit der ihr eigenen launenhaften Großzügigkeit zurück. Sie kam für Lee Strasbergs Reisekosten auf, als der in die Sowjetunion fuhr. Ihren Thunderbird bekam Strasbergs Sohn John zu seinem achtzehnten Geburtstag. Später sollte Lee Strasberg als unverhofften Glücksfall die Rechte zu einem der Filme Marilyns, *The Prince and the Showgirl (Der Prinz und die Tänzerin)*, erben. Ein Großteil ihrer persönlichen Hinterlassenschaften wird heute noch von Strasbergs zweiter Frau Anna eifersüchtig gehütet.

Fest steht, daß Marilyn dem Actors' Studio zu höherem Ansehen und Strasberg selbst zu größerem Wohlstand verhalf. Seine Angewohnheit, auch Prominente in sein Studio aufzunehmen, deren Qualifikation ebensosehr in ihrer Berühmtheit wie in ihren schauspielerischen Talenten bestand, machte sich durchaus bezahlt. Von Kritikern wurde Strasberg als Opportunist angeprangert, sein Sohn sagt heute: »Am tragischsten war, daß die Leute Marilyn ausnutzten, und in gewisser Weise galt das auch für meinen Vater. Sie gierten nach ihrem besonderen Lebensstil, nach ihren besonderen Eigenheiten, dabei brauchte sie nur Liebe. Von meinen Eltern bekam sie zwar ein bißchen Liebe, aber alles nur in Verbindung mit ihrer Schauspielerei.«

In Marilyns Testament findet sich der Name eines New Yorker

Ehepaars, von dem sie jedenfalls nicht ausgenutzt wurde. Der Dichter Norman Rosten und seine Frau Hedda hatten Marilyn nicht nur schlichte Abgeschiedenheit und Kameradschaft zu bieten, sondern vielleicht auch die pure Freundschaft, die in ihrem ganzen Leben am längsten Bestand hatte. Sie begann völlig zufällig an einem regnerischen Frühlingstag des Jahres 1955.

Norman Rosten saß zu Hause in Brooklyn Heights an seinem Schreibtisch, als ein Freund, der Fotograf Sam Shaw, anrief und fragte, ob er vorbeikommen könne. Er und seine Begleiterin seien im nahe gelegenen Prospect Park von einem Regenschauer überrascht worden. Minuten später sah Rosten, wie Shaw die Treppe hochstapfte, gefolgt von einer klatschnassen Gestalt in einem triefenden Kamelhaarmantel. Shaw machte die beiden murmelnd miteinander bekannt, und Rosten nahm an, er habe den Namen »Marion« gehört. Die Fremde nahm einen Band mit Gedichten in die Hand, die Rosten für seine Tochter Patricia geschrieben hatte, setzte sich und begann, wortlos zu lesen. Erst später, als Hedda Rosten fragte, womit sie ihren Lebensunterhalt verdiene, verriet sie schüchtern, sie sei Marilyn Monroe.

Rosten und seine Frau waren fast die einzigen Freunde Marilyns an der Ostküste, die nur privat mit ihr zu tun hatten. »Wer sie war, hat uns wirklich nicht die Bohne interessiert«, sagt Rosten, »und im wirklichen Leben streifte sie das Monroe-Klischee völlig ab. In unserer Gegenwart war sie absolut bezaubernd, ein richtig komischer Mensch ...«

1955 verbrachte Marilyn den ganzen Sommer über mit den Rostens; in den folgenden sieben Jahren sahen sie sich sporadisch. Einige ihrer Zettel und Briefe haben die beiden aufbewahrt – ein seltener Glücksfall, da ihre Verfasserin nicht sehr häufig korrespondierte. Nach der ersten Begegnung schrieb Marilyn aus dem Waldorf-Astoria:

> Lieber Norman,
> ich habe ein etwas komisches Gefühl, wenn ich »Norman« schreibe, da ich selbst Norma heiße, und so ist es fast, als schriebe ich meinen eigenen Namen, nun ja –
>
> Zunächst möchte ich Ihnen und Hedda danken, daß Sam und ich Sie am Samstag besuchen durften – es war nett. Es hat mich gefreut, daß ich Ihre Frau kennengelernt habe, sie war sehr herzlich mir gegenüber – Noch einmal nun ja –

Am meisten danke ich Ihnen für das Buch mit Ihren Gedichten – mit dem ich den ganzen Sonntagmorgen im Bett verbrachte. Es hat mich sehr beeindruckt – ich habe immer gedacht, wenn ich je ein Kind bekäme, dann müßte es ein Sohn sein – aber nach »Songs for Patricia« – da weiß ich, ein Mädchen hätte ich genausosehr geliebt – aber vielleicht war mein früherer Wunsch ohnehin nur freudianisch oder so was –

Ich habe früher manchmal Gedichte geschrieben, doch normalerweise war ich in solchen Fällen deprimiert. Die wenigen, denen ich sie gezeigt habe (eigentlich nur zwei Leute), sagten, daß sie dadurch depressiv wurden – einer von ihnen hat geweint, aber das war ein alter Freund, den ich schon sehr lange kannte.

Ich hoffe, Sie wiederzusehen.

Jedenfalls danke ich Ihnen.

Und alles Gute für Hedda, Patricia und Sie –

Marilyn M.

»Sie mochte Lyrik«, erinnert sich Rosten. »Für sie war es eine Abkürzung. Sie begriff mit dem Instinkt einer Dichterin, daß Gedichte mitten ins Herz der Erfahrung führten.«

Als Marilyn sich 1951 mit Robert Slatzer in ihrem Hotel an den Niagarafällen betrank, hatte sie etwas hingekritzelt, das Slatzer »an Leistenbruch leidende Sonette« nannte. In der teppichgedämpften Atmosphäre des Waldorf-Astoria schrieb sie wieder.

Diese Versuche resultierten aus ihren Abenden bei den Rostens, die oft zwanglose Lyriklesungen abhielten. Besonders gern las man Walt Whitman, dessen Werk Marilyn seit langem gut gefiel, und W. B. Yeats, für sie eine Neuentdeckung. Bei diesen Lesungen nahm jeder der Anwesenden nacheinander einen Gedichtband, schlug ihn irgendwo auf und las das Gedicht auf der betreffenden Seite laut vor. Als Marilyn an der Reihe war, las sie, ausgerechnet, Yeats' Gedicht »Never Give All the Heart« (Verschenk dein Herz nie ganz). »Sie las ziemlich langsam«, berichtet Rosten, »gedämpft, wie in der Schule, leise, aber atemlos«:

»Never give all the heart, for love
Will hardly seem worth thinking of
To passionate women if it seem

Certain, and they never dream
That it fades out from kiss to kiss;
For everything that's lovely is
But a brief, dreamy, kind delight.
Oh, never give the heart outright,
For they, for all smooth lips can say,
Have given their hearts up to the play.
And who could play it well enough
If deaf and dumb and blind with love?
He that made this knows all the cost,
for he gave all his heart and lost.«

(Verschenk dein Herz nie ganz, denn kaum
Ist Liebe denkwürdiger als ein Traum
Den liebestollen Frauen, und zum Schein
Gewiß, fällt's ihnen doch nie ein,
Daß sie verblaßt von Kuß zu Kuß;
Denn was mit Liebreiz lockt, das muß
Vergehn wie jeder wonnigsüße Spaß.
Oh, schenk dein Herz nie ohne Maß,
Denn, davon reden sanfte Lippen viel,
Sie sind mit ganzem Herzen nur beim Spiel.
Und wer spielt tumber, mit Verlaub,
Als wer vor Liebe blind, stumm, taub?
Es kennt den Preis, der dies beschwor,
Weil er sein Herz gab und verlor.)

Als Marilyn fertig war, herrschte Schweigen. »Sie hatte Dichter für mystische Menschen gehalten«, sagt Rosten, »irgendwie abgesondert von gewöhnlichen Leuten und anders. Ich versuchte, sie eines Besseren zu belehren ...« Bald schickte Marilyn Norman Rosten zaghaft ihre eigenen Versuche, darunter folgende Zeilen:

Leben –
ich gehöre zu deinen beiden Strängen
existiere eher im kalten Frost
stark wie ein Spinnennetz im Wind

hänge ich meist abwärts
bleibe irgendwie bestehen
diese beperlten Strahlen haben Farben
wie ich sie auf Gemälden sah – ah, Leben
sie haben dich betrogen ...
dünner als ein Spinnwebfaden
reiner als alles – doch es setzte sich fest
und hielt heftigem Wind stand
auch wenn es von züngelnd heißen Feuern versengt wurde
Leben – zu dessen beiden Strängen
ich bei seltenen Gelegenheiten gehöre –
irgendwie bleibe ich bestehen, hänge abwärts zumeist
während deine beiden Stränge an mir zerren.

Für Marilyn war 1955 ein Jahr der Erkundung – ihrer selbst, der Schauspielerei und der Künste, für die sie früher nie Zeit gehabt hatte. Manchmal »borgte« sie Rosten von seiner Frau, damit er sie ins Theater oder zu einem Konzert begleitete. In der Carnegie Hall stellte man ihnen einmal den russischen Pianisten Emil Gilels vor. Er gab Marilyn einen Handkuß und sagte, sie solle doch eine Reise in die Sowjetunion machen. Marilyn erzählte ihm, was sie seit einiger Zeit allen und jedem erzählte: daß sie gerade Dostojewskij lese.

Als die Presse den Marilyn-Begleiter Norman Rosten entdeckte, munkelten die Klatschspalten bald von einer Affäre zwischen den beiden. Der glücklich verheiratete Rosten sagt, mit diesem Gedanken habe er sich nie ernsthaft beschäftigt: »Was Marilyn betraf, so ging es nicht darum, mit einer Frau ins Bett zu gehen, sondern mit einer Institution. Wer kann denn mit so was fertig werden? Und wie furchtbar, derjenige zu sein!«

Die Rostens kannten eine Marilyn, die sich gern häuslich gab, solange es sich bei der Hausarbeit eher um einen gelegentlichen Zeitvertreib als um eine Notwendigkeit handelte. Sie prahlte damit, wie gut sie abwaschen könne – ein Vermächtnis ihrer Plackerei als Kind in diversen Pflegefamilien, wie sie sagte. Die Köchin Marilyn nutzte ihre neuen Freunde als Versuchskaninchen. Rosten weiß von guten Stews und Bouillabaisses zu berichten, aber auch von einem katastrophalen, in Essig schwimmenden Salat.

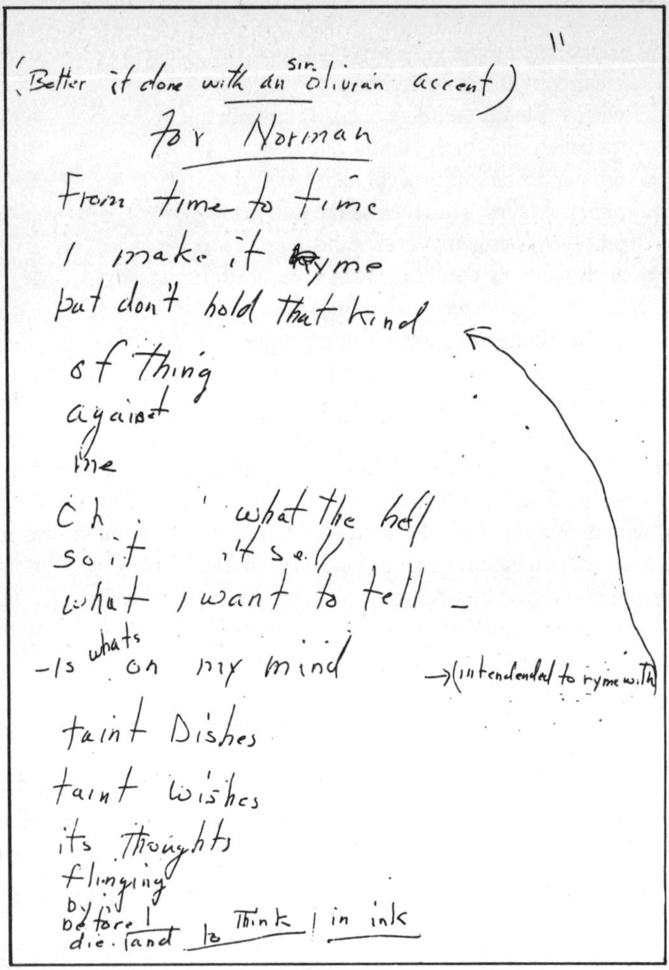
("Better if done with an Sir Olivian accent")

For Norman

From time to time
I make it ryme
but don't hold that kind
of thing
against
me
Oh what the hell
so it it sell
what I want to tell –
–is whats on my mind
(intendended to ryme with)
taint Dishes
taint wishes
its thoughts
flinging
by
before I
die. and to Think I in ink

Einige hingekritzelte Zeilen, die Marilyn Mitte der fünfziger Jahre dem Dichter Norman Rosten schenkte. Damals konnte Marilyn sich noch über sich selbst lustig machen.
Der Text lautet:
(Sollte mit einem Sir Olivierschen Akzent vorgetragen werden.)

Für Norman
Von Zeit zu Zeit / sorg ich dafür, daß es sich reimt / aber nimm mir / so etwas / nicht / übel – / Na ja, was soll's / dann verkauft es sich eben nicht / was ich sagen will – / – ist das, was mich beschäftigt / verdorbene Speisen / verdorbene Wünsche / es sind Gedanken / die vorbeirauschen / bevor ich / sterbe und in Tinte denken.

In der Erinnerung Patricias, der damals achtjährigen Tochter der Rostens, taucht die neue Hausfreundin aus der Sicht eines Kindes auf: »Es machte Spaß, mit ihr zusammenzusein, weil sie sich nicht an die Spielregeln und Vorschriften hielt, und Kinder haben gern mit Erwachsenen zu tun, die sich das herausnehmen. Wenn ich Marilyn anfaßte oder umarmte, spürte ich ihre Wärme und Sanftheit (sollte ich in Zusammenhang mit ihr das Wort ›mütterlich‹ verwenden?), was sehr beruhigend auf mich wirkte. Es war ein Gefühl, als fiele man in die champagnerfarbene Decke, die auf ihrem Bett lag.«

Eines Tages wurde Patricia von Marilyn in ihrem Schlafzimmer ertappt, wie sie in deren riesigem Schminkkoffer herumstöberte. »Sie setzte mir ihren Kosmetikspiegel vor die Nase«, erinnert sich Patricia, »und sagte, jetzt werde sie mir mal zeigen, wie man so etwas richtig macht. Ich beobachtete, wie ihre flinken Hände mein Kindergesicht in etwas verwandelten, das man vielleicht sogar hätte bezaubernd nennen können. Sie ließ meine Augenlider glitzern, meine Wangenknochen hervortreten und verlieh meinem Mund eine rosige Farbe. Sie frisierte mich auch, steckte meine Haare hoch und gab ihnen eine elegante französische Note. ›So hält man mich glatt für siebzehn‹, dachte ich. Sie war selbst über ihr Werk erfreut, nahm mich an die Hand und brachte mich ins Wohnzimmer, um mich den Erwachsenen zu präsentieren.«

Gelegentlich nahmen die Rostens sie in ihr gemietetes Sommerquartier auf Long Island mit. Ein Ausflug in ihrer Begleitung konnte unter Umständen alles andere als friedlich verlaufen. Norman Rosten berichtet von einem Wochenende, an dem sich Marilyn für eine Weile brav am Strand niedergelassen hatte, im Badeanzug, mit Strohhut und Sonnenbrille und von einem Sonnenschirm beschattet.

»Langsam und unmerklich«, erzählt Rosten, »als hätte sich die Nachricht telepathisch verbreitet, tauchte eine Gruppe junger Leute in Badekleidung auf und hatte uns eingekreist, ehe wir uns versahen. Sie starrten Marilyn ungläubig an, als sei sie eine Fata Morgana. Sie stießen kleine Freudenschreie aus, kamen näher und wollten sie berühren. Als sie ihr immer näher auf die Pelle rückten und ihre Begeisterung kaum noch zügeln konnten, wich sie zurück, ein ängstliches Funkeln in den Augen.

Mich überraschte diese seltsame Ambivalenz: Einerseits das Bedürfnis, von der Menge verehrt zu werden, andererseits eine unbeschreibliche Furcht vor diesen Menschen. Marilyn lachte nervös, brach abrupt aus dem Kreis aus und rannte auf das etwa fünfzig Meter entfernte Wasser zu. Die jugendlichen Bewunderer jubelten und rannten ihr ins Wasser nach. Sie schwamm hinaus und rief mir zu, ich solle ihr folgen. Mir war etwas mulmig zumute, besonders als die lärmenden Teenager Marilyn umringten, während ich versuchte, sie von ihr fernzuhalten.«

Auf einmal fing Marilyn an, wild zu planschen und Wasser zu schlucken. »Ich kann nicht gut schwimmen, auch wenn ich gut in Form bin«, keuchte sie; anscheinend waren ihre wassersportlichen Fertigkeiten aus der Zeit mit Tommy Zahn, vor einem Jahrzehnt der Meister auf dem Surfbrett, nun wirklich Vergangenheit. Sie und Rosten wurden schließlich von der Besatzung eines Rennboots aufgelesen. Der Fahrer, ein Teenager, fuhr nach der Rettungsaktion immerzu im Kreis und starrte gebannt auf die Frau in seinem Boot, bis Rosten sagte, er solle sich gefälligst zusammennehmen.

Bei anderen Gelegenheiten hatte Marilyn Erbarmen mit Menschen, die sie erkannten. So hielten sie – mit Kopftuch und Sonnenbrille verkleidet – und ein Begleiter einmal an einer Tankstelle am East Side Drive. Der Tankwart besprach sich mit seinem Kumpel, dann verkündete er: »Ich hab gerade mit meinem Freund hier um zehn Dollar gewettet, daß Sie Marilyn Monroe sind.«

Marilyns Begleiter antwortete: »Nein, das ist sie nicht, sie wird aber oft mit ihr verwechselt.« Als sie gerade wegfahren wollten, rief Marilyn: »Du lieber Himmel, er zahlt seinem Freund die zehn Dollar!« Sie rief die Tankwarte zu sich, nahm ihre Brille ab und sagte: »Geben Sie ihm das Geld wieder. Ich bin die Monroe.«

Jim Haspiel begleitete sie gegen Ende ihres ersten Jahrs in New York zu Weihnachtskäufen ins Saks Fifth Avenue. Ihre »Verkleidung« bestand aus einem unterm Kinn verknoteten Seidenkopftuch, einer Mütze, Sonnenbrille und Hormoncreme, die sie sich statt Make-up ins Gesicht geschmiert hatte. Damit führte sie keinen hinters Licht, denn als Haspiel kurz verschwand und sich nach ein paar Minuten wie verabredet am Krawattenstand mit ihr treffen wollte, wurde sie von »acht« Verkäufern bedient, und »ungefähr zweihundertfünfzig« Kunden drängten sich in dieser Ecke. Der übrige Laden war leer.

Marilyn bahnte sich ihren Weg durch die Menge und flüsterte Haspiel zu: »Erwähn bitte meinen Namen nicht, ich will nicht, daß jemand erfährt, wer ich bin.« Haspiel schloß daraus, sie müsse sich so lange in Menschenmengen bewegt haben, daß ihr die Leute gar nicht mehr auffielen. Man könnte auch vermuten, daß Marilyn es genoß, erkannt zu werden – wenn es ihr gerade paßte.

Norman Rosten kam zu dem Schluß, daß Marilyn mit größtem Vergnügen Frau war und ihre Frauenrolle akzeptierte, da sie ihr Macht verlieh. »Wir durften nach ihr lechzen, davon träumen, daß sie uns gehörte, das schadete nichts. Sie konnte so bezaubernd und herzlich sein, und doch hatte sie den Mut, allein gegen das von Männern dominierte mächtige Hollywood anzutreten – und sie gewann.«

Gegen Ende des Jahres 1955, Monate nach ihrer ersten Begegnung, bat Marilyn Norman Rosten, sie ins Metropolitan Museum of Art zu einer Rodin-Ausstellung zu begleiten. »Zwei Skulpturen faszinierten sie«, sagt Rosten, *Pygmalion und Galatea* und *Die Hand Gottes.*

Die Hand Gottes stellt in weißem Marmor eine große gewölbte Hand dar, in der sich ein Mann und eine Frau leidenschaftlich umschlingen. »Sie sind zusammen und doch getrennt«, erinnert sich der Dichter. »Das Haar der Frau fließt aus dem Stein. Marilyn ging immer und immer wieder um dieses kleine weiße Wunder herum, mit großen Augen, das sah man, denn sie hatte ihre Sonnenbrille abgenommen.«

In diesem Jahr der Ungewißheit in New York erzählte Marilyn manchen Freunden, sie habe ihre Liebe gefunden. Auf jeden Fall stand sie kurz vor dem Erreichen ihres nächsten Ziels: Sie hatte Amerikas führenden Bühnenschriftsteller an der Angel, und bald würde sie ihn nur noch einholen müssen.

19

SOLANGE MARILYN MONROE lebte, sprach Arthur Miller nur äußerst ungern über sie, und in den zwanzig Jahren danach schwieg er ganz. Auf meine Fragen schrieb er mir einen höflichen Brief, in dem aber stand: »Wenn ich über Marilyn etwas zu sagen habe, werde ich es meiner eigenen Schreibmaschine anvertrauen.«

Wenn man bedenkt, daß Millers Leben ein halbes Jahrzehnt lang auf penetrante Art und Weise der öffentlichen Aufmerksamkeit ausgesetzt war, muß man auch in unserer neugierigen Zeit seine Position respektieren. Aufgrund seiner und Marilyns Angaben aus dem Jahr 1956, als ihre Romanze in vollem Gang war, läßt sich der Beginn ihrer Beziehung, die zu einer der aufsehenerregendsten Ehen der Zeit wurde, dennoch rekonstruieren.

Als Marilyn sich in New York niederließ, stand Arthur Miller kurz vor seinem vierzigsten Geburtstag; sie war neunundzwanzig. Er lebte mit seiner Frau Mary, die er vor fünfzehn Jahren geheiratet hatte, und zwei noch nicht halbwüchsigen Kindern in Brooklyn, wo er aufgewachsen war.

Zwar kannte Amerika Miller nur als Bühnenautor, aber er glaubte eisern an den Wert harter körperlicher Arbeit, nicht zuletzt als wichtiges Fundament seiner Theaterstücke über den Normalbürger. Es gab eine Phase in seinem Leben, da bestand Miller darauf, einige Wochen pro Jahr in einer Fabrik zu arbeiten. Von ihm stammt die Bemerkung: »Wer nicht weiß, was es bedeutet, acht Stunden am Tag auf demselben Fleck zu stehen, der weiß überhaupt nicht, was Sache ist. Nur so kann man erfahren, warum Männer nach der Arbeit in die Kneipe gehen und eine Schlägerei anfangen. Solche Sachen lernt man nicht im Sardi's.«

Miller hatte wenig Zeit, sich in solchen Nachtclubs für das Theaterpublikum herumzutreiben oder sich mit der New Yorker Mode zu beschäftigen. Wenn er unbedingt einen neuen Anzug kaufen mußte, verkündete er anschließend mit dem größten Vergnügen, er habe da ein Sonderangebot erwischt. Eine besondere Vorliebe hatte er für robuste Schuhe mit dicken Ledersohlen, und er behauptete gern, für jedes seiner Theaterstücke habe er sich nur ein Paar gekauft. Wenn er nicht in der Stadt war, bestand seine Lieblingskluft aus einer Windjacke und einer Khakihose.

Nicht in der Stadt zu sein wurde so um 1955 herum zu seiner Hauptbeschäftigung. Nach seinem ersten Erfolg mit *All My Sons (Alle meine Söhne)* hatte sich Miller anderthalb Hektar in Connecticut gekauft. Sechs Wochen lang baute er pausenlos an seiner Arbeitshütte, in der er dann die nächsten sechs Wochen an dem Theaterstück feilte, das ihm den Pulitzerpreis einbrachte, *Der Tod des Handlungsreisenden.*

Seit 1950, als er Marilyn in Hollywood kennenlernte, hatte Miller

Ein junges Fotomodell, etwa neunzehn Jahre alt. Hollywood war noch ein Traum.

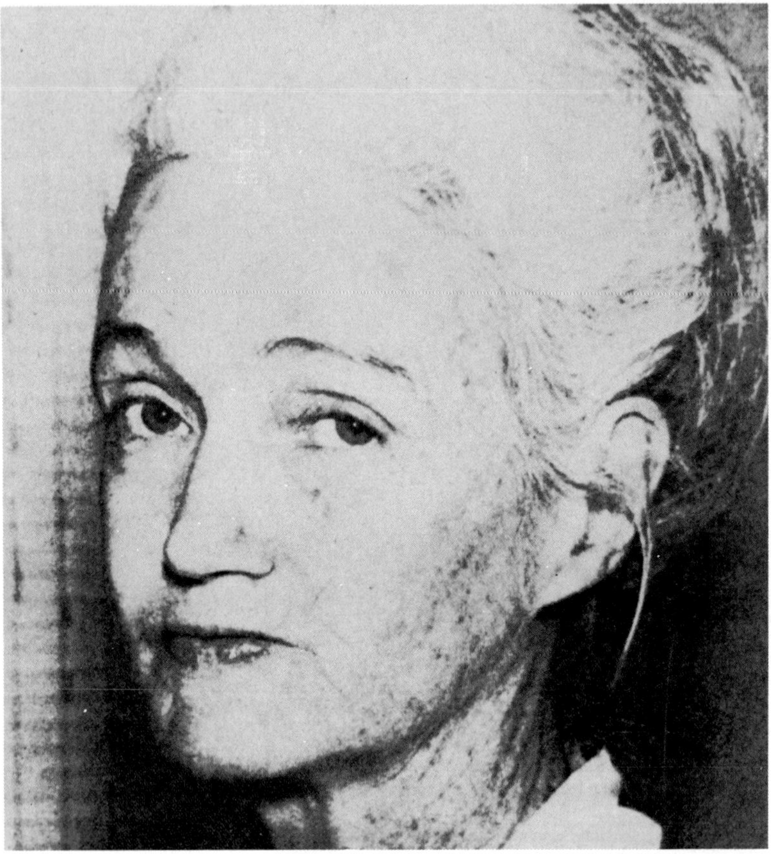

Marilyns Mutter Gladys 1963, im Alter von zweiundsechzig, und *(kleines Bild)* als junge Frau. Sie überlebte ihre berühmte Tochter.

Früh entwickelt. Das zwölfjährige Pflegekind Marilyn mit einer ihrer »Familien«.

Mit ihrem ersten Ehemann Jim Dougherty 1944 auf Catalina Island. Sie war siebzehn und hielt bereits nach anderen Männern Ausschau.

Das Kind einer anderen – während der Ehe mit Dougherty. Bei der Vorstellung, ein Kind zu bekommen, »standen mir die Haare zu Berge«, sagte Marilyn später. Laut Dougherty traf das Gegenteil zu. Es folgten Abtreibungen, später vergebliche Versuche, Kinder zur Welt zu bringen.

Ein Starlet mit Büchern. Marilyn vertiefte sich in Kunst und Kultur.

Die Joggerin. Um 1952, ihrer Zeit zwanzig Jahre voraus. Vor dem Frühstück lief Marilyn häufig durch die Straßen Hollywoods.

Ein kleiner Mann mit riesigem Einfluß. Ihr Liebhaber und Agent Johnny Hyde, der bald darauf an einer Herzkrankheit starb, brachte Marilyn endgültig auf den Weg zum Ruhm.

Oben links: Der Fotograf. André de Dienes, 1946 im Norden Arizonas. Das Foto machte Marilyn.

Oben rechts: Der Rettungsschwimmer. Tommy Zahn, 1946.

Unten links: Der Gesangslehrer. Fred Karger, dem Marilyn 1948 ihr Herz schenkte. Er wollte sie nicht heiraten.

Unten rechts: Der zweite Ehemann. Robert Slatzer mit Marilyn, 1952 bei den Niagara-Fällen. Er hatte bis zu ihrem Tod Kontakt mit Marilyn.

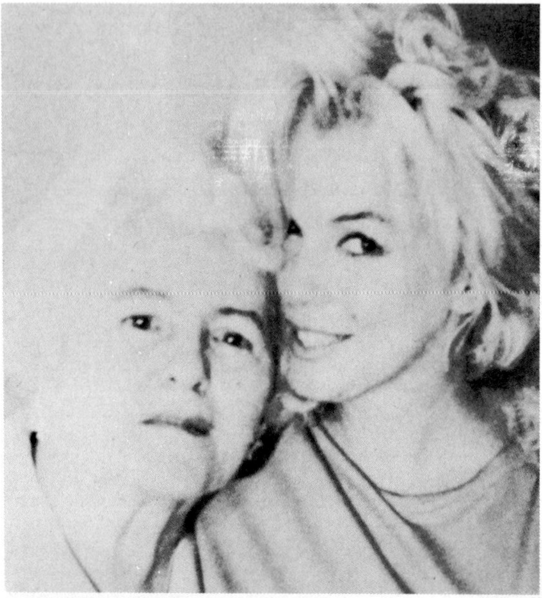

M. M. mit »Nana« Karger *(links)*, der Mutter eines Exliebhabers, 1960. Die »Waise« suchte Anschluß an mehrere Familien und vertraute sich besonders Mrs. Karger an.

Eine Schauspielstunde. In den frühen fünfziger Jahren mit Natasha Lytess, ihrer ersten Schauspiellehrerin. Die beiden wohnten eine Zeitlang zusammen.

Der letzte amerikanische Held umwirbt sie. Mit Joe DiMaggio, kurz vor ihrer Hochzeit im Jahr 1954. Die Flitterwochen waren kaum zu Ende, da sprach sie schon davon, eines Tages Arthur Miller zu heiraten.

Der Fan, der zum Freund wurde. Mit sechzehn erbettelte Jim Haspiel sich einen Kuß von Marilyn, dann wurde er – während ihrer New Yorker Zeit – zu einem ständigen Begleiter.

Links: Eine kurze Affäre. Mit Marlon Brando, 1955.
Rechts: Der mysteriöse Mexikaner. Drehbuchautor José Bolaños, 1962, mit der betrunkenen Marilyn.

Tischnachbarn. Mit Ronald Reagan, einem anderen Prominenten aus Hollywood, im Jahr 1953.

Der Mann, der sich am längsten hielt. 1959, mit dem Bühnenautor Arthur Miller. Ihre Ehe dauerte mehr als vier Jahre.

Der französische Liebhaber. Ihre Affäre mit Yves Montand im Jahr 1960 fiel zwar zeitlich mit dem Scheitern ihrer Miller-Ehe zusammen, war jedoch nicht die Ursache. Marilyns seelische Verfassung verschlechterte sich zusehends.

Der Justizminister und der Sänger. Marylins vermutlich letzter Liebhaber, Robert Kennedy, 1961 mit Sinatra. Bei den Ereignissen um Marylins geheimnisvollen Tod spielt Kennedy eine zentrale Rolle.

Wodka im Kasino. Beim Zechen mit ihrem Freund und späteren – kurzzeitigen – Liebhaber Frank Sinatra in der Cal-Neva Lodge am Tahoe-See. Ihre Besuche in der Lodge waren für Marilyn gefährlich – das Kasino war ein Mafia-Treffpunkt.

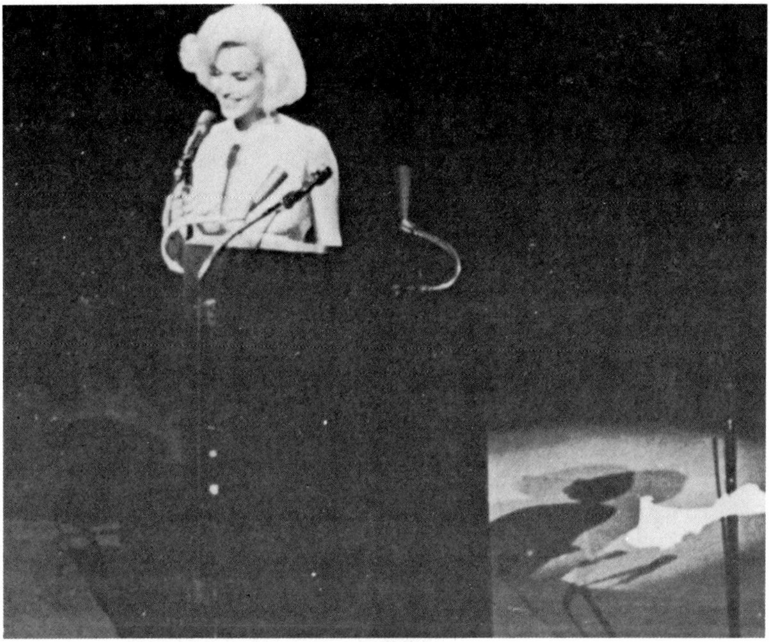

»Happy Birthday, Mister President...«
Madison Square Garden, Mai 1962.

Der Präsident um Mitternacht – bei der Rückkehr in sein New Yorker Quartier, das Carlyle-Hotel. Angeblich gehörte Marilyn zu den Frauen, die ihn dort aufsuchten.

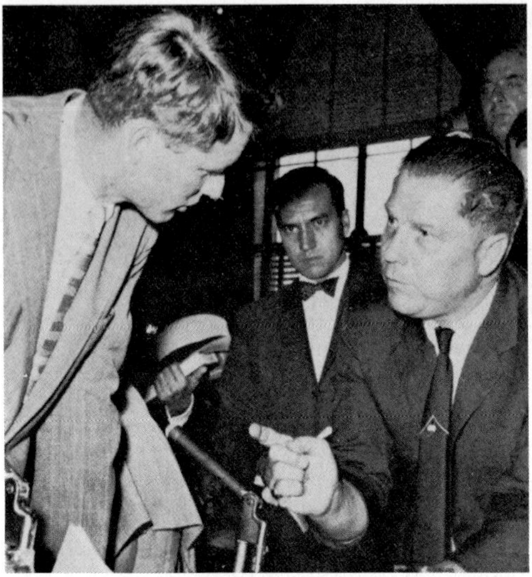

Links oben: Der Psychiater. Dr. Ralph Greenson, dem Marilyn Einzelheiten über ihre Affäre mit den Kennedys anvertraute. Er und seine Familie freundeten sich mit Marilyn in ihren letzten sorgenvollen Monaten an.

Mit Sonnenbrille: Giancana, Mafiaboß. »Ich weiß alles über die Kennedys ... und eines Tages werden wir alles erzählen.«

Links unten: Jimmy Hoffa, Chef der Transportarbeiter-Gewerkschaft. »Ich besaß bereits ein Tonband mit Aufnahmen von Bobby Kennedy und Jack Kennedy ...«

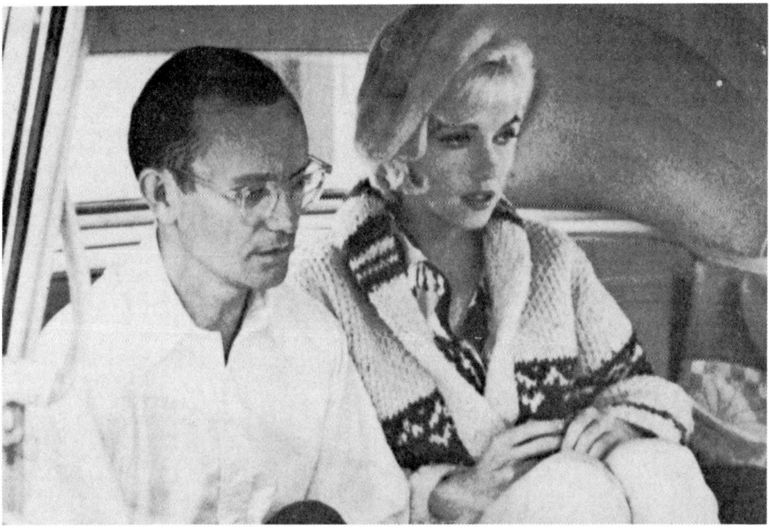

Der letzte Geburtstag und das Ende einer Karriere. Marilyn, die an diesem Tag sechsunddreißig wurde, verläßt am 1. Juni 1962 zum letztenmal das Studio der 20th Century-Fox. Ihr Begleiter ist der Komiker Wally Cox.

Drinks mit dem Schwager des Präsidenten. Marilyn mit Peter Lawford in der Cal-Neva Lodge, wo sie die letzte Tabletten-Überdosis vor der, an der sie starb, einnahm. Lawford fungierte als Mittelsmann zu den Kennedy-Brüdern und vernichtete – laut einer seiner Exfrauen – in Marilyns Todesnacht Beweismaterial.

Drei Monate vor dem Ende. Marilyn sagte einmal: »Die Schwerkraft holt uns alle ein.«

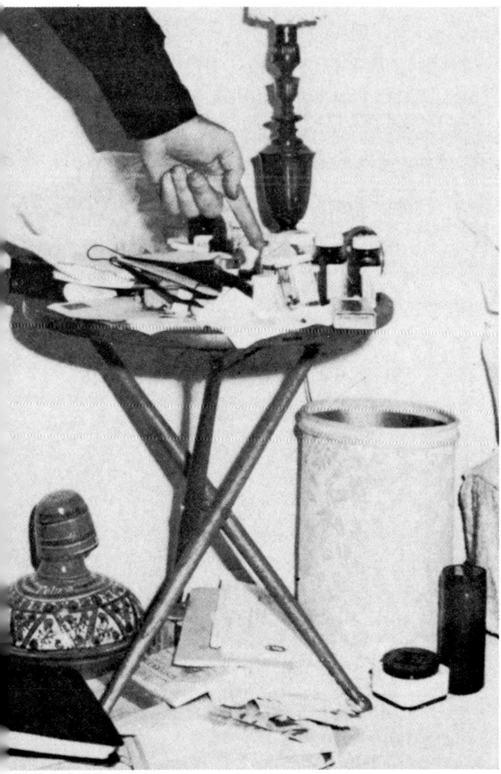

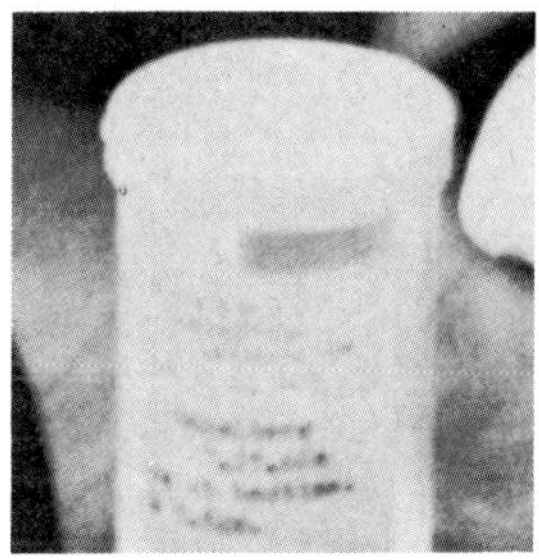

Ein Ort zum Sterben. Ihr Haus in Brentwood, am Morgen des 5. August 1962. 24 Stunden zuvor war sie in eine schwere Depression verfallen, nachdem ein Bote einen Spielzeugtiger abgeliefert hatte.

Tod in einem Röhrchen. Das Büro des Coroners erhielt nicht alle Tabletten, die in Marilyns Zimmer herumlagen. Das Tablettenröhrchen oben trägt den Namen ihres Internisten, Dr. Hyman Engelberg, und als Datum den 25. 7. 1962, elf Tage vor dem Ende. Es enthielt wahrscheinlich Chloralhydrat, an dem Marilyn unter anderem starb. Auf dem Boden stapeln sich Drehbücher und ein Telegramm, in dem man ihr neue Arbeit anbietet.

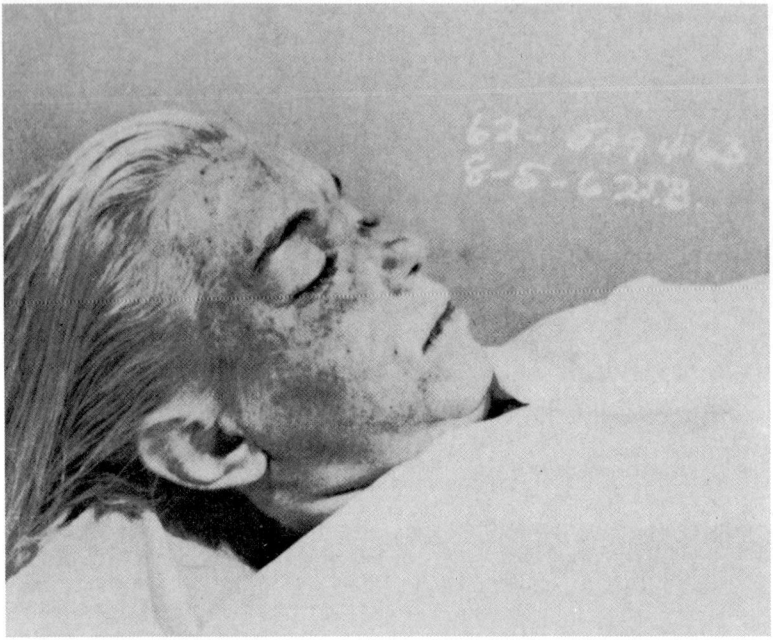

Dieses Foto wurde nach der Autopsie aufgenommen, bei den Zahlen handelt es sich um eine Aktennummer der Polizei. Die Gesichtsverfärbung trat nach dem Tod ein, daß ihr Gesicht so zerfiel, ist auf die Tätigkeit des Pathologen zurückzuführen.

drei Stücke fertiggestellt, die beiden bekanntesten sind *The Crucible (Hexenjagd)* und *A View From the Bridge (Blick von der Brücke). Hexenjagd* basiert auf den Hexenprozessen in der amerikanischen Stadt Salem vor zweihundertfünfzig Jahren und erschien 1953, als Senator Joseph McCarthys Untersuchungen vermeintlicher kommunistischer Umtriebe den Höhepunkt erreichten. *Blick von der Brücke* handelt von einem Mann, der den illegal eingewanderten Verehrer seiner Tochter verrät, und wurde 1955 veröffentlicht, als Marilyn an die Ostküste kam.

Arthur Miller war ein Mann, der schon seit einiger Zeit sagen konnte: »Ich habe einen Namen. Wenn ich rede, müssen sie hinhören.« Enorm reich war er nicht, aber er hatte Geld. Von ihm stammen auch die Sätze: »Wenn man unter Spannung lebt, ist man erfolgreich. Will man schöpferisch tätig sein – und damit meine ich nicht allein das Schreiben –, muß man unter Spannung stehen. Im Paradies herrscht ein Zustand der Trägheit, in dem nichts passiert, vergleichbar mit dem Tod. Spannung ist unerläßlich. Fällt sie weg, fällt man in einem halben Jahr tot um.«

Als Marilyn in New York eintraf, war die lebenswichtige Spannung aus Millers Privatleben verschwunden. Seine Ehe war am Ende. Der Frau, die zu Anfang für ihn die Brötchen mitverdient, die seine Kinder geboren und seine Manuskripte korrigiert hatte, war er überdrüssig. Sie standen vor der Scheidung, wie er ein Jahr später sagte, »Marilyn hin oder her«.

1956 erzählte Miller einem Reporter des Magazins *Time:* »Ich hatte keine Ahnung, daß Marilyn nach New York kam, bis ich es in den Zeitungen las.« Seit ihrer Begegnung Ende 1950 hatten sie keinen Kontakt mehr gehabt, aber vergessen hatten sie sich nicht.

Miller konnte sich an eine junge Frau auf einer Cocktailparty in Hollywood erinnern, »die so verängstigt war, daß sie kein Wort herausbrachte, sondern einfach stumm dastand und sich weigerte, am belanglosen Geplauder teilzunehmen«. Er sagte, er habe Marilyns Vertrauen gewonnen und sie dann im Verlauf von drei Tagen insgesamt etwa acht Stunden gesehen. Sie habe ihm von ihren »ständig schwelenden Minderwertigkeitsgefühlen erzählt, von ihrem Unvermögen, echte Freundschaften zu schließen, und davon, daß die Leute in ihr nur einen reizvollen Körper sähen und sonst nichts«.

Miller war von Marilyns »Sensibilität, ihren Gefühlen und ihrem Erfassen der Realität« beeindruckt, und er sagte ihr, seiner Meinung nach solle sie nach New York kommen, um eine richtige Schauspielerin zu werden. Als er Kalifornien verließ, teilte sie ihm ihre Probleme brieflich mit, und er antwortete – eine Zeitlang. Dann stürzte er sich auf sein nächstes Theaterstück, und die Briefe blieben aus.

Der Schriftsteller und Kritiker Maurice Zolotow, der Miller und Marilyn kannte, ist der Ansicht, die Begegnung in Hollywood sei Miller nicht mehr aus dem Sinn gegangen und habe sich in seinem weiteren Werk niedergeschlagen. Sowohl in *Hexenjagd* als auch in *Blick von der Brücke* fielen Zolotow die Themen Dreiecksverhältnis, Untreue in der Ehe und Liebe eines älteren Mannes zu einem jungen Mädchen auf. Obwohl erst Jahre später, schrieb auch Miller, daß *Blick von der Brücke* »etwas ausdrückte, was mich ganz privat beschäftigte . . . ganz und gar nicht abgehoben von dem, was sich in meiner eigenen Psyche abspielte . . .«.

Nachdem er *Hexenjagd* gelesen hatte, das Miller nach seiner ersten Begegnung mit Marilyn verfaßte, sagte sein Kollege, der Bühnenschriftsteller Clifford Odets: »Kein Mann, dessen Ehe intakt wäre, würde solch ein Stück schreiben.«

Wie auch immer: Irgendwann im April 1955, als Marilyn den rosa Elefanten geritten hatte, landesweit im Fernsehen zu sehen gewesen war und Lee Strasberg entdeckt hatte, bemühte sich Miller um das Mädchen aus Hollywood.

Laut Marilyn fand das Wiedersehen auch auf einer Party statt, diesmal für Theaterleute und in New York. Sie trank gerade Wodka mit Orangensaft, als Miller zu ihr trat. Sie unterhielten sich eine Weile und trennten sich am Ende des Abends. Miller hielt zwei Wochen durch, dann rief er Paula Strasberg im Actors' Studio an und erkundigte sich nach Marilyns Telefonnummer. Sie trafen sich bei einem gemeinsamen Freund – dem Dichter Norman Rosten, der mit Miller die Universität Michigan besucht hatte –, und die Affäre begann.

Den beiden gelang ein bemerkenswertes Kunststück: Sie trafen sich fast ein Jahr lang, ohne daß die Presse Wind davon bekam. Miller, der sich lange Zeit das Fahrrad seines Sohns ausgeborgt hatte, kaufte sich selbst ein eigenes, ein neues englisches Fabrikat mit Gangschaltung, wie das von Marilyn, und die beiden strampelten unbeachtet um die

Sheepshead Bay in Brooklyn oder durch Coney Island, wo keine Klatschkolumnisten auf der Lauer lagen. Zum Essen gingen sie in unauffällige Restaurants und setzten sich in eine Ecke.

Peter Leonardi, zu der Zeit Marilyns Assistent, sagte später: »Ich war wochenlang morgens, mittags und abends um sie herum, und mir kam nicht ein einziges Mal der Name ›Miller‹ zu Ohren.«

Im Sommer 1955 gab Marilyn ein Abendessen für Freunde, die in das Geheimnis eingeweiht waren. Miller erinnerte sich, daß »sie sich zwei Tage lang mit nichts anderem beschäftigte. Ich hatte noch nie erlebt, daß sich jemand wegen eines einfachen Essens solche Sorgen machte. Die ganze Angelegenheit war übertrieben, zu feierlich, zu penibel geplant, zu ausgefeilt. Sie hat sich für diese Sache völlig aufgerieben.«

Bei anderer Gelegenheit blieb Marilyn ihrem normalen chaotischen Verhalten treuer. Maureen Stapleton, eine Kollegin aus dem Actors' Studio, kann sich an einen Abend erinnern, an dem Marilyn nach der Probe nach Hause eilte und verkündete, sie müsse für Miller und ein paar Freunde noch einen Braten vorbereiten. Nur hatte sie vergessen, daß das Fleisch einige Stunden zum Garwerden brauchte; daher kam das Essen zu einer Uhrzeit auf den Tisch, da die meisten Menschen schlafen gehen.

Miller, in Marilyns Leben schon lange präsent, wenn auch nur als Foto neben ihrem Bett, trat nun in ihr tägliches Leben. Er sah tatsächlich, wie es Journalisten seit langem herausposaunten, wie eine bartlose Ausgabe des Mannes aus, dessen Bild Marilyn ebenfalls überallhin begleitete – Abraham Lincoln. Auf die Frage, wofür sie Miller am dankbarsten war, antwortete Marilyn Jahre danach: »Durch ihn wurde mir klar, wie wichtig die politische Freiheit in unserer Gesellschaft ist.« Miller hielt gern stundenlang gesellschaftspolitische Reden, eine Pfeife zwischen den Zähnen oder eine Zigarette im Mundwinkel. Marilyn hörte zu.

Ein guter Freund der beiden kommentierte: »Abgesehen von seiner persönlichen Attraktivität – und das ist das größte ›abgesehen von‹, das es je gab –, beruhte ihr Interesse an Arthur auf folgendem: Hier war ein Mann, der mit einem kompletten gesellschaftlichen Ideengebäude aufwarten konnte, das er durch intensive Lektüre untermauert hatte.«

Seit Marilyn versucht hatte, Joe DiMaggio zu überreden, »alles von

Mickey Spillane bis Jules Verne« zu lesen, waren gerade zwölf Monate vergangen. An DiMaggios Geburtstag hatte Marilyn ihm ein goldenes Medaillon für seine Uhrenkette geschenkt, in das ein Zitat aus dem *Kleinen Prinzen* von Antoine de Saint-Exupéry eingraviert war: »Wahre Liebe ist für die Augen nicht sichtbar, nur für das Herz, denn Augen lassen sich täuschen.« »Was zum Teufel soll das heißen?« hatte der verdutzte DiMaggio gefragt. Mit Arthur Miller waren die Rollen vertauscht – nun stellte Marilyn die Fragen.

Wie schon vor Jahren bewunderte sie Millers Intellekt, aber bald sollte sie auch beteuern: »Ich bin in den Mann verliebt, nicht in seinen Verstand. Der Arthur Miller, zu dem ich mich hingezogen fühle, ist ein herzlicher und freundlicher Mann. Dank Arthurs Hilfe bin ich ausgeglichener. Ich war immer ein unsicherer Mensch; Arthur hat mir geholfen, dieses Gefühl zu überwinden.«

Marilyn hatte ihrerseits Arthur Miller verändert. »Miller war völlig verknallt, ernsthaft«, sagte Norman Rosten. »Es war ein herrlicher Anblick.«

Dem *Time*-Reporter Robert Ajemian erzählte Miller: »Sie ist die fraulichste Frau, die ich mir vorstellen kann. In ihrer Gegenwart wollen die Leute sterben. Dieses Mädchen stellt für jeden Mann eine Herausforderung dar. Wenn sie in ihrer Nähe sind, werden die meisten Männer so, wie sie eigentlich sind: ein Angeber wird noch angeberischer, ein verwirrter Mann wird noch verwirrter und ein zurückhaltender Mann noch zurückhaltender. Sie ist eine Art Magnet, der aus dem Tier den Menschen im Mann ans Licht bringt.«

Miller ließ sich überzeugen, daß ungemein übertrieben wurde, was Marilyns angebliche Promiskuität betraf. »Klar, ihre Männer hatte sie«, meinte er, »aber sie ist nicht von einem Sofa aufs nächste gehüpft, von einem Mann zum andern. Jede ihrer Beziehungen war für sie wichtig und baute auf einem Hoffnungsschimmer auf, auch wenn sie sich im Irrtum befand. Ich hab Sozialarbeiterinnen mit einem bewegteren Vorleben als dem ihren gekannt.«

Der Schriftsteller in Miller bewunderte Marilyns Ehrlichkeit, er hielt sie »für buchstäblich unfähig, etwas anderes zu sagen als die Wahrheit«. Er äußerte, als Schauspielerin »wird sie entweder das einzig Wahre tun oder streiken. In ihr steckt etwas, das nach der Realität einer vorgegebenen Situation sucht. In der Schauspielerei ist das natürlich eine phantastische Sache. Es ermöglicht einem, ins Innerste vorzustoßen.« Miller sprach auch über Marilyns zwanghafte Besorgnis wegen ihrer mangelhaften Bildung. »Manchmal fragt sie mich: ›Ich hab neulich ein neues Wort gehört, was bedeutet es?‹ Kürzlich wollte sie von mir wissen, was ›impermeabel‹ bedeutet. Oft spricht sie das eine oder andere Wort falsch aus – sagt meinetwegen ›intraveniös‹ statt ›intravenös‹. Aber sie ist wirklich lernbegierig.«

Miller erwähnte, Marilyn habe vor kurzem ein Buch über Goyas Malerei gelesen. »Am Telefon sagte sie mir: ›Ich bin noch nicht bei den guten Stellen angelangt.‹ Als ich sie das nächstemal anrief, meinte sie: ›Jetzt hab ich schon zwei Drittel hinter mir und immer noch nichts Gutes gefunden.‹ Als Marilyn das Buch ausgelesen hatte, sagte sie mir: ›Tja, jetzt bin ich fertig, und es ist immer noch nichts da. Warum wurde es eigentlich geschrieben?‹ Es war eine gute Frage. So sollten Bücher gelesen werden.«

Der *Time* erzählte Miller: »Statt am Leben zu verzweifeln, wozu sie wirklich allen Grund gehabt hätte, bewahrte sie ihre Fähigkeit, zu fühlen und nach einer wahren Beziehung zu suchen. Sie will sich nicht mehr wegwerfen, damit hat sie aufgehört. Man hat ihr so oft vorgebetet, sie sei ein schlechtes Mädchen, sei nichts wert, daß sie ein starkes selbstzerstörerisches Potential aufbaute. Sie ist im Begriff, sich davon zu befreien.«

Miller war völlig hingerissen. Das gleiche galt für Marilyn, wie ihre gemeinsamen Freunde annahmen. Aber sie wurde auch von Spukgestalten der Vergangenheit verfolgt – und von neuen Versuchungen.

In den Anfangsmonaten des Jahres 1955 hatte Joe DiMaggio seine Jagd auf Marilyn noch nicht eingestellt, und sie hatte sich noch nicht völlig von ihm abgenabelt. Ironischerweise drang er am häufigsten durch den Umweg über die Familie von Fred Karger, Marilyns wichtigstem Liebhaber aus der Anfangszeit ihrer Karriere, zu ihr vor. Freds Schwester Mary war mit ihren Kindern nach New Jersey gezogen, und Marilyn kam häufig zu Besuch, manchmal in Begleitung DiMaggios. Die Kargers hatten den Eindruck, daß Marilyn und DiMaggio sich jetzt gut verstanden. DiMaggio spielte mit Mary Golf, und Marilyn entzückte die Kinder mit ihren exzentrischen Speisen und ihrem Humor.

Marys Tochter Anne kann sich an einen Nachmittag erinnern, an dem die Nachbarn, die von Marilyns Besuch nebenan wußten, ihr einen gelungenen Streich spielten.

»Der Sohn war bei der Feuerwehr«, berichtet Anne, »und gab einen falschen Alarm durch. Daraufhin erschienen ungefähr zehn Löschwagen vor unserem Haus; irgendeiner verriet den Besatzungen, daß Marilyn da war, und alle wollten sie kennenlernen. Sie kam raus und sprach mit den Feuerwehrleuten; sie war wirklich sehr nett zu ihnen.«

In New York jedoch hatte die Eifersucht DiMaggio wieder fest im Griff. Er lief wie ein Häufchen Elend herum und bat Außenstehende um Beistand und Rat, sogar Journalisten. Von dem Klatschkolumnisten Earl Wilson und seiner Frau wollte er wissen, wie er Marilyn zurückbekommen könne. Ihrem New Yorker Freund Henry Rosenfeld erzählte Marilyn, daß DiMaggio eines Nachts »ins Waldorf kam und fast die Tür einschlug. Man mußte die Polizei rufen, damit sie ihn beruhigte. Er war extrem eifersüchtig.«

Am 1. Juni 1955, ihrem neunundzwanzigsten Geburtstag, erschien Marilyn an DiMaggios Arm zur Premiere von *Das verflixte 7. Jahr*. Anschließend gab er für sie in Toots Shors Kneipe eine Party, doch die Stimmung kippte bald um. Noch beim Essen gerieten sich die beiden in die Haare, und Marilyn verließ die Party mit einem Freund, dem Fotografen Sam Shaw.

Der traurigste Bericht über Joe DiMaggios selbstquälerische Hartnäckigkeit stammt von Jim Haspiel. Haspiel persönlich hielt Tag und Nacht in Marilyns Nähe Wache und erkannte mehr als einmal DiMaggio, der »leibhaftig spätabends in einer Einfahrt neben ihrem Apartment stand, so wie irgendein x-beliebiger Fan, der hoffte, einen Blick auf Marylin zu erhaschen. So sehr fehlte sie ihm.«

Das verflixte 7. Jahr verschaffte Marilyn auch die Gelegenheit, Fred Karger, den sie 1948 so gern geheiratet hätte, einen etwas heimtückischen Streich zu spielen. Inzwischen war er in Eheprobleme mit seiner zweiten Frau, der Schauspielerin Jane Wyman, verwickelt, und Marilyn machte sich einen Spaß daraus, dieser Jane in Erinnerung zu rufen, daß sie einmal Kargers Geliebte gewesen war.

Als *Das verflixte 7. Jahr* in Los Angeles in den Kinos lief, wagte sich Marilyn mit zwei Freunden – darunter Kargers erste Frau Patti – mitten in der Nacht zu Grauman's Chinese Theater, wo sie eine vergrößerte Papp-Marilyn in der berühmten Rockszenenpose klauten. Das lebensgroße Abbild fuhren sie nach Holmby Hills und pflanzten es auf Jane Wymans Rasen. Die fand das nicht besonders komisch.

Im Sommer 1955 hielt sich Fred Karger einmal im Waldorf-Astoria auf. In einem der oberen Stockwerke wohnte Marilyn, und er rief sie an und lud sie ein, auf einen Drink herunterzukommen. Als sie nicht erschien, rief Karger noch einmal an, und diesmal klang Marilyn betrunken. Später besuchte er sie in ihrem Apartment und fand sie von Alkohol und Schlafmitteln benebelt vor – letztere waren ein verhängnisvoller neuer Einfluß in ihrem Leben.

In den ersten Monaten ihrer Beziehung verabredete sich Marilyn nicht nur mit Arthur Miller. Der Bekleidungsfabrikant Henry Rosenfeld war ihr bei der Anmietung der Suite im Waldorf behilflich gewesen und lieh ihr eine Menge Geld. Von nun an zog Marilyn ihn bei ihren finanziellen Angelegenheiten zu Rate und sollte ihm eines Tages sogar anbieten, daß er sämtliche Einnahmen aus einem ihrer Filme erhielt und ihr dafür ihr Leben lang tausend Dollar wöchentlich zahlte. Rosenfeld lehnte das freundlich, aber bestimmt mit der Begründung ab, er würde aus diesem Geschäft größeres Kapital schlagen, als er für fair halte. Er ging aber eine enge Beziehung zu Marilyn ein und machte ihr einen Heiratsantrag, wie Marilyn einem guten Freund offenbarte.

Außerdem keimte im Jahr 1955 der Plan auf, Marilyn mit dem Oberhaupt eines europäischen Herrscherhauses zu vermählen – ein Vorschlag, der die Unterstützung von Aristoteles Onassis fand. Der Millionär war besorgt, weil das Fürstentum Monaco, wo er sich besonders gern aufhielt, gerade in einer Krise steckte. Der Jet-set war im Begriff, seine Zelte abzubauen. Onassis glaubte, diesen Trend stoppen zu können, wenn Fürst Rainier eine angemessen glamouröse Ausländerin ehelichte, und bat seinen Freund George Schlee, sich in den USA nach geeigneten Bräuten umzusehen. Schlee beratschlagte sich mit Gardner Cowles, dem Verleger der Zeitschrift *Look*, der zufällig ein Nachbar Milton Greenes in Connecticut war.

»Ich gab Schlee den Tip, es sei eine gute Idee, Rainier mit einer Filmschauspielerin zu verheiraten«, sagte Cowles. »Er wollte wissen, ob ich schon jemand im Auge hätte, und ich meinte: ›Marilyn Monroe ist auf dem Gipfel ihrer Popularität, und sie hält sich gerade in der Nähe auf. Wir wollen ihr den Vorschlag unterbreiten.‹«

So kam es, daß Marilyn und die Greenes zu einem Treffen mit Schlee in Cowles' Landhaus eingeladen wurden. »Wir redeten nicht lange drum herum«, erzählte Cowles. »Marilyn meinte, die Idee sage ihr zu, aber sie wußte nicht einmal, wo Monaco liegt. Sie sagte, sie würde den Fürst gern kennenlernen.«

Fürstin Marilyn von Monaco? Die Greenes und Marilyn fuhren an diesem Abend in ausgelassener Stimmung nach Hause, schließlich war ihnen klargeworden, daß der Vorschlag ernst gemeint war. Eine Zeitlang schwatzten sie viel über Fürst Rainier, dem sie schnell den Spitznamen »Reindeer«, Rentier, verpaßten.

Doch der Plan verlief rasch im Sande, als der monegassische Fürstenhof bekanntgab, der Fürst werde mit Grace Kelly eine andere Schauspielerin heiraten. Marilyn ließ sich ein Schlußwort nicht nehmen. Sie rief Grace Kelly an, gratulierte ihr und fügte dann hinzu: »Ich freue mich für Sie, daß Sie einen Weg aus diesem Business gefunden haben.«

Arthur Miller mochte zwar glauben, daß es mit Marilyns Promiskuität vorbei und sie inzwischen weniger unsicher war. Doch genau wie in der Zeit ihrer festen Freundschaft mit DiMaggio war Marilyn keine besonders treue Geliebte. Während des Jahres 1955 fühlte sie sich zu Marlon Brando hingezogen.

Brando war das meistgefeierte Hollywood-Produkt aus dem Actors' Studio, und Marilyn bewunderte ihn schon seit langem. Nach seinem Triumph in dem Film *On the Waterfront (Die Faust im Nacken)* hatte sie im vorigen Jahr Sam Goldwyn gedrängt, ihr eine Rolle in Brandos nächstem Film *Guys and Dolls (Schwere Jungen, leichte Mädchen)* zu geben. In New York hoffte Marilyn, für eine ihrer ersten unabhängigen Produktionen Brando und Charlie Chaplin in den Hauptrollen verpflichten zu können.

Als man sie bat, den Begriff Sex-Appeal zu definieren, sagte Marilyn: »Es gibt Menschen, die auf andere wirken, und Menschen, die einen völlig kalt lassen. Auch auf mich wirken bestimmte Männer ... auf mich persönlich wirkt Marlon Brando.« Marilyn gelang es nie, mit Brando zusammenzuarbeiten, aber 1955 kam es zu einer Affäre zwischen den beiden.

Amy und Milton Greene, die Marilyn immer noch regelmäßig sahen, fiel im Sommer 1955 auf, daß sie etwas mit Brando hatte, was von anderen Freunden und Kollegen bestätigt wird. Der auf der Leinwand und auch sonst für Arroganz und einen Hang zu Gewalttätigkeit berüchtigte Brando wird von guten Freunden wegen seiner Liebenswürdigkeit und Treue verehrt. Marilyn nannte ihn gegenüber Amy Greene »lieb, zärtlich«. Wenn sie über ihn sprach, benutzte sie den Decknamen »Carlo« und genoß, daß die meisten keine Ahnung hatten, von wem die Rede war. Ein im Dezember 1955 bei einer Benefizveranstaltung für Schauspieler aufgenommenes Foto zeigt Marilyn und Brando als verträumt-glückliches Paar.*

Die Affäre mit Brando, über die nichts bekanntgeworden war, nahm ein Ende, als Marilyn sich darauf vorbereitete, ihre Beziehung zu Arthur Miller publik zu machen. Die Freundschaft hatte jedoch Bestand. 1962, in den letzten Tagen vor ihrem Tod, telefonierte Marilyn noch stundenlang mit Brando. Als ich wegen dieses Buchs Kontakt zu ihm aufnahm, rief Brando persönlich an, eine Seltenheit. Offensichtlich bewegt, sagte er: »Ich kannte sie tatsächlich, und wegen der Gefühle, die ich für sie empfinde, könnte ich nichts zur Veröffentlichung Bestimmtes über sie sagen. Das verstehen Sie doch wohl.«

1955 gelang es Marilyn ausnahmsweise, ihr Privatleben vor der Presse gut zu verbergen, wenn auch nicht völlig. Gegen Jahresende führte sie in einem langen Interview mit dem Kolumnisten Earl Wilson einen wahren Slalom um geschickt als Köder ausgelegte Fragen auf. Auf die Frage, wer ihr Lieblingsschauspieler sei, nannte Marilyn Marlon Brando – dann zählte sie rasch noch ein paar andere auf. Ihr Lieblingsdramatiker? Marilyn sagte Arthur Miller – und Tennessee Williams. Als sie gefragt wurde, ob sie gerade konkrete Liebesinteressen habe, gab sie eine ihrer klassischen Monroe-Antworten: »Kein ernstes Interesse, aber interessiert bin ich immer.«

Im Januar 1956 eröffnete Earl Wilson seinen Lesern, Arthur Miller und seine Frau trügen sich mit Scheidungsabsichten. Privat sprachen Miller und Marilyn nun übers Heiraten. In der Öffentlichkeit schleppte sich die Sache noch fünf Monate lang hin, aber Marilyn hatte sich tatsächlich den Wunsch erfüllt, den sie gegen Ende ihrer Flitterwochen mit DiMaggio taktloserweise Sidney Skolsky gegenüber erwähnt hatte: Arthur Miller reichte ihr die Hand zum Bund der Ehe. Es hatte den

* Es handelt sich nicht um das Foto aus dem Bildteil.

Anschein, als ginge sie im neuen Jahr auf Erfolgskurs, und das nicht nur in der Liebe.

Nach fast einem Jahr hatte Lee Strasberg entschieden, Marilyn sei jetzt soweit, vor einem aus ihren Mitschülern im Actors' Studio bestehenden Publikum aufzutreten. Sie und Maureen Stapleton arbeiteten eine Weile an einer Szene aus Noel Cowards *Fallen Angels (Gefallene Engel),* gaben auf und entschieden sich dann für die Eröffnungsszene aus *Anna Christie* von Eugene O'Neill, die Marilyn schon einmal mit Natasha Lytess geübt hatte. Marilyn spielte die Anna.

Maureen Stapleton weiß noch, daß »sie schreckliche Schwierigkeiten hatte, sich den Text zu merken. Ich sagte zu ihr: ›Sieh mal, das ist doch schließlich keine verfluchte Premiere. Wir legen einfach das Buch vor uns auf den Tisch – das machen viele so.‹ Marilyn weigerte sich, das zu tun, und wir schafften keine einzige Probe, bei der sie ihren ganzen Text beherrschte. Als wir die Szene dann aufführten, hat sie sich prima gehalten und in der Viertelstunde keine Zeile vergessen. Ihr extrem dünnes Stimmchen war offenbar auch überall ganz gut zu verstehen, dabei hatte sie sich solche Sorgen gemacht. Anschließend gingen wir in eine Bar an der Tenth Avenue und feierten, daß wir dem Tod noch mal ein Schnippchen geschlagen hatten.«

Einige skeptische Stimmen verstummten jetzt. »Sie *war* wunderbar«, sagt die Schauspielerin Kim Stanley. »Man hatte uns eingeschärft, im Actors' Studio nie zu klatschen – es war wie in einer Kirche –, aber damals habe ich dort zum erstenmal Applaus gehört.«

Andere hielten an ihren Zweifeln fest. Der Triumph bestand, wie einige meinten, darin, daß Marilyn die Szene überhaupt bewältigt hatte. Lee Strasbergs Erfolg war es, daß er sie bewegen konnte, den Auftritt überhaupt zu absolvieren, geglänzt habe sie nicht. Marilyn selbst spürte diese Reaktion und spielte das Lob herunter.

Doch Anfang 1956 gab Lee Strasberg folgendes Kompliment zum besten: »Ich habe mit Hunderten und Aberhunderten von Schauspielern und Schauspielerinnen gearbeitet«, sagte er dem Regisseur Joshua Logan, »aber nur zwei überragen die anderen um Längen. Der eine ist Marlon Brando, die andere Marilyn Monroe ...«

Marilyn hatte inzwischen auch ihre Schlacht gegen die 20th Century-Fox gewonnen.

Ein Jahr lang – also seit ihrer Abreise nach New York – hatte das Studio Marilyns Garderobe in Hollywood unberührt gelassen. Immer noch wichen Putzfrauen dem Berg von Fanpost aus und staubten das ganze Chaos aus Schminkutensilien und falschen Augenwimpern, Pillengläsern und Tablettenschachteln ab, das vergessene Buch mit Liebesgedichten – und ein Foto von Joe DiMaggio. Nun brachte Milton Greenes Poker den Erfolg. Da kein Ersatz für Marilyn in Sicht war, handelte das Studio eine Vereinbarung aus.

Am Silvesterabend des Jahres 1955 unterzeichnete Marilyn einen neuen Vertrag mit der Fox, der ihr außergewöhnliche Bedingungen garantierte. Sie brauchte während der nächsten sieben Jahre nur vier Filme für das Studio zu drehen und durfte pro Jahr in einem Film für ein anderes Studio vor der Kamera stehen. Die Firma Marilyn Monroe Productions sollte für jeden von der Fox produzierten Film 100 000 Dollar Gage erhalten, dazu kam noch eine Gewinnbeteiligung. Für damalige Verhältnisse war das ein hervorragender Abschluß, der ihr für den gesamten Vertragszeitraum ein mögliches Einkommen von über 8 000 000 Dollar versprach.

Eine für Marilyn besonders wichtige Sonderklausel gab ihr das Recht, jeden Film, der ihrer Meinung nach nicht »erstklassig« war, sowie Regisseure oder Kameraleute abzulehnen, die keine Gnade vor ihren Augen fanden. Sie reichte eine Liste von sechzehn Regisseuren ein – weitgehend von Milton und Amy Greene für sie aufgestellt –, mit denen sie bereit war zusammenzuarbeiten. Die 20th Century-Fox machte keine Einwände.

Im Siegestaumel begrüßte Marilyn das neue Jahr mit einer Flut von Plänen. Sie würde nach Hollywood zurückkehren, um mit Joshua Logan, einem ihrer auserwählten Regisseure, *Bus Stop (Bus Stop)* zu drehen. Seite an Seite neben Sir Laurence Olivier verkündete Marilyn, sie beide würden bald gemeinsam an einer Verfilmung von Terence Rattigans Theaterstück *The Sleeping Prince (Der schlafende Prinz)* arbeiten.

Der Welt berühmtester Schauspieler gab seinen Segen. Marilyn sei, wie Sir Laurence der Presse zu verstehen gab, »eine brillante Komödiantin und daher eine äußerst gute Schauspielerin«. Erstaunt sah er zu, wie sich 150 mit Kameras bewaffnete Zeitungsleute um sie balgten und außer Rand und Band gerieten, als an Marilyns Kleid ein Träger riß.

Marilyn hatte irgend etwas an sich, was Sir Laurence beunruhigte. Außer Reichweite des Mikrofons, als er abfahrbereit in einer Limousine saß, sagte er zu dem Produzenten Saul Colin: »Saul, ich frage mich, ob ich nicht einen Fehler gemacht habe?« Das sollte Sir Laurence im Lauf des Jahres herausfinden.

Marilyn jetzt zu begegnen war ein verwirrendes Erlebnis. Die Journalistin Dorothy Manning hatte zunächst den Eindruck, daß »das schüchterne, nervöse Kleinmädchenstimmchen und das langsame, tastende Suchen nach dem richtigen Wort verschwunden waren... Vor mir stand eine ausgeglichene Frau. Fröhlich, entspannt, weniger gehemmt als früher brachte sie in wenigen Minuten ein angeregteres Gespräch zuwege, als dies die meisten Stars in Stunden schaffen.«

Als sie ihr am selben Tag zum zweitenmal begegnete, war Dorothy Manning über die plötzlich völlig veränderte Marilyn bestürzt: »Daß Marilyn wieder Probleme hatte, war ganz deutlich zu spüren; sie verkroch sich in Ecken, ängstlich, immer noch unsicher. Jetzt war sie ein merkwürdiges, verwirrendes Mädchen, dessen Wehrlosigkeit einem zu Herzen ging.«

Die Journalistin beschrieb mit netten Worten das, was auch Sir Laurence aufgefallen war. Rückblickend schrieb Sir Laurence Olivier über Marilyn bei ihrer ersten Begegnung: »Man ging wohl nicht ganz fehl, wenn man ihren Zustand schizophren nannte.«

Schon bevor sie Hollywood verließ, war Marilyn in psychiatrischen Praxen keine Fremde mehr. Es war die Blütezeit des Couch-Psychiaters, vor allem in Kalifornien. Ein Arzt, der Marilyn kannte, formuliert es so: »Damals konnte man hier unter demselben Neonschild eine Psychoanalyse oder einen Darmeinlauf bekommen. Es war eine betrügerische Zeit. Eine Menge dubioser Ärzte ließen sich hier nieder und waren bloß erfolgreich, weil sie fix waren und geschickt Eigenwerbung betrieben. Vor ihnen lag ein williger Markt – ein Haufen höchst neurotischer Schauspieler und Schauspielerinnen.«

Der erste gesicherte Hinweis, daß Marilyn einen Psychiater aufsuchte, datiert aus dem Jahr 1954, als sie mit DiMaggio verheiratet war. Damals ging sie ungefähr ein halbes Jahr lang zu einem Analytiker, dessen Name nicht bekannt ist.

Marilyns praktische Ärzte zweifelten nicht daran, daß sie psychiatrische Hilfe brauchte. Der Gynäkologe Dr. Milton Gottlieb sagt: »Sie war unsicher, hatte Angst vor der Realität. Eine sehr verstörte junge Frau.«

Dr. Elliott Corday, der Marilyn von 1948 an bis Mitte der fünfziger Jahre ärztlich betreute, berichtet: »Ich habe die Patientin schließlich nicht mehr betreut, *weil* sie sich nicht in die Behandlung eines anständigen Psychiaters begeben wollte. Die Leute könnten ihren Tod besser verstehen, hätten sie sie damals in meiner Praxis reden hören. Sie hatte zahlreiche Selbstmordversuche hinter sich, mehr, als bekannt war. Und 1954 nahm sie Drogen – ich glaube, nicht nur Schlaftabletten, sondern auch harte Sachen. Am Ende sagte ich ihr, ich weigerte mich, mitanzusehen, was noch alles passieren werde.«

Es gibt nur spärliche Hinweise, daß Marilyn harte Drogen nahm. Die von Joe DiMaggio auf ihr Privatleben angesetzten Detektive berichteten, sie hätten »Injektionsspritzen, zwei oder drei Fläschchen, die irgendein Pulver enthielten, und andere Utensilien« in Marilyns Apartment gefunden. Was auch immer das bedeutete, die Frau, die aus Hollywood nach New York geflüchtet war, brauchte Hilfe.

Marilyn sagte Milton Greene, sie befände sich nicht mehr in psychiatrischer Behandlung. Er drängte sie, die Behandlung wiederaufzunehmen, und versprach, ihr einen erstklassigen Analytiker zu suchen. Milton Greene, der sie langsam selbst für »schizo« hielt, schickte sie zu Frau Dr. Hohenberg, einer an der New Yorker East Side praktizierenden Fachärztin für Psychiatrie. Einen Großteil des Jahres 1955 ging Marilyn fünfmal wöchentlich zu ihr in Behandlung.

Lee Strasberg war der Ansicht, Marilyns Sitzungen bei der Psychiaterin »entlasteten« sie für die Strapazen seiner Schauspielmethode des »totalen Eintauchens« im Actors' Studio. Nachdem sie ein Jahr in Behandlung gewesen war, vertrat Arthur Miller die Auffassung, die Therapie habe Marilyn sehr geholfen. »Jetzt sieht sie viel klarer«, sagte er, »seit sie herausgefunden hat, daß in allen möglichen Situationen nicht sie es war, die unrecht hatte. Sie merkt, daß die psychiatrische Behandlung für sie vieles verändert hat.« Mit der Zeit sollte sich Miller noch fragen, was die Analyse nun wirklich bewirkt hatte. Andere äußerten ihre Ablehnung. Billy Wilder, der in *Das verflixte 7. Jahr* Regie geführt hatte, gab seine kühle Meinung als Profi zum besten: »Auf der Welt gibt es gewisse wundervolle Kratzbürsten, wie die Monroe, und wenn die sich eines Tages auf die Couch eines Analytikers legen, kommt ein verkniffenes, langweiliges Etwas raus. Für die Monroe ist es besser, wenn man ihr den Kopf nicht zurechtrückt. Was ihren Charme ausmacht, sind ihre beiden linken Füße.«

Gemessen an normalen Maßstäben, war Marilyn immer noch ein einziges Gefühlschaos. Henry Rosenfeld erlebte eine Marilyn, »die bei der Vorstellung, einen neuen Bekannten zu treffen, vor Angst überall hektische rote Flecken bekam«.

Eines Tages wartete die Journalistin Adele Fletcher im Waldorf auf Marilyn, mit der sie in Elsa Maxwells Suite zum Essen verabredet war. »Sie traf mit dreistündiger Verspätung bei Elsa ein, genau zu dem Zeitpunkt, wo sie im Cecil-Beaton-Studio sein sollte. Später erfuhr ich, daß sie ihr Haar dreimal hatte waschen und legen lassen, ehe sie aufbrach. Sie hatte ständig Bedenken, daß sie nicht tipptopp aussah und die Leute sagen könnten, ihre Schönheit verblasse.«

Marilyns Assistent im Jahr 1955, Peter Leonardi, sagte: »Vor jedem Interview oder Auftritt sitzt sie endlos lange da und grübelt. Manchmal starrt sie stundenlang aus dem Fenster, denkt nach und zieht an einer Haarlocke. Oft gerät sie so in Panik, daß ihr schlecht wird.«

Bei der Arbeit kritzelte Marilyn häufig ihre Gedanken und Anmerkungen über das Schauspielen in ein Notizbuch. »Wovor habe ich Angst?« las ein neugieriger Kollege in dem Buch. »Ich weiß, daß ich spielen kann. Aber ich hab Angst. Ich habe Angst, und das sollte ich nicht und das darf ich nicht. Scheiße!«

Milton Greene war Zeuge, wie Marilyn nach und nach barbituratabhängig wurde. Manchmal nahm sie um drei Uhr morgens Schlaftabletten, weil sie nicht einschlafen konnte, obwohl sie wußte, daß sie um sechs aufstehen und in die Stadt fahren mußte. Auf dem Weg zu dem Termin schluckte sie noch mehr Pillen, oft genug das Aufputschmittel Dexamyl, um die Benommenheit loszuwerden. Außerdem trank Marilyn auch mehr als früher.

1955 erzählte Marilyn sowohl Amy Greene als auch Henry Rosenfeld, sie habe wieder einmal abgetrieben. Wenn das stimmt, was sie Amy Greene erzählte, war sie damit bei insgesamt dreizehn Abtreibungen angelangt – im Alter von neunundzwanzig Jahren –, und dieses Ereignis versetzte ihrer labilen Psyche zweifellos einen weiteren Schlag. Amy Greene kennt übrigens die Identität des Vaters nicht, und Rosenfeld zieht es vor, sich dazu nicht näher zu äußern.

Trotz der Sicherheit, die ihr die Beziehung zu Arthur Miller bot, verhielt sich Marilyn immer noch so, als sei sie hoffnungslos vereinsamt. Häufiger als früher gab sie ihrem Drang nach, zu nachtschlafender Zeit Leute anzurufen. Manche Freunde gingen darauf ein, mit ihr bis Sonnenaufgang irgendwohin zu fahren, durch Manhattan oder in dunkle Vororte. Marilyn hatte inzwischen Angst, nachts allein zu sein.

Lee Strasberg wollte ihr helfen und schlug vor, daß sie bei ihm zu Hause schlief. »Sie war völlig aus dem Gleichgewicht«, erinnerte er sich. »Sie wollte eine Familie haben. Sie wollte, daß man sie in den Arm nahm. Nicht, daß man mit ihr schlief, sondern weil sie Unterstützung brauchte, wenn sie nämlich die Pillen genommen hatte, lösten die irgendeine Reaktion bei ihr aus, und sie wollte noch mehr. Von uns bekam sie dann eben keine. Darum gewöhnte sie sich an, vorbeizukommen und bei uns zu übernachten. Ich hielt sie ein wenig im Arm, und dann schlief sie ein.«

Im Mai 1956 erwies das Nachrichtenmagazin *Time* Marilyn die Ehre einer Titelgeschichte. Monatelang wurde recherchiert, Reporter flogen zu Interviews bis nach Tokio, Paris und London. Ezra Goodman, der Marilyn über Sidney Skolsky kennengelernt hatte, verbrachte in Los Angeles einige Wochen damit, Informationen über sie auszugraben. Er kämmte die Mythen durch, die sie über ihre Vergangenheit verbreitet hatte, er sprach mit ihren ehemaligen Schullehrern, Kollegen, Ärzten, Psychiatern und ließ *Time* einen ausführlichen Bericht zukommen.

Goodman faßte zusammen: »Offenbar trifft es zu, was manche Psychiater über sie gesagt haben: sie verachtet sich selbst so gründlich, daß sie zwar versucht, ihren Frieden mit der Welt zu machen, aber nicht durch Anpassung an die Realität, sondern indem sie sich und ihre Welt neu konstruiert... Sie hat etwas Mystisches, beinahe Magisches an sich, das noch niemand genau definieren konnte, das sie jedoch dahin gebracht hat, wo sie heute steht – trotz einer Vorgeschichte, mit der sie normalerweise in einer staatlichen Nervenklinik oder als Alkoholikerin in der Gosse gelandet wäre. Vielleicht ist die Eigenschaft, die viele an ihr reizvoll finden, ja gerade ihre Unsicherheit, ihr Unglücklichsein – daß sie wie eine Schlafwandlerin durchs Leben geht. Aber das Rätsel namens Marilyn Monroe harrt noch seiner Lösung. Ob man ihr näher kommt, wenn man ihr ein Jahr lang im Auto hinterherfährt, auf

Fahnenstangen klettert und sie auf leisen Sohlen umschleicht, ist fraglich. Wahrscheinlich gehört dieses Rätsel eher auf die Couch des Analytikers.«

Laut Goodman nahm *Time* vom größten Teil seines Berichts keinerlei Notiz und druckte eine gefällige Geschichte über eine Schauspielerin, deren Weg zu einer noch glänzenderen Zukunft klar vorgezeichnet war. Vielleicht wollte es die Öffentlichkeit auch gar nicht anders.

Norman Rosten, wohl der einfühlsamste von Marilyns New Yorker Freunden, blieben ihre großen Probleme nicht verborgen. Er hoffte, sie könne diese Schwierigkeiten durch ihre andere Seite ausgleichen, als eine Frau, »die sich in der Kunst des Überlebens auskennt«.

Überleben bedeutete für Marilyn weitermachen – und »weiter« hieß noch mehr Filme. Anscheinend gab es niemanden, der ihr zu etwas anderem riet; hätte es ihn gegeben, hätte sie wahrscheinlich nicht auf ihn gehört. In den ersten sieben Jahren ihrer Karriere hatte Marilyn an vierundzwanzig Filmen mitgewirkt. In den sieben Jahren von 1955 bis zu ihrem Tod sollten nur noch fünf fertiggestellt werden. Der erste dieser Filme bewies, wie sie dem Magazin *Time* versprochen hatte, daß sie wirklich »eine richtige Schauspielerin« war.

20

NACH EINEM JAHR des selbstauferlegten Exils flog Marilyn im Februar 1956 nach Hollywood zurück, wo man ihr einen turbulenten Empfang bereitete. Hunderte von Fotografen stürmten das Flugzeug, und sie konnte den Flughafen erst verlassen, als sich eine tobende Menschenmenge nach zwei Stunden beruhigt hatte.

Marilyn war wieder da, zu ihren eigenen Bedingungen, um in der Verfilmung des aktuellen Broadway-Erfolgs *Bus Stop* die Hauptrolle zu übernehmen. Und zwar mit einem für die frisch aus dem Actors' Studio kommende Marilyn Monroe maßgeschneiderten Regisseur: Auf den Rat Milton Greenes hin hatte sich die Fox um Joshua Logan bemüht, den einzigen amerikanischen Regisseur, der in der Sowjetunion bei Stanislawskij studiert hatte. Zunächst schreckte Logan vor der Zusammenarbeit mit Marilyn zurück, ließ sich aber durch Lee

Strasbergs verschwenderisches Lob über seinen Schützling überreden. Mehr als jeder andere Regisseur ist Logan auch heute noch von Marilyn hingerissen.

»Ich hatte keine Ahnung von ihrer großartigen Begabung«, sagt Logan heute. »Sie sorgte dafür, daß Regieführen der Mühe wert war. Beim Lesen des Textes passierten mit ihrem Gesicht, ihrer Haut, ihrem Haar und Körper derart faszinierende Dinge, daß sie – es klingt klischeehaft, aber sie wirkte inspirierend. Allein ihre Art zu spielen heizte mir ganz schön ein ... Sexuell ging es noch viel weiter, *ça va sans dire.* Sie war wunderbar anzuschauen. Und wenn man erst in ihre Nähe kam, sie roch und spürte! Und zu alldem ihr Talent! Ich war ihr verfallen. Ich bin es heute noch.«

Bus Stop erzählt von der müden Sängerin Cherie mit ihrer an Männern reichen Vergangenheit und dem naiven, jungen Cowboy Bo, der sich in sie verliebt. Viele in Hollywood höhnten, das Ergebnis werde ja doch nur eine weitere Variation des Themas Marilyn, die Sexbombe, sein. Sie sollten nicht recht behalten, was teils an ihrer Ausbildung bei Strasberg und teils an Logans unendlicher Nachsicht lag.

Milton Greene hatte den Regisseur vorgewarnt: »Achten Sie bei Marilyn auf Ihren Tonfall, wenn Sie ihr nämlich Angst einjagen, können Sie mit ihr nichts mehr anfangen.« Obwohl die Erinnerung im Lauf der Zeit manches rosiger erscheinen läßt, mußte Logan doch manchmal mit einer Geduld zu Werke gehen, die eines Buddha würdig gewesen wäre.

Marilyn war zum erstenmal bei wichtigen Drehbuchbesprechungen anwesend. Logan wußte Marilyns Anregungen auch zu schätzen, bis sie dagegen protestierte, wie die Rolle eines *anderen* geplant wurde. Sie rief Buddy Adler an, den neuen Boß der Fox, und Adler rief Logan an. Wie jeder andere Regisseur an seiner Stelle war Logan wütend, daß eine Schauspielerin hinter seinem Rücken bei der Studioleitung interveniert hatte.

Marilyn hatte für ihre frühere Schauspiellehrerin Natasha Lytess nun keine Verwendung mehr; sie war vorbeigekommen, um Marilyn nach ihrer Ankunft in Hollywood zu besuchen, wurde aber an der Tür von einem Helfer Marilyns abgewiesen. Das letzte, was Natasha Lytess von ihrer erfolgreichsten Schülerin zu sehen bekam, war eine einsame Figur, die ihr aus einem Fenster eisige Blicke nachsandte. An

Natashas Stelle trat Lee Strasbergs Frau Paula, die sich bald unentbehrlich machte.

Paula Strasberg war eine unförmige Frau Mitte vierzig, die von ihrer Tochter Susan als »eine Mischung aus Feinkostverkäuferin, Apothekerin und jüdischer Mutter« beschrieben wurde. Sie trug fast ausschließlich fließende schwarze Gewänder, wie die typische griechische Witwe auf Ansichtskarten, und hatte immer eine riesige Handtasche bei sich, die vollgestopft war mit Essen, Medikamenten, einer Taschenlampe und einer Lupe. Wenn es am Drehort sehr heiß war – und Marilyn mußte oft bei drückender Hitze vor der Kamera stehen –, konnte man Paula beobachten, wie sie sich mit einem Exemplar aus ihrer riesigen Fächersammlung Kühlung verschaffte.

Obwohl sie und ihr Mann sich immer mehr auseinanderlebten, hatte Paula sich eine Position als unentbehrliche Nestorin im Strasbergschen Haushalt geschaffen. Schon seit langem zog sie in Lees Leben die Fäden, machte ihn als Genie bekannt und wurde nie müde, die Qualitäten ihrer Kinder zu preisen.

Inzwischen war Marilyn praktisch das dritte Kind der Strasbergs geworden; außerdem glaubte sie, bei all ihren schauspielerischen Unternehmungen die Hilfe ihres Meisters zu benötigen. Da Lee Strasberg von seiner Arbeit im Studio voll in Anspruch genommen wurde, fiel Paula – die selbst Erfahrungen als Schauspielerin und Lehrerin gesammelt hatte – die Aufgabe zu, Marilyns Hand zu halten. Sie widmete sich Marilyn mit großer Hingabe – und wurde für die Filmregisseure zum roten Tuch.

Als Joshua Logan hörte, daß Marilyn Paula Strasberg nicht nur als Lehrerin und Beraterin brauche, sondern auch während der Filmarbeiten am Drehort dabeihaben wollte, war er entsetzt. Er wandte sich an Milton Greene, der inzwischen als Diplomat und Vermittler fungierte. Greene verhandelte mit Lee Strasberg, und man einigte sich, daß Paula zwar dabeisein durfte, aber nur in der Garderobe.

Paula Strasberg hatte sich auf eine in mancher Hinsicht undankbare Aufgabe eingelassen. Sie wurde hervorragend bezahlt – 2000 Dollar in der Woche –, aber sie sollte nicht nur die Zielscheibe für den Spott und manchmal den Haß der Filmteams abgeben, sondern auch unter Marilyns Launen zu leiden haben. Doch bei *Bus Stop* funktionierte Milton Greenes Friedensformel noch, was sicher auch dadurch bedingt war, daß die Sprache des Actors' Studio mit Logans Regiestil unter einen Hut zu bringen war.

So befand sich Logan durchaus auf Strasbergs Wellenlänge, als er Marilyn riet, sie solle in einen Mantel schlüpfen, »als glitten Sie in ein Schaumbad«. Allerdings wurde Strasbergs Methode bei späteren Filmen ins Lächerliche gezogen. Bei *Machen wir's in Liebe* wurde Marilyn von Paula angehalten, sie solle Yves Montand küssen, »als fließe kaltes Wasser über einen eisernen Zaun«. Das damalige Skriptgirl Rosie Steinberg kichert heute noch bei dem Gedanken daran.

Wenigstens einmal führte Marilyn das bei Strasberg erlernte »Method acting« einen Schritt zu weit. In einer Szene mußte sie den männlichen Hauptdarsteller Don Murray mit einem Fetzen ihres Kostüms ohrfeigen. Marilyn hatte sich mit Murray nicht gut verstanden, und nun schlug sie so fest zu, daß sie ihn im Gesicht verletzte. Möglicherweise wollte Marilyn damit ihrem Exliebhaber Marlon Brando nacheifern, der dafür bekannt war, daß er auch vor der Kamera gewalttätig werden konnte. Aber dieser Zwischenfall hatte eine kleine Krise zur Folge. Trotz Logans Bitten fand sich Marilyn nicht zu einer Entschuldigung bereit, sondern schrie ihre Kollegen in ohnmächtiger Wut an. Offenbar verschaffte ihr die Beziehung zu Miller weder Stabilität noch inneren Frieden. Bei den Dreharbeiten zu *Bus Stop* sorgte Paula Strasberg dafür, daß Marilyns letzter Retter in der Not – ihre Tranquilizer – immer in Reichweite waren.

Auch bei Anlässen, die mit der Schauspielerei überhaupt nichts zu tun hatten, verließ sich Marilyn auf Paula Strasberg. Standen Geselligkeiten an, wurde Paula zur Überprüfung der anderen Gäste vorgeschickt. War sie nicht mit ihnen einverstanden, blieb Marilyn im Auto sitzen, während Paula drinnen einen kurzen Anstandsbesuch absolvierte. Paula hörte sich Marilyns Liebeskümmernisse an. Bei *Bus Stop* benötigte Marilyn sie als Krankenpflegerin, wie von nun an fast immer.

Im April 1956 las man eine inzwischen vertraute Schlagzeile: MARILYN MONROE IM KRANKENHAUS. Die ärztliche Diagnose lautete auf »Virusinfektion, Erschöpfung, Überarbeitung und akute Bronchitis«. In einer weniger offiziellen Stellungnahme sagte der Arzt, Marilyn sei lediglich »übernervös«.

Regisseur Logan gibt zu, daß sein Star krank war, »aber nicht volle zwei Wochen«. Da man das Team ohnehin bezahlen mußte, vertrieb sich Logan die Zeit damit, eine Szene, bei der Marilyns Anwesenheit nicht erforderlich war, immer und immer wieder zu drehen. Am Ende brachte die Mannschaft fünfzehn Tage – bei Drehkosten von 40 000 Dollar pro Tag – damit zu, eine Schlägerei zu drehen, die im Film ganze dreißig Sekunden dauerte.

Einmal, als Marilyn zur Arbeit kam, wurde Logan klar, daß sie zu einer Schlüsselszene, in der sie bei Sonnenuntergang eine Straße hinunterlaufen mußte, zu spät erscheinen würde. Drei Stunden hatte sie Zeit gehabt, um sich vorzubereiten. Er rannte in die Garderobe und stellte fest, »daß das arme Schätzchen sich immer noch im Spiegel betrachtete«. Logan vergeudete keine Zeit mit langen Reden. Er zerrte Marilyn vor die Kamera und befahl ihr: »Lauf!«, dem Kameramann: »Film ab!«

Logan konnte Marilyn alles verzeihen. Voller Bewunderung erinnert er sich daran, wie sie in ihrer Rolle aufgehen und echte Tränen weinen konnte, wenn andere Schauspieler nach Glyzerin greifen mußten. Genau wie sie war er entschlossen, gewagte Einstellungen am Zensor vorbeizumogeln; beide hatten sie eine diebische Freude an sexuellen Zweideutigkeiten und Anspielungen, die damals dem Zeitgeschmack voraus waren.

Logan sah Marilyn ihre unsicheren Auftritte nach und ließ sie einen Text wieder und wieder sprechen, während die Kamera gewaltige Mengen Filmmaterial verschlang. Er ließ es sich auch gefallen, daß sie an manchen Tagen nicht eine einzige brauchbare Einstellung zustande brachte und sich, unterstützt von Paula Strasberg, wortlos entfernte, »um an ihrer Motivation zu arbeiten«. Andere waren weniger geduldig.

Die Presse, von Marilyn zu ihrem eigenen Vorteil so lange umworben, hielt man während der Dreharbeiten zu *Bus Stop* auf Distanz. Man chauffierte Marilyn in einer Limousine bis zur Tür ihres Wohnwagens und dann in aller Eile durch einen speziell konstruierten Eingang ins Innere; den zahlreich versammelten Fotografen machte man das Leben schwer. Die Presse mußte sich einer Art Guerillataktik bedienen. Die Reporter lagen in benachbarten Hotelzimmern im Hinterhalt, dann lockten sie Marilyn und ihr Gefolge auf den Balkon, indem sie plötzlich starke Stroboskoplampen einschalteten.

Bill Woodfield, der damals bei der Zeitschrift *This Week* als Fotograf arbeitete, versuchte, bei den Rodeo-Außenaufnahmen in Arizona Schnappschüsse von Marilyn zu ergattern. »Es wurde so schlimm, daß wir, unter den Zuschauertribünen im Stadion versteckt, fotografierten«, berichtet Woodfield. »Ich schoß ein paar Bilder von Marilyn, wie sie sich gerade unter den Sitzreihen übergibt, beinahe hätte ich was abbekommen. Wenn sie eine Szene gespielt hatte, übergab sie sich nämlich regelmäßig oder würgte wenigstens, über die Tribüne gebeugt. Davon ließ ich Abzüge machen, knallte sie Milton Greene auf den Tisch und sagte: ›Mit so was müssen wir uns zufriedengeben, wenn wir von Ihnen nicht 'n paar Bilder bekommen.‹ Schließlich hatte er sie soweit, daß ich meine Fotos machen konnte.«

Als das Magazin *Time* während der Dreharbeiten zu *Bus Stop* für seine erste Titelgeschichte über Marilyn recherchierte, deckten seine Reporter eine Menge Hintergrundmaterial über ihre Herkunft auf. Wegen Marilyns zahlreicher falscher Angaben handelte es sich bei diesem Thema um ein sehr heikles Gebiet. Schließlich gewährte sie Brad Darrach, einem der jüngsten *Time*-Reporter, ein persönliches Interview, das unter skurrilen Umständen zustande kam.

Darrach holte Marilyn um elf Uhr morgens bei der Fox ab und fuhr sie in ihr Hotel, das Chateau Marmont. Marilyn, die selbst gern schnell fuhr, bat den Reporter, nicht so zu rasen. Er hatte den Eindruck, daß sie sich fürchtete, nicht vor seiner Fahrweise, sondern daß sie »ganz allgemein verängstigt« war. In ihrer Suite angekommen, verkündete Marilyn bald, sie sei müde, und fragte, ob er sie nicht im Schlafzimmer interviewen könne.

So kam es, daß Darrach schließlich »zehn Stunden mit Marilyn Monroe im Bett verbrachte«, wie er heute scherzt. Sie streckte sich auf dem Bett aus, er setzte sich ans Fußende, und so unterhielten sie sich bis lange nach Einbruch der Dunkelheit.

»Sie war Marilyn und dazu ziemlich hübsch«, erinnert sich Darrach. »Und dann waren da natürlich noch diese außergewöhnlichen Brüste und der knackige Hintern. Einen Hintern wie den ihren hatte ich noch nie gesehen; er war wirklich bemerkenswert, ein äußerst raffiniert geformter Arsch. Und doch kam ich keinen Moment auch nur in die leiseste sexuelle Versuchung. An ihrer Haut war nichts, was mich hätte reizen können, sie zu berühren. Sie sah überanspruchst und nicht sehr gesund aus, so als würde eine Art innere nervöse Hitze ihre Haut ausdörren. Aber es ging nichts sexuell Stimulierendes von ihr aus. Das war etwas, das sie für die Kamera vorspielte, da bin ich mir sicher.«

Während der Dreharbeiten zu *Bus Stop* war eine Zeitlang Pat Newcomb Marilyns Pressesekretärin. Sie arbeitete für Arthur Jacobs, den Eigentümer einer der führenden Public-Relations-Firmen Hollywoods. Pat, eine damals noch sehr junge Frau von der Ostküste und neu im Metier, hatte Psychologie studiert. Aber auch ihre Vorbildung reichte nicht aus für den Umgang mit Marilyn Monroe.

»Sehr bald gerieten wir furchtbar aneinander«, bekennt Pat Newcomb. »Noch Jahre später wußte ich nicht weshalb; wie sich dann herausstellte, war irgendein Kerl der Grund, der mir, wie Marilyn dachte, gefiel, der mich aber nicht die Spur interessierte. Ich wurde damit überhaupt nicht fertig, so daß mir Arthur Jacobs riet, meine Zelte am besten gleich wieder abzubrechen.«

Pat Newcomb mußte den Drehort verlassen. Paradoxerweise wurde sie Jahre danach Marilyns Hauptpresseberaterin und ihre Vertraute; außerdem war Pat einer der letzten Menschen, der Marilyn an ihrem Todestag sah. Doch sogar kurz vor Marilyns Ende stritten die beiden sich noch.

Rivalitäten oder Eifersüchteleien beschränkten sich nicht nur auf Marilyns Pressesekretärin. Mit ihrem Regisseur geriet sie sich wegen Hope Lange in die Haare, die in *Bus Stop* die Rolle eines jungen Mädchens spielte. Miss Langes Haar sei zu blond, konstatierte Marilyn; sie befürchtete, es könnte die Aufmerksamkeit von ihrer eigenen Person ablenken. Logan mußte nachgeben und Hope Langes Haar dunkler färben lassen. Marilyn geriet übrigens während ihrer letzten Lebensmonate, im Verlauf der Dreharbeiten zu *Something's Got to Give*, in eine ähnlich irrationale Panik. Diesmal ging es um die zweite Hauptdarstellerin Cyd Charisse. Für *Bus Stop* wurde zum erstenmal Marilyns New Yorker Psychiaterin zum Drehort geflogen.

Aus alldem halb komischen, halb tragischen Durcheinander entstand ein hervorragender Film, in dem Marilyn glänzend agierte. Bosley Crowther, Filmkritiker der *New York Times,* stellte trocken fest, Marilyn habe »endlich bewiesen, daß sie eine richtige Schauspielerin ist«. Und weiter schrieb er: »Zum Glück für sie und für die Tradition der Sorgfalt, die zum Erfolg führt, liefert sie in diesem Film eine Leistung, mit der sie sich als echter Leinwandstar erweist, nicht nur als elegante Erscheinung oder als Sexsymbol, wie es vorher der Fall war.«

Nach solchem Lob hatte Marilyn gelechzt, auch wenn *Bus Stop,* zu ihrem eigenen Leidwesen und zu dem vieler anderer, nicht für einen Oscar nominiert wurde. Doch die Tragik lag darin, daß die Frau in Marilyn zerbrach, während die Schauspielerin gerade ihren Traum verwirklichte. Noch während der Erfolg anhielt, meldete sich Joshua Logan mit einer Warnung: »Sie kann einer der größten Stars werden, die wir je hatten, falls sie ihren Gefühlshaushalt und ihre Gesundheit unter Kontrolle bekommt.«

Früher als die meisten anderen hatte Logan das Ausmaß von Marilyns Problemen erkannt. »Wenn ich länger über sie nachdenke, schnürt es mir fast die Kehle zu«, sagt er heute. »Ich glaube nicht, daß sie, außer bei der Arbeit, in ihrem ganzen Leben auch nur zwei Tage erlebt hat, an denen sie glücklich oder zufrieden war.«

Als ihr dreißigster Geburtstag näher rückte, schien Marilyn endlich Glück in der Liebe gefunden zu haben.

21

IM FRÜHLING 1956 klingelte im Büro der Pyramid Lake Guest Ranch, achtzig Kilometer nordöstlich von Reno, Nevada, acht Wochen lang jeden Tag das Telefon. Die Anruferin meldete sich mit Mrs. Leslie und wünschte Mr. Leslie zu sprechen. Dann eilte ein Indianer mit dieser Nachricht zu einer kleinen Hütte, und Mr. Leslie hastete mit seiner Pfeife in der Hand ins Büro und nahm den Anruf entgegen.

»Mrs. Leslie« war Marilyn Monroe, die gerade vollauf mit *Bus Stop* beschäftigt war. »Mr. Leslie« war Arthur Miller, der sich in die Wüste zurückgezogen hatte, da er lange genug in Nevada wohnen mußte, um nach dem Gesetz dieses Bundesstaats geschieden werden zu können. Ihre Decknamen stammten aus Vina Delmars Roman *About Mrs. Leslie* (Über Mrs. Leslie), die Geschichte einer Nachtclubsängerin und eines verheirateten Mannes, die jedes Jahr sechs Wochen lang als Mann und Frau zusammenwohnen. Im wirklichen Leben sollten Marilyn und Miller bald ohne solche Täuschungsmanöver auskommen können.

Miller war so vorsichtig, wie es seine noch nicht abgeschlossene Scheidung erforderte. Als er sich von *Time* interviewen ließ, wich er der Frage aus, ob er Marilyn heiraten wolle. »Es wird noch lange dauern, bis ich mir leisten kann, wieder zu heiraten«, erklärte Miller. »Woher soll ich denn das Geld nehmen, um zwei Familien zu ernähren? Mein Stück *Blick von der Brücke* wurde am Broadway gerade abgesetzt. Ich habe fünfunddreißigtausend Dollar dafür bekommen, und die müssen zwei Jahre reichen, bis ich ein neues schreiben kann. Sie ist auch noch nicht bereit, mich zu heiraten. Sie ist besessen von den Projekten, die auf sie zukommen.«

Was Marilyn betraf, so konnte sie nicht widerstehen, ein paar vertrauliche Bemerkungen auszustreuen. Genau wie vor ihrer Ehe mit Joe DiMaggio sorgte sie dafür, daß ihre Lieblingsjournalisten von ihren Plänen erfuhren. May Mann von der *New York Herald Tribune* staunte nicht schlecht, als sie ein Telegramm Marilyns bekam, in dem diese einen Telefonanruf zu einem genau festgesetzten Zeitpunkt ankündigte. Als es soweit war, rief Marilyn an und teilte May Mann mit, sie und Miller wollten »im Hochsommer« heiraten, »aber veröffentlichen Sie das noch nicht«.

Nachdem *Bus Stop* abgedreht war, eilte Marilyn am 2. Juni sofort nach New York. Kurz bevor Miller nachkommen konnte, zogen dunkle Wolken auf. Noch während er in Nevada weilte, stellte man ihm eine Vorladung des Kongreßausschusses zur Untersuchung unamerikanischer Umtriebe zu. Die Kongreßabgeordneten hatten vor, den führenden Dramatiker der Nation über seine angeblichen Verbindungen zu Kommunisten zu befragen. Diese Nervenprobe hatte, wie Miller genau wußte, im vergangenen Jahrzehnt Dutzende seiner Kollegen ruiniert.

Das *House Un-American Activities Committee* hatte 1947 von sich reden gemacht, als es Zugang zu einer Liste des Justizministers erhalten hatte, in der Organisationen aufgeführt waren, die angeblich totalitäre, faschistische, kommunistische oder »irgendwelche anderen subversiven Ansichten« vertraten. Dieser Ausschuß sollte Befragungen durchführen, er sollte ermitteln, und er richtete seine Aufmerksamkeit vor allem auf Kommunisten, reale und imaginäre.

Seit 1950 konnten die »Hexenjäger« mit einem Aushängeschild namens Senator Joseph McCarthy aufwarten, einem Demagogen, dessen Name zu einem Synonym für die damalige repressive Politik wurde. Zwei zukünftige Präsidenten standen dem Ausschuß nahe: Richard Nixon und der zweitrangige Schauspieler Ronald Reagan.

Die Filmgemeinde Hollywoods, der zahlreiche linke Idealisten aus den dreißiger und vierziger Jahren angehörten, war ein Hauptziel des Ausschusses. Arthur Miller hatte entsetzt mitangesehen, wie die Schikanierung von Autoren und Regisseuren ihre Opfer forderte. Nach der Vernichtung ihrer Karrieren begingen einige Selbstmord, andere wurden zu menschlichen Wracks. Der Drehbuchautor Alvah Bessie, dessen Laufbahn sehr vielversprechend begonnen hatte, landete als Techniker in einem Nachtclub. Der Kriminalschriftsteller Dashiell Hammett ging lieber ins Gefängnis, als ihm bekannte Linke zu denunzieren. Seine Karriere war endgültig ruiniert.

Vor 1956 hatte der Ausschuß keine Gründe gefunden, auch Arthur Miller vorzuladen, obwohl er von den Rechten schon seit geraumer Zeit angegriffen wurde. Weil sein frühes Stück *Alle meine Söhne* angeblich ein »entstellendes« Bild von kriminellen Rüstungslieferanten und nachlässigen militärischen Kontrolleuren zeichnete, war es im besetzten Nachkriegsdeutschland verboten worden. 1949 demonstrierten Rechte gegen die Filmfassung seines Stücks *Der Tod des Handlungsreisenden.* Vier Jahre später, auf dem Höhepunkt der McCarthy-Kampagne, brachte Miller *Hexenjagd* auf die Bühne, die packende Darstellung fanatischer Hexenverfolgung im siebzehnten Jahrhundert. Kaum einem entging die Anspielung auf aktuelle Ereignisse, trotzdem blieb Miller unbehelligt. Am Broadway hatte die in Hollywood zirkulierende schwarze Liste – mit der man verhinderte, daß angebliche Linksradikale Arbeit fanden – nie richtig Fuß gefaßt. Erst 1956 fand der Kongreßausschuß zur Untersuchung unamerikanischer Umtriebe einen Vorwand, um Miller vorzuladen.

Bald wurde deutlich, daß dieser Beschluß ebensoviel mit Marilyn Monroe wie mit Miller zu tun hatte. In der Presse wimmelte es von Gerüchten, sie stehe kurz vor der Hochzeit mit Miller, und der Kongreßabgeordnete und Ausschußvorsitzende Francis Walter sah nun eine Chance, mit dem Ausschuß wieder einmal in die Schlagzeilen der Zeitungen zu kommen. Insgeheim versprach man Miller eine glimpfliche Behandlung, wenn er dafür sorge, daß Marilyn sich mit dem Abgeordneten Walter fotografieren lasse. Miller lehnte ab.

Am 21. Juli 1956 erschien er im riesigen Versammlungssaal im alten Bürogebäude des Abgeordnetenhauses vor dem Ausschuß. Miller, im blauen Anzug und mit Hornbrille, gab zu, er habe um 1939 in einem Marxismusseminar »irgendein Papier unterzeichnet«. Weiter sagte er, er habe sich »seines Wissens« nie um die Mitgliedschaft in der Kommunistischen Partei beworben.

Zu einem ernsten Zusammenstoß zwischen Miller und dem Ausschuß kam es, als er sich hartnäckig weigerte, andere Personen zu benennen, die ihm bei kommunistischen Versammlungen begegnet waren. »Ich würde nie den Namen eines anderen nennen und ihm Unannehmlichkeiten verursachen«, sagte er zu den Kongreßabgeordneten. »Soweit mir bekannt war, handelte es sich um Schriftsteller, um Dichter, und Schriftsteller haben ein ziemlich schweres Leben, auch wenn es manchmal nicht den Anschein hat. Ich möchte es keinem noch schwerer machen. Ich bitte Sie, mir diese Frage nicht zu stellen.«

Millers Weigerung, Namen zu nennen, brachte ihn juristisch in Bedrängnis. Einen Monat nach seiner Aussage befand ihn das Repräsentantenhaus in einer Abstimmung der Mißachtung des Kongresses für schuldig, was dem Dramatiker ein Jahr Gefängnis hätte einbringen können. Er wurde zunächst schuldig gesprochen, ging in die Berufung und wurde zwei Jahre später schließlich freigesprochen. In diesem Kampf erhielt Miller von Anfang an Marilyn Monroes Rückendekkung.

Als man sie damals um eine Stellungnahme zu Millers Zeugenaussage vor dem Kongreßausschuß bat, spielte Marilyn das brave Frauchen. »Ich verstehe nicht viel von Politik«, sagte sie. »Ich muß mal mit ihm darüber reden, aber ich glaube, er ist sehr müde.« Als der Fall zwei Jahre später zu Millers Gunsten abgeschlossen worden war, sagte sie, sie habe an diesem Erfolg nie gezweifelt, »weil ich mich seit Jahren mit Thomas Jefferson beschäftige, und Thomas Jefferson zufolge mußte diese Sache einfach so ausgehen ...«.

Marilyn spielte zwar die Naive, aber sie stand leidenschaftlich hinter Miller und lernte, ihre Cleverness politisch einzusetzen. Bei ihren kurzen Presseauftritten während Millers Verhören durch den Kongreßausschuß war sie ein wahres Muster an Würde und stiller Unterstützung. Schon Marilyns Ausstrahlung stellte für Miller einen Schutz vor öffentlichen Anfeindungen dar, wie er keinem anderen Ausschußopfer zuteil wurde. Statt als linksradikaler Schriftsteller unter Beschuß tauchte Miller in den Schlagzeilen als schikanierter Geliebter des nationalen Sexsymbols auf. Später half Marilyn ihm auch materiell. Wie ihr Finanzberater Henry Rosenfeld bezeugt, wurden die Gerichts- und Anwaltskosten am Ende von ihrem Geld bezahlt.

Marilyn zeigte auch, falls es noch eines Beweises bedurfte, daß sie sehr mutig war. Dem britischen Autor W. J. Weatherby erzählte sie 1960: »Ein paar Scheißkerle in Hollywood wollten, daß ich Arthur fallenließ, und sagten, andernfalls sei meine Karriere ruiniert. Das sind geborene Feiglinge, die wollen, daß man so wird wie sie. Ein Grund, weshalb ich will, daß Kennedy gewinnt, ist der, daß Nixon mit dieser ganzen Clique unter einer Decke steckt.«

Ein Jahr vor ihrem Tod unterhielt sich Danny Greenson, Student und Sohn ihres Psychiaters, mit Marilyn über die Ausschuß-Hearings. »So wie es Marilyn erzählte«, sagt Danny Greenson, »hat sie zu Miller gesagt: ›Du darfst dich von diesen Schweinen nicht rumschubsen lassen. Du mußt ihnen Paroli bieten.‹ Was die Politik anging, war sie naiv, aber instinktiv stand sie immer auf seiten des Underdogs und – wie ich finde – auf der Seite des Rechts. Marilyn hatte mehr auf dem Kasten, als es den Anschein hatte.«

Von Miller einmal abgesehen, waren einige von Marilyns besten Freunden im damaligen Sprachgebrauch Linksaußen. Dem Kongreßausschuß für unamerikanische Umtriebe lagen Akten über Lee und auch Paula Strasberg vor, in denen sie mit »kommunistischen Tarnorganisationen«, wie es im Ausschuß hieß, in Verbindung gebracht wurden. Paula, ein ehemaliges Mitglied der Kommunistischen Partei, war inzwischen Marilyns Schauspiellehrerin. Dem FBI blieben solche Verbindungen nicht verborgen.

Durch wiederholte Anfragen unter Berufung auf den *Freedom of Information Act* (Gesetz zur Informationsfreiheit) konnten dem FBI zahlreiche Dokumente über Marilyn entrissen werden. Das früheste datiert vom 19. August 1955, als Marilyn ihre neuen Freunde gerade ein paar Monate kannte; fast das gesamte Schriftstück wurde vor der Freigabe durch die Zensur unter Berufung auf die Sonderregelung B-1 unleserlich gemacht. Die B-1-Kategorie wurde zum Schutz von Belangen der nationalen Sicherheit geschaffen, sie muß aber häufig dafür herhalten, alles geheimzuhalten, was mit Außenpolitik zu tun hat. Besagter Bericht über Marilyn wurde auch an den stellvertretenden Planungschef der CIA weitergeleitet.

Andere Dokumente über Marilyn Monroe aus dieser Zeit werden ganz zurückgehalten, darunter viele unter Berufung auf nationale Sicherheitsinteressen. Wen diese Vorgehensweise des FBI befremdet, der läßt sich vielleicht durch eine Enthüllung über den FBI-Chef aufheitern. J. Edgar Hoover, der selbst in vierzig Jahren nur einen engen Freund hatte – einen (männlichen) Kollegen –, brüstete sich zu Hause mit einem Originalexemplar von Marilyns Aktkalender.

Während er noch mitten in seinem Verfahren vor dem Kongreßausschuß steckte, setzte sich Miller am 21. Juni 1956 über seine eigenen Geheimhaltungsregeln hinweg. Auf die Frage, weshalb er gerade jetzt einen Paß beantragt habe, um nach England zu reisen, antwortete Miller: »Aus zweierlei Gründen. Ich stehe in England vor einer Inszenierung von *Blick von der Brücke*, darüber wird noch verhandelt, und ich möchte mit der Frau dorthin, die dann meine Ehefrau sein wird. Das sind meine Pläne.« Als er später in Washington mit Journalisten sprach, sorgte Miller dafür, daß alle gegenteiligen Meldungen von vornherein keine Chance hatten. Er stellte kategorisch fest, er werde Marilyn Monroe »in Kürze« heiraten.

Am selben Tag, in New York war gerade Mittagszeit, rief Marilyn Norman Rosten an; sie klang fast hysterisch. »Hast du schon gehört?« fragte sie. »Er hat der ganzen Welt erzählt, daß er Marilyn Monroe heiratet. Mich! Begreifst du das? Er hat mich nämlich nie richtig gefragt. Du mußt jetzt gleich herkommen. Ich brauche moralischen Beistand. Soll heißen: Hilfe! Ich bin hier umzingelt, in mein Apartment eingeschlossen. Zeitungsleute versuchen reinzukommen, die krabbeln überall rum, im Foyer, in den Fluren.«

Während sich vor ihrer Tür die Reporter tummelten, plauderte Marilyn mit einem Mechaniker, der die Klimaanlage reparierte. Als der nach einer Weile das Apartment verließ, verkündete er triumphierend: »Sie hat mir gesagt: ›Klar werde ich heiraten.‹« Die Journalisten flitzten an die Telefone, und der Hochzeitszirkus nahm seinen Anfang.

Bald belagerte eine dreihundertköpfige Menge das Apartmenthaus am vornehmen Sutton Place in New York. Marilyn und Miller stiegen in einen alten Kombiwagen und flogen ins Wochenendhaus nach

Roxbury, Connecticut. Die Medienleute blieben dran und kampierten vor der Haustür, was Miller erzürnte. Mit dem Versprechen einer Pressekonferenz am Wochenende konnte er sie schließlich zur Abreise bewegen.

In den nun folgenden wenigen relativ friedvollen Tagen schmiedete das Paar Hochzeitspläne und wartete auf Nachricht, ob Miller nun einen Paß für seine Englandreise bekam oder nicht. Millers zweiundsiebzigjähriger Vater Isadore und seine Mutter Augusta wohnten ebenfalls im Haus. Marilyn hatte ihnen unter Tränen erklärt: »Zum ersten Mal in meinem Leben kann ich zwei Menschen Vater und Mutter nennen.« Die Millers waren Juden, fromm, aber nicht übereifrig, und Marilyn verkündete, sie wolle nach jüdischem Ritual getraut werden.

Millers Braut war seit einem Jahr häufig in Gesellschaft jüdischer Freunde – der Rostens und der Strasbergs – und hatte sich ihren Bräuchen angepaßt. Während der Drehzeit von *Bus Stop* hatte sie mit Milton Greene das Passahfest gefeiert, mit Eli Wallach hatte sie »Bagels« und »gefilte Fisch« verspeist. Freunde hatten ihr die Bedeutung der Mesusa erklärt, an jüdischen Haustüren angebrachte zylindrische Behälter, in denen sich auf einem Schriftstück die zehn Gebote befinden.

Es kam sogar so weit, daß Marilyn sich mehr für jüdische Sitten und Gebräuche begeisterte als Arthur Miller. In seinem Haus in Roxbury hatte sie nichts Eiligeres zu tun, als sich von Millers Mutter jüdische Rezepte beibringen zu lassen. In dieser Woche bestand Marilyn auch darauf, daß man einen Rabbi der reformierten Richtung im Judaismus anrief. Der erklärte sich bereit, Marilyn zu unterweisen und die beiden zu trauen.

Arthur Miller war glücklich. Marilyn benahm sich, als sei sie glücklich, aber sie hatte etwas Hektisches an sich. Sie hatte, wie die Presse erfuhr, »ärztliche Anweisung, sich auszuruhen«. Millers Vater, der später einer von Marilyns treuesten Freunden wurde, fragte sich: »Haben die beiden sich diesen Schritt auch genau überlegt?«

Die Reporter waren ihnen immer noch auf den Fersen. Sie fanden heraus, daß den beiden Blutproben entnommen worden waren, wie es die örtlichen Heiratsgesetze vorschrieben. Es kursierten Gerüchte, das Paar habe sich eine Heiratserlaubnis ausstellen lassen, doch die Journalisten durchforschten vergeblich fünfzig Standesämter.

Für den nächsten Tag, den 29. Juni, hatte Miller eine Pressekonferenz versprochen. Als Folge strömten vierhundert Reporter an der Kreuzung Old Tophet und Goldmine Road zusammen. Bald marschierten sie überall auf dem Millerschen Grundstück umher, zertrampelten das Gras und baumelten von den Bäumen. Von ihrer Jagdbeute war nichts zu sehen.

Gegen ein Uhr mittags hörte man ganz aus der Nähe einen Aufprall und das Zerschmettern von Metall. Minuten später hielt ein Auto kurz vor der Menschenmenge an, Marilyn und Miller stiegen aus und liefen ohne ein Wort ins Haus.

Darauf erklärte der mit den Tränen kämpfende Cousin Millers, es habe sich ein tragischer Unfall ereignet. Er habe Marilyn und Miller nach Hause gebracht und sei dabei sehr schnell die Landstraße entlanggefahren, um einen Reporterwagen abzuhängen. Da der andere Fahrer die Strecke nicht kannte, hatte er die Kontrolle über sein Auto verloren und war gegen einen Baum gerast. Seine Beifahrerin, die Leiterin des New Yorker Büros von *Paris-Match*, Mara Sherbatoff, wurde durch die Frontscheibe geschleudert. Ihre Halsschlagader wurde verletzt, sie blutete sehr stark und starb später auf dem Operationstisch.

Im Haus wechselte Marilyns Stimmung zwischen Hysterie wegen des Unfalls und Wut auf ihren Presseagenten, weil draußen gerade Fernsehkameras aufgebaut wurden. Marilyn haßte das Fernsehen. Schließlich stellte sie sich mit Miller und seinen Eltern doch den wartenden Journalisten; es wurde die Karikatur einer Pressekonferenz.

Milton Greene rannte Befehle erteilend durch die Gegend, bemüht, Ruhe zu bewahren. Die Schauspielerin in Marilyn gab sich gelassen. Miller, dem eine nicht angezündete Zigarette im Mundwinkel hing, fauchte die Reporter an. Er verweigerte immer noch die Auskunft, wo oder wann sie heiraten würden.

Am Nachmittag bat Marilyn Milton Greene ins Schlafzimmer und fragte ihn in einer Angelegenheit um Rat, die Greene schon längst für abgehakt hielt. »Arthur möchte, daß ich ihn heirate«, sagte sie, »jetzt – heute abend. Sag mir, ob ich einen Fehler mache. Was meinst du?« Der erschütterte Greene ging ans Fenster und wieder zurück. Dann erklärte er lahm: »Marilyn, du mußt tun, was du für richtig hältst.«

Im Anschluß an zahlreiche Telefonate mit Anwälten und Behörden fuhren Miller und Marilyn am selben Abend nach White Plains in den benachbarten Bundesstaat New York. Zum zweitenmal innerhalb von weniger als drei Jahren unterbrach eine Trauung Marilyn Monroes das Abendessen eines Richters.

Richter Seymour Rabinowitz verließ seine eigene Feier eines Jubiläums und eilte in das Gerichtsgebäude. Wieder einmal füllte Marilyn Heiratsunterlagen aus, diesmal trug sie einen Pullover und einen Rock. Sie sagte, der Name ihres Vaters sei Edward Mortenson; von einer Ehe mit Robert Slatzer sagte sie nichts, gab aber diesmal ihr Alter korrekt an. Marilyn war am Monatsanfang dreißig geworden. Der fast einundvierzigjährige Miller trug einen blauen Leinenanzug, aber keine Krawatte. Er zog einen geliehenen Ring aus der Tasche.

In der feuchten Hitze eines New Yorker Sommerabends wurde das Paar um 18 Uhr 21 getraut. Die Presse erfuhr davon erst, als alles vorbei war.

Zwei Tage später bekam Marilyn die jüdische Trauung, die sie gewollt hatte. Rabbi Robert Goldburg hatte ihr zuvor kurz die wichtigsten Grundsätze des jüdischen Glaubens erläutert. Marilyn versicherte ihm, falls aus der Ehe Kinder hervorgingen, würden sie im jüdischen Glauben erzogen.

Diese zweite Zeremonie fand vor einem in Marmor gefaßten Kamin im Haus von Millers Literaturagenten in Waccabuc im Staat New York statt. Diesmal sah Marilyn im Hochzeitskleid mit Schleier wirklich wie eine Braut aus, und Miller hatte es geschafft, sich einen Schlips umzubinden und eine Blume ins Knopfloch zu stecken. Das Brautpaar trank Wein, tauschte Ringe aus, und zum Gedenken der Zerstörung des antiken Jerusalems durch seine Feinde zerschlug der Bräutigam ein Kelchglas.

Nun endeten die Wochen der Anspannung mit einer idyllischen Szene. Fünfundzwanzig Hochzeitsgäste gingen ins Freie und ließen sich Hummer, Truthahn und Champagner munden. Marilyn und ihr Ehemann schnitten die Hochzeitstorte an, die ein New Yorker Bäcker über Nacht hingezaubert hatte. Braut und Bräutigam liebkosten und küßten sich offen und ungehemmt, wobei vor allem Miller die Leidenschaft an den Tag legte, die ihn in den vergangenen Monaten so verändert hatte.

»Es war wie im Märchen«, erinnerte sich Norman Rosten später. »Der Prinz war gekommen, die Prinzessin gerettet.«

Inzwischen hatte Miller einen goldenen Trauring erstanden. Er trug die Inschrift: »A. für M., Juni 1956. Jetzt ist ewig.« Und Marilyn schrieb drei Worte auf die Rückseite eines Hochzeitsfotos: »Hope, Hope, Hope« – dreimal Hoffnung.

22

ZWEI WOCHEN NACH ihrer Hochzeit tanzten Mr. und Mrs. Miller in einem eleganten englischen Landhaus Wange an Wange zu den Klängen von Gershwins »Embraceable You«. Miller hatte seinen Reisepaß schließlich doch bekommen, und sie waren in Großbritannien eingetroffen, um mit Sir Laurence Olivier *Der Prinz und die Tänzerin* zu drehen.

Zur Begrüßung der frisch Verheirateten hatte Terence Rattigan, Autor des zugrunde liegenden Bühnenstücks, eine illustre Versammlung geladen. Beim Tanz waren sie in Gesellschaft von Sir John Gielgud, Douglas Fairbanks jr., Dame Sybil Thorndike und Sir Lewis Casson, den Dames Peggy Ashcroft, Edith Evans und Margot Fonteyn, diversen Herzögen, Herzoginnen und Rittern und dem amerikanischen Botschafter.

Auf eher volkstümliche Art war Britannien schon seit Wochen im Marilyn-Fieber. Nun beeilten sich die Zeitungen im Land, einander mit albernen Schlagzeilen und aufgeblasenen Nichtigkeiten über Marilyn auszustechen. Berichte über ihre Ankunft verwiesen Premierminister Anthony Edens Rede, in der er warnte, der Nation stehe eine Wirtschaftskatastrophe bevor, ins zweite Glied. Eine Zeitung schenkte Marilyn ein Fahrrad, damit sie durch die englische Landschaft radeln konnte; dann beschwerte sich das Blatt, als man statt Marilyn ihre Dienstboten auf dem Fahrradsattel ertappte. Ältere Damen häkelten Marilyns Bild in Gold- und Silbergarn. Sie erhielt Einladungen zu Cricketspielen, zur Moorhuhnjagd in Schottland und zum Fish-and-Chips-Essen mit Teddy-Boys. Eine Studentengruppe sang unter dem Fenster der Millers obszöne Lieder – und den 23. Psalm.

Keiner dieser Annäherungsversuche hatte Erfolg. Verschwunden war die Marilyn, die sich um die Presse bemühte und in deren Aufmerksamkeit sonnte. An ihre Stelle war eine introvertierte Frau getreten, die sich mit ihrem schüchternen Mann hinter die Tore von Parkside House zurückzog, dem Landhaus, das sie von Lord Moore gemietet hatten.

Man hatte das Personal bereits im voraus gewarnt, daß »Miss Monroe zum Schlafen absolute Dunkelheit braucht«, und spezielle Rolläden anbringen lassen. Die Schlafzimmereinrichtung war ganz in Weiß gehalten – weißes Bett, weiße Vorhänge und Möbel, weißer Teppich –, damit sie Marilyns Einrichtung in Manhattan entsprach. Der Butler und der Koch, die es gewagt hatten, diese Geheimnisse gegenüber der Presse auszuplaudern, wurden bald gefeuert. Ein bulliger Expolizeikommissar von Scotland Yard begleitete Marilyn überallhin. Den Leuten fiel auf, daß sie anscheinend ihren Humor verloren hatte. Nun war sie ein Star mit allen schlimmen Attributen.

Als er vor Monaten von Oliviers Plänen gehört hatte, hatte Noel Coward seinem Tagebuch anvertraut: »Larry wird mit Marilyn Monroe einen Film über den schlafenden Prinzen drehen; gut möglich, daß er dabei durchdreht.«

Marilyn war Olivier vor Jahren ein paarmal begegnet, als sie noch ein Niemand war und er schon Sir Laurence, der führende Schauspieler der englischsprachigen Welt. Jetzt sollte er Regisseur und Hauptdarsteller und sie die Hauptdarstellerin in einem seichten Stück über eine amerikanische Tänzerin sein, die sich in einen widerstrebenden rumänischen Prinzen verliebt.

Olivier hatte zwar schon Geschichten über die Gefahren einer Zusammenarbeit mit Marilyn gehört, war aber der Meinung, damit werde er schon fertig.

Er hatte mit drei ihrer früheren Regisseure gesprochen, mit John Huston, Billy Wilder und Joshua Logan. Logan, der *Bus Stop* leicht angeschlagen, aber siegreich überstanden hatte, warnte Olivier mehrfach brieflich. »Bitte, sagen Sie ihr nicht, was sie zu tun hat«, schärfte er ihm ein. »Sie weiß wahrscheinlich mehr über Filmschauspielerei als sonst irgendwer auf der Welt. Kommandieren Sie sie bloß nicht rum, das bringt sie nämlich nur aus dem Konzept, und dann ist mit ihr nichts mehr anzufangen.« Davon abgesehen, meinte Logan fröhlich, »seid ihr zwei die beste Kombination seit Schwarz und Weiß.«

Daß Marilyn Paula Strasberg als Betreuerin mitbrachte, irritierte Olivier. Dann fiel ihm wieder ein, wie schizophren Marilyn ihm in

New York vorgekommen war, und er hoffte, Paula Strasberg »würde die bessere ihrer beiden Hälften ans Licht bringen«. Als Marilyn ihn bei den Proben enttäuschte, versuchte Olivier, zu ihr vorzudringen, indem er sich Paula Strasberg widmete. Bald kam er zu dem Schluß, daß »Paula keine Ahnung hatte; sie war keine Schauspielerin, keine Regisseurin, keine Lehrerin, keine Beraterin, außer in den Augen Marilyns. Ein Talent besaß sie allerdings: Sie konnte Marilyn schmeicheln.«

Das wurde Olivier eines Tages klar, als er vorne in einer Limousine saß und einem Gespräch zwischen Marilyn und Paula auf dem Rücksitz zuhörte. »Meine Liebe«, sagte Paula Strasberg, »du hast ja noch gar keine Ahnung, welchen Stellenwert du auf der Welt besitzt. Du bist die bedeutendste Frau deiner Zeit, der bedeutendste Mensch deiner Zeit, aller Zeiten – wie du willst. Ich meine, es fällt einem niemand anders ein – nein, nicht einmal Jesus –, du bist nämlich noch beliebter.«

Olivier schwört, seine Nacherzählung sei keine Übertreibung, die Schmeicheleien seien noch eine volle Stunde in der Art weitergegangen, und Marilyn habe alles geschluckt. Während der Dreharbeiten sollte Olivier Paula Strasberg nach New York verbannen und Marilyn dafür sorgen, daß sie wieder zurückkam. Olivier stand eine vier Monate währende unerträgliche Prüfung bevor.

Marilyn blieb vor der Kamera oft in ihrem Text stecken, und Olivier versuchte, ihr zu helfen. Er schlug vor, sie solle ruhig sitzen bleiben, bis drei zählen und dann ihren Text sprechen. Als das nicht klappte, ging er in die Luft: »Was, zählen können Sie auch nicht?« Logan hatte gewarnt, daß man mit herrischem Verhalten, von Wutausbrüchen ganz zu schweigen, den Draht zu Marilyn verliere, und tatsächlich verlor Olivier bald jeden Kontakt zu ihr. Er verzweifelte sogar, wenn Marilyn gut aufgelegt war.

Olivier fiel es nicht leicht, mitansehen zu müssen, wie Marilyn eine Stimmung erst einfing, nachdem Paula Strasberg ihr geraten hatte: »Schatz, denk einfach an Coca-Cola und Frankie Sinatra!« Sir Laurence kam zu dem Schluß, sie sei eine »wundervolle Amateurin im Showbusiness, eine unausgebildete und wahrscheinlich gar nicht ausbildbare instinktive Künstlerin«.

»Mir fiel auf, wie die Differenzen zwischen Larry und Marilyn zunahmen, je müder und angespannter sie wurden«, erinnerte sich

Kameramann Jack Cardiff später. »Sie fing an, sich zu fragen, ob er wirklich das Genie war, für das sie ihn anfangs gehalten hatte.« Marilyn selbst kommentierte Jahre später: »Sir Olivier [*sic*] bemühte sich, freundlich zu sein, aber das hatte bei ihm etwas Herablassendes... Dann machte ich ihm das Leben schwer, kam zu spät, und das konnte er nicht ausstehen. Aber wenn man seine Schauspieler nicht respektiert, leisten sie eben keine gute Arbeit. Um Respekt muß man sich schon bemühen.«

Doch es war Marilyn, die anderen keinen Respekt entgegenbrachte, weder Olivier noch sonst jemandem, weder in großen noch in kleinen Dingen. Sie versäumte es, Olivier und seiner Frau für ihre Aufmerksamkeiten zu danken, für die Rosen zur Begrüßung, für die kostbare Uhr mit eingravierter Widmung, die man ihr nach Abschluß der Dreharbeiten überreichte.

Eines Tages schaffte Marilyn es, sogar ihren eigenen Rekord an Unpünktlichkeit zu brechen, als sie mit über neunstündiger Verspätung zu einer Verabredung eintraf. Dadurch mußte Sybil Thorndike, eine ältere Dame, die außerdem noch abends auf der Bühne stehen sollte, einen ganzen Vormittag auf sie warten. Marilyns Freundin, die gerade zu Besuch in England weilende Klatschkolumnistin Louella Parsons, vertrat die Ansicht, daß sie »ausprobierte, ob sie wirklich die Hauptdarstellerin war. Sie benahm sich wie ein Kind, das es drauf anlegt, übers Knie gelegt zu werden.«

Auch Arthur Miller hatte unter Marilyn, dem Kind, zu leiden. Als die Dreharbeiten bereits zwei Wochen im Gang waren, flog er – unter dem Namen »Mr. Stevenson«, um den Reportern zu entkommen – in die Vereinigten Staaten. Er wollte seine Tochter aus erster Ehe besuchen, die erkrankt war; aber Marilyn fühlte sich im Stich gelassen. Sie gab an, unter »einer schweren Dickdarmentzündung« zu leiden, und blieb eine Woche lang zu Hause. Die Produktion kam zum Stillstand, bis Miller seinen Besuch abkürzte und nach England zurückkehrte.

Der andere Teilhaber an der Firma Marilyn Monroe Productions, Milton Greene, hatte sich einen englischen Jaguar-Sportwagen gekauft; er pendelte zwischen Marilyns Haus und dem Studio, dem Studio und London hin und her und versuchte, zwischen Marilyn und Olivier sowie zwischen den beiden und der britischen Presse zu vermitteln.

Obwohl es teilweise Greene zu verdanken war, daß der Film überhaupt fertiggestellt wurde, bedeutete *Der Prinz und die Tänzerin* doch den Anfang vom Ende seiner Verbindung mit Marilyn. Aus England war das Gerücht über den Teich gedrungen, Arthur Miller wolle die Zusammenarbeit mit Greene beenden. Miller erwiderte: »Ich habe an den Geschäften meiner Frau nur das ganz normale Interesse eines Ehepartners. Gerüchte über Konflikte zwischen mir und Milton Greene sind lediglich Zeilenfüller für phantasielose Klatschkolumnisten.«

Und Greene gab zu Protokoll: »Zwischen Miller und mir gibt es keinen Ärger. Meine Anteile an Marilyn Monroe Productions verkaufen? Nie und nimmer.«

Das waren reine Ablenkungsmanöver. Der angeblich an seinem nächsten Stück schreibende Miller ließ sich immer mehr ins Berufsleben seiner Frau hineinziehen. Greene war gewarnt, als er bemerkte, daß Miller Marilyns Pressefotos auswählte und ihre Fotomappe zusammenstellte. Bald ging Miller vor Wut über Greenes Pressemitteilungen in die Luft. »Miller brüllte mich an«, behauptete Greene. »Er wollte sie ganz für sich, er wollte, daß sie in einem Film und einem Stück mitspielte – für ihn.«

Ein Jahr später verlor Milton Greene seinen Posten als Vizepräsident von Marilyn Monroe Productions und wurde mit 100000 Dollar ausgezahlt. Zum neuen Verwaltungsrat gehörten Millers Schwager und einer seiner Freunde. Greene dankte man sein Engagement schlecht. Leicht verbittert erinnerte er sich daran, daß die beiden Filme, an denen er beteiligt war – *Bus Stop* und *Der Prinz und die Tänzerin* –, die einzig wichtigen Monroe-Filme ohne überzogene Budgets waren.

Wider Erwarten war *Der Prinz und die Tänzerin* keine filmische Katastrophe. Als er in die Kinos kam, reagierten die meisten Kritiker freundlicher als Noel Coward, und selbst er schrieb in sein Tagebuch: »Larry ist großartig. Marilyn Monroe ist sehr hübsch anzuschauen und manchmal bezaubernd, aber zu große Betonung auf Titten und Hintern. Meiner Meinung nach ist es ein bezaubernder Film.« Das Wunder, das andere Regisseure Olivier versprochen hatten, war eingetreten. Im fertigen Produkt war Marilyn von magischer Präsenz. In seinen Memoiren schrieb Olivier etwas müde, die Leute hätten gefunden, daß »ich wirklich gut war, aber Marilyn! Marilyn war ganz phantastisch, sie übertraf alles. Tja. Was soll man dazu sagen?«

Bevor sie England wieder verließ, tauschte Marilyn anläßlich einer Filmvorführung zu Ehren des Königshauses ein paar Artigkeiten mit Königin Elisabeth aus. Sie hatte den Mut aufgebracht – Olivier hatte darauf bestanden –, sich vor versammelter Mannschaft von *Der Prinz und die Tänzerin* zu entschuldigen: »Ich hoffe, Sie alle verzeihen mir, da es auch nicht allein meine Schuld war. Ich bin krank gewesen.«

Marilyn sollte bald bei Madame Tussaud in London in Wachs verewigt werden. Ihr Abbild trug ein festliches Abendkleid und hielt ein Glas Champagner in der Hand; aber für Marilyn und ihren Mann gab es nach fünf Monaten Ehe wenig zu feiern.

Ein Jahr, ehe sie Miller heiratete, war Marilyn gefragt worden, wie sie Liebe definiere. Sie antwortete, Liebe sei Vertrauen, um einen Mann zu lieben, müsse sie ihm völlig vertrauen. Während ihrer Flitterwochen wurde dieses Vertrauen angeschlagen. Der erste Schlag kam gleich zu Beginn der Dreharbeiten von *Der Prinz und die Tänzerin.*

Die Rede ist von einem Vorfall, auf den Marilyn im Lauf der Jahre immer wieder zurückkam, wenn auch die Einzelheiten leicht variierten. Sie hatte nach einer Party zufällig ein paar Notizen von Miller, die auf einem Tisch lagen, gefunden, darunter Bemerkungen über sie selbst, durch die Marilyn sich tief verletzt fühlte. Lee und Paula Strasberg, die sich beide gerade in England aufhielten, erfuhren als erste, was passiert war.

»Da stand irgendwas darüber, wie enttäuscht er von mir war«, erfuhren die Strasbergs von Marilyn, »daß er mich für eine Art Engel gehalten hat, aber nun annahm, er habe sich getäuscht. Seine erste Frau habe ihn im Stich gelassen, aber ich habe etwas noch Schlimmeres getan. Olivier glaube langsam, ich sei ein schwieriges Miststück, und er, Arthur, wisse auch nicht mehr, was er darauf antworten solle.«

Bob Josephy gegenüber, einem Freund der Millers in Connecticut, gab Marilyn den Tenor von Millers Aufzeichnungen so wieder: »Mein Gott, jetzt habe ich wieder so eine Frau geheiratet« – was bedeutete, daß ihm an Marilyn ein Makel aufgefallen war, der genau einem Charakterzug seiner ersten Frau, Mary Slattery, entsprach. Diese Entdeckung stürzte Marilyn in Verzweiflung, weil Miller, wie sie Josephy verriet, seine erste Frau »haßte«. Jahre danach behauptete Marilyn, Miller habe sie in seiner Notiz als »Hure« bezeichnet.

Daß ein Zettel existierte, steht offenbar außer Zweifel; laut einer Quelle befand er sich noch jahrelang im Besitz Paula Strasbergs. Miller hat sich zu dem Vorfall nie richtig geäußert. Kaum zwei Jahre nach Marilyns Tod veröffentlichte er jedoch sein umstrittenes Stück *After the Fall (Nach dem Sündenfall)*, das deutliche Parallelen zu den Erfahrungen des Dramatikers mit Marilyn aufwies. Obwohl man in Literatur nicht zu viel hineininterpretieren sollte, so fällt doch auf, daß Miller eine Szene schrieb, in der die Hauptdarstellerin eine Notiz findet, die sie völlig aus der Fassung bringt.

Die Marilyn-Figur in *Nach dem Sündenfall,* »Maggie«, sagt ihrem Mann aufgebracht, er solle sie nicht mit seiner Exfrau verwechseln. Darauf erwidert ihr Mann: »Das ist es ja. Daß mir zwei so grundverschiedene Frauen den gleichen Vorwurf machen konnten – damit hat sich für mich ein Kreis geschlossen. Und ich mußte dem Schlimmsten, das ich mir vorstellen kann, ins Auge sehen, nämlich, daß ich nicht lieben könne. Und das schrieb ich nieder, wie einen Brief aus der Hölle.«

Während der Arbeit an *Der Prinz und die Tänzerin* könnte Miller bemerkt haben, was ihm später ohnehin auffallen sollte: daß er nicht auf Marilyns Treue bauen konnte. In der Öffentlichkeit hatte es schon öfter Spekulationen über ihre Beziehung zu Milton Greene gegeben. Als Marilyns Ehe mit Miller kriselte, verstummten diese Gerüchte, aber sie können durchaus auf Wahrheit beruht haben.

Der Entertainer Sammy Davis jr. schrieb 1980 in seiner Autobiographie über Marilyn: »Während sie mit Laurence Olivier an *Der Prinz und die Tänzerin* arbeitete, machte sie eine der schwierigsten Phasen ihres Lebens durch. Sie hatte eine Affäre mit einem guten Freund von mir. Er war Fotograf... Sie trafen sich heimlich, häufig bei mir zu Hause. Da man ihr dorthin immer folgte, mußten wir allerhand Intrigen spinnen, um die Affäre geheimzuhalten. Ich tat dann so, als feierten wir eine Party, und Marilyn und mein Kumpel kamen und gingen zu unterschiedlichen Zeiten.«

Milton Greene war natürlich Fotograf, und Sammy Davis gehörte zu seinen Freunden. Übrigens machte Greene Davis und Marilyn miteinander bekannt. Als Greene 1984 auf Davis' Geschichte angesprochen wurde, lachte er ausgiebig und fragte: »Hat er das wirklich geschrieben? Vielleicht haben Sie recht, aber ich sage dazu nichts. Wir sollten es, glaube ich, dabei belassen, daß wir gute Freunde und Geschäftspartner waren und uns mochten. Punkt.«

In *Nach dem Sündenfall* kommt es in der Szene mit den Notizen dazu, daß der Ehemann seine lebensmüde Frau daran zu hindern versucht, eine Mischung aus Alkohol und Schlaftabletten zu schlukken. Diese Szene fand während der Dreharbeiten zu *Der Prinz und die Tänzerin* eine Entsprechung in der Realität.

Bei Marilyns Ankunft in England hatten die Journalisten, die von den wirklichen Umständen nichts wußten, alberne Fragen nach ihren Schlafgewohnheiten gestellt. »Nun«, antwortete Marilyn, »sagen wir einfach, jetzt, wo ich in England bin, schlafe ich am liebsten nur in Yardleys' Lavendelparfüm.«

Die Wahrheit sah weniger romantisch aus. Der Schlafmangel und die Medikamente, mit denen sie den Schlaf herbeizwingen wollte, machten Marilyn krank. Der Schriftsteller Fred Guiles, der mit Miller gesprochen hatte, schrieb: »Früher hatte sie an Schlaflosigkeit gelitten, die mit Hilfe von Tabletten teilweise behoben werden konnte. Jetzt wirkten auch die nicht mehr. Je weiter die Nacht vorrückte, um so panischer wurde sie. Er weigerte sich, ihr ausreichend Barbiturate zu verabreichen, um sie in bleiernen Schlummer zu versetzen. Und so begannen die Nachtwachen.«

Von Milton Greene, der morgens mit dem Wrack Marilyn fertig werden mußte, stammen andere erschreckende Details: »Sie wollte um neun Uhr morgens Gin in ihren Tee, bevor sie ins Atelier fuhr. Den hab ich dann verdünnt und noch mal verdünnt, worauf sie sauer wurde. Ich mußte ihr die Uppers verabreichen, die sie wollte. In London hatten sie eine andere Farbe, und sie glaubte, ich würde sie täuschen, ihr falsche Pillen andrehen.«

Am Drehort fungierte Paula Strasberg als Hüterin der Pillen, die sie während der Drehpausen ausgab. Greene sagte es ganz unverblümt: »Sie wurde verrückt.« Wie bei *Bus Stop* wurde Marilyns New Yorker Psychiaterin eingeflogen, um sie zu beruhigen.

Während ihres Englandaufenthalts traf Marilyn die Dichterin Edith Sitwell wieder, der sie zum ersten Mal drei Jahre zuvor in Hollywood begegnet war. Mrs. Sitwell weigerte sich, der Presse über ihr Gespräch Auskunft zu geben, aber sie äußerte nach Marilyns Tod: »Hätte mich jemand gebeten, eine Liste von Menschen zusammenzustellen, die meiner Meinung nach Selbstmord begehen würden, dann hätte ihr Name daraufgestanden.«

Arthur Miller und Sir Laurence Olivier hatten ähnliche Schwierigkeiten mit ihren Ehefrauen. Oliviers Frau Vivien Leigh litt schon seit langem an Nervenzusammenbrüchen und hatte unkontrollierte Wutanfälle. Während der Dreharbeiten zu *Der Prinz und die Tänzerin* hatte sie eine Fehlgeburt. Marilyn mußte sich oft übergeben, wurde vom Geburtshelfer der Königin behandelt, und schon kursierten Gerüchte, sie sei ebenfalls schwanger. Ob auch sie möglicherweise eine Fehlgeburt hatte, ist ein umstrittenes Gerücht.

Im Verlauf dieser Dramen vertrauten Olivier und Miller einander ihre Sorgen an. Der britische Theaterkritiker Kenneth Tynan erfuhr einiges darüber.

»Larry identifizierte sich mit Miller«, berichtete Tynan später. »Er bekam mit, welche Schwierigkeiten Miller in seiner Ehe mit der Monroe hatte, der mit all ihren psychoneurotischen Eigenarten nicht viel zur Verrückten fehlte – während Miller ein stabiler, nüchterner Charakter war, ähnlich wie Larry. Er und Miller sprachen über die Belastung, die es bedeutete, mit einem irgendwie übergeschnappten Superstar verheiratet zu sein.

Miller verteidigte sich hartnäckig. Er suchte und fand immer neue Rechtfertigungen dafür, daß er Marilyn ertrug. Aber Larry kam bald dahinter, daß Arthur lediglich rationalisierte; er sah ja, wie er von seiner Beziehung zu Marilyn aufgefressen wurde. Miller war verwirrt, gelähmt und konnte nicht arbeiten, er konnte nicht tun, was er tun mußte, sich nicht konzentrieren.«

Miller hatte verkündet, er wolle seinen Aufenthalt in England nutzen, um sein nächstes Stück fertigzustellen. Die Dienstboten in Parkside House hörten zwar die Schreibmaschine klappern, aber vor seinem Drehbuch zu *The Misfits – Nicht gesellschaftsfähig* vier Jahre später brachte Miller nichts Größeres zustande.

Mitte November 1956 flog eine niedergeschlagene Marilyn, die unter ihrem Nerz Schwarz trug, mit ihrem Mann in die Vereinigten Staaten zurück. Fast zwei Jahre lang sollten keine Dreharbeiten stattfinden. Vielleicht hatte die Ehe so ja eine Chance, zu gesunden.

23

MARILYNS EHE MIT Arthur Miller dauerte viereinhalb Jahre, und es war die Beziehung in ihrem Leben, die am längsten Bestand hatte. Eines Tages sagte sie dann wehmütig: »Ich war es nicht gewohnt, glücklich zu sein, das habe ich also nie als selbstverständlich hingenommen. Ich dachte mir, na ja, die Ehe wird das schon irgendwie bringen.« Wenn Marilyn je Glück erhoffte und darauf hinarbeitete, dann jetzt. Was Miller betraf, so gab er Marilyn mehr von seinem Leben und seiner Liebe als jeder andere Mann.

Nach dem Fehlstart in England brach das Paar zu seiner ersten richtigen Hochzeitsreise auf, nach Jamaika. Von den Medien ungestört, entspannten sie sich etwa eine Woche lang in Moot Point, in der Luxusvilla eines britischen Aristokraten. Dann hieß es wieder zurück nach New York und in eine neue Wohnung an der East 57th Street.

Dies sollte »Marilyns Wohnung« werden, genau wie das Haus und Grundstück in Connecticut zu »Arthur's Farm« wurden. Die Nummer stand merkwürdigerweise im Telefonbuch, man mußte nur an der richtigen Stelle nachschlagen. Sie tauchte unter dem Eintrag »Marilyn, Monroe« auf, nicht etwa unter »Monroe, Marilyn«. Auch hier war die Einrichtung wieder in Weiß gehalten – weiße Wände, weiße Vorhänge, helle Möbel und ein weißes Klavier.

Das Klavier hatte Marilyn aus Kalifornien kommen lassen; es war der einzige Gegenstand, den sie aus ihrer Kindheit gerettet hatte. Früher hatte es dem Schauspieler Fredric March gehört, ehe es Marilyns Mutter »leicht lädiert« erstand, als Marilyn acht war. Darauf konnte sie ein paar Stücke klimpern, leichte Klassiker wie »To a Wild Rose«, »The Spinning Wheel« und »Für Elise«.

In der Wohnung stapelten sich Bücher und Platten, und von einer Wand blickte ein alter Bekannter herab, Marilyns Litographie von Abraham Lincoln. Hinter Marilyns traditionell alaskaweißem Wohnbereich befand sich ein gutausgestattetes Arbeitszimmer für ihren Mann.

In zwei der seltenen Interviews dieses Jahres, in denen sie nun über ihr Privatleben sprach, machte Marilyn ihre Prioritäten deutlich. Sollte die Frage je akut werden, sagte sie, würde sie ohne Zögern ihre Karriere aufgeben, um ihre Ehe zu retten. »Filme sind mein Beruf«, erklärte sie, »aber Arthur ist mein Leben. Wo immer er ist, will ich auch sein. Wenn wir in New York sind, ist Arthur der Boß.« Später sagte Marilyn, zu Beginn der Ehe habe zwischen ihr und Miller eine »Schülerin-Lehrer-Beziehung« bestanden.

Von Marilyn waren auch noch andere Absichtserklärungen zu hören. Sie vertrat, genau wie in ihrer Ehe mit DiMaggio, die Ansicht: »Ich muß hier sein, um meinem Mann das Frühstück zu machen und ihm gelegentlich einen aufmunternden Vormittagskaffee zu kochen. Schreiben ist eine so einsame Arbeit.« Anders als in der DiMaggio-Ehe führte sie manches davon auch wirklich aus. »Die Ehe bewirkt«, versicherte sie einem Interviewer, »daß ich mich fraulicher fühle, daß ich stolzer auf mich selbst bin als früher. Außerdem bin ich nicht mehr so hektisch. Zum erstenmal habe ich das Gefühl, behütet zu sein. Es ist, als käme man aus der Kälte nach Hause.«

Marilyn nannte Miller »Art«, »Poppy« oder »Pa«, er rief sie »Penny Dreadful«, »Sugar Finney« oder »Gramercy 5«.* Als in diesem Jahr seine gesammelten Stücke veröffentlicht wurden, widmete er sie Marilyn. Er sagte, er habe sich damit abgefunden, ständig erkannt zu werden, wenn er mit Marilyn irgendwohin gehe, und verteidigte nachdrücklich ihre Vorliebe für eher freizügige Kleider. Millers aufrichtige Begeisterung für Marilyn entsprach durchaus der ihren für ihn.

»Marilyn ist Perfektionistin«, sagte er, »und sie stellt an sich die unmöglichsten Anforderungen. Das tue ich auch. Man erreicht nie das, worauf man es absieht. Ich versuche, Marilyn zu helfen, diese bittere Wahrheit zu akzeptieren, und sie hilft mir.«

In Millers Arbeitszimmer hing das Foto einer Blondine, das Gesicht fast im Schatten verborgen, nicht auf den ersten Blick zu erkennen. »Das ist Marilyn«, sagte er Besuchern. »Mir gefällt die Zartheit an dem Foto, das Träumerische, und es gefällt mir, weil sie so entspannt ist. Nicht viele erleben sie so.« In diesem Jahr verkündete Miller, er sei »mit einundvierzig ein neuer Mensch geworden. Sie hat mir beigebracht, wie man lebt«.

Jim Proctor, ein guter Freund Millers, sagte über den Frühling und

* A.d.Ü.: »Penny Dreadful« bedeutet Groschenroman, Revolverblatt.

Sommer dieses Jahres: »Ich glaube, ich habe noch nie zwei Menschen erlebt, die von der Liebe so berauscht waren ...« Die häßlichen Erfahrungen in England waren offenbar ein falsches Omen gewesen. Marilyn schien sich kontrollieren zu können, wenn sie nicht vor der Kamera stand.

Marilyn und ihr Mann ruderten auf dem See im Central Park. Mit Millers Hornbrille als Tarnung auf der Nase ging sie mit Hugo, dem Basset, spazieren. Bei einem Familientreffen der Millers sang Marilyn »Diamonds Are a Girl's Best Friend«, inzwischen ihre Party-Nummer. Sie saß zu Füßen von Millers Vater Isadore, und der alte Mann gab sich unwirsch, wenn sie ihn verwöhnte.

Marilyn schlüpfte eifrig in die Rolle der Stiefmutter von Jane, Millers halbwüchsiger Tochter aus erster Ehe, und Robert, seinem neunjährigen Sohn. Bald sollte Marilyn Besucher aus Hollywood verblüffen, indem sie mitten in einer wichtigen Besprechung ohne Vorwarnung verschwand. Wenn sie zurückkam, erklärte sie, sie habe »die Kinder zur Schule bringen müssen«.

Jahre später sagte sie über DiMaggios Sohn und Millers Kinder: »Ich kümmere mich sehr um sie, weil sie aus gescheiterten Ehen kommen. Ich glaube, ich kann sie verstehen. Ich glaube, ich liebe sie mehr als sonst irgendwer. Ich wollte ihre Freundin sein. Das konnte ich ihnen nur im Lauf der Zeit klarmachen, und sie mußten mir Zeit lassen.« Noch lange nach dem Ende ihrer Ehe mit Miller hatte sie zu »ihren Kindern« Kontakt, und Fotos von ihnen fand man nach Marilyns Tod in ihrem Zimmer.

Mit Hilfe eines Dienstmädchens und eines Kochs polierte sie im ersten Ehejahr ihre hausfraulichen Fähigkeiten ein wenig auf. Zwar kam sie zu ihren eigenen Abendgesellschaften manchmal zweieinhalb Stunden zu spät, aber Miller verzog dann nur das Gesicht und erklärte: »Oh, sie liegt noch in der Wanne.«

Der Schauspieler Kevin McCarthy kann sich noch erinnern, wie sie in ihrer Wohnung »auf hohen Absätzen und ohne Strümpfe in einem kurzen schwarzen Kleid herumspazierte. Sie hatte Schnittwunden an den Beinen, weil sie beim Rasieren nicht aufgepaßt hatte. Ihr Verhalten war merkwürdig – sie war liebenswürdig, bissig, ein wenig zerstreut.«

Norman Rosten erinnert sich an fröhliche Sektfeten: »Marilyn tanzte sehr gern, und Miller probierte dann auch – nach ein paar Drinks – einen schaurigen, tapsigen Foxtrott, bei dem er gefährlich aus der Balance geriet.«

Miller sagte aber auch: »Das Leben wird auf die einzige mir bekannte Art weitergehen – mit viel Arbeit, ein paar Lachern und einem Haufen Sorgen.« Sorgen hatte der Frühling 1957 genug zu bieten.

Als Miller in der ersten Runde seines Verfahrens wegen Mißachtung des Kongresses schuldig gesprochen wurde, herrschte keineswegs eitel Freude. Unangenehm wurde es, als die Ermittlungen über das »Unternehmen falsche Tür« landesweit Schlagzeilen machten und die Gefahr bestand, daß Marilyn als Zeugin vorgeladen wurde. Sie entschuldigte sich mit einer Virusinfektion.

Das Ende der geschäftlichen Beziehungen zwischen Marilyn und Milton Greene sorgte für Kummer und Mißklänge. Ein Skandalmagazin brachte einen Artikel über Marilyns Seitensprünge mit Bob Slatzer – 1952, als sie mit Joe DiMaggio befreundet war. Der Bericht, komplett mit Fotos, auf denen man Marilyn und Slatzer zusammen sah, war dem Magazin von Marilyns ehemaligem Hausmädchen in Hollywood zugespielt worden. Marilyn geriet in Panik und rief Slatzer an, dem sie erzählte, ihr Mann sei sehr ungehalten.

All das waren nur leichte Mißklänge. »Es macht keinen Spaß, mit einem elektrischen Licht verheiratet zu sein«, hatte Joe DiMaggio verkündet. »Anscheinend kommt Mr. Miller besser damit klar. Aber schließlich weiß er ja auch, wie man abschaltet.«

Abschalten bedeutete für Arthur Miller schon immer die Flucht aufs Land. Im Sommer 1957 hielten sich die Millers kaum in Manhattan auf. Sie luden Norman Rosten ein, während ihrer Abwesenheit die Wohnung zu benutzen, und er fand zur Begrüßung immer eine handschriftliche Notiz Marilyns vor. Hier ein Beispiel:

> Lieber Norman,
> im Kühlschrank findest Du selbstgemachte Erdbeertörtchen, außerdem Milch – bedien Dich. Und wie lange Du auch hier bleiben möchtest – 1 Woche – 2 Wchn. etc. Du weißt ja, Du kannst kommen und gehen, wie Du willst ...
> Du drängst Dich nicht auf. Wir sind froh, daß Du an Bord bist – auch wenn wir untergehen – sinken – je mehr, desto besser!

Zum Schluß noch diese Strophe (aus einer unkindlichen Kindheit) –

Hallo Du –
Gute Nacht
Schlaf schön ein
und Sanfte Ruh
Wo Du Deinen Kopf auch bettest –
und Deine Nase dazu –

Marilyn

Im Juni 1957 stiegen die Millers in ein weißes Lincoln-Kabrio und fuhren von New York bis zur östlichen Spitze Long Islands. Hier, in Amagansett, fanden sie ihr sommerliches Idyll. Sie mieteten die Stony Hill Farm, ein verwittertes Holzhaus, und tauchten für mehrere Monate unter. Die Einheimischen konnten Marilyn beim Einkaufen beobachten, in zerfransten Shorts und einem Hemd ihres Mannes.

Miller holte seine Schreibmaschine nach Amagansett und schrieb vormittags. Sein nächstes Theaterstück beendete er immer noch nicht, aber er verfaßte Kurzgeschichten. Eine war *The Misfits,* auf der das Drehbuch für den letzten mit Marilyn fertiggestellten Film basierte.

Aber in Amagansett kam die Arbeit erst nach der Ehefrau. Täglich wurde das Paar am Strand gesehen, wo sie spazierengingen oder sich einfach nur ausruhten. Ein Freund nahm ein Foto auf, als Marilyn gerade den in der Brandung angelnden Miller bewundernd um die Taille faßte. Miller gab zu, er habe seit der Hochzeit fünfundzwanzig Pfund zugenommen; das ist auf dem Bild nicht zu übersehen.

Gelegentlich machten sie Ausflüge in die Stadt. Miller ließ sich überreden, zur New Yorker Premiere von *Der Prinz und die Tänzerin* einen Smoking anzuziehen, seine Frau schlüpfte in ein Abendkleid. Ein andermal hatte sich Marilyn kurioserweise bereit erklärt, an der Baustelle des neuen »Time and Life«-Gebäudes einen Club für neugierige Zuschauer bei den Bauarbeiten zu eröffnen. Ihr Mann weigerte sich, auch dahin mitgeschleift zu werden, und Marilyn willigte nur unter der Bedingung ein, daß sie von einem Hubschrauber hin- und wieder weggebracht wurde. Zu einem Treffen mit Laurance Rockefeller kam sie zwei Stunden zu spät, und als Rockefeller verschwand, murmelte er, er habe »noch nie so lange auf jemand gewartet«.

Für Marilyn-Experten deuteten diese Ausflüge bereits etwas an. Die Premiere war eine Wohltätigkeitsveranstaltung zugunsten einer Stiftung für Kinder, und als Marilyn den Club für neugierige Zuschauer bei den Bauarbeiten besuchte, hatte sie »ein komisches Gefühl im Magen«.

Marilyn war schwanger. In einem Interview, das zu ihren Lebzeiten nicht veröffentlicht wurde, weil es nach Auffassung der Publicityexperten nicht zu ihrem Image paßte, hatte Marilyn im Juni 1957 verkündet: »Ein Mann und eine Frau brauchen etwas, das ihnen allein gehört ... Durch ein Baby wird die Ehe vollkommen.« Wenige Wochen vor ihrem einunddreißigsten Geburtstag, am Vorabend ihres ersten Hochzeitstags, wurde sie schwanger.

Nach alldem Gerede übers Kinderkriegen war Marilyn zwar begeistert, aber auch verunsichert – perplex. Bei einer Party in Long Island fand Rosten sie eines Abends allein auf der Veranda, weinend. Marilyn bewahrte ein Foto von sich aus dieser Zeit auf, und einem Freund bekannte sie später: »Es war die glücklichste Zeit meines Lebens.«

Auch Miller freute sich. »Wer Marilyn wirklich verstehen will«, sagte er, »der muß sie erleben, wenn sie mit Kindern zusammen ist. Kinder lieben sie; ihre ganze Einstellung zum Leben ist von kindlicher Einfachheit und Direktheit.« Nicht nur im Scherz – schließlich war Miller ein gutaussehender Bursche – drehte ein Spaßvogel unter den Freunden der beiden G. B. Shaws berühmte Antwort an Isadora Duncan einfach um und meinte: »Wie herrlich wär es doch, hätte ihr erstes Kind sein Aussehen und ihren Verstand.«

Die Schwangerschaft dauerte nicht einmal zwei Monate. Als Miller am ersten Augusttag im Haus arbeitete, hörte er Marilyn schreien. Sie war im Garten, vor Schmerzen gekrümmt. Ein Krankenwagen raste mit ihr zu ihrem Gynäkologen im Doctors Hospital in New York. Doch dessen Bemühungen waren vergeblich – sie hatte eine Eileiterschwangerschaft. Als Marilyn nach der Operation ihr Bewußtsein wiedererlangte, erfuhr sie, daß man den Embryo entfernt hatte.

Marilyns Freund Jim Haspiel besuchte sie im Krankenhaus. Im Zimmer war es fast völlig dunkel, neben ihr saß Miller, aus einem Radio klang klassische Musik. Sie erzählte Haspiel, das Kind, das sie verloren hatte, wäre nach Aussagen der Ärzte ein Sohn geworden. Marilyn starb übrigens genau am fünften Jahrestag dieser Fehlgeburt.

Es hatte den Anschein, als erhole sich Marilyn recht gut. Sie legte Wert darauf, eine neue Einladung zu einer Sektparty zu bekommen, die am Tag der Fehlgeburt abgesagt worden war. Die Ärzte erklärten, sie könne durchaus noch ein Kind bekommen, und Miller verkündete, »sie möchte so viele Kinder wie möglich, und ich bin ganz ihrer Meinung. Ich kenne keinen, der so mutig ist wie sie.«

Zurück in Amagansett, ruhte Marilyn sich aus – und nahm einen neuen Anlauf. Es wurde ein trauriges Martyrium. Den Rostens schrieb sie:

> »Ich glaube, ich bin jetzt seit drei oder vielleicht zwei Wochen schwanger. Meine Brüste waren so wund, daß ich sie nicht mal berühren konnte – das habe ich in meinem ganzen Leben noch nicht erlebt, weh tun sie auch – außerdem habe ich seit Montag Unterleibskrämpfe und Ausfluß – jetzt nimmt der Ausfluß zu und die Schmerzen werden auch jede Minute stärker. Gestern habe ich den ganzen Tag nichts gegessen – und dann nahm ich gestern Nacht 4 ganze Amutal-Schlaftabletten – das waren wenn man richtig zählt eigentlich 8 kleine Amutal-Schlaftabletten.
> Hätte ich es töten können, wo ich doch all die Amutals auf nüchternen Magen genommen habe? (abgesehen von dem Sherry, davon trank ich auch etwas)
> Was soll ich machen? wenn es noch lebt will ich es behalten.«

In diesem Monat war Marilyn nicht schwanger, und das sollte auch noch viele Monate so bleiben. In den letzten Sommertagen des Jahres 1957 kehrten die beiden nach Manhattan in ihre Wohnung zurück.

Ein in diesem Herbst neu eingestelltes Dienstmädchen, Lena Pepitone, zeichnet das Bild einer völlig verstörten Marilyn, der die ruhigen Monate in der Sonne nicht geholfen hatten. Laut Lena Pepitone räkelte sich die Dame des Hauses den halben Tag im Bett und lief nackt durch die Wohnung. Sobald sie aufwachte, verlangte sie oft nach einem Drink, gewöhnlich Wodka. Miller hielt sich, scheinbar gelassen, zurück. Zum Glück für beide brachte der Winter eine neue Hauptbeschäftigung: »Arthurs Farm«.

Miller, der geradezu süchtig nach Landleben war und ist, hatte sich seit geraumer Zeit nach einer neuen Bleibe in Connecticut umgesehen.

Das Haus, in dem er mit seiner Frau gewohnt hatte, war verkauft. Der mit ihnen befreundete, in der Gegend ansässige Bob Josephy weiß noch, wie Marilyn auf dem Land ankam, »mit ganz und gar ungeeigneten Kleidern; in ihren Stöckelschuhen stolperte sie über ein holpriges Feld«. Weitgehend von Marilyns Geld kauften sie dann später im selben Jahr eine hundertzwanzig Hektar große Farm. Sie lag in der Nähe von Millers ehemaligem Grundstück und nicht weit von der alten Stadt Roxbury entfernt.

Will man Marilyn Glauben schenken, war das Bauernhaus aus dem achtzehnten Jahrhundert »eine Art alte Salzbüchse mit Küchenanbau«. Das Paar scherte sich nicht um den Rat, das Gebäude abzureißen und ein neues zu bauen, sondern begann mit einer Renovierungsaktion, die in Marilyns Augen nie so richtig beendet war. Die alten Balken und Decken ließ man intakt und baute für Miller ein Studio, in dem er schreiben konnte. Außerdem wurde ein neuer Seitentrakt gebaut, den Marilyn mit frischer Hoffnung »das Kinderzimmer« taufte. »Hier würden wir gern bis ans Lebensende wohnen bleiben«, sagte Miller.

Die Gegend um Roxbury in Connecticut wird von Gutsbesitzern und deren Familien bewohnt, die ihre Landsitze schon vor Generationen erbauten. Zwar lebten auch ein paar Leute aus dem Showbusiness dort – darunter Richard Widmark, mit dem Marilyn in dem Film *Don't Bother to Knock (Versuchung auf 809)* vor der Kamera gestanden hatte –, aber hier behelligte sie keiner.

Marilyn – exotischer Farbtupfer in dieser alteingesessenen Landherrengesellschaft – fand mühelos Kontakt. Die Diebolds, ihre direkten Nachbarn, schlossen sie ins Herz, nachdem sie Marilyn auf einer Cocktailparty kennengelernt hatten. Sie wurde von ihnen wie eins ihrer Kinder behandelt, nicht wie eine Filmschauspielerin, was Marilyn offenbar ganz gut gefiel.

Für diese amerikanischen Gutsbesitzer war Marilyn anscheinend eine Art Marie Antoinette, die so tat, als sei sie ein Mädel vom Lande. Stärker als je zuvor konnte sie ihrer innigen Leidenschaft für alles, was da kreucht und fleucht, nachgeben. Der Basset Hugo durfte, naß geregnet und dreckverschmiert, wie er war, ins frischgestrichene Wohnzimmer. Marilyn nahm Cindy auf, eine halbverhungerte Promenadenmischung, die eines Tages im Garten hinter dem Haus auftauchte. In einem Ahornbaum installierte sie ein Vogelhäuschen und fragte sich bekümmert, wie die Zugvögel unterwegs wohl Nahrung zu sich nahmen. Sie erstand zwei sprechende Sittiche, die ungezählte Flüge nach Hollywood und zurück absolvieren sollten.

Marilyns obsessives Interesse für Tiere und die Natur war ein gefundenes Fressen für jeden Psychiater. Eines Nachts wurde Inez Melson, Marilyns ehemalige Managerin in Kalifornien, vom Telefon geweckt – ein dringender Anruf aus Connecticut. An der Ostküste war es gerade vier Uhr morgens, und die Anruferin war Marilyn mit der Neuigkeit, Sittich Butch fürchte sich wegen eines Gewitters.

Arthur Miller entdeckte, wie anstrengend das Leben mit einer Partnerin sein konnte, die beim Tod jedes noch so kleinen Lebewesens völlig außer sich geriet. In der Kurzgeschichte »Bitte nicht töten« verarbeitete er seine Erlebnisse, als er und Marilyn eines Abends Fischer beim Einholen ihres Fangs beobachteten. Marilyn lief hin und her, warf die von den Fischern verschmähten Meerestiere ins feuchte Naß zurück und sorgte sich um ihr Überleben.

»Wie ein kleines Mädchen sah sie auf«, schrieb Miller, »in ihren Augen blankes Erstaunen, selbst als sie lächelte, wie erwachsene Frauen lächeln, und sagte: ›Aber manche von ihnen leben jetzt vielleicht weiter bis ins hohe Alter . . . und sehen ihre Kinder groß werden!‹«

Auf einem Spaziergang zu dem kleinen Park an der East 58th Street in New York begegnete Marilyn einmal zwei Jungen, die Tauben fingen. Als sie ihr erklärten, auf dem Markt bekämen sie fünfzig Cent für jeden Vogel, gab sie den Jungen das Geld, damit sie ihren Fang freiließen. Noch eine ganze Weile danach ging sie jede Woche wieder in den Park, um ihr Lösegeld zu bezahlen.

In einer anderen Episode trieb sie es etwas zu weit. Als sie einmal nach Roxbury zurückkehrte, bemerkte Marilyn, daß in ihrer Abwesenheit die Rasenränder gemäht worden waren. Die zahllosen Kapuzinerblumen, die vorher das Gras bedeckt hatten, lagen abgeschnitten da, orangefarben und gelb leuchtend. Marilyn »schrie, als wäre sie verwundet worden«, und bestand darauf, daß Miller den Wagen anhielt. Dann sammelte sie die abgemähten Blumen auf und steckte die Stengel in die Erde, damit sie sich wieder erholten.

Arthur Miller beobachtete, hörte zu und machte sich Sorgen. In »Bitte nicht töten« schrieb er: »Während ein Teil seines Herzens ihre wilde Zärtlichkeit für alles Lebende verehrte, wußte ein anderer Teil, sie mußte einsehen, daß sie nicht mitstarb, wenn die Motten, die Spinnen und jungen Vögel starben.«

Nachdem Marilyn ihr Kind verloren hatte, bemerkte Miller eines Abends in Amagansett, daß seine Frau auf ihrem Stuhl zusammengesunken war und röchelte. Er zählte ihre Schlaftabletten, bemerkte, daß viele fehlten, und schloß daraus, daß Marilyn kurz vor einem Barbituratkoma stand. Sie konnte nur gerettet werden, weil ein Ärzteteam in einer nahe gelegenen Klinik sofort das Nötige unternahm.

In New York wurde Norman Rosten einmal um drei Uhr morgens dringend gebeten, sofort in die Wohnung in der East 57th Street zu kommen. Marilyn hatte wieder eine Überdosis Tabletten geschluckt, und ihr Magen war ausgepumpt worden. Als er eintraf, lag sie in ihrem Bett und weinte still vor sich hin. Es hatte nicht viel gefehlt; ihre Finger waren noch blau. Rosten beugte sich im Halbdunkel zu ihr hinunter und fragte: »Wie geht's dir, Liebes?«

»Am Leben. Mein Pech«, lautete die undeutliche Antwort. »Grausam sind sie alle, diese ganzen Scheißkerle. O Gott ...« 1958 sah Norman Rosten auf einer Party in Brooklyn Heights Marilyn auf einem Fensterbrett sitzen, in der Hand ein Glas. Sie machte einen niedergeschlagenen Eindruck, »eingetaucht in ihren ganz persönlichen Tagtraum, in Gedanken versunken, die bestimmt nicht angenehm waren«. Rosten ging zu ihr und sagte: »Hey, pst, komm zurück.«

Marilyn erzählte von ihren schlaflosen Nächten, dann deutete sie aus dem Fenster. »Von hier nach unten, das geht ganz schnell. Wen interessiert das schon, wenn ich mich runterstürze?«

»Mich«, sagte Rosten, »und alle Leute in diesem Zimmer, denen etwas an dir liegt. Sie würden den Aufschlag hören.«

Marilyn lachte.

Nicht nur im Scherz überredete Norman Rosten Marilyn, einer Vereinbarung zuzustimmen. Wenn einer von ihnen kurz vor dem Selbstmord stünde, würde er oder sie den anderen anrufen, damit der ihm das Vorhaben ausreden könnte. Damals dachte Rosten, daß Marilyn eines Tages anrufen würde. Er hat immer noch das Fragment eines Gedichts, das sie 1958 schrieb:

Hilfe Hilfe
Hilfe ich spüre, wie das Leben näher kommt
Dabei will ich doch nur noch sterben.

In diesem Jahr in New York, im gespaltenen Inneren hinter den berühmten Augen, hatte sie zu sterben begonnen.

24

»DAS IST ALSO das Wunder der Epoche«, sinnierte der britische Fotograf Cecil Beaton, »eine verträumte Nachtwandlerin, eine Mischung aus Alice im Wunderland, Trilby und einem Minsky-Künstler. Vielleicht wurde sie genau an dem Tag der Nachkriegszeit geboren, als wir sie brauchten ... Wie Giraudoux' *Ondine* ist sie erst fünfzehn Jahre alt; aber was mit den Jahren noch alles eintreten mag, kann nur die Zeit erweisen.«

Unter den Millionen von Worten, die sich über Marilyn ergossen, gehören Beatons drei Seiten zu den scharfsinnigsten und bestformulierten. Für ihn war sie ein Wesen, »so spektakulär wie der silbrige Funkenregen eines Vulkanausbruchs, eine unglaubliche Zurschaustellung begnadeter narzißtischer Launen«. Für Beaton war Marilyns Auftreten eine »reine Scharade«.

1958 stand Marilyn dem Fotografen Richard Avedon für eine Reihe hervorragender Fotos Modell, in der sie Filmstars der Vergangenheit darstellte. Auf den Seiten der Zeitschrift *Life* wurde Marilyn zu Jean Harlow, Clara Bow, Lilian Russell, Theda Bara und Marlene Dietrich. Es handelte sich, in den Worten Arthur Millers, um »eine Art Geschichte unserer kollektiven Phantasie, was Verführerinnen angeht«.

Im selben Jahr, in dem sie Phantasien bis zur Perfektion vorführte, setzte in der wirklichen Welt Marilyns rapider Niedergang ein. Das Kind war jetzt eine Frau von zweiunddreißig, die richtigen Alkohol trank, und zwar zuviel; es ging mit ihr bergab, und das wußte sie. Nun lernte Marilyn auch eins ihrer Leinwandidole und zukünftigen Partner im Film *The Misfits – Nicht gesellschaftsfähig* kennen: Montgomery Clift. Bei ihrer ersten Begegnung, anläßlich eines eigens arrangierten Essens, betranken sich beide, er mit Scotch und Marilyn mit Rumcocktails.

Bei anderer Gelegenheit, während eines Abends mit Marilyn und ihrem Mann, brach Clift – was bei ihm häufig vorkam – regelrecht zusammen; er fiel öfter um und beendete seine Sätze nicht mehr. Dazu bemerkte Marilyn: »Er ist der einzige mir bekannte Mensch, der in schlimmerer Verfassung ist als ich.«

Marilyn war zu den Dreharbeiten für *Some Like It Hot (Manche mögen's heiß)* Anfang Juli nach Los Angeles gekommen. Sie hatte seit *Bus Stop* in Hollywood an keinem Film mehr mitgewirkt, und die Presseleute fanden sich in großer Zahl am Flughafen ein. Zuerst wußte keiner genau, ob sie überhaupt an Bord gewesen war. Schließlich, dreißig Minuten, nachdem der letzte Passagier das Flugzeug verlassen hatte, kam Marilyn zum Vorschein.

»Eine Erscheinung in Weiß zeigte sich in der Tür«, schrieb der Reporter der *Los Angeles Times,* »weißes Haar wirbelte im Propellerwind einer anderen Maschine, weiße Seidenbluse, die am gepuderten weißen Hals offenstand, weißer, enger Seidenrock, weiße Schuhe, weiße Handschuhe. Marilyn Monroe blinzelte die Welt aus großen verschlafenen Augen an ... dann stieg sie – langsam und lasziv – die Stufen hinunter. ›Es tut mir so leid‹, hauchte sie. ›Ich war eingeschlafen.‹ «

Reportern fiel auf, daß Marilyn drei Bücher unterm Arm trug: *Weisheit des lächelnden Lebens* von Lin Yutang, Shirley Jacksons *Nicht von schlechten Eltern* und *To the Actor* von Michael Chekhov (deutsch: Michael Tschechow, *Werkgeheimnisse der Schauspielkunst*). Später wurde berichtet, Marilyns Suite im Bel-Air Hotel sei weitgehend in Weiß gehalten, damit sie ihrer New Yorker Wohnung entsprach, und sie habe noch einen Sittich erstanden, da sie sich nach ihrem Hund sehne, der an der Ostküste geblieben war.

Marilyns Verhalten während der Dreharbeiten zu *Manche mögen's heiß* stellte ihre gesamten früheren Verfehlungen in den Schatten. Für den Regisseur Billy Wilder, der vier Jahr zuvor *Das verflixte 7. Jahr* mit Marilyn überstanden hatte, begann nun ein fünf Monate dauerndes Martyrium. Sollte sie mittags vor der Kamera stehen, erschien Marilyn um sechs Uhr abends. Als sie eines Tages in ihrer Garderobe saß und *Die Menschenrechte* von Thomas Paine las, warf sie einem Regieassistenten, der sie zum Drehort bat, ein »Leck mich am Arsch« an den Kopf.

Anscheinend nahm Marilyn, die für unflätige Ausdrücke eigentlich nicht bekannt war, jetzt kein Blatt mehr vor den Mund. Auf die ersten Schnellkopien reagierte sie mit: »Ich steig aus aus diesem beschissenen

Film, es sei denn, Wilder dreht meinen ersten Auftritt neu. Wenn Marilyn Monroe ein Zimmer betritt, dann schaut keiner auf Tony Curtis, wie er Joan Crawford spielt; dann haben alle Marilyn Monroe anzusehen.«

Manche mögen's heiß ist die komische Geschichte von zwei Männern auf der Flucht vor Gangstern, die sich in Frauenkleider werfen und einer reisenden Frauenkapelle anschließen. Einer der beiden, gespielt von Tony Curtis, verliebt sich in das von Marilyn gespielte Mädchen, eine Ukulele-Spielerin mit einer Vorliebe für Whisky und Millionäre. In der Filmwerbung nannte man Curtis und den anderen Hauptdarsteller, Jack Lemmon, Marilyns »Busenfreunde«. Am Drehort sah das ganz anders aus.

Wie Marilyn mit ihren endlosen Verspätungen und ihrer Unfähigkeit, sich auch nur den einfachsten Text zu merken, Curtis und Lemmon zur Raserei trieb, ist inzwischen Filmlegende. Für eine Einstellung, in der sie drei Worte sagen mußte, waren fünfundsechzig Versuche nötig. Curtis, dem sie einmal ein Glas Champagner über den Kopf goß, sprach später von Marilyns »bösartiger Arroganz« und »rachsüchtigem Egoismus«. Curtis war es auch, der durch eine spontane Bemerkung bei der Betrachtung von Schnellkopien der Nachwelt versehentlich seine Gefühle über das Weltsexsymbol übermittelte. Marilyn zu küssen, verkündete er, das sei, »als würde man Hitler küssen«.

Mit ihren Vorbereitungen für die Auftritte verblüffte Marilyn die Zuschauer und machte Kollegen wütend. »Vor jeder Aufnahme«, schrieb Lloyd Shearer, »schloß Marilyn die Augen und verfiel in eine tiefe Trance. Dann zog und zerrte sie an ihrem altmodischen Badeanzug, Modell 1927, und plötzlich fing sie an, wild mit ihren Händen herumzufuchteln und sie hoch- und runterzuschütteln, als versuchte sie verzweifelt, die Hände von ihren Armen zu trennen.« Dieses Ritual gehörte zu der Technik, die Marilyn im Actors' Studio gelernt hatte. Paula Strasberg in ihrem schwarzen Gewand mit schwarzer Kapuze und Sonnenbrille war immer in der Nähe.

Während der Arbeit an *Manche mögen's heiß* erkrankte Regisseur Billy Wilder. Als alles vorbei war, sagte er: »Ich esse wieder besser. Zum erstenmal seit Monaten konnte ich wieder schlafen. Ich kann meine Frau ansehen, ohne auf sie einschlagen zu wollen, bloß weil sie eine Frau ist.« Später verglich Wilder die Tortur mit einer Flugreise:

»Wir waren gerade auf halber Strecke – und hatten eine Verrückte an Bord.«

»Als Regisseur«, sagt Wilder heute, »versucht man, bis zu einem gewissen Grad auch Psychologe zu sein. Man muß einen Draht zu seinen Leuten haben. Normalerweise kann ich sie schnell einschätzen. Marilyn war so schwierig, weil sie absolut unkalkulierbar war. Ich wußte nie, was am nächsten Tag auf uns zukam. Ich machte mir immer Sorgen: Wie wird sie wohl heute sein? Wird sie kooperieren oder uns Steine in den Weg legen? Geht sie vielleicht in die Luft, und wir kriegen nicht eine einzige Einstellung zustande? Da lag das Problem. Ich werde mit allem fertig, aber ich muß wissen, was mich erwartet. Bei Marilyn wußte ich das nie.«

Im nachhinein bereute Wilder nichts, was ja auch für die meisten anderen Regisseure galt. Marilyn war es wieder einmal gelungen, das Zelluloid zu verzaubern. Der Film wurde von den Kritikern einstimmig gelobt und spielte an der Kinokasse ein Vermögen ein. Es ist der Monroe-Film, der heute am häufigsten im Fernsehen zu sehen ist.

Noch bevor der Film in die Kinos kam, bekannte Wilder: »Sie hat so eine gewisse undefinierbare Ausstrahlung, die im Film auch rüberkommt und die keine Schauspielerin in diesem Business hat ... Ich habe eine Tante in Wien, die ist auch Schauspielerin. Ich glaube, sie heißt Mildred Lachenfarber. Sie ist immer pünktlich am Drehort, sie kennt ihren Text in- und auswendig, macht keinem auch nur den geringsten Ärger. An der Kinokasse ist sie vierzehn Cent wert. Verstehen Sie, was ich meine?«

Heute sagt Wilder: »Als Schauspielerin in komischen Rollen war sie ein absolutes Genie mit einem einmaligen Gespür für komische Texte. Es war ein Geschenk Gottes. Glauben Sie mir, in den letzen fünfzehn Jahren hat man mir zehn Projekte angeboten, bei denen ich irgendwann mittendrin dachte: ›Da wird nichts draus, dafür braucht man Marilyn Monroe.‹ An diese Umlaufbahn reicht keine heran; verglichen mit ihr, sitzen alle anderen noch auf der Erde fest.«

Am 11. September 1958 schrieb Marilyn von Coronado in Kalifornien, dem Drehort, an Norman Rosten. Das Hotel-Briefpapier zierte eine Zeichnung mit Strand; ins Wasser hatte Marilyn ein Strichfrauchen gekritzelt, das die Arme schwenkte und »Hilfe« rief. In dem Brief stand (siehe gegenüberliegende Seite):

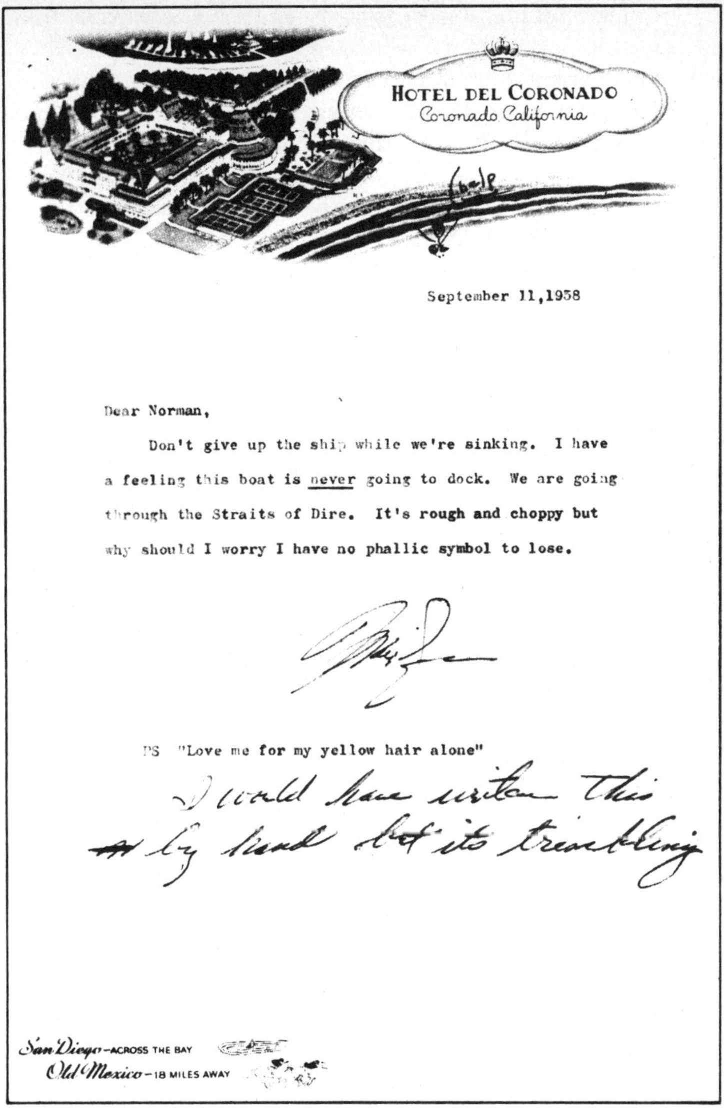
HOTEL DEL CORONADO
Coronado California

help

September 11,1958

Dear Norman,

Don't give up the ship while we're sinking. I have a feeling this boat is <u>never</u> going to dock. We are going through the Straits of Dire. It's rough and choppy but why should I worry I have no phallic symbol to lose.

Marilyn

PS "Love me for my yellow hair alone"

I would have written this ~~m~~ by hand but its trembling

San Diego—ACROSS THE BAY
Old Mexico—18 MILES AWAY

Marilyns kurzer Brief an Norman Rosten von den Dreharbeiten zu *Manche mögen's heiß*. Die »Hilfe« rufende Strichfigur befindet sich oben rechts.

Lieber Norman,
Gib das Schiff nicht auf, während wir sinken. Ich habe das Gefühl, dieses Schiff wird *nie* anlegen. Wir nähern uns dem Kap ohne Hoffnung. Es ist rauh und bewegt, aber weshalb sollte ich mich sorgen, ich habe ja kein Phallussymbol zu verlieren.

Marilyn

P.S. »Liebe mich um meiner gelben Haare willen.«*
Ich hätte dies mit der Hand geschrieben, aber sie zittert.

Während der Dreharbeiten mußte sich wieder ein Psychiater um Marilyn kümmern, unterstützt von einem praktischen Arzt, die beide von der Ostküste eingeflogen wurden. Vier Tage nach ihrem Brief an Rosten wurde sie wegen »nervöser Erschöpfungszustände« in das Cedars of Lebanon Hospital eingeliefert. Diesmal gab es gute Gründe, sich um Marilyns Gesundheit zu sorgen. Sie war erneut schwanger.

Im Lauf der Wochen wurde Arthur Miller immer besorgter. Er bat Wilder, Marilyn schon am frühen Nachmittag nach Hause fahren zu lassen. Wilder erwiderte: »Aber Arthur, die erste Aufnahme krieg ich nie vor fünfzehn Uhr. Was macht sie eigentlich morgens?«

Miller antwortete, wie er genau wisse, verlasse Marilyn jeden Morgen um sieben ihr Zimmer und fahre zu den Dreharbeiten. Das Geheimnis der verlorenen Morgenstunden wurde nie aufgeklärt.

Am 27. Oktober schrieb Marilyn an Rosten:

Lieber Norman,
danke für Deine Wünsche zum Halloweenfest. Wirklich schade, daß wir uns nicht treffen können. Ich würde dich womöglich erschrecken.
Geschrieben habe ich keinem, von Gedichten ganz zu schweigen – hier ist es so beklemmend! Arthur sieht gut aus, wenn auch geschwächt – weil er mich stützen muß ... Ich brauche etwas, woran ich mich festhalten kann ...

* In ihrem Postskriptum wandelt Marilyn ein Yeats-Gedicht ab. Die Zeilen lauten:
... nur Gott, meine Liebe,
könnte dich lieben um deinetwillen
und nicht wegen deiner gelben Haare.

Marilyn unterschrieb diese Zeilen mit »e.e.cummings«, dessen Gedichte sie gerade las.

Die letzten Szenen von *Manche mögen's heiß*, die Anfang November gedreht wurden, waren mit schweren körperlichen Anstrengungen bei hohen Temperaturen verbunden. Marilyn begab sich zunächst wieder ins Krankenhaus, dann legte sie sich in ihr Hotelbett, »um das Baby nicht zu strapazieren«. Anschließend ließ sie sich von einem Krankenwagen zum Flughafen bringen und flog nach New York. Dort verlor sie kurz vor Weihnachten das Kind.

Bevor sie mit *Manche mögen's heiß* begann, hatte Marilyn Norman Rosten gefragt: »Soll ich meinen nächsten Film machen oder zu Hause bleiben und wieder versuchen, ein Kind zu bekommen? Ich glaube, das will ich am allerliebsten, das Baby; aber vielleicht versucht Gott mir ja damit etwas zu sagen, ich meine, mit meiner letzten Schwangerschaft. Wahrscheinlich gäbe ich eine verrückte Mutter ab; ich würde mein Kind wohl zu Tode lieben. Ich will es, und doch hab ich Angst. Arthur sagt auch, er will es, aber seine Begeisterung läßt nach. Er findet, ich soll den Film machen. Schließlich bin ich ja ein Filmstar, stimmt's?«

Der Filmstar machte den Film und verlor wieder ein Kind. Marilyn unterzog sich erneuten Operationen, um ihre Chancen, ein Kind zu bekommen, zu verbessern; doch es wurde nichts daraus. Gute Freunde merkten jetzt deutlich, daß Marilyns Ehe mit Miller zu zerbröckeln begann. Rosten hatte, als er die beiden beobachtete, den Eindruck, sie würden lediglich »die Fassade ehelicher Harmonie« wahren.

Als sie die Millers in Roxbury besuchten, hatten Susan Strasberg und ihre Eltern das Gefühl, »daß im Haus dicke Luft herrschte. Wir nahmen an, sie hätten sich gestritten. Über eine Stunde saßen wir im Wohnzimmer, Arthur bot uns nichts zu trinken oder zu essen an.«

Die Strasbergs waren einer Esseneinladung gefolgt; doch als Marilyn auftauchte, stellte sich heraus, daß gar kein Essen im Haus war. Marilyn betrank sich, und Miller schmollte vor sich hin, so daß die Gäste schließlich ein Restaurant aufsuchten.

Marilyn besuchte weiterhin das Actors' Studio. Als sie im Sommer 1959 mit Susan Strasberg aufs Land fuhr, rief Marilyn auf einmal: »Weißt du, wenn die Arbeit im Actors' Studio nicht wäre, würde ich aus dem Wagen springen.« Miller hingegen mißfielen die Strasbergs immer mehr.

Die Schauspielerin Maureen Stapleton, Marilyns Freundin aus dem Studio, war entsetzt, als sie merkte, wie sehr diese Ehe ins Schlingern geraten war: »Arthur wurde zu einer Art Lakai. Er trug ihr Schminkköfferchen und die Handtasche, machte viel zuviel für sie, und ich hatte den Eindruck, da war etwas ganz schiefgelaufen.« Bei einem Essen mit den Millers beschlich den Regisseur Martin Ritt ein ähnliches Gefühl. »Es war ein katastrophaler Abend«, sagt Ritt. »Er tanzte nach ihrer Pfeife, hing den ganzen Abend an ihren Rockschößen, was mich wirklich beunruhigte.«

Zur gleichen Zeit entfernte sich Miller innerlich von Marilyn, meinte Norman Rosten, und verwandelte sich in einen Beobachter seiner eigenen Ehe.

In seinem New Yorker Arbeitsraum saß Miller vor einem Berg von Notizzetteln, neben sich eine neue *Encyclopaedia Britannica* – ein Geschenk Marilyns. Über seinem Schreibtisch hingen immer zwei Fotos von ihr. Vor drei Jahren hatte er ein neues Stück »vollendet«, aber erschienen war es noch nicht. Erst nach Marilyns Tod sollte er sein nächstes Theaterstück fertigstellen. Im Herbst 1959 veröffentlichte die Zeitschrift *Esquire* einen biographischen Abriß über den Dramatiker. Der Titel lautete: »Die kreative Agonie des Arthur Miller.«

Für das öffentliche Amüsement gab Marilyn weiterhin heitere Bemerkungen von sich, aber die klangen immer deutlicher so, als käute sie Ratschläge ihres Analytikers wieder. Einem britischen Journalisten erzählte sie in diesem Sommer: »Mein ganzes Leben lang hatte ich Angst, wirklich, bis jetzt. Ich fürchtete mich vor so vielen Dingen, ich hatte sogar Angst, den Telefonhörer abzunehmen und eine Nummer zu wählen. Mit solchen Sachen werde ich nun endlich fertig. Heute lautet meine Philosophie ›Genieße den Tag‹. Ich habe keine Angst mehr vor der Zukunft.«

Zu der unmittelbaren Zukunft gehörte eine Fahrt nach Hollywood. Im Rahmen eines Besuchs der Vereinigten Staaten kam der sowjetische Regierungs- und Parteichef Chruschtschow im September 1959 auch nach Hollywood. Diverse Stars, darunter Marilyn, Elizabeth Taylor und Debbie Reynolds, wurden gebeten, an einem Begrüßungsdiner bei 20th Century-Fox teilzunehmen. Miller, müde von seinem Gerangel mit dem Kongreßausschuß zur Untersuchung unamerikanischer Umtriebe, kam nicht mit.

Marilyn flog allein nach Kalifornien, machte sich fünf Stunden lang hübsch und kam sogar zu früh zum Essen. Chruschtschow unterhielt sich mit ihr, und sie bestellte ihm Grüße von Arthur Miller. Später sollte sich Marilyn vergnügt und stolz daran erinnern, daß »Chruschtschow mich so ansah, wie ein Mann eine Frau ansieht«.

Dank dieser Episode wurde Marilyns Akte beim FBI wahrscheinlich um einen Bericht reicher.

Angeblich hatte sich schon der CIA dafür interessiert, Marilyns Bekanntschaft mit einem anderen politischen Führer nutzbringend zu verwerten. Während der Dreharbeiten zu *Bus Stop* hatte Marilyn 1956 den indonesischen Präsidenten Achmed Sukarno kennengelernt. Zuerst hatte sie keine Ahnung, wer er war – sie nannte ihn »Prinz« Sukarno –, doch sie fand sich dann auf einer Diplomatenparty im Beverly Hills Hotel ein.

Marilyn und der indonesische Politiker fanden Gefallen aneinander. »Auf der Party zogen sie sich dauernd in irgendwelche Ecken zurück«, erinnert sich Joshua Logan, der Regisseur von *Bus Stop*. »Die Atmosphäre zwischen den beiden war sexgeladen. Sie verabredeten sich auch noch für danach, glaube ich.«

Jahre später verriet Sukarno seinem Biographen, Marilyn, die ebenfalls im Beverly Hills Hotel wohnte, habe ihn angerufen und ein privates Treffen vorgeschlagen. Er war zwar bekannt als ein Mann, der gern mit seinen Eroberungen prahlte, doch bei Marilyn äußerte er sich ausnahmsweise nicht dahingehend.

Marilyn dagegen reagierte etwa ein Jahr nach der Begegnung in Hollywood bemerkenswert leidenschaftlich auf Berichte über einen Putschversuch gegen Sukarno. Sie verblüffte Miller, als sie ihrem Wunsch Ausdruck gab, den Indonesier zu »retten«, indem sie ihm ein Zuhause in den USA anbot. Ihrem Freund Robert Slatzer erzählte sie, sie und Sukarno hätten »einen gemeinsamen Abend verbracht«.

Was auch immer bei dem Treffen in Hollywood vorgefallen war, dem Geheimdienst CIA war es nicht verborgen geblieben. Damals besaß Indonesien für die Washingtoner Asienpolitik den gleichen Stellenwert wie Vietnam. Berichte belegen, daß der CIA 1957 und 1958 mit allerlei üblen Tricks versuchte, Sukarno aus dem Sattel zu heben, den man für das Abdriften seines Landes zum Kommunismus hin verantwortlich machte.

Der CIA hatte unter anderem den Plan ausgeheckt, einen gefälschten Pornofilm herzustellen, der angeblich eine blonde Sowjetagentin mit Sukarno im Bett zeigen sollte. Dahinter stand die Absicht, den indonesischen Präsidenten in Verruf zu bringen; das Projekt wurde allerdings verworfen. Als die Vereinigten Staaten sich aber später bei Sukarno lieb Kind machen wollten, trug sich der CIA mit dem Gedanken, Sex – in der Person Marilyn Monroes – einzusetzen, um den Diktator günstig zu stimmen.

Joseph Smith, ein ehemaliger CIA-Funktionär in Asien, berichtet: »Es wurde der Versuch unternommen, Sukarno mit der Monroe zusammenzubringen. Mitte 1958 hörte ich von einem Plan, sie miteinander ins Bett zu kriegen. Ich weiß noch, daß irgendwer aus Washington etwas erzählte von ›einer verrückten Geschichte mit Marilyn Monroe, die nicht so richtig funktioniert hat‹.«

Wir wissen nicht, wie weit der CIA in ihren albernen Plänen wirklich ging. Anträge auf Herausgabe der Dokumente führten zu nichts.

Weniger geheim blieb dagegen der Fehltritt, den sich Marilyn 1960 leistete. Mit fast vierunddreißig, nach einem unglücklichen, vertrödelten Jahr, machte sie Anstalten, der angeknacksten Ehe mit Arthur Miller den Rest zu geben. Das Finale begann, als sie zu den Dreharbeiten für *Let's Make Love (Machen wir's in Liebe)* nach Hollywood zurückkehrte; die männliche Hauptrolle spielte der französische Schauspieler Yves Montand.

25

IM SEPTEMBER 1959 saßen Mr. und Mrs. Miller, M. und Mme. Montand sowie Mr. und Mrs. Rosten in einer Theatergarderobe am Broadway und lachten schallend über die Knöpfe an Monsieur Montands Hosenschlitz. Es war das Debüt des Franzosen in Amerika gewesen, und sein Theaterpublikum hatte an den unpassendsten Stellen gelacht. Wie Montand von seinen New Yorker Freunden erfuhr, rührten die Heiterkeitsausbrüche daher, daß die Knöpfe an seinem Hosenstall im Scheinwerferlicht glänzten, wenn er die Hände in seine Hosentaschen steckte. So heiter begann eine Beziehung, die mit einem öffentlichen Skandal und in privatem Elend enden sollte.

Es war kaum vorstellbar, aber die 20th Century-Fox mußte sich anstrengen, um für Marilyns nächsten Film, *Machen wir's in Liebe*, einen männlichen Hauptdarsteller aufzutreiben. Aus verschiedenen Gründen mußten Yul Brynner, Cary Grant, Rock Hudson, Charlton Heston und Gregory Peck allesamt absagen. Zu diesem kritischen Zeitpunkt sah der Regisseur George Cukor im Fernsehen Yves Montand in einer Gesang- und Tanzshow und schlug ihn Marilyn als Filmpartner vor. Dieser Anruf kam ein paar Wochen nach der Begegnung der beiden in New York. Marilyns Meinung sollte bald in den Schlagzeilen auftauchen; sie lautete: »Gleich nach meinem Mann und gemeinsam mit Brando ist Yves der attraktivste Mann, den ich kenne.« Montand wurde engagiert.

Machen wir's in Liebe ist die Geschichte eines Milliardärs (Yves Montand), der in einer satirischen Broadway-Revue karikiert werden soll und sich unverhofft in eine der Sängerinnen aus der Revue (Marilyn) verliebt. Es wurde ein geistloser, enttäuschender Film, der deutlich gegenüber den anderen Filmen am Ende ihrer Karriere abfiel. Sie zeichnete sich allerdings mit ihren Gesang- und Tanznummern aus, vor allem durch ihren sinnlichen Vortrag des Cole-Porter-Songs »My Heart Belongs to Daddy«. Dabei gehörte Marilyns Herz schon lange vor Fertigstellung des Films Yves Montand.

Arthur Miller kannte und mochte Montand. Montand hatte in der französischen Inszenierung von *Die Hexenjagd* eine Hauptrolle gespielt und teilte einige politische Ansichten Millers. Mit seiner Frau Simone Signoret, die für ihr Rolle in *Room at the Top (Der Weg nach oben)* einen Oscar bekam, hatte Montand lange Zeit lieber die USA gemieden, als eine Erklärung zu unterschreiben, daß er nie Mitglied der Kommunistischen Partei gewesen sei. Er und seine Frau unterstützten in Frankreich regelmäßig liberale Anliegen.

Montand gehörte zu den Bewohnern des Universums, die noch nie einen Monroe-Film gesehen hatten, außerdem sprach er kaum Englisch. Trotzdem vertrat Arthur Miller folgende Ansicht: »Er ist für die Rolle bestens geeignet. Er und Marilyn sind sehr lebendige Menschen. Sie sind mit inneren Maschinen ausgerüstet, die undefinierbare Energien aussenden. Yves wird noch einer der großen Stars der amerikanischen Leinwand werden.«

Und so kam es, daß die Montands und die Millers im Januar 1960 in die Bungalows 20 und 21 im Beverly Hills Hotel einzogen – ein gemütliches Arrangement. Die beiden Paare kochten gemeinsam und saßen anschließend im Gespräch bis in die späte Nacht beisammen.

Simone Signoret schloß Freundschaft mit Marilyn und nahm ihre Überspanntheiten gelassen hin. Sie amüsierte sich über ein allsamstägliches Ritual, wenn eine kleine alte Dame zum Bleichen von Marilyns Haar vorbeikam. Die alte Dame war Jean Harlows Friseuse gewesen, und Marilyn ließ sie jedes Wochenende nach Los Angeles einfliegen.

Simone Signoret fand, Marilyn sehe aus wie »das schönste Bauernmädel von der Île de France, das man sich nur vorstellen kann, von dem Typ, der seit Jahrhunderten gefeiert wird«. Spät in der Nacht erzählte Simone Signoret Marilyn Anekdoten aus der Schauspielerei und fühlte sich wie eine Mutter, die Gutenachtgeschichten erzählt. Als Frau schien Marilyn keinerlei Bedrohung darzustellen.

Was Montand betraf, so beklagte er bald die Schwierigkeiten, die bei einer Zusammenarbeit mit Marilyn unvermeidlich waren. Manchmal verschwand sie ohne Vorwarnung einen ganzen Nachmittag aus dem Atelier, und die Dreharbeiten gerieten ins Stocken. Montand lief auf und ab und murmelte: »Wo ist sie? Ich kann nicht andauernd warten. Ich bin doch kein Automobil.«

Nach ein paar Wochen mußte Miller geschäftlich nach Europa, und prompt ging es mit Marilyn gesundheitlich bergab. Ihren Ärzten teilte sie mit, sie könne nicht mehr an dem Film mitarbeiten, weil ein Mitglied des Kamerateams homosexuell sei.

Eines Morgens rief Montand seine Frau aus dem Studio an und berichtete, Marilyn sei nicht zur Arbeit erschienen und gehe auch nicht ans Telefon. Simone Signoret hämmerte vergeblich an Marilyns Haustür. Dann verriet die Telefonistin, Marilyn nehme zwar keine Anrufe entgegen, habe aber vor kurzem selbst einen getätigt. Die Schauspielerin machte schlicht blau.

Montand war so wütend, daß er ins Hotel stürmte und einen kurzen Brief schrieb, in dem sinngemäß stand:

> Wenn Du das nächstemal vorhast, zu lange aufzubleiben und Dir von meiner Frau Geschichten erzählen zu lassen, anstatt ins Bett zu gehen, weil Du ohnehin beschlossen hast, am nächsten Morgen nicht aufzustehen und ins Studio zu fahren, dann teil mir das

bitte mit. Ich bin kein Gegner. Ich bin Dein Kumpel. Und launische kleine Mädchen haben mir noch nie Spaß gemacht.

Grüße,
Yves

Montand und seine Frau schoben den Zettel unter Marilyns Tür durch; ein Zipfel blieb draußen, so daß sie sahen, wie der Brief langsam ins Zimmer gezogen wurde. Marilyn hatte die Nachricht, reagierte aber immer noch nicht. Daraufhin rief Montand durch die geschlossene Tür, die Arbeit entfalle heute »wegen fehlender Mitwirkender«, und ging bis abends aus. Um elf Uhr nachts war von Marilyn immer noch nichts zu hören. Auf einmal rief Miller die Montands aus Europa an und teilte ihnen mit, Marilyn habe mit ihm telefoniert. Er bat die Montands, zu ihr zu gehen.

»Plötzlich lag ein weinendes Mädchen in meinen Armen«, erinnerte sich Simone Signoret später, »das immerzu sagte: ›Ich bin schlecht, ich bin schlecht, ich bin schlecht. Ich werd's nicht wieder tun, das verspreche ich.‹« Montand tätschelte ihren Kopf und sagte, sie solle am nächsten Morgen pünktlich sein.

Die Drehzeit zu *Machen wir's in Liebe* brachte nicht nur gedrückte Stimmung und Dissonanzen, denn Marilyns Sinn für Humor ließ sie nicht im Stich. Man informierte sie, die Zensur ließe nicht zu, daß sie und Montand sich liegend küßten, da dies den Anschein hätte, als würden sie tatsächlich miteinander schlafen. »Nun ja«, erwiderte Marilyn, »*das* könnten wir doch genausogut im Stehen!«

Trotz aller Differenzen im beruflichen Bereich hatten Marilyn und der Franzose in diesem Frühling eine Affäre. Laut einem guten Freund der Millers, der ungenannt bleiben möchte, war Marilyn schon seit längerer Zeit nicht mehr treu. »Sie war wirklich arm dran!« berichtet dieser Freund. »Sie ging einfach mit anderen Männern, weil sie irgend etwas brauchte, woran sie sich klammern konnte, egal, wie kurzlebig es war.« Einen dieser Seitensprünge beging sie mit Nico Minardos, mit dem sie zehn Jahre zuvor ein Verhältnis gehabt hatte. Jetzt wandte sich Marilyn Yves Montand zu.

Sie hatte Montand schon vor geraumer Zeit vorgemerkt, nämlich als sie und ihre Mitbewohnerin Shelley Winters die Listen ihrer Wunschliebhaber zusammenstellten. Nun erzählte sie Freunden – und auch ihrer Psychiaterin –, der Franzose sähe Joe DiMaggio ähnlich, und sie fühle sich körperlich zu ihm hingezogen. Am Drehort wurde deutlich, daß sie gern die Liebesszenen spielten. Nicht zum erstenmal verschwamm für ein Leinwandliebespaar die Grenze zwischen Fiktion und Realität.

Simone Signoret spürte die Gefahr, doch sie mußte in Europa vertraglichen Verpflichtungen nachkommen. Arthur Miller war mal in Los Angeles, dann wieder nicht und schien sich – von unmittelbarer Gefahr ganz abgesehen – mit dem Zerbrechen seiner Ehe mehr und mehr abzufinden. Marilyn und Montand waren jetzt in ihren benachbarten Bungalows oft allein.

Ein Reporter behauptet, wobei er sich auf ein späteres Interview mit Montand stützt, Marilyn habe eines Nachts, nur mit ihrem Nerzmantel bekleidet, einfach an Yves' Tür geklopft und ihn im Sturm erobert.

In einem anderen Bericht heißt es, Arthur Miller habe die beiden im Bett überrascht, als er unerwartet in den Bungalow kam, um seine Pfeife zu holen. Es dauerte nicht lange, und ein Zimmerkellner verriet einem Journalisten Schlafzimmergeschichten. Die Affäre oder die überdeutlichen Zeichen, die darauf hindeuteten, drangen an die Öffentlichkeit.

Als im Sommer die Dreharbeiten beendet waren, flog Montand über New York nach Paris zurück. Marilyn, die bereits an der Ostküste war, hatte sich eine sorgfältig geplante Abfangaktion einfallen lassen. Sie reservierte ein Hotelzimmer und erschien mit Champagner am Flughafen. Aus der kurzen Zwischenlandung wurde eine fünfstündige Verspätung, und Marilyn und Montand wurden eng umschlungen auf dem Rücksitz ihrer Limousine beobachtet. Dann verschwand ein sehr verlegener Montand nach Paris, wo er die schwergeprüfte Simone Signoret wiedersah.

Über einen Monat später brachte Marilyn, die inzwischen in Nevada an *The Misfits – Nicht gesellschaftsfähig* arbeitete, die Produktion mit einem ihrer Zusammenbrüche zum Stillstand und wurde zur Entgiftung nach Los Angeles geflogen. Dort war sie auch, als Montand zu einem kurzen Besuch nach Kalifornien kam. Marilyn bombardierte den Franzosen vom Krankenhausbett aus mit Telefonanrufen, aber diesmal weigerte er sich, mit ihr zu sprechen.

Der Klatschkolumnistin Hedda Hopper, die bei Marilyns Anrufen zugegen war, erzählte Montand: »Sie ist ein bezauberndes Kind, und ich würde ihr wirklich gern auf Wiedersehen sagen, aber ich möchte nicht am Telefon mit ihr reden; es könnte jemand zuhören. Ich kenne niemanden, der so ist wie Marilyn Monroe, doch sie ist noch ein Kind. Tut mir leid, aber nichts wird meine Ehe zerstören.«

Während er noch bestritt, daß es zu einer Affäre gekommen sei, entpuppte sich Montand als sehr verwirrter Mann. »Das Problem war«, verriet er Art Buchwald, »daß es zwischen Marilyn und mir so gefunkt hat ...« Einem anderen Journalisten erzählte er: »Wenn ich nicht verheiratet wäre, und wenn Marilyn nicht verheiratet wäre, hätte ich nichts dagegen, sie zu heiraten.«

Obwohl schwer verunsichert, ging Simone Signoret mit dieser Angelegenheit untadelig um. »Wenn Marilyn meinen Mann liebt«, befand sie in einer ihrer seltenen Stellungnahmen, »beweist es, daß sie einen guten Geschmack hat. Ich liebe ihn nämlich auch.«

In einer ergreifenden Passage ihrer Autobiographie schrieb Montands Frau: »Sie hat nie erfahren, daß ich sie nie gehaßt habe, wie vollkommen ich verstand ... Sie ist gegangen, ohne zu wissen, daß ich nie aufhörte, den champagnerfarbenen Seidenschal zu tragen, den sie mir einmal lieh. Er ist inzwischen ein wenig abgetragen, aber wenn ich ihn sorgfältig falte, sieht man das gar nicht.«

26

BEI EINEM DER »Kollapse«, die Marilyn bei den Dreharbeiten zu *Machen wir's in Liebe* erlitt, wurde sie in ihrem zum Beverly Hills Hotel gehörenden Bungalow Nr. 21 von einem neuen Arzt betreut. Marilyns New Yorker Analytikerin hatte den bekannten kalifornischen Psychiater Dr. Ralph Greenson gebeten, sich um die Schauspielerin zu kümmern, solange sie in Kalifornien war.

Das war der Beginn einer sehr ungewöhnlichen Beziehung zwischen Arzt und Patientin. Ralph Greenson, seine Frau und seine Kinder sollten schließlich zu einer von Marilyns Ersatzfamilien werden. Zwei Jahre später war Greenson einer der letzten, der noch mit Marilyn sprach, der erste, von dem wir wissen, daß er die tote Marilyn sah.

Marilyns neuer Psychiater galt als international anerkannter Experte. Er war russischer Abstammung, in Wien und in der Schweiz ausgebildet worden und konnte sich auf genaue Kenntnis der Lehren Freuds berufen. Während des Kriegs hatte Greenson die Abteilung Kriegsneurosen der Luftstreitkräfte des Heeres geleitet. Er hatte Dutzende wissenschaftlicher Abhandlungen verfaßt und war 1960 schon seit einiger Zeit Professor für klinische Psychiatrie an der University of California in Los Angeles. Der Doktor war, wie es einer seiner Kollegen formulierte, »die Hauptstütze der Psychoanalyse im Westen der Vereinigten Staaten«.

Greenson war in Hollywood kein Fremder; er hatte zahlreiche Klienten aus dem Showbusiness, darunter Frank Sinatra. Als er Marilyn kennenlernte, war der Psychiater ein schmaler, ernsthafter Mann von neunundvierzig Jahren, bekannt für sein Feingefühl und für ein tiefes persönliches Interesse an seinen Patienten.

Dr. Greenson unterließ es im allgemeinen, sich über seine berühmte Patientin zu äußern. Nach ihrem Tod informierte er jedoch ausführlich die Psychiater des Selbstmordverhütungszentrums von Los Angeles, die der Coroner gebeten hatte, den Fall zu untersuchen. Außerdem gab der inzwischen verstorbene Greenson zwei Journalisten, die ihre Gesprächsnotizen aufbewahrten, eher zurückhaltende Interviews.

Weiterhin gelang es dem Autor, eine Person ausfindig zu machen, die einen großen Teil der beruflichen Korrespondenz des Doktors mit Marilyn aufbewahrte, beginnend mit ihrer allerersten Begegnung. Dieses Material läßt Marilyns Verfassung zwei Jahre vor ihrem Tod in einem ganz neuen Licht erscheinen.

Marilyns erster Besuch bei Dr. Greenson fand nach einem Arbeitstag am Drehort von *Machen wir's in Liebe* statt. Ihm fiel sofort auf, daß sie einen stark sedierten Eindruck machte, manche Silben undeutlich aussprach und verlangsamte Reaktionen zeigte. Einfache Gesprächsbeiträge verstand sie nicht und redete unzusammenhängend drauflos. Marilyn wollte sich gleich auf die Couch legen und eine Sitzung nach dem Muster Freudscher Therapie absolvieren. Greenson war durch ihren Zustand alarmiert und entschied sich für »unterstützende Therapie« statt Tiefenpsychologie. Zuerst verschaffte er sich ein Bild von ihrem Alltagsleben.

Marilyn ließ eine Reihe von Beschwerden los. Sie sagte, ihre Filmrolle gefalle ihr nicht, obwohl sie vor einer Weile verkündet hatte, sie habe noch nie ein so gutes Drehbuch wie das zu *Machen wir's in Liebe* gelesen. Weiterhin erklärte sie, ihre Schauspiellehrerin Paula Strasberg sei ihr keine große Hilfe, da sie sich zu sehr um ihre eigene Tochter Susan kümmere. Der Psychiater Greenson stellte fest, daß er auf einmal die Rolle eines »unterstützenden Schauspiellehrers« übernahm.

Marilyn erwähnte ihre chronische Schlaflosigkeit, mit der sie ihren Tablettenkonsum zu rechtfertigen suchte, den Greenson für unangemessen hoch hielt. Die neue Patientin beschwerte sich über ihre Ärzte, wobei sie enthüllte, daß sie von einem Arzt zum andern zog, um die gewünschten Pillen zu bekommen. Marilyn spielte, wie Greenson herausfand, die verschiedenen Ärzte gegeneinander aus und ließ sich hinter dem Rücken des einen heimlich von einem anderen behandeln. Sie verblüffte Greenson mit ihren Kenntnissen über Medikamente und erschreckte ihn durch das gefährliche Tablettenarsenal, das sie sich zugelegt hatte.

Wie Greenson herausfand, hatte sich Marilyn die Einnahme von Demerol angewöhnt, ein in seiner Wirkung dem Morphium ähnliches schmerzstillendes Mittel. Außerdem nahm sie das Barbiturat Phenobarbital HMC, das auf das Nervensystem einwirkende Beruhigungsmittel Natriumpentathol und Amytal, ebenfalls ein Barbiturat. Einen Teil dieser Drogen injizierte sie oft intravenös.

Privat wetterte Greenson wütend gegen die »dämlichen Ärzte«, die vor Marilyns Schmeicheleien kapituliert hatten. Er versuchte sicherzustellen, daß sie sich in Zukunft nur noch von einem praktischen Arzt behandeln ließ. Er bestand darauf, daß sie keine Medikamente mehr injizierte, und sprach sich vor allem gegen die weitere Benutzung von Demerol aus, dessen Mißbrauch äußerst gefährlich sein kann.

Durch Rückfragen bei Marilyns behandelnden Ärzten bestärkt, kam Greenson zu dem Schluß, daß »sie offenbar keine normale Süchtige war, obwohl sie einer Süchtigen ähnelte«. Anscheinend setzte sie ihre Drogen gelegentlich ab, ohne daß Entzugserscheinungen auftraten. Allerdings befürchteten die beiden Ärzte, daß sie auf dem Weg war, süchtig zu werden.

Um ihr den Drogenmißbrauch besser abgewöhnen zu können, versuchte Greenson, Marilyn die Kunst des Schlafens beizubringen –

ein mühseliges Unterfangen. Als er eines Tages in ihr Hotelzimmer gerufen wurde, »bettelte« Marilyn »um Natriumpentathol- oder Amytalinjektionen – obwohl sie am selben Tag gerade rund vierzehn Stunden geschlafen hatte«.

»Ich sagte ihr«, schrieb der Arzt, »sie habe bereits genug Medikamente bekommen, um fünf andere Menschen in Schlaf zu versetzen, und einschlafen könne sie nicht, weil sie vor dem Einschlafen Angst habe. Ich versprach ihr, sie könne mit Hilfe von weniger Medikamenten einschlafen, wenn sie sich eingestehe, daß sie sowohl gegen den Schlaf kämpfe als auch das Vergessen suche, das nicht aus dem Schlaf kommt.«

Dr. Greenson hörte sich auch Marilyns »gehässigen Groll« gegen Arthur Miller an. Sie sagte, ihr Mann sei ihren Schwierigkeiten gegenüber »kalt und unempfänglich«, fühle sich zu anderen Frauen hingezogen und werde von seiner Mutter dominiert. Sie beschuldigte Miller, seinen Vater zu vernachlässigen und nicht »nett« zu seinen Kindern zu sein. Sie sagte, Miller werde Greenson etwas anderes berichten, doch er solle ihm keinen Glauben schenken.

Greenson traf sich mit Miller und hatte den Eindruck, er sei »sehr daran interessiert, seiner Frau zu helfen, und ernsthaft besorgt um sie, wird aber dann und wann wütend und ablehnend«. Der Psychiater hatte das Gefühl, Miller nehme »die Haltung eines Vaters ein, der mehr getan hat, als die meisten anderen Väter tun würden, nun aber bald mit seinem Latein am Ende ist«. Greenson teilte Miller mit, Marilyn benötige bedingungslose Liebe und Zuneigung. Weniger als dies ertrage sie nicht.

Nach Marilyns Tod sagte Greenson zu Kollegen, seiner Meinung nach hätten sexuelle Gründe »einen beträchtlichen Anteil« am Zusammenbruch der Ehe der Millers gehabt. Marilyn habe sich, wie er herausfand, für frigide gehalten. Ihr sei es »schwergefallen, mit ein und demselben Individuum eine Reihe von Orgasmen zu erleben«.

Greenson berichtete außerdem, daß diese sexuell unbefriedigte Frau »ihre äußere Erscheinung genoß und sich in ihr sonnte, daß sie sich für eine wunderschöne Frau, vielleicht für die schönste Frau der Welt, hielt. Sie gab sich immer alle erdenkliche Mühe, in der Öffentlichkeit attraktiv und makellos auszusehen; wenn sie zu Hause war und niemand sie sah, konnte es allerdings vorkommen, daß sie ihr Äußeres vernachlässigte. Gelegentlich hielt sie sich für unwichtig und unbedeutend. Das einzige, was ihrem Leben ein Gefühl der Stabilität und Bedeutung verlieh, war die Attraktivität ihres Körpers.«

Als Greenson 1960 zum erstenmal Marilyns Beschwerden über andere mitanhörte, schrieb er: »Je ängstlicher sie wird, desto mehr verhält sie sich wie eine Waise, wie ein verlassenes Kind, und sie fordert die anderen masochistisch dazu heraus, sie zu mißhandeln und auszunutzen. In dem Maße, wie Fragmente aus ihrer Vergangenheit ans Licht traten, sprach sie mehr und mehr über die traumatischen Erfahrungen eines Waisenkinds.« Dr. Greenson bemerkte, daß die vierunddreißigjährige Frau sich immer noch für das »zerbrechliche, verlassene Kind« hielt. Obwohl er nie eine präzise Diagnose stellte, registrierte Dr. Greenson im Lauf der Monate statt Symptomen der Paranoia und »depressiven Reaktionen« zunehmend Anzeichen von Schizophrenie. Vor allem aber war ihm bewußt, daß Marilyns Psyche zerbrechlich genug war, um sie jederzeit in eine Krise zu stürzen.

1960 hoffte Greenson, er könne zunächst eine sich zuspitzende Situation unter Kontrolle bekommen – nicht zuletzt dadurch, daß er Marilyns Drogenkonsum drastisch reduzierte. Er teilte ihr kategorisch mit, er werde ihr nicht helfen, »sich umzubringen, ihrem Mann eins auszuwischen oder sich ins Vergessen zu flüchten ...«. Die Strategie war gut, doch die Hoffnung trog.

In einem Handbuch über Geisteskrankheiten, das von Psychiatern in den USA zur Diagnose herangezogen wird, heißt es: »Die schwerste Komplikation einer stark depressiven Phase ist der Selbstmord.«

27

DREI JAHRE ZUVOR, als seine Frau im Krankenhaus lag und sich von einer ihrer Fehlgeburten erholte, ging Arthur Miller im kleinen Park vor dem Doctors Hospital in New York spazieren. Einem Begleiter, dem Fotografen Sam Shaw, erzählte er von einer Kurzgeschichte, die er geschrieben hatte, betitelt »The Misfits«.

Die Idee war Miller vor seiner Ehe mit Marilyn gekommen, als er seinen Wohnsitz in eine Hütte nach Nevada verlegt hatte, um die Scheidung von seiner ersten Frau zu beschleunigen. Dort, auf der Stix

Ranch im Quail Canyon, hatte Miller drei Cowboys getroffen, die ihren Lebensunterhalt mit der Jagd nach Wildpferden bestritten. Sie waren Vagabunden, entschlossen, ein Leben außerhalb der angepaßten amerikanischen Gesellschaft zu führen, und für Miller verkörperten sie die letzten Exemplare eines im Verschwinden begriffenen Typs von Amerikanern. Auch die Pferde, die sie fingen, waren Raritäten, gehetzte Überlebende einer dezimierten Rasse, die für sechs Cent das Pfund als Hundefutter verkauft wurden. Diese Story aus der Wildnis ließ sich schlecht zu einem Theaterstück verarbeiten, dem bevorzugten Genre Millers, also machte er daraus eine längere Kurzgeschichte für die Zeitschrift *Esquire*.

Nun kam Miller plötzlich der Gedanke, »The Misfits« zu einem Filmskript zu erweitern und eine Hauptrolle für seine Frau einzubauen. Es war sein erstes Drehbuch und gleichzeitig, wie es ein guter Freund formulierte, ein Liebesgruß an Marilyn.

In Millers Beziehung zu Marilyn hatte sich vieles verändert, als dann im Juli 1960 eine außergewöhnliche Mischung von Talenten im Mapes Hotel von Reno, Nevada, zusammenkam, um »den einmaligen Film in Angriff zu nehmen«, wie der Produzent der *Time* erklärte. Die Hauptrollen spielten Clark Gable und Marilyn Monroe, Montgomery Clift und Eli Wallach, und eine ganze Reihe bekannter Schauspieler übernahmen kleine Rollen, nur um mitspielen zu dürfen. Regie sollte John Huston führen, für den dieser Film nach jahrelanger Pause der erste auf amerikanischem Boden war.

Marilyn spielte eine einsame, verstörte Frau, die Roslyn heißt und aus dem Osten der USA nach Reno kommt, um sich scheiden zu lassen. Sie verliebt sich in Gay, einen von Clark Gable verkörperten älteren Mann und krassen Individualisten, der sich mit zwei anderen Burschen zusammentut und Pferde einfängt.

Wie Marilyn im wirklichen Leben, kämpft Roslyn mit allen Tricks darum, das Abschlachten der Tiere zu verhindern. Ihr Kampf um die Pferde wird zu einem heroischen Kampf zwischen Mann und Frau, nach dessen Ende – so bleibt zu hoffen – die Liebe Bestand haben wird.

Arthur Miller traf vor Marilyn in Nevada ein. Er wußte, daß ihre Ehe langsam zerbröckelte, und auch, daß seine Frau ihn mit Yves Montand hintergangen hatte, wenn er auch vielleicht nicht das Ausmaß ihrer Untreue kannte. Als Miller ein paar Monate vorher mit John

Huston in Europa am Skript von *The Misfits* arbeitete, hatte Huston von einem Paar erzählt, das sich getrennt habe, nachdem sie sich gegenseitig von ihren Seitensprüngen berichtet hätten. Miller nickte und meinte: »Die Wahrheit hat sie zerstört.«

Der Schauspieler Brad Dexter, den Marilyn schon um Beistand gebeten hatte, als es in ihrer Ehe mit DiMaggio kriselte, fand sich nun erneut in der Rolle des Eheberaters wieder. Marilyn sagte über Miller: »Er beschuldigt mich, mit jedem Kerl, der mir über den Weg läuft, ins Bett zu gehen. Es ist schrecklich. Würdest du mit ihm reden?« Dexter traf sich mit Miller zum Essen im Restaurant La Scala in Beverly Hills, ohne irgend etwas zu erreichen.

Die Montand-Affäre versetzte der Ehe zwischen Miller und Marilyn nicht den Todesstoß. Offenbar stellte aber Miller um diese Zeit herum alle Bemühungen ein, seiner Frau aus ihrem psychischen Chaos zu helfen. Für ihn war von nun an Selbsterhaltung das oberste Ziel.

Am Drehort von *The Misfits – Nicht gesellschaftsfähig* machten Henri Cartier-Bresson und die bekannte Fotografin Inge Morath Fotos. Mit ihr ging Miller schließlich seine dritte Ehe ein, eine glückliche Ehe, die Bestand hatte. Der letzte, schmerzhafte Akt seiner Ehe mit Marilyn sollte sich während der Dreharbeiten zu *The Misfits* abspielen.

In der dritten Juliwoche 1960 begab sich Jim Haspiel in New York zum Flughafen, um sich von Marilyn vor ihrem Flug nach Nevada zu verabschieden. Ihm fiel sofort auf, daß sie ungepflegt aussah, mit »Ringen unter den Augen und einem Flecken von ihrer Periode hinten am Kleid. So wollte ich ihr nicht begegnen, und ich wandte mich ab.«

Als das Flugzeug drei Tage später in Reno, Nevada, gelandet war, ließ Marilyn – wie üblich – alle warten, während sie sich in der Flugzeugtoilette umzog. Zu den Wartenden gehörte die Frau des Gouverneurs von Nevada, die ihr Mann zur Begrüßung Marilyns mit einem Blumenstrauß zum Flughafen geschickt hatte.

Am nächsten Tag begannen für Marilyn die Dreharbeiten, bei Temperaturen, die in der Wüstensonne 38 Grad erreichten. Vor der Kamera konnte sie immer noch wunderschön aussehen. Der Fotograf Cartier-Bresson sah in ihr die Kombination von Schönheit und Intelligenz zu »einem gewissen Mythos dessen, was wir in Frankreich *la femme éternelle* nennen«, verschmelzen.

Alice McIntyre von *Esquire* hielt sie für »anders als alle Menschen, die man gesehen oder von denen man je geträumt hat. Sie ist erstaunlich weiß, so extrem hell, daß es einem in ihrer Gegenwart ungefähr so leichtfällt, andere anzusehen, wie die Dunkelheit um den Mond herum zu erkunden. Ja, anscheinend besteht sogar die Möglichkeit, daß MM in den verschiedenen Entwicklungsstadien ihrer Person eine Verkörperung der Weißen Göttin persönlich ist: Wenn sie all ihre Unterwäsche verschmäht und sich nur in mit zahllosen roten Kirschen verzierte enganliegende weiße Seide kleidet, wird sie unversehens zum Symbol unbefangener und ewiger Verfügbarkeit, das dennoch auf immer rein bleibt - und eine potentiell furchtbare Göttin, deren Instinkt den Tod bringen kann und deren Lächeln, wenn sie es einem unverhohlen schenkt, von auserlesener, herzzerreißender Süße ist.«

Die Weiße Göttin frohlockte, daß jetzt der »König« ihr Partner war. Schließlich sah eben dieser Clark Gable dem Mann auf dem Foto so ähnlich, der nach Auskunft ihrer Mutter Marilyns Vater war. Von Gable hatte Marilyn manchmal sogar behauptet, er sei ihr leiblicher Vater.

»All diese Jahre«, sagte sie einem Reporter, »und nun - Rhett Butler! Sieht er nicht phantastisch aus? Einmal probten wir eine sehr lange Szene, und plötzlich fing er an zu zittern, nur ganz leicht. Ich kann Ihnen gar nicht sagen, wie liebenswert ich das fand; herauszufinden, daß jemand - mein Idol! -, nun ja, so *menschlich* ist.«

Clark Gable persönlich, der Profi schlechthin, erkannte Marilyns Wert als Schauspielerin. Er sollte noch lange genug leben, um seinem Agenten George Chasin sagen zu können, aus der Zusammenarbeit mit Marilyn in *The Misfits* sei einer der allerbesten seiner siebzig Filme entstanden. Aber Gable kam auch nicht darum herum, eine Frage zu stellen: »Was ist mit diesem Mädchen bloß los? Verdammt noch mal, ich mag sie, aber sie ist so verflucht unprofessionell. Als ich da oben in Reno warten mußte, bis sie endlich auftauchte, wäre ich fast durchgedreht.«

Bald lautete am Drehort von *The Misfits - Nicht gesellschaftsfähig* die allmorgendliche Frage: »Arbeitet Marilyn heute?« Der Kontrolle Dr. Greensons entronnen, versank sie wieder in Alkohol und Tabletten. Einmal stellte John Huston fest, daß sie täglich bis zu zwanzig Nembutal-Schlaftabletten nahm, die sie mit Wodka oder Sekt runterspülte. Oft mußte ihr alter Freund Whitey Snyder sie in ihrem morgendlichen Koma schminken, während sie noch lang auf dem Bett lag.

»Marilyn erschien am Drehort«, erinnert sich Huston, »und ging in ihre Garderobe; dann mußten wir manchmal noch den ganzen Vormittag warten. Gelegentlich war sie praktisch *non compos mentis.* Ich weiß noch, daß ich zu Miller sagte: ›Wenn sie so weiter macht wie bisher, landet sie in zwei bis drei Jahren in einer Anstalt, oder sie ist tot. Jeden, der ihr erlaubt, Betäubungsmittel zu nehmen, sollte man erschießen.‹ Das war als Vorwurf gegen Miller gemeint, doch dann fand ich heraus, daß er nicht den geringsten Einfluß auf sie hatte.«

Am 5. August, John Hustons Geburtstag, kam es vor dem Filmteam zu einer heftigen Auseinandersetzung zwischen Marilyn und Miller, über die sogar die Zeitungen berichteten.

Marilyn hatte an den Wochenenden Spritztouren nach Los Angeles unternommen, um sich mit Yves Montand zu treffen oder es zu versuchen. Zurück am Drehort, streute sie das Gerücht aus, Miller habe mit John Hustons Skriptgirl Angela Allen eine Affäre. Ihr Motiv dafür war, wie Angela Allen vermutet, »mit ihren eigenen Schuldgefühlen wegen Montand ins reine zu kommen. Da sie sich selbst kein schlechtes Gewissen erlaubte, handelte sie eben nach der Devise ›Angriff ist die beste Verteidigung‹.«

Während sich Miller mit dem Drehbuch abplagte, das ständig umgeschrieben werden mußte, suchte Marilyn auch den physischen Abstand. Eines Nachts tauchte sie im Zimmer des Maskenbildners auf und verkündete, sie wolle jetzt dort schlafen, um nicht mehr mit Miller zusammensein zu müssen. Schließlich löste Miller das Problem, indem er seine Schreibmaschine in einen anderen Raum schleppte. Paula Strasberg zog bei Marilyn ein.

»Meine Sympathien waren auf Millers Seite«, sagt John Huston. »Er hatte alles Menschenmögliche unternommen, um diese Ehe zu retten. Während der Dreharbeiten stellte sie ihn vor anderen Leuten bloß. Einmal ließ sie ihn am Drehort zurück, also mitten in der Scheißwüste. Wir fuhren gerade weg, als ich Miller dastehen sah. Andere Autos kamen nicht mehr, und sie hatte ihn einfach nicht in ihren Wagen gelassen. Es war pure Bosheit, Rachsucht. Es war eine Schande.«

Zwei Wochen später verdeckten gigantische schwarze Rauchschwaden die Sonne über Reno, eine Folge von Waldbränden, die über die

Sierras tobten. Der Strom fiel aus, so daß in dieser Nacht nur in den großen Kasinos, im Krankenhaus und in einem Zimmer im neunten Stock des Mapes Hotels Licht brannte; dort plagte sich Arthur Miller mit dem Skript ab, seinen Schreibtisch beleuchtete er mit dem Generator des Filmteams.

Während Miller arbeitete, stand Marilyn mit ihrem Freund und Presseagenten Rupert Allan in der Dunkelheit und schaute auf den Truckee River. Allan erzählte ihr vom Lebenszyklus der Fische, daß Lachse zum Laichen einen Fluß hinaufschwimmen und Tausende von ihnen danach sterben oder, wie es Allan formulierte, »einfach aufhören zu kämpfen und sich von anderen Fischen oder von Waschbären fressen lassen«.

»Wie schrecklich«, meinte Marilyn. »Ich kann die Lachse verstehen. So wie sie hab ich mich auch schon gefühlt.«

Marilyn erzählte Allan noch eine weitere Selbstmordgeschichte. In New York, sagte sie, sei sie einmal im Nachthemd auf den Fenstersims ihres im dreizehnten Stock gelegenen Apartments geklettert, mit dem festen Vorsatz, zu springen. »Unten sah ich eine Frau in einem braunen Tweedkostüm«, sagte Marilyn, »und ich dachte mir, wenn ich springe, bringe ich sie auch um. Also wartete ich fünf oder zehn Minuten da draußen, aber sie ging nicht, und mir wurde kalt; da bin ich wieder ins Zimmer geklettert. Aber ich hätte es getan.«

Allan spürte, daß Marilyn es ernst meinte. Er bekannte, er habe auch schon ab und zu an Selbstmord gedacht, und schlug – wie schon Norman Rosten – einen Pakt vor. »Wenn du je wieder an Selbstmord denkst oder wenn ich's jemals tue«, sagte er, »dann rufen wir erst den anderen an.« Für den Fall, daß der andere nicht zu Hause wäre und sie eine Nachricht hinterlassen müßten, vereinbarten sie als Codewort »Truckee River«.

Derartige »Selbstmordpakte« wurden für Marilyn zu einer Art Angewohnheit. Nach denen mit Norman Rosten und Rupert Allan schloß sie noch einen mit ihrem Schauspiellehrer Lee Strasberg. Strasberg berichtete, daß er ihr irgendwann im Lauf der nächsten zwei Jahre »das Versprechen abnahm, mich vorher anzurufen, wenn sie in so eine Stimmung verfiel ...«.

Am 26. August 1960 saß Gable mit Marilyn in einem Kombiwagen und hielt folgende kleine Ansprache: »Meine Liebe, wir alle müssen mal abdanken, so oder so. Sterben ist so natürlich wie Leben; ein Mensch, der Angst vor dem Sterben hat, hat auch Angst zu leben, nach allem, was ich gesehen habe. Es bleibt einem also nichts, als zu vergessen, das ist alles. Finde ich wenigstens.«

Am folgenden Tag wurde Marilyn nach Los Angeles geflogen. Es hieß, man habe sie nur durch Auspumpen des Magens retten können. In eine feuchte Decke gehüllt, trug man sie bei sengender Hitze in ein Flugzeug. Hinter ihr auf dem Flughafen verlief sich das Filmteam, einige Mädchen schwenkten noch Transparente mit Aufschriften wie »Komm bald wieder, Marilyn« und »Die Misfits brauchen dich«.

Betreut von ihrem Psychiater Ralph Greenson und dem Internisten Dr. Hyman Engelberg, lag Marilyn zehn Tage lang im Westside Hospital. Jetzt versuchte sie verzweifelt, aber vergeblich, Yves Montand telefonisch zu erreichen. Von ihrem Freund Marlon Brando und von Frank Sinatra bekam sie besorgte Anrufe.

Als Marilyn wieder zur Arbeit antrat, hatte sich eine absurde Stimmung voll unterdrückter Hysterie der an *The Misfits* Beteiligten bemächtigt. Während Marilyn im Krankenhaus lag, hatte Louella Parsons in ihrer Kolumne unverblümt geschrieben, sie sei »eine sehr kranke Frau, viel kränker, als man zunächst annahm«, und enthüllt, daß sie psychiatrisch behandelt wurde. Damit war der Zustand des Stars, auf den *The Misfits* angewiesen war, bekannt, und ihre Kollegen machten in einer von Galgenhumor gestärkten Stimmung trotziger Hoffnung weiter. Einmal rief morgens um halb fünf eine New Yorker Nachrichtenagentur am Drehort an, um eine Meldung zu überprüfen, nach der Marilyn Selbstmord begangen habe. »Also, das ist unmöglich!« erwiderte ein Presseagent. »Sie muß um halb acht bei den Dreharbeiten sein! Außerdem würde Paula Strasberg sich das nie bieten lassen.«

In einer frühen Szene von *The Misfits* bekommt Marilyn als Frau, die kurz vor einer Scheidung steht, den Rat, ihren Ring in den Truckee River zu werfen. Sie erfuhr, laut einer einheimischen Legende sei sie dadurch für den Rest ihrer Tage vor einer Scheidung sicher. Nach dieser Szene wirkte Marilyn mißmutig; keiner wußte, wie bald sie sich selber scheiden lassen würde. Im Krankenhaus hatte sie den Journalisten Earl Wilson gebeten, keine Einzelheiten über ihren Medikamentenmißbrauch zu veröffentlichen. Bald gäbe es eine größere Story, sagte sie, über sie und Arthur Miller.

Ende September traf der beim englischen *Manchester Guardian* beschäftigte Journalist W. J. Weatherby am Drehort ein. Sein erster Eindruck »war, als stünde ich in einem Minenfeld, umgeben von lauter manisch-depressiven Leuten«.

Der Reporter interviewte sowohl Marilyn als auch Miller und fand, Miller sei fürsorglich um seine Frau bemüht. War vielleicht am Ende gar nichts an den Trennungsgerüchten? fragte sich Weatherby. Doch nachdem er und Miller am 10. Oktober im Fernsehen eine der Wahlkampfdebatten zwischen Kennedy und Nixon verfolgt hatten, betrat Marilyn türenknallend das Zimmer. »Gott sei Dank, du hast jemand nach Hause mitgebracht«, begrüßte sie Miller unfreundlich. »Nie bringst du wen mit. Langweilig ist das.« Dann verschwand sie im Schlafzimmer.

»Miller sah aus wie vom Donner gerührt«, bemerkte Weatherby.

Eine Woche danach feierte die Truppe im Christmas Tree Inn Arthur Millers fünfundvierzigsten Geburtstag. Es war eine ausgelassene Angelegenheit, da am nächsten Tag die Außenaufnahmen beendet wurden. Diesmal geruhte Marilyn zu erscheinen. Mitten im lustigen Treiben meldete sich auf einmal Kameramann Russell Metty zu Wort, der Spaßvogel des Filmteams. Erst ließ er ein paar spitze Bemerkungen gegen die anwesenden berühmten Männer los, dann wandte er sich an Marilyn. »Marilyn, tu uns bitte einen Gefallen«, sagte Metty. »Steh auf, und wünsch Arthur alles Gute zum Geburtstag.« Es wurde still im Raum; Marilyn schüttelte den Kopf.

Man hob die Tafel auf, und Marilyn gesellte sich zu John Huston an einen der Spieltische. Sie hatte keine Ahnung vom Spielen und wollte von Huston wissen: »Um was soll ich die Würfel bitten, John?«

»Nicht denken, Süße, einfach werfen«, riet ihr Huston. »Das ist die Geschichte deines Lebens. Nicht denken, handeln.«

Huston weiß heute noch, daß sie »eine Glückssträhne hatte, aber nicht wußte, was sie damit anfangen sollte«.

Als *The Misfits – Nicht gesellschaftsfähig* endlich abgedreht war, kehrten Marilyn und Miller in getrennten Flugzeugen nach New York zurück. Am 11. November löste Marilyn ihr Versprechen ein und gab Earl Wilson ein Exklusivinterview. »Die Ehe von Marilyn Monroe und Arthur Miller ist am Ende«, schrieb Wilson in seinem Artikel, »und es wird bald eine einvernehmliche Scheidung geben.«

Die wieder einmal von Presseleuten belagerte Marilyn erschien blaß und weinend und bestätigte Wilsons Angaben. Im Gedränge schob ihr ein Reporter sein Mikrofon in den Mund und brach ihr einen Zahn ab.

Kaum eine Woche später weckte man Marilyn um vier Uhr morgens und teilte ihr mit, Clark Gable sei an einem Herzanfall gestorben. Unter Tränen sprach Marilyn über das Haustelefon mit einem Journalisten im Foyer und sagte: »O Gott, was für eine Tragödie! Daß ich ihn kennenlernen und mit ihm arbeiten durfte, war für mich persönlich eine große Freude. Ich möchte seiner Frau Kay meine herzlichsten Grüße und mein tiefstes Mitgefühl übermitteln.«

Kay Gable, die damals mit einem Kind schwanger ging, das ihr Mann nie sehen sollte, hegte für Marilyn eher ambivalente Gefühle. Im stillen hatte sie vermutet, diese sei hinter ihrem Mann her gewesen. Auf jeden Fall war Mrs. Gable der Meinung, wie sie ihrer Freundin Kendis Rochlen verriet, daß »die Belastungen der Zusammenarbeit mit Marilyn auch zu Clarks Tod beigetragen haben«. Dennoch wurde Marilyn im Jahr darauf zur Tauffeier eingeladen, wo sie den neugeborenen Sohn Gables so lange und innig im Arm hielt, daß anderen Gästen unbehaglich zumute wurde.

Übrigens hatte auch Marilyn Schuldgefühle wegen Gables Tod. Sie habe ihn während der Dreharbeiten zu *The Misfits* schlecht behandelt, gab sie gegenüber Sidney Skolsky zu und fragte ihn: »Wollte ich dadurch meinen Vater bestrafen, ihm all die Jahre heimzahlen, die *er* mich hat warten lassen?« Sie befand sich, schrieb Skolsky später, »in einem finsteren Loch der Verzweiflung«.

John Huston und Arthur Miller hatten zwar verbissen an der Fertigstellung von *The Misfits – Nicht gesellschaftsfahig* gearbeitet, dennoch wurde der Streifen keineswegs als »der einmalige Film« aufgenommen. Nur wenige Rezensenten hielten ihn für gelungen, obwohl viele die schauspielerischen Leistungen Clark Gables und Marilyns würdigten.

Heute ist John Huston zu Recht der Ansicht, daß Marilyn überhaupt nicht schauspielerte, wenigstens nicht im herkömmlichen Sinn: »Sie griff für alles auf ihre ureigensten Erfahrungen zurück und förderte aus ihrem Innersten etwas Einzigartiges und Außergewöhnliches zutage. Methoden hatte sie keine; es war alles unverfälscht, Marilyn in Reinkultur. Aber es war auch Marilyn *plus.* Sie entdeckte eine Menge Dinge in sich, die allgemein für Frauen gelten.«

Jahre später befand Arthur Miller: »In *The Misfits* leistete sie als Schauspielerin Herausragendes, aber ich bin mir nicht sicher, ob sich diese ganze Tortur gelohnt hat, diese ganze Qual. Es hat sich überhaupt nicht gelohnt.«

Damals hatte sich Miller den Film angesehen, eine Woche, nachdem Marilyn die Scheidung angekündigt hatte. »Ich begreife es immer noch nicht«, sagte er. »Wir haben's geschafft. Ich habe ihr das hier geschenkt, und nun ist der Film da und sie weg.«

Als das Filmteam auseinanderging, saß Marilyn an einem Schreibtisch, trank Bourbon pur und sagte: »Ich denke hauptsächlich an die Zukunft und hoffe, daß meine nächste Leistung noch besser wird.« Dann seufzte sie. »Ich versuche, meine Identität zu finden. Millionen Menschen leben ihr ganzes Leben vor sich hin, ohne sich selbst zu finden. Ich kann mich am besten selbst finden, wenn ich mir beweise, daß ich eine Schauspielerin bin.«

Diese Hoffnung ging für die Schauspielerin Marilyn nicht in Erfüllung; sie sollte keinen Film mehr beenden. Als Individuum war Marilyn auf der panischen Suche nach Trost. Wochen vorher, als sie während der Dreharbeiten an ihrem Tiefpunkt angelangt war, hatte sie den Kontakt zu ihrem Freund Robert Slatzer wieder aufgenommen. Sie schenkte ihm ein Foto mit der Widmung:

> Für Bob, mit vielen unvergeßlichen Erinnerungen an Reno – und andere Orte – von einem »Misfit« für einen anderen,*
>
> In Liebe,
> Immer
> 8. September 1960 Marilyn

Von New York aus rief Marilyn im November einen anderen ehemaligen Liebhaber an, Nico Minardos. Er war gerade mit Jayne Mansfield bei Dreharbeiten in Griechenland, und Marilyn schien übertrieben besorgt, daß die beiden eine Affäre haben könnten. Sie versuchte auch, Milton Greene zu erreichen, der sie aber nicht zurückrief. Doch vor allem klammerte sie sich an den Strohhalm ihrer Hoffnung, Yves Montand zurückgewinnen zu können.

Die Nachricht, Marilyn wolle sich scheiden lassen, hatte zu einer

* »Misfit« bedeutet im Deutschen Außenseiter, Nichtangepaßter. (A.d.Ü.)

neuen Welle von Spekulationen über den Franzosen geführt. Berichte aus Frankreich ließen darauf schließen, daß es zwischen Montand und seiner Frau Simone Signoret zu einer schweren Krise gekommen war. Offenbar waren solche Gerüchte keineswegs gegenstandslos. In der Vorweihnachtswoche 1960 hielt sich die Presseagentin Pat Newcomb, von nun an eine von Marilyns engsten Vertrauten, in deren Wohnung auf. Montand wurde täglich in New York erwartet, und Marilyn rechnete damit, ihn wiederzusehen. Da überwand Simone Signoret ihren Stolz und rief aus heiterem Himmel Marilyn an, die Pat Newcomb bat, das Gespräch am Nebenapparat mitzuhören.

»Simone bat Marilyn inständig, sie möge Montand nicht treffen, ihn doch bitte in Ruhe lassen«, erinnert sich Pat. »Ich fühlte mich ganz furchtbar. Diese wundervolle Frau, so ein phantastischer Mensch, flehte Marilyn geradezu an.«

Montand kam doch nicht nach New York. Im letzten Moment sagte er den Flug ab, und Marilyn war, laut Pat Newcomb, »am Boden zerstört«. Von ihrem Hausmädchen Lena Pepitone wissen wir, daß Marilyn diese Weihnachten wieder kurz vor dem Selbstmord stand. Miss Pepitone kam hinzu, als sie an ihrem Schlafzimmerfenster stand »und den Fensterrahmen außen umklammerte«. Als das Hausmädchen sie um die Taille faßte, rief Marilyn: »Nein, Lena. Laß mich sterben. Ich will sterben, ich hab's verdient. Was habe ich denn aus meinem Leben gemacht? Wen habe ich denn? Es ist Weihnachten.«

Weihnachten 1960 hieß der Retter Joe DiMaggio. Er war immer erreichbar gewesen, und jetzt, da er über ihre Trennung von Miller Bescheid wußte, kam er angelaufen. Laut einem Bericht stand er am ersten Feiertag morgens mit einem riesigen Weihnachtsstern im Arm vor Marilyns Tür.

Lena Pepitone berichtet, daß DiMaggio nun regelmäßig am Abend eintraf, und zwar diskret mit dem Dienstbotenaufzug. Frühmorgens verschwand er wieder, bevor andere Besucher auftauchten.

In den ersten Tagen des Jahres 1961 verschlimmerte sich Marilyns Zustand augenfällig. Ihren Anwalt hatte sie während der Weihnachtstage mit der Bitte aufgeschreckt, ein neues Testament für sie aufzusetzen. Ihren Drogenmißbrauch verheimlichte sie nicht mehr. Freunde konnten zusehen, wie sie morgens ihre Barbiturate schluckte und die

Kapseln, wie bei einem Ritual, mit einer Nadel anpiekste, um die Wirkung zu beschleunigen. In dieser Zeit der Verzweiflung suchte Marilyn einige Nächte lang in der Wohnung von Paula und Lee Strasberg Trost und Geborgenheit. Sie benutzte dann das Schlafzimmer ihres Sohns John, und er kampierte auf der Couch im Wohnzimmer. John Strasberg kann sich noch lebhaft daran erinnern, wie er eines Nachts aufwachte und Marilyn im Nachthemd neben ihm stand. Der damals neunzehnjährige John wußte nicht recht, wie er mit einer Frau von Mitte dreißig umgehen sollte, die irgend etwas von »bißchen einsam ... muß mit jemandem reden« vor sich hin murmelte.

Johns Schwester Susan erzählt, wie die von Pillen und Alkohol benebelte Marilyn »auf Händen und Füßen zur Tür meiner Eltern kroch und mit den Fingernägeln daran kratzte ...«.

Am 20. Januar 1961 folgte wieder ein Richter Marilyn Monroes Bitte und schloß ihr sein Büro auf. Diesmal war der Ort Ciudad Juarez in Mexiko, der Grund die Auflösung der viereinhalb Jahre alten Ehe zwischen Marilyn und Arthur Miller. Marilyn war in Begleitung Pat Newcombs und eines mexikanischen Rechtsanwalts erschienen und verlangte, wegen »unüberwindlicher charakterlicher Differenzen« geschieden zu werden. Ein Anwalt, der Miller vertrat, sagte, der Trennungswunsch beruhe auf Gegenseitigkeit.

Die schwarzgekleidete Marilyn unterzeichnete die Papiere, ohne sie durchzulesen, und kämpfte sich dann durch die Neugierigen. Um dem Medienrummel zu entgehen, hatte sie den Tag von Präsident Kennedys Amtseinführung für ihren Flug nach Mexiko gewählt. Am nächsten Tag gegen Mittag war sie wieder in New York.

In ihrer Einsamkeit nach der Scheidung nahm Marilyn wieder zu Jim Haspiel Kontakt auf, der nun zum treuen Freund wurde; während der Miller-Jahre hatte er Abstand gewahrt. Es erschütterte ihn, als sie ihm ein Foto mit der Widmung »Dem unvergleichlichen und einzigen Jimmy, meinem Freund. Ich liebe Dich, Marilyn« schenkte; »einzigen Jimmy« war dick unterstrichen, und Haspiel, inzwischen ein erwachsener Mann, sah darin zu seinem Kummer einen Hinweis Marilyns darauf, daß sie keine echten Freunde hatte.

Ende Februar erschienen die ersten Kritiken über *The Misfits – Nicht gesellschaftsfähig*, darunter viele, die alles andere als wohlwollend waren. In einer stand über Marilyns Rolle: »Sie verkörpert wirklich nichts anderes als neurotische Individualität und symbolisiert wenig.« Sogar Haspiel, der Marilyn gegenüber nie ein Blatt vor den Mund nahm, rief an und sagte, der Film gefalle ihm nicht.

Am nächsten Tag bewahrheitete sich John Hustons Voraussage früher, als er angenommen hatte. Marilyn suchte eine psychiatrische Klinik auf.

28

DIE PAYNE WHITNEY Psychiatric Clinic lag im Herzen des New York Hospital-Cornell Medical Center, ein weißer Wolkenkratzer mit Blick auf den East River. Ihre New Yorker Analytikerin Dr. Marianne Kris hatte Marilyn die Klinik empfohlen. In den letzten zwei Monaten war sie von ihrer Patientin nicht weniger als siebenundvierzigmal aufgesucht worden. Nun überzeugte sie Marilyn, daß sie auf die Behandlung durch Spezialisten angewiesen war, um ein Absinken in den Drogensumpf aufzuhalten. Für Marilyn hatte ein Krankenhausaufenthalt in der Regel eine Ruhepause bedeutet, während der sie verwöhnt wurde. So gesehen, wurde ihr im Payne Whitney ein Empfang bereitet, der sie schwer schockierte.

Marilyn betrat die Klinik in einem dicken Pelzmantel. Sie meldete sich als »Faye Miller« an; dann steckte man sie in ein Zimmer in einem Stockwerk für »leicht gestörte« Patienten. Wie sie selbst berichtete, fühlte sie sich sofort eher als Gefangene denn als Patientin. Die Tür wurde von außen abgeschlossen, ihre Kleidung nahm man ihr fort, das Badezimmer hatte keine Tür, und die Anzahl ihrer Telefonate wurde strikt begrenzt.

Marilyn sagte später zu Susan Strasberg: »Ich hatte immer die Angst, verrückt zu sein wie meine Mutter, aber als ich in dieser Psychoabteilung landete, wurde mir klar, daß *die* so richtig geistesgestört waren – ich hatte bloß eine Menge Probleme.«

Jahre später von der Zeitschrift *Life* befragt, erinnerte sich eine Krankenschwester aus der Payne-Whitney-Klinik, wie Marilyn hinter ihrer Tür immer wieder rief: »Macht die Tür auf! Ich mach auch keinen Ärger, laßt mich nur raus! Bitte! Macht auf!« Das Zimmer blieb verschlossen.

Was als nächstes geschah, passierte nur, wie Marilyn später beteuerte, weil sie den Entschluß faßte: »Na schön, wenn ihr mich wie eine Irre behandeln wollt, dann werde ich mich eben auch so benehmen.«

Eine andere Mitarbeiterin erklärte, Marilyn habe sich nackt ausgezogen und ans Fenster gestellt. Daraufhin schaffte man sie in einen Sicherheitstrakt in den neunten Stock, wo sie einen Stuhl durch eine Glastür schmiß.

Die Krankenschwester meinte zu *Life*: »Wir hatten ihr gegenüber so eine fürsorgliche Einstellung. Sie erweckte in uns den Impuls, sie auf den Schoß zu nehmen. Wir wollten sie trösten, wollten sagen: ›Ist ja gut.‹ Es war der gleiche Impuls, den einsame Kleinkinder in einem wachrufen. Na ja, daß man eben ihre Tränchen trocknet, ihren Kopf tätschelt und die Händchen hält.«

In Kalifornien teilte Marilyn Monate später ihrer Freundin Gloria Romanoff ihre eigene finstere Version mit: »Es war wie ein Alptraum. Sie steckten mich in eine Zwangsjacke. Sie verabreichten mir Beruhigungsmittel, aber nicht genug, so daß ich noch mitbekam, was passierte. Du wirst kaum glauben, was du jetzt hörst, aber eines Nachts kam eine ganze Prozession Krankenhauspersonal, Ärzte und Schwestern, vorbei, um mich in Augenschein zu nehmen. Und ich saß da, mit zusammengebundenen Armen, und konnte mich nicht verteidigen. Ich war so was wie ein Kuriosum, und keinem lagen meine Interessen am Herzen.«

Die Presse fand bald heraus, daß Marilyn die Klinik aufgesucht hatte, doch von Krankenhaussprechern war nur zu erfahren, sie leide an »einer nicht näher identifizierten Krankheit«. Ein Arzt dementierte, daß es sich dabei um Schizophrenie handele, und behauptete, Marilyn leide, »psychiatrisch gesehen, an akutem Realitätsverlust, verursacht durch berufliche Überlastung«.

Währenddessen kämpfte Marilyn um ihre Entlassung. Es folgt die Übersetzung einer Mitteilung, die sie für die Strasbergs in Eile hinkritzelte, einschließlich Schreibfehler:

> Lieber Lee, liebe Paula,
> Dr. Kris hat mich ins New York Hospital – psischiatrische Abteilung gesteckt wo ich von zwei Idiotenärzten betreut werde. sie sollten alle beide nicht meine Ärzte sein.
> Ihr habt nichts von mir gehört weil ich mit diesen ganzen armen

Irren zusammen eingesperrt bin. Ich drehe ganz sicher auch durch wenn ich in diesem Alptraum bleibe. bitte hilf mir Lee, hier darf ich auf keinen Fall bleiben – vielleicht könntest Du Dr. Kris anrufen und ihr klarmachen wie sensibel ich bin und daß ich wieder an den Kursen teilnehmen muß ... Lee, ich versuche daran zu denken, was Du mal im Kurs gesagt hast »daß die Kunst weit über die Wissenschaft hinausgeht«

Und die Erinnerungen an die Wissenschaft hier würde ich am liebsten vergessen – wie schreiende Frauen etc.

bitte hilf mir – falls Dr. Kris Dir versichert, mir gehe es gut, kannst Du ihr versichern daß es nicht stimmt. Ich gehöre nicht hierhin!

Ich liebe Euch beide, Marilyn

P.S. entschuldigt die Rechtschreibung – und hier gibt's nichts worauf man schreiben kann. Ich bin im gefährlichen Stockwerk ist wiene Zelle hier. stellt Euch bloß vor – Zementblöcke hier haben sie mich reingesteckt weil sie mich belogen haben vonwegen sie würden meine Ärztin und Joe anrufen und sie haben die Toilettentür abschließen lassen daher hab ich das Glas zerbrochen aber da von abgesehen hab ich nichts Unkooperatives gemacht

Nicht die Strasbergs, sondern Joe DiMaggio leitete Marilyns Entlassung aus der Klinik in die Wege. Mit einem der Anrufe, die man ihr genehmigte, hatte sie ihn in Florida erreicht, und er flog sofort nach New York. Am Abend ihres vierten Tages in der Klinik wurde Marilyn durch einen Kellergang hinausgeschmuggelt. Die nächsten drei Wochen verbrachte sie in der neurologischen Abteilung des Columbia-Presbyterian Medical Center. Von hysterischen Anfällen und hochdramatischen Ereignissen war nun nichts mehr zu hören.

Als Marilyn dieses zweite Krankenhaus verließ, wurde sie gefilmt, und der Streifen zeigt einen Reporterhaufen von so erbärmlichem Betragen, wie es in all den Jahren der Berichterstattung über ihr privates Elend noch nicht vorgekommen war. Marilyn mußte durch einen von sechzehn Polizisten und dem Sicherheitspersonal der Klinik gebildeten Gang in eine bereitstehende Limousine geschleust werden.

Das Blatt *New York Journal-American* überbot alle Konkurrenten mit einem ausgesprochen geschmacklosen Artikel. Der Bericht zitierte Marilyn mit den Worten: »Ich fühle mich großartig.« Weiter hieß es:

»Die Welt ist noch in Ordnung, Männer, nur keine Angst, keine Angst. Marilyns Teint hat immer noch die ätherische Struktur von Rosenblättern, ihr Lächeln ist so fein und sanft wie eh und je, ihre Figur – ach ja, diese Figur; und was das allerbeste ist, sie haben ihr Nervenkostüm wieder auf Vordermann gebracht.«

Norman Rosten, der Marilyn mehrmals im Krankenhaus besuchte, fällte ein anderes Urteil. »Sie war erkrankt«, schrieb er später, »und zwar nicht nur an Körper und Geist, sondern an ihrer Seele, dem innersten Motor der Sehnsucht. Das Licht war aus ihren Augen verschwunden.«

In diesem Frühling war viele Wochen lang Joe DiMaggio Marilyns Stütze, der Ehemann, der nicht vergessen konnte. In seinem Leben hatte keine andere Frau Marilyns Platz eingenommen, und wenn sie ihn ließ, bot er ihr eine gewisse Stabilität. Marilyn flog nach Florida, wo er seine alte Mannschaft, die New York Yankees, trainiert hatte. Später in New York fiel Marilyns Personal wieder auf, daß DiMaggio manchmal über Nacht blieb. Es kamen Gerüchte auf, die beiden dächten daran, wieder zu heiraten. Doch Marilyn war nicht in der Verfassung, irgendwelche bindenden Entschlüsse zu fassen.

Vor Monaten war der Plan aufgekommen, Marilyn die Rolle der Sadie Thompson in einer Fernsehverfilmung der Somerset-Maugham-Kurzgeschichte *Rain* (Regen) spielen zu lassen. Das Projekt wurde fallengelassen. Es war auch die Rede davon gewesen, daß sie in dem Film *Freud* mitspielen sollte, den John Huston nach einem Drehbuch Jean-Paul Sartres verfilmen wollte. Sartre hielt Marilyn für »eine der bedeutendsten lebenden Schauspielerinnen«, und Marilyn war die erste Wahl für die Rolle der Cecily, eine von Freuds psychotischen Patientinnen. Dr. Greenson riet davon ab; unter anderem, weil Freuds Tochter, die Greenson kannte, gegen den Film war. Insgeheim wird Greenson wohl vor der Belastung zurückgeschreckt sein, die solch eine Rolle für Marilyn bedeutet hätte.

Marilyn arbeitete 1961 überhaupt nicht. Im Sommer suchte sie noch zweimal Krankenhäuser auf, beide Male wegen physischer Leiden. Im Mai unterzog sie sich in Los Angeles wieder einem gynäkologischen Eingriff. Dabei stellten die Ärzte eine Blockierung ihrer Eileiter fest, offenbar das Resultat einer fehlerhaften Operation im Anschluß an eine frühere Abtreibung.

Einen Monat später trug man Marilyn auf einer Bahre in die Poliklinik. Diesmal litt sie an einer akuten Gallenblasenentzündung. Dr. Richard Cottrell, der behandelnde Arzt, war erschüttert, als er entdeckte, daß sich hinter dem glamourösen Äußeren ein derart zerbrechliches und geplagtes Wesen verbarg.

Abgesehen von der Gallenblasenerkrankung, litt Marilyn noch an abnormen Gebärmutterblutungen und an einer Dickdarmvereiterung. Dr. Cottrell hielt letzteres Leiden für das Resultat »einer chronischen Angstneurose« und beschrieb seine Patientin als »äußerst nervös, verängstigt und verwirrt«.

In der letzten, Hoffnung signalisierenden Szene von *The Misfits – Nicht gesellschaftsfähig* fahren Gable und Marilyn in die Nacht hinaus, einem Stern folgend, der ihnen den Weg weist. Im Krankenhaus trat Marilyn eines Abends mit Dr. Cottrell auf den Balkon und blickte zum Himmel auf. »Schauen Sie sich die Sterne an«, murmelte sie. »Dort oben stehen sie und funkeln so hell, dabei ist jeder von ihnen bestimmt sehr einsam.« Später meinte sie mutlos: »Das ist doch eine Scheinwelt, stimmt's?«

Dr. Cottrell wußte nicht recht, was er von Marilyn halten sollte. Ihm fiel allerdings auf, daß sie sich, wohl im Gedanken an ihre Herkunft, im Krankenhaus unter dem Namen Norma Jean Baker eingetragen hatte. Baker hieß der erste Mann von Marilyns Mutter, der noch vor ihrer Geburt verschwunden war; Marilyn hatte diesen Namen schon seit Jahren nicht mehr benutzt.

1961 sah die Realität bitter aus. In den Augen ihrer New Yorker Sekretärin Marjorie Stengel, die schon für Montgomery Clift und Faye Dunaway gearbeitet hat, war Marilyn mit fünfunddreißig »der leerste Mensch, der mir je begegnet ist«. Ihrer Friseuse, die sie um Privates aus dem Leben des meistgefeierten Weltstars bat, verriet Marjorie Stengel: »Meine Liebe, in vierundzwanzig Stunden erleben Sie mehr als Marilyn Monroe in zwei Wochen.«

Ihrer Sekretärin zufolge war Marilyns Wohnung jetzt »schmutzig, dreckig und deprimierend, mit Hundeflecken überall auf dem Teppich«. Marjorie Stengel sagt weiter: »Ihr Leben war wirklich nicht der Rede wert. Sie traf keine Freunde, sie ging nicht aus, ich habe nie bemerkt, daß sie irgend etwas las – außer einmal Harold Robbins; sie tat überhaupt nichts. Außer Telefonieren, das waren lange, geheimnisvolle Telefonate, zu denen sie in ein anderes Zimmer ging, häufig mit ihrem Analytiker in Kalifornien. Es war unheimlich.«

Die Marilyn, an die sich Marjorie Stengel erinnert, hatte sich eine ordinäre Ausdrucksweise angewöhnt, und ihre Stimme hatte nichts mehr mit dem legendären atemlosen Babyflüstern gemein.

Trotz aller Bemühungen der Psychiater nahm sie permanent ihre Pillen. »In ihrer Wohnung türmten sich die halbvollen Tablettenfläschchen«, sagt Marjorie, »auf meinen Namen, ihren Namen, die Namen von Freunden ausgestellt. Manche Ärzte machen so was, wenn man reich und berühmt ist.«

In Kalifornien arbeitete seit kurzem der junge Friseur George Masters für Marilyn. Er weiß noch, daß er sie kurz nach der Gallenblasenoperation sah, und sie »trug einen zerrissenen Frottee-Bademantel. Sie sagte, sie ernähre sich von Kaviar, Champagner und hartgekochten Eiern. Sie schaffte es, zwei Wochen lang total verschlampt rumzulaufen. Manchmal roch sie und kämmte sich die Haare zwei Wochen lang nicht. Darum dauerte es auch zwei Stunden, bis man Marilyn Monroe wieder hingezaubert hatte.«

Einmal bestellte Marilyn George Masters aus Kalifornien nach New York, damit er sie frisiere; dann kam sie zur Tür und meinte, es täte ihr leid, sie sei jetzt zu müde. Zum Trost drückte sie ihm einen Scheck über 2000 Dollar in die Hand.

Auch Masters fiel auf, daß Marilyn Tabletten nahm. »Ich kann mich noch erinnern«, sagt er, »wie sie mir einmal eine Pille anbot, eine Nembutal, so wie einem andere Leute einen Drink anbieten. Ich behielt sie im Mund und spuckte sie anschließend aus. Sie schluckte die Pillen am frühen Morgen, glaube ich. Zwei Stunden ließ sie mich warten, während sie im Bad war, angeblich, um sich das Gesicht zu waschen. Zwei Stunden lang! Das ist doch wirklich sehr seltsam.«

»Wenn ich sie frisierte«, berichtet Masters weiter, »veränderte sie sich nach und nach, fast wie ein Chamäleon. Ihre Stimme änderte sich und ihr Verhalten. Wenn sie anfing, sich in Marilyn Monroe zu verwandeln, bekam ich eine Gänsehaut.«

Masters hatte den Eindruck, Marilyn sei »asexuell« geworden. »Ich glaube, wenn sie zu der Zeit noch irgendeinen Trieb hatte, dann war es der, Männer zu *erobern*. Darin lag die Herausforderung, und das hat sie wohl angeturnt. Sie war, glaube ich, zwei Menschen, vielleicht sogar drei: sie selbst, Marilyn Monroe und die asexuelle, berechnende Person, die nur um ihr eigenes Ego kreiste.«

Im Herbst 1961 drang ein übler Geruch in das Apartment, das Jeanne Carmen in Los Angeles in einem kleinen Gebäude drei Straßen südlich vom Sunset Strip bewohnte. Der Gestank kam, wie Miss Carmen herausfand, aus dem Mülleimer, in den Marilyn Monroe die Wundverbände schmiß, die sie nach ihrer Operation an der Gallenblase noch eine Zeitlang benutzte.

Marilyn war in dasselbe Apartment am Doheny Drive zurückgekehrt, in dem sie Anfang der fünfziger Jahre gewohnt hatte, und mit Jeanne Carmen traf sie eine alte Bekannte wieder. Die beiden hatten sich vor Jahren im Actors' Studio kennengelernt, und nun, als Nachbarinnen, wurden sie gute Freundinnen.

Das niedrige, unauffällige Mietshaus am Doheny war ein Eckgebäude. An Marilyns Briefkasten stand statt ihres Namens der ihrer New Yorker Sekretärin Marjorie Stengel. Marilyns Apartment gruppierte sich mit anderen um einen Hof. Ein finsterer Flur führte in ein großes, noch dunkleres Schlafzimmer. Schwere Vorhänge vor den Fenstern machten es zu einem Raum von nahezu stygischer Düsterkeit. Ursprünglich als Wohnzimmer geplant, wurde es nun von einem gigantischen Doppelbett beherrscht. Das Apartment war zu »einem Schlafschrein« geworden, wie es ein Freund formulierte. Es enthielt keine Bilder und kaum persönliche Habseligkeiten.

Hier am Doheny Drive vertrieben sich Marilyn und Jeanne Carmen mit Reden und Trinken die Zeit und vor allem die Nacht. Jeanne war siebenundzwanzig, also etwa acht Jahre jünger als Marilyn, eine Möchtegernschauspielerin, die manchmal den Namen Saber Dareaux benutzte. Sie hatte ihre Karriere wie Marilyn als Covergirl für Männermagazine begonnen und dann nach und nach Rollen in kleineren Filmen übernommen.

Jeanne war eine ausgezeichnete Golfspielerin und studierte eine Trickgolfnummer ein, mit der sie überall im Land im Fernsehen auftrat. Sie und Marilyn konsultierten dieselben Ärzte – beide waren bei Dr. Lee Siegel und dem Gynäkologen Leon Krohn in Behandlung –, und sie führten hitzige Diskussionen über Injektionen zur Vergrößerung der Brüste oder operative Verengungen der Vagina.

In Carmens Augen hatte Marilyns Trinkvermögen »olympische

Dimensionen«. Medikamentenmißbrauch war jedoch eine Gemeinsamkeit der beiden. »Als ich in Las Vegas wohnte, war ich regelrecht schlaftablettensüchtig geworden«, erzählt Carmen heute, »und so wurden wir Schlaftabletten-Kumpel. Wir nahmen beide Seconal und Nembutal und pumpten uns gegenseitig Rezepte. Aber ich war bereits nach zwei oder drei pro Nacht kaputt; Marilyn schluckte damals gewaltige Mengen . . .«

Die zwei sprachen auch über Männer und Sex. Marilyn erzählte von dem Baby, das sie angeblich als Teenager geboren hatte, und von ihrer Angst, Gott würde sie »strafen«, weil sie es nicht behalten hatte. »Nach allem, was ich von ihr erfuhr«, berichtet Carmen, »empfand Marilyn beim Sex überhaupt nichts. Sie hatte nie einen Orgasmus – sie tat immer nur so.« »Sie war furchtbar unsicher«, erinnert sich Carmen. »Für sie stand fest, daß sie sogar ihre besten Freunde verlöre, wenn sie je alt, häßlich und aus dem Rennen wäre . . .«

Marilyn sprach immer noch von Selbstmord. »Für mich ist der Tod der einzige Ausweg«, sagte sie, wenn sie betrunken war. »Meinen Abschied würde ich gern in Weiß nehmen, in einem weißen Nachtgewand aus Satin und weißen Satinkissen. Und dann hätte ich gern, daß jemand reinkommt, mir die Augen schließt und dafür sorgt, daß ich schön aussehe. Wie wär's, wenn du das für mich machst?«

Nach ihren Erfahrungen in der Payne Whitney Psychiatric Clinic hatte sich Marilyn im Mai dieses Jahres zu Dr. Ralph Greenson in ständige psychiatrische Behandlung begeben. Der von Marilyns »schrecklicher Einsamkeit« alarmierte Greenson beschloß nun, etwas zu tun, was seinen Grundsätzen und Vorstellungen widersprach: Er öffnete Marilyn sein eigenes Zuhause.

Von einigen seiner Kollegen sollte Greenson wegen dieser Entscheidung kritisiert werden. Seine Witwe sagt heute, er habe damals das Gefühl gehabt, Marilyn ein wenig von dem zu bieten, was ihr am meisten fehlte: Sicherheit und Familienbindung. Außerdem war er von diesem fünfunddreißigjährigen heimatlosen Kind zutiefst gerührt. Von nun an bis zu ihrem Tod fungierten Greensons Frau und ihre beiden Kinder praktisch als Marilyns Pflegefamilie.

Die Greensons wohnten in einem schönen, im mexikanischen Stil gebauten Haus auf der Kuppe des einzigen Hügels von Santa Monica, und Dr. Greenson empfing Marilyn gewöhnlich dort, um sie in seiner

Praxis nicht unnötig der öffentlichen Neugier auszusetzen. Obwohl es sonst nicht ihre Art war, traf Marilyn überpünktlich zu ihren Sitzungen ein, vielleicht, weil Greenson gesagt hatte, Unpünktlichkeit sei ein Zeichen dafür, daß man jemanden ablehne. Greensons Tochter Joan, eine einundzwanzigjährige Kunststudentin, nahm Marilyn in Empfang, wenn der Doktor noch nicht soweit war, und die beiden unternahmen kleine Spaziergänge zu dem nahe gelegenen Wasserreservoir, von wo aus sie eine Aussicht auf die Stadt und den Pazifik hatten.

Für Joan Greenson war diese Erfahrung aufreibend, aber faszinierend. Bald besuchte sie den großen Star in seinem Apartment, fuhr mit Marilyn in der Stadt herum, und eine ungewöhnliche Freundschaft begann. Marilyn war mit Ratschlägen in Liebesdingen zur Stelle, half ihr beim Make-up – zeigte ihr etwa, wie man die Härchen auf der Oberlippe bleicht – und tauschte Kleider mit ihr.

»Der Twist kam gerade groß in Mode«, erinnert sich Joan, »also brachte sie mir ihre Art bei, den Twist zu tanzen, und wie man mit den Hüften wackelt – wie man es auch im Fernsehen sah, nichts Obszönes. Marilyn behandelte mich wie eine kleine Schwester. Nie zeigte sie mir Aktfotos von ihr, nie deutete sie an, daß sie mit irgendwem schlief. *Mir* gegenüber präsentierte sie sich als ein sehr sittsames Wesen.«

Joans vierundzwanzigjähriger Bruder Danny hatte geglaubt, er werde nie mit Marilyn klarkommen. Er war Student mit, für damalige Gefühle, radikalen Ansichten, und er hatte sich auf »ein reiches Miststück aus Hollywood« eingestellt. Statt dessen fühlte er sich zu einer Frau hingezogen, die »überhaupt nicht affektiert oder künstlich« war und »echte Wärme ausstrahlte«. Mit ihrer schwarzen Perücke auf dem Kopf begleitete Marilyn Danny Greenson auf Wohnungssuche. Sie unterhielten sich über Politik, und er entdeckte, daß sie linken Ansichten gegenüber aufgeschlossen war.

Marilyn besuchte Dr. Greenson sechs- oder sogar siebenmal in der Woche. Weil die Termine im Privathaus des Doktors stattfanden und er aus seiner Praxis heimkehren mußte, war sie gewöhnlich die letzte Patientin am Tag. Sie saß auf einem Stuhl, am anderen Ende des Arbeitszimmers Greenson gegenüber, und breitete in der angesetzten Stunde ihre Probleme aus. Dann gesellten sich die beiden häufig zur Familie und tranken noch ein Gläschen. Aus dem Kühlschrank wurde Marilyns persönliche Flasche Dom Perignon geholt; der Champagner war vielleicht schon ein wenig schal, wenn sie ihn bei einer früheren Gelegenheit mitgebracht hatte. Manchmal blieb Marilyn zum Abendessen und half beim Abwasch, wobei sie gern zum besten gab, wie sie sich im Waisenhaus in der Küche abgemüht hatte.

Vor Marilyns Gallenblasenoperation und der sich anschließenden negativen Entwicklung schrieb Greenson im Mai 1961 hoffnungsvoll, sie komme »ganz gut voran«. Er fügte hinzu: »Ich bin erschüttert über die Leere in ihrem Leben, was die Objektbeziehungen angeht. Im Grunde genommen ist es eine sehr narzißtische Lebensweise ... Alles in allem sind einige Fortschritte erkennbar, aber ich würde mich nicht dafür verbürgen, daß sie sehr tief gehen oder Bestand haben.«

Drei Wochen später, an ihrem fünfunddreißigsten Geburtstag, schickte Marilyn Dr. Greenson ein Telegramm folgenden Wortlauts (vgl. gegenüberliegende Seite):

> LIEBER DR GREENSON ICH BIN FROH DASS ES IN DIESER WELT VOLLER MENSCHEN SIE GIBT. ICH HABE EIN GEFUEHL DER HOFFNUNG OBWOHL ICH HEUTE DREI FUENF BIN. MARILYN.

Zu der Zeit hatte Marilyn schon Gordon Heaver, einem Engländer, den sie seit vielen Jahren kannte, eine sehr wichtige vertrauliche Mitteilung gemacht. Heaver hatte in den fünfziger Jahren in Hollywood gelebt, als Storyredakteur bei Paramount Pictures gearbeitet, war an mehreren Hitchcock-Filmen beteiligt und hatte reich geheiratet. Er rühmt sich seines Gedächtnisses – Hitchcock hatte ihn nach einer Figur aus *The Thirty-nine Steps (39 Stufen)* »Mr. Memory« getauft.

Anfang Januar 1961, so Heaver, erzählte ihm Marilyn, sie habe erst kürzlich »eine Verabredung mit dem nächsten Präsidenten der Vereinigten Staaten« gehabt. Ihrem Tonfall nach zweifelte Heaver nicht daran, daß Marilyn meinte, sie sei mit John Kennedy im Bett gewesen. Diese Unterhaltung fand gerade zwei Wochen vor der Amtseinführung des Präsidenten statt. Kennedys Amtsantritt und Marilyns Scheidung tauchten gleichzeitig in den Nachrichten auf.

Die Affäre mit dem Präsidenten und die Verbindungen zu Robert Kennedy sowie Frank Sinatra und dessen Freunden bilden Eckpfeiler einer Legende, die sich um Marilyn Monroes letzte Tage rankt. Innerhalb von nicht einmal zwei Jahren sollte sie, hoffnungslos in diese Beziehungen verstrickt, sterben.

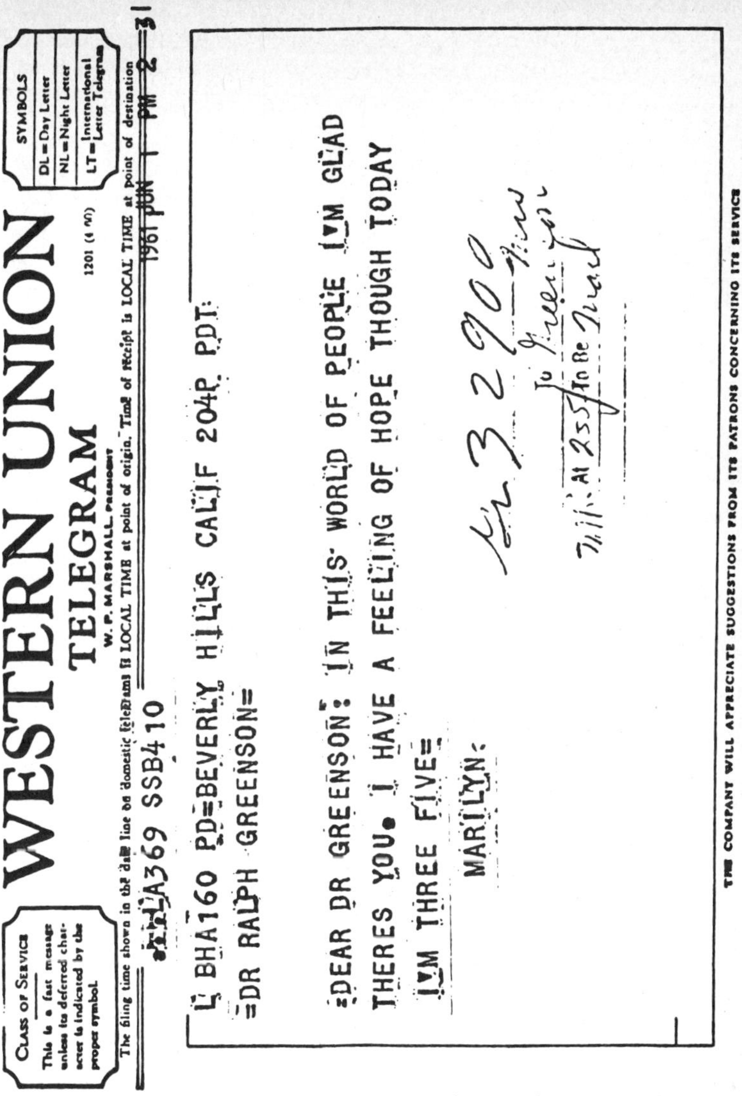

WESTERN UNION
TELEGRAM
W. P. MARSHALL, PRESIDENT

CLASS OF SERVICE
This is a fast message unless its deferred character is indicated by the proper symbol.

SYMBOLS
DL=Day Letter
NL=Night Letter
LT=International Letter Telegram

1201 (4-60)

The filing time shown in the date line on domestic telegrams is LOCAL TIME at point of origin. Time of receipt is LOCAL TIME at point of destination

LA369 SSB410 1961 JUN 1 PM 2 31

L BHA160 PD=BEVERLY HILLS CALIF 204P PDT=
=DR RALPH GREENSON=

=DEAR DR GREENSON: IN THIS WORLD OF PEOPLE I'M GLAD
THERES YOU. I HAVE A FEELING OF HOPE THOUGH TODAY
I'M THREE FIVE=
MARILYN=

THE COMPANY WILL APPRECIATE SUGGESTIONS FROM ITS PATRONS CONCERNING ITS SERVICE

Das Telegramm, das Marilyn am 1. Juni 1961, ihrem Geburtstag, an ihren Analytiker schickte.

IV

MARILYN UND DIE BRÜDER KENNEDY

»Marilyn Monroe hat keinem Menschen alles erzählt.«
PAT NEWCOMB, *Marilyns Presseagentin*
und gute Bekannte der Kennedys

»Der Mann, der einer Frau ihren Wahn entreißt, ist in Gefahr.«
PERSISCHES SPRICHWORT, *zitiert von*
Sir Arthur Conan Doyle

29

IN EINER LAUEN Sommernacht der zweiten Juliwoche des Jahres 1960, kurz vor den Dreharbeiten zu *The Misfits,* fuhren zwei Männer nördlich von Santa Monica, Kalifornien, an der Pazifikküste entlang. Sie passierten eine Reihe luxuriöser Strandhäuser, machten einen Bogen um eine Menge abgestellter Wagen und parkten leise am Bordstein. Dann zogen sie ihre Schuhe aus, trotteten hinunter zur Brandung und gingen an derem Rand den Weg, den sie gekommen waren, zurück.

Die beiden Gestalten in der Dunkelheit waren Beamte in Zivil von der Ermittlungsabteilung des Staatsanwalts für den Bezirk Los Angeles. In der von ihnen beobachteten Villa wohnten der Schauspieler Peter Lawford und seine Frau Patricia Kennedy Lawford, Schwester des Präsidentschaftskandidaten der Demokratischen Partei. In dieser Woche war Kennedy auf der Parteiversammlung der Demokraten zum Kandidaten nominiert worden, und die Lawfords gaben – das war nicht zu überhören – eine Party.

Frank Hronek, der ranghöhere der beiden Beamten, hatte während des Krieges Karriere beim Geheimdienst gemacht und war anschließend zu einer legendären Gestalt in der kalifornischen Verbrechensbekämpfung geworden. Inzwischen war er als leitender Ermittlungsbeamter für die Staatsanwaltschaft von Los Angeles tätig und ein wandelndes Lexikon in allen Fragen, die mit seinem Beruf zusammenhingen, sowie einigen anderen: vom organisierten Verbrechen über politische Korruption bis hin zur Schattenseite des Showbusiness. Hronek hatte seinen Vorgesetzten um die Erlaubnis zur Beobachtung der Party bei den Lawfords gebeten; er wollte herausfinden, ob möglicherweise Gäste mit Kontakten zur Unterwelt anwesend waren. Obwohl ihm sein Chef, ein Demokrat, die Erlaubnis verweigerte, fuhr Hronek hin.

Als die beiden Polizisten sich in dieser Nacht dem Grundstück näherten, um einen Blick über den Zaun zu werfen, wurden sie von mit Gewehren bewaffnetem privaten Wachpersonal abgefangen. Hronek unterhielt sich eine Weile mit den Wachen und ging wieder. Die Beamten hatten genug Zeit gehabt, um festzustellen, daß um den Swimming-pool der Lawsons eine wilde Party im Gange war, an der zahlreiche Frauen teilnahmen, darunter einige Mädchen, die, wie die Polizisten wußten, einem Callgirlring angehörten. Etliche von ihnen waren, wie es einer der Beamten formulierte, »splitterfasernackt«. Unter den Anwesenden befand sich John F. Kennedy.

Nach Auskunft eines Sprechers verabschiedete sich der spätere Präsident, da »der Kandidat etwas Erholung braucht«, und er erholte sich, wie ein Informant den Beamten des Staatsanwalts später mitteilte, in Gesellschaft von Marilyn Monroe.

Stimmt das wirklich? Die Festivität im Hause Lawford wurde dem Autor von dem Kollegen Hroneks geschildert, und es gibt keinen Grund, an seinen Auskünften zu zweifeln. Welchen Stellenwert hat jedoch die Aussage über Kennedy und Marilyn? Gab der Informant 1960 bloß Klatsch von der Sorte weiter, die man zu den Akten nimmt und vergißt? Spielte in Marilyns Liebesleben wirklich ein Kennedy eine Rolle? Um diese Fragen zwei Jahrzehnte später zu beantworten, waren umfangreiche Recherchen erforderlich.

Geschichten über eine Affäre Marilyns mit Präsident Kennedy oder seinem Bruder Robert oder mit allen beiden sind seit ihrem Tod in Umlauf. Sie sind so zahlreich, darunter so viel weit hergeholter Stoff für die Regenbogen- und Skandalpresse, daß sie von vernünftigen Menschen aus gutem Grund gern ins Reich der Legenden verwiesen wurden. Neue Nachforschungen haben jedoch ergeben, daß die Geschichten auf Wahrheit beruhen.

Dies ist nicht der Ort, um eine komplette Sexualgeschichte der Kennedys aufzurollen. Einige Versuche in dieser Richtung haben der Öffentlichkeit nicht nur über den Kennedy-Clan Sand in die Augen gestreut, sondern auch über Marilyn. Dennoch existieren genug zuverlässige Berichte und Auskünfte von Zeitgenossen aus erster Hand, die eine ausgewogene Beurteilung ermöglichen.

Daß die Kennedys sich von der Bastion ihrer Familie aus, mit all dem ungeheuren Reichtum, der Macht und der Arroganz versehen, die ein solches Erbe beschert, sexuell ganz anders auslebten, als es normalen Sterblichen möglich ist, liegt auf der Hand. Um die Beziehungen der Kennedys zu Marilyn zu verstehen, müssen wir wenigstens einen kurzen Blick auf die sexuelle Tradition werfen, die sie geprägt hat.

Sie begann für John Kennedy und seine Geschwister bei den Eskapaden ihres Vaters. Joseph Kennedy war, wie ein ständig wachsender Literaturapparat bestätigt, ein Mann, der wie ein mittelalterlicher Lehnsherr alles verfolgte, was einen Rock trug, als wäre das sein gutes Recht. Er tat das vor seinen Kindern, egal, ob Töchtern oder Söhnen, und nahm ihre Hilfe in Anspruch, wenn er Seitensprünge plante.

Clare Boothe Luce, der ehemaligen Botschafterin der Vereinigten Staaten und Frau des *Time*-Herausgebers, vertraute John Kennedy einmal an: »Dad sagte allen Jungen, sie sollten so oft wie möglich vögeln.« John folgte dem väterlichen Rat mehr als gewissenhaft, was heute bestens belegt ist. Angefangen bei seiner Dienstzeit in der Marine, wo ihn seine Kumpels unter dem Spitznamen »Stengel« kannten, bis zu den Jahren im Weißen Haus blieb er seinem Ruf als Schürzenjäger treu.

Von Nancy Dickerson, einer Journalistin, die mit Kennedy auch außerdienstlich verabredet war, wissen wir: »Es ging gar nicht anders, er eroberte einen einfach im Sturm. Aber für Jack Kennedy war Sex so was wie eine Tasse Kaffee oder meinetwegen Nachtisch.« Offensichtlich gab es für diesen Kennedy einen großen Unterschied zwischen Sex und Liebe.

Ganz anders Robert Kennedy, über den so gut wie keine Gerüchte kursieren – wenn man von Marilyn absieht. Sein Bruder John sprach von Roberts »hohem moralischen Standard ... ein Puritaner, absolut unverführbar«. 1960, als Robert fünfunddreißig wurde, war er seit zehn Jahren verheiratet und hatte sieben Kinder. Man hatte ihn gerade zu Amerikas »Vater des Jahres« gewählt.

Das alles ist zwar unbestritten, doch sollte man daraus nicht die Schlußfolgerung ziehen, Robert Kennedy sei in sexueller Hinsicht ein Heiliger gewesen. Sein Biograph, der Historiker und Kennedy-Anhänger Arthur Schlesinger, gab mir 1983 auf meine Frage eine freimütige Antwort: »Bobby war auch nur ein Mensch. Er trank gern mal einen und hatte eine Schwäche für junge Frauen. Dieser Schwäche gab er nach, wenn er auf Reisen war – und er reiste sehr viel.«

Alle Kennedys waren von der Welt des Films fasziniert. Joe, der Vater, war in den zwanziger Jahren nach Kalifornien gezogen, um in

Hollywood Filme und noch mehr Geld zu machen. Am bekanntesten wurde seine Affäre mit der Schauspielerin Gloria Swanson.

Als John Kennedy sich in den vierziger und fünfziger Jahren an der Westküste aufhielt, trat er – was die Frauen Hollywoods betraf – mit Feuereifer in die Fußstapfen seines Erzeugers. Die Liste der Damen, derer er sich im Lauf der Jahre annahm, liest sich heute wie eine Kollektion verblichener Fotos: Gene Tierney, Sonja Henie, Angela Greene, Kim Novak, Janet Leigh und Rhonda Fleming. Während seiner Präsidentschaft war er mit Angie Dickinson zumindest eng befreundet.

Judy Garland war mit Robert Kennedy befreundet. Greta Garbo nahm als Ehrengast an einem Abendessen im Weißen Haus teil, bei dem außer ihr nur noch der Präsident, seine Frau und Kennedys Freund Lem Billings anwesend waren.

Laut Regisseur Joshua Logan habe ihm Marlene Dietrich einmal erzählt: »Jack Kennedy lud mich ins Weiße Haus ein und versuchte, mit mir rumzumachen. Als ich schließlich in den Fahrstuhl stieg, fragte er sehr besorgt: ›Nur noch eins: Hast du je mit meinem Dad geschlafen?‹«

Die Brüder Kennedy brauchten eine Operationsbasis in Kalifornien, und ab 1960 war sie gefunden – das Strandhaus ihres Schwagers Peter Lawford. Bei jedem Szenario, in dem es um Marilyn und die Kennedys geht, taucht Lawford in der Rolle des Verbindungsmannes auf.

Während der glücklichen Zeit des Aufstiegs der Kennedys frönten Peter und Pat Lawford dem süßen Leben in ihrer Luxusvilla, zu der nicht nur ein beheizbarer, fünfzig Meter langer Swimming-pool gehörte, sondern auch ein Filmvorführraum, der ursprünglich für Louis B. Mayer, den Chef von Metro-Goldwyn-Mayer, gebaut worden war.

1960 war der in England geborene Lawford siebenunddreißig. Sein Vater, General im Ersten Weltkrieg, hatte eine schwere Zeit hinter sich, seit er in den dreißiger Jahren nach Florida ausgewandert war. Lawford war einige Jahre später nach Hollywood gezogen, wo er zunächst als Platzanweiser in einem Kino arbeitete, ehe ihm sein gutes Aussehen Hauptrollen in B-Filmen einbrachte.

Mitte der fünfziger Jahre schien Lawfords Schauspielerlaufbahn ihren Höhepunkt erreicht zu haben. Seine Prominenz beruhte hauptsächlich auf seiner pausenlosen gesellschaftlichen Präsenz sowie auf seiner Vorliebe fürs Surfen. Im Frühjahr 1954 heiratete er Patricia »Pat« Kennedy, das sechste Kind und die attraktivste Tochter Joseph Kennedys. 1960, kurz vor John Kennedys Präsidentschaft, ließen sie sich mit ihren drei Kindern in Santa Monica nieder.

Es hatte den Anschein, als wären die Lawfords eine höchst seltene und gelungene Kombination – einer der »Beautiful Beach People« Kaliforniens hatte in eine einflußreiche Dynastie aus dem Osten eingeheiratet. Ein Journalist beschrieb Lawson als »braun gebrannt, lässig und von der merkwürdigen unpersönlichen Freundlichkeit der Überprivilegierten«. Ein anderer befand: »Das Problem bei den Lawfords ist, daß sie offenbar keine Probleme haben.«

Privat standen dem Paar jedoch jede Menge Probleme ins Haus. Die Ehe hielt nicht, und beide waren – nach Auskünften von Nachbarn – bereits schwere Trinker. Lawford trank gern in seiner Privatbar bis zum Morgengrauen; er starb 1984 an einer Lebererkrankung. Freunden und Kollegen zufolge nahm er wahllos alle möglichen illegalen Drogen.

Lawford mochte bizarren Sex. Lady Lawford, seine Mutter, vertraute der Presse einmal etwas vage an, ihr Sohn sei in seiner Jugend viel geschlagen worden. Weiter sagte sie: »Ich bin immer noch der festen Überzeugung, diese Schläge haben mehr als alles andere dazu beigetragen, daß er heute diese Position einnimmt, und Peter pflichtet mir darin bei.«

Von dieser merkwürdigen Stellungnahme einmal abgesehen, bezeugen auch zwei ehemalige Geliebte Lawfords seinen ausgefallenen sexuellen Geschmack. Die eine erinnert sich, daß er, statt mit ihr zu schlafen, »von mir verlangte, ich solle ihn in die Brustwarzen beißen, bis sie bluteten«. Die andere verließ ihn, weil er forderte, daß sie sich an Gruppensex beteiligte.

Dieser traurige Fall von einem Genußmenschen war der Gastgeber der Brüder Kennedy, wenn sie zur Entspannung in Kalifornien weilten. Selbst heute noch ist kaum jemand zu Auskünften darüber bereit, was sich bei diesen Besuchen abspielte. 1984 führte ich jedoch ein längeres Gespräch mit Jeanne Martin, Exfrau des Sängers Dean Martin. Sie und ihr Mann waren häufig im Hause Lawford zu Gast, unter anderem auch, wenn sich sowohl John als auch Robert Kennedy dort aufhielten. Mrs. Martins Erinnerungen sind desillusionierend.

»Meiner Meinung nach spielte Peter den Zuhälter für Jack Kennedy«, sagte Jeanne Martin. »Es war eine üble Angelegenheit – das Ganze machte ihnen mächtig viel Spaß, sie gingen dabei kein bißchen diskret vor. Allerdings hatten die Kennedys sowieso nichts Diskretes an sich, weder Bob noch Jack. Sie führten sich auf wie in der High-School, sehr pubertär. In diesem Strandhaus spielten sich einfach irrwitzige Szenen ab.

Es konnte vorkommen, daß Ethel* in dem einen Zimmer war und Bobby mit irgendeiner Frau in einem anderen. Ja, Bobby war ein Schürzenjäger, aber nicht in dem Maß wie Jack. Jack war da ganz Instinktmensch, verstehen Sie, das ging bei ihm ruckzuck – ›Komm mit rauf, komm ins Bad, ganz egal.‹ An mir war Bobby nicht interessiert, aber ich weiß von einer Freundin, daß sie mit ihm in der Bibliothek war, und ehe sie sich's versah, hatte er die Tür abgeschlossen und sie auf's Sofa geschmissen – unglaublich ...! Es war so banal. Schließlich handelte es sich bei den beiden um den Präsidenten der Vereinigten Staaten und den Justizminister.«

Jeanne Martin war dann und wann anwesend, wenn Marilyn Monroe dem Strandhaus der Lawfords einen Besuch abstattete. Sie war sich »ziemlich sicher«, daß Marilyn mit beiden Brüdern Kennedy sexuell verkehrte, sagt aber: »Wenn man nicht selbst im Schlafzimmer war, ist es unfair, Vermutungen anzustellen.«

Über Marilyns sexuelle Beziehungen zu den Kennedys gibt es andere Zeitzeugen. Aufgrund der vorliegenden Informationen sind wir heute nicht mehr auf Mutmaßungen angewiesen.

30

IM HERBST 1954 hatte sich der damals siebenunddreißigjährige Senator John Kennedy in einer New Yorker Klinik einer größeren Operation unterziehen müssen. Er litt an einer Wirbelsäulenerkrankung und außerdem an der Addisonschen Krankheit, einer progressiven Fehlfunktion der Nebennieren. In der Rekonvaleszenz vergnügte er sich

* Robert Kennedys Ehefrau.

mit Damespielen und schoß mit einem Kindergewehr nach Luftballons.

Priscilla McMillan, eine Reporterin, die Kennedy besuchte, konstatierte eine Atmosphäre »wie in einem Studentenwohnheim«. Ihr fiel ein Becken mit tropischen Fischen auf, eine Bauchrednerpuppe auf dem Bett und ein Marilyn-Monroe-Poster an der Wand, auf dem sie in blauen Shorts die Beine spreizte. Das Bild stand auf dem Kopf, so daß ihre Beine nach oben ragten.

Zwei Jahre vorher hatte Marilyns Aktkalender landesweit für Furore gesorgt, und Tausende von Männern pinnten ihr Bild an die Wand. Doch der kränkelnde Kennedy warf wohl wissendere Blicke auf sein Poster als die meisten anderen. Fast ein Jahrzehnt lang hatte er sich auf seinen Reisen nach Hollywood regelmäßig mit dem bekannten Agenten Charles Feldman getroffen. Anfang der fünfziger Jahre vertrat Feldman Marilyn Monroe, und zwei Zeitgenossen haben Grund zu der Annahme, daß Kennedy bereits 1951 Marilyn über Feldman kennenlernte.

Feldmans langjährige Sekretärin Grace Dobish ist der Meinung, eine solche Begegnung habe stattgefunden. Alain Bernheim, der mit Feldman zusammenarbeitete und Marilyn gut kannte, glaubt, sie habe an einem Abendessen teilgenommen, das Feldman zu Ehren Kennedys gab. Bernheim, der Kennedy nach Hause fuhr, kann sich allerdings erinnern, daß sein Fahrgast in dieser Nacht ein anderes Mädchen mitnahm.

Zwei Freunde Marilyns berichten ebenfalls, sie sei in den fünfziger Jahren Kennedy begegnet. Laut Robert Slatzer erwähnte sie, sie habe Kennedy während ihrer Ehe mit DiMaggio getroffen – auch im Hause Charles Feldmans – und später in New York, als sie mit Arthur Miller verheiratet war. Arthur James, ein Freund von Charlie Chaplin jr., mit dem Marilyn Ende der vierziger Jahre liiert war, äußert sich präziser über ihre Beziehungen zu den Kennedys.

Mr. James war Mitte der fünfziger Jahre ein wohlhabender Makler, der sich viel in Malibu aufhielt, wo er heute noch lebt. Er sagt, bereits 1954, als ihre Ehe mit DiMaggio zerbrach, sei Marilyn eine Liaison mit John Kennedy eingegangen. Marilyn habe ihm, James, erzählt, sie habe sich mit Kennedy getroffen, wenn er in Kalifornien war, und Arthur James persönlich sah die beiden einmal zusammen.

»Obwohl Jack Kennedy Senator war«, erinnert sich James, »kannte ihn hier kaum einer. Er und Marilyn konnten sich eine Menge erlauben. Manchmal fuhren sie auf einen Drink ins Malibu Cottage, damals eine der vergammeltsten Kneipen, die man sich vorstellen konnte. Es war nichts weiter als eine Bar mit etwa acht Hockern und Sägespänen auf dem Fußboden, doch zu der Zeit tauchten dort regelmäßig einige der prominentesten Figuren Hollywoods auf.«

James, der heute noch nicht recht begreifen kann, daß sich damals »alles so verdammt offen abspielte«, berichtet, er habe Senator John Kennedy und Marilyn bei einem Strandspaziergang in der Nähe des Piers von Malibu gesehen. Von Marilyn wisse er, daß sie und Kennedy heimlich im Holiday House Motel in Malibu sowie in einem anderen Hotel übernachteten dort, wo der Sunset Boulevard in den Pacific Coast Highway mündet – damals eine beliebte Absteige für Paare, die auf Diskretion Wert legten.

»Ich glaube, Jack Kennedy war es nie besonders wichtig«, meint Arthur James, »aber Marilyn kam nicht drüber weg, am allerwenigsten, nachdem er Präsident geworden war. Das Hauptquartier der beiden wurde dann übrigens Peter Lawfords Haus, drüben in Santa Monica.«

Peter Lawford, den ich kurz vor seinem Tod im Jahr 1984 interviewte, lernte Marilyn bereits 1950 kennen. Er begegnete ihr zum erstenmal in der Agentur William Morris, dann auf einer Party, und fand Gefallen an ihr.

»Ich werd nie vergessen, wie ich sie zu unserer ersten Verabredung abholte«, sagte Lawford. »Als ich in ihr Apartment kam, mußte ich einen Bogen machen, weil Hundescheiße auf dem Boden lag. Marilyn guckte kurz und sagte: ›Oh, er hat's wieder getan.‹ Beim Essen war sie dann sehr schweigsam, aber ich traf sie noch ab und zu. Wir fuhren mit dem Jeep zum Surfen nach Malibu. Ich weiß noch, daß sie einen großen Sonnenhut trug, um ihre Haut zu schützen.«

Lawford gab sich Mühe, die Tatsache zu vertuschen, daß er sich in Marilyn verknallt hatte und sie ihm die kalte Schulter zeigte. Sie beschwerte sich über ihn bei Anne, der Mutter Fred Kargers. »Lawford stellte ihr nach und rief sie permanent an«, erinnert sich Annes Freundin Vi Russell, »und sie tauchte um drei Uhr morgens bei uns zu Hause auf, um ihn abzuschütteln und ein wenig Schlaf zu bekommen.

Ich glaube, sie war nicht in Peter Lawford verliebt; sie sprach ständig davon, daß er sie ganz schön nervte.«

Lawford und Marilyn liefen sich im Lauf der Jahre noch oft über den Weg, wenn auch in sicherer Entfernung. Beide waren Wochenendgäste im Haus Gene Kellys, der seine prominenten Freunde gern mit Volleyball-Parties strapazierte, die in der Regel *nach* der normalen Party begannen, wenn die Sonne wieder aufging. Zu der Zeit war Lawford bereits mit Pat Kennedy, seiner späteren Frau, liiert.

Pat Lawford mochte Marilyn und hatte den Eindruck, daß sie Hilfe brauchte. Laut Peter Lawford war es ihre Idee, Marilyn in den Monaten, bevor John Kennedy Präsident wurde, in ihr Strandhaus einzuladen.

Lawford, dessen treue Ergebenheit für Kennedy an Vergötterung grenzte, leugnete kategorisch, daß es zwischen Marilyn und Jack oder Robert Kennedy eine Affäre gegeben habe. Einem Beamten des Staatsanwalts von Los Angeles erzählte er 1982 anläßlich neuer Ermittlungen über Marilyns Tod, sie habe John Kennedy erst 1961 kennengelernt, als er schon Präsident war. Lawford behauptete, die beiden hätten sich auf einer Party getroffen, bei der Marilyn zufällig als Gast anwesend war. »Dieses ganze Gerede über eine Affäre ist dummes Zeug«, sagte mir Lawford. Aus dem Munde einer Frau, die ihn sehr genau kannte, klingt das ganz anders.

1976 heiratete Peter Lawford zum dritten Mal, und zwar eine angehende Schauspielerin namens Deborah Gould. Er war zweiundfünfzig, sie fünfundzwanzig, und die Verbindung hielt nur einige Monate. Deborah Lawford entdeckte, daß sie einen Mann geheiratet hatte, der sich ihrer Meinung nach »selbst zerstörte«. Außer Alkohol nahm er auch andere Drogen, vor allem Kokain und das als »angel dust« (Engelsstaub) bekannte PCP, eine äußerst gefährliche Chemikalie, die nicht selten als LSD verkauft wird.

Ich interviewte Deborah Gould 1983 und erwähnte, daß Lawford intime Verbindungen zwischen Marilyn und den Brüdern Kennedy abgestritten hatte. Als er eines Nachts »ziemlich high« war, äußerte sich Lawford ihr gegenüber freimütiger. Er legte seinen Kopf in ihren Schoß und erstattete ihr ausführlich Bericht über die Kennedys und Marilyn.

»Peter erzählte mir«, sagte seine Exfrau, »daß Jack – er nannte ihn nur Jack – schon immer Marilyn Monroe kennenlernen wollte; es war ein langgehegter geheimer Wunsch von ihm. Ob Peter das arrangieren könne? Er tat es – er machte alles, worum man ihn bat.«

Unter Berufung auf ihren Exmann berichtet Deborah Gould, Marilyns Affäre mit John Kennedy habe vor seiner Präsidentschaft angefangen und nach seiner Wahl angedauert. Ihre Angaben wurden von Lawsons zweiter Frau Mary Rowan in einem Interview erhärtet, das sie gab, als dieses Buch in den Druck ging. Beide Exfrauen wollen von Lawford erfahren haben, daß Marilyn mit John und Robert Kennedy etwas hatte. Deborah Gould äußerte sich über das Ende von Marilyns Liaison mit dem Präsidenten und darüber, wie sie sich mit Robert Kennedy einließ. Auf dieses Thema komme ich später zurück.

Deborah Gould sagt, Lawford habe sich am Morgen nach seiner Erzählung große Sorgen gemacht. Er konnte sich nicht mehr genau erinnern, was er ausgeplaudert hatte. Am selben Tag mußte er nach New York fliegen, und von dort aus rief er sie an, immer noch verstört über das mögliche Ausmaß seiner Enthüllungen. »Er verlangte von mir«, sagt Deborah, »alles zu vergessen, was er mir gesagt hatte.«

Als Kennedys Wahlkampf Anfang 1960 auf Hochtouren lief, wurde das Haus der Lawfords in Santa Monica zu einem Treffpunkt der Berater des Präsidentschaftskandidaten. Zu ihnen gehörte der Politstratege Pete Summers, dem in Kennedys Planungsstab die wichtige Aufgabe zufiel, die Kontakte zu den großen Fernsehgesellschaften zu pflegen. Summers begegnete Marilyn mehrmals in Kennedys Anwesenheit, und zwar immer bei den Lawfords, und immer gehörte sie zu einer Gruppe von etwa einem Dutzend.

»Sie waren sehr eng befreundet«, erinnert sich Summers. »Ich würde sagen, sie war ein besonders gern gesehener Gast – der Präsident mochte Marilyn wirklich sehr gern. Sie war reizend, vielleicht ein klein wenig nervös; aber die Nervosität hing wohl damit zusammen, daß sie sich auf einem für sie neuen Terrain bewegte, unter lauter Leuten, die sich mit Haut und Haaren der Politik verschrieben hatten. Sie war nicht völlig unbefangen. Ich hatte den Eindruck, sie war von Kennedys Charme und Charisma dermaßen beeindruckt, daß sie richtig glänzende Augen bekam ... In Gesprächen konnte sie durchaus ihre Frau stehen; sie war ein sehr gescheiter Mensch.«

Wenn man Marilyns psychische Probleme, ihren Alkohol- und

Tablettenmißbrauch bedenkt, könnte man sich fragen, worin ihre Anziehungskraft für Kennedy bestand. Dazu ist zu sagen, daß sie nie ihre Fähigkeit verlor, ihren Kummer unter einer Maske von strahlender Schönheit zu verbergen. Davon abgesehen, war sie in politischen Dingen inzwischen versierter, als man je wahrhaben wollte.

Seit Jahren, besonders während der Ehe mit Miller, hatte Marilyn Umgang mit Leuten gepflegt, die oft und gern über Politik sprachen. In New York hatte sie eine dauerhafte Freundschaft mit dem bedeutenden Journalisten Lester Markel angeknüpft.

Mit fünfundzwanzig hatte Markel als stellvertretender Chefredakteur bei der *Herald Tribune* gearbeitet, fast ein halbes Jahrhundert lang war er Chefredakteur der Sonntagsausgabe der *New York Times.* Marilyn hatte ihm Mitte der fünfziger Jahre geschrieben, als sie wieder einmal das Bedürfnis verspürte, ihren intellektuellen Horizont zu erweitern. Nach einem gemeinsamen Abendessen im Restaurant Sardi's verblüffte der sechzigjährige Markel, in seinem Beruf ebenfalls ein Star, seine Kollegen, indem er für Marilyn eine Besichtigung durch die Redaktionsräume der *Times* veranstaltete.

Nachdem Markel vierundachtzigjährig in den siebziger Jahren verstorben war, entdeckte seine Tochter – in der hintersten Ecke einer Schreibtischschublade – einen Brief, den ihm Marilyn im März 1960, während der Dreharbeiten zu *Machen wir's in Liebe,* geschrieben hatte. Dieser Brief belegt auf bemerkenswerte Weise Marilyns Intelligenz und ihren politischen Durchblick:

> Liebster Lester,
> ich bin immer noch im Bett. Ich lag einfach so rum und dachte an dies und das – sogar an Dich ... Was unser politisches Gespräch neulich angeht: daß es *gar keinen* gibt, nehme ich zurück. Wie steht's mit Rockefeller? Erstens ist er Republikaner wie die New York Times, und zweitens, was besonders interessant ist, ist er liberaler als viele Demokraten. Vielleicht ist er ja entwicklungsfähig? Gegenwärtig könnte jedoch Humphrey der einzige sein. Aber wer weiß das schon genau, schließlich ist es ziemlich schwierig, irgend etwas über ihn zu erfahren. (Dabei denke ich an keine bestimmte Zeitung!) Stevenson hätte es natürlich schaffen können, wenn es ihm gelungen wäre, mit Leuten zu reden statt mit

Professoren. Klar, einen wie Nixon hat es noch nie gegeben, weil die anderen wenigstens noch Seelen besaßen! Richter William Douglas wäre zwar der ideale Präsident, aber der ist geschieden, also kommt er nicht in Frage – doch ich hab 'ne Idee – wie wär's mit Douglas als Präsident und Kennedy als Vizepräsident, dann würden die Katholiken, die nicht für Douglas gestimmt hätten, Kennedy wählen, darum würde es nichts ausmachen, daß er geschieden ist! Dann könnte Stevenson Außenminister werden! ... Es stimmt, ich bin ziemlich oft in Deinem Haus, um meine wundervolle Ärztin* zu besuchen, wie Du bereits von Deinen Spionen weißt. Ich wollte allerdings vermeiden, daß Du einen Blick auf mich erhaschst, ehe ich meinen neuen Somali-Leopard trage. Ich will, daß Du mich für ein Raubtier hältst.

Es küßt Dich, in Liebe Marilyn

P. S. Slogans für die späten '60er:

»Nix mit Nixon«
»Über den Berg humpeln mit Humphrey (?)«
»Stümpern mit Stymington«
»Bis Weihnachten wieder in Boston – Kennedy«

Dies war offensichtlich der Brief eines Menschen, der sich entweder in der Politik auskannte oder sich – was in Marilyns Fall wahrscheinlicher ist – einen Schnellkurs in aktueller Politik verabreicht hatte.

Inzwischen unterhielt sich Marilyn regelmäßig mit den Greensons, die in politischen Fragen einen gelassen liberalen Standpunkt vertraten. Sie hielten Marilyn für ziemlich radikal. »Marilyn trat leidenschaftlich für Gleichberechtigung ein, forderte mehr Rechte für die Schwarzen und Armen«, erinnert sich Joan Greenson. »Sie erklärte sich nachdrücklich mit den Arbeitern solidarisch und fühlte sich ihnen immer zugehörig.«

Als sie vor Jahren ihr erstes Weiterbildungsprogramm durch Lektüre absolvierte, hatte sie sich bewundernd über den indischen Staatsmann Nehru geäußert. Sie fand auch, Fidel Castro sollte in Kuba eine

* Die Markels wohnten im selben Gebäude wie die Strasbergs und Marilyns damalige Analytikerin Dr. Marianne Kris.

Chance bekommen, zu zeigen, ob er wirklich demokratische Verhältnisse zulassen wollte.

Im Frühling 1960 tauchte ihr Name an erster Stelle einer Liste von bekannten Persönlichkeiten Hollywoods wie Marlon Brando, Gene Kelly, Shirley MacLaine und Peter Lawford auf, die SANE unterstützten, das »National Committee for a Sane Nuclear Policy« (Komitee für eine vernünftige Atompolitik). Auf eine Reporterfrage, was für Träume oder Alpträume sie habe, erwiderte Marilyn: »Mein Alptraum ist die H-Bombe. Und Ihrer?«

Marilyn besaß einen gesunden Skeptizismus, was die amerikanische Außenpolitik jener Zeit betraf, der den damaligen Rechten womöglich nicht so gesund vorkam. Im Sommer 1960 führte sie mit Rupert Allan, einem ihrer Presseagenten, ein Ferngespräch, um über die morgendlichen Zeitungsschlagzeilen zu diskutieren. Sie war befremdet, daß man einer Meldung über das Eindringen eines amerikanischen Marineflugzeugs in den sowjetischen Luftraum nicht größere Aufmerksamkeit widmete. Während Moskau behauptete, es handele sich um ein Spionageflugzeug, behauptete Washington, es führe lediglich Meeresuntersuchungen durch. Dieser Unschuldsbeteuerung war erst wenige Wochen zuvor die falsche Behauptung der USA vorausgegangen, das von den Sowjets abgeschossene U-2-Flugzeug des CIA sei einzig und allein mit Wetterbeobachtung betraut gewesen.

Marilyn wollte wissen, warum diese brandaktuelle Meldung wie eine Nebensache behandelt wurde. Der ehemalige Marinesoldat Allan antwortete, vielleicht sage die US-Regierung diesmal ja die Wahrheit. »Ich weiß nicht, Rupert«, meinte Marilyn. Andererseits war Marilyn, wie Allan berichtet, »überzeugte Amerikanerin. Sie war sehr proamerikanisch eingestellt, manchmal auf geradezu naive Weise.«

Marilyn war eingeschriebene Demokratin. Als im April 1960 die Vorwahlen im Gange waren, benannte das Stadtkomitee der Demokraten von Roxbury, wo sie und Arthur Miller ihren Wohnsitz hatten, Marilyn als stellvertretende Kandidatin.

»Wäre es nicht schön«, sagte ein Sprecher des Komitees, »wenn Marilyn als Delegierte zum Parteikonvent führe?« Diese Geste war nicht so ganz ernst gemeint, doch am Vorabend des Parteitags berichtete eine Zeitung in Los Angeles, daß »Marilyn Monroes Freunde in der Demokratischen Partei sie zur Teilnahme drängen«.

31

IN DER ZWEITEN Juliwoche des Jahres 1960 trafen sich die Demokraten – zum ersten Mal seit vierzig Jahren wieder in Los Angeles –, um ihren Präsidentschaftskandidaten zu wählen. Kennedys traten selbstverständlich en masse auf: die Brüder John und Robert mit ihrem Vater Joseph; letzterer versteckte sich in einer Villa in Beverly Hills, die ihm Marion Davies, eine der großen Filmdiven aus seiner eigenen Ära, zur Verfügung gestellt hatte.

Von Marilyn Monroe keine Spur, ihr Name fiel nicht einmal – außer hinter den Kulissen, im Beverly Hilton Hotel. Der Musiker Fred Karger, den Marilyn zehn Jahre vorher gern geheiratet hätte, weigerte sich, auf einem Ball zu spielen, wo John Kennedy anwesend war. Wie Kargers erste Frau Patti berichtet, zog er seine gesamte Band zurück, weil er »gehört hatte, daß Kennedy mit Marilyn herummachte, und das fand er abscheulich«. Die Demokraten behalfen sich mit Frank Sinatra und Judy Garland.

Marilyn bekam man aus gutem Grund nicht zu sehen: Während der kurzen Drehpause zwischen *Machen wir's in Liebe* und *The Misfits – Nicht gesellschaftsfähig* hielt sie sich in New York auf. Als bekannt wurde, daß Kennedy nominiert worden war, verpaßte ihr der Schauspieler Ralph Roberts, der zu der Zeit ihr Freund und Masseur wurde, gerade eine Massage in ihrem Apartment in der 57. Straße.

Zwei Tage später, bei Sonnenuntergang, verkündete ein müder Kennedy im Los Angeles Coliseum: »Wir stehen heute kurz vor einer neuen Grenze – der Grenze der sechziger Jahre –, eine Grenze, die unbekannte Chancen und Gefahren birgt ... Ich bitte Sie alle, die neuen Pioniere in diesem neuen Grenzland zu sein.«

Inzwischen war Marilyn offenkundig nach Los Angeles geflogen und in der Nacht seines Triumphes bei Kennedy.

In dieser Nacht schmiß Peter Lawford für Kennedy eine Party, und dazu borgte er sich den Chefbarkeeper von Romanoff's aus, dem Restaurant in Beverly Hills, das einem von Marilyns ältesten Freunden gehörte. Dieser Barkeeper, Ross Acuna, war es gewohnt, die Prominenz bei ihren Amüsements zu beobachten, und er besitzt ein gutes Gedächtnis.

Über die Partynacht nach Kennedys Rede im Coliseum berichtet

Acuna: »Ich sah, daß Sammy Davis mit Marilyn Monroe hereinkam. Was das bedeutete, war mir nicht ganz klar, aber schließlich bin ich Barkeeper; da sieht man eine Menge und hält den Mund. Na, kurz darauf tauchte dieser junge Kennedy auf, er hatte gerade im Coliseum seine Rede gehalten. Wenn der einen Drink bestellte, sagte er mir nie, was er haben wollte – er schrieb's auf einen Zettel, weil ihn nach seinen vielen Reden die Stimme im Stich gelassen hatte. Er trank immer Daiquiris. Mir fiel bald auf, daß die Monroe und der junge Kennedy ziemlich eng befreundet waren. Sammy Davis? Den haben sie, glaube ich, bloß gebeten, die Monroe mitzubringen.«

Jeanne Carmen, die damalige Vertraute und Nachbarin Marilyns am Doheny Drive, sagt ebenfalls, daß sich Marilyn in dieser Nacht mit Kennedy traf. Sie beruft sich auf Marilyn persönlich, die es ihr gegenüber Monate später erwähnte. Pete Summers, Kennedys Wahlkampfplaner, der ihn zu Beginn des Jahres mit Marilyn zusammen gesehen hatte, traf die beiden jetzt wieder. Ihm fiel auf, daß sich Marilyns Unsicherheit in Kennedys Gegenwart verflüchtigt hatte: »Als ich sie kurz nach der Nominierung ein paarmal zusammen sah, machte sie auf mich einen viel gelösteren Eindruck.«

Sollte Marilyn John Kennedy tatsächlich auf dem Parteikonvent der Demokraten getroffen haben, so geschah es zu der Zeit, als sie gerade wegen Yves Montand und ihrer gefährdeten Ehe mit Miller nervlich schwer belastet war.

Später, am Drehort von *The Misfits,* fragte Marilyn den britischen Korrespondenten W. J. Weatherby, was er von Kennedy halte. Weatherby antwortete vorsichtig, er ziehe ihn Nixon vor. Marilyn, die auf den Journalisten einen »verschmitzten ... aufgeregten« Eindruck machte, sagte, wie schön es doch wäre, einen so jungen und gutaussehenden Präsidenten zu haben.

»Wollen Sie damit sagen, daß er ein Hollywood-Image hat?« fragte Weatherby.

»Sie müssen doch zugeben«, entgegnete Marilyn, »daß es mit so einem besser ist als mit häßlichen alten Scheusalen, die weder was im Kopf haben *noch* gut aussehen.«

Dann erzählte sie Weatherby, sie wolle, daß Kennedy im November gewinne. So war es natürlich auch, und am Tag nach der Wahl schrieb Art Buchwald:

»Laßt uns an der Monroe-Doktrin festhalten
Wer wird der nächste Botschafter bei der Monroe? Das ist eins der vielen Probleme, mit denen sich der gewählte Präsident Kennedy im Januar beschäftigen muß. Es liegt auf der Hand, daß man die Monroe nicht im Schwebezustand belassen kann. Viel zu viele habgierige Menschen haben ein Auge auf sie geworfen, und nun, da Botschafter Miller seinen Abschied genommen hat, könnte sie sich womöglich ziellos treiben lassen.«

Außer ihrer Analytikerin und ihren engsten Freunden wußten nur wenige, wie verzweifelt Marilyn umhertrieb. Es waren die einsamen drei Monate vor ihrem qualvollen Aufenthalt in der Psychiatrischen Klinik Payne-Whitney; mit Miller war es aus, Montand wollte endgültig nichts mehr von ihr wissen, und Marilyn driftete rapide in den Tablettenmißbrauch ab. Ein wenig Trost fand sie bei gelegentlichen Besuchen im Actors' Studio, und dort traf sie auch zufällig W. J. Weatherby wieder. Die beiden gingen einen trinken, und so nahm eine Reihe von Gesprächen ihren Anfang, um die den Engländer jeder Journalist beneidet hätte. Weatherbys Kontakt mit Marilyn ist bewiesen, seit sein Name 1986 in ihrem Adreßbuch gefunden wurde.

In den kommenden Wochen trafen sich Weatherby und Marilyn mehrmals in einer Bar an der New Yorker Eighth Avenue. Beim ersten Drink beäugte Marilyn argwöhnisch Weatherbys Notizbuch; dann beschloß sie, ihm zu vertrauen. »Machen Sie sich meinetwegen Notizen«, sagte sie, »aber schreiben Sie jetzt nichts über mich; erst, wenn ich mich zur Ruhe setze!« Prompt zeichnete Weatherby ihre Gespräche in zwei Stenographieblöcken auf und hielt sich auch bis lange nach ihrem Tod an Marilyns Embargo. Im Zusammenhang betrachtet, sind ihre Bemerkungen über die Kennedys aufschlußreich.

Als Weatherby einen Monat nach der Wahl zu sagen wagte, John Kennedy gebe nicht nur vernünftige Sachen von sich, fuhr Marilyn ihm kurz angebunden über den Mund. »Und ob er das tut!«, erwiderte sie in scharfem Tonfall.

Joan Greenson, die Tochter von Marilyns Psychiater, erinnert sich, daß Marilyn »bei allem gleich schwarz oder weiß sah, richtig oder falsch, gut oder böse. Die Intensität ihrer Empfindungen erschwerte manchmal das Gespräch.« Weatherby fand das auch heraus.

Im Januar 1961 tauchte Marilyn zu einer Verabredung in einem

Zustand auf, der Weatherby erschreckte. Sie sagte, sie habe Tabletten geschluckt, und ihre Stimmung schwankte zwischen überdreht und gereizt – mal formulierte sie klar und verständlich, dann wieder war sie deprimiert und schwieg lange. Sie unterhielten sich über Bürgerrechte; Marilyn hatte erwähnt, sie habe einmal eine Affäre mit einem jungen Schwarzen gehabt, und Weatherby war mit einer Schwarzen zusammen. Nun wagte er, die Ansicht zu vertreten, Kennedy werde sich nur begrenzt für die Sache der Schwarzen einsetzen. »Der Präsident macht keine halben Sachen . . .«, beteuerte Marilyn. »Die Kennedys wissen schon alles über die Situation . . . Warten Sie nur ab. Ihnen steht noch eine Überraschung bevor.«

Als ich zwanzig Jahre danach mit ihm sprach, konnte sich Weatherby noch genau erinnern, wie »Marilyn nicht duldete, daß ich Kennedy auch nur mit einem Wort kritisierte. Sie redete, als wisse sie mehr, als besäße sie Insiderinformationen.«

Bei ihrer nächsten Begegnung, der letzten in diesem Jahr, war Marilyn wieder benebelt. Begeistert sprach sie davon, ihrem verstorbenen Schauspiellehrer Michael Chekhov ein Denkmal zu errichten, und erwähnte offenbar allen Ernstes, vielleicht werde ihr der Präsident persönlich dabei helfen. »Wenn der Name des Präsidenten fiel, wirkte sie wie ein Mädchen, das sein Idol anhimmelt«, erinnert sich Weatherby. Ihm kam das merkwürdig vor, und er wechselte rasch das Gesprächsthema.

Vor seiner Wahl und auch danach stieg John Kennedy am liebsten im Carlyle Hotel ab, wenn er in New York war. Dort fand er eine Suite mit einem phantastischen Blick auf Manhattan vor, eine Direktion, die ihm jeden Wunsch von den Augen ablas, und absoluten Respekt für seine Privatsphäre. Es konnte zwar sein, daß die Presse unten Ausschau hielt, aber seit er Präsident geworden war, begleiteten ihn Geheimdienstleute auf seinem privaten Fluchtweg – einem Tunnelsystem, das das Carlyle mit den umliegenden Gebäuden verband. Das Hotel lag achtzehn Häuserblöcke von Marilyns Wohnhaus entfernt.

Jane Shalam, die einer in New Yorker politischen Kreisen prominenten Familie entstammt, untermauert Berichte, Marilyn habe Kennedy im Carlyle besucht. Von Miss Shalams Wohnung aus konnte man auf den Seiten- oder Hintereingang des Carlyle sehen. »Ich sah Marilyn ständig aus und ein gehen«, sagt Jane Shalam, »und jedenfalls ging sie so oft aus und ein, daß es auffiel. Meistens erkannten die Leute sie gar nicht; wenn sie sich nicht schminkte und dann noch ihre Haare zurückkämmte, bemerkte niemand, daß sie Marilyn Monroe war. Ich stellte fest, daß sie dorthin ging, wenn die Kennedys im Hotel wohnten. Augenscheinlich gab es auch keinen anderen Grund für ihre Anwesenheit.«

Wie andere Sterbliche mußte auch der Präsident einmal auf Marilyn warten, als er sie zu einem intimen Abendessen ins Carlyle einlud; das berichtet wenigstens der Reporter Earl Wilson und beruft sich dabei auf den »Strohmann«, der Marilyn zu dem Stelldichein begleitete. Dessen Identität gibt Wilson zwar nicht preis, doch Peter Lawfords Agent Milt Ebbins übernahm einmal eine ähnliche Aufgabe.

Ebbins kann sich erinnern, daß Marilyn ihn bat, er möge sie zu einer Party in der Park Avenue begleiten. Mit zwei Stunden Verspätung brachte er sie schließlich dorthin, schleuste die mit Perücke, Kopftuch und Sonnenbrille maskierte Marilyn unerkannt an etlichen Reportern im Foyer vorbei und wurde gleich darauf links liegengelassen. Der Präsident war ebenfalls anwesend, und als Ebbins sich fortstahl, befand Marilyn sich in dessen Gesellschaft.

Marilyn persönlich erzählte mehreren Leuten von ihrer Beziehung zu John Kennedy. Die inzwischen verstorbene Paula Strasberg erwähnte privat, Marilyn habe ihr von der Affäre berichtet. Sie ergänzte, in ihrem Besitz befänden sich Briefe zu diesem Thema, die sie »an einem sicheren Ort in einer Kassette verwahrt« habe, »die fünfzig Jahre lang nicht geöffnet wird, um niemandem zu schaden«.

Auch mit ihrem alten Freund, dem Journalisten Sidney Skolsky, sprach Marilyn über John Kennedy. 1983, einige Wochen, bevor er starb, sagte Skolsky: »Sie erzählte mir, sie habe eine Affäre mit dem Präsidenten, und ich glaubte ihr.« Erst Jahre nach ihrem Tod veröffentlichte Skolsky etwas über Marilyns vertrauliches Bekenntnis, und zwar folgende Überlegung: »Ich muß bekennen, daß es mir immer noch schwerfällt, Vermutungen anzustellen, was mit mir hätte passieren können, wenn ich etwas über diese Liaison in meiner Kolumne geschrieben hätte, als ich zum erstenmal davon hörte.«

Laut Skolsky nannte Marilyn im Gespräch Kennedy immer »den Präsidenten«, seinen Vornamen benutzte sie nie. »Sie beschwerte sich bei mir«, erinnerte sich Skolsky, »wie schwierig es sei, mit dem

Präsidenten allein zu sein. Sogar wenn Marilyn und der Präsident in Peter Lawfords Haus am Strand von Santa Monica allein waren, mußten sie ein Licht brennen lassen. Wäre irgend etwas passiert und das Licht ausgegangen, hätten die Geheimdienstleute die Tür eingetreten und wären ins Zimmer gestürmt. Dazu ist es allerdings nie gekommen, soweit ich weiß!«

Auch zwei andere Journalisten von der Westküste behaupten, aus erster Hand von Marilyns Affäre mit dem Präsidenten erfahren zu haben. James Bacon, der langjährige Bekannte Marilyns, sagt: »Zu der Zeit – ich glaube, es war nicht einmal ein Jahr vor ihrem Tod – trank sie viel, und sie sagte, sie schlafe mit Jack Kennedy. Sie verriet mir, mit dem Vorspiel gebe er sich gar nicht ab, da er ständig in Eile sei.«

Jimmy Starr, damals ebenfalls Kolumnist in Los Angeles, erfuhr von der Schauspielerin Angie Dickinson, die damals mitteilsamer war als heute, von Marilyns Beziehung zu Kennedy. Wie Skolsky und Bacon veröffentlichte Starr seine Informationen damals nicht.

»Als er Präsident wurde«, berichtete Marilyns New Yorker Vertrauter Henry Rosenfeld, »war sie ganz aus dem Häuschen. Ihrer Meinung nach war er der wichtigste Mensch der Welt, und sie war mit ihm befreundet. Sie war so aufgeregt, man hätte sie für einen Teenager halten können.«

Genau wie Skolsky war Rosenfeld der Ansicht, obwohl Marilyn indiskret war, genoß sie es auch, daß die ganze Angelegenheit so geheim war. Wenn sie am Telefon den Präsidenten erwähnte, sprach sie manchmal von »du weißt schon wer«.

Rosenfeld war der Meinung, daß »sie sich in New York gelegentlich in einem Haus in der 53. Straße trafen, in der Nähe der Third Avenue. Und Marilyn verabredete sich ein- oder zweimal in Washington mit ihm, obwohl ich ziemlich sicher bin, daß sie nie im Weißen Haus war.«

1984 sprach ich in Los Angeles mit Marilyns letzter Presseagentin Pat Newcomb, mit der Frau also, die gegen Ende ihres Lebens am häufigsten um sie war. Pat kannte John Kennedy schon vor der Wahl und wurde zu einer Freundin der Familie Kennedy. Auf meine Frage nach Marilyns Beziehung zum Präsidenten erwiderte Pat Newcomb nur: »Kein Kommentar.« Nach Marilyn und Robert Kennedy befragt, antwortet sie: »Davon wußte ich nichts.«

Fast alle Freunde der Kennedys schwiegen sich zum Thema Marilyn aus – bis auf eine bemerkenswerte Ausnahme. Genau wie John Kennedy wurde Senator George Smathers aus Florida 1947 neu in den Kongreß gewählt und noch vor ihm in den Senat. Als einziger Politiker fungierte Smathers bei Kennedys Hochzeit als Platzanweiser, und während dessen Präsidentschaft war er bereits ein alter Freund und Vertrauter. Heute ist er über siebzig und unterhält immer noch seine Anwaltspraxis in Florida.

Senator Smathers sagt, er habe zum erstenmal aus John Kennedys Mund etwas über Marilyn gehört und später im Zusammenhang mit Robert Kennedy. »Ich hab nie geglaubt, daß Jack Kennedy mit Marilyn Monroe viel am Hut hatte; das änderte sich erst nach Bobby«, erzählt er. »Er hat sie Bobby ausgespannt oder so was in der Art – Jack spannte andauernd seinen Brüdern oder einem Freund das Mädchen aus, für ein kurzes Verhältnis.«

Smathers fügte hinzu, er habe von Marilyn auch »aus der Umgebung des Weißen Hauses und aus Familienkreisen« gehört. Er habe bei Stephen Smith, dem Schwager der Kennedys, nachgefragt, der ebenfalls meinte: »Soviel ich weiß, war Bobby der erste, der sich mit Marilyn Monroe eingelassen hat.«

Eine erdrückende Menge zwingender Beweise läßt darauf schließen, daß Marilyn tatsächlich mit beiden Kennedy-Brüdern liiert war. Der Präsident sah in ihr vermutlich nur eine von vielen Gespielinnen. Doch Robert, der »Puritaner«, wie sein älterer Bruder ihn nannte, hatte sich wohl auf eine stärkere Bindung zu ihr eingelassen.

Robert Kennedy trat kaum jemals öffentlich in Begleitung Marilyns auf. Aber einmal wurden die beiden von einem Mann beobachtet, der die Kennedys gut kannte: von Stanley Tretick, dem Fotografen der Zeitschrift *Look*, der einige der denkwürdigsten Fotos aus dem Privatleben der First Family aufnahm. Er hatte Zugang zum Weißen Haus, besuchte das Anwesen der Kennedys in Hyannis Port und begleitete Robert Kennedy oft auf Reisen.

Tretick sah den Justizminister und Marilyn bei einem gesellschaftlichen Ereignis, »nur für geladene Gäste« – wie er meint, war das bei einem Aufenthalt in San Francisco und während der letzten neun Monate vor Marilyns Tod. »Sie tanzten zusammen«, berichtet er. »Es war in einem Hotel, eine piekfeine, halbprivate Angelegenheit, so was wie eine Wohltätigkeitsveranstaltung. Sie tanzten sehr eng, dicht aneinandergeschmiegt, und es sah recht romantisch aus. Damals dachte ich bei mir: ›Na, die beiden geben aber ein hübsches Paar ab‹, aber diese Eingebung verdrängte ich einfach wieder.«

Tretick fotografierte das Paar nicht. Er erinnert sich: »Es gab Gelegenheiten, da konnte man nicht fotografieren, oder etwas war für die Geschichte, an der ich arbeitete, nicht von Interesse. Ich weiß nicht mal, ob ich meine Kameras dabeihatte. An diesen Vorfall erinnere ich mich nur deshalb, weil die beiden so gut zusammenpaßten, es sah aus, als verstünden sie sich sehr gut ...«

Es gibt noch jemand, eine Augenzeugin, die keinerlei Zweifel hat, welcher Natur Marilyns Beziehung zu Robert Kennedy war: Jeanne Carmen, Marilyns Nachbarin am Doheny Drive. Sie erinnert sich an eine bemerkenswerte Episode, die sich wahrscheinlich im Frühjahr 1962 zutrug: »Eines Abends war ich drüben bei Marilyn, als es klingelte. Sie lag in der Badewanne und rief, ich solle hingehen. Ich öffnete, und da stand Bobby.« Jeanne Carmen behauptet, sie habe den Justizminister sofort erkannt, sei aber völlig verdattert gewesen. Letzteres habe auch für Robert Kennedy gegolten. »Er schien nicht zu wissen, ob er nun fortlaufen, weggehen oder bleiben solle«, sagt Jeanne Carmen. »Ich war wie gelähmt und wiederholte dauernd: ›Kommen Sie doch rein‹, blieb aber in der Tür stehen. Schließlich gab ich den Weg frei, und schon kam Marilyn aus dem Bad gestürzt und warf sich ihm in die Arme ... sie küßte ihn vor meinen Augen, sonst nicht ihre Art ...«

An diesem Abend, berichtet Miss Carmen, trank sie – in einer etwas peinlichen Atmosphäre – ein Glas Wein mit Marilyn und Robert Kennedy und ließ die beiden dann allein. Marilyn habe ihr eine Weile vor diesem Abend erzählt, daß sie sich mit John Kennedy getroffen hatte, ohne jedoch Einzelheiten zu erwähnen.

Bei einer anderen Gelegenheit seien John und Robert mit einigen Begleitern vorbeigekommen, aber sehr schnell mit Marilyn wieder abgezogen. Jeanne Carmen sagt weiter, sie sei Robert Kennedy noch einmal begegnet. Die näheren Umstände läßt sie sich nur widerstrebend entlocken – verständlicherweise. Wenn ihre Angaben zutreffen, handelt es sich um ein bemerkenswertes, leicht bizarres Ereignis.

Schon früh entdeckte Jeanne Carmen Marilyns ausgelassenes Vergnügen am Nacktsein. Einmal gingen die beiden ins Kino und hatten unter ihren Nerzmänteln nichts an – durchaus glaubhaft, schließlich waren solche Mätzchen bei Marilyn auch schon früher vorgekommen. Laut Jeanne waren sie beide mit dem Komiker Jack Benny befreundet; Marilyn kannte ihn seit 1953, und andere Zeugen bestätigen ihre Freundschaft mit Benny.

Gelegentlich begleitete Jack Benny, wie Jeanne Carmen sagt, Marilyn und sie zur Gesichtskosmetik in einen Massagesalon am Sunset Boulevard. Einmal kamen die beiden Frauen aus dem Gebäude und öffneten, aus Jux und um ihn zu necken, ihre Mäntel vor Benny, der in seinem Auto auf sie wartete. Beide waren unter ihren Mänteln nackt.

Miss Carmen berichtet, daß Nacktheit zu einer Art stehendem Witz für das Trio wurde – sie betont, dabei habe es, soweit es Benny betraf, keinen sexuellen Aspekt gegeben – und sie sich manchmal an einen Nacktbadestrand wagten. Nördlich von Santa Monica gab es in den sechziger Jahren einen Strand, wo Nacktbaden erlaubt war. Als eine Art gemeinsame Mutprobe, sagt Jeanne, begleiteten Jack Benny und Marilyn sie zu diesem Strand, beide verkleidet: Marilyn mit ihrer schwarzen Perücke, Benny mit falschem Bart, den er sich eigens zu diesem Zweck zugelegt hatte. Es funktionierte; niemand erkannte sie. Der falsche Bart lag anschließend in Marilyns Apartment herum, und dadurch geriet – 1962 – Robert Kennedy in diese Story.

»Als Bobby vorbeikam, um Marilyn zu besuchen«, berichtet Jeanne Carmen, »lag der Bart dort, und er fragte uns wohl, wozu der denn gut sei. Wir erklärten ihm die Sache mit Benny; darauf meinte er: › Benny erkennt man immer, und wenn er zehn Bärte trüge.‹ Und Marilyn entgegnete: ›O nein, auf keinen Fall. Dich würde auch keiner erkennen, wenn wir dich zurechtmachen.‹ Dann staffierte sie ihn mit dem Bart aus, ich setzte ihm eine Sonnenbrille auf, und zum Schluß verpaßten wir ihm noch eine Kopfbedeckung, eine Art Baseballmütze. So schaute er in den Spiegel und sagte irgendwas wie: ›Das könnte unter Umständen klappen.‹ Und wir sagten: ›Okay, mal sehen, ob du dich traust. Auf geht's.‹ «

Jeanne Carmen ist sich zwar bewußt, daß ihre Geschichte absurd klingt, sie behauptet jedoch, Robert Kennedy konnte dieser Herausforderung offenbar einfach nicht widerstehen, was zweifellos zu seinem Charakter paßt. Die drei fuhen in Carmens Cabrio zum Nacktbadestrand – Kennedy in seiner Verkleidung und Marilyn mit ihrer Perücke. Es war spät am Tag und ziemlich leer. »Wir spazierten auf und ab und setzten uns auf eine Decke aus dem Auto«, erinnert sich Jeanne. »Einmal gingen wir ins Wasser, und keiner kümmerte sich um uns. Zwei so berühmte Leute, und niemand erkannte sie; wir lümmelten einfach herum. Auf dem Heimweg haben wir uns schiefgelacht.«

Eine Überprüfung von Jeanne Carmens Vergangenheit und ihrer eigenen umfangreichen Akte über ihre Karriere im Showbusiness ergab, daß sie über sich selbst korrekt Auskunft gab und mit vielen Leuten befreundet war, die sie für diesen Zeitraum nennt, unter ihnen Peter Lawford und Frank Sinatra. Den Namen der damaligen Vermieterin der Apartments am Doheny Drive gab sie richtig an, und als wir dem Gebäude 1983 einen Besuch abstatteten, wußte sie dort gut Bescheid. Marilyn gab die Wohnung nicht gleich auf, als sie ihr neues Haus bezog.

Miss Carmen erzählte, wie die erste Begegnung mit Robert Kennedy, war, »wie Marilyn mir sagte, auf einer Party bei den Lawfords. Und es war eine Wucht für sie, Robert zu sehen«. Neuen Erkenntnissen zufolge, fand die Party im Februar 1962 statt.

Es existieren außerdem Beweise, daß Marilyn Robert Kennedys älteren Bruder im Herbst 1961 traf. Er war bereits seit einem Jahr Präsident, als sich John Kennedy Mitte November zum ersten Mal nach seiner Wahl wieder in Los Angeles aufhielt. Er war gekommen, um Reden zu halten und den Enthusiasmus seiner wichtigsten Anhänger zu beflügeln. Er wohnte im Beverly Hilton Hotel, und dort gab es einen Empfang für etwa zweihundert Gäste aus den Reihen örtlicher Politiker und Verwaltungsbeamter.

Unter den Gästen befand sich auch Philip Watson, der sich damals gerade für den Posten eines »County Assessor« von Los Angeles zur Wahl stellte; er wurde auch gewählt und bekleidete diese Stellung bis 1977. Watson war zwar Republikaner, doch das Amt eines Assessors war nicht parteigebunden, und er bemühte sich um Unterstützung von beiden Parteien. Den Präsidenten zu kennen konnte einem viele Türen öffnen, und Mark Boyar, während des Präsidentschaftswahlkampfs Kennedys Finanzchef in Kalifornien, besorgte Watson eine

Einladung. Zuerst durfte Watson als einer von vielen dem Präsidenten in einem der oberen Stockwerke des Hilton, im sogenannten »Escoffier Room«, die Hand schütteln. Um ihn näher an Kennedy heranzuführen, nahm Boyar Philip Watson später mit zu einer kleineren Runde in einer Suite in einem tiefergelegenen Stock. Diesmal befand sich der Präsident in Begleitung Marilyn Monroes.

»Sie hielt sich mit ihm im selben Raum auf«, erinnert sich Watson, »wie Dutzende anderer auch. Ich hatte gerüchteweise von den beiden gehört, und es überraschte mich nicht besonders. Ich wurde beiden vorgestellt und sprach auch mit ihr; ich fand, sie war eine Schönheit – sie trug ein hautenges weißes Kleid –, aber dümmlich, das war an diesem Abend mein Eindruck. Etwas Auffälliges ereignete sich nicht. Sie hielten nicht Händchen oder so was.«*

Egal von welcher Art die sich überschneidenden Kontakte der Brüder Kennedy zu Marilyn genau waren, die beiden spielten mit dem Feuer. Robert Kennedys damaliger Pressesprecher Edwin Guthman kann sich erinnern, daß Marilyn auf zwei oder drei Parties im Haus der Lawfords war, an denen auch Robert Kennedy teilnahm; von einer sexuellen Beziehung zwischen den zweien wußte er allerdings nichts. »Nach einer dieser Parties«, erinnert sich Guthman, »war sie zu betrunken, um nach Hause zu fahren, also fuhren wir beide sie heim. Bob bat mich mitzukommen. Er sagte nicht, warum, aber die Gründe lagen auf der Hand. Er wollte nicht gesehen werden, wie er nachts allein mit Marilyn Monroe davonfuhr.«

Der Justizminister war sich bewußt, welches Risiko er einging, wenn er mit ihr herumschäkerte oder es auch nur den Anschein hatte, als schäkere er mit ihr. Doch wahrscheinlich machte er sich darüber keine Gedanken, jedenfalls nicht rechtzeitig genug. Zur Zeit von Marilyns Tod war die Gefahr am allergrößten. Heute erst können wir ermessen, in welchem Ausmaß die Bettgeheimnisse der Kennedys damals von ihren ärgsten Feinden aufgedeckt wurden: den Bossen des organisierten Verbrechens.

Courtney Evans, ehemaliger stellvertretender Direktor beim FBI

* Am Tag nach dem Empfang im Hilton besuchte der Präsident die Lawfords. Whitey Snyder fuhr Marilyn ebenfalls dorthin, wahrscheinlich am 19. November 1961; sie wollte John Kennedy treffen.

und J. Edgar Hoovers Verbindungsmann zu Robert Kennedy, genießt unter Journalisten eine gewisse Berühmtheit wegen der ausweichenden Art, mit der er Fragen pariert. Als ich ihm jedoch 1984 die Frage stellte, ob Präsident Kennedy eventuell durch seine Frauengeschichten erpreßbar war, meinte Evans: »Es gab, wie ich weiß, den Versuch, Druck auf den Präsidenten auszuüben – von seiten des organisierten Verbrechens ... Daran erinnere ich mich.« Er hatte wenig gesagt, aber mehr als jeder andere Offizielle zuvor.

Unter Berufung auf sein schlechtes Gedächtnis läßt sich Evans keine Einzelheiten entlocken, weist aber auf zwei Erzfeinde Kennedys hin – auf Sam Giancana, einen der mächtigsten Mafiabosse aller Zeiten, und Jimmy Hoffa, den kriminellen Chef der Transportarbeitergewerkschaft. Evans deutet an, daß zumindest ein Teil der Pressionen mit Marilyn Monroe zu tun hatte.

Ich fragte den früheren stellvertretenden FBI-Direktor, ob ihm zu irgendeinem Zeitpunkt aufgefallen sei, »daß es wegen der Monroe zu Panikreaktionen kam ... oder daß das organisierte Verbrechen versuchte, sein Wissen um Beziehungen zu Marilyn Monroe als Druckmittel auf den Präsidenten oder seinen Bruder zu verwenden«.

Evans antwortete: »Selbstverständlich hörte ich so etwas, weil solche Geschichten sowohl in Washington als auch in Los Angeles kursierten, und zwar schon lange vor ihrem Tod. Ob sie zutrafen oder nicht, konnte ich nicht wissen. Ich hatte so meine eigenen Vermutungen ...«

Beinahe erleichtert gibt Evans zu bedenken, seine nicht gerade beneidenswerte Funktion als Verbindungsmann zwischen Hoover und Robert Kennedy, zwei Männern, die sich ganz und gar nicht leiden konnten, habe dazu geführt, daß ihm keiner von beiden unbedingt sämtliche Informationen zukommen ließ.

Es ist denkbar, daß einige Hintergrundinformationen über Marilyn und die Kennedys immer noch in geheimen FBI-Dossiers schlummern. Ein Beamter der Bundespolizei enthüllte in seiner verräterischen Fußnote zu einem Brief, das FBI besitze »umfangreiche Unterlagen, die sich auf die verstorbene Marilyn Monroe beziehen«. Das Wort umfangreich – es gehört zu einer Reihe von Standardformulierungen für die Beschreibung der Aktenlage – ist mitnichten geeignet, die wenigen Dutzend Dokumente zu charakterisieren, die das FBI auf wiederholte Anfrage unter Berufung auf das Gesetz zur Informationsfreiheit hin herausgerückt hat. Will man dieses Puzzle vollenden, muß man sich also gründlicher einem weiteren Liebhaber Marilyns zuwenden, mit dem sie zur selben Zeit eine Affäre hatte, als sie auch mit den Kennedys liiert war. Er war und ist ein Sänger namens Frank Sinatra.

32

KURZ VOR MARILYN Monroes Tod wurde Sinatra von einem Reporter gefragt, wie gut er sie kenne.

»Wen?« fragte Sinatra sarkastisch zurück. »Miss Monroe«, bemerkte er, »erinnert mich an ein frommes junges Mädchen, das mit mir auf die High-School ging und später Nonne wurde. Dies ist eine Aufzeichnung.«

Als man Marilyn von diesem Gespräch erzählte, meinte sie bissig: »Sagen Sie ihm, er soll mal im *Who's Who* nachschlagen.«

Milton Greene berichtet, Marilyn sei Sinatra zum erstenmal 1954 bei einem Essen im Romanoff's begegnet, als ihre Ehe mit DiMaggio in die Brüche ging. Wenige Wochen danach kam es zum »Unternehmen falsche Tür«, bei dem Sinatra seinem Freund DiMaggio half, die untreue Marilyn zu verfolgen.

Sechs Jahre später, als ihre Ehe mit Miller scheiterte und Kennedy gerade zum Präsidenten ernannt worden war, nahm Sinatra erneut Kontakt zu Marilyn auf. Im August 1960 lud er das gesamte Team von *The Misfits – Nicht gesellschaftsfähig* zu seinem Auftritt in die Cal-Neva Lodge ein, die in der Nähe des *Misfits*-Drehorts lag. Marilyn erschien in Begleitung Arthur Millers, der sich offenbar ziemlich fehl am Platz fühlte.

Sinatra war gerade im Begriff, die Cal-Neva Lodge zu kaufen, einen Kasino- und Hotelkomplex am bewaldeten Ufer des Tahoe-Sees. Das Anwesen lag auf einem Höhenzug mit Blick auf den See, dazu gehörten ein Swimming-pool und eine Reihe Luxusbungalows. In Anzeigen wurde es als »Himmel in den High Sierras« angepriesen; tatsächlich war es ein maßgefertigtes Paradies für Gangster.

Daß die Staatsgrenze zwischen Kalifornien und Nevada genau durch Schankräume und Swimming-pool der Lodge verlief, wurde als besonderer Werbegag genutzt. Der Glücksspielbetrieb durfte nur auf der in Nevada gelegenen Seite des Grundstücks stattfinden, da die kalifornischen Gesetze Glücksspiele untersagten. Sinatra baute den Kasinobereich aus und engagierte neue Manager. Einer von ihnen war Paul »Skinny« D'Amato aus Atlantic City, der eines Tages vom Chefankläger des Kongreßausschusses zur Untersuchung politischer Morde als »ein Gangster aus New Jersey« bezeichnet werden sollte. Derselbe Experte stellte fest, D'Amatos Aufgabe in der Lodge sei es gewesen, die Interessen des Chikagoer Mafiahäuptlings Sam Giancana zu vertreten.

Giancana war der »Boß der Bosse« des Chikagoer Syndikats, der Herrscher auf dem ehemaligen Thron Al Capones. 1960 kontrollierte er ein Netz von Mafia-Unternehmungen, das sich über die ganzen USA erstreckte einschließlich Kasinos und Geschäftsinteressen auf dem Gebiet des Showbusiness. Seit Beginn der Kennedy-Administration kümmerten sich die Strafverfolgungsbehörden besonders intensiv um Giancana. Als Justizminister hatte Robert Kennedy sich nichts Geringeres als die Zerschlagung der Mafia in den Vereinigten Staaten vorgenommen. Und ein in die Ecke getriebener Giancana mußte zum Äußersten entschlossen sein.

1981 sagte Sinatra vor der Spielkontrollbehörde Nevadas unter Eid aus, er habe Giancana 1960 nur oberflächlich gekannt und nicht gewußt, daß er Mafioso war. Er behauptete, er habe Giancana nie in die Cal-Neva Lodge eingeladen und – als er erfuhr, daß dieser dort war – Anweisung gegeben, er habe sich fernzuhalten.

Giancanas Tochter berichtet jedoch, sie sei schon ab 1954 bei verschiedenen Treffen der beiden zugegen gewesen, und Sinatra habe Giancana immer »mit einer respektvollen und freundschaftlichen Umarmung« begrüßt. Laut Peter Lawford »genoß« es Sinatra »regelrecht, mit seiner Freundschaft zu Giancana anzugeben«, und »Giancana übernachtete häufig in Franks Haus in Palm Springs«.

Die Cal-Neva Lodge sollte Sinatra vor der Öffentlichkeit in allergrößte Verlegenheit bringen, und zwar aufgrund seiner angeblichen Verbindungen zu Giancana. Wanzen des FBI hatten eine Bemerkung des Mafiabosses aufgefangen, ihm gehöre Cal-Neva zum Teil. Als offiziell festgestellt wurde, daß sich Giancana in der Lodge aufhielt, führte das 1963 zu Sinatras Rückzug aus dem Geschäft und dem Beschluß der Spielbehörde, ihm die Glücksspiellizenz zu entziehen.

Zwischen der Familie Kennedy und Cal-Neva existierten ebenfalls Verbindungen. Vor Sinatras Übernahme war Präsident Kennedys Vater ein häufiger Gast gewesen, und ein Manager des Cal-Neva hatte der Familie Kennedy immer im Dezember zwei an die drei Meter hohe Weihnachtsbäume aus den Wäldern am Tahoe geschickt.

Peter Lawford, der Schwager des Präsidenten, war Stammgast und begleitete Marilyn in den letzten Wochen ihres Lebens ins Cal-Neva. In den geheimnisvollen Ereignissen gegen Ende ihres Lebens spielt Marilyns Kommen und Gehen in der Lodge eine zentrale Rolle.

Sobald Marilyn sich Ende 1960 endgültig von Arthur Miller getrennt hatte, bemühte sich Sinatra emsig um sie. Er schenkte ihr einen Ersatz für Hugo, den Basset, der bei Miller geblieben war. Der neue Hund war ein weißer Pudel, für den sich Marilyn rasch einen Namen ausdachte. Angesichts des Geredes, Sinatra sei mit Verbrechern befreundet, nannte sie das Tier »Maf« für Mafia. Sie hielt das für einen urkomischen Einfall.

Als Marilyn 1961 nach ihrem Kurzaufenthalt in der New Yorker Payne Whitney Psychiatric Clinic nach Kalifornien zurückflog, ließ Sinatra – der gerade verreist war – sie in seinem Haus wohnen. Laut Marilyns damaligem Friseur George Masters benutzte Sinatra gelegentlich Marilyns Apartment am Doheny Drive, wo sich Marilyn in diesem Jahr einmietete.

Masters berichtet: »Sinatra lernte ich nie kennen, und doch hatte ich das Gefühl, als kannte ich ihn durch meine Verbindung mit Marilyn ganz ausgezeichnet ... Manchmal nahm mich Marilyn mit zu seinem Haus in den Hügeln von Bel-Air – dann erfuhr ich vorher nie, wohin es ging, es war alles sehr geheim – oder zu seinen Premieren in Las Vegas. Für mich blieb er aber so unsichtbar wie Howard Hughes.«

Im Mai schrieb Marilyns Psychiater Dr. Greenson einem Kollegen: »Vor allem möchte ich ihr Hilfestellung geben, damit sie nicht mehr so einsam ist und sich dann in Drogen flüchtet oder sich mit äußerst destruktiven Personen einläßt, die irgendeine sadomasochistische Beziehung zu ihr eingehen ... Solche Umsicht ist sonst bei einem heranwachsenden Mädchen erforderlich, das psychologische Beratung, Freundlichkeit und Entschlossenheit braucht, und sie spricht offenbar sehr gut darauf an ... Sie sagte zum erstenmal, sie freue sich darauf, nach Los Angeles zu kommen, um mit mir zu reden. Was sie natürlich nicht davon abhielt, mehrere Sitzungen abzusagen, weil sie mit Mr. F. S. nach Palm Springs fuhr. Sie schwindelt mich an, wie man seine Eltern anschwindelt ...«

Als Sinatra zu Beginn des folgenden Monats im Sands Hotel, Las Vegas, auftrat, war Marilyn dabei. Mit von der Partie waren zwei Schwestern Präsident Kennedys, Pat Lawford und Jean, die Frau Stephen Smiths.

Der Sänger Eddie Fisher, der mit seiner damaligen Frau Elizabeth Taylor gekommen war, erinnert sich: »Elizabeth und ich saßen mit Dean und Jeanne Martin sowie Marilyn Monroe, die mit Sinatra eine Affäre hatte, im Publikum, um uns seinen Auftritt anzusehen. Aber aller Augen ruhten auf Marilyn, wie sie sich im Rhythmus der Musik hin und her wiegte und mit ihren Händen auf die Bühne trommelte, wobei ihre Brüste aus dem tiefen Ausschnitt ihres Kleids sahen. Sie war sehr schön – und sehr betrunken. Später am Abend kam sie noch zur Party, aber Sinatra machte kein Hehl daraus, daß er ihr Benehmen mißbilligte, und sie verschwand im Nu.«

Als Marilyn im Juli nach ihrer Gallenblasenoperation wieder in Los Angeles war, stand sie unter ständiger Betreuung Dr. Greensons. Der vertrat jetzt die Auffassung, wie er später einem Kollegen schrieb, daß »sie furchtbar einsam war«, und ihre Klage, sie »fühle sich schlecht behandelt, hatte etwas Paranoides«. Greenson schrieb, seiner Meinung nach reagiere Marilyn so auf ihren gegenwärtigen Umgang mit »Leuten, die ihr nur weh tun«. Die Namen der Beteiligten erwähnte er nicht.

Einen Monat danach verbrachte Marilyn ein Wochenende mit Sinatra auf seiner Jacht. Dean Martins Frau Jeanne und Gloria Romanoff, die sich ebenfalls an Bord befanden, lassen keinen Zweifel daran, daß Marilyn als Sinatras aktuelle Freundin mitgekommen war – sie teilte die Kabine mit ihm.

Marilyn gab sich zwar gesellig, machte aber einen desolaten Eindruck und nahm große Mengen Tabletten. Jeanne Martin berichtet: »Ich weiß noch, wie ich zu Franks Haus kam, ehe wir an Bord gingen. Er sagte zu mir: ›Würdest du bitte reingehen und dafür sorgen, daß Marilyn sich anzieht, damit wir ins Auto steigen und abfahren können?‹ Sie bekam nichts mehr in den Griff.«

»Sie nahm damals Schlaftabletten«, erinnert sich Gloria Romanoff,

»dann verschwand sie um zehn Uhr abends und wurde am nächsten Tag nicht vor elf oder zwölf wach. Wir zogen Frank auf und sagten: ›Das muß ja die ganz große Liebe sein!‹« Jeanne Martin erinnert sich, wie Marilyn »im Hafen herumlief und krampfhaft versuchte, mehr Pillen aufzutreiben. Sie konnte einfach nicht einschlafen, also taumelte sie morgens um drei halbbekleidet herum und suchte wen, der ihr ›reds‹ gab.«

Als am Ende der Fahrt alle anderen ein zwangloses Beisammensein an Land planten, machte Marilyn sich allein aus dem Staub, ohne mit einem ein Wort zu wechseln.

Einen Monat später ließ sie aus New York ihr Hausmädchen Lena Pepitone mit einem Kleid kommen, das sie für einen Abend mit Sinatra brauchte. Miss Pepitone war dabei, als Sinatra kam, um Marilyn abzuholen. »Er holte ein Kästchen aus der Tasche«, berichtet Lena Pepitone, »und befestigte zwei wunderschöne Smaragdohrringe an Marilyns Ohren. Sie küßten sich so leidenschaftlich, daß es mir peinlich war, in ihrer Nähe zu stehen.«

Der Friseur George Masters erinnert sich ebenfalls an die Ohrringe; er sagt, sie habe sie nur einmal getragen und dann ihrer Presseagentin Pat Newcomb geschenkt.

Laut Lena Pepitone sprach Marilyn im Sommer 1961 davon, Sinatra zu heiraten. Als er sich mit anderen Frauen verabredete, wurde sie ungehalten. Ein paar Monate später gab Sinatra seine kurze Verlobung – sie dauerte nur sechs Wochen – mit der Schauspielerin Juliet Prowse bekannt. Es gibt keine Hinweise, daß er sich auf eine sehr enge Bindung mit Marilyn einließ, obwohl er sich bis zu ihrem Tod mit ihr traf. Marilyn war allerdings nicht mehr gut auf ihn zu sprechen; als sie sich mit einer Bekannten Fotos von der Seereise ansah, sagte sie: »Ich glaube, ich gebe ihm keine Abzüge. Ich finde, ich habe ihm schon genug gegeben.«

Was an Marilyns Beziehung zu Sinatra beunruhigt, hat weniger mit dem Sänger persönlich zu tun als mit der Chance, die sich dadurch anderen Leuten bot, den Kennedys eins auszuwischen. Durch ihre Verbindung zu Sinatra geriet Marilyn in ein Milieu, in dem sich Erzfeinde der Kennedys tummelten – und das zu einer Zeit, als sie mit beiden Kennedy-Brüdern liiert war. Die Frage muß lauten: Wieviel wußte die Mafia?

33

AUS NEUESTEN RECHERCHEN geht hervor, daß sich die organisierten Kriminellen Kaliforniens schon vor Kennedys Präsidentschaft für Marilyn interessierten. Den Startschuß zu diesem rein räuberischen Interesse gab wahrscheinlich Mickey Cohen, ein Gangster aus Los Angeles. Cohen fällt in der Geschichte amerikanischer Verbrecherorganisationen aus dem Rahmen. Er war kein Mitglied der sizilianischen Mafia und prahlte damit, daß er in den Bandenkriegen der vierziger Jahre die entscheidenden Auseinandersetzungen um die Kontrolle der Unterwelt von Los Angeles für sich entschieden habe. Die Wahrheit sah zwar komplexer aus, aber Cohen – der ungezählte Mordanschläge überlebte – bahnte sich einen mit Leichen gepflasterten Weg zu labiler Koexistenz mit den amerikanischen Mafiafamilien.

Nach einem Kurzaufenthalt im Gefängnis, der seine Autorität schwächte, stellte Cohen 1959 seine Macht wieder her. Für die Öffentlichkeit war er eine extravagante Figur, ein Mann, der mit der Prominenz Hollywoods, darunter Sinatra und dessen Umgebung, inzwischen auf du und du stand. Als Dean Martin und Jerry Lewis zu Beginn ihrer Karrieren mit ihrer Show von der Ostküste nach Kalifornien zogen, hieß ihr Finanzier Cohen. 1951 wurde er von einem Senatsausschuß zur Untersuchung des organisierten Verbrechens gefragt, wie er zu Sinatras privater Telefonnummer komme; Cohen antwortete: »Nun, er ist ein Freund von mir.« Mit seiner Bulldogge, die eine Vorliebe für Lasagne hatte, speiste Cohen gern im Restaurant Villa Capri, wo Sinatra und DiMaggio das »Unternehmen falsche Tür« gegen Marilyn Monroe geplant hatten. Ende 1959, als ihre Ehe mit Miller bereits angeknackst war, hielt Marilyn sich häufiger in Hollywood auf als in den Jahren davor. Es waren die Monate der langwierigen Verfilmung von *Machen wir's in Liebe*. Das war auch die Zeit, wo Marilyn, zum Erstaunen der Ermittler, in den Ermittlungen gegen Mickey Cohen eine wichtige Rolle spielte.

Das ganze Jahr über hatte die Ermittlungsabteilung bei der Bezirksstaatsanwaltschaft von Los Angeles Cohen und die Italoamerikaner, die seine engsten Gefolgsleute waren, überwacht. Cohen befand sich nicht mehr hinter Schloß und Riegel, und die Überwachung verfolgte den Zweck, ihn so schnell wie möglich dorthin zurückzubringen. Die

Männer des Staatsanwalts interessierten sich besonders für Cohens Rauschgiftgeschäfte und für seine Versuche, Filmstars mittels Sexgeschichten zu kompromittieren und dadurch für Erpressung oder kommerzielle Ausbeutung anfällig zu machen.

Die Gangster bedienten sich altmodischer Methoden und gingen skrupellos vor: Einer von Cohens Männern arbeitete gezielt darauf hin, einen weiblichen Star zu verführen; dann sorgte er dafür, daß ihr Liebesspiel auf Film und Tonband festgehalten wurde. So geschah es angeblich bei der Affäre zwischen Lana Turner und Cohens Komplizen Johnny Stompanato, die ihr Ende fand, als Lana Turners minderjährige Tochter Stompanato umbrachte. Tonbandaufnahmen von Turner und Stompanato beim Liebesakt wurden für hundert Dollar das Exemplar gehandelt.

Ende 1959 observierten der Ermittlungsbeamte Gary Wean und sein Kollege Frank Hronek eines Abends ein Restaurant am Sunset Boulevard. Sie sahen, wie Marilyn in Begleitung von einer Frau und zwei Männern das Restaurant betrat. Ihr Begleiter war, laut Wean, einer von Cohens »gutaussehenden Burschen italienischer Abstammung«, der achtundzwanzigjährige George Piscitelle.

»Wir warteten dort bis zwei Uhr morgens«, erinnert sich Wean, »dann kamen Piscitelle und die Monroe heraus. Wir folgten ihrem Wagen durch die Coldwater Canyon Road bis zu einem Motel am Van Nuys Boulevard. Wir sahen die beiden hineingehen, aber Frank und ich setzten uns kurz danach ab. Wir sahen sie nicht herauskommen.«

Wie der ehemalige Ermittler Wean berichtet, wurde Marilyn auch bei anderen Gelegenheiten beschattet – mit weniger aufregenden Ergebnissen. Die Überwachung ergab jedoch, daß Marilyn gelegentlich sowohl mit Piscitelle als auch mit Sam LoCigno, einem anderen Gefolgsmann Cohens, Umgang pflegte. Wean behauptet, er habe sogar Schlafzimmeraufzeichnungen von Marilyn gehört und vermutet, daß diese für erpresserische Zwecke aufgenommen worden waren.

Weans Kollege Frank Hronek lebt nicht mehr. Jack Tobin, ein ehemaliger Star-Reporter für den Bereich organisiertes Verbrechen, untermauert diese Geschichte allerdings: Er kann sich erinnern, daß Hronek ihm von dem Vorgang erzählte.

Außerdem bestätigt ein leitender Polizeibeamter, gegen die Cohen-Bande sei wegen Erpressungsversuchen an Spitzen-Stars ermittelt worden. Darin verwickelt war auch Piscitelle, und man fand heraus, daß Marilyn Monroe zu den »Wunschopfern« der Mafia gehörte.*

Cohen und seine wichtigsten Partner sind tot und können nicht mehr befragt werden. Doch im Schweigen, das sie über ihre Absichten mit Marilyn hinterlassen, schlummert latentes Unheil. Mafiaexperten sind der Ansicht, Cohen habe schon lange vor der Ära Kennedy Verbindungen zu Sam Giancana gepflegt. Außerdem traf er sich mit Giancanas Vertreter in Hollywood, Johnny Roselli, an dessen Anweisungen er sich wahrscheinlich schon 1960 hielt. Roselli wiederum kannte Marilyn.

Bevor Marilyn sich in Hollywood niederließ, unterhielt Roselli enge kriminelle Kontakte zu zwei Personen, die in ihrer Karriere eine große Rolle spielten. Einen ihrer ersten Verträge bekam sie von Harry Cohn, der mit Hilfe von Mafiageldern, die ihm Roselli beschaffte, die Kontrolle über Columbia Pictures erlangt hatte. Er blieb Roselli verpflichtet und war immer eng mit ihm befreundet. Die beiden trugen identische Rubinringe, von Roselli gestiftet, der behauptete, für einen Mafioso und einen Nichtitaliener käme dies der »Blutsbrüderschaft« am nächsten.

Joe Schenck, der alte Filmmogul von der 20th Century-Fox, hatte eine Gefängnisstrafe wegen Meineids abgesessen, ehe die junge Marilyn sein Günstling und vertrauter Gast auf seinen Abendgesellschaften wurde. Man hatte ihn wegen seiner Verwicklung in Schmiergeldzahlungen an die Mafia verurteilt – die erste Bargeldlieferung, eingewickelt in Packpapier, hatte er höchstpersönlich überbracht. Einer der Mafiosi, die in Zusammenhang mit dieser Erpressung verurteilt worden waren, hieß Johnny Roselli.

Möglicherweise lernte Roselli Marilyn Monroe nach seiner Haft wegen der Schenck-Affäre kennen. Patti Karger, die erste Frau von Marilyns Liebhaber Fred Karger, berichtet, Roselli sei im Hause Karger kein Unbekannter gewesen. Er kam manchmal vorbei, um seine

* In Akten des Ermittlungsbüros beim Bezierksstaatsanwalt von Los Angeles wird darauf verwiesen, Peter Lawford habe 1961 Geld beschafft, um Cohens Mitarbeiterin Candy Barr zu unterstützen, die damals wegen eines Rauschgiftvergehens im Gefängnis saß. Lawford habe sich »verzweifelt bemüht«, kompromittierende Tonbandaufzeichnungen von »Parties«, an denen er in Candy Barrs Garderoberaum teilgenommen hatte, zu bekommen.

Freundin und deren Mutter abzuholen, die mit den Kargers Poker spielten.

Zwei andere Experten bezeugen, Roselli habe Marilyn gekannt. Der eine ist Joseph Shimon, ein ehemaliger Polizeiinspektor, der als CIA-Vertreter anwesend war, als man mit Giancana und Roselli die Ermordung Castros plante. Shimon war bis zum Tod Rosellis dessen enger Vertrauter; er betont: »Roselli kannte die Monroe. Er traf sie bei gesellschaftlichen Anlässen, er kannte viele ihrer Freunde und wichtigsten Geschäftspartner.«

Ein ehemaliger leitender Beamter des Finanzministeriums empfahl mir 1984, Harry Hall zu interviewen, der lange als »äußerst zuverlässiger« Informant von Polizeibehörden tätig war, besonders was Mafiaaktivitäten betraf. Zufällig war er außerdem ein enger Freund Joe DiMaggios. Kurz nach Marilyns Tod lief Hall im Drugstore des Beverly Wilshire Hotels Roselli über den Weg. Laut Hall sprachen die beiden über Marilyn, und »Roselli ließ keinen Zweifel daran, daß er Marilyn persönlich gekannt hatte. Er habe sie gemocht, sagte er ... Was er privat mit ihr zu tun hatte, weiß ich nicht ...«

Als Giancanas rechte Hand in Kalifornien hatte Roselli gute Kontakte zu einer anderen Frau, von der man heute weiß, daß sie Präsident Kennedys Geliebte war – Judith Campbell. Vor zehn Jahren enthüllte der Geheimdienstausschuß des Senats, Judith Campbell habe von Anfang 1960 an bis mindestens Frühling 1962 sporadische sexuelle Kontakte zu John Kennedy unterhalten. Im Verlauf der ersten sechs Wochen dieser Beziehung lernte sie den Mafiaboß Sam Giancana kennen, der während der Affäre mit Kennedy ständig mit ihr in Verbindung blieb.

Zwischen Judith Campbell und Marilyn gibt es erstaunliche Parallelen. Die sechsundzwanzigjährige Judith war ebenfalls ein Produkt Hollywoods, wenn auch, verglichen mit Marilyn, ein unbedeutendes. Sie war Starlet und hatte Verträge mit Warner Brothers, M-G-M und Universal. Sie konnte ebenfalls auf eine Affäre mit Frank Sinatra zurückblicken, der sie anschließend mit John Kennedy bekannt gemacht hatte. In diesem Umfeld begegnete sie noch anderen, die in Marilyns Leben eine Rolle spielten.

So lernte Judith Campbell auch Gloria Lovell kennen, Sinatras Sekretärin und später eine der wenigen Nachbarinnen Marilyns im kleinen Apartmentkomplex am Doheny Drive. Dr. Red Krohn, ein guter Freund Sinatras, wurde Miss Campbells Gynäkologe. Marilyn ließ sich schon seit langem von ihm behandeln und rief ihn wenige Tage vor ihrem Tod völlig aufgelöst an.

Welche Gründe Giancana für seine Liaison mit Judith Campbell hatte, wurde nie geklärt. Bevor ihn der Geheimdienstausschuß des Senats befragen konnte, ermordete man ihn 1975. Sein Gefolgsmann Roselli wurde 1976 umgebracht. Der Ausschuß versäumte es, Judith Campbell nachdrücklich über Einzelheiten auszuhorchen, und Frank Sinatra wurde gar nicht erst vorgeladen.

William Safire von der *New York Times* zählte eine Reihe von Fragen auf, die man Sinatra hätte stellen müssen, wäre er zu einer Zeugenaussage bestellt worden: Gab es zwischen Sinatra und den Mafiosi Gespräche über Judith Campbells Affäre mit dem Präsidenten? Existieren Tonbandaufnahmen oder Fotos von Kennedy und Campbell, die Verbrecherorganisationen zu erpresserischen Zwecken verwenden konnten? Verlangten die Mafiosi von Sinatra, sie oder sonst jemanden mit den Kennedys bekannt zu machen?

Sinnvollerweise müßte man Sinatra und anderen einige dieser Fragen in Zusammenhang mit Marilyn Monroe und wenigstens einer anderen Frau stellen.* Es gibt alarmierende Anzeichen dafür, daß führende Mafiosi ein rachsüchtiges Auge auf die Kennedys geworfen hatten.

Anfang 1961 bekam der Komiker Jerry Lewis die Mitteilung, man werde ihn als Nebenbeklagten in einem Scheidungsprozeß benennen, den der Mann eines Starlets namens Judy Meredith angestrengt hatte. Lewis bat Judith Campbell, die bei Paramount für ihn arbeitete, sie möge den Mafiaboß Sam Giancana dazu bewegen, bei dem im Scheidungsfall ermittelnden Detektiv zu intervenieren. Laut Miss Campbell tat Giancana ihr den Gefallen, und die Beweise für den Ehebruch wurden vernichtet.

Im Fall Meredith ermittelte der bekannte Privatdetektiv Fred Otash aus Hollywood. Er bestätigt die Geschichte, ergänzt aber, daß in diesem Scheidungsprozeß auch noch etliche andere Männer vorgela-

* Zu einem Interview für dieses Buch erklärte sich Sinatra, wie bei ihm üblich, nicht bereit.

den werden sollten. In Unterlagen des FBI, die vor kurzem wegen einer anderen Angelegenheit im Auftrag des Kongresses geprüft wurden, werden genannt: »Dean Martin, Jerry Lewis, Frank Sinatra, *etc., etc. etc.*« Eines dieser *et ceteras*, behauptet Otash, stand für John Kennedy. Der Detektiv sagt, Kennedys Name sei aus den Scheidungsunterlagen entfernt worden, da die Mafia intervenierte.

Dies sei im Frühjahr 1961 geschehen. Er, Otash, sei von Giancanas »Leutnant« Johnny Roselli angerufen worden, der sich im Restaurant Brown Derby mit ihm treffen wollte, auf Ersuchen des Justizministers. Otash sagt, Roselli habe ihm praktisch befohlen, Kennedys Namen aus dem Beweismaterial zu entfernen. Nach einem Treffen, bei dem Giancana anwesend war, habe Otash gehorcht.

Heute bestreitet Judith Meredith auf Nachfrage, mit John Kennedy geschlafen zu haben. Peter Fairchild, der im Namen ihres Mannes die Ermittlungen für den Scheidungsprozeß in Auftrag gab, bleibt dabei, diese hätten Beweise für Mrs. Merediths Ehebruch mit Kennedy erbracht.

Das Wichtigste an dieser schäbigen Nebenhandlung ist Rosellis Behauptung, er habe im Fall Meredith »auf Ersuchen des Justizministers« interveniert. Natürlich bat keiner aus der Umgebung des Präsidenten, von Robert Kennedy ganz zu schweigen, einen führenden Mafioso, eine sexuelle Indiskretion zu vertuschen. Unter Roberts engagierter Führung des Justizministeriums hatte sich die Regierung Kennedy wie keine andere Administration dem Kampf gegen das organisierte Verbrechen verschrieben. Doch der Fall Meredith bewies, welche Risiken John Kennedy einging, als er mit Sinatra und seinen Freunden Umgang pflegte.

Falls John Kennedy neben Sinatra und dessen Freunden in einem Scheidungsprozeß aussagen sollte und Sinatra samt Anhang davon wußten, ist es durchaus denkbar, daß einer von ihnen dieses Problem gegenüber Roselli erwähnte. Was Hollywoods Top-Mafioso für Jerry Lewis getan hatte, tat er nun auch für Kennedy – und er hatte seine eigenen Gründe.

Sandy Smith, Enthüllungsreporter alter Schule für *Life* und die *Chicago Sun-Times*, ist eine Kapazität auf dem Sektor Justizministerium und organisiertes Verbrechen während der Ära Kennedy. Auf den Fall Meredith angesprochen, sagt er über Sinatra und seinen Kreis:

»Sie standen Jack Kennedy damals sehr nahe, und es wäre ihnen ein leichtes gewesen, dem Präsidenten einen Gefallen zu tun und Roselli etwas ins Ohr zu flüstern. Und Roselli wäre ganz erpicht darauf gewesen, dem Präsidenten einen Gefallen zu tun.«

Sinatra hatte damals einen guten Draht zum Präsidenten. Politisch gesehen, war er katholisch orientiert – inzwischen hat er sich als zuverlässiger Fürsprecher Ronald Reagans etabliert – und hatte mit seinem »Clan« dem Wahlkampf Kennedys tüchtig Auftrieb gegeben. Sinatras Songs »All the Way« und »High Hopes« wurden als Wahlkampflieder neu eingespielt. Er half mit, Kennedy ins Präsidentenamt zu katapultieren, entwarf das Fest zur Amtseinführung und galt in der Öffentlichkeit als Freund Kennedys.

Was die Mafia angeht, meint der Reporter Sandy Smith: »Es paßt absolut zu diesen Typen, daß sie die Gelegenheit beim Schopf ergreifen, der Regierung – oder einem, der in der Regierung eine Position innehat – einen Gefallen zu tun, bloß damit sie einen Ansatzpunkt haben oder einen Schuldschein, auf den sie sich später mal berufen können. Zu Roselli hätte das gepaßt wie die Faust aufs Auge.«

Dank CIA überrascht es nicht, daß sich Roselli für einen Mann hielt, dem sich die Regierenden verpflichtet fühlen mußten. Kurz vor der Wahl Kennedys, bei ein paar Drinks im selben Restaurant Brown Derby, wo er später die Vertuschung in Sachen Meredith-Scheidung veranlaßte, war Roselli vom CIA zur Mitarbeit an den berüchtigten Plänen zur Ermordung Fidel Castros engagiert worden. Seinen Kontakt zur Mafia – und insbesondere zu Roselli und Giancana – brach der Geheimdienst nicht vor 1963 ab.

Am frühen Abend des 12. Juli 1961, als die Verbindung zwischen Kennedy und Marilyn schon etliche Monate alt war, betrat Giancana während eines Routineaufenthalts auf dem Flug nach New York einen Wartesaal im Chikagoer O'Hare Airport. In seiner Begleitung befand sich mit Phyllis McGuire die größte und hübscheste der drei McGuire Sisters, zu der Zeit eine der beliebtesten weiblichen Vokalgruppen der Vereinigten Staaten. Der Mafiaboß war bis über beide Ohren in Phyllis verknallt, die inzwischen zu seiner ständigen Begleiterin avanciert war.

Auf Anweisung von Robert Kennedys Justizministerium wartete im O'Hare-Flughafen ein Trupp FBI-Agenten auf das Paar. Sie waren Tag und Nacht mit der Überwachung Giancanas beschäftigt, und nun bot sich ihnen die Gelegenheit, über seine Geliebte, Phyllis McGuire, an ihn heranzukommen. Zwei der Agenten stellten Miss McGuire vor die Wahl, entweder unter Strafandrohung vorgeladen zu werden oder sich auf der Stelle zu einer Befragung bereit zu erklären. Sie entschied sich für die Befragung, worauf man sie rasch von Giancana trennte und in einen gesonderten Raum schaffte.

Der vor ohnmächtiger Wut kochende Giancana ging wieder an Bord des Flugzeugs und kam mit Phyllis McGuires Handtasche und Hut in den Wartesaal zurück. Als die FBI-Leute den Mafioso mit einer Frauenhandtasche am Arm sahen, schütteten sie sich aus vor Lachen, und Giancana explodierte. Nach allem, was wir heute über das Sexualleben des Präsidenten wissen, enthielt seine Tirade möglicherweise nicht nur leere Drohungen gegen die Kennedys. Im Bericht des FBI liest sich das so:

> »Dann deutete Giancana an, er sei sich bewußt, daß die Agenten beabsichtigten, die Ergebnisse dieser Befragung ihrem ›Boß‹ mitzuteilen, und der wiederum werde die Ergebnisse an ihren ›Oberboß‹ und ›Ober-Oberboß‹ weitergeben, und er sagte: ›Ihr wißt, wen ich meine, ich meine die Kennedys.‹ Anschließend behauptete er: ›*Ich weiß alles über die Kennedys, und Phyllis weiß noch viel mehr über die Kennedys, und eines Tages werden wir das alles erzählen.*‹ [Hervorhebung vom Autor] ... Ihr habt heute ein Feuer angezündet, das nie wieder verlöschen wird. Ihr werdet diesen Tag noch verwünschen ...«

Was bedeutete dieses »alles«, das der Mafioso über die Kennedys wußte? Als die Agenten wissen wollten, was er damit meine, lehnte Giancana jeden Kommentar ab.

Wußte Giancana nur von der Affäre des Präsidenten mit Judith Campbell? Oder hatte er Informationen über sein Verhältnis mit Judy Meredith? Worin bestand das »viel mehr«, was Phyllis McGuire angeblich wußte?

Ich unterhielt mich 1983 mit Phyllis McGuire, aber sie weigerte sich, über Sam Giancana zu reden. Was Marilyn Monroe betraf, war sie allerdings – zunächst – gesprächig. Es stellte sich heraus, daß sie Marilyn recht gut kannte. Als diese noch mit Arthur Miller verheiratet gewesen war, hatten sie sich in New York kennengelernt, und Miss McGuire wohnte nur vier Häuserblocks weiter in der East 57th Street.

Sie sahen sich auch während Kennedys Präsidentschaft, obwohl Phyllis McGuire über das Wann und Wo keine genauen Angaben macht. Sie sagt allerdings, Joe DiMaggio sei immer noch »ein sehr guter Freund von mir«.

Als ich Phyllis über Marilyn und die Kennedys befragte, meinte sie ohne Zögern: »Die Beziehung mit John kam zuerst. Und sie hatte auf jeden Fall auch ein Verhältnis mit Bob. Man sah die beiden zusammen in ihren kleinen Schlupfwinkeln. Das sah übrigens den Kennedys ganz ähnlich, daß sie eine so mir nichts, dir nichts untereinander weiterreichten – Joe Kennedy an John, Jack an Bobby, Bobby an Teddy. So hielten sie es eben.«

Über ihr Verhältnis mit Robert Kennedy tat Marilyn, wie Phyllis McGuire anscheinend aus erster Hand zu berichten wußte, »sehr geheimnisvoll. Aber wenn sie ein paar Drinks intus hatte und vor allem, wenn sie deprimiert war, sprach sie auch darüber. Zuerst hielten sie wirklich den Deckel drauf. Aber später drängte sie ihn, eine Entscheidung zu fällen; sie wollte ihn nämlich heiraten ...«

Als sie in einem Telefongespräch mit mir an dieser Stelle angelangt war, wurde Phyllis McGuire nervös. Auf meine Frage, was Giancana über Marilyn gesagt habe, antwortete sie: »Darüber möchte ich mich nicht äußern ...« Wir vereinbarten einen Gesprächstermin, doch auf weitere Anrufe und Briefe reagierte sie nicht mehr.

Was Phyllis McGuire erzählte, stimmt nachdenklich; denn was sie wußte, war Sam Giancana mit Sicherheit auch bekannt.

»Wie in einer griechischen Tragödie«, schreibt Robert Blakey, ehemaliger Chefankläger in dem Kongreßausschuß, der kürzlich Ermittlungen über den Mord an John Kennedy anstellte, »existierte im Charakter des Präsidenten eine verhängnisvolle Schwachstelle, eine Hamartie, die ihn für Mordanschläge durch das organisierte Verbrechen anfällig machte ...«

Und diese Schwachstelle bestand darin, daß der Präsident ein Casanova war. 1961 und im Jahr darauf, dem Todesjahr Marilyns, machten sich die Kennedys mit ihren Schürzenjagden – und ihrer Verbindung zu Marilyn Monroe – für eine andere Art von Attentat verwundbar: für Erpressungen durch die Mafia. Es hat den Anschein, als nahmen die Brüder Kennedy diese Gefahr nicht ernst genug.

Senator Smathers, der Freund des Präsidenten, glaubt nicht, daß sich der über die Risiken seines unersättlichen sexuellen Appetits große Sorgen machte. »Er hatte das Gefühl, daß er sich – was Frauen betraf – alles erlauben konnte«, sagte mir der Senator 1983. »Er tat sich keinen Zwang an.«

Während Kennedys Präsidentschaft arbeitete William Kane, der heute als Berater für Sicherheitsfragen in New York tätig ist, als leitender Beamter des FBI im Bereich organisiertes Verbrechen. Heute noch gilt seine Bewunderung Robert Kennedy, und er hält ein Zigarettenetui in Ehren, das ihm der Justizminister schenkte. Nachdenklich erinnert er sich an eine bezeichnende Episode, die sich Anfang September 1961 ereignete.

Das FBI, berichtet Kane, habe von Informanten erfahren, daß der Justizminister »draußen in der Wüste, in der Nähe von Las Vegas«, einen Nachmittag zugebracht habe, »und zwar nicht mit einem, sondern mit zwei Mädchen, auf einer Decke. Jemand von der Mafia hatte mit Teleobjektiv Fotos aufgenommen ... und unsere Informanten ließen uns wissen, man wolle mit diesen Bildern den Justizminister der Vereinigten Staaten erpressen. Dies wurde von den unterschiedlichsten Quellen bestätigt ...«

Laut Kane bekam Hoovers Verbindungsmann zum Justizministerium, Courtney Evans, den Auftrag, Robert Kennedy zu warnen. Der Justizminister habe sich das in einer für ihn typischen Pose angehört – mit hochgekrempelten Ärmeln, die Füße auf dem Tisch. Dann fragte er Evans bloß, was er am Feiertagswochenende – der Tag der Arbeit stand ins Haus – vorhabe, und beendete die Audienz. »Das Ganze kümmerte ihn einen Scheißdreck«, meint Kane. »Die Chancen, ihn zu erpressen oder in Verlegenheit zu bringen, standen ebenso gut, wie eben mal zum Mond zu fliegen.«

Der ehemalige stellvertretende Direktor kann sich an diesen speziellen Vorfall nicht erinnern, meint jedoch: »Gut möglich, daß es so ablief. Mit derartigen Informationen mußte ich oft zu ihm. So eine Reaktion war typisch für Robert Kennedy.«

Evans fügt hinzu: »Wenn ich mit einer Behauptung, die den Präsidenten betraf, zum Justizminister kam, sagte er nie ja oder nein. Er legte sich überhaupt nicht fest. Betrafen die Behauptungen ihn persönlich, tendierte er zu Kommentaren wie: ›Für das, was andere über mich verbreiten, kann ich keine Verantwortung übernehmen.‹ Ich war dazu da, Informationen an ihn weiterzugeben, nicht, um welche entgegenzunehmen.«

Evans, der Robert Kennedy regelmäßig auf Reisen begleitete, sagt weiter: »Es gab nur eine Stadt, wo er abends mal allein ausging, und das war Los Angeles. Ich persönlich vermutete damals, daß er sich mit Marilyn Monroe traf. Vielleicht wußten andere, was ich nur ahnte.«

Die Sorglosigkeit der Brüder Kennedy war ein Fehler, denn ihren Feinden entging kaum etwas. Und jeder Umgang mit Marilyn war töricht, da inzwischen kein Verlaß mehr auf sie war. Gegen Ende des Jahres 1961 wurde ihr Zustand immer beängstigender.

34

IM SEPTEMBER 1961 meldete sich dieselbe Frauenstimme etwa eine Woche lang über die Leitung für Höreranrufe des Rundfunksenders KDAY in Los Angeles. Tom Clay, damals wie heute ein bekannter Discjockey, nahm die Anrufe entgegen. »Ich fragte die Frau, wie sie hieße«, sagt Clay, »sonst darf man nämlich keinen über den Äther schicken; aber sie sagte, sie würde mir ihren Namen nur nennen, wenn ich verspräche, ihn *nicht* in der Sendung zu erwähnen. Sie klang richtig verängstigt, und ich versprach's. Darauf sagte sie: ›Ich bin Marilyn Monroe‹, und ich meinte: ›Na klar, dann bin ich Frank Sinatra‹, und legte den Hörer auf. Sie rief gleich wieder an und war wirklich sauer. Drei oder vier Tage später fragte sie mich, ob ich nicht auf eine Tasse Kaffee bei ihr vorbeikommen wolle.«

Tom Clay wollte es immer noch nicht so recht glauben, aber er fuhr zur angegebenen Adresse, an die er sich zwar nicht mehr erinnern kann, doch seine Beschreibung paßt auf das Apartment am Doheny Drive. Die Frau, die er dort antraf, war tatsächlich Marilyn.

Als sie Clay morgens um halb zehn einließ, trug sie einen Bademantel und trank gerade Champagner. Daß sie ihn nicht verführen wollte, sagt er, war offensichtlich – was er hörte, waren die Sorgen und Nöte einer einsamen, verängstigten Frau.

»Ungefähr drei Wochen lang«, erinnert sich Clay, »fuhr ich jeden zweiten Tag zu ihr und blieb etwa eine Stunde. Am meisten Interesse hatte sie an meinem Familienleben, an meiner Frau und meinen Kindern. Über meine Kleinen wollte sie wirklich alles wissen. Sie fragte mich über die Kleinste aus, die ich ›Rebell‹ nannte, weil sie so ein Wildfang war. Einmal fragte ich: ›Weshalb sind Sie nur so einsam?‹ Marilyn antwortete: ›Waren Sie schon mal in einem Haus mit vierzig Zimmern? Wenn Sie meine Einsamkeit mal vierzig nehmen, dann wissen Sie, wie allein ich bin.‹«

Marilyn führte nun in Los Angeles ein Leben, das einem gefährlichen Vakuum glich; es war gefährlicher, als gemeinhin angenommen wird. Gloria Romanoff, die Marilyn in deren Sinatra-Sommer des Jahres 1961 häufig traf, berichtet: »Es passierte mehrmals, daß sie Alkohol und Schlaftabletten zu sich genommen hatte und wiederbelebt werden mußte – da fehlte nicht viel.«

Nach einer derartigen Überdosis an Schlaftabletten engagierte die Leitung der 20th Century-Fox Privatdetektive, damit dieser Skandal vertuscht wurde. Das Studio lief durch Marilyns selbstzerstörerische Tendenzen Gefahr, daß es zu unerwünschten Presseberichten über seinen Star kam und dann höhere Versicherungsbeiträge zu leisten waren, wenn Marilyns nächster Film ins Haus stand.

Zur gleichen Zeit kamen die Sicherheitsexperten auch zum Einsatz, als es galt, eine obskure Angelegenheit zu verschleiern, bei der es um eine Frau aus Hollywood ging, die ein lesbisches Erlebnis mit Marilyn geltend machte und von der man annahm, sie könne das an die große Glocke hängen. Man brachte die Frau durch Zahlung eines Geldbetrags zum Schweigen, die Wahrheit über diese Geschichte kam jedoch nie ans Licht.

Auch bei Marilyns psychiatrischer Behandlung in diesem Sommer spielte die Homosexualität eine Rolle. Marilyn besuchte Dr. Greenson an sieben Tagen in der Woche, »vor allem, weil sie einsam war, keiner sich um sie kümmerte und sie nichts zu tun hatte, wenn ich mich nicht um sie kümmerte«, wie Dr. Greenson schrieb. Er arbeitete zwei deutliche Problemgebiete heraus: Marilyns zwanghafte Angst vor Homosexualität und ihr Unvermögen, Kränkungen jeder Art zu bewältigen.

»Sie war nicht fähig, auch nur die leiseste Andeutung von Homosexualität zu ertragen«, schrieb Dr. Greenson. »Sie litt an einer regelrechten Phobie vor Homosexualität und landete dennoch unwillkürlich in homosexuell gefärbten Situationen, die sie prompt als solche identifizierte und auf jene andere Person projizierte, die darauf zu ihrer Feindin wurde.« Als Beispiel führte Greenson an, wie eine ihrer Freundinnen sich die Haare etwa in der gleichen Farbe tönte, die Marilyns Haare hatten. »Sofort zog Marilyn den voreiligen Schluß, die Frau versuche, Besitz von ihr zu ergreifen, und ihre Identifikation bedeute homosexuelle Besitzgier. Sie wandte sich wutentbrannt gegen diese Frau.«

In seiner Korrespondenz nennt Dr. Greenson diese Frau »Pat«. Abgesehen von Pat Lawford war Pat Newcomb die einzige »Pat«, die Marilyn in ihren letzten Jahren nahestand. Sie kann sich tatsächlich an irgendein Theater wegen Haarefärbens erinnern und weiß von Marilyns »häufigen Wutausbrüchen« zu berichten. Daß Marilyn irgendwelche Ängste vor Homosexualität hatte, ist Pat Newcomb allerdings neu.

Was die Einstellung seiner Patientin zu Männern anging, so fiel Dr. Greenson auf, daß Marilyn zu einer immer beliebigeren Promiskuität neigte. In ihren letzten Lebensmonaten verriet sie ihm dann, sie habe mit einem der Arbeiter geschlafen, die ihr Haus umbauten. Einmal bat sie einen Taxifahrer ins Haus, der sie spätnachts heimgefahren hatte. Ein Undercover-Ermittler des Bezirksstaatsanwalts von Los Angeles, der mit einem anderen Fall beschäftigt war, berichtete, er sei zufällig auf Marilyn gestoßen, die es während einer Party in Hollywood gerade in einem dunklen Korridor mit einem Mann trieb.

Gegen Ende 1961 war Marilyn für Dr. Greenson sowohl Patientin als auch ständige Hausfreundin der Familie. Es war schwer, die unbedingt notwendige Distanz in der Beziehung zwischen Arzt und Patientin beizubehalten. Er fand heraus, daß Marilyn die geringste Verstimmung seinerseits übelnahm und keinerlei Mängel an »gewissen Idealfiguren in ihrem Leben« ertrug.

»Marilyn gab keine Ruhe, ehe der Friede nicht wiederhergestellt war«, schrieb Greenson. Doch der Psychiater befürchtete, die perfekte Harmonie, die Marilyn suchte, könne nur auf eine einzige Art zustande kommen. Ihre Unfähigkeit, mit allem fertig zu werden, was sie als Kränkung begriff, samt ihrer abnormen Angst vor Homosexualität stellten – wie Greenson später schrieb – »letztlich die entscheidenden Faktoren dar, die zu ihrem Tod führten«.

Im Dezember 1961, schrieb Greenson, »machte sie eine schwer

depressive und paranoide Phase durch. Sie sprach davon, sich aus dem Filmgeschäft zurückzuziehen, sich umzubringen etc. Ich mußte Pflegerinnen einstellen, die Tag und Nacht in ihrem Apartment blieben, und ihren Medikamentenkonsum rigide kontrollieren, da ich den Eindruck hatte, sie sei selbstmordgefährdet. Marilyn stritt sich mit den Pflegerinnen, so daß man keine von ihnen länger als ein paar Wochen halten konnte.«

Ihre letzten Weihnachten waren für Marilyn nicht ganz und gar trostlos. Joe DiMaggio, durch den bereits die Feiertage im Jahr davor erträglich geworden waren, trat wieder als Retter auf – mit ziemlicher Sicherheit auf Initiative Dr. Greensons hin. Marilyn kaufte einen winzigen Weihnachtsbaum und Lichter und gab sich Mühe, ihrem Apartment ein festliches Aussehen zu geben. Den Nachmittag des ersten Feiertags verbrachten sie und DiMaggio bei den Greensons, wo – zu Marilyns Freude und dem Vergnügen aller – der Baseballheld DiMaggio im Zentrum der Aufmerksamkeit stand.

Silvester schauten Dr. Greensons Tochter Joan und ein Freund nach Mitternacht in Marilyns Apartment vorbei, um sie und DiMaggio zu besuchen. Sie tranken Champagner und rösteten Kastanien über dem offenen Feuer.

DiMaggio machte einen »liebevollen, fürsorglichen Eindruck, als gehöre er zur Familie«, erinnert sich Joan. »Und Marilyn genoß es anscheinend, ihn zu verwöhnen. Man kam sich vor, als besuche man ein älteres Ehepaar.«

Noch lange nach den Feiertagen und nach DiMaggios Abreise ließ Marilyn an ihrem Weihnachtsbäumchen die Lichter brennen. Sie behielt es, bis der Schmuck die völlig verwelkten Zweige herunterzog.

Anfang 1962 begann Marilyn auf Vorschlag Dr. Greensons, sich nach einem eigenen Haus umzusehen. Sie hatte noch nie ein eigenes Haus besessen, und Greenson hoffte, es werde ihr Sicherheit geben und sie von der Vorstellung abbringen, eine heimatlose Waise zu sein.

Marilyn ging auf Haussuche, unterstützt von Eunice Murray, einer sechzigjährigen Frau mit einer gewissen Erfahrung in der Betreuung von Psychiatriepatienten. Dr. Greenson hatte sie vor Weihnachten engagiert, als die ausgebildeten Pflegerinnen sich Marilyns Benehmen nicht mehr gefallen ließen.

Von nun an fungierte Mrs. Murray als Mädchen für alles und als Haushälterin; sie selbst zieht die Bezeichnung »aufopfernde Assistentin« vor.

Die Haussuche war nicht ganz einfach. Bei einem geeigneten Objekt keifte eine Frau: »Runter von meinem Grundstück!«, als sie sah, daß es sich bei der potentiellen Käuferin um Marilyn Monroe handelte. Doch Ende Januar fand man ein Haus – einen bescheidenen Flachbungalow in der vornehmen Wohngegend von Brentwood. Wie Dr. Greensons Haus war es im mexikanischen Stil erbaut, mit unverputzten Deckenbalken, einem Wohnbereich in der Mitte und kleinen Schlafzimmern.

Das Haus war alles andere als die prächtige Residenz, die man von Hollywoodstars erwartete, aber es war genau nach Marilyns Geschmack. Es lag abgeschieden am blinden Ende einer Sackgasse und außerdem nicht weit entfernt von Freunden, bei denen sie sehr unterschiedlichen Trost zu finden hoffte. Dr. Greenson wohnte wenige Fahrminuten entfernt, wie auch Peter Lawford, in dessen Villa Marilyn sich manchmal mit den Kennedy-Brüdern traf.

Mit Hilfe des Rechtsanwalts, den Marilyn mit Frank Sinatra teilte, und einiger Fremdmittel wurde das Haus rasch gekauft. Sie hatte seit einem Jahr keinen Film mehr gedreht, und ihre Gewinnbeteiligung an älteren Filmen sollte erst viel später Profit abwerfen. Ein Großteil dieses Geldes floß tatsächlich erst nach Marilyns Tod. Als sie ihr neues Domizil erwarb, stand ihr kaum Bargeld zur Verfügung, und sie starb mit nur 5000 Dollar auf ihrem Konto.

Beim Unterzeichnen des Kaufvertrags für ihr Haus in Brentwood brach Marilyn in Tränen aus; später erklärte sie: »Ich fühlte mich schlecht, weil ich ganz allein ein Haus kaufte.«

Anfang des Jahres 1962 hatte Dr. Greenson den Eindruck, das Tablettenproblem sei unter Kontrolle, und er hoffte, Marilyn werde endlich wirkliche Fortschritte machen. Offenbar bemerkte niemand das kleine Wappen, das die Steinplatten vor der Haustür schmückte. Der lateinische Wappenspruch lautete *Cursum Perficio,* zu deutsch: »Ich beende meine Reise.«

Marilyn war fast sechsunddreißig. Sie hatte noch ein halbes Jahr zu leben.

35

»VERDAMMTER MIST«, SAGTE Marilyn, die mit Dr. Greensons Sohn Danny im Eßzimmer der Greensons saß, »ich fahr zum Abendessen zu den Lawfords, und Bobby wird auch da sein. Kim Novak wird was über ihr neues Haus bei Big Sur erzählen, und ich brauche was Ernsthaftes, über das ich mit ihm reden kann.«

Man schrieb Ende Januar 1962. Marilyn sollte tatsächlich mit Robert Kennedy zu Abend essen – und es war nicht einmal ein Geheimnis. Sie war eine von mehreren Gästen, die für den 1. Februar, an dem der Justizminister und seine Frau zu Beginn einer Weltreise in Los Angeles haltmachten, ins Haus der Lawfords eingeladen worden waren.

Soviel stand damals in den Zeitungen, und dieses Ereignis interpretiert man heutzutage – je nach Interessenlage – entweder als den Anfang einer Affäre oder als Beleg, daß sich Marilyn und der Justizminister bei dieser Gelegenheit überhaupt erst kennenlernten.

Bei ihrer Unterhaltung mit Danny Greenson war Marilyn auf der Suche nach politischen Themen, die sich als Gesprächsstoff eigneten. »Schließlich notierte sie sich Stichpunkte«, erinnert sich Danny. »Es waren kritische Bemerkungen mit einer deutlichen Links-von-der-Mitte-Tendenz – und das damals, als ich mir wegen unserer Unterstützung des Diem-Regimes in Vietnam Sorgen machte –, und es waren Fragen über den Kongreßausschuß zur Untersuchung unamerikanischer Umtriebe, über Bürgerrechte und so weiter . . . Sie wollte bei ihm Eindruck schinden . . .«

Zunächst war Robert Kennedy auch beeindruckt. Dann ertappte er Marilyn dabei, wie sie auf die Liste in ihrer Handtasche schielte, und amüsierte sich königlich. Mit dieser Geschichte hat man sich über Marilyns Intelligenz lustig gemacht und sie als Indiz gewertet, daß sie dem Bruder des Präsidenten hier zum ersten Mal begegnete. In Wirklichkeit hatte sich Marilyn, die immer darauf aus war, einen guten Eindruck zu machen, schon seit Jahren angewöhnt, Tischgespräche im voraus zu planen.

Auf einer Reise nach Mexiko-Stadt sprach Marilyn ein paar Wochen später mit dem Auslandsamerikaner Fred Vanderbilt Field über das Dinner. Field berichtet, Marilyn habe ihm erzählt, daß »sie und Kennedy sich im Lauf des Abends in das, wie sie es nannte, Arbeitszimmer zurückzogen. Sie hätten ein sehr langes Gespräch geführt, ein sehr politisches Gespräch. Sie habe, wie sie mir sagte, Kennedy gefragt, ob sie J. Edgar Hoover rausschmeißen würden – gegen den sie sich ganz unverblümt aussprach –, und Kennedy antwortete, er und der Präsident fühlten sich dazu noch nicht stark genug, obwohl sie es gern täten.«

Gloria Romanoff, eine der Dinnergäste, weiß noch, daß Marilyn an diesem Abend mit Kennedy tanzte, und zwar ganz sittsam. Sie erwähnt eine nette Episode am Rande: »Kennedy rief seinen Vater an der Ostküste an, um ihm mitzuteilen, er sitze neben Marilyn Monroe, und ob der ihr nicht hallo sagen wolle?«

Als Marilyn sechs Monate später starb, wurden viele ihrer privaten Papiere vernichtet. Ihre Erbschaftsverwalterin Inez Melson warf sie einfach weg, als sie das Haus aufräumte. In einer Schublade fand sie jedoch einen handgeschriebenen Brief, den sie aufhob, weil er sie erschütterte. Offenbar hatte Marilyn ihn von Jean, einer der Kennedy-Schwestern, bekommen.

Unter dem Briefkopf mit der Adresse »North Ocean Boulevard, Palm Beach, Florida« – dort befand sich das Ferienhaus der Kennedys – stehen die Worte (vergleiche folgende Seite):

> Liebe Marilyn –
>
> Mutter bat mich, zu schreiben und Dir für Deine netten Zeilen an Daddy zu danken – Er hat sich sehr darüber gefreut, und es war wirklich süß von Dir, daß Du sie geschickt hast –
>
> Dir ist doch klar, daß Du und Bobby das neue Thema seid! Wir sind alle der Meinung, Du solltest ihn begleiten, wenn er wieder zur Ostküste kommt!
>
> Nochmals danke für das Briefchen –
>
> Liebe Grüße,
Jean Smith

Die John-F.-Kennedy-Bibliothek, wo gewaltige Mengen der Familienkorrespondenz lagern, bezeichnete sich als »nicht imstande«, etwas Handgeschriebenes von Jean aus der fraglichen Zeit aufzufinden.

1984 brachte ich den Brief zu Jeans Mann Stephen Smith, der heute die Finanzen der Familie Kennedy verwaltet, und erkundigte mich, ob er den Brief für echt hielt. »Kann sein«, sagte Smith, »könnte durchaus

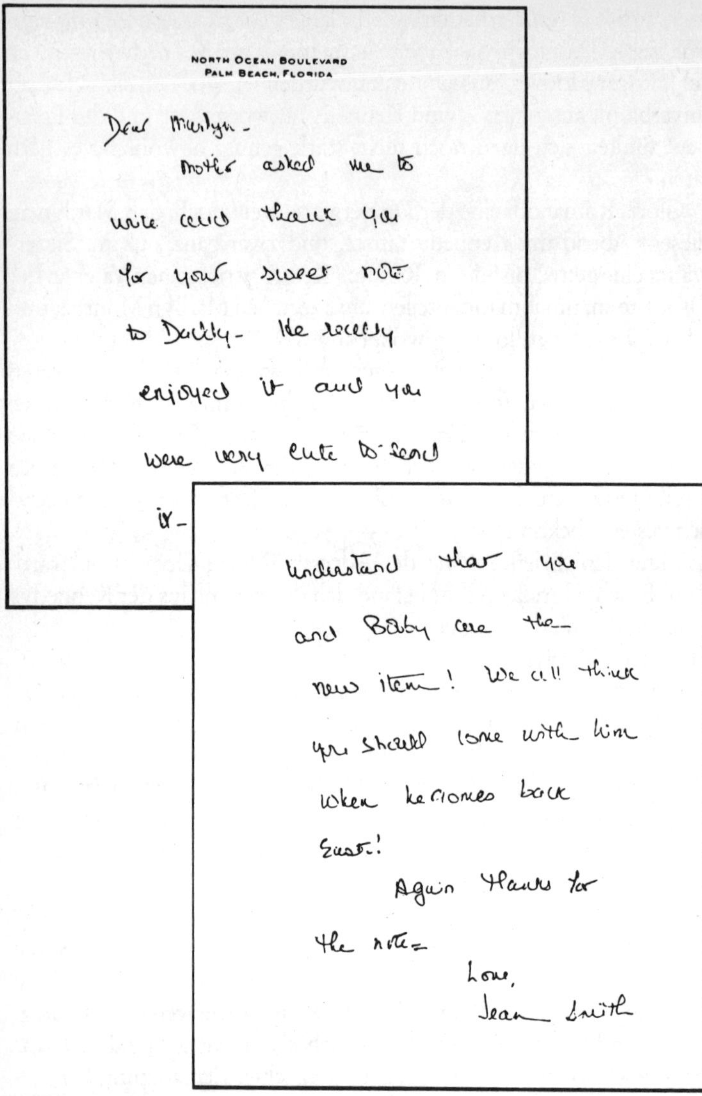

NORTH OCEAN BOULEVARD
PALM BEACH, FLORIDA

Dear Marilyn –
Mother asked me to write and thank you for your sweet note to Daddy – He really enjoyed it and you were very cute to send it –

Understand that you and Bobby are the new item! We all think you should come with him when he comes back East!

Again thanks for the note –

Love,
Jean Smith

Diesen Brief an Marilyn, der vermutlich von Jean Kennedy Smith stammt, fand man nach dem Tod der Schauspielerin. Die Anspielung auf »Bobby« wartet noch auf eine Erklärung. Jean Kennedys Name steht aber in Marilyns Adreßbuch. Die beiden hatten zweifellos Kontakt miteinander.

sein; sagen wir mal: Die Möglichkeit besteht. Die Handschrift ist nicht grundverschieden. Falls Jean diesen Brief geschrieben hat, erinnert sie sich vielleicht daran oder auch nicht. Ihre eigene Handschrift würde sie auf jeden Fall wiedererkennen. Ich muß Jean fragen.«

Als er den Brief noch einmal durchlas, wirkte der Schwager der Kennedys irritiert, erklärte sich aber bereit, seine Frau zu befragen. Später schrieb mir Smith, sie »kann sich nicht erinnern, solch einen Brief je geschrieben zu haben, und kann das Schriftstück nicht identifizieren ...«.

Nimmt man einmal an, daß der Brief echt ist, was bedeutet er dann? Er ist zwar nicht datiert, ein Anhaltspunkt könnte sich aber in dem Hinweis auf Marilyns »nette Zeilen an Daddy« finden. »Daddy«, der dreiundsiebzigjährige Joseph Kennedy, hatte am 19. Dezember 1961 in Palm Beach einen schweren Schlaganfall erlitten. Er hatte noch monatelang mit den Folgen zu kämpfen und blieb bis an sein Lebensende behindert. Was »Bobbys« Rückkehr an die Ostküste betrifft, so könnte damit seine Heimkehr von der Weltreise gemeint sein, die er nach dem erwähnten Essen bei den Lawfords antrat.

Andererseits besteht die Möglichkeit, daß die Schwester des Justizministers auf ein Schreiben Marilyns an Joseph Kennedy antwortete, das irgendwann nach Weihnachten oder auch – wenn Gloria Romanoffs Erinnerung zutrifft, Marilyn habe von den Lawfords aus mit Vater Kennedy telefoniert – kurz nach der Dinner-Party abgeschickt wurde. Wie auch immer, der Brief läßt sich jedenfalls auf den Januar oder Februar 1962 datieren.

Einmal abgesehen von der zeitlichen Einordnung, wie soll man den interessanten Satz »Dir ist doch klar, daß Du und Bobby das neue Thema seid!« interpretieren? War das ein etwas gequälter Scherz vor dem Hintergrund von Gerüchten, die Marilyn mit Robert Kennedy in Verbindung brachten? Wohl kaum. Zu diesem Zeitpunkt existierten derartige Gerüchte noch gar nicht. Bedeutet es also genau das, was dastand, im Jargon der Zeit? Bezog sich Jean Kennedy scherzhaft auf eine Affäre, eine Art Liebelei zwischen Marilyn und ihrem Bruder? Wenn das zutrifft, so hatte diese Liaison eindeutig eine Weile vorher begonnen, was schließlich die Aussagen von Marilyns Nachbarin Jeanne Carmen untermauert, in denen von Begegnungen der beiden im Jahr 1961 die Rede ist.

Bis auf den heutigen Tag waren Andeutungen über Marilyn und Robert Kennedy meistens nur flüchtige, von bösen Zungen verbreitete Gerüchte. Beide sind tot und können sich nicht mehr verteidigen. Da Kennedy aber auch in den mysteriösen Ereignissen, die mit Marilyns Tod zusammenhängen, eine so wichtige Rolle spielt, sind gründliche Recherchen über ihre Beziehung unerläßlich.

Robert Kennedys Privatsekretärin Angie Novello antwortet auf Fragen über Marilyn und ihren ehemaligen Chef vorsichtig, aber offen. Sie erinnert sich, Marilyn im Frühjahr 1962 im Hause Lawford begegnet zu sein, als Kennedy und Pat Newcomb anwesend waren. Etwa von diesem Zeitpunkt an habe Marilyn – die verfügbaren Listen ihrer Telefongespräche belegen das – häufig mit Kennedy im Justizministerium telefoniert.

Angie Novello sagt, Kennedy habe alle Anrufe Marilyns entgegengenommen oder sie umgehend zurückgerufen. »Er war ein sehr mitfühlender Mensch; nie wies er jemanden ab, der Hilfe brauchte, und er war sich ihrer Probleme bewußt, da bin ich sicher. Er war ein guter Zuhörer, und das brauchte sie wohl mehr als alles andere.« Angie Novello betont, Robert Kennedy sei auch mit der Sängerin Judy Garland eng befreundet gewesen, ohne daß jemand eine Affäre zwischen den beiden konstruierte.

Kennedys Pressesprecher Ed Guthman behauptet, der Justizminister sei »Marilyn insgesamt vielleicht vier- oder fünfmal begegnet«. Andere Mitarbeiter Kennedys sind nicht dieser Ansicht. Einer von ihnen, der ungenannt bleiben möchte, erzählte dem Journalisten W. J. Weatherby, für ihn »war die Affäre mit der Monroe existent, es handelte sich aber um Bobbys einzige«.

Anscheinend lösten sich 1968, in der Nacht der Ermordung Robert Kennedys, die Zungen. Zwei seiner Freunde, der Autor John Marquand und Freddy Epsy, die heute mit George Plimpton verheiratet ist, saßen zusammen und schwelgten in Erinnerungen. Im Gespräch, sagt ein Teilnehmer, wurde beiläufig und nüchtern erwähnt, daß »jede Menge herumgeturtelt und geflirtet wurde und daß Miss Monroe sehr in Bob Kennedy verliebt war«. Auch dieser Zeuge zieht es vor, anonym zu bleiben. Andere äußern sich offener.

Peter Lawfords dritte Frau Deborah Gould, die berichtet, Lawford sei eines Nachts zusammengebrochen und habe über die Kennedys und Marilyn geplaudert, fand, wie sie sagt, unter Papieren, die ihr Mann in einem Schrank abgelegt hatte, ein Foto. Es »zeigte Peter Lawford, Marilyn Monroe und Bobby Kennedy«, erinnert sich Deborah Gould, »alle drei Arm in Arm. Wenn ich mich recht erinnere, hatte Marilyn einen Bademantel an und eine Flasche Dom Perignon-Champagner in der Hand. Sie schienen sich alle köstlich zu amüsieren; auf dem Foto waren sie am Strand.«

Deborah Goulds Version – unter Berufung auf Lawford – lautet, Robert habe sich auf Marilyn eingelassen, als er für seinen Bruder den »Botenjungen« spielte und Marilyn ausrichtete, ihre Beziehung mit dem Präsidenten könne nicht fortgesetzt werden. »Marilyn verkraftete das ziemlich schlecht«, sagt Deborah Gould, »und als Bobby ging, hatte er den Wunsch, sie besser kennenzulernen. Zu Anfang stand er ihr nur bei und tröstete sie, woraus sich dann eine Affäre zwischen Marilyn und Bobby entwickelte. Nach allem, was Peter mir erzählte, hat Bobby sich Hals über Kopf in sie verknallt.«

Die besten Belege für Marilyns Kontakte mit Robert Kennedy stammen aus erster Hand, von Zeitzeugen. Dr. Greensons Tochter Joan, die in Marilyns letzten Monaten sehr vertrauten Umgang mit ihr pflegte, erinnert sich an Gespräche »von Frau zu Frau«. Die meisten drehten sich um Joans Liebesleben, aber Anfang 1962 war Marilyn ganz aufgeregt und erzählte von einem »neuen Mann in ihrem Leben«.

»Sie sagte mir«, berichtet Joan Greenson, »daß sie mit jemandem befreundet sei, mich aber nicht mit der Verantwortung belasten wolle, um dessen Identität zu wissen, er sei nämlich eine bekannte Persönlichkeit. Darum meinte sie, sie wolle ihn ›der General‹ nennen. Wir lachten beide. Der Name war nicht so abstrakt, daß man sich niemand drunter vorstellen konnte oder sich nicht denken konnte, was los war.«

Joan Greenson hatte keine Ahnung, was der Titel »General« wirklich bedeutete, und nahm an, Marilyn meine den Präsidenten. Ein um diese Zeit erschienener Artikel im Magazin *Life* enthält die Information, daß man den Justizminister Robert Kennedy in seinem Ministerium so titulierte – »General«.*

Dr. Greenson war jahrelang bemüht, bei allem, was er über Marilyns Liebesleben erfahren hatte, seiner ärztlichen Schweigepflicht peni-

* In den USA heißt der Justizminister *Attorney General* (A.d.Ü.).

bel nachzukommen. Der Analytiker hielt trotz der grassierenden Skandalsucht der Presse daran fest und wimmelte normalerweise alle Reporter ab. 1973 jedoch sprach Greenson mit dem Autor Maurice Zolotow, aus Wut über nicht belegte Andeutungen in Norman Mailers Buch über Marilyn. Dr. Greenson behauptete nun: »Marilyn hatte zu der Zeit keine gefühlsmäßige Bindung von Belang zu Robert Kennedy oder irgendeinem anderen.«

Vielleicht versuchte der Liberale Greenson, der auf seinem Schreibtisch einen Kennedy-Silberdollar aufbewahrte, einfach nur den Gerüchten ein Ende zu machen. Doch direkt nach Marilyns Tod sagte er in privaten Gesprächen mit Psychiatern des Selbstmordverhütungszentrums von Los Angeles etwas ganz anderes.

1984 sprach ich mit Dr. Robert Litman, einem der beiden Experten des Selbstmordverhütungsteams, die Greenson befragt hatten. Greenson sei dermaßen erschüttert gewesen, sagt Litman, daß er sich nicht nur als offizieller Fragesteller fühlte, sondern sich wie ein Ratgeber im Trauerfall vorkam. Er hatte bei Greenson studiert, respektierte ihn sehr und »hielt es für richtig, erst nach Dr. Greensons Tod darüber zu sprechen«.

Marilyns Analytiker starb 1979, und ich durfte Dr. Litmans Berichte und Originalaufzeichnungen einsehen. Über den Anfang des Jahres 1962 schrieb Litman:

> »Um diese Zeit herum traf sich Marilyn mit einigen ›sehr wichtigen Männern‹. Greenson hegte erhebliche Bedenken, daß sie in diesen Beziehungen ausgenutzt wurde ... Die Freundschaft mit derartig mächtigen und bedeutenden Männern schien ihr jedoch so viel zu bedeuten, daß er sich nicht dazu durchringen konnte, ihr dreinzureden ... Er riet ihr, sie solle sich ganz sicher sein, daß sie aus guten Gründen so handelte und nicht, weil sie sich verpflichtet fühlte.«

Dr. Litman sagt heute, Greenson habe ihm gegenüber von »engen Beziehungen mit ausgesprochen wichtigen Regierungsmitgliedern« gesprochen, es habe sich um »sexuelle Beziehungen« gehandelt, und die besagten Männer seien »auf höchster Ebene« anzusiedeln. Greenson habe zwar die Kennedys nicht ausdrücklich erwähnt, aber Dr. Litman sagt, er war sich »ziemlich sicher«, wen Greenson mit »wichtigen Regierungsmitgliedern« meinte. Außerdem hatte Litman den Eindruck, Dr. Greenson sei nicht »gänzlich aufrichtig« gewesen, nicht einmal zu ihm.

Greenson sprach auch zu Dr. Norman Tabachnick, einem anderen Mitglied des Selbstmordverhütungsteams, von »zwei bedeutenden Männern« in Marilyns Leben, und Tabachnick zweifelte nicht daran, daß von den Brüdern Kennedy die Rede war. Besagtes Team ermittelte im Auftrag des Coroners von Los Angeles, der alle Todesfälle mit nicht eindeutig natürlicher Ursache untersucht; Coroner Theodore Curphey hatte erklärt, das Team werde »alle Personen« befragen, »mit denen Marilyn unlängst Umgang hatte«. Dr. Norman Farberow, der Leiter des Teams, sagt, keiner der Gebrüder Kennedy sei befragt worden; er fügt hinzu: »Ich bin sicher, daß Diskretion dabei eine Rolle spielte.«

Marilyn hatte nicht allein mit ihrem Psychiater gesprochen. Ihr New Yorker Freund Henry Rosenfeld erfuhr, daß sie sich mit Robert angefreundet hatte; er war jedoch überzeugt, die wichtigere Affäre sei für Marilyn die mit John Kennedy gewesen. Marilyns Masseur Ralph Roberts hatte den gleichen Eindruck.

Es liegen Hinweise vor, daß sich Marilyns Affären mit den Brüdern zeitweise überlappten – eine verblüffende Vorstellung, aber keineswegs unvereinbar mit dem Kennedy-Mythos. Laut Familienlegende kam es durchaus vor, daß die Männer dieser Dynastie um ein und dieselbe Frau konkurrierten. Im Fall Marilyns ging es möglicherweise weniger um konkurrierende Brüder als um eine verstörte Frau, die annahm, sie könne einen Kennedy gegen den anderen ausspielen.

Während ihrer letzten Lebensmonate erzählte Marilyn Fred Kargers Mutter Anne, sie habe eine Affäre mit Robert. Joe DiMaggio spricht zwar nicht über Marilyn, verriet aber seinem Freund Harry Hall, der die Tage nach Marilyns Tod mit DiMaggio verbrachte, er wisse von einer Affäre mit Robert Kennedy. DiMaggio, sagt Hall, war »darüber verärgert, sehr verärgert«.

Das Haus der Lawfords in Santa Monica gehörte zu einer Reihe von Villen am Strand, in denen reiche Leute wohnten. Während Kennedys Präsidentschaft waren die Nachbarn vom Kommen und Gehen bei den Lawfords fasziniert, und einige wußten Genaueres. Lynn Sherman, Tochter des bekannten Westernfilmproduzenten Harry Sherman, wohnte direkt neben den Lawfords. Beim Beobachten von

Volleyballspielen am Strand fiel ihr auf, daß Marilyn bei den Lawfords ein und aus ging.

»Sie kam raus, wollte mitspielen, und dann kippte sie um«, erinnert sich Lynn Sherman. »Das ist mehr als einmal passiert. Die Kombination von Sonne und Pillen war einfach zuviel, und man mußte sie ins Haus zurücktragen.«

Lynn Sherman vertritt die Auffassung, daß Marilyn eine Affäre mit Robert Kennedy hatte. »Nur Dummköpfe ziehen ihre Schlüsse, wenn sie nicht genau wissen, was los war«, sagt sie heute, »aber die beiden trafen sich sehr häufig. Der Dienstwagen fuhr vor, und dann wußte man schon, Robert Kennedy war wieder mal da; später kam die Hausangestellte rein und sagte: ›Marilyn ist eingetroffen.‹ Sie trug zum Beispiel einen Schal um den Kopf und eine Hose. Manchmal gingen Bobby und Marilyn über die Terrasse zum Strand und machten einen Spaziergang. Von meinem Balkon aus konnte ich gut erkennen, daß sie viel und oft zusammen waren – daran bestand für mich überhaupt kein Zweifel.«

Lynn Sherman sagt, nach Marilyns Tod habe Roberts Schwester Pat, als sie auf einen Drink vorbeikam, ihre Meinung bestätigt, daß eine Affäre existierte. »Sie machte eine beiläufige Bemerkung«, erinnert sich Lynn. »Pat beklagte sich über Peter und sagte: ›Aber so was müssen wir alle durchmachen – wenn man sich ansieht, was Ethel mitgemacht hat.‹«

Eine andere Nachbarin, die damalige Mrs. Sherry James, sprach mit Peter Lawford über Marilyns Tod. Seiner Version nach »sei Marilyn von ihm an Jack und von Jack an Bobby weitergereicht worden«. Lawford nahm offenbar den Mund etwas zu voll – alle Anzeichen deuten darauf hin, daß er zwar hinter Marilyn her war, von ihr aber immer abgewiesen wurde.

Von allen Nachbarn waren wohl Mr. und Mrs. Dye am besten mit den Lawsons bekannt. Marjorie Dye, eine Erbin des Merriweather-Post-Vermögens, reagiert nicht auf Interviewwünsche. Doch ihr Exmann Peter, der heute als Lehrer arbeitet, war zu einem Gespräch bereit.

Peter Dye begegnete Marilyn am Strand und hat sie als traurige Figur in Erinnerung, »die oft halb belämmert herumlief«. Als sie sich einmal beim Strandhaus auf Sitzkissen rekelte, fielen Dye Blutflecken an ihrer weißen Hose auf. Sie schien das, wie schon früher, überhaupt nicht zu bemerken. Einmal verließ Marilyn beim Abendessen weinend den Tisch, weil ein Gast sie wegen eines Grammatikfehlers aufgezogen hatte.

Nach einer Weile kannte Dye die Kennedys recht gut und traf Marilyn und Robert Kennedy mehrfach bei den Lawsons. Seiner Meinung nach »hatten die beiden eindeutig etwas miteinander. Sie war völlig in ihn verknallt, himmelte ihn ununterbrochen an. Ich hasse das Wort ›Macho‹, aber Kennedy spielte so etwas wie einen Machotypen. Lebhaft war er nie, lächeln tat er auch nicht. Sie war völlig hin und weg von ihm. Ich glaube, sie hielt ihn für eine Geistesgröße, und das verdrehte ihr den Kopf. Diese Art Mann gefiel ihr, sie wollte nicht immer wie ein Stück Fleisch behandelt werden. Davon versuchte sie loszukommen.«

Hazel Washington, Marilyns Hilfe im Studio, kann sich an Anrufe Robert Kennedys erinnern, ebenso wie Lena Pepitone, Marilyns New Yorker Hausmädchen. »Ich weiß, daß Bobby sehr oft mit ihr telefonierte«, sagt Lena Pepitone, »aber sie taten sehr geheimnisvoll. Er sagte lediglich: ›Ich würde gern Marilyn sprechen‹; dann machte sie die Schlafzimmertür zu und sprach vielleicht eine Stunde lang mit ihm. Weil sie es mir einmal gesagt hatte, wußte ich, daß er es war; von da an kannte ich seine Stimme.«

Wo traf sich das Paar während Marilyns letzter Monate, außer bei den Lawfords? Eunice Murray, die in Marilyns neuem Haus in Brentwood oft anwesend war, erwähnt gewöhnlich nur einen Auftritt Kennedys in Marilyns Domizil, einen flüchtigen Nachmittagsbesuch, weil er sich »ihre Küche anschauen« wollte. In einem Interview erhöhte sie die Zahl auf »vielleicht zwei- oder dreimal«, betonte aber, diese Besuche hätten nichts Heimlichtuerisches gehabt.

Eunice Murrays Schwiegersohn Norman Jeffries wurde 1962 von Marilyn zu Umbauarbeiten an ihrem Haus beschäftigt. Als ich sie bat, mir beim Auffinden Jeffries' zu helfen, sträubte Mrs. Murray sich merkwürdigerweise; schließlich wurden wir doch fündig. Und der Besuch Robert Kennedys, dessen Zeuge er wurde, lief tatsächlich recht geheim ab.

»Es war schon komisch«, sagt Norman Jeffries, »Eunice und ich waren nämlich bei Marilyn, und wir mußten verschwinden. Wir beide sollten uns aus dem Staub machen, bevor er kam; und das taten wir auch.« Jeffries befand sich allerdings noch vor dem Haus, als Robert Kennedy allein, am Steuer eines Coupés, eintraf.

An der Westküste waren Marilyn und Kennedy möglicherweise umsichtig genug, sich an einem geheimen Ort zu treffen. Polizeiliche Quellen und Gespräche mit Sicherheitsfachleuten der Telefongesellschaft deuten darauf hin, daß Marilyn ein Apartment in Culver City benutzte, im südwestlichen Teil von Los Angeles. Drei Beamte können sich erinnern, daß nach Marilyns Tod in dieser Gegend ermittelt wurde.

Für die Ostküste sagt Lena Pepitone, Kennedy sei nicht in Marilyns Wohnung in Manhattan gewesen. Allerdings weiß sie noch, daß Marilyn 1961 heimlich eine Reise nach Washington unternahm, wo sie sich auch mit den Kennedys traf.

Viel zu viele wußten von Marilyns geheimen Beziehungen zu den Kennedys, als daß sie sich noch in Sicherheit wiegen konnten; aber die Treffen dauerten an. Um diese Zeit verfiel Marilyn – vielleicht um die Phasen der Einsamkeit zu füllen, die ihren Analytiker so beunruhigten – in hektische Aktivität.

36

IM FEBRUAR 1962 bekam der auf Urlaub in Florida weilende Vater Arthur Millers, Isadore, ein Telegramm:

> ANKOMME EASTERN AIRLINES FLUG 605 UM 21.05. HABE IM FONTAINEBLEAU RESERVIERT. ALLES LIEBE. MARILYN.

An dem Abend speisten der alte Herr und die Schauspielerin im Club Gigi, sahen sich eine schlechte Varietévorstellung an und gingen gemeinsam ins Hotel zurück. Dort teilte Marilyn Isadore Miller die Neuigkeit mit, Arthur wolle wieder heiraten, und zwar Inge Morath.

Arthurs Vater war erstaunt. Später sagte er: »Marilyn kümmerte sich rührend um mich. Sie wollte von mir, daß ich sie beschützte, aber sie beschützte mich auch.« Nachts fand Miller senior 200 Dollar in seiner Manteltasche. Marilyn, die immer versucht hatte, sich um ihn zu kümmern, hatte ihren eigenen Kummer verheimlicht.

Im Januar hatte ihr die Nachricht von Frank Sinatras Verlobung mit

Juliet Prowse einen Schock versetzt. Nun führte Arthur Millers bevorstehende Hochzeit beinahe zu ihrem Zusammenbruch. Sie kapselte sich von der Welt ab und ging nicht mehr ans Telefon. Sieben Monate später bekam die neue Mrs. Miller ein Kind, eine Freude, die Marilyn nicht vergönnt war. Vielleicht wußte sie, daß die Geburt bevorstand, und war deshalb noch desolater.

Marilyn beteiligte sich nun an den Vorbereitungen zu *Something's Got to Give* (Irgendwas muß passieren), dem letzten Film, den die 20th Century-Fox unter ihrem bestehenden Vertrag verlangen konnte und der unvollendet blieb. Henry Weinstein, Produzent des Films und Freund der Familie Greenson, bemerkte mit Schrecken, in welch schlimmer Verfassung Marilyn war.

Etwa um die Zeit, als sie von Millers neuer Heirat erfuhr, erschien Marilyn eines Morgens nicht zu einer für acht Uhr angesetzten Kostümbesprechung. Weinstein rief sie an, hörte eine lallende, unartikulierte Stimme und sagte, er werde sofort vorbeikommen. Marilyns Reaktion darauf klang wie: »Hier gibt's nur ein Bett. Wo wollen Sie denn schlafen?« Als Weinstein eintraf, war sie bereits weggetreten – Barbituratkoma. Man rief einen Arzt, ihr schon oft ausgepumpter Magen wurde noch einmal ausgepumpt, und Marilyn erholte sich wieder.

Bei 20th Century-Fox kam es nun zu einer Konferenz. Ein leitender Angestellter vertrat die Meinung, die Dreharbeiten sollten eingestellt werden, da Marilyn offensichtlich zum Arbeiten nicht in der Lage sei. »Hätte sie einen Herzinfarkt gehabt«, argumentierte er, »würden wir auch abbrechen. Wo liegt da der Unterschied, schließlich ist anzunehmen, daß sie sich jederzeit mit einer Überdosis umbringt?«

»Na ja«, meinte ein Kollege, »hätte sie einen Herzinfarkt hinter sich, hätten wir diese Produktion nicht versichern können. Das Problem stellt sich also nicht. Medizinisch gesehen ist sie absolut tauglich.«

Diese rücksichtslose Ansicht setzte sich durch. Die Arbeit an *Something's Got to Give* sollte weitergehen. Doch zunächst legte Marilyn, auf Anraten Dr. Greensons, eine Urlaubspause ein. Sie flog nach Florida, wo sie Arthur Millers Vater und Joe DiMaggio besuchte, und anschließend, am 20. Februar, nach Mexiko.

Der Friseur George Masters fand sich auf einmal in einer Flugzeugtoilette wieder, auf seinem Schoß den berühmtesten Filmstar der Welt.

Marilyn hatte darauf bestanden, daß Masters dort ihr Haar zurechtmachte und sie für die Ankunft in Mexiko-Stadt schminkte. Sie hatte diese Reise als Privatbesuch geplant, doch das Geheimnis hatte sich herumgesprochen.

Im Hilton Hotel, wo Frank Sinatra für ihre Unterkunft gesorgt hatte, verwandelte sich ein ruhiger Ausflug in einen Belagerungszustand. Bewaffnete Wachen streiften durch die Flure, und die Presse gierte nach Interviews. Ein paar Tage später bekam sie auf einer chaotischen Pressekonferenz ihren Willen. Die Fotografen stolperten übereinander bei dem Versuch, Aufnahmen zu schießen, die den Wunschvorstellungen ihrer Leser gerecht wurden. Ein damals unveröffentlichtes Bild kommt der Pornographie so nahe wie kaum ein anderes Foto von Marilyn: Es bewies ein für allemal, daß sie Slips für überflüssig hielt. Marilyn, die einen abgezehrten Eindruck machte, trank während der gesamten Pressekonferenz Champagner.

Nachdem sie ihr Anerkennung gezollt hatten, genehmigten die Journalisten Marilyn ein paar friedliche Tage. Sie verließ die Hauptstadt und fuhr zum Markt von Toluca und in die Berge nach Taxco. Begleitet von Eunice Murray, kaufte Marilyn einige Gegenstände für ihr neues Haus: einen Tisch, Spiegel mit silbernen Rahmen und Gemälde. Sie lernte auch neue Freunde kennen.

Ehemalige Nachbarn aus Connecticut hatten Marilyn einen Einführungsbrief für ein Ehepaar mitgegeben, das ihr ein wenig von Mexiko zeigen sollte – Fred Vanderbilt Field und seine mexikanische Frau. Field, ein Sproß der unermeßlich reichen Familie Vanderbilt, bekam unter anderem das Etikett »Amerikas führendes kommunistisches Kind reicher Eltern« verpaßt. Er und seine Frau, die einer Kolonie sozusagen im mexikanischen Exil lebender Linker angehörten, fanden Marilyn auf Anhieb sympathisch. Ihrer Meinung nach war sie »außerordentlich schön – warm, attraktiv, gescheit und geistreich; neugierig auf Dinge, Menschen und Ideen – außerdem höchst kompliziert«.

Von Fred Fields Warte aus waren Marilyns politische Ansichten »genau richtig – sie erzählte uns von ihren Sympathien für die Bürgerrechtsbewegung, die Gleichberechtigung der Schwarzen, von ihrer Bewunderung für das, was in China passierte, von ihrer Wut auf Kommunistenhetze und McCarthyismus und ihrem Haß auf J. Edgar Hoover«.

Marilyn vertraute den Fields eine ganze Menge an. Sie sprach davon, wie aufregend es sei, Robert Kennedy zu kennen, und daß sie Frank Sinatra vertraue. Doch am allermeisten redete sie über vergangene Mißerfolge und Hoffnungen für die Zukunft.

»Sie erzählte sehr viel von ihrer Ehe mit Arthur Miller«, sagt Field, »was sie damit verloren hatte, wie schlecht die Ehe funktioniert hatte, und von den Fehlgeburten. Sie sagte, sie wolle Hollywood sausenlassen und einen Mann finden - eine Mischung aus Miller und Joe DiMaggio, wenn ich das richtig verstand –, der sie nicht nur anständig behandelte, sondern sie auch intellektuell forderte und stimulierte. Sie wollte auf dem Land leben und ihr Leben völlig umkrempeln. Sie sprach viel über ihre intellektuellen Defizite, über ihre Unfähigkeit, mit den Menschen Schritt zu halten, die sie bewunderte. Sie sprach von ihrem Alter, daß sie bald sechsunddreißig sei und unbedingt wieder auf die Beine kommen müsse.«

Field fiel auf, daß Marilyn reichlich dem Alkohol zusprach. Er erinnert sich: »Ich hatte den Eindruck, daß Marilyn sexuell gesehen eine ziemliche Menge Ex-und-hopp-Affären absolvierte, was ihr offenbar eine gewisse Erleichterung verschaffte.«

Besorgt registrierte Field, daß Marilyn sich überstürzt mit einem ganz bestimmen Mann einließ: dem zehn Jahre jüngeren mexikanischen Drehbuchautor José Bolaños.

Bolaños, ein schlanker, junger Mann, der auffallend gut aussah – ein wenig zu auffallend –, machte ihr auf eine Art den Hof, die eher einem Bombardement glich. Zuerst schickte er Marilyns Presseagentin Pat Newcomb Blumen auf einem silbernen Serviertablett (er behauptete, es handele sich um ein Familienerbstück). Pat war gelinde beeindruckt und stellte Bolaños ihrer Chefin vor, damit diese »ausging und sich amüsierte«.

Als Fred Field am nächsten Morgen vorbeikam, bemerkte er sofort, daß der Mexikaner über Nacht geblieben war. Später fuhr Marilyn nach Taxco, und Bolaños kam hinterher. Er traf mitten in der Nacht dort ein, engagierte nicht eine, sondern mehrere Mariachi-Bands und inszenierte vor Marilyns Hotel eine mordsmäßige Serenade. Trotz Fields Warnungen sollte sich Marilyn noch öfter mit Bolaños treffen.

Bolaños war in der Filmwelt kein unbeschriebenes Blatt. Er rechnete sich zu den Freunden des bedeutenden Regisseurs Luis Buñuel und hatte mit Anfang zwanzig das Drehbuch zu dem vielgepriesenen Film *La Cucaracha* verfaßt. Doch mittlerweile war es mit seiner Karriere nicht mehr weit her.

Als ich ihn 1983 interviewte, schwärmte Bolaños immer noch in höchsten Tönen von Marilyn. Er behauptet, seine Affäre mit ihr habe bis zu ihrem Tod gedauert, also fünf Monate lang, und er habe sie in einem Ausmaß sexuell befriedigt, wie sie es in vorangegangenen Beziehungen selten erlebt hätte. Außerdem behauptet er, Marilyn habe zur Zeit ihres Todes vorgehabt, ihn zu heiraten. Sein Anwalt und Freund Jorge Barragan bestätigt dies – was er auch schon 1962 sagte, wenige Tage nach Marilyns Tod. Dem widersprechen allerdings Angaben aus Marilyns engster Umgebung.

Marilyn habe von Bolaños erzählt, berichtet Lena Pepitone, und gesagt, er wolle sie heiraten. Auf Fotos, die kurz nach ihrer Mexikoreise entstanden, sieht man Bolaños und Marilyn beim Tanzen. Sie wirkt hingerissen, aber Augenzeugen berichten, sie sei an diesem Abend sehr betrunken gewesen. Andere bestätigen, daß Bolaños in Los Angeles war, darunter Pat Newcomb, Eunice Murray und der Friseur George Masters. Sie äußern jedoch übereinstimmend, daß er zu einer richtigen Plage wurde; eine Liebesgeschichte habe es nicht gegeben.

Alle Anzeichen deuten darauf hin, daß Marilyn sich mit dieser Liaison etwas gönnte; es war ein erotischer Schwanengesang, aber viel mehr auch nicht. Zu dieser Zeit hielten sie ganz andere Dinge in Atem.

Bevor sie nach Mexiko flog, stattete Marilyn dem Nationalen Kinderschutzbund, der sich um Tausende von Waisen und benachteiligten Jugendlichen kümmerte, einen Besuch ab. Sie hatte vor, 1000 Dollar zu spenden, zerriß dann aber spontan den Scheck und schrieb einen neuen über 10000 Dollar aus.

Einige Berichte deuten darauf hin, daß Marilyn während ihrer Reise einen Antrag auf Adoption eines mexikanischen Kindes stellte. Fest steht, daß sie von jetzt ab immer wieder auf ihren dringenden Kinderwunsch zurückkam; dieser Umstand sollte bald unheilvolle Bedeutung gewinnen.

Als Marilyn sich am Vormittag des 2. März für ihren Heimflug fertigmachen sollte, konnte man sie nicht wachrütteln. Ihr Friseur George Masters erinnert sich: »Ich mußte sie tragen. Ich weiß noch, wie ich sie aus dem Bett und aus dem Zimmer trug. Sie hatte wohl wieder zu viele Pillen geschluckt.« Auf dem Flughafen erschien sie mit dunkler Brille und wirrem Haar, schwankend. Eine Zeitung spottete, ihr Atem habe nach Alkohol gerochen, und aus der Reise nach Mexiko sei wohl ein langes Trinkgelage geworden.

Marilyn schaffte es noch, den Reportern ein »Adios, muchachos« zuzurufen, ehe sie unsicheren Schrittes zum Flugzeug marschierte, das sie nach Los Angeles zurückbringen sollte. Sie ging in die letzte Runde.

37

ALS MARILYN AUS Mexiko zurückkam, war es März, und in diesem März sah sich Präsident Kennedy mit den Gefahren konfrontiert, die ihm seine Frauengeschichten eingebracht hatten. Die Sturmwarnungen waren schon seit Monaten zu hören gewesen.

Seit der Mafiaboß Giancana gedroht hatte, er werde »alles erzählen«, was er über die Kennedys wisse, war fast ein Jahr vergangen. Als Justizminister hätte Robert Kennedy über diesen Wutausbruch in Kenntnis gesetzt werden müssen. Falls das unterblieben war – was als schweres Versäumnis zu werten wäre –, so erfuhr er auf jeden Fall im Lauf des Jahres 1961 von diesen Ereignissen.

Giancana war nur einer der gefährlichen Gegner der Kennedys. Auch Jimmy Hoffa, Chef der Transportarbeitergewerkschaft, war inzwischen mit Robert Kennedy heftig aneinandergeraten. Durch seine Tätigkeit in Senatsausschüssen hatte Kennedy die Erkenntnis gewonnen, daß es sich bei der von Hoffa geleiteten Gewerkschaft um eine »Verschwörung des Bösen« handelte. Es war ihm gelungen, Verbindungen zwischen Hoffa und der Mafia nachzuweisen, insbesondere zum Syndikat in Chikago, an dessen Spitze Giancana stand.

Wie gegen Giancana wurde auch gegen Hoffa unbarmherzig ermittelt. Hoffa gab sich, einschließlich Beeinflussung von Geschworenen und Zeugenbeeinflussung, alle erdenkliche Mühe, nicht hinter Schloß und Riegel zu müssen. Daß er Jahre später doch dort landete, ging auf Robert Kennedys ursprüngliche Initiative zurück. In Marilyns letztem Lebensjahr lieferte Hoffa sich aber eine Schlacht mit dem Justizminister, bei der ihr Studio, die 20th Century-Fox, eine Rolle spielte.

Im Jahr 1961 hatte die Fox bekanntgegeben, sie plane einen Film, der auf Robert Kennedys Buch *The Enemy Within (Gangster dringen zur Macht)* basierte – eine im Wahljahr veröffentlichte Enthüllungsgeschichte über Hoffa und die Mafia. Als Produzent war Jerry Wald vorgesehen, der auch zwei Filme Marilyns produziert hatte.

Wenige Tage nach dieser Ankündigung bekam Wald folgende Frage eines anonymen Anrufers zu hören: »Bist du der Scheißkerl, der *The Enemy Within* verfilmen will?« Wald und das Studio erhielten noch zahlreiche weitere Drohanrufe und -briefe. Am Ende wurde das Filmprojekt nach penetranten Einschüchterungsversuchen durch einen Anwals Hoffas begraben.

1962 aber war der Film noch im Gespräch. Als Hauptdarsteller hatte man Paul Newman vorgesehen, und Robert Kennedy ging fleißig zu Drehbuchbesprechungen. Zur gleichen Zeit arbeitete man bei Warner Brothers mit Hochdruck an einem Film über John Kennedys Heldentaten im Krieg, als er das Patrouillenboot PT 109 befehligte. Wie Wald bekam auch Jack Warner anonyme Briefe. Sie enthielten die Behauptung, Kennedy sei »ein sexuell abartiger Typ mit zahlreichen Geliebten«, sowie das Versprechen, »die Skandale, zu denen es bald kommt, werden deinen Film erledigen und dich ebenfalls«.

Im November 1961 erhielt das FBI einen Brief, in dem sich jemand erbötig machte, den Beweis zu liefern, daß Präsident Kennedy ein Ehebrecher sei – »einschließlich Fotos«. Bilder zu bekommen, die zumindest peinlich waren, wäre gar nicht schwer gewesen. Nur wenige Tage, nachdem dieser Brief abgeschickt wurde, hatte sich Präsident Kennedy mit Marilyn an seiner Seite auf einem Empfang im Beverly Hilton Hotel blicken lassen.

Auch Robert Kennedy war keinem Risiko aus dem Weg gegangen. Als sich Wald, der Produzent von *The Enemy Within*, mit Kennedy in einem Haus in Malibu traf, befand sich Marilyn bei dem Justizminister.

Nun häuften sich die Gefahrensignale. Am 11. Dezember berichtete J. Edgar Hoover Robert Kennedy, die Überwachungsarbeit des FBI habe Informationen erbracht, denen zufolge Giancana hoffe, Sinatra werde sich zu seinen Gunsten bei den Kennedys verwenden. Laut diesen Informationen war es zu drei Kontakten zwischen Sinatra und dem Vater des Präsidenten gekommen.

Inzwischen beschwerten sich Rechtsexperten des Justizministeriums, ihnen sei unklar, wie die Regierung die Mafia bekämpfen wolle, während die Kennedys ihre Freundschaft mit Frank Sinatra aufrechterhielten, der ja wohl kriminellen Umgang pflege. Auf Initiative des jungen Anwalts Douglas McMillan begannen Ministerialbeamte, eine Reihe von Berichten über Sinatra zusammenzustellen.

Kurz vor Weihnachten 1961 fingen FBI-Wanzen ein Telefonat zwischen Johnny Roselli und Giancana auf. Roselli war gerade mit Peter Lawford – der auch zu Sinatras »Clique« gehörte – im Restaurant Romanoff's gewesen, und die beiden Mafiosi äußerten sich nun verächtlich über Sinatra. Als heißer Draht zu den Kennedys hatte er ihnen nichts genützt. Roselli empfahl Giancana Angriff als die beste Verteidigung: »Du bist da auf dem richtigen Weg, Mo, zieh andere Saiten auf. Mach sie alle fertig ... Die sollen dich erst noch kennenlernen.«

Während Marilyn im Februar 1962 in Mexiko war, ergab die Beschattung Rosellis, daß Judith Campbell, eine der Geliebten des Präsidenten, zur gleichen Zeit mit John Kennedy und Giancana in Verbindung stand. Damit hatte man eine der Zeitbomben aufgespürt, die unter dem Präsidenten tickten, und der Direktor des FBI ging daran, sie zu entschärfen.

Bald darauf traf Hoover sich mit dem Präsidenten zum Essen, und es steht zu vermuten, daß die beiden über Judith Campbell sprachen. Laut Telefonunterlagen des Weißen Hauses kam es zu keinen weiteren Kontakten mit Judith Campbell; sie behauptet jedoch, der Präsident habe sich noch monatelang mit ihr getroffen. Anscheinend nahm John Kennedy Hoovers Warnungen nicht ernst. Kenneth O'Donnell, der als Berater Kennedys beim Treffen zwischen FBI-Direktor und Präsident anwesend war, zitierte Kennedy später mit dem Ausspruch: »Schafft mir diesen Scheißkerl vom Hals. Er ist der allergrößte Langweiler.«

Am 23. März, dem Tag nach dem Essen mit Hoover, mußten beide Kennedys nach Kalifornien fliegen. John Kennedy hatte eigentlich bei Frank Sinatra in Palm Springs absteigen wollen, disponierte aber in letzter Minute um und quartierte sich bei Bing Crosby in derselben Gegend ein. Später verriet Peter Lawford, der Präsident habe ihn gebeten, diese Kehrtwendung zu organisieren, weil »es sonst so ausgesehen hätte, als solle der Präsident im selben Bett schlafen, das Giancana erst ein paar Wochen vorher geräumt hatte – ein Mann, gegen den sein Bruder ermittelte. Wer konnte dem Präsidenten seine Entscheidung verübeln?« Der schwergekränkte Sinatra verlieh seinem Zorn teilweise dadurch Ausdruck, daß er seine Beziehungen zu Peter Lawford abbrach.

Von Marilyn persönlich stammt der einzige andere Insiderbericht über das Zerwürfnis mit Sinatra. Sie erzählte Sidney Skolsky, sie sei bei einem Treffen im Hause Lawford gewesen, an dem mindestens ein Kennedy sowie Sinatra teilgenommen hätten. Robert Kennedy habe sich über die Gründe ausgelassen, wegen derer der Präsident sich nicht mehr mit Sinatra zeigen könne. Laut Marilyn sprach der Justizminister mit großem Nachdruck und deutete sogar die Möglichkeit an, daß er seinen Posten quittiere, wenn der Präsident sich auch weiterhin mit Sinatra treffe. Die Gesprächsteilnehmer seien in eisigem Schweigen auseinandergegangen.

Auch die damit verbundene Gefahr hielt John Kennedy nicht von weiteren Begegnungen mit Marilyn ab. Sie trafen sich nicht einmal drei Tage nach seinem Gespräch mit Hoover, als sich der Präsident in Kalifornien aufhielt.

Als Kennedy am Samstag, dem 24. März 1962, im Haus Crosbys in der Nähe von Palm Springs aufwachte, stand Marilyn – die inzwischen in ihrem neuen Haus wohnte – früh auf. Da die sanitären Anlagen wegen der Umbauarbeiten vorübergehend außer Betrieb waren, eilte sie zu den Greensons, um sich die Haare zu waschen. Wieder zu Hause angekommen, ließ sie sich frisieren und brachte Stunden damit zu, die alternde Norma Jeane in »Marilyn« zu verwandeln.

Peter Lawford, der sie in die Wüste fahren sollte, lief im Hausflur auf und ab und wartete. »Als Marilyn aus dem Schlafzimmer kam«, sagt Eunice Murray, »trug sie über ihrer neuen Frisur eine schwarze Perücke.«

An diesem Wochenende hatte der Präsident offiziell prominente Gäste aus dem Showbusiness eingeladen; aber Marilyn übernahm eine Rolle, die in den Zeitungen keine Erwähnung fand. Dank zweier Augenzeugen können wir einen kurzen Blick auf dieses Wochenende und auf einen Ausflug des Präsidenten werfen, den er offenbar von seiner offiziellen Bleibe aus, der Villa Bing Crosbys, unternahm.

Der ehemalige »County Assessor« von Los Angeles, Philip Watson, der vier Monate zuvor Marilyn und den Präsidenten im Hilton getroffen hatte, war erstaunt, den beiden wieder zusammen zu begegnen. Im Hilton war es zwar zu keinen offenkundigen Vertraulichkeiten gekommen, doch zweifelte Watson nicht an der Natur ihrer Beziehung.

»Ich war damals zu Besuch in Rancho Mirage«, berichtet Watson, »und wurde zu einer Party auf einem Anwesen eingeladen, das angeblich Sinatra gehörte. Es war ein kühler Wüstenabend, und es fanden, wenn man so will, zwei Parties statt. Jede Menge Leute hielten sich am Pool auf, und einige schlenderten in ein weitläufiges, im spanischen Stil erbautes Haus und wieder heraus. Sinatra sah ich nicht, aber Marilyn war da und der Präsident ebenfalls, und sie waren offensichtlich zusammen. Für mich stand zweifelsfrei fest, daß sie sich gut amüsierten und sich keine Zwänge auferlegten.«

Laut Watson hielt sich der Präsident mit Marilyn in einem Wochenendhaus auf dem Gelände auf und empfing dort einige ausgewählte Gäste. Wie schon im Hilton wurde Watson wieder von einem Freund mit eingeschleust, der ihn bei seinem Wahlkampf unterstützen wollte. Er sprach kurz mit dem Präsidenten, der sich von der letzten Begegnung noch an ihn erinnern konnte. »Außer uns waren nur noch zwei oder drei Leute anwesend«, sagt Watson. »Der Präsident trug einen Rollkragenpullover, und sie hatte irgendwas Abendkleidähnliches an. Augenscheinlich hatte sie schon eine Menge getrunken. Es lag klar auf der Hand, daß sie ein intimes Verhältnis hatten und gemeinsam über Nacht dort blieben.«

Der zweite Zeuge bestätigt die Eindrücke Watsons von dem, was an diesem Wochenende in Palm Springs geschah. In ihren letzten Monaten vertraute sich Marilyn oft dem Schauspieler und Masseur Ralph Roberts an, den sie in New York bei den Strasbergs kennengelernt hatte. Wenn sie in ihrem abgedunkelten Raum lag und Roberts sie mit gründlichen Massagen zu entspannen und ihrer Schlaflosigkeit abzuhelfen suchte, unterhielt sich Marilyn mit ihm über die menschliche Anatomie – ein Thema, über das sie selbst gut Bescheid wußte.

Gegenüber Roberts hatte Marilyn erwähnt, sie werde sich wohl in Kürze mit dem Präsidenten treffen; dann wollte sie von ihrem Masseur erfahren, wie denn eigentlich der Hüftknochen mit dem Schenkelknochen verbunden sei, wie es in einem alten Lied heißt. Während des Palm-Springs-Wochenendes bekam Roberts einen Anruf von Marilyn, die sich ganz so anhörte, als führe sie etwas im Schilde.

»Ich hab mich mit meinem Freund gestritten«, sagte sie, wobei ihr klar war, daß Roberts wußte, wen sie meinte, »und er glaubt, ich hätte unrecht mit diesen Muskeln, über die wir uns unterhalten haben. Ich geb ihn dir mal, dann kannst du es ihm erklären.«

»Kurz darauf«, erinnert sich Roberts, »hörte ich die bekannte Stimme mit Bostoner Akzent. Ich erzählte ihm was über die Muskeln, und er bedankte sich. Natürlich ließ ich nicht durchblicken, daß ich wußte, wer er war, und er verriet es nicht.«

Marilyn erzählte Roberts später, sie und Kennedy hätten sich über Muskeln unterhalten, als sie den schmerzenden Präsidentenrücken massierte. »Ich hab ihm geraten, sich von dir massieren zu lassen, Ralph«, sagte Marilyn, »aber er meinte, das wäre nicht dasselbe. Ich glaube, nach meiner Massage ging's seinem Rücken besser.«

Offensichtlich war Marilyns Redseligkeit gefährlich. Inzwischen hatte sie einer ganzen Reihe von Freunden über ihre Beziehungen zu den Brüdern Kennedy erzählt. Präsident und Justizminister hatten sich ihrerseits verhalten, als seien sie unangreifbar. Dabei hatten andere geheime Lauschoperationen gestartet. Einige waren eingefleischte Feinde der Kennedys, und ihre Aktivitäten brachten den Präsidenten persönlich in Bedrängnis.

38

KURZ NACH MARILYNS Rückkehr aus Mexiko klingelte das Telefon im Haus des Grundstücksmaklers Art James, der sie seit ihren Affären mit Charlie Chaplin jr. und Edward Robinson jr. kannte. Die langjährigen guten Freunde James, Chaplin und Robinson trafen sich oft mit Marilyn, seit sie in Los Angeles wohnte. Von James' Freundschaft mit ihr wußten viele, und aus diesem Grund bekam er im März 1962 den beunruhigenden Anruf.

Der Anrufer war ein Mittelsmann, der eine Botschaft des korrupten Politikers Carmine DeSapio, eines Mannes mit Verbindungen zur Mafia und vor allem zum Transportarbeiter-Boß Jimmy Hoffa, ausrichtete. »Die Forderung lautete«, berichtet Art James, »ich solle Marilyn für eine Weile aus ihrem Haus locken, sie vielleicht übers Wochenende zu mir nach Laguna Beach einladen. Sie wollten Marilyn aus dem

Haus haben, damit sie Abhörgeräte installieren konnten. Ich wußte von Marilyns Beziehung zu Robert Kennedy – sie hatte mir davon erzählt –, das war offensichtlich der Grund, weshalb sie Wanzen bei ihr einbauen wollten.

Ich sagte denen, ich würde es nicht tun, und dabei blieb's. Zu meiner großen Erleichterung hörte ich nie wieder was davon. Aber Marilyn habe ich nicht gewarnt. Ich dachte mir, sie mache sich so schon genug Sorgen über andere Dinge. Und wenn sie ihr unbedingt Wanzen ins Haus setzen wollten, dann würden sie auch Mittel und Wege finden.«

Marilyns neues Haus in Kalifornien stand für Lauscher tatsächlich sperrangelweit offen. Während der umfangreichen Renovierungsarbeiten im Jahr 1962 gingen die Arbeiter aus und ein. Ihre New Yorker Wohnung stand sowieso die meiste Zeit über leer – ein ideales Objekt.

Recherchen für dieses Buch haben zahlreiche Informationen zutage gefördert, die darauf schließen lassen, daß Marilyn und die Brüder Kennedy wirklich das Ziel von Lauschangriffen waren, die bereits 1961 einsetzten. Das Kuriosum dabei ist, daß die Abhöroperationen – so ein Zeuge – zunächst womöglich gar nicht von Kriminellen in Auftrag gegeben wurden, sondern von Marilyns Exmann Joe DiMaggio. Alles, was mit Marilyn geschah, war für DiMaggio von Interesse. Schon vor Jahren, zur Zeit des »Unternehmens falsche Tür«, hatte er zu ihrer Observation Privatdetektive engagiert. In seiner Funktion als Beschützer Marilyns tat er dies angeblich wieder.

Mir gelang es, den als Polizist bei einer Einrichtung des Verteidigungsministeriums tätigen John Danoff aufzuspüren, der früher für Fred Otash arbeitete. Der Privatdetektiv Otash hatte geholfen, Frank Sinatra die mit dem »Unternehmen falsche Tür« verbundenen Unannehmlichkeiten vom Hals zu schaffen. Danoff war für Otash an zahlreichen Überwachungsoperationen beteiligt und erklärt, Marilyn sei das Ziel mehrerer solcher Aktionen gewesen.

Danoff behauptet, DiMaggio habe oft Otashs Büro angerufen und sei manchmal zu Besprechungen vorbeigekommen. »Ich hatte den Eindruck«, erinnert sich Danoff, »daß DiMaggio immer ein sehr großes Interesse an Marilyn hatte und über all ihre Schritte informiert werden wollte.«

Laut Danoff gelang es dem Otash-Team 1961, sowohl die Zimmer und Telefonanschlüsse in Marilyns Apartment als auch die im Strandhaus der Lawfords anzuzapfen. Außerdem ließen sich Otashs Leute an Marilyns Anrufbeantworter »anschließen«.

Danoffs Aufgabe bei der Operation bestand, wie er sagt, hauptsächlich darin, in einem Fahrzeug zu sitzen und Empfangsgeräte zu bedienen. Die Wanze im Haus der Lawfords habe, so behauptet er, belanglose Gespräche zwischen dem Präsidenten und Marilyn sowie die unverkennbaren Geräusche des Liebesakts aufgefangen. Dies sei, erinnert sich Danoff, »um das Erntedankfest« 1961 herum gewesen. Wie wir bereits wissen, war der Präsident damals im November in Los Angeles und traf sich mit Marilyn.

Ein Geheimagent des Finanzministeriums, der ihn in den sechziger Jahren einsetzte, bezeichnet Danoff als »ehrlichen Informanten«. Sein früherer Arbeitgeber Fred Otash streitet jede persönliche Beteiligung an Abhörmaßnahmen gegen Marilyn und den Präsidenten ab, ergänzt allerdings: »Sie haben recht, es wurde überwacht.« Otash sagt – und ein Kollege bestätigt das –, Regierungsvertreter hätten ihn nach Ablauf der halben Regierungszeit Kennedys zur Herausgabe von Akten über beide Brüder Kennedy gezwungen.

John Dolan, ehemaliger Chef einer Detektivagentur an der Ostküste, erinnert sich, daß er kurz nach Marilyns Tod zu einem Treffen des Internationalen Detektivverbands (Council of International Investigators) in Los Angeles war. Dort begegnete Dolan unter anderem Fred Otash. »Otash sagte«, erinnert sich Dolan, »er hätte Marilyns Telefon angezapft, und zwar angeblich im Auftrag Joe DiMaggios.« Victor Piscitello, ein ehemaliger Präsident der Weltdetektiv-Vereinigung, nahm an demselben Treffen in Los Angeles teil; er kann sich ebenfalls an das Gespräch mit Otash erinnern.

Wenn DiMaggio tatsächlich eine Abhöroperation in Auftrag gab, aus welchen harmlosen Gründen auch immer, so bestand die erhebliche Gefahr, daß eine undichte Stelle existierte. Danoff berichtet beispielsweise, er habe die Gangster Mickey Cohen und Johnny Roselli getroffen, als er für Otash arbeitete. Auch wenn DiMaggio zweifellos aus rein persönlichen Gründen an Marilyn interessiert war, so verkehrte er doch manchmal in Lokalen und mit Personen von zweifelhaftem Ruf.

Judith Campbell berichtete, wie sie sich bei Giancana beschwerte, man wolle ihr im New Yorker Plaza Hotel kein Zimmer reservieren. »Kein Problem«, sagte Giancana. »Ruf gleich Joe DiMaggio an, wenn du ankommst ... der besorgt dir ein Zimmer im Plaza.«

Marilyns Exmann verbrachte viel Zeit am Tahoe-See, wo er mit Skinny D'Amato, dem Gangster und Manager der Cal-Neva Lodge, einen guten Freund hatte. Als man D'Amato 1984 interviewte, sagte der, er und DiMaggio seien seit den vierziger Jahren eng befreundet. Stolz deutete er auf zahlreiche Fotos von ihm und DiMaggio.

Woher auch immer, die Mafiosi erfuhren damals von Marilyn und den Kennedys. Phyllis McGuire, Giancanas ständige Begleiterin, sagte, sie wußte von den Affären und ihrem Fortgang. Skinny D'Amato äußerte mir gegenüber: »Ich wußte – wir wußten – über Marilyn und die Kennedys Bescheid und besonders über Robert, aber berufen Sie sich nicht auf mich. Stellen Sie sich nur mal vor, ein Freund Sinatras, der öffentlich preisgibt, was wir über Marilyn wußten!« D'Amato, bei unserem Gespräch zweifellos schon ein sehr kranker Mann, starb wenig später.

Arthur Balletti, ein Abhörexperte aus Florida, den Giancana mit einer anderen Lauschoperation beauftragt hatte, berichtet, er erfuhr 1961, daß sich Marilyn mit dem Präsidenten in einem Haus in Virginia getroffen habe, direkt vor den Toren Washingtons.

Die konkretesten Hinweise, daß Kriminelle kompromittierende Informationen über Marilyn und Robert Kennedy sammelten, führen zu dem Transportarbeiter-Boß Jimmy Hoffa. Im Zentrum dieser Geschichte treffen wir auf Hoffas persönlichen Abhörexperten, Bernard Spindel.

Spindel war ein Pionier auf dem Gebiet der elektronischen Lauschoperationen. Seinen Kriegsdienst leistete er bei der Fernmeldetruppe der US-Armee ab, wo ihm seine technische Brillanz Abkommandierungen zu Geheimdiensten einbrachte. Nach dem Krieg widmete Spindel seine Fähigkeiten sämtlichen Tricks und Kniffen, die bei Scheidungs- und Betrugsverfahren gefragt waren. Mitte der fünfziger Jahre engagierte ihn Jimmy Hoffa, damit er dessen eigene Transportarbeiter-Kollegen abhörte und ihn über Abwehrmaßnahmen gegen andere Lauscher beriet. Von da ab arbeitete er regelmäßig für Hoffa.

Für Robert Kennedy war Spindel ein Problem. Er schirmte Hoffa erfolgreich ab und schaffte es außerdem, sich selbst nicht erwischen zu lassen. Kennedy hatte einmal versucht, Spindel »umzudrehen«, ihn zu bewegen, gegen Hoffa auszusagen. Der Plan schlug fehl, und seither haßten sich die beiden.

Spindel lebt zwar nicht mehr, es gelang mir aber, Earl Jaycox aufzutreiben, der 1962 als Spindels Assistent arbeitete. Der barsche, aber aufrichtige Mann, der in langen und gründlichen Interviews keinerlei parteiisches Verhalten an den Tag legte, verstand sich offenbar einzig und allein als Techniker. »Ein paar Monate, bevor Marilyn starb«, erinnert sich Jaycox, »zeigte mir Spindel einige Bänder. Es war im Eßzimmer seines Hauses in Holmes, New York. Ich weiß noch, wie er zwei Tonbänder hochhielt und sagte: ›Ich muß dir davon mal Kopien geben, damit du 'ne komplette Sammlung hast.‹ Es seien Bänder von Gesprächen zwischen Marilyn Monroe und Robert Kennedy, sagte er. Es waren zwei Sieben-Inch-Spulen, fünfhundert Meter Tonband, da paßten zwölf Stunden Unterhaltung drauf ... Er sagte, auf den Bändern befänden sich Gespräche mit beiden Kennedys.«

»Spindel ließ keinen Zweifel daran«, berichtet Jaycox, »daß sie eine Beziehung mit John Kennedy gehabt hatte und daß sie damals gerade eine zu Robert Kennedy unterhielt.«

Nach Marilyns Tod arbeitete Jaycox, wie er sagt, als Sicherheitskontrolleur für die Parfümfirma Fabergé, deren Geschäftsräume in der Nähe von Marilyns alter Wohnung an der East 57th Street lagen. »Bernie erwähnte mir gegenüber ziemlich vergnügt, er habe gerade sämtliche Telefonrechnungen für Ferngespräche erhalten, die aus Marilyns Wohnung getätigt worden waren ...« Laut Jaycox hatte Spindel die Originale dieser Telefonrechnungen, und auf denen waren Telefonate mit Robert Kennedy in Washington verzeichnet.

Spindel erzählte Jaycox, die Informationen über Marilyn und Robert Kennedy stammten von einer im Washingtoner Justizministerium installierten Wanze. Spindel erklärte, die Übertragung durch die Wanze sei mittels leitfähiger Farbe geschehen, und zwar über ein Gerät, das in der Scheuerleiste im Büro des Justizministers versteckt worden war. Das »Produkt« sei später von Spindels Kontaktperson im Justizministerium eingesammelt worden.

So absurd das klingt: Aus neuerdings bekanntgewordenen Dokumenten des FBI geht hervor, daß ab Sommer 1961 bis zum Frühjahr von Marilyns Todesjahr der dringende Verdacht bestand, Hoffa habe »zwei Kontakte in der Kriminalabteilung des Ministeriums«. Man spürte einen Infiltranten Hoffas auf und stellte Ermittlungen gegen ihn an; die zweite undichte Stelle bleibt ein Geheimnis. Vielleicht handelte es sich ja um Spindels versteckte Wanze und nicht um ein menschliches Wesen?

Aus Interviews mit Robert Kennedys Sekretärin und den Resten der Listen von Marilyns kalifornischen Ferngesprächen wissen wir, daß sie häufig im Justizministerium anrief. Die zuverlässigste Bestätigung der Behauptungen Spindels liefert jedoch ein Mann, der einen Gutteil seiner Karriere für Robert Kennedy tätig war: Der ehemalige Kriminalbeamte James Kelly arbeitete eng mit Robert Kennedy in Senator McClellans Untersuchungsausschuß zusammen, den Kennedy ursprünglich als Forum für seine Jagd auf Hoffa benutzte. Später wurde er in einem anderen Kongreßausschuß leitender Ermittler und Direktor eines Trainingsprogramms zum Gesetzesvollzug für das Justizministerium. Außerdem war Kelly für die Recherche-Einheit der CBS-Nachrichtenabteilung tätig und wurde Programmdirektor eines Fernsehsenders in Boston. Er genoß Respekt wegen seiner Integrität als Ermittler im Auftrag des Kongresses. Seinen kriminalistischen Spürsinn hatte Kennedy in *Gangster dringen zur Macht* gewürdigt.

Kelly kannte Spindel seit 1955, als der Elektronikexperte als Berater der New Yorker Kommission für die Verbrechensbekämpfung tätig war. Obwohl sie sich auf verschiedenen Seiten des Gesetzes wiederfanden, entwickelten die beiden eine Art kollegialen Respekt füreinander. Kelly war manchmal in Spindels Landhaus zu Gast.

Im Jahr 1979, kurz bevor er starb, aß Kelly in Washington mit Dan Moldea zu Abend, dem Verfasser eines wichtigen Buchs über Hoffa. Die beiden loyalen Kennedy-Anhänger plauderten aus dem Nähkästchen, und Moldea erschrak, als er erfuhr, was Kelly über Abhörmaßnahmen und Bernard Spindel zu berichten wußte. Kelly sagte, Spindel habe ihm nicht nur von seinen »Monroe-Bändern« erzählt, sondern ihm auch eins davon vorgespielt. Es handelte sich angeblich um die Aufnahme von »Bettgeflüster« zwischen Marilyn und einem der Kennedys. Die Klangqualität war, wie auf vielen Abhörbändern, schlecht, und es klang etwas zerhackt. Doch Kelly, der beide Brüder kannte, hielt die Aufnahme für echt.

Joseph Shimon, der ehemalige Polizeiinspektor aus Washington, kannte sowohl Spindel als auch Hoffa gut. »Jimmy Hoffa engagierte Spindel«, sagt Shimon. »Er wollte irgend etwas über Bobby in die Hand bekommen, um ihn zu erpressen ... Es ging das Gerücht um, Bobby habe was mit Marilyn Monroe, und Spindel sollte Marilyn abhören – und mir war bekannt, daß sich Bernie genau in dem Jahr an der Westküste aufhielt.«

In den siebziger Jahren wurde Hoffa geradeheraus gefragt, was er über das Sexualleben der Brüder Kennedy gewußt habe. Den Vorwurf, daß er Marilyn damals abhören ließ, stritt er gleich mehrfach heftig ab und ergänzte: »Ich besaß bereits ein Tonband mit Aufnahmen von Bobby Kennedy und Jack Kennedy, das so schweinisch und abstoßend war – ich bekam's von einem Mädchen –, daß ich es nicht verwendete, obwohl meine Leute mir zurieten. Ich legte es weg und sagte: zum Teufel damit. Vergiß es ...« Auf die Frage, ob er solch ein Band nicht ganz gern gegen Robert Kennedy eingesetzt hätte, erklärte Hoffa: »Ich hätte seine Frau und Familie nicht in Verlegenheit bringen wollen.«

Kaum einer glaubte diesem Dementi. Zwei der engsten Vertrauten Hoffas bestätigen, er habe anstößige Informationen über Robert Kennedy erhalten. Hoffas Pflegesohn und ehemaliger Vertrauter Chuck O'Brien, der immer noch in der Gewerkschaft arbeitet, sagt: »Ich erfuhr von Spindel, daß er in Kalifornien mit dieser Sache beschäftigt war. Er arbeitete für den Alten und ein paar politisch engagierte Leute an dieser Monroe-Geschichte. Er bekam seine Bänder.«

Der damalige Transportarbeiter-Anwalt Laurence Burns sagt, er sei sich »durchaus bewußt« gewesen, daß Hoffa kompromittierendes Material über Kennedy besaß, will sich aber zu dieser Angelegenheit nicht weiter äußern. »Das ist ein heikles Thema«, meint Burns. »Hoffa schwieg sich darüber aus.«

Hoffa verschwand 1975, vermutlich wurde er ermordet, und sein Anzapfer Spindel lebt ebenfalls nicht mehr. Es hat, wie wir sehen werden, den Anschein, als plante Hoffa, die Monroe-Affäre gegen Robert Kennedy zu verwenden, und als spielte er auch nach ihrem Tod mit dem Gedanken, seine Informationen zu verwerten. Daß er in den Monaten vor Marilyns Tod eine keinem guten Zweck dienende Lauschoperation in Auftrag gab, ist weitgehend gesichert.

Angesichts all der neuen Kenntnisse über den Lauschangriff auf Marilyn wendete ich mich wieder an den angeblich von Joe DiMaggio engagierten Detektiv Fred Otash aus Hollywood. Bei diesem zweiten Interview erklärte Otash: »Bernard Spindel setzte sich im Auftrag Jimmy Hoffas mit mir in Verbindung. Ich sagte, damit wolle ich nichts zu schaffen haben. Spindel kam hierher an die Küste und kümmerte sich um die Telefone. Es gab auch eine Zimmerwanze – es ging nicht bloß ums Telefon. Barney Ruditsky hatte die Monroe schon überwacht. Er arbeitete für mich und besaß Informationen über die Monroe und die Kennedys.«

Barney Ruditsky, der New Yorker Expolizist, der für Joe DiMaggio das »Unternehmen falsche Tür« inszenierte, ist tot. Und für alle mit Marilyn zusammenhängenden Fragen bleibt DiMaggio so unzugänglich wie eh und je.

Trotz aller offenen Fragen existieren heute genügend Aussagen von Zeitzeugen, die besagen, daß es eine Abhöraktion gegen Marilyn und die Kennedys gab und daß Tonbänder aufgenommen wurden. Man darf mit gutem Grund annehmen, daß eine ohne finstere Absichten in die Wege geleitete Aktion – falls Joe DiMaggio der Auftraggeber war – am Ende von Jimmy Hoffa, einem der gefährlichsten Feinde der Kennedys, übernommen oder kopiert wurde.

Falls Marilyn auch nur eine blasse Ahnung von dem hatte, was 1962 geschah, so hatte sie allen Grund, sich zu ängstigen. Tatsächlich gibt es Anzeichen dafür, daß sie nervös war. Laut Eunice Murray ließ sie »ihre Nachbarn überprüfen« und schrieb ihre Privatnummer nicht auf das Telefon. Mrs. Murray interpretierte das als Allüren eines großen Stars, der übertrieben viel Wert auf seine Privatsphäre legte, was Marilyns Besorgnis auch zum Teil erklärt. Doch ihre Angst wurzelt tiefer. Inzwischen tätigte Marilyn nämlich viele ihrer Anrufe in New York und Kalifornien von Telefonzellen aus. Dies fiel vor allem zwei Freunden an der Westküste auf.

Marilyns alter Bekannter Robert Slatzer berichtet: »Sie sagte, ihr Telefon werde vielleicht abgehört, und sie fing damit an, ein schweres Portemonnaie voller Münzen mit sich herumzuschleppen – wenn sie einen wichtigen Anruf machen wollte, versuchte sie, ein öffentliches Telefon zu finden. Sie machte einen regelrecht paranoiden Eindruck.«

Arthur James, den sie in ihren letzten Lebensmonaten oft traf, sagt: »Alle paar Wochen rief mich Marilyn aus einer Telefonzelle im Barrington Park an und fragte: ›Bitte, können wir uns nicht treffen?‹ Sie habe in der Zelle gestanden und den Kindern beim Spielen zugesehen, sagte sie – es war sehr traurig. Wenn ich sie recht verstand, telefonierte sie von öffentlichen Apparaten aus, weil sie von der Vorstellung besessen war, ihr geheimes Leben könne auffliegen. Das konnte ich ihr nicht verdenken, schließlich war ich ja ein paar Monate vorher aufgefordert worden, beim Anbringen von Wanzen in ihrem Haus behilflich zu sein. Aber davon erzählte ich ihr immer noch nichts.«

Selbst wenn Marilyn vor den Gefahren gewarnt worden wäre, bleibt die Frage offen, ob sie diese richtig verstanden und beurteilt hätte. Inzwischen war sie extrem labil geworden und hatte sich weniger denn je unter Kontrolle.

Im Frühling 1962 hielt sich ein anderer Freund in Hollywood auf, der Lyriker Norman Rosten. Seine Frau und er besuchten Marilyn in ihrem neuen Haus in Brentwood. Sie hörten sich Marilyns eifriges Geplauder über das Haus an und zollten ihren Zinnmasken und dem Aztekenkalender gebührende Anerkennung. Und doch beschlich Rosten ein sehr unbehagliches Gefühl, wie er in den halbmöblierten Zimmern stand, an deren Fenstern weiße Laken vorübergehend die Vorhänge ersetzten. Aus Marilyns Reden hörte er lediglich »beherrschte Verzweiflung« heraus.

Zufällig lernte Rosten sowohl DiMaggio als auch Sinatra kennen. »DiMaggio«, sagte Marilyn, »behält mich im Auge, könnte man sagen. Wenn ich irgendwelche Schwierigkeiten habe, wende ich mich einfach an Joe.« In Sinatras Gegenwart, der sie zum Abendessen abholte, wirkte Marilyn »hektisch, leicht nervös«. Am nächsten Morgen rief sie um halb acht an und wollte über Sinatra reden. »Netter Kerl, was?« fragte Marilyn.

»Ihre Stimme klang aber nicht überzeugt, sondern panisch«, dachte sich Rosten später.

Eines Abends saßen Rosten und Marilyn beisammen und hörten sich die Tonbandaufnahme einer Lesung seiner Gedichte an. Sie sagte, sie habe »eine kleine Pille genommen«, bevor er kam, und legte sich ins Bett. Als Rosten ging, döste sie vor sich hin, während das Tonbandgerät noch lief. Er hatte immer mehr das Gefühl, daß sie sich der Hilfe von Freunden entzog.

An Rostens letztem Besuchstag in Kalifornien stiegen er und Marilyn in ein Auto und fuhren zu einigen Kunstgalerien. Wie – ebenfalls mit Rosten – vor sieben Jahren im New Yorker Metropolitan Museum of Art stach Marilyn ein Rodin ins Auge. Diese Plastik, eine von etlichen Bronzekopien, stellte einen Mann und eine Frau dar, die sich umarmten – der Mann erobernd, die Frau nachgebend. »Schau dir die beiden an«, sagte Marilyn, »wie schön. Er tut ihr weh, aber er will sie auch lieben.« Sie kaufte die Statue auf der Stelle – für über tausend Dollar – und bestand darauf, ihre Neuerwerbung so schnell wie möglich Dr. Greenson zu zeigen. Was nun folgte, alarmierte sowohl Rosten als auch den Analytiker.

Greenson sagte, er fände die Statue beeindruckend. Damit war Marilyn nicht zufrieden, und sie ließ nicht von der Plastik ab. »Was bedeutet das?« wollte sie wissen. »Vögelt er sie, oder tun sie nur so? Das wüßte ich gern. Was ist das da? Sieht aus wie ein Penis.« Ihre Stimme klang merkwürdig gereizt. Eine Untersuchung ergab, daß »das da« kein Penis war, aber Marilyn insistierte. »Was meinen Sie denn, Doktor? Was *bedeutet* das?«

Rosten spürte, daß Marilyn nach Antworten auf das nicht zu Beantwortende suchte – wie konnte sie die Zärtlichkeit oder Brutalität der Liebe fühlen, erkennen oder vor ihr geschützt werden? »In Wahrheit geriet sie völlig aus den Fugen«, lautete Rostens Überzeugung.

Rosten wußte nichts über Marilyns komplizierte Beziehung zu den Brüdern Kennedy, hatte keine Ahnung von Abhörspezialisten oder den dunklen Mächten, die sie umgaben. Inzwischen hatte der mit ihr befreundete Journalist Sidney Skolsky – von Marilyn – über ihre Verbindung zum Präsidenten erfahren. An Wochenenden rief sie Skolsky regelmäßig an, und zwar aus einer so intrigengeladenen Atmosphäre, daß Skolsky seine Tochter als Gesprächszeugin an einem Nebenapparat mithören ließ.

»Sie hatte die Orientierung verloren«, sinnierte Skolsky später. »Eine Aufsteigerin; ein Naturkind. Je höher sie kletterte, desto mehr verirrte sie sich. Wie Hemingways Leopard auf dem Kilimandscharo.«

39

WÄHREND MARILYN TIEF in ihren diversen Problemen steckte, mußte ein Film gedreht werden. Vor drei Monaten hatte sie in der Polo Lounge des Beverly Hills Hotels gesessen und drei Flaschen Champagner gepichelt, und zwar mit väterlicher Unterstützung Nunnally Johnsons, der schon für zwei Filme Marilyns die Drehbühcer verfaßt hatte. Nun sprachen sie über *Something's Got to Give*, den Film, bei dem 20th Century-Fox auf Marilyns Mitwirkung bestand und der mithelfen sollte, daß Marilyn auf andere Gedanken kam, wie Dr. Greenson hoffte.

Marilyn hatte kein großes Vertrauen in diesen Film, den Aufguß einer *My Favorite Wife* betitelten Komödie aus dem Jahr 1939; die Geschichte einer seit Jahren für tot erklärten Frau, die an dem Tag nach Hause zurückkehrt, an dem ihr Mann wieder heiraten will. Indem es Henry Weinstein – einen Freund Dr. Greensons – als Produzenten und Johnson als Drehbuchautor verpflichtete, hoffte das Studio, Marilyn überzeugen zu können, daß der Film garantiert ein Erfolg werde. Marilyn litt zwar immer noch unter Arthur Millers Wiederverheiratung im wirklichen Leben, aber Johnson – und der Champagner – kriegten sie rum.

»Sie hatte in den vergangenen zwei Jahren den Anschluß verpaßt«, schrieb Johnson später, »und war überzeugt, mit diesem Film wieder den Einstieg zu schaffen.« Als das Drehbuch fertig war und er abreiste, stand Marilyn ungewöhnlich früh auf, um sich von ihm zu verabschieden. Man ließ sie zu seinem Hotelzimmer, als sie an der Rezeption erklärte, sie sei eine Prostituierte; dann fuhr sie ihn, »vergnügt und ausgelassen«, zum Flughafen. Kaum war er abgereist, bröckelte die Maske.

Marilyn hatte Vertrauen in ihren Regisseur, den großen George Cukor, mit dem sie *Machen wir's in Liebe* gedreht hatte. Aber dieses Vertrauen verflüchtigte sich bald bei Streitereien über das Skript. Cukor gefiel es immer noch nicht, und Anfang April, zwei Wochen vor Drehbeginn, heuerte man einen anderen Drehbuchautor an, der eine Neufassung erstellen sollte. Diese Wendung versetzte Marilyn in Panik, und ihr Freund Nunnally Johnson war nicht da, um ihre Hand zu halten.

Das Projekt *Something's Got to Give* war zum Scheitern verurteilt; es wurde durch eine Katastrophe beeinflußt, die die Ängste und Launen seines Stars in den Schatten stellte. 20th Century-Fox blutete finanziell aus, und das lag an einem anderen Star und einem Film, der auf der anderen Seite der Erde, in Rom, fertiggestellt wurde: an Elizabeth Taylor und *Cleopatra.* Das Studio hatte im vorigen Jahr 22 Millionen Dollar verloren und hielt den neuen Monroe-Film für eine relativ günstig zu drehende, einträgliche Sache. Dieser Star war billig – gemäß dem alten Vertrag aus dem Jahr 1955, den die Fox mit Milton Greene ausgehandelt hatte, mußte man Marilyn nur 100000 Dollar zahlen. Für Marilyn war der Film eine Gelegenheit, ihre Verpflichtungen abzuarbeiten. Beide Seiten bekamen nicht, was sie wollten.

Der Produzent Weinstein hatte schon vor Wochen das Schlimmste befürchtet, als er persönlich Marilyn bei einer Barbituratvergiftung zu Hilfe kommen mußte. Jetzt fand er heraus, daß er es tatsächlich mit »einer sehr kranken, sehr paranoiden Person« zu tun hatte. Man schickte Marilyn etliche Seiten des Skripts und schlug ihr vor, daß sie die Textzeilen, bei denen sie sich nicht ganz sicher war, einmal ankreuzen solle, während sie neben eine Zeile, die sie überhaupt nicht mochte, zwei Kreuze – XX – machen solle. Weinstein war völlig konsterniert, als er erfuhr, Marilyn habe diesem Vorschlag entnommen, man wolle sie irgendwie aufs Kreuz legen.* Erst durch Dr. Greensons Intervention ließen sich die Wogen wieder glätten.

Auf Walter Bernstein, den neuen Drehbuchautor, machte Marilyn einen »zugleich zaghaften, kleinlauten und unnachgiebigen« Eindruck. »Vergessen Sie nicht, daß Sie eine Marilyn Monroe vor sich haben«, belehrte sie ihn einmal, als sie in einer Szene unbedingt einen Bikini tragen wollte; »die müssen Sie auch verwenden.«

Doch diese Monroe übertraf ihre eigene legendäre Unsicherheit. Sie redete sich ein, ihre Kollegin Cyd Charisse wolle so blondes Haar wie sie selbst haben. Als man ihr versicherte, Miss Charisses Haar werde hellbraun sein, meinte Marilyn wissend: »Ihr *Unterbewußtes* will es blond haben.«

Um ja kein Risiko einzugehen, ließ das Studio sogar die Haare einer

* *To double-cross* heißt »ein falsches Spiel mit jemandem treiben, jemanden hereinlegen« (A.d.Ü.).

fünfzigjährigen Schauspielerin dunkel färben, die im Film eine Haushälterin mimte. Drehbuchautor Bernstein bekam Order, jede einzelne Textzeile zu streichen, die andeutete, Marilyns Filmehemann Dean Martin fühle sich womöglich zu einer anderen Frau hingezogen.

Das Studio konnte sich noch so anstrengen, um ihr gefällig zu sein – gegen Marilyns häufiges Fehlen war es machtlos. An fünfunddreißig Drehtagen beehrte Marilyn das Studio nur zwölfmal mit ihrer Anwesenheit. Wenn sie wirklich auftauchte, rief der Wächter am Studiotor nach ihr Eintreffenden »Sie ist wieder da! Sie ist wieder da!« zu.

Sie sei erkrankt, lautete die Entschuldigung. Seit ihrer Mexikoreise litt Marilyn an einer Virusinfektion, die zu Nebenhöhlenentzündung und sporadischen Fieberanfällen führte. Die tägliche Überprüfung ihrer Temperatur wurde nun zu jedermanns Hauptbeschäftigung. Man kam überein, daß der Star zur Arbeit antrat, falls das Thermometer nicht über eine bestimmte Temperatur anstieg, und nun trieben sich leitende Studioangestellte in den Fluren herum, bis die Studioärzte die entscheidenden Messungen vorgenommen hatten.

Mittlerweile verhielt sich Marilyn nur noch kooperativ, wenn es ihr paßte. Ihr Friseur George Masters erinnert sich an Verzögerungstaktiken, die ihn fast wahnsinnig machten, wenn er sie zu Hause aufsuchte: »Sie versuchte, mich durch ›dumme Zufälle‹ aufzuhalten, etwa indem sie sich Creme ins Haar schmierte, bloß damit ich nicht abhaute. Hatte ich sie schließlich ausgehfertig, waren neun Stunden vergangen. Nicht, daß ich die ganze Zeit mit ihr beschäftigt war – sie wollte mich einfach in ihrer Nähe haben.«

Im Studio brachte Marilyn die Leute zur Weißglut. Als sie eines Tages erfuhr, Dean Martin sei erkältet, rauschte sie aus dem Atelier, ohne sich um die ärztliche Versicherung zu kümmern, die Erkältung sei nicht mehr ansteckend. Viren hin oder her, mit ihr war nicht mehr zu rechnen. Eines Nachmittags ging ihr Freund, der Kostümbildner Billy Travilla, zum Studioausgang, als neben ihm eine Limousine hielt. Das Seitenfenster wurde heruntergekurbelt, und eine sonnenbebrillte Gestalt rief aufgeregt: »Billy, Billy!« Nachdem sie etwa eine Minute lang unbefangen mit ihm geplaudert hatte, schlug Marilyn sich eine Hand vor den Mund. »O Billy«, flüsterte sie heiser, »das hab ich ja ganz vergessen. Ich hab doch heute meine Stimme verloren.«

Wenn sie morgens im Studio eintraf, blieb Marilyn manchmal würgend am Eingang stehen. Ihr Produzent Weinstein, ein verständnisvoller Mensch, führte das auf ihre Angst vor dem Auftreten zurück. »Nur wenige Menschen erleben panische Angst am eigenen Leibe«, sagt er heute. »Wir alle machen uns manchmal Sorgen, sind unglücklich oder bekümmert, aber das war reine, unverfälschte Panik.«

Marilyns Rettungsanker – wenn sie überhaupt einen hatte – hieß Dr. Greenson, den sie beinahe täglich aufsuchte. Eine Krise jagte die nächste, und als Marilyn akute Gefahr lief, in ihre alte Tablettensucht zu verfallen, dauerten die Sitzungen vier bis fünf Stunden. »Ich war zum Gefangenen einer Behandlungsmethode geworden, die meiner Meinung nach für sie angemessen, aber für mich undurchführbar war«, schrieb Greenson später. »Manchmal glaubte ich, ich könne so einfach nicht weitermachen.«

Greensons Frau fühlte sich unwohl, und der Doktor hatte während der Dreharbeiten wiederholt seinen Urlaub verschieben müssen, um Marilyn zu betreuen. Am 10. Mai flog er mit seiner Frau nach Europa und vertraute Marilyn der Obhut eines Kollegen an. Am selben Tag stellten Marilyns »Viren« ihre Aktivitäten ein. Eine Woche später machte sie sich zur Ostküste davon, um ihren letzten öffentlichen Auftritt – für Präsident Kennedy – zu absolvieren.

Vorher hatte sie, verbunden mit allerhand Heimlichtuerei, den Modedesigner Jean-Louis kommen lassen; er sollte ein selbst für ihre Verhältnisse außergewöhnliches Kleid kreieren. Er sagt: »Es war aus sehr dünnem fleischfarbenen Material, das mit Straß bestickt wurde, damit sie im Scheinwerferlicht glänzte. Drunter trug sie nichts, absolut gar nichts. Es kostete etwa 5000 Dollar. Von hinten sah es nicht besonders hübsch aus, aber ...«

Während Jean-Louis sich mit Nadeln und Reißverschlüssen abplagte, sagte ein Hausmädchen zu Marilyn: »Da ist ein Anruf für Sie aus Hyannis Port.« Jean-Louis wußte, so hieß der Sitz der Kennedys in Massachusetts, und Marilyns Nervosität verriet ihm, wofür sie das Kleid brauchte. Irgendwann sang sie: »Happy Birthday, Mister Presi –«, dann meinte sie kichernd: »Hoppla, das darf ich eigentlich gar nicht sagen.«

Die Geburtstagsfeierlichkeit am 19. Mai im Madison Square Garden umgab ein wenig von dem Flair eines königlichen Geburtstags in Großbritannien: Sie fand nicht am wirklichen Geburtstag des Präsidenten statt. Fünfzehntausend Demokraten versammelten sich, um ihrem Chef zuzujubeln und eine Million Dollar in die Parteikasse zu füllen. Jack Benny, Henry Fonda, Ella Fitzgerald, Peggy Lee und Maria Callas sollten auftreten, und Peter Lawford meinte: »Es wär doch wirklich hübsch, wenn Marilyn Monroe für den Präsidenten ›Happy Birthday‹ sänge.«

Ehe die Dreharbeiten in die Katastrophe schlitterten, hatte man die Produzenten von *Something's Got to Give* von diesem Plan unterrichtet. Jetzt protestierten sie zwar lautstark, aber Marilyn überlistete Weinstein. Als Grund, wieder einmal der Arbeit fernzubleiben, schob sie schwere Menstruationsbeschwerden vor. Und als sich Weinstein schließlich fragte: »Wieso hatte sie eigentlich im *letzten* Monat nicht ihre Tage?«, war es zu spät. Während Peter Lawford Marilyn in Frank Sinatras Hubschrauber vom Studiogelände entführte, winkte der Produzent müde zum Abschied.

Nun überfiel Marilyn wieder die Panik. Mit Joan Greenson als Publikum hatte sie in der Badewanne probiert, »Happy Birthday« in eine verführerische Serenade zu verwandeln. Dann brach sie ab und murmelte, sie würde es nie hinkriegen. Daraufhin hatte ihr Joan Greenson *The Little Engine That Could* (Die kleine Lokomotive, die es schaffte) geliehen, ein Kinderbuch über eine kaputte Eisenbahn, die nach immer neuen vergeblichen Anläufen schließlich doch noch über das Gebirge fährt. Marilyn nahm es zur Sicherheit mit nach New York.

In ihrer Wohnung in Manhattan übte Marilyn Stunde um Stunde ihren speziellen Text, den sie, von einer Schallplatte begleitet, einstudierte. Die Organisatoren der Galaveranstaltung trugen ihr auf, sie solle ein paar eigene Bemerkungen einflechten, pfiffige kleine politische Seitenhiebe, die sie mit Danny Greensons Hilfe ausgebrütet hatte. Da sie sogar den wohlbekannten Refrain des Liedes immer noch verpatzte, wurde der Präsident telefonisch vorgewarnt; der lachte herzlich. Als der große Augenblick näher rückte, wurde die beruhigende Wirkung von *The Little Engine That Could* durch ein gehöriges Quantum Alkohol ergänzt. Als Marilyn schließlich im Madison Square Garden in den Kulissen wartete, war sie betrunken, in ihr Kleid eingenäht und konnte sich kaum bewegen.

Draußen, im riesigen Zuschauerraum, saßen die Brüder Kennedy. Robert hatte seine Frau mitgebracht, aber der Präsident war allein erschienen. Trotz des festlichen Anlasses hielt sich die First Lady in Virginia auf – beim Reiten.

John Kennedy saß in der Präsidentenloge, die Füße auf dem Geländer, und kaute zufrieden auf einer Zigarre. Als die Show bereits in vollem Gange war, trat Peter Lawford an das Mikrofon und leierte einen »running gag«, einen mehrstufigen Witz, an.

»Herr Präsident«, verkündete Lawford, »zur Feier Ihres Geburtstags ist diese entzückende Dame nicht nur wohlproportioniert, sondern auch pünktlich. Herr Präsident – Marilyn Monroe!« Das Publikum jubelte, aber keine Marilyn erschien.

Etliche Programmnummern später hüstelte der Schwager, blickte über seine Schulter und verkündete erneut: »Eine Frau, von der man wirklich sagen kann – bei ihr erübrigt sich jede Vorstellung.« Es folgte ein Trommelwirbel, und nichts passierte.

Marilyn war das Finale vorbehalten. Endlich sagte Lawford: »Herr Präsident, in der Geschichte des Showgeschäfts hat vielleicht kein anderes weibliches Wesen so viel bedeutet, so viel geschafft ...« (an dieser Stelle kicherte das Publikum), »Mister President ...« (mit besonderer Betonung), »the *late* Marilyn Monroe!«*

In den Kulissen stand Lawfords Agent Milt Ebbins und schob Marilyn regelrecht auf die Bühne. Sie brauchte dreißig lange Sekunden, um sich zu sammeln. Dann begann sie, leise und zaghaft:

> Happy – birthday – to you,
> Happy birthday to you,
> Happy birthday, Mr. Pre-si-dent,
> Happy birthday to you.

Nach dem Applaus sang Marilyn – fehlerfrei – weiter, und zwar eine neue Strophe, die Richard Adler zur Melodie des Songs »Thanks for the Memory« geschrieben hatte:

> Thanks, Mr. President,
> For all the things you've done,
> The battles that you've won,
> The way you deal with U.S. Steel,
> And our problems by the ton,
> We thank you – so much.

* *Late* heißt sowohl »verspätet« als auch »verstorben« (A.d.Ü.).

(Danke, Mr. President,
für alles, was Sie getan haben.
Für die Schlachten, die Sie gewannen
für die Art, wie Sie mit US-Steel umgehen
und mit unseren Problemen, tonnenweise.
Wir danken Ihnen – so sehr.)

Marilyn dirigierte für die Menge die ersten Takte des Geburtstagsrefrains und entfernte sich vom Mikrofon. Dann sagte der Präsident: »Vielen Dank. Jetzt kann ich mich aus der Politik zurückziehen, da mir, äh, ›Happy Birthday‹ auf eine so entzückende, natürliche Art und Weise vorgesungen wurde.«

Nach der Veranstaltung stellte Marilyn auf einem Beisammensein hinter der Bühne dem Präsidenten ihren ehemaligen Schwiegervater Isadore Miller vor, den sie zu diesem Abend eingeladen hatte. Später tauchte sie auf einer kleineren Party auf, die Arthur Krim gab, der Präsident der United Artists. Dort wurde sie von Sonderberater Arthur Schlesinger beobachtet. Er war »hingerissen von ihrem Wesen und ihrer Intelligenz, die so versteckt, so unbefangen und so scharf zugleich war. Aber sie hatte etwas furchtbar Irreales an sich, man spürte das – als spräche man mit jemandem unter Wasser.«

Adlai Stevenson, der amerikanische Vertreter bei den Vereinten Nationen, erinnerte sich, wie er erst zu Marilyn vordrang, »nachdem ich die starken, von Robert Kennedy errichteten Verteidigungslinien durchbrach, der sie umschwirrte wie eine Motte das Licht«.

In seinem Tagebuch notierte Schlesinger, der sich zu den Motten rechnete: »Bobby und ich ließen uns auf eine scherzhafte Konkurrenz um sie ein; zu ihm war sie überaus liebenswürdig und zu mir nett – aber dann zog sie sich in ihren glitzernden Dunst zurück.«

Am Montagmorgen war Marilyn wieder in Hollywood und arbeitswillig. Am nächsten Tag wurde es auf Bühne 14 bei 20th Century-Fox ungewöhnlich ruhig. Die augenscheinlich äußerst gut gelaunt von der Ostküste zurückgekehrte Marilyn bereitete sich auf eine Schwimmszene für *Something's Got to Give* vor. Im Skript stand etwas von einer kurzen Nacktbadeszene um Mitternacht, und sie kletterte zuerst in einem fleischfarbenen Bikini ins Wasser. Der Kameramann beschwerte sich, es falle auf, daß sie noch etwas anhabe. Marilyn besprach sich mit Regisseur George Cukor und verschwand dann in ihrer Garderobe.

Als sie einige Minuten später wiederkam, sagte ein Elektriker gerade seinem Kollegen, eine der Deckenlampen sei nicht hell genug. »Bobby«, rief er dem Beleuchter zu, »machst du 10-K mal ein bißchen heißer?«

Marilyn stand kichernd unten am Pool. »Hoffentlich ist Bobby ein Mädchen«, sagte sie. Dann streifte sie ihren blauen Bademantel ab und tauchte nackt ins Wasser.

Cukor hatte alle nicht beschäftigten Umstehenden vom Drehort entfernen lassen, ohne allerdings zu sagen, warum. So kam es, daß drei Standfotografen, die vom Studio für alle Fälle bereitgehalten wurden, wie wild ihre Auslöser betätigten; dabei war ihnen zunächst nicht einmal klar, daß sie die ersten Aktfotos von Marilyn Monroe seit den berühmten, damals zwölf Jahre alten Kalenderbildern schossen.

William Woodfield, einer dieser drei Fotografen, erinnert sich: »Wir hatten überhaupt keine Vorstellung, was daraus werden würde. Wir konnten kaum was sehen, solange sie noch im Wasser war. Als sie dann aus dem Pool stieg, war plötzlich klar ersichtlich, daß sie nichts anhatte. Die Motoren unserer Nikons surrten, wir knipsten, was das Zeug hielt – und auf einmal war sie verschwunden.«

Daß Marilyn nackt vor der Kamera gestanden hatte, gelangte prompt in die Medien. Es bescherte dem Studio willkommene Publicity und anerkennende Kommentare über Marilyns guterhaltene Figur. Ihre Maße, informierte man die Welt, waren immer noch erstaunliche 94 – 56 – 89. Im Monat darauf druckte *Life* eine Reihe von Bildern, auf denen Marilyn zwar nackt war, aber dennoch recht brav und züchtig aussah.

Inzwischen hatten Woodfield und seine Kollegen ihre Filme schleunigst zum Entwickeln gebracht und bemerkt, daß sie auf einer Goldmine hockten. »Auf einigen Bildern konnte man Brustwarzen und ihren Hintern erkennen«, erinnert sich Woodfield, »also durften wir sie ohne Marilyns persönliche Erlaubnis nicht veröffentlichen; folglich suchten wir sie auf. Sie sagte, sinngemäß, folgendes: ›Hört zu, Jungs, ich will Liz Taylor weltweit von den Titelbildern der Zeitschriften verdrängen. Laßt mich mal die Fotos durchsehen und raussuchen, was ich haben will – und ihr bringt mich auf die Titel.‹«

Die Fotografen inszenierten eine pfiffige Vermarktungsstrategie. Nachdem Marilyn die Bilder geprüft hatte – sie gab nur ganz wenige nicht frei –, brachten sie die Originale in einem Banktresor unter und sorgten so für eine geheimnisvolle Atmosphäre. Dann schickten sie etliche Kopien an Hugh Hefner, den Herausgeber des *Playboy*, der 1962 als einziger in Amerika solche Bilder druckte. Hefner zahlte die Rekordsumme von 25 000 Dollar; weltweit brachten die Fotos 150 000 Dollar ein.

Woodfield sagt im Brustton der Überzeugung: »Das nennt man einen profitablen Arbeitsmorgen …« Als Norma Jeane 1949 für den Aktkalender posiert hatte, bekam sie 50 Dollar, der Fotograf 200. Wie sich herausstellte, veröffentlichte *Playboy* die Nacktbadefotos erst über ein Jahr später, ließ also nach ihrem Tod eine Anstandsfrist verstreichen.

Am 1. Juni wurde Marilyn sechsunddreißig. An diesem Abend stand sie, eine Baskenmütze aus Nerz auf dem Kopf und mit verschleiertem Blick, hinter einer mit sprühenden Wunderkerzen verzierten Torte. Nun war sie an der Reihe, einem »Happy Birthday« zu lauschen, das die Mannschaft von *Something's Got to Give* eher holprig vortrug. Ihr Double Evelyn Moriarty hatte die Torte vorbereitet, die zwei Bilder Marilyns in Szenen aus dem Film schmückten; auf dem einen trug sie ein Negligé, auf dem anderen einen Bikini.

Am selben Abend warf Marilyn später im Dodger Stadium den ersten Ball in einem Baseball-Benefizspiel zugunsten der Muskeldystrophie-Vereinigung. Studioverantwortliche, die sich vor weiteren krankheitsbedingten Ausfällen des Stars fürchteten, hatten sie gebeten, den Termin abzusagen. Sie ging trotzdem, teils, weil sie versprochen hatte, Dean Martins kleinen Sohn mitzunehmen. Dann aß sie mit einem Freund zu Abend und fuhr nach Hause, um mit Danny und Joan Greenson Champagner zu trinken, die in dem halbwegs eingerichteten Haus auf Pappkartons Platz nahmen.

Die Greensons schenkten ihr ein Champagnerglas, in das ihr Name eingraviert war. »Von jetzt an weiß ich, wer ich bin, wenn ich trinke«, sagte Marilyn.

Ihr Geburtstag fiel auf einen Freitag. Noch am selben Wochenende rief Marilyn Dr. Greensons Sohn und Tochter an. Ihre Stimme klang, als hätte sie große Mengen Medikamente genommen, sie sagte, sie sei unglücklich, und die beiden fuhren rasch zu ihr.

»Sie lag nackt im Bett, nur von einem Bettlaken bedeckt«, erinnert sich Danny Greenson, »und sie trug eine schwarze Schlafmaske, so eine, wie sie der Lone Ranger immer aufhatte. Es war der unerotischste Anblick, den man sich vorstellen kann. Diese Frau war verzweifelt. Sie konnte nicht schlafen – es war hellichter Nachmittag – und erzählte uns, wie furchtbar sie sich fühlte, wie wertlos. Sie sprach davon, daß sie ein verlassenes, häßliches Geschöpf sei, daß die Menschen nur nett zu ihr wären, weil sie etwas von ihr bekommen wollten. Sie habe niemanden, keiner liebe sie. Außerdem sei sie kinderlos. Es war eine ganze Litanei von lauter depressiven Gedanken. Sie sagte, es lohne sich nicht mehr weiterzuleben.«

Die beiden Greensons konnten sagen, was sie wollten, Marilyn war nicht zu trösten. Da ihr Vater in Übersee Urlaub machte, riefen sie einen seiner Kollegen an, einen Psychiater. Der kam, sah die Batterie von Tablettenfläschchen neben dem Bett und warf prompt das ganze Sortiment in seine Tasche. Weiter konnten die Greensons nichts tun, und sie fuhren nach Hause.

Die Krise hielt die ganze nächste Woche an. Paula Strasberg teilte dem Studio telefonisch mit, Marilyn sei krank. Einen Tag später beauftragte Marilyn – die selbst nicht in der Lage war zu telefonieren – Eunice Murray, Dr. Greenson in Europa anzurufen und ihm eine ganze Reihe von Fragen zu stellen, die sie für dringend hielt. Mrs. Murray sagt heute, sie könne sich an die Fragen nicht mehr erinnern.

Am Donnerstag dieser Woche verließ Marilyn mit ihrer schwarzen Perücke auf dem Kopf das Haus und ließ sich die Nase röntgen. Außerdem suchte sie den Schönheitschirurgen Dr. Michael Gurdin auf und klagte über eine Nasenverletzung. Gurdin weiß noch, daß man ihm erklärte, sie sei »in der Dusche ausgerutscht«. Mrs. Murray sagt, sie könne sich weder an die Verletzung noch an die Arztbesuche erinnern.

Bei der Fox fiel inzwischen der Vorhang hinter einer berühmten Karriere. Als die Produzenten sich Schnellkopien von *Something's Got to Give* anschauten, sahen sie eine Marilyn, die »in einer Art einschläferndem Zeitlupentempo« agierte. Regisseur George Cukor war von diesem Anblick erschüttert, und die Studioleitung sprach davon, einen Ersatz für Marilyn zu suchen.

Dr. Greenson rief den Produzenten Henry Weinstein an, teilte ihm mit, er sei unterwegs nach Hause, und versprach, Marilyn werde am

Montag wieder am Drehort sein. Greenson flog umgehend nach Los Angeles; er kam spätnachts an und fuhr direkt zu seiner Patientin. Er kam zu spät. Marilyn war am Freitag gefeuert worden. Anschließend wurde der ganze Film abgeblasen.

»Das Starsystem ist außer Kontrolle geraten«, kommentierte der Fox-Vizepräsident Peter Levathes. »Wir haben zugelassen, daß die Insassen die Anstalt leiten, und die haben sie praktisch kaputtgemacht.« Das sagte er drei Tage nach Marilyns Entlassung, als *Something's Got to Give* in einem Wust von gegenseitigen Anschuldigungen und gerichtlichen Klagen versank. Das Studio verklagte Marilyn auf eine halbe Million Dollar. Als Dean Martin sich weigerte, mit einer anderen Schauspielerin zusammenzuarbeiten, wurde er ebenfalls verklagt.

Marilyn hingegen deckte Gott und die Welt mit Telegrammen ein. Mitglieder des Filmteams hatten im Fachblatt *Variety* eine hämische Anzeige aufgegeben, in der sie ihr »dankten«, daß Marilyn sie arbeitslos gemacht habe. Sie schickte jedem einzelnen eine Stellungnahme, in der stand: »Bitte glaubt mir, es war nicht meine Schuld. Ich habe mich so auf die Zusammenarbeit mit Euch gefreut.« Sie setzte sich mit Frank Sinatra in Verbindung, der sich gerade in Monte Carlo aufhielt und daraufhin ihren gemeinsamen Anwalt Milton Rudin bat, beim Studio zu intervenieren.

Nicht einmal zwei Monate später, nach Marilyns Tod, wurde behauptet, sie sei in einem depressiven Zustand als Folge beruflicher Schmach gestorben. Dabei vergoß sie wegen ihres Rauswurfs kaum Tränen. Das Studio erkannte sogar, daß niemand die Monroe ersetzen konnte, und bald verhandelte man mit dem Ziel, sie erneut zu verpflichten. Gleichzeitig unternahm Marilyn eine Reihe von bemerkenswerten Anstrengungen in Sachen Eigenwerbung.

Zwei Wochen nach ihrem Rausschmiß nahm sie lange Interview- und Fototermine mit den drei angesehenen Zeitschriften *Life, Vogue* und *Cosmopolitan* wahr.

»Sechsunddreißig ist hervorragend, wenn zwölf- bis siebzehnjährige Jungens immer noch hinter einem her pfeifen«, verriet Marilyn einem Journalisten. Paulas Tochter Susan Strasberg sagte ihr, sie sähe gut aus. »Weißt du was«, entgegnete Marilyn, »ich bin besser in Form als je zuvor. Ich hab heute eine bessere Figur als früher, als ich noch ein

Mädchen war.« Zum Beweis rollte sie die Bluse hoch und zeigte ihre Brüste.

In den ihr verbleibenden wenigen Wochen versuchte Marilyn nachzuweisen, daß ihr Körper im Zeitraum von sechzehn Jahren, von den »Girlie-Magazinen« bis zu den Hochglanzzeitschriften der sechziger Jahre, nichts von seiner Anziehungskraft verloren hatte. Für *Life* ließ sie sich, in Pulli und Hose, von den Deckenbalken hängen. In Peter Lawfords Strandhaus posierte sie mit einem Glas Champagner für *Cosmopolitan* und stellte sich in einem mexikanischen Pulli an den Strand. Auf außergewöhnlichen nächtlichen Fotositzungen für *Vogue* im Bel-Air Hotel gab Marilyn zum letzten Mal ihren exhibitionistischen Neigungen nach. Allein mit dem Fotografen und Champagnerflaschen posierte sie nackt im Pelz oder hinter einem transparenten Schal und ließ sich schließlich sogar völlig nackt fotografieren. Die Kamera registrierte ihre Müdigkeit, die Narbe an ihrem Bauch – ein Überbleibsel der Gallenblasenoperation –, aber der Fotograf sah auch eine Art Unsterblichkeit.

»Marilyn besaß die Macht«, schrieb der Fotograf Bert Stern zwanzig Jahre später. »Sie war der Wind, der Kometenumriß, der auf Blakes Gemälde eine heilige Person umweht. Sie war das Licht und die Göttin und der Mond. Der Raum und der Traum, das Geheimnis und die Gefahr. Aber doch auch alles andere zusammengenommen, einschließlich Hollywood, und das Mädchen von nebenan, das jedermann heiraten möchte. Ich hätte die Kamera an den Nagel hängen, mit ihr fortlaufen und für immer glücklich werden können ...«

Ein anderer Zeitzeuge war nicht so überwältigt.

Life, die seit dem Wochenende der Galaveranstaltung zur Feier des Präsidentengeburtstags mit Marilyn verhandelt hatte, schickte den Reporter Richard Meryman nach Los Angeles. Er war in Marilyns Alter und hatte bis vor kurzem eine Stellung als Religionsredakteur in der Abteilung »Manners and Morals« (etwa: Sitten und Gebräuche) bei *Life* bekleidet. Die Zeitschrift plante eine Serie zum Thema »Ruhm«, und Marilyns Presseagentin Pat Newcomb hatte ihre Klientin als Gesprächspartnerin vorgeschlagen. Meryman lieh sich ein Tonbandgerät, das er nicht bedienen konnte, und machte sich auf den Weg nach Brentwood. Sein Interview, das Marilyn wenige Tage vor ihrem Tod gedruckt vorlag, stellt ihr letztes öffentliches Vermächtnis dar.

Meryman saß im Wohnzimmer und fummelte an seinem Tonbandgerät herum, als eine Stimme fragte: »Kann ich helfen?« Der Blick des Journalisten glitt über eine knallgelbe Hose bis zum berühmten Gesicht hoch.

»Ich war erstaunt«, sagt er heute, »wie bläßlich ihre Haut war – sie sah fahl und leblos aus. Diese Haut machte keinen sehr gesunden Eindruck. Sie war nicht weiß und auch nicht grau; sie wirkte ein wenig rauh und leblos, wie Haut, die man seit ewigen Zeiten geschminkt hatte. Marilyn sah phantastisch aus, aber wenn man dieses Gesicht genau betrachtete, so hatte es etwas Substanzloses. Ihr Haar wirkte ausgedörrt, es war nicht dicht, wie Haar, das tausendmal zurechtgemacht, gebleicht und geföhnt worden war.«

Meryman und Marilyn kamen gut voran. Man hatte ihn gebeten, schon vorher Fragen einzureichen, und so bekam er bei ihrem ersten Treffen Marilyns einstudierte Antworten zu hören. Auch nach so vielen Jahren im Showgeschäft bereitete sie sich immer noch vor, genau wie für die Abendgesellschaft bei Robert Kennedy. Nach und nach wirkte sie entspannter, und Meryman hörte, wie sie am Telefon mit einem Freund plauderte und ihr hohes, piepsiges Lachen durch die leeren Zimmer hallte. Dieses Lachen wirkte irgendwie beunruhigend; es dauerte zu lange, klang nicht normal.

Pat Newcomb war immer zugegen; sie griff nicht ein, paßte aber unentwegt auf. Später beschrieb Meryman sie als »zwanghaft loyal und absolut treu. Sie war Marilyns letzte Freundin geworden.« Insgeheim entschuldigte sich Marilyn für sie und zuckte mit den Achseln, als wolle sie sagen: »Was soll ich tun?«

Marilyn sagte Meryman, sie wünsche nicht, daß ihr Haus fotografiert werde. »Ich will nicht, daß *jeder* ganz genau weiß, wo ich wohne«, erläuterte sie. Sie erzählte von ihrer traurigen Kindheit – beredt, aber wie gehabt. Sie sprach von der Schauspielerei, daß ihre Treue eher den ganz normalen Leuten galt, die sich ihre Filme anschauten, als dem Studio. »Ein Schauspieler ist keine Maschine«, sagte sie.

»Ich war immer der Meinung«, erzählte Marilyn dem *Life*-Reporter, »daß die Leute für ihr Geld auch etwas bekommen sollen und daß dies eine echte Verpflichtung ist. An manchen Tagen, wenn Szenen anstehen, bei denen wegen ihrer Bedeutung eine große Verantwortung auf einem ruht, denk ich schon mal, Mensch, wär ich doch bloß Putzfrau geworden. So was machen wohl alle Schauspieler durch, glaube ich. Wir wollen nicht bloß gut sein; wir müssen es einfach ...

Berühmt zu sein, stellt eine besondere Belastung dar. Mich stört's nicht, wenn man mir aufbürdet, daß ich glamourös und sexy sein soll. Wir wurden alle als sexuelle Wesen geschaffen, Gott sei Dank, aber daß so viele dieses natürliche Geschenk verachten und mit Füßen treten, ist eine Schande. Die Kunst, echte Kunst kommt daher – alles.«

Sehnsüchtig erzählte Marilyn von den Stiefkindern, die sie in den Ehen mit DiMaggio und Miller gefunden und wieder verloren hatte. Immer und immer wieder kam sie auf die »Kinder, die älteren Menschen und die Arbeiter« zu sprechen, auf die Leute, die keine Bedrohung für sie waren, die sie verstanden. Als Meryman an diesem ersten Abend zu später Stunde ging, versprach er, am nächsten Tag eine Interviewabschrift mitzubringen. Marilyn freute sich. »Ich schlafe nicht besonders gut«, sagte sie. »Dann hab ich was zum Lesen.«

Als Meryman ins Hilton zurückfuhr, hatte er das Gefühl, mit einer Frau gesprochen zu haben, die er mochte, mit einer »sehr gescheiten« Frau. »Ich spürte ganz deutlich«, erinnert er sich, »daß Marilyn die ganze Zeit, während ich da war, genau wußte, was sie tat. Sie inszenierte sich für mich, für *Life,* für die Situation, wofür auch immer.«

Er interviewte sie noch mehrmals. Marilyn las seine Abschriften sorgfältig durch und strich kaum etwas darin. Sie schien besonderen Wert darauf zu legen, daß nichts, was sie gesagt hatte, ihre Stiefkinder verletzen konnte, und korrigierte die entsprechenden Stellen geschickt und aufrichtig. Als Meryman eines Tages zu einem verabredeten Termin erschien, klingelte er vergeblich, obwohl offensichtlich jemand im Haus war. Ein andermal wurde er eingelassen, als Marilyn in die Küche ging und mit einer kleinen Ampulle in der Hand wiederkam. »Ob Sie's glauben oder nicht«, sagte sie, »ich muß mir Leberspritzen verabreichen.«

»Bei meinem letzten Besuch«, erinnert sich Meryman, »begleitete sie mich zur Tür und sprach über die Blumen im Garten. Dann ging ich die Auffahrt runter, und sie stand an der Tür, sah mir nach und rief: ›He, danke!‹ Sie tat mir leid. Es war wirklich rührend, sie hatte sehr viel von einem kleinen Mädchen an sich.«

Aber Meryman empfand noch etwas anderes: »Ich war froh, als ich ging. Die Atmosphäre in diesem Haus gefiel mir nicht – es hatte etwas

Beklemmendes, etwas Unangenehmes an sich. Mir kam es vor wie eine Insel. Dort herrschte eine Art Festungsatmosphäre, eine Stimmung von wir gegen die Welt, es wirkte wie eine Trutzburg.«

Marilyn hatte Meryman einen passenden Text zum Thema der *Life*-Serie mit auf den Weg gegeben. »Der Ruhm vergeht«, hatte sie ihm ins Mikrofon gesprochen, »tja, tschüß, ich hab dich gehabt, Ruhm. Wenn er vergeht - was soll's, ich hab immer gewußt, wie unbeständig er ist. Dann war's wenigstens etwas, was ich erlebt habe, aber mein Leben ist das nicht.«

Es klang nach letzten Worten, und als solche wurden sie auch seither gewertet, obwohl Meryman an so etwas überhaupt nicht dachte, als er, mit der Interviewabschrift in einer Aktentasche zu seinen Füßen, nach New York zurückflog. An dieser Tonbandstelle hatte Marilyn aber noch etwas anderes gesagt: »Ich lebe jetzt für meine Arbeit«, erzählte die nervöse, hektische Stimme, »und für ein paar Beziehungen zu einigen Menschen, auf die ich wirklich zählen kann.« Arbeit hatte sie keine mehr, und so blieb Marilyn nur übrig, sich über ihre Freunde den Kopf zu zerbrechen.

40

WÄHREND DER FOTOSITZUNG für *Vogue* bemerkte der Fotograf, daß Marilyn ernst dreinschaute, obwohl er wollte, daß sie lachte, lebendig war. Er bat Pat Newcomb, sie aufzumuntern, und Miss Newcomb sagte: »Was ist mit diesen beiden Liebhabern in deinem Leben?« Marilyn kicherte. Der Fotograf hatte keine Ahnung, wer die Liebhaber waren, aber er bekam sein Foto.

In *Something's Got to Give* hatte Marilyn die Überlebende eines Schiffsunglücks verkörpert, die jahrelang von der Welt abgeschnitten war. Sie sollte ihre Retter fragen: »Wer ist jetzt Präsident?« Auf die Antwort, das sei Kennedy, war als ihre Reaktion die Frage »Welcher Kennedy?« vorgesehen. In der Realität konnte es niemand Marilyns Freunden übelnehmen, wenn sie dieselbe Frage stellten; schließlich schnappten sie Geschichten auf, die Marilyn zuerst mit dem einen Bruder in Verbindung brachten, dann mit dem anderen und schließlich wieder mit dem ersten.

Als Marilyn bei dem Geburtstagskonzert des Präsidenten aufgetreten war, hatte die New Yorker Gerüchteküche regelrecht gebrodelt. Inzwischen hat die Legende Marilyn in jener Nacht sowohl im Bett des einen als auch des anderen Bruders untergebracht. Susan Strasberg, die an der sich anschließenden Party teilnahm, kann sich erinnern, daß der Präsident und Marilyn früh gingen – getrennt.

Die *New York Times* erwähnte in ihrer regulären Berichterstattung, der Präsident sei um zwei Uhr morgens in seinem Hotel, dem Carlyle, eingetroffen. Einer seiner neueren Biographen, Ralph Martin, zitiert einen nicht genannten Augenzeugen mit der Behauptung, dort habe sich Marilyn zu ihm gesellt. Wenn dem so war, dauerte ihr Beisammensein mit dem Präsidenten nicht allzu lange.

In dieser Nacht wartete Marilyns Freund Jim Haspiel vor ihrer Wohnung. Er war abends im Madison Square Garden gewesen und hoffte, mit Marilyn noch ein paar Worte wechseln zu können, wenn sie nach Hause kam. Kurz nach vier tauchte sie allein auf; sie stieg aus einer Limousine und trug ihre Schuhe in der Hand.

»Ihr Haar war nicht mehr zurechtgemacht wie bei der Show«, berichtet Haspiel. »Es sah jetzt eher wie Zuckerwatte aus, als hätte sie es ausgekämmt.«

Zu Hause angekommen, brauchte Marilyn Gesellschaft und Aufmerksamkeit. Der Masseur Ralph Roberts weiß noch, daß sie ihn anrief und massiert werden wollte. Er schüttelte sich wach und eilte in ihre Wohnung.

Was auch immer in dieser Nacht geschah, die Unbedachtheiten des Präsidenten nahmen kein Ende; und wieder war Marilyn betroffen. Außerdem kursieren Behauptungen, nach denen zu dieser gefährlichen Konstellation noch ein Faktor hinzukam – Drogenkonsum.

Wie mehrere Quellen berichten, unterhielt der Präsident von Anfang 1962 bis zu seinem Tod in Washington eine Liaison mit einer Frau namens Mary Meyer. Im Gegensatz zu Kennedys anderen Geliebten war sie etwa so alt wie er und kannte ihn noch aus Studientagen. Nach einer gescheiterten Ehe mit einem leitenden CIA-Beamten war sie Ende der fünfziger Jahre in ein Haus nach Virginia gezogen, wo Robert Kennedy und seine Familie ihre direkten Nachbarn wurden. Während Johns Präsidentschaft führte sie eine leicht bonvivanthafte Existenz als Malerin und Freundin von Prominenten. Unter anderem war sie mit

Jackie Kennedy befreundet und kam gelegentlich zu Besuch ins Weiße Haus.

Als in den siebziger Jahren eine Kontroverse über Mary Meyers Beziehungen zum Präsidenten entbrannte, geriet einer ihrer engen Freunde mit der Behauptung in die Schlagzeilen, Mary habe den Präsidenten mit Marihuana bekannt gemacht. Ihr Freund und ehemaliger Ressortleiter bei der *Washington Post*, James Truitt, berichtete, Mary Meyer habe zu einem ihrer Rendezvous mit Kennedy sechs Joints mit ins Weiße Haus genommen. Die beiden hätten gemeinsam geraucht, und der Präsident hätte über eine bevorstehende Tagung zur Rauschgiftproblematik Witze gerissen. Laut Truitt zeigte er sich außerdem an Drogenkonsum im allgemeinen interessiert und erwähnte, er sei mit Kokain vertraut.

Der Präsident unterhielt sich auch mit Marilyn über Drogen, wie Peter Lawford 1982 aussagte, als Polizeibeamte neue Ermittlungen über ihren Tod anstellten. Lawford berichtete, als Kennedy und Marilyn sich 1961 in seinem Haus begegneten, »verbrachten sie einen Teil des Abends mit Gesprächen über Pillen«.

Mary Meyer überlebte Marilyn nicht lange – sie wurde 1964 unter Begleitumständen erschossen, die nie hinreichend geklärt worden sind. Ihr Name tauchte vor zwei Jahren wieder auf, als die Autobiographie von Dr. Timothy Leary veröffentlicht wurde, des Psychologen, der durch seine Experimente mit und seine Befürwortung von bewußtseinsverändernden Drogen – besonders LSD – bekannt wurde.

Leary, der damals als Wissenschaftler an der Harvard University tätig war, sagt heute, Mary Meyer habe ihn im Frühjahr 1962 aufgesucht. Sie habe von einem geheimnisvollen Liebhaber gesprochen, »einem sehr bedeutenden Mann ... einem Prominenten«. Ihr Geliebter sei von dem, was er über LSD gehört habe, sehr beeindruckt gewesen und wolle die Droge ausprobieren.

Mary Meyer betrachtete Dr. Leary als eine Art akademische Informationsquelle, von der sie soviel wie möglich über die Droge erfahren wollte. Leary war neugierig geworden und tat ihr den Gefallen, so daß sich die beiden in den folgenden Monaten noch mehrmals trafen. Ein paar Wochen später lernte Leary dann Marilyn Monroe kennen.

Die Begegnung fand im Mai statt, als die deprimierenden Dreharbeiten zu *Something's Got to Give* noch im Gange waren, und wahrscheinlich kurz bevor Marilyn dem Präsidenten ihr Geburtstagsständchen vortrug. In Kalifornien stellte Leary, dem bald darauf das Image einer Schlüsselfigur der Drogenkultur in den sechziger Jahren anhaften sollte, irritiert fest, daß man ihn als Guru der Psychedelik feierte und ihm die Rolle zuwies, in der er schließlich zu einem festen Begriff wurde. An der Ostküste hatte er seine Forschungen vor allem im universitären Bereich durchgeführt; hier traf er auf eine Unmenge von Leuten – die meisten aus dem Showbusiness –, die bereits mit bewußtseinsverändernden Drogen experimentierten. Einige von ihnen taten dies mit Unterstützung und Billigung prominenter Psychiater.

Zu der Begegnung mit Marilyn kam es gegen Ende einer Party in den Hollywood Hills, an der eine Mischung von Ärzten und Prominenten, unter ihnen Jennifer Jones und Dennis Hopper, teilnahmen. »Ich war erschöpft«, berichtet Leary. »Man hatte mich durch die Stadt gehetzt, in eins der großen Studios geschleift und anschließend den ganzen Abend mit Fragen über Drogen gelöchert. Ich ging in ein Schlafzimmer und legte mich hin, und nach einer Weile kam Marilyn und weckte mich. Ich hatte sie vorher auf der Party nicht gesehen, sie war wohl gekommen, als ich schon im Bett lag. Sie wollte mich kennenlernen, und sie wollte, daß ich sie mit LSD bekannt machte.«

Leary versuchte, ihr klarzumachen, daß LSD keine Droge sei, die man lässig und unbekümmert einnahm. Also nahmen sie keins in dieser Nacht. Dagegen drängte Marilyn Timothy Leary ihre Drogen auf: Sie gab ihm zwei Pillen, die sie »Randy-Mandys« nannte. So lautete damals der gängige Ausdruck für Mandrax, ein Anfang der sechziger Jahre unter Drogenkonsumenten beliebtes Beruhigungsmittel, das, in Verbindung mit Alkohol, zu euphorischen Zuständen führte. Marilyn sagte, sie habe ihre Pillen »von einem mexikanischen Freund« bekommen, und meinte scherzhaft, es sei Aspirin. Leary nahm die Tabletten und fiel in tiefen Schlaf.

Am nächsten Morgen rief Marilyn bei Learys Gastgeberin an und ging mit ihm in ein Restaurant am Sunset Boulevard essen. Auf den inzwischen munteren und interessierten Leary machte Marilyn einen »widersprüchlichen Eindruck. Komisch und verspielt, aber auch sehr pfiffig. Wir sprachen über Drogen, und ich erzählte Marilyn von einem Projekt, das ich für den Sommer in Mexiko plante. Sie sagte, sie wolle dorthin kommen und sich uns anschließen. Aber sie wollte auch umgehend LSD ausprobieren.« Laut Leary kam ihm Marilyn »labil« vor, aber er wußte weder, daß sie sich in ständiger psychiatrischer Behandlung befand, noch, wie gestört sie wirklich war.

Leary verabreichte Marilyn an dem Abend LSD – »eine sehr kleine Dosis«. Sie fuhren gemeinsam an den breiten Strand von Venice und gingen dort im Dunkeln spazieren. »Es war angenehm«, betont Leary.

Dr. Oscar Janiger, der heute als außerordentlicher Professor für klinische Psychologie an der kalifornischen Hochschule für Medizin tätig ist, spielte zu Beginn der sechziger Jahre an der Westküste beim Experimentieren mit Drogen eine wichtige Rolle. Er kann Einzelheiten von Learys Besuch im sommerlichen Los Angeles bestätigen und weiß noch, daß Learys Gastgeberin, Virginia Dennison, Marilyn Yogastunden gab. »Einige Leute, mit denen ich zusammenarbeitete, kannten Marilyn gut«, sagt Dr. Janiger.

Wenn Learys Angaben zutreffen, interessierten sich mit Mary Meyer und Marilyn zwei Geliebte des Präsidenten zur gleichen Zeit für LSD. Die Vorstellung, daß Marilyn in ihrer geistigen Verfassung und ausgerechnet zu diesem Zeitpunkt mit LSD experimentierte, ist beängstigend.

Wenige Tage nach ihrem Rausschmiß bei 20th Century-Fox flog Marilyn nach New York. In derselben Woche – oder kurz darauf – traf sie sich zum letztenmal mit dem britischen Journalisten W. J. Weatherby, mit dem sie sich seit *The Misfits* dann und wann unterhalten hatte. Sie waren sich seit 1961 nicht mehr begegnet. »Als ich auf sie zuging, fiel mir auf, daß sie sich verändert hatte«, erinnert sich Weatherby. »Sie hatte jetzt etwas Zerbrechliches, Müdes an sich ... Ich konnte es kaum fassen, daß sich diese Frau dermaßen verändert hatte.«

Weatherby und Marilyn sprachen über Arthur Millers neue Ehe, und auf einmal verkündete Marilyn geheimnisvoll: »Vielleicht heirate ich auch wieder.« Sie schien es ernst zu meinen, doch dann ergänzte sie: »Es gibt nur ein Problem, nämlich daß er zur Zeit noch verheiratet ist. Und berühmt ist er außerdem, darum müssen wir uns heimlich treffen.« Sie fügte hinzu, ihr Liebhaber sei Politiker in Washington. Minuten später lobte sie den Präsidenten in höchsten Tönen. Ihrer Meinung nach werde er einmal »ein neuer Lincoln«. Später im Central

Park wagte Weatherby, Marilyn zu fragen, ob sie den Präsidenten persönlich kenne. Sie antwortete nicht, sondern fütterte die Eichhörnchen weiter mit Kartoffelchips.

Henry Weinstein, der Produzent von *Something's Got to Give,* datiert den Beginn von Marilyns Abgleiten in den Tod nicht auf ihren Rauswurf am 8. Juni, sondern auf das vorangegangene Wochenende, als sie – wie wir von Joan und Danny Greenson wissen – eine Phase tiefster Depression erlebte.

»An diesem Wocheende ist etwas geschehen«, sagte Weinstein, »und keiner weiß genau, was. Ich meine, es *gibt* Leute, die es wissen. Ich glaube aber, die einzige, die ganz genau wußte, was passiert ist, heißt Pat Newcomb.«

Die Presseagentin Pat Newcomb zog nach Marilyns Zusammenbruch praktisch zu ihr. Laut Mrs. Murray brachte sie Marilyn neue Beruhigungsmittel als Ersatz für die Pillen, die Dr. Greensons Vertreter mitnahm; außerdem schlief sie während Marilyns komaähnlichem Zustand tagelang neben dem Bett. Mrs. Murrays Schwiegersohn Norman Jeffries kam sogar der Gedanke, Marilyn scheine »in ihrem Schlafzimmer gefangen zu sein«.

Pat Newcomb, die schon vor ihrer Zeit mit Marilyn eine gute Freundin der Kennedys war, gibt keinerlei Auskünfte über die Ursache der plötzlichen Krise. Doch während ihres gesamten Lebens lassen sich Marilyns schwere Zusammenbrüche immer mit einer speziellen Katastrophe in Zusammenhang bringen: mit dem Verlust eines Kindes oder dem Scheitern einer Beziehung. War das Ende von Marilyns Beziehungen zu den Brüdern Kennedy in Sichtweite gerückt?

Am 13. Juni gab Marilyn ein merkwürdiges, langes Telegramm auf. Es war an Robert Kennedys Haus in Virginia adressiert und lautete (vgl. folgende Seite):

> LIEBE JUSTIZMINISTER UND MRS. ROBERT KENNEDY: MIT VERGNUEGEN HAETTE ICH IHRE EINLADUNG ZU EHREN VON PAT UND PETER LAWFORD ANGENOMMEN. LEIDER BIN ICH AN EINER FRIEDENSFAHRT BETEILIGT ALS PROTEST GEGEN DEN VERLUST DER MINDERHEITSRECHTE DIE DEN WENIGEN VERBLEIBENDEN ERDGEBUNDENEN STERNEN GEHOEREN. IM GRUNDE BESTANDEN WIR DOCH NUR AUF UNSEREM RECHT ZU FUNKELN.
>
> MARILYN MONROE

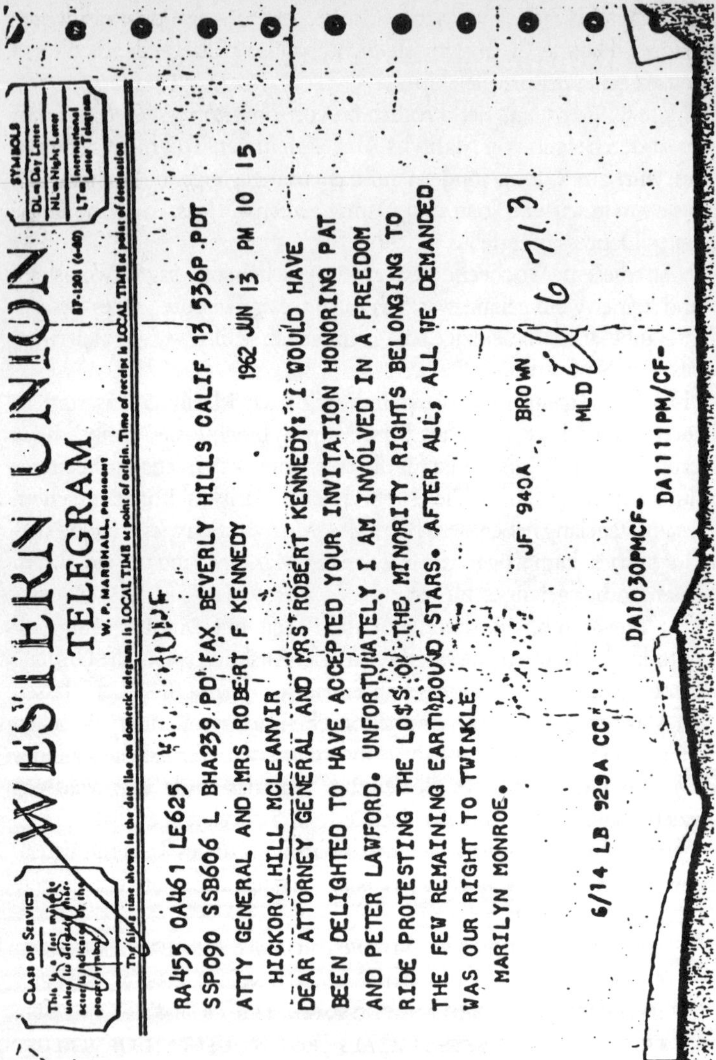
WESTERN UNION
TELEGRAM
W. P. MARSHALL, PRESIDENT

RA455 OA461 LE625
SSP090 SSB606 L BHA239 PD FAX BEVERLY HILLS CALIF 13 536P PDT
ATTY GENERAL AND MRS ROBERT F KENNEDY 1962 JUN 13 PM 10 15
HICKORY HILL MCLEANVIR
DEAR ATTORNEY GENERAL AND MRS ROBERT KENNEDY: I WOULD HAVE
BEEN DELIGHTED TO HAVE ACCEPTED YOUR INVITATION HONORING PAT
AND PETER LAWFORD. UNFORTUNATELY I AM INVOLVED IN A FREEDOM
RIDE PROTESTING THE LOSS OF THE MINORITY RIGHTS BELONGING TO
THE FEW REMAINING EARTHBOUND STARS. AFTER ALL, ALL WE DEMANDED
WAS OUR RIGHT TO TWINKLE
MARILYN MONROE.
JF 940A BROWN
MLD
6/14 LB 929A CC
DA1030PMCF-
DA1111PM/CF-

Das weitschweifige Telegramm an Robert und Ethel Kennedy, das nicht einmal zwei Monate vor Marilyns Tod aufgegeben wurde.

So unwahrscheinlich es klingen mag: Marilyn schlug die Einladung eines Kennedy aus. Aber zwei Wochen später traf sie sich mit Robert Kennedy. Am Abend des 26. Juni landete sein Flugzeug in Los Angeles, eine Station seiner ausgedehnten Reise, auf der er Gespräche über das organisierte Verbrechen führte. In FBI-Unterlagen wird seine Frau Ethel nicht als Begleiterin aufgeführt.

Diesmal traf Marilyn den Justizminister bei einem Abendessen, zu dem sie mit zweieinhalbstündiger Verspätung erschien, im Haus der Lawfords. Laut Mrs. Murray und einem der Nachbarn besuchte er sie am nächsten Tag in ihrem Haus.

Eunice Murray berichtet, daß Kennedy allein vorfuhr, am Steuer eines offenen Cadillac-Coupés. »Er trug sportliche Kleidung«, erinnert sie sich, »in seiner Freizeithose und dem offenen Hemd sah er beinahe jungenhaft aus.« Bei dieser Gelegenheit sollte sich Norman Jeffries, wie er erzählt, »aus dem Staub machen, bevor er kam«. Doch zufällig fuhr er gerade weg, als der Besucher ankam. Laut Mrs. Murray blieb Kennedy etwa eine Stunde. Sie sagt, Marilyn »schien sein Besuch nicht zu beunruhigen oder aufzuregen«.

In den verbleibenden fünf Wochen sah man Marilyn nicht wieder in Begleitung eines der beiden Kennedys. Die meisten Berichte schildern sie nun als extrem niedergeschlagen, wenn sie nicht gerade im Licht der Öffentlichkeit stand. Laut Peter Lawford gab sich seine Frau Pat, die Schwester der Kennedys, alle erdenkliche Mühe, Marilyn aufzumuntern. Die Lawfords boten ihr mehrfach an, in ihrem Strandhaus zu übernachten, und einmal ging ihnen Marilyns ganzes Elend auf.

»Ich habe einen leichten Schlaf«, erzählte mir Lawford, »und eines Nachts wachte ich aus irgendeinem Grund auf. Der Morgen graute schon, und als ich aus dem Fenster schaute, sah ich jemand auf dem Balkon stehen. Es war Marilyn im Morgenmantel; sie wirkte betrunken, also ging ich raus und sagte: ›Bist du okay?‹ Tränen liefen ihr die Wangen herunter. Inzwischen war auch Pat aufgewacht, und wir nahmen sie mit hinein und sprachen mit ihr.«

Peter Lawford behauptete, er wisse nicht, weshalb Marilyn so unglücklich gewesen sei.

Ab Anfang Juli nahm Marilyn ihre Ärzte in einem Ausmaß in Anspruch, der auf völlige Verzweiflung, Hypochondrie oder beides schließen läßt. Den Psychiater Greenson besuchte sie an siebenundzwanzig von fünfunddreißig Tagen und ihren Hausarzt Dr. Engelberg an dreizehn. Setzt man voraus, daß die Unterlagen der Ärzte stimmen, hielt sich Marilyn fast die ganze Zeit über in Los Angeles auf. Wir wissen aber von etlichen Augenzeugen, daß sie die Stadt mindestens dreimal verließ – allein zweimal fuhr sie zur Cal-Neva Lodge am Tahoe-See, dem Kasino- und Hotelkomplex, der Frank Sinatra und Sam Giancana gemeinsam gehört haben soll.

Peter Lawford berichtet, er und seine Frau hätten Marilyn drei Wochen vor ihrem Tod zur Cal-Neva gefahren, als Sinatra dort auftrat. Sie wohnte im Chalet 52, das zu dem Bungalowkomplex gehörte, in dem Sinatra und seine Gäste abstiegen. Das Personal, vom Hausmeister bis zum Pagen, erinnert sich noch an eine traurige, introvertierte Person.

Mae Shoopman, die damals als Kassiererin im Cal-Neva arbeitete, erzählt: »Ihr ging es nicht gut. Sie vermummte sich oft, band sich einen schwarzen Schal um den Kopf und blieb einen Großteil der Zeit in ihrem Zimmer. Das ging so weit, daß sich alle Sorgen machten, weil sie beim Schlafen den Telefonhörer neben ihren Kopf legte, so daß sie immer mit der Zentrale verbunden war. Ich glaube, sie hatte Angst, und mit dem Telefon war sie eben nicht mehr allein.«

Vielleicht ist es sogar der Telefonistin zu verdanken, daß Marilyn nicht an diesem Wochenende starb. Als sie im Büro des Kasinos saß, wo die Musik plärrte und sich die Croupiers der Nachtschicht über die Tische beugten, hörte die Dame von der Telefonzentrale auf einmal seltsame Laute und rasselnden Atem über die Leitung aus Chalet 52. Sie verständigte den Manager, der Alarm gab, und Marilyn überlebte eine weitere Überdosis.

Peter Lawford sagte mir, er habe erst am Morgen von dieser Krise erfahren. Gegenüber der Polizei erwähnte er einmal, seine Frau Pat sei in der Nacht in Marilyns Zimmer gewesen, habe gesehen, wie diese aus dem Bett fiel, und daran erkannt, wie gefährdet sie war.

Gloria Romanoff, die an dem Wochenende ebenfalls dort war, berichtet: »Im nachhinein erscheint alles etwas unklar und verschwommen, weil sie alle sehr viel tranken ... Marilyn trank Champagner, etwas Wodka und nahm Schlaftabletten. Nach Mitternacht führten die Lawfords sie auf und ab, damit sie wach blieb; ich glaube, sie holten auch noch Frank hinzu. Ich erinnere mich, daß Marilyn mir erzählte, eins ihrer Probleme sei, sie schlucke schon so lange Pillen, daß sie bei ihr nicht mehr so wirkten wie bei anderen. Sie fing also schon um neun Uhr abends an, sich nach und nach diese tödliche Mixtur aus Alkohol und Tabletten einzuverleiben.«

In diesem mitleiderregenden Zustand brachte man Marilyn schnellstens über die Berge zum Flughafen von Reno, wo Frank Sinatras Flugzeug wartete – das in diesem Jahr als eine Art fliegender Vergnügungsdampfer in die Schlagzeilen kam –, und weiter in die Obhut ihrer Ärzte und ihrer Begleiterin Eunice Murray.

Heute behauptet Mrs. Murray, sie erinnere sich an keine Ausflüge zum Tahoe-See. Das gleiche gilt für ein anderes zentrales Ereignis, das unter Umständen der wirkliche Grund für Marilyns Verzweiflung in dieser Woche war: Möglicherweise war sie wieder schwanger.

»Ich möchte eine richtige Frau sein und ein Kind haben«, hatte Marilyn Anfang des Jahres auf ihrer Mexikoreise gesagt. Sie hatte die Hoffnung nicht aufgegeben, trotz aller Fehlgeburten und gefährlichen Abtreibungen. Während ihrer letzten Monate sprach sie immer wieder übers Kinderkriegen, und in einem ihrer letzten Interviews ging sie offenbar näher auf dieses Thema ein.

Ende Juni erzählte sie dem Fotoreporter George Barris: »Eine Frau muß einen Mann von ganzem Herzen lieben, wenn sie sein Kind zur Welt bringen will. Ich meine, besonders dann, wenn sie nicht mit ihm verheiratet ist. Und wenn ein Mann eine Frau verläßt, die ihm sagt, sie erwarte ein Kind von ihm, und sie nicht heiratet, dann muß das die Frau tief im Innern sehr verletzen.«

Diese Worte fielen nicht einmal einen Monat nach Marilyns plötzlichem drogenbedingten Zusammenbruch. Mehrere von mir befragte Personen sind der Ansicht, Marilyn sei ein paar Wochen vorher schwanger gewesen.

Von Arthur James erfahren wir, Marilyn habe ihm »etwa vier oder sechs Wochen« vor ihrem Tod in seinem Haus in Laguna Beach einen Wochenendbesuch abgestattet. Ihre gemeinsamen Freunde Charlie Chaplin jr. und Edward G. Robinson jr., die heute beide tot sind, waren ebenfalls da.

»Das arme Mädchen war ganz klar in Schwierigkeiten«, berichtet Arthur James, »selbst für ihre Verhältnisse. Von der Sache mit den Kennedys hatte sie uns schon früher erzählt, und jetzt war sie krank.

Marilyn sagte, sie habe ein Baby verloren, und ich dachte, sie meinte eine Fehlgeburt.«

Zu der Zeit sprach sich herum, daß Marilyn eine Abtreibung gehabt habe. Bill Woodfield, der bei den Dreharbeiten zu *Something's Got to Give* als Fotograf auf Abruf dabei war, erinnert sich, daß ihm ein Mitglied von Marilyns Garderobenteam – er glaubt, es war die Friseuse Agnes Flanagan – erzählte, Marilyn »sähe so schlecht aus«, weil sie gerade eine Abtreibung hinter sich habe. Die sei, so sagte man ihm, in Mexiko vorgenommen worden.

Gleiches berichtet der Privatdetektiv Fred Otash, der damals, soviel man weiß, Marilyn überwachte. Er habe zu der Zeit von einem Polizisten erfahren, daß eine Abtreibung vorgenommen worden sei. »Ein amerikanischer Arzt fuhr wegen des Eingriffs nach Tijuana«, erklärt Otash, »dadurch brauchte Marilyn aus medizinischer Sicht keine Angst zu haben und der Arzt nicht vor den Gesetzen in den USA.«

Abtreibungen in Grenzstädten waren 1962, als dieser Eingriff in den USA noch illegal war, nichts Außergewöhnliches.

Für Marilyns angebliche Schwangerschaft existieren keine medizinischen Belege. Die am 5. August vorgenommene Autopsie ergab keine Indizien für oder gegen eine Schwangerschaft; doch nach ein paar Wochen müssen weder eine Fehlgeburt noch eine fehlerfrei durchgeführte Abtreibung notwendigerweise Spuren hinterlassen. Allerdings belegen Marilyns Ferngesprächsunterlagen, daß sie im Juni mehrmals im Cedars-Sinai Hospital anrief.

Die bisher zu der angeblichen Schwangerschaft zitierten Zeugen geben alle an, sie hätten gehört, der Vater sei einer der Brüder Kennedy; zur Frage, ob es sich um John oder Robert handelte, gehen die Meinungen jedoch auseinander. Arthur James, der von Marilyn persönlich von einer »Fehlgeburt« erfuhr, will gehört haben, daß sie von Robert schwanger war.

In diesem Zusammenhang werden zwei weitere Zeugen relevant, die aus ihrem unmittelbaren Umkreis Näheres über Marilyn erfuhren. Der eine ist Michael Selsman, der heute als Produzent in Hollywood tätig ist und 1962 für Arthur Jacobs arbeitete, einen guten Freund Marilyns, der sich um ihre Presseverbindungen kümmerte. Er war also ein Kollege Pat Newcombs, Marilyns persönlicher Presseagentin. Selsman sagt, er habe ein Gespräch zwischen Miss Newcomb und Arthur Jacobs mitangehört, das die beiden über Marilyns Affären mit dem Präsidenten und Robert führten. Sie seien besorgt gewesen, daß die Enthüllung dieser Beziehungen den Kennedys politisch schaden könne. Er habe außerdem gehört, berichtet Selsman, daß Marilyn in ihren letzten Lebensmonaten eine Abtreibung hatte.

Arthur James, früher auch ein prominenter Filmproduzent, ist tot. Aber seine Witwe Natalie verfügt über wichtige Informationen aus Marilyns letztem Jahr. »Alle, die sie kannten«, versichert Natalie Jacobs, »wußten von ihr und den Kennedys. In diesen letzten Wochen war es wirklich erschütternd. Manchmal blieben Arthur und ich bis fünf oder sechs Uhr morgens in ihrem Haus und redeten mit ihr, weil wir erreichen wollten, daß sie nicht mehr trank oder Pillen nahm.«

Laut Natalie Jacobs »wußte Arthur über die Affäre mit dem Präsidenten zweifellos Bescheid. John Kennedy kam oft hierher – ich weiß das von Arthur –, sehr häufig nicht in der ›Air Force I‹, sondern inkognito. Fragen Sie mich nicht, wie er das geschafft hat – Gott allein weiß es. Er wohnte immer in Peter Lawfords Haus am Strand.

Marilyn war wie wild hinter dem Präsidenten her. Ich glaube, er war in sie verliebt, aber das war nicht von Dauer. Es gibt ein Kinderbuch mit dem Titel *Eine Delle in der Zeit*, und das war sie wohl auch für ihn, eine Delle in der Zeit. Was für eine Beziehung sie zu Bobby hatte, weiß ich nicht genau, aber er kam auch oft hierher, um sie zu treffen.«

Natalie Jacobs hörte auch von Marilyns eventueller Schwangerschaft kurz vor ihrem Tod. »Marilyn sagte, sie hätte eine Fehlgeburt gehabt. Arthur war sich nicht sicher, ob er ihr glauben sollte oder ob sie sich das nur ausgedacht hatte.«

Marilyns Freund Arthur James, der als einziger aus Marilyns Mund von der Schwangerschaft erfahren haben will, weiß immer noch nicht recht, was er davon halten soll. Er wußte, daß sie große Schwierigkeiten gynäkologischer Natur hatte und ihre Periode manchmal monatelang ausblieb.

Da Marilyn gelegentlich Märchen erzählte, muß man diese angebliche Schwangerschaft mit Vorsicht genießen. Ob wahr oder nicht, sie selbst verschärfte dadurch die Gefahr eines Skandals. Mit ziemlicher Sicherheit versuchten die Kennedys nun endlich, sich von ihr zu distanzieren.

Laut Natalie Jacobs bemühte sich Marilyn in ihren letzten Wochen verzweifelt, Verbindung mit den Brüdern aufzunehmen, wurde jedoch abgewimmelt. »Meiner Meinung nach war es das, woran sie endgültig zerbrach«, sagt Mrs. Jacobs, »und mein Mann glaubte das auch.«

Während ihres gemeinsamen Wochenendes in Laguna Beach, etwa sechs Wochen vor Marilyns Tod, gewann Arthur James den gleichen Eindruck. »Sie sprach ganz offen liebevoll und bewundernd von den Kennedys«, erzählt er. »Aber als man ihr bedeutete, sie solle nie wieder Verbindung mit den beiden – sowohl John als auch Robert – aufnehmen, hat sie das furchtbar verletzt.«

Daß sie dem Präsidenten bei der Galaveranstaltung zu seinem Geburtstag ein Ständchen nach der Melodie von »Thanks for the Memory« vorsang, mag Marilyn wie traurige Ironie vorgekommen sein. Denn es scheint so, als sei der Kontakt zu den Kennedys nun abgerissen.

41

LAUT ARTHUR SCHLESINGER, dem Biographen des Justizministers, benutzte Marilyn einen Decknamen, wenn sie Robert Kennedy im Ministerium anrief. Eunice Murray berichtete, er habe Marilyn eine »besondere Telefonnummer« gegeben.

Die Listen der Ferngespräche, die von Marilyns Privattelefon aus geführt wurden, galten lange Zeit als vermißt; doch im Verlauf der Recherchen zu diesem Buch tauchte ein Großteil der Unterlagen wieder auf. Sie decken den Zeitraum von Juni bis August 1962 und bestehen aus einer Liste von Anrufen, die von Polizeibeamten nach Marilyns Tod bei einem Besuch der Telefongesellschaft erstellt wurde. Daraus geht hervor, daß Marilyn ab dem 25. Juni keine besondere Nummer mehr anwählte, sondern die Nummer der Telefonzentrale des Justizministeriums in Washington – RE7-8200 (vgl. die folgende Seite).

Der Anruf am 25. Juni dauerte nur eine Minute, wahrscheinlich wurden dabei keine wichtigen Informationen ausgetauscht. Man wird ihr wohl mitgeteilt haben, daß Robert Kennedy sich bereits im Flugzeug befinde und über Chikago auf dem Weg zur Westküste sei. Sie traf

June 20	Brooklyn, N.Y.	875-1367
June 20	Brooklyn, N.Y.	Mrs. Rosten - Collect
June 25	Washington	RE 7-8200
July 2	Washington	RE 7-8200
July 2	Washington	RE 7-8200
July 6	San Diego	GR 6-1890
July 6	San Diego	DiMaggio - Collect
July 9	New York City	EL 5-2288
July 9	New York City	MU 3-6522
July 16	Washington	RE 7-8200
July 16	New York City	OR 3-7792
July 17	Fullerton	TR 1-3190
July 17	Washington	RE 7-8200
July 17	Washington	RE 7-8200

CONFIDENTIAL

LONG DISTANCE

MUNROE PHONE CALLS – FROM TWO PHONES
4761890 & 4724830

PO 6-4472 : 6400 SUNSET : HOLLYWOOD :

CONFIDENTIAL

4830

7/18	NYC	BR 91195	3	"
7/23	WASH (D.C)	RE. 78200	1	"
7/28	NYC	PL. 92497	10	"
7/30	NYC.	LA. 41000	1	"
7/30	WASH. (D.C)	RE. 78200	8	"
7/30	BKLN	TR. 51367	13	"
7/31	N.Y.C.	TR. 72212	11	"
8/3	BKLN	TR. 51367	32	"
8/4	ANAHE	GR. 61890	5	" ?

Kennedy?

Auszüge aus den Ferngesprächslisten Marilyns, die seit ihrem Tod verschwunden waren und vom Autor aufgespürt wurden. Jede Liste bezieht sich auf einen der beiden Telefonanschlüsse Marilyns. Beachten Sie die acht Telefonate mit der Washingtoner Nummer RE7-8200, unter der man damals das Justizministerium erreichen konnte. »Kennedy?« *(unten, rechter Rand)* stammt von einem Detektiv.

ihn am nächsten Abend beim Essen im Haus der Lawfords, und am Tag darauf besuchte Kennedy, wie wir von Eunice Murray und ihrem Schwiegersohn wissen, Marilyn ja in ihrem eigenen Haus. Es gab noch zwei sehr kurze Anrufe im Justizministerium, beide am 2. Juli, als Kennedy gerade wieder in Washington eingetroffen war. Ein weiteres Telefonat erfolgte am 16. Juli, als der Justizminister gerade nach Las Vegas fliegen wollte, und noch zwei am nächsten Tag.

In diesem Monat Juli hatte Marilyn häufig Kontakt zu ihrem ehemaligen Liebhaber Robert Slatzer, der die Verbindung zu ihr nicht hatte abreißen lassen. Ich fand, wie ich an anderer Stelle bemerkte,* mehrere Zeugen, die Marilyns Beziehung zu Slatzer bestätigen und gelegentlich anwesend waren, wenn sie ihn anrief. In seinem 1974 erschienenen umstrittenen Buch über Marilyn erwähnt Slatzer, Marilyn habe ihm während ihrer letzten Wochen von ihren Affären mit den Brüdern Kennedy berichtet und auch erzählt, wie ihre Liaison mit Robert auf ein Ende zusteuere.

Als Slatzer 1972 zuerst versuchte, sein Monroe-Buch zu veröffentlichen, in dem er sich ausführlich mit den Verbindungen Marilyns zu den Kennedys beschäftigt, drohte man ihm übrigens, er sei in Lebensgefahr, falls das Buch tatsächlich erscheine. Auch sein damaliger Verlag, eine kleine kalifornische Firma, erhielt eine einschüchternde Drohung. Am Haus von Slatzers Lektor Thom Montgomery klingelten zwei Männer und schlugen den Mann, der ihnen die Tür öffnete, zusammen, da sie annahmen, er sei Montgomery. Montgomery bestätigt sowohl diesen Vorfall als auch andere Pressionen und berichtet ergänzend, die Firma habe etwa zur gleichen Zeit den Geschäftsbetrieb einstellen müssen, da sie überraschend aufgekauft wurde; dies sei, wie die Verlagsleitung vermutete, im Zuge von Bemühungen geschehen, das Buch über Marilyn Monroe zu unterdrücken. Zwei Jahre später wurde das Buch ohne Schwierigkeiten von Pinnacle House veröffentlicht.

Slatzers Buch stieß zwar auf erhebliche Skepsis, nicht zuletzt, weil er sich der fragwürdigen Methode bediente, lange Gespräche komplett wiederzugeben, an die er sich unmöglich wortwörtlich hätte erinnern können. Doch vor dem Hintergrund der neuen, für dieses

* Siehe Kapitel 11.

Buch zusammengetragenen Informationen klingen seine Behauptungen durchaus glaubhaft.

Laut Slatzer äußerte Marilyn über Robert Kennedy: »Er ignoriert mich. Ich hab versucht, ihn telefonisch zu erreichen, und ich komme einfach nicht zu ihm durch.« Slatzer sagte, Marilyns Verbindung zu Kennedy sei abgerissen, als er die Nummer seines Privatanschlusses ändern ließ. Mir erzählte er, Marilyn habe ihm das in den ersten beiden Juliwochen 1962 berichtet, also genau in dem Zeitraum, für den die Telefonlisten wiederholte Anrufe Marilyns bei der Sammelnummer des Justizministeriums ausweisen. Für Slatzers Glaubwürdigkeit spricht, daß er diese Angaben Jahre vor Entdeckung der Telefonlisten machte.

In ausführlichen Interviews schätzte Slatzer die Daten seiner Begegnungen mit Marilyn so genau, daß sie mit den Angaben aus den Telefonlisten und anderen Informationen übereinstimmen, obwohl Slatzer von all diesen Informationen keine Kenntnis hatte; sogar bei Drucklegung dieses Buchs wußte er noch nicht, daß die Auflistung der Ferngespräche Marilyns existierte.

Im Sommer 1962 produzierte Slatzer eine Tierserie für das Fernsehen und pendelte zwischen Hollywood und einem Schneideraum in Columbus, Ohio, hin und her. Er sagt, Mitte Juni habe er Marilyn zu Hause besucht. Wie anderen auch, waren ihm Gerüchte über Marilyn und die Kennedys zu Ohren gekommen, und er sprach sie darauf an.

Marilyn verblüffte Slatzer mit dem Geständnis, sie habe eine Affäre mit dem jüngeren Kennedy, und sie schien sich sogar der Illusion hinzugeben, er werde sie eines Tages heiraten – man denke an ihre Andeutungen gegenüber dem britischen Journalisten Weatherby. Slatzer war entsetzt. Er sagte ihr, es sei lächerlich anzunehmen, der Justizminister werde mit so etwas seine politische Karriere ruinieren und die des Präsidenten ernstlich in Gefahr bringen. Aber Marilyn war seinen auf gesundem Menschenverstand basierenden Argumenten nicht zugänglich. Slatzer sagt, er habe sie dann nur noch einmal ausdrücklich gewarnt und sich gedacht, die Angelegenheit steuere zwangsläufig auf eine Katastrophe zu.

Mehrere Wochen später – Slatzer nimmt an, etwa zehn Tage nach dem Unabhängigkeitstag, dem 4. Juli, und damit kurz vor oder kurz nach ihrem Zusammenbruch in der Cal-Neva Lodge – rief Marilyn aus einer Telefonzelle an, um sich mit ihm in der Nähe ihres Hauses zu verabreden. An diesem Abend fuhren sie die Küste hoch bis zum Strand bei Point Dume, wo sie früher schon gewesen waren. Marilyn habe müde und angespannt gewirkt. Als sie mit der Neuigkeit herausplatzte, Robert Kennedy habe sich geweigert, ihre Anrufe entgegenzunehmen, riet Slatzer ihr noch einmal, es dabei bewenden zu lassen.

Marilyn schwankte zwischen Tränen und Wut. Plötzlich wühlte sie, laut Slatzer, in einer übergroßen Einkaufstasche und fischte – aus einem Wust von Tablettenfläschchen und Schminkutensilien – ein paar von einem Gummiring zusammengehaltene Papiere hervor. Es handelte sich um handbeschriebenes Papier mit Briefkopf des Justizministeriums, und Marilyn sagte, es seien Briefe, die Robert Kennedy ihr geschrieben habe. Slatzer durfte nur einen kurzen Blick darauf werfen, aber sie zeigte ihm auch noch »ein kleines rotes Buch«.

Marilyn ließ Slatzer das Buch, das sie ihr »Tagebuch« nannte, durchlesen. Seinen Angaben zufolge enthielt es Notizen über Gespräche mit Kennedy, unter anderem Hinweise auf Kuba, auf die Invasion in der Schweinebucht vom vergangenen Jahr und auf Kennedys Entschlossenheit, den Transportarbeiterführer Jimmy Hoffa hinter Gitter zu bringen.

Der erstaunte Slatzer wollte wissen, warum sie das alles aufgeschrieben habe. »Weil sich Bobby gern über Politik unterhielt«, antwortete Marilyn. »Einmal war er sauer auf mich, weil ich mir nichts von dem merken könne, was er erzählte, hat er gesagt.«

Wegen dieser Tagebuch-Anekdote wurde Slatzers Geschichte von vielen ganz verworfen. Marilyn, so behaupteten sie, sei viel zu chaotisch gewesen, um irgendwelche Aufzeichnungen anzufertigen. Sie irrten sich. Gerade weil sie so chaotisch war, machte Marilyn sich jahrelang Notizen. Laut Slatzer war das Buch, das er sah, »kein tagtäglich und kontinuierlich geführtes Tagebuch, sondern enthielt die Highlights, Erlebnisse, die Marilyn besonders wichtig erschienen« – was durchaus zu ihr paßte.

Der *Time*-Korrespondent Ezra Goodman schrieb, Marilyn habe sich schon 1951 ein »Tage- und Notizbuch« zugelegt. Der Journalist James Bacon bemerkte amüsiert, wie sie einen geistreichen Ausspruch von ihm im Buch festhielt. 1955 fiel Amy Greene auf, daß Marilyn »ein ledergebundenes Tagebuch mit einem kleinen Schlüssel« bei sich trug, und Susan Strasberg behielt sie als »große Notizenmacherin« in Erinnerung. Noch 1960 beobachtete der Reporter Richard Gehman, wie sie etwas in ihr Notizbuch kritzelte. Auch während ihrer Bekanntschaft mit Robert Kennedy kritzelte Marilyn noch, und er wußte offenbar davon.

Dazu berichtet Jeanne Carmen: »Sie führte eine Art Tagebuch. Manchmal sagte sie: ›Moment mal, das muß ich mir notieren, bevor ich's vergesse‹, und dann holte sie es raus und schrieb ein paar Zeilen auf. Es konnten auch ganz banale Dinge sein. Als ich sie einmal in Bobbys Gesellschaft erlebte, erzählte er einen Witz über den Unterschied zwischen einer Ehefrau und einer Sekretärin. Marilyn griff nach ihrem Buch, und Bobby warf einen Blick hinein und meinte: ›Sieh zu, daß du das Ding los wirst.‹ Damals dachte ich, das sei bloß eine abfällige Bemerkung gewesen. Heute bin ich nicht mehr so sicher; vielleicht machte er sich wirklich Sorgen.«

Es könnte sein, daß Kennedy mehr als nur Witze an Marilyn weitergab – zwar keine Staatsgeheimnisse verriet, aber doch Dinge ausplauderte, die er besser für sich behalten hätte. Von Slatzer und dessen Bemerkungen über das Tagebuch einmal abgesehen, bezeugen zwei Personen, die Marilyn in Mexiko traf, sie sei von ihrem vorangegangenen Gespräch mit dem Justizminister im Hause Lawford noch ganz erfüllt gewesen. Fred Vanderbilt Field, der ein wenig den »Reiseführer« spielte, berichtet von Kennedys vertraulichen Mitteilungen über J. Edgar Hoover. Ihr mexikanischer Liebhaber José Bolaños kann sich erinnern, daß Marilyn erzählte, sie habe sich mit Kennedy über Castros Kuba gestritten, und er habe mit ihr geschimpft, weil sie eine zu lasche Einstellung zum Kommunismus einnehme.

Nicht einmal einen Monat vor ihrem Tod wurde Marilyns letztem Agenten George Chasin klar, wie nahe seine Klientin Robert Kennedy stand. Am 13. Juli hatte die Regierung gegen seine Firma, die Music Corporation of America (MCA), ein Kartellverfahren eingeleitet, und zwar wegen der Übernahme anderer Firmen aus dem Showgeschäft durch MCA. Daß die Regierung gegen MCA ermittelte, wußte Chasin, mit dem Verfahren hatte er jedoch nicht gerechnet. Vor eben diesem Verfahren hatte ihn Marilyn sechs Monate zuvor, bei einem Essen im Romanoff's, gewarnt. Als er ihre Warnung nicht ernst nahm, deutete sie an, ihre Information stamme vom Justizminister.

Harris Wofford, ein ehemaliger Sonderberater des Präsidenten, schreibt in Zusammenhang mit Judith Campbell, Sam Giancana und den CIA-Plänen zur Ermordung Castros: »Abgesehen von moralischen Erwägungen, muß den Justizminister der sumpfige Nährboden für potentielle Erpressungen, in dem er sich befand, erschreckt haben ... Wie konnten der CIA und John Kennedy nur so blind gewesen sein? ... Was konnten sie oder der Justizminister unternehmen, um sich aus diesem Morast zu befreien und das Enthüllungsrisiko zu verringern?«

Vielleicht hatten die Brüder Kennedy im Juli endlich eingesehen, wie leichtsinnig es gewesen war, sich mit Marilyn einzulassen, ganz abgesehen von den anderen Frauen, mit denen der Präsident sich eingelassen hatte. Diese Erkenntnis kam gewiß nicht zu früh.

Nach monatelangem Zögern hatte der CIA im Mai Robert Kennedy von seinen Kontakten zu Mafiabossen – und speziell zu Sam Giancana und Johnny Roselli – bei den Planungen zur Ermordung Castros berichtet. Erst zwei Monate waren vergangen, seit Kennedy erfahren hatte, das FBI wisse von der Liaison des Präsidenten mit Judith Campbell und auch, daß diese im gleichen Zeitraum mit Giancana liiert war.

Ebenfalls im Mai, am Tag vor der Geburtstagsfeier für den Präsidenten, war Jimmy Hoffa wegen Erpressung öffentlich angeklagt worden – der letzte Schlag in einer juristischen Großoffensive, die inzwischen seine ganze Zeit in Anspruch nahm. Hoffa ging im Juni, wovon die Ermittler allerdings erst später erfuhren, sogar so weit, gesprächsweise eine Lösung dieses Problems zu erwägen: die Ermordung Robert Kennedys. Hoffa saß in seinem Washingtoner Büro und sagte über den Justizminister: »Kennedy muß verschwinden ... Einer muß dieses Arschloch kaltmachen ... Ich hab übrigens genaue Informationen über ihn. Er fährt im Coupé durch die Gegend und geht allein schwimmen. Ich hab ein Gewehr mit gutem Zielfernrohr, damit kann man weit schießen und genau treffen. Damit könnte man ihn ganz leicht erwischen. Aber ich hab da so meine Bedenken; es ist zu auffällig ...«

Hoffa sagte dies Ende Juni oder Anfang Juli. Etwa zur gleichen Zeit, am 27. Juni, besuchte Robert Kennedy Marilyn in ihrem Haus in Brentwood, allein am Steuer eines Coupés. Offenbar besaß Hoffa, der

Marilyn und Kennedy angeblich überwachen ließ, tatsächlich »genaue Informationen« über den Justizminister.

In derselben Woche war ein Telefonat des New Yorker Gangsters Eddie McGrath mit einer nur als »Jeanne« identifizierten Frau vom FBI abgehört worden. Dabei meinte McGrath unter anderem: »Seit wann ist ficken ein Delikt fürs FBI? ... Und wenn es eins ist ... dann will ich, daß der Präsident der Vereinigten Staaten vor Gericht gestellt wird; ich weiß nämlich, daß er diese ganzen Weiber gepimpert hat, die ihm Sinatra besorgte ...«

Nicht einmal zwei Wochen später legten Anwälte des Justizministeriums einen ersten Bericht über Frank Sinatra vor. In diesem Sommer folgten noch zwei weitere. Sie enthielten detaillierte Informationen über die Cal-Neva Lodge und ihren kriminellen Manager, Skinny D'Amato, und wiesen klipp und klar auf Sinatras »Freundschaft« mit Sam Giancana hin, dem Mann, der gedroht hatte, er werde über die Kennedys »alles erzählen«.

Der Mann, der die Berichte über Sinatra zusammenstellte, Dougald McMillan, scheut vor einer Antwort zurück, wenn man ihn fragt, ob er damals gewußt habe, daß Marilyn gleichzeitig Verbindungen zu den Brüdern Kennedy und Sinatra pflegte. »Wissen Sie«, sagt er, »ich sollte mich dazu besser nicht äußern.«

In Anbetracht der Verbindung zwischen Giancana und dem CIA erklärte sich Robert Kennedy im Mai bereit, den Mafiaboß wegen einer Abhöraffäre nicht anzuklagen. Zwei Tage später traf er den FBI-Direktor Hoover, und dieser bemerkte, daß Kennedy »gut Bescheid wußte über die ›Gossengerüchte‹, die besagten, der Grund, daß nichts gegen Giancana unternommen werde, sei in Giancanas enger Beziehung zu Frank Sinatra zu suchen, der wiederum behaupte, ein guter Freund der Familie Kennedy zu sein. Der Justizminister äußerte, er wisse dies und sei eben deshalb ziemlich besorgt ...«

Am 27. Juni, also an dem Tag, als er Marilyn in Los Angeles besuchte, zeigte Robert Kennedy sich außergewöhnlich zurückhaltend, was Jimmy Hoffa betraf. Ein Bericht des FBI, der vor der Freigabe für die Öffentlichkeit teilweise zensiert wurde, enthält die Mitteilung, daß der Justizminister an diesem Tag mit Jerry Wald konferierte, der als Produzent der Verfilmung von Kennedys eigenem Enthüllungsbuch über die Transportarbeitergewerkschaft, *Gangster drin-*

gen zur Macht, vorgesehen war. »Offenbar überlegt sich der Justizminister«, steht in dem FBI-Bericht, »ob dieser Film nicht erst gedreht werden sollte, wenn die Gerichtsverfahren, an denen James Hoffa beteiligt ist, abgeschlossen sind.«

Robert Kennedy war sich bewußt, daß er zu diesem Zeitpunkt außergewöhnliche Risiken einging. Die Eskapaden der Kennedys mit Marilyn Monroe mußten ein Ende haben.

Am 19. Juli, dem Geburtstag Joan Greensons, brachte Marilyn noch einmal einen kleinen Auftritt zustande. Sie half bei den Vorbereitungen zu einer Überraschungsparty und war so aufmerksam, mit einem schwarzen Mädchen, das keinen Tanzpartner hatte, Twist zu tanzen. Danach telefonierten sie und Joan ein paarmal, aber Marilyn schien mit ihren Gedanken woanders zu sein. Vier Tage später rief sie noch einmal im Justizministerium an, legte aber wieder nach einer Minute auf.

Jeanne Carmen sah Marilyn kurz und fand, »sie sah aus wie der Tod«. In den Hochsommernächten fiel ihr das Einschlafen schwerer denn je. Spätnachts ließ sie sich von Ralph Roberts massieren. An einem Tag ging sie zweimal zu Dr. Greenson und außerdem zu ihrem Internisten, Dr. Engelberg. Einmal rief sie Dr. Engelberg um zwei Uhr morgens an.

Nun ließ Marilyn auch ihrer Vorliebe für Intrigen und ihren Launen freien Lauf. Als Studiobosse sie besuchten, um über eine Wiederaufnahme der Dreharbeiten zu *Something's Got to Give* zu verhandeln, postierte sie Pat Newcomb im Nebenzimmer, damit sie Zeuge des Gesprächs wurde. Paula Strasberg, die aus Europa kommen mußte, um bei den Verhandlungen zu helfen, erhielt eine Abfuhr. Marilyn beschimpfte sie, weil sie nichts unternehme, und Paula Strasberg flog nach New York zurück.

Gegen Marilyns Wut war auch Eunice Murray nicht gefeit. Als ihr Schwiegersohn Norman Jeffries eines Tages vorbeikam, hatte Mrs. Murray bereits ihre Koffer gepackt und wollte abreisen. Dann blieb sie aber doch.

Tage und Nächte verschmolzen immer mehr miteinander. Während ihres Aufenthalts war Paula Strasberg in den frühen Morgenstunden aufgewacht und hatte bemerkt, wie Marilyn im Hausflur auf und ab ging. An glücklicheren Tagen hatte sich Marilyn manchmal eine Perücke und eine Sonnenbrille aufgesetzt und sich am Pier von Santa Monica das Karussell angesehen. Nun sah man sie mitten in der Nacht auf dem Pier herumstreunen, nur ein paar hundert Meter vom Haus der Lawfords entfernt.

Am Wochenende vor ihrem Tod kehrte Marilyn noch einmal in die allergefährlichste Gegend zurück – zur Cal-Neva Lodge am Tahoe-See, wo es von Gangstern nur so wimmelte. Eunice Murray behauptet, an diese Reise könne sie sich »einfach nicht erinnern«, und Peter Lawford sprach ebenfalls nie davon.

Dieser Ausflug blieb immer geheimnisumwittert, er wurde, außer von Marilyns Freund Sidney Skolsky, auch in der Presse nie erwähnt. Das Personal der Cal-Neva, das sich gut an Marilyns Besuch erinnert, schildert ein trauriges Ereignis.

Joe Langford, der unter seinem Bruder Ray, dem Chef des Pagendienstes, arbeitete, holte Marilyn vom Flughafen ab. »Das war eine Woche vor ihrem Tod, würde ich sagen«, erinnert sich Joe. »Sie kam mit Sinatras Flugzeug, und ich weiß noch, daß der Pilot sagte: ›Lieber Himmel, bin ich froh, daß ich die los bin.‹ Ich glaube, sie hatte jede Menge getrunken; sie trank an diesem Wochenende überhaupt sehr viel.«

Ray Langford, der Leiter des Pagendienstes, sah Marilyn an diesem Wochenende in ihrem Chalet, als Sinatra den Zimmerservice bestellt hatte. Er datiert den Besuch auf »ein paar Tage vor ihrem Tod«. Als er sie sah, hatte Marilyn »ein Halstuch um den Kopf gebunden und eine sehr dunkle Sonnenbrille auf. Sie sah wirklich traurig aus.« Andere Angestellte berichten Ähnliches.

Als Marilyn abreiste, sagt Joe Langford, geschah das »in aller Eile. Sie machte ihnen, glaube ich, einige Schwierigkeiten.« Die Witwe von Sinatras Pilot und der Copilot berichten Erschreckendes über den Rückflug nach Los Angeles.*

Sinatras Flugzeug, eine zweimotorige Martin, die er nach seiner Tochter Christina getauft hatte, war eine Sechs-Millionen-Dollar-

* Über den Zeitpunkt von Marilyns Abflug existieren unterschiedliche Zeugenaussagen; mindestens zwei Zeugen nennen als Datum den Tag vor ihrem Tod. Anderen Aussagen zufolge war Marilyn allerdings in den Tagen, bevor sie starb, ohne jeden Zweifel in Los Angeles.

Investititon, ein fliegender holzgetäfelter Palast mit Teppichboden, Bar, einem luxuriösen Badezimmer – und einem Klavier. Laut Barbara Lieto, der Pilotenwitwe, wurde ihr Mann kurzfristig zum Tahoe-See beordert. Er kam frühmorgens wieder nach Hause und hatte eine Stinkwut.

Marilyn habe, erzählt Mrs. Lieto, das Flugzeug in betrunkenem Zustand betreten. Offenbar flogen Marilyn, Peter und Pat Lawford sowie eine Friseuse Marilyns zunächst nach San Francisco. Die Mannschaft wartete, während die Passagiere erst einmal in die Stadt fuhren; dann nahm Mrs. Lawford einen Linienflug zur Ostküste.

Es war schon spät, als das Flugzeug schließlich in Richtung Los Angeles startete, und Peter Lawford, der inzwischen ebenfalls betrunken war, stritt sich, laut Mrs. Lieto, heftig mit dem Piloten über die Frage, wo sie denn nun landen sollten. Lawford bestand sogar auf einer Landung in Santa Monica, als der Pilot darauf hinwies, der dortige Flughafen sei nachts geschlossen.

Als die Maschine schließlich nach Mitternacht in Los Angeles landete, war Marilyn »völlig fertig, am Ende«. Barfuß entstieg sie dem Flugzeug, und der Pilot mußte ihr beim Anziehen der Schuhe helfen. Dann fuhr eine Limousine sie nach Hause, während die Mannschaft Lawford in ihrem Wagen mit nach Santa Monica nahm. Noch wütender wurde der Pilot, als Lawford darauf bestand, daß sie ein paar Ecken vor seinem Haus anhielten, und dann von einer Telefonzelle aus ein halbstündiges Telefongespräch führte. Weshalb, fragten sie sich, konnte er keine fünf Minuten warten und vom Strandhaus aus telefonieren?

Im nachhinein muß man sich die Frage stellen, ob Lawford sich vielleicht auch Sorgen um seine Sicherheit machte.

Marilyns Besuch in der Cal-Neva Lodge fand offenbar in einer sehr gespannten Atmosphäre statt. Dr. Sandy Firestone, einer ihrer Freunde von der Ostküste, erinnert sich, daß Marilyn ihn in den Wochen vor ihrem Tod anrief und sich beschwerte, »man zwinge sie, auf Parties mitzugehen, und sie könne Peter Lawford nicht besonders gut leiden, weil er große Orgien abhalte«.

Ein Fotolaborant, der anonym bleiben möchte, berichtet, er habe Fotos von Marilyn entwickelt, die Frank Sinatra an diesem letzten Wochenende aufgenommen hatte. »Ich riet ihm, er solle sie verbrennen«, sagt dieser Zeuge, »was er auch tat – vor meinen Augen.« Die

Bilder, erzählt der Laborant, zeigten Marilyn in einem verheerendem Zustand. Während dieses alptraumhaften Finales kam Joe DiMaggio, der immer noch versuchte, Marilyn zu helfen, zum Tahoe-See. Der Oberpage Ray Langford weiß noch, daß er ihm im nahe gelegenen Silver Crest Motel ein Zimmer besorgte. Als DiMaggio wissen wollte, wo Marilyn sei, antwortete Langford, der noch nicht wußte, daß sie angekommen war, er habe keine Ahnung. Langfords Bruder Joe sagte, DiMaggio habe zwar Verbindung mit Marilyn aufnehmen wollen, das Cal-Neva jedoch nicht betreten, weil er sich damals mit Sinatra überworfen hatte. Ein anderer Zeuge, der eine Woche nach Marilyns Tod im Cal-Neva eintraf, berichtet von einer beklemmenden Begebenheit, die ihm ein Angestellter erzählte. Der habe bei Tagesanbruch vom Kasino nach draußen geschaut, wo er Marilyn stehen sah, »am Rand des Swimming-pools, barfuß und schwankend. Sie starrte die Anhöhe hinauf.« Der besorgte Angestellte ging zu Marilyn, die immer noch an derselben Stelle stand und nach oben starrte. Er folgte ihrem Blick und sah DiMaggio in der Auffahrt stehen »und zurückstarren«.

Kurz vor ihrem Tod sprach Marilyn mit ihrem Masseur Ralph Roberts über den Besuch im Cal-Neva. »Sie sagte, es sei ein Alptraum gewesen, ein furchtbares Wochenende«, erinnert sich Roberts. »Eigentlich wollte sie gar nicht dorthin, und als sie ankam, war auf einmal Joe da. Sie konnte ihr Zimmer nicht verlassen, ohne daß es wegen Sinatra zu Auseinandersetzungen kam. Joe war schrecklich eifersüchtig auf Sinatra.«

Anfang des Jahres, als Marilyn gerade ihr neues Haus bezogen hatte, war DiMaggio mit seinem alten Freund Harry Hall zu einem Besuch vorbeigekommen. »Er klopfte an«, erinnert sich Hall, »und als sie öffnete und Joe sah, knallte sie die Tür sofort wieder zu. Joe sagte: ›Na ja, vielleicht ein andermal.‹« Sie kamen später wieder, berichtet Harry Hall, und diesmal habe Marilyn sie eingelassen. Seiner Meinung nach hoffte DiMaggio immer noch auf eine zweite Ehe mit Marilyn, und andere bestätigen, daß sich die beiden in den letzten Monaten in freundschaftlicher Atmosphäre trafen.

Manchmal verlor sogar DiMaggio die Geduld. Während der Dreharbeiten zu *Something's Got to Give* wollte ihn der Drehbuchautor Nunnally Johnson überreden, nach Kalifornien zu fliegen und Marilyn zu helfen. »Er versprach, sie anzurufen«, schrieb Johnson später,

»weigerte sich aber hartnäckig, irgend etwas anderes zu unternehmen ... Was ihn anbelangte, war die Frau am Ende; wenn überhaupt jemand sie rette, dann jedenfalls nicht er. Kurz und gut: Er hatte die Nase voll.«

Aber in Marilyns letzten Monaten verrannte DiMaggio sich wieder in seine fixe Idee. Die Vorgänge am Tahoe-See machten ihn wütend. »Er war furchtbar verärgert«, berichtet Harry Hall. »Sie kam hin, die gaben ihr Pillen, sie veranstalteten Sex-Parties, und Joe war der Meinung – er war nämlich damals mit Sinatra befreundet –, so etwas hätte nicht passieren dürfen ... Er hat, glaube ich, nie wieder mit ihm geredet. Er fand, Sinatra hätte ihn mehr respektieren und sie in Ruhe lassen können.«

1962 hatte DiMaggio einen lukrativen Job – 100 000 Dollar im Jahr – als Repräsentant der Firma V. H. Monette, einer Ostküstenfirma, die PX-Läden, Einkaufsstellen des amerikanischen Militärs, belieferte. Dem Firmenchef, Valmore Monette, hatte er verraten, er sei »immer noch sehr verliebt in Marilyn«. Am 2. August 1962, in der Woche, in der Marilyn starb, kündigte DiMaggio seine Stellung. Monette berichtet: »Er sagte mir, er habe mit Marilyn gesprochen und den Eindruck gewonnen, sie wäre endlich einverstanden, dem Filmgeschäft ade zu sagen und ihn zu heiraten.«

In ihren letzten Monaten erwiderte Marilyn die Zuneigung DiMaggios. Sie schrieb ihrem Exmann:

> Lieber Joe,
> Wenn es mir nur gelingt, Dich glücklich zu machen – dann glückt mir das gröste [sic] und schwierigste Unterfangen, was es gibt – nämlich *einen Menschen vollkommen glücklich* zu machen *[Hervorhebung von Marilyn].* Dein Glück ist auch mein Glück.

Dieser Brief wurde nie abgeschickt und erst nach Marilyns Tod gefunden.

DiMaggio war nicht nur auf Sinatra wütend, sondern auch auf die Kennedys. Im Frühling dieses Jahres hatte er mit seinem Sohn Joe jr. und dessen Verlobter Pamela Ries Marilyn besucht. Pamela Ries weiß noch, daß Marilyn mit DiMaggio senior über Robert Kennedy sprach und daß es daraufhin zu einem Streit kam.

In ihrer Verbitterung über Kennedy unternahm Marilyn nun kuriose Manöver. Ende Juli fragte sie Ralph Roberts plötzlich während einer Massagesitzung: »Ralph, hast du irgendwelche Geschichten über mich und Bobby gehört?«

»Darüber redet doch ganz Hollywood!« antwortete Roberts, worauf Marilyn erwiderte: »Aber es stimmt gar nicht. Er ist nicht mein Typ. Er ist viel zu mickrig.«

In derselben Woche, kurz vor ihrem Besuch am Tahoe-See, wollte Rober Slatzer zur Ostküste reisen. Auf einer Abschiedsautofahrt mit ihm schwankte Marilyn zwischen Euphorie und Verzweiflung; mal sprach sie davon, sie wolle »ein ganz neues Leben beginnen«, dann wieder klagte sie über Robert Kennedy. Traurig fragte sie sich, ob er sie vielleicht fallengelassen habe, weil sie nicht gebildet genug sei. Schließlich brach sie in Tränen aus und schluchzte, Männer wollten sie doch »bloß als Spielzeug«. Kennedy, so vermutete sie, »hat bekommen, was er wollte«.

Als sie mit Slatzer ihr Tagebuch durchblätterten, hatte Marilyn über Kennedy gesagt: »Vielleicht würde ja seine Frau ganz gern ein paar von den Dingen erfahren, die er mir erzählt hat. Es steht alles hier drin, und ich bin froh, daß ich mir Notizen gemacht habe.«

Der ehemalige Privatdetektiv John Dolan, ein Zeuge der Abhöraktionen gegen Marilyn, berichtet, die Abhörer hätten herausgefunden, daß Marilyn den Justizminister in ihrer Verzweiflung zu Hause in Virginia anrief, was ihn sehr aufbrachte.

»Robert Kennedy war für sie nicht mehr zu sprechen, und damit wollte sie sich nicht abfinden«, erzählt Robert Slatzer.

Paul D'Amato, der angeblich Giancanas Interessen in der Cal-Neva Lodge vertrat, bestätigte mir gegenüber 1984, daß Marilyn kurz vor ihrem Tod dort war. Im Schlafanzug auf seinem späteren Sterbebett berichtete D'Amato, eine Marlboro nach der anderen rauchend, von ihrem Aufenthalt und ihrem letzten Rückflug.

Dann schürzte er seine schmalen Lippen und murmelte: »Ich hab natürlich nichts gesagt ... Bei alldem war mehr im Spiel, als je bekannt wurde. Es hätte Bobby Kennedy Kopf und Kragen kosten können, hab ich recht?«

Inzwischen machte sich Marilyn Gedanken über den Tod. Sie konsultierte den Anwalt Milton Rudin, der auch Sinatras Anwalt war, wegen der Abfassung eines neuen Testaments. Angeblich wollte sie die Strasbergs streichen, die sie »ausgenutzt« hätten. Das Testament wurde nie geändert. Rudin war der Meinung, daß »sie offenbar schwer krank war«, und vertröstete sie immer wieder.

Ihren Psychiater Dr. Greenson traf sie fast täglich, außer als sie zum Tahoe-See flog. Unter anderen Umständen, so schrieb er nur Tage nach ihrem Tod einem Freund, »wäre ich auf Nummer Sicher gegangen und hätte sie in ein Sanatorium eingewiesen, aber das wäre nur für mich sicher gewesen, für sie tödlich ...«

Einige Wochen zuvor hatte Marilyn in einem Gespräch über ihre Karriere der Zeitschrift *Life* gesagt: »Vielleicht wäre es eine Art Erleichterung, endlich fertig zu sein. Es ist beinahe so, als wüßte ich nicht, über welche Distanz dieser Sprint eigentlich geht, und auf einmal ist man am Ziel und seufzt befreit auf – man hat's geschafft! Aber das hat man nie, man muß immer wieder von vorn anfangen.«

Am 26. Juli flog Robert Kennedy wieder nach Los Angeles, um vor dem Nationalen Versicherungsverband eine Rede zu halten. Als er sich gegen Mittag auf dem Weg zu diesem Termin befand, erhielt das Büro des FBI in Los Angeles einen anonymen Anruf, in dem von einem Plan zur Ermordung Kennedys die Rede war. Der Anrufer sagte, »Unterweltler« wollten den Mord verüben.

Aus den erhalten gebliebenen Ferngesprächslisten geht hervor, daß Marilyn am 30. Juli 1962 zum letztenmal im Justizministerium anrief. Das Telefonat dauerte acht Minuten und fand am Montag der letzten Woche ihres Lebens statt.

V
DIE FLAMME VERLISCHT

*»Wer hat Marilyn Monroe umgebracht? – das ist eine Frage . . .
Es war eine Tragödie.«*

SEAN O'CASEY

42

»WISSEN SIE, AUF wen ich mich immer verlassen habe?« hatte Marilyn den Journalisten W. J. Weatherby gefragt. »Nicht auf Fremde, nicht auf Freunde. Aufs Telefon! Das ist mein bester Freund. Ich rufe gern Freunde an, besonders nachts, wenn ich nicht schlafen kann. Dann stell ich mir vor, daß wir alle aufstehen und in einen Drugstore gehen.«

In ihren letzten Tagen beanspruchte Marilyn ihren mechanischen Freund ungemein. Sie versteckte sich zu Hause und bombardierte Freunde an der Ostküste mit Anrufen. Dem Modetycoon Henry Rosenfeld verriet sie, sie werde bald nach New York kommen, und bat ihn, sie zur Premiere von *Mr. President* zu begleiten, ein neues Stück, das in Washington aufgeführt wurde. Sie rief ihr New Yorker Hausmädchen Lena Pepitone an und erwähnte, sie plane für den September eine Party.

Marilyn führte auch zahlreiche Gespräche über zukünftige Projekte. Mit Gene Kelly sprach sie über ein Musical, das im Ersten Weltkrieg spielen sollte, und mit Sidney Skolsky diskutierte sie einen Film über Jean Harlow, in dem sie selbst die Titelrolle übernehmen wollte. Sie unternahm Ausflüge in einen Vorführraum, um sich die Filme des Regisseurs Lee Thompson anzusehen, weil er sie unbedingt für einen Film haben wollte, der später unter dem Titel *What a Way to Go* gedreht wurde. Mit dem Komponisten Jule Styne sprach sie über eine Musical-Fassung von *A Tree Grows in Brooklyn*, mit ihr und Frank Sinatra in den Hauptrollen.

Telefonisch wurden feste Gesprächstermine vereinbart: Für Sonntag war Marilyn mit Skolsky und Kelly verabredet, anschließend wollte sie mit Sinatra und den Romanoffs essen. Ein Treffen mit Lee Thompson war für Montag geplant, dann wollte sie nach New York fliegen und mit Styne reden.

Keiner von denen, die sie in ihrer letzten Woche sprachen, hatte den Eindruck, sie klänge deprimiert. Zwei alte Freunde aus dem Studio, der Maskenbildner Whitey Snyder und die Garderobiere Marjorie Plecher, kamen auf ein paar Drinks vorbei. Heute erzählen sie: »Nie hat sie besser ausgesehen; sie war hervorragend aufgelegt.«

Ab und an brach eine andere Stimmung durch. Marilyn rief das kalifornische Medium Kenny Kingston an, das sie auch vorher schon konsultiert hatte. Diesmal war die Liebe ihr Thema. Kingston, der richtig in Fahrt kommt, wenn er sich an dieses Gespräch erinnert, zitiert Marilyn mit den Worten: »Von allem, was uns umgibt, ist nur die Liebe unsterblich. Was bedeutet das Leben denn ohne sie?«

Am Mittwoch dieser Woche spielte der Gynäkologe Dr. Leon Krohn auf dem Hillcrest-Golfplatz eine Runde Golf. Es war sein freier Tag, und daher ärgerte er sich, als man ihn wegen eines dringenden Anrufs in das Clubhaus holte. Am anderen Ende war Marilyn, die er zuletzt vor Jahren behandelt hatte, nämlich kurz vor ihrer Fehlgeburt nach den Dreharbeiten zu *Manche mögen's heiß*.

Als er sie damals warnte, sie solle Tabletten und Alkohol meiden und sich schonen, wenn sie ihr Kind bekommen wolle, hatte sich Marilyn wütend aus dem Staub gemacht. Nun rief sie ihn völlig unvermittelt an und fragte: »Sind Sie mir immer noch böse – wegen des Kindes?« Der verdutzte Arzt versicherte ihr, dem sei nicht so.

Marilyn wollte Krohn so bald wie möglich treffen. Sie verabredeten ein gemeinsames Essen, aber ehe das zustande kam, war Marilyn gestorben. Trauerte Marilyn um ihre ungeborenen Kinder? In dieser Woche jährte sich ihre erste Fehlgeburt aus der Ehe mit Arthur Miller zum fünftenmal. Oder wollte sie mit Krohn über die angebliche Abtreibung reden, die erst einige Wochen zurücklag?

Marilyn wandte sich nun an alte Freunde. Ein oder zwei Tage, bevor sie starb, wies sie Ralph Roberts, während er sie gerade massierte, an, wessen Anrufe er annehmen und wen er abwimmeln sollte. Ein Anrufer, mit dem sie sprechen wollte, war Marlon Brando, mit dem sie nun schon seit sieben Jahren befreundet war. Die beiden plauderten lange, als er schließlich zurückrief. Laut Roberts brachte Brando sie ausgiebig zum Lachen. Der Schauspieler selbst möchte sich über ihre letzten Gespräche nicht äußern.

Mit mindestens drei Personen sprach Marilyn über die Kennedys, und zwar so, daß ihre große Verwirrung deutlich zum Ausdruck kam. Von der Telefonzelle im Barrington Park aus, wo sie zum letztenmal den Kindern zusah, rief sie Arthur James an.

»Was kann ich wegen ›Ihm‹ unternehmen?« wollte sie wissen und schien den Präsidenten zu meinen. Dann klagte sie, wie schon gegenüber Slatzer, Robert Kennedy habe »sie eiskalt abserviert«, doch es war »Jack«, der ihr nicht aus dem Sinn ging.

An ihrem letzten Mittwoch rief Marilyn noch einmal bei Art James an, erreichte jedoch nur den Auftragsdienst. Sie hinterließ die Nachricht, daß sie Hilfe brauche. »Ich habe versucht zurückzurufen«, berichtet James, »aber am Telefon war eine andere Frau, und die legte auf.«

Den Unterlagen der Telefongesellschaft zufolge rief Marilyn am Freitag, dem 3. August, nachmittags Norman Rosten in New York an. Sie wollte wissen, was er und seine Frau von dem Interview in *Life* hielten, sprach von neuen Rollenangeboten und sagte, daß sie bald an die Ostküste käme. »Dann amüsieren wir uns«, sagte sie. »Fangen wir mit dem Leben an, ehe wir alt werden ...«

Rosten fand, Marilyn klinge hektisch und mache seltsame Gedankensprünge. Der Anruf beunruhigte ihn jedenfalls so, daß er ihr daraufhin einen Brief schrieb, der aber erst nach ihrem Tod eintraf.

Marilyn war pausenlos auf der Suche nach Trost. Am Freitag rief sie auch noch Fred Kargers Mutter Anne an, mit der sie eine enge Freundschaft verband. »Es war am Tag, bevor sie starb«, erinnert sich Elizabeth Karger, Freds letzte Frau. »Sie sagte, sie sei sehr verliebt und werde Bobby Kennedy heiraten. Aber sie klang deprimiert.« Laut Aussage ihrer Schwiegertochter erwiderte Anne Karger darauf, Marilyn mache sich etwas vor. Sie antwortete lediglich: »Wenn er mich liebt, tut er's.«

Am selben Tag – Freitag – rief Marilyn von einer Telefonzelle aus Robert Slatzer in seinem Haus in Columbus, Ohio, an. Zu der Zeit waren vier Freunde bei ihm, und die drei noch lebenden bestätigen den Anruf. Zwei von ihnen sprachen persönlich mit ihr. Marilyn hatte sich ein Skript von Doral Chenoweth, einem Schriftsteller und Freund Slatzers, angesehen, und sie sagte ihm, es gefalle ihr. Der Autor war beeindruckt, weil sie offensichtlich sein Werk sorgfältig gelesen hatte. Dieses Bühnenstück, *This God Bu$ine$$*, wurde später erfolgreich aufgeführt.

Der mit Slatzer befreundete Restaurateur Lee Henry wechselte auch ein paar Worte mit Marilyn. Er erinnert sich, daß er die berühmte

Stimme zwar erkannte, sagt aber: »Man konnte hören, daß sie entweder betrunken war oder Tabletten geschluckt hatte.«

Slatzer selbst sprach lange mit Marilyn und nicht zum erstenmal in dieser Woche. Einen Tag vorher, berichtet er, habe er sie angerufen, um ihr mitzuteilen, daß Robert Kennedy an diesem Wochenende nach Kalifornien fliege und daß dies – wenn Marilyn unbedingt wolle – eine gute Gelegenheit sei, mit ihm zu reden.

Nun, am Freitag, erzählte Marilyn, sie habe wiederholt vergeblich versucht, Kennedy in Washington zu erreichen. Ob Slatzer sicher sei, daß er nach Kalifornien komme? Slatzer sagte, sie solle in die Zeitungen schauen. Marilyn meinte, sie werde ihre Freundin, Kennedys Schwester Pat Lawford, anrufen. Pat sei zwar gerade auf dem Familiensitz der Kennedys in Massachusetts, aber Marilyn wolle Peter Lawford anrufen, der ihr die Nummer geben werde, und dann erführe sie von Pat, wie sie Robert Kennedy erreichen könne.

Peter Lawford bestätigte später, daß Marilyn anrief und nach Pats Nummer fragte; er gab sie ihr. Ob Marilyn dann die Telefonnummer von Robert Kennedys Aufenthaltsort bekam und ihn dort erreichte, wissen wir nicht. Allerdings wissen wir, daß Robert Kennedy sich an diesem Wochenende wirklich in Kalifornien aufhielt.

Sowohl Presseberichte als auch FBI-Unterlagen belegen, daß Kennedy am Freitagnachmittag in Begleitung seiner Frau und vier ihrer Kinder in San Francisco eintraf. Der Justizminister verband das Geschäftliche mit dem Angenehmen: Auf eine Ansprache vor der Amerikanischen Anwaltsvereinigung sollten Ferien in den Bergen des Bundesstaats Washington folgen. Der *San Francisco Chronicle* berichtete, daß er eintraf, »ohne wie gewohnt breit zu lächeln«, und denen, die ihn begrüßten, »hölzern« die Hände schüttelte.

In einem Sonderbericht des FBI, der zwei Wochen später die Zentrale erreichte, stand, der Justizminister und seine Familie »verbrachten das Wochenende auf der Bates-Ranch, etwa hundert Kilometer südlich von San Francisco. Es handelte sich um einen rein privaten Besuch.« Die Ranch gehörte dem wohlhabenden Rechtsanwalt John Bates, der im Namen der Anwaltsvereinigung als Kennedys Gastgeber fungierte.

Bates behauptet, Marilyn habe an diesem Wochenende nicht auf der Ranch angerufen. Eine der wenigen Journalisten, die damals ernsthaft Nachforschungen anstellten, entdeckte jedoch Spuren von Marilyns verzweifelten Kontaktversuchen. Florabel Muir, die für die *New York Daily News* die Hollywood-Kolumne schrieb, versuchte mehrere Wochen lang, Marilyns letzte Tage zu rekonstruieren. Obwohl Kennedy es vorzog, das Wochenende auf der Bates-Ranch in der Nähe von San Francisco zu verbringen, hatte ihm die Anwaltsvereinigung eine Unterkunft in der Stadt reserviert, und zwar im St. Francis Hotel. Wenn Marilyn ihn hatte finden wollen, dann dort.

Ihre ehemalige Assistentin Elizabeth Francher berichtet, die Journalistin habe einer Telefonistin im St. Francis Geld für Auskünfte über Telefongespräche gezahlt, die an diesem Wochenende getätigt wurden. »Sie fand heraus, daß Marilyn mehrmals im Hotel angerufen und Nachrichten für Kennedy hinterlassen hatte«, berichtet Elizabeth Francher, »und daß sie nicht zurückgerufen wurde.«

An dem Tag, als Robert Kennedy nach Westen flog, veröffentlichten die Zeitungen eine Ankündigung des Weißen Hauses, sein Bruder werde zwei Wochen später nach Kalifornien reisen. Dem Journalisten Sidney Skolsky, dem sie nur von ihrer Beziehung zu John Kennedy erzählte, hatte Marilyn den Besuch des Präsidenten bereits angekündigt. Sie sagte, sie rechne damit, während seines Aufenthalts an der Westküste »bei ihm zu sein«.

Falls einer der Brüder Kennedy an diesem Freitag das *New York Journal-American* gelesen hat, werden ihm noch mehr gute Gründe eingefallen sein, jeden Kontakt mit Marilyn zu meiden. In einer Glosse schrieb die Klatschkolumnistin Dorothy Kilgallen, es habe sich herausgestellt, daß Marilyn in letzter Zeit »große Anziehungskraft auf einen gutaussehenden Herrn ausübt, der noch prominenter ist als Joe DiMaggio auf der Höhe seiner Popularität. Also schreiben Sie Marilyn bloß nicht als erledigt ab.«

Freitag, der 3. August, war der Tag vor Marilyns Tod. Diesen Tag verbrachte sie teilweise ganz normal; so stattete sie Frank's Baumschule in Santa Monica einen Besuch ab, um sich Pflanzen für ihren Garten auszusuchen. Außerdem suchte sie ihren Psychiater und ihren Arzt auf, wie sie es sich angewöhnt hatte. Was sie jedoch abends unternahm, vermutlich nach dem vergeblichen Versuch, Robert Kennedy in San Francisco zu erreichen, bleibt mysteriös.

Gewisse – wenn auch dürftige – Hinweise existieren, nach denen sie in ihrer Verzweiflung nach Norden flog, um Robert Kennedy selbst aufzuspüren. Ihre Presseagentin Pat Newcomb sagt, sie habe mit Marilyn in einem Restaurant in Santa Monica zu Abend gegessen. Sie meint zwar, es sei eins ihrer Lieblingsrestaurants gewesen, kann sich aber weder an den Namen noch an die Lage erinnern.

Die Ermittlungsbeamten der Staatsanwaltschaft, die im Rahmen einer Überprüfung des Falles 1982 mit Pat Newcomb sprachen, waren mit ihren Aussagen über den Verlauf dieses Abends nicht zufrieden. Es gibt noch andere, wenn auch nicht in sich schlüssige Beweise. Im Lauf des Tages bestellte Marilyn Speisen und Getränke im Wert von neunundvierzig Dollar von dem Feinkostladen Briggs – für damalige Preise ein größerer Einkauf. Laut Jean Leon von dem feinen Restaurant La Scala ließ sie sich abends Essen ins Haus bringen.

Der Franzose Leon war zunächst Kellner im Villa Capri – dem Stammrestaurant von Frank Sinatra und Joe DiMaggio – und später Inhaber des La Scala. Er kannte Marilyn seit Jahren. In einem Interview äußerte er vor kurzem, er habe in der Nacht vor Marilyns Tod Essen in ihr Haus geliefert, verweigerte dann aber weitere Auskünfte. Er ließ zwar durchblicken, jemand anderes sei in dieser Nacht bei Marilyn gewesen, wollte jedoch den Namen nicht nennen. »Ich erinnere mich genau«, meinte Jean Leon, »aber da müßte man über eine Menge Dinge reden, über bedeutende Leute, und die sind jetzt nicht hier.«

Aus Gründen, die im dunkeln bleiben, machen die Ereignisse dieses Freitagabends offenbar Geheimhaltung erforderlich. Für Marilyn sollte es eine schlaflose Nacht werden.

43

AM SAMSTAG, DEM 4. August, lag Jeanne Carmen noch in ihrem Apartment am Doheny Drive im Bett, als sie im frühen Morgengrauen vom Telefon geweckt wurde. Verschlafen hörte sie zu, wie Marilyn die Geschichte einer Nacht vor ihr ausbreitete, die nicht nur von den üblichen Alpträumen gestört worden war.

Jeanne Carmen erinnert sich: »Sie sagte, eine Frau habe sie die ganze Nacht hindurch angerufen, sie belästigt und beschimpft und wieder aufgelegt. Marilyn meinte, die Stimme sei ihr bekannt vorgekommen, sie könne sie aber nicht identifizieren.«

Bei den ersten Anrufen sagte die Stimme laut Jeanne Carmen sinngemäß: »Laß Bobby in Ruhe, du Flittchen. Laß die Finger von Bobby.« Der Telefonterror hörte erst um halb sechs Uhr auf, und nun war Marilyn fix und fertig. »Sie bat mich vorbeizukommen. Sie sagte: ›Bring 'ne Tüte Pillen mit‹ – wir nahmen oft Schlaftabletten zusammen, und die nannten wir immer so –, ›und dann trinken wir noch etwas Wein.‹«

Jeanne hatte sich für diesen Tag bereits verabredet und sagte, sie könne nicht vorbeikommen. Sie vereinbarten, später noch mal zu telefonieren. Es war Jeanne Carmens Geburtstag, und als sie ihre Post durchsah, fiel ihr eine Glückwunschkarte von Marilyn in die Hände. Daß Marilyn selten einen Geburtstag vergaß, wird von anderen bestätigt.

Um drei Uhr morgens hatte Marilyn versucht, Arthur James zu erreichen – vermutlich während des Telefonterrors. Er war nicht in der Stadt und bekam die Nachricht erst nach ihrem Tod.

Der Tag versprach wieder heiß zu werden, mit Temperaturen von über dreißig Grad. Eunice Murray hatte in ihrer eigenen Wohnung übernachtet und kam gegen acht Uhr vorbei. Sie sagt, Marilyn sei etwa eine Stunde später in die Küche gekommen und habe während eines aus Grapefruitsaft bestehenden spartanischen Frühstücks mit ihr geplaudert. Sie habe erwähnt, Pat Newcomb sei über Nacht geblieben und schlafe immer noch. Pat schlief bis Mittag, was Marilyn ärgerte.

Am Morgen rief Arthur Millers Vater Isadore an. Ihm wurde gesagt, Marilyn ziehe sich gerade an und werde zurückrufen. Sie tat es nicht, was er untypisch fand. Marilyn mochte ihn sehr und unterbrach normalerweise sogar wichtige Geschäfte, um ihn zurückzurufen.

Irgendwann vormittags sah Norman Jeffries, der gerade am Küchenfußboden arbeitete, plötzlich zwei nackte Frauenfüße vor seiner Nase. Er sah hoch, auf die in ein riesiges Badetuch gehüllte Marilyn – und war erschüttert.

»Diesen Anblick werde ich nie vergessen«, sagt Jeffries. »Sie sah krank aus, schrecklich krank – nicht nur körperlich –, und ich dachte mir, da stimmt irgendwas überhaupt nicht. Sie muß völlig unter Drogen gestanden haben, vielleicht war sie auch verrückt vor Angst. In diesem Zustand hatte ich sie noch nie gesehen.«

Marilyn besaß zwei Telefone: ein rosafarbenes, dessen Nummer die gewöhnlichen Anrufer bekamen, und ein weißes, dessen Nummer nur den besonders Privilegierten verraten wurde. Beide waren mit extralangen Verlängerungsschnüren ausgestattet, damit Marilyn beim Telefonieren durchs Haus spazieren konnte.

Die erhalten gebliebenen Listen ihrer Anrufe geben keinen Aufschluß über Marilyns Telefonate während ihrer letzten vierundzwanzig Stunden - aus ominösen Gründen, auf die ich später eingehen werde. Fest steht, daß Marilyn sich in ihr Zimmer zurückzog und - wahrscheinlich mit dem weißen Apparat - am Vormittag mehrere Gespräche führte.

Der Masseur Ralph Roberts äußert, Marilyn habe ihn angerufen und um einen Gefallen gebeten: Sie wünschte, daß er ihr die noch nicht veröffentlichte Schallplatte eines Sängers besorgte, den sie fördern wollte. Außerdem sprach sie davon, Roberts für den Abend zum Essen einzuladen, zum Grillen auf der Veranda, und sie einigten sich, Einzelheiten später zu besprechen. Am späten Nachmittag, so Marilyn, werde sie wissen, was sie noch vorhabe.

Von seinem Haus am anderen Ende der Stadt tätigte Sidney Skolsky seinen üblichen Wochenendanruf. Ihre vertraulichen Informationen über die Familie Kennedy hatten ihn beunruhigt, und daher ließ er, wie in letzter Zeit häufiger, seine Tochter Steffi an einem Nebenapparat mithören. Er fand, eine Zeugin könne nicht schaden.

»Was machst du heute abend?« fragte Skolsky fröhlich. Anscheinend hatte sich Marilyn inzwischen einen Plan für den Abend zurechtgelegt. »Vielleicht gehe ich mal zum Strand runter«, antwortete sie. »Da sind dann wohl alle.« Wenn Skolskys Tochter sich recht erinnert, sagte Marilyn, sie erwarte, bei den Lawfords einen der Kennedys zu treffen.

An diesem Samstag, wahrscheinlich am späten Vormittag, bekam Marilyn Besuch von Agnes Flanagan, ihrer Friseuse und langjährigen Freundin. Während dieses Besuchs ereignete sich etwas höchst Merkwürdiges, einer der absonderlichsten Zwischenfälle an einem mysteriösen Wochenende.

Kurz nach ihrem Eintreffen sei, so Agnes Flanagan, ein Bote mit einem Paket aufgetaucht. Marilyn öffnete es und kam mit dem Paketinhalt zum Pool – einem Spielzeugtiger aus Stoff. Dann setzte sie sich mit dem Tiger im Arm neben den Swimming-pool und schwieg. Miss

Flanagan hatte den Eindruck, daß Marilyn »schrecklich deprimiert« war, ohne zu sagen, warum. Da sie nicht wußte, was sie tun sollte, stand Agnes Flanagan auf und ging.

Auf Fotos, die am folgenden Tag hinter Marilyns Haus aufgenommen wurden, erkennt man zwei neben dem Pool herumliegende Stofftiere; eins davon könnte ein Tiger sein. War mitsamt dem Tiger ein verhängnisvoller Brief übergeben worden, oder stellte – so seltsam das klingt – der Tiger selbst die Botschaft dar? Wie dem auch sei, Marilyn verlor jetzt die Beherrschung.

Bei der Rekonstruktion der verbleibenden Stunden ist man hauptsächlich auf die Aussagen von Peter Lawford, Pat Newcomb, Eunice Murray und Dr. Greenson angewiesen. Nicht zuletzt wegen ihrer engen Verbindung zu den Brüdern Kennedy sind die beiden ersten Zeugen umstritten. Mrs. Murrays Stellungnahmen über die Abend- und Nachtstunden sind, wie wir noch sehen werden, fragwürdig.

Die Recherchen zu diesem Buch, zu denen Gespräche mit seiner Familie und seinen Kollegen sowie das Studium seiner damaligen Korrespondenz gehörten, haben mich überzeugt, daß Marilyns Analytiker sich nach bestem Wissen und Gewissen zu diesem Wochenende äußerte. Ihm überlassen wir die Schilderung dieses Samstagnachmittags.

»Gegen 16.30 Uhr bekam ich einen Anruf Marilyns«, schrieb Greenson später. »Sie schien leicht deprimiert zu sein und Tabletten genommen zu haben. Ich fuhr zu ihr. Sie war immer noch böse auf ihre Freundin, die in der Nacht fünfzehn Stunden geschlafen hatte, und Marilyn war wütend, weil sie selbst kaum ein Auge zugetan hatte ... sie schien sich aber zu beruhigen, nachdem ich zweieinhalb Stunden bei ihr gewesen war.«

Dr. Greensons Briefe und seine Bemerkungen gegenüber Psychiaterkollegen vom Selbstmordverhütungszentrum Los Angeles liefern Informationen zu zwei wichtigen Umständen in Marilyns letzten Stunden. Sie zeigen, daß Marilyn bereits Freitag, als er sie ebenfalls traf, »wütend und voller Groll auf ihre Freundin Pat« war – in diesem Kontext ist eindeutig Pat Newcomb gemeint. Laut Greenson zankten sich die beiden auch am Freitagabend, und sogar am Samstagnachmittag war Marilyn noch böse auf Pat Newcomb.

Wo lagen die Gründe für ihre Wut auf Pat? Die Presseagentin bestätigt, daß »Marilyn sauer war, weil sie nicht schlafen konnte. Sie war wütend, das stimmt. Aber ich glaube, daß sie auch noch wegen etwas anderem wütend war; da spielte wohl noch viel mehr mit hinein, was nichts mit mir zu tun hatte und wovon ich nicht einmal weiß.«

Fest steht, daß Marilyn in der Vergangenheit eifersüchtig auf Pat Newcomb gewesen war, zum Beispiel während der Dreharbeiten an *Bus Stop*, als sie annahm, die zwölf Jahre jüngere Pat sei hinter einem Mann her, den Marilyn selbst mochte.

Als Steffi nun eins der letzten Gespräche zwischen ihrem Vater und Marilyn mithörte, erfuhr sie, daß sich für Marilyn das Blatt gewendet hatte. »Pat ist eifersüchtig auf mich«, sagte sie. Es ist denkbar, daß sich Marilyns letzter Streit mit Pat Newcomb um Robert Kennedy drehte.

Dean Martins Exfrau Jeanne, die heute noch eng mit Pat befreundet ist, erinnert sich, wie sehr sich diese für ihre Klienten einsetzte, sie wurden »buchstäblich ihr ganzes Leben. Sie ließ sich immer allzusehr auf sie ein.« Offenbar bestand auch zu Robert Kennedy eine enge Bindung.

Dazu meint Jeanne Martin: »Pat engagierte sich da gefühlsmäßig viel zu intensiv; sie war in Bobby Kennedy sehr verliebt. Da ist sie noch nicht lange drüber weg. Wenn Sie wissen wollen, wer mehr über Marilyn wußte als irgendwer sonst: Pat Newcomb.« Bis zum heutigen Tag schweigt Pat Newcomb wie ein Grab, wenn man sie nach den Kennedys fragt.

Zu den Kabbeleien mit Marilyn an diesem verhängnisvollen Samstag bemerkt Pat lediglich: »Marilyn hatte an diesem Morgen telefoniert, und als ich sie sah, war sie wütend.« In seinen Gesprächen mit dem Selbstmordverhütungsteam erklärte Dr. Greenson nach Marilyns Tod weitgehend, aus welchem Grund sie dermaßen verstimmt war.

Neben der Bemerkung, Marilyn habe in letzter Zeit sexuelle Beziehungen zu »äußerst wichtigen Männern in der Regierung ... auf höchster Ebene« gehabt, verriet Dr. Greenson, sie habe sich am Samstagnachmittag »beträchtlich unzufrieden darüber geäußert, daß sie, die schönste Frau der Welt, für den Samstagabend mit niemandem verabredet war«.

Laut Norman Tabachnick, einem der Selbstmordexperten, sagte Greenson, Marilyn habe erwartet, an dem Abend einen der »äußerst wichtigen Männer« zu treffen. Als sie erfuhr, daß dieses Treffen ausfalle, rief sie Greenson an. Greenson zufolge starb Marilyn mit dem Gefühl, daß »einige der Menschen, denen sie nahestand, ihr die kalte Schulter zeigten«.

Irgendwann, bevor sie an diesem Tag Greenson anrief, hatte Marilyn – entweder telefonisch oder möglicherweise in einem Begleitbrief zu dem mysteriösen Tiger – erfahren, daß sich Robert Kennedy abends nicht mit ihr treffen würde. Das vorhandene Beweismaterial läßt darauf schließen, daß diese Tatsache sie endgültig verzweifeln ließ.

Nachdem er sich wochenlang fast täglich um Marilyn gekümmert hatte, hoffte Greenson auf ein freies Wochenende. Für Samstagabend hatte er sich zum Essen verabredet, und sein Nachmittagsbesuch bei Marilyn stellte offenbar den Versuch dar, sein ungestörtes Wochenende vorzubereiten.

Marilyn wollte, daß Pat Newcomb verschwand, und Greenson bat sie zu gehen. Pat Newcomb behauptet heute, sie sei aus eigenem Antrieb gegangen. Eunice Murray sagt, Pat sei aufgesprungen und verschwunden, ohne sich zu verabschieden.

Um 18.30 Uhr rief Ralph Roberts wie vereinbart an, um Marilyn zu fragen, ob er zum Abendessen vorbeikommen solle. Greenson ging ans Telefon und sagte, Marilyn sei ausgegangen. Dann machte sich der Psychiater, eingedenk seiner Verabredung zum Essen, auf den Heimweg.

»Marilyn wollte auf dem Pier in Santa Monica spazierengehen«, erinnerte sich Dr. Greenson später, »und ich sagte, dazu sei sie zu erschöpft, aber wenn sie viel Flüssigkeit zu sich nehme, würde ich der Haushälterin gestatten, sie an den Strand zu fahren ... Sie schien etwas deprimiert zu sein, aber ich hatte sie sehr oft in einem weit schlimmeren Zustand erlebt.« Als Vorsichtsmaßnahme bat er Eunice Murray, über Nacht zu bleiben. Dann eilte Greenson nach Hause, um sich vor dem Essen umzuziehen. Inzwischen war es 19.15 Uhr.

Joe DiMaggio jr., eines ihrer Stiefkinder, hatte am Nachmittag zweimal versucht, sie telefonisch zu erreichen. Der junge, in Camp Pendleton, Kalifornien, stationierte Marineinfanterist erhielt auf seine R-Gespräche von Mrs. Murray die Auskunft, Marilyn sei ausgegangen. Kurz nachdem Greenson weggefahren war, sprach der junge DiMaggio mit Marilyn.

Um 19.40 Uhr rief Marilyn Dr. Greenson an, der sich gerade rasierte. Er war froh, daß sie nun munterer klang: Joe jr. hatte ihr berichtet, er habe seine Verlobung gelöst, und das gefiel Marilyn. Dr. Greenson sagte, sie solle sich gut ausschlafen und ihn am nächsten Morgen wieder anrufen.

Laut Eunice Murray erklärte Marilyn nun, sie wolle doch nicht mehr ausfahren. Dann ging sie ins Schlafzimmer und machte die Tür zu. Mrs. Murray hörte Schallplattenmusik aus Marilyns Schlafzimmer – Songs von Frank Sinatra.

Mrs. Murray berichtet, sie habe Marilyn danach nicht mehr lebend gesehen. Es war gegen zwanzig Uhr, und draußen wurde es langsam dunkel. In Marilyns Zimmer spielte pausenlos Musik.

In ihrem letzten Telefonat mit Dr. Greenson hatte Marilyn gefragt: »Haben Sie meine Flasche mit Nembutalpillen mitgenommen?« Das hatte er nicht, und die Frage kam für ihn unerwartet; er war überzeugt gewesen, Marilyn habe in letzter Zeit ihren Barbituratverbrauch reduziert. Greenson machte sich auch keine besonders großen Sorgen – er nahm an, seine Patientin habe keine Schlaftabletten.

Hätte er schon damals gewußt, was er später erfuhr, wäre der Psychiater viel besorgter gewesen. Zu den Medikamenten, die man nach Marilyns Tod in ihrem Zimmer fand, gehörte ein leeres Fläschchen, das laut Aufschrift fünfundzwanzig Nembutalpillen enthalten hatte. Laut Etikett waren sie ihr am Freitag, dem Tag vor ihrem Tod, verschrieben worden. Außerdem fand man eine fast leere Flasche, die fünfzig Kapseln Chloralhydrat enthalten hatte, ein weniger gefährliches Schlafmittel, und am 31. Juli verschrieben worden war.

Marilyns Internist Dr. Hyman Engelberg gibt keine Interwiews. Seine damals ausgestellte Rechnung belegt jedoch, daß er Marilyn am Freitag, als das Nembutal verschrieben wurde, einen Hausbesuch abstattete, und ein Dokument in der Akte des Coroners erwähnt, er habe an diesem Tag Nembutal verschrieben.

Das Selbstmordverhütungsteam sollte später zu dem Schluß kommen, Marilyn habe sowohl von Dr. Engelberg als auch von einem gewissen Dr. Lou Siegel Nembutal-Rezepte erhalten, und keiner der beiden Ärzte habe von ihren Besuchen beim anderen gewußt. Der inzwischen verstorbene Gynäkologe Dr. Lou Siegel bestritt 1982 entschieden, Marilyn je behandelt zu haben. Der Studioarzt Dr. *Lee*

Siegel, der Marilyn häufig behandelte, sagt aus, sie sei etliche Wochen vor ihrem Tod zum letztenmal bei ihm gewesen.

Dr. Greenson äußerte später, er habe Dr. Engelberg hinzugezogen, um ihr mit seiner Hilfe den Gebrauch von Schlafmitteln abzugewöhnen. Die beiden Ärzte einigten sich dahingehend, daß sie sich über die Medikamente, die sie ihr verschrieben, verständigen wollten; möglicherweise hielten sie diese Vereinbarung nicht ein.

Laut Eunice Murray hatte Marilyn am Samstag eine seltsame Frage gestellt. »Mrs. Murray«, fragte Marilyn angeblich, »haben wir Sauerstoff im Haus?« Marilyn ließ das Thema gleich wieder fallen, aber Mrs. Murray sagt, sie sei immerhin so beunruhigt gewesen, daß sie Dr. Greenson anrief. Greenson erwähnte diesen Anruf nie. In der Medizin wird Sauerstoff bei Wiederbelebungsversuchen eingesetzt.

Ganz bestimmt war Greenson nicht über Marilyns frühmorgendlichen Anruf bei Jeanne Carmen informiert, in dem sie Jeanne bat, mit »einer Tüte Schlaftabletten« vorbeizukommen. Sie rief, laut Jeanne Carmen, später noch einmal an und wiederholte ihre Bitte nachdrücklich. Mit dem Hinweis auf eine andere Verabredung lehnte Jeanne wiederum ab.

Marilyns New Yorker Freund Henry Rosenfeld rief sie, wie er schätzt, zwischen acht und neun Uhr abends nach kalifornischer Zeit an, und sie war selbst am Telefon. Er berichtete, sie habe »groggy« geklungen, aber das war ja nichts Ungewöhnliches.

Gegen 21.30 Uhr rief Marilyn den prominenten Hollywood-Friseur Sidney Guilaroff an, der sie gut kannte – er tauchte in diesem Buch bisher nicht auf, weil er prinzipiell über seine Kunden keine Auskünfte gibt. Marilyn sagte Guilaroff: »Ich bin sehr deprimiert«, und legte auf, ohne sich zu verabschieden. Guilaroff war Marilyns Verhalten gewöhnt und sah keinen Grund zur Beunruhigung. Was Marilyn sonst noch sagte, verrät er nicht.

Marilyns Exgeliebter José Bolaños, der ihr aus Mexiko nachgereist war, sagt, er habe sie zwischen halb zehn und zehn Uhr abends aus dem in der Nähe ihres Hauses gelegenen Ships Restaurant angerufen. Er berichtet nur, sie habe ihm »etwas Schockierendes« erzählt. Außerdem habe Marilyn das Gespräch beendet, indem sie einfach den Hörer auflegte – allerdings nicht, während er noch sprach. Wie Guilaroff stufte Bolaños dieses Verhalten als typisch für Marilyn ein.

Gegen zehn rief Marilyn noch einmal Jeanne Carmen an. »Bist du sicher, daß du nicht vorbeikommen kannst?« fragte sie. Marilyn klang nervös und sagte, sie habe Angst, daß sich die Anrufe der letzten Nacht mit der Aufforderung, sie möge Robert Kennedy in Ruhe lassen, wiederholten. Davon abgesehen klang sie ganz normal, und Jeanne sagte ein letztes Mal ab. Später klingelte das Telefon noch einmal, aber Jeanne Carmen ging nicht ran.

Ebenfalls gegen zehn Uhr rief, wie Ralph Roberts am nächsten Tag erfuhr, eine Frau mit »undeutlicher Stimme« bei seinem Auftragsdienst an. Als sie erfuhr, Roberts sei nicht zu Hause, legte die Anruferin auf.

Roberts, der damals unter einer provisorischen Adresse zu erreichen war, hatte außer Marilyn nur zwei anderen Personen seine Telefonnummer gegeben, bei denen es sich um Geschäftspartner handelte. Seiner Meinung nach war die Anruferin Marilyn.

Soweit bekannt, tätigte sie keine weiteren Telefonate. Am Sonntagmorgen gegen 3.30 Uhr hörte in der Villa der Greensons in Santa Monica die Tochter Joan im Schlafzimmer ihrer Eltern das Telefon klingeln. Dann vernahm sie gedämpfte Stimmen, hörte ihre Eltern nach unten gehen und Startgeräusche, als das Auto angelassen wurde. Da Joan hungrig war, ging sie in die Küche, um den Kühlschrank zu plündern.

»Ich fragte Mom, was passiert sei«, erinnert sich Joan. »Sie sagte, drüben bei Marilyn gebe es ein Problem, und ich meinte nur ›Oh‹ und ging wieder ins Bett.«

Von der Villa der Greensons zum Haus Marilyns waren es gerade zweieinhalb Kilometer. Auf der Fahrt dorthin machte sich der Psychiater schon auf das Schlimmste gefaßt. Eunice Murray hatte angerufen und mitgeteilt, sie habe um Mitternacht in Marilyns Zimmer Licht gesehen.

Als sie nach drei Uhr aufwachte, brannte immer noch Licht – was sehr ungewöhnlich war. Da sie Angst hatte, Marilyn zu verärgern, wenn sie sie unnötigerweise aufweckte, habe sie lieber Greenson angerufen, sagte Mrs. Murray.

»Ich wies sie an, gegen die Tür zu hämmern«, schrieb Greenson in dem selben Monat einem Freund. »Das tat sie, aber es regte sich nichts. Dann ging sie zur Vorderfront des Hauses, schaute ins Fenster und konnte erkennen, daß Marilyn bewegungslos auf dem Bett lag. Ich sagte, ich käme sofort rüber, und sie solle Dr. Engelberg verständigen.«

Bis zu Marilyns Haus brauchte Greenson fünf Minuten. Auch er fand die Schlafzimmertür verschlossen vor. Auch er ging ins Freie, um durch das Fenster zu spähen. Später tauchten Zweifel auf, ob dies überhaupt möglich war; schließlich waren Marilyns Fenster mit schweren schwarzen Vorhängen verkleidet, die noch aus dem alten Apartment stammten.

Nun stand aber in dieser heißen Sommernacht, laut Mrs. Murray und Greenson, ein Gitterfenster an der Vorderseite des Hauses offen. Wie eine Betrachtung zeitgenössischer Fotografien und des Fensters, wie es heute aussieht, zeigt, war es möglich, ins Zimmer zu greifen, die Vorhänge beiseite zu schieben und genau auf Marilyns Bett zu sehen.

Wegen der Gitterstäbe konnte man jedoch nicht ins Zimmer hinein. Greenson sagte, er habe mit einem Feuerhaken ein nicht vergittertes Fenster seitlich am Haus zerbrochen – die zerbrochene Scheibe tauchte später in Pressefotos auf –, dann hineingelangt und das Fenster von innen geöffnet. Über die niedrige Fensterbank zu steigen war kein Problem.

»Ich erkannte aus etlichen Metern Entfernung«, schrieb Greenson später, »daß Marilyn nicht mehr am Leben war. Da lag sie, mit dem Gesicht nach unten und entblößten Schultern, und als ich näher trat, konnte ich erkennen, daß sie mit der rechten Hand das Telefon umklammert hielt. Sie versuchte wohl, noch jemanden anzurufen, ehe sie das Bewußtsein verlor. Es war einfach unfaßbar, so plötzlich und endgültig vorbei.«

Auf den einige Stunden später angefertigten Polizeifotos liegt Marilyn ausgestreckt da, mehr oder weniger mit zerknülltem Bettzeug bedeckt. Ihr Kopf ruht mit der rechten Wange nach unten auf dem Kissen, die Augen sind geschlossen, und ihr Gesicht wirkt friedlich, als schlafe sie sanft.

Dr. Greenson öffnete die Tür und teilte Eunice Murray mit: »Sie ist von uns gegangen.« Dr. Engelberg traf fünfzehn Minuten später ein und bestätigte Dr. Greensons Auffassung, daß »sie nicht mehr zu retten war«.

Um 4.25 Uhr, weniger als eine Stunde, nachdem Eunice Murray Alarm geschlagen hatte, erreichte die Telefonzentrale der Polizei von

Central Los Angeles ein Anruf Dr. Engelbergs. Engelberg wurde zur Abteilung West Los Angeles weiterverbunden, die für Marilyns Wohngegend zuständig war. Der Dienstleiter, Sergeant Jack Clemmons, nahm persönlich das Gespräch entgegen. Als der Arzt sagte: »Ich rufe aus dem Haus Marilyn Monroes an. Sie ist tot«, vermutete Clemmons einen schlechten Scherz. Er beschloß, selbst zum Ort des Geschehens zu fahren.

In dem inzwischen hell erleuchteten Haus führte Eunice Murray den Sergeant direkt in Marilyns Zimmer, wo die beiden Ärzte neben der Leiche saßen.

Dr. Greenson, der Gesprächigere von beiden, wies auf ein Tablettenfläschchen unter den vielen anderen auf dem Nachttisch verstreuten. Augenscheinlich sprach es für sich: Die verschlossene Flasche war leer und trug die Aufschrift »Nembutal«. Von einem Abschiedsbrief war nichts zu sehen. Das Telefon stand wieder auf seinem Platz, Dr. Greenson hatte es dorthin gestellt.

Alles schien seine Ordnung zu haben – ja, Mrs. Murray räumte sogar in der Küche auf und wusch gerade Wäsche. Und doch, irgend etwas störte Clemmons. »Es war zwar nichts Faßbares«, sagt er heute, »aber ich ging mit dem unbehaglichen Gefühl, daß mir dort etwas unerklärlich war.«

44

AM SONNTAG, DEM 5. August, erfuhr der junge Reporter Joe Ramirez gegen fünf Uhr morgens eine Weltsensation. Der große Schauspieler Charles Laughton lag im Sterben, und Ramirez hatte einen Kontaktmann im Büro des Coroners gebeten, ihn anzurufen, wenn es soweit war. Statt dessen rief sein Kontaktmann an und teilte ihm mit, Marilyn Monroe sei tot. Ramirez, der für eine kleine Agentur namens City News arbeitete, eilte in sein Büro und gab die Nachricht in den Fernschreiber.

Für die Sonntagszeitungen kam die Meldung zu spät, aber sie eilte um die Welt, erschreckte frühmorgendliche Radiohörer und sorgte dafür, daß sich Redakteure um die Telefone balgten.

In Studio City wurde der Fotograf Bill Woodfield von dem Reporter Joe Hyams aus dem Bett getrommelt. Beide kannten Marilyn: Woodfield steckte noch mitten in Verhandlungen wegen der Nacktbadefotos, und Hyams, der renommierte Korrespondent der *New York Herald Tribune*, hatte sie erst vor ein paar Wochen zufällig in einem Laden getroffen und anschließend einen Artikel über sie verfaßt. Hyams und Woodfield sprangen in Hyams' schwarzen Mercedes, der einmal Humphrey Bogart gehört hatte, und machten sich in der Morgendämmerung auf den Weg zu Marilyns Haus.

Der Associated-Press-Kolumnist James Bacon, ein ehemaliger Liebhaber Marilyns aus ihrer Zeit als Starlet, wurde von einem Freund, dessen Radio auf den Polizeifunk eingestellt war, über den Tod informiert. Bacon fuhr ebenfalls zum Schauplatz des Geschehens. Inzwischen parkten dort ein paar Polizeiwagen, und Nachbarn in Morgenmänteln standen in einer kleinen Traube auf der Straße. »Ich wandte einen alten Trick an«, berichtet Bacon. »Ich ging zu einem Polizisten, sagte, ich sei vom Büro des Coroners, und er ließ mich ins Haus. Ich blieb nicht lange, bloß lange genug, um sie dort auf dem Bett liegen zu sehen ... Mir fiel auf, daß ihre Fingernägel ungepflegt aussahen. Die Mitarbeiter des Coroners trafen einige Minuten später ein, und ich machte mich sofort aus dem Staub.«

Guy Hockett, einer dieser Mitarbeiter, erkannte sofort, was bereits Dr. Greenson aufgefallen war – daß Marilyn seit »mehreren Stunden« tot war. Die Leichenstarre war bereits fortgeschritten, und »sie herzurichten dauerte etwa fünf Minuten ... Sie lag nicht ganz gerade, eher in einer Art halbembryonalen Stellung. Ihr Haar war ausgelaugt, durch dieses ständige Zurechtmachen in einem fürchterlichen Zustand, verstehen Sie. Sie sah nicht gut aus, nicht wie Marilyn Monroe. Sie sah einfach wie ein armes kleines Mädchen aus, das gestorben war; ungeschminkt, wirres, unfrisiertes Haar und ein müder Körper. Bis zu einem gewissen Grad enden wir alle so ... «

Die Mitarbeiter des Coroners rollten Marilyns mit einer blauen Decke bedeckten Leichnam ins Freie und luden sie in einen zerbeulten Kombi. Sie brachten ihre Last zuerst in die Leichenhalle von Westwood Village, gleich neben dem Friedhof, wo ihre Großmutter mütterlicherseits begraben lag. Die Überreste des berühmtesten Stars der Erde wurden eine Zeitlang in einem mit Bürsten, Kitteln und Probenflaschen angefüllten Besenschrank verstaut.

Ein paar Stunden später schaffte man die Leiche in die Gruft 33 des Leichenschauhauses im Justizgebäude von Los Angeles. Marilyn war nun eine Nummer geworden – Fall Nr. 81128 für den Coroner, der alle nicht eindeutig natürlichen Todesfälle untersucht.

An diesem Tag drangen zwei Fotografen bis ins Leichenschauhaus vor. Der eine, Bud Gray vom *Herald-Examiner*, ergatterte ein Foto des mit einem Leichentuch bedeckten Körpers, während ein Kollege das Klicken seines Kameraverschlusses kaschierte, indem er im richtigen Moment sein Feuerzeug anzündete. Der freiberufliche Fotograf Leigh Wiener, der seine Bilder an *Life* schickte, tauchte mit einer Kameratasche in der einen und Whiskyflaschen in der anderen Hand auf. Als er einen Drink angeboten bekam, öffnete einer der Wächter eine Stahltür und zog das Schiebefach heraus, auf dem Marilyns sterbliche Hülle lag. Wiener fotografierte den bedeckten und den unbedeckten Leichnam. Auf einem veröffentlichten Bild sieht man einen Zeh aus der Gruft ragen, an dem ein Identifikationsschild hängt. Damit hatte die Presse den berühmten Körper zum letzten Mal abgelichtet.

Landesweit wurden die Hinterbliebenen um Stellungnahme gebeten. Die Exmänner sagten nicht viel. Der gerade Streife fahrende und über Polizeifunk verständigte Jim Dougherty brachte nur ein »Es tut mir leid« heraus. Arthur Miller konnte kaum sprechen. Ein Mitglied der Familie zitierte ihn mit den Worten: »Es mußte so kommen. Ich weiß nicht, wann oder wie, aber es war unvermeidlich.« Miller sagte, er werde nicht am Begräbnis teilnehmen, weil »es sie gar nicht mehr wirklich gibt«.

Am Tag zuvor hatte Joe DiMaggio in San Francisco an einem Baseball-Schaukampf teilgenommen und sich anschließend mit Freunden im Bimbo's Club getroffen. Er erfuhr die Nachricht am frühen Morgen, wahrscheinlich wurde sie ihm von Freunden Frank Sinatras überbracht. DiMaggio nahm das nächste Flugzeug nach Los Angeles, verständigte seinen Sohn Joe jr. in Camp Pendleton und zog sich mit zwei guten Freunden hinter die Tür der Suite 1035 im Miramar Hotel zurück, nicht weit von Marilyns Haus entfernt.

In aller Stille tat DiMaggio, was getan werden mußte. Zunächst beanspruchte niemand Marilyns Leiche. Ihre Mutter war entmündigt und in einem Heim untergebracht, und Marilyns Halbschwester erklärte sich einverstanden, daß DiMaggio das Begräbnis ausrichtete. Er bestand auf einer kleinen bescheidenen Feier. Die Presse erfuhr von DiMaggio überhaupt nichts. Privat saß er, wie sich sein Freund Harry Hall erinnert, weinend in seinem Zimmer, auf dem Tisch neben ihm lagen ungeöffnete Telegramme. Wenn er etwas sagte, dann wetterte er gegen Sinatra, die Leute aus dessen Clique und gegen die Kennedys. »Er machte Bobby Kennedy für ihren Tod verantwortlich«, erinnert sich Harry Hall. »Das sagte er schon im Miramar.«

In Pausen zwischen Weinkrämpfen verkündete Paula Strasberg, Marilyns »Fähigkeiten« seien »von keiner anderen Schauspielerin auf der Welt erreicht worden«. Dann ergänzte sie, so unglaublich es klingt: »Marilyn hatte keinerlei Sorgen.« Von ihrer Tochter Susan stammte später die einfühlsame Bemerkung: »Manche nannten sie einen eisernen Schmetterling. Schmetterlinge sind sehr schöne Wesen, bereiten große Freude und haben eine sehr kurze Lebensdauer.«

In ihrem Hotelschlafzimmer in Paris erfuhren Milton und Amy Greene die Nachricht telefonisch. Sie waren besonders erschüttert, da Amy nach einer Vorahnung, Marilyn befinde sich in großen Schwierigkeiten, Milton gedrängt hatte, sie vor ihrem Abflug aus New York anzurufen. Marilyn hatte gesagt, ihr gehe es gut, und alle hatten gelacht.

Regisseure, Studiobosse und Filmstars wurden mit Kommentarwünschen bombardiert. Billy Wilder, der gerade in Paris einem Flugzeug entstieg und von der Neuigkeit nichts wußte, fragte man, was er von Marilyn halte. »Ich sagte irgendwas, wahrscheinlich nichts übermäßig Freundliches«, erinnert Wilder sich reumütig. »Im Taxi auf dem Weg ins Hotel sah ich dann auf einmal durchs Taxifenster die Schlagzeilen. Sie hatten mir nichts davon gesagt, diese Arschlöcher ...«

Später zollte Wilder Marilyn Monroes schauspielerischen Fähigkeiten Anerkennung, genau wie John Huston. Während der Dreharbeiten zu *The Misfits – Nicht gesellschaftsfähig*, erinnerte sich Huston, hatte er die Befürchtung gehegt, daß »es nur wenige Jahre dauern werde, bis sie starb oder in einer Anstalt landete«. Joshua Logan erklärte Marilyn zu »einem der Menschen, die am wenigsten gebührend gewürdigt wurden«.

Darryl Zanuck, Präsident der 20th Century-Fox und ein Mann, der recht lange gebraucht hatte, um Marilyn gebührend zu würdigen, war großmütig. »Niemand hat sie entdeckt«, verkündete er, »sie hat sich ihren Weg zum Starstatus ganz allein gebahnt.«

Sir Laurence Olivier vertrat folgende Auffassung: »Die öffentliche Meinung ist ein schrecklich instabiles Vehikel, und Marilyn wurde in einem unerträglichen Maße ausgebeutet.«

»Ich hörte die Meldung um sieben Uhr morgens im Radio«, sagte Clark Gables Witwe Kay, deren Mann nach den Dreharbeiten zu *The Misfits* gestorben war, »dann ging ich zur Messe und betete für sie.«

Die Familie Greenson war gramgebeugt. Dr. Greenson hatte die Neuigkeit noch während der Nacht von Marilyns Haus aus telefonisch durchgegeben und kam erschöpft heim. Er wiederholte immer wieder, er sei nicht sicher, daß es ein Unfall gewesen war. Noch viel später quälte er sich selbst mit den Worten: »Sie war ein armes Geschöpf, dem ich zu helfen versuchte und am Ende weh getan habe.« Kurz nach Marilyns Ableben traf er sich mit Joe DiMaggio; die beiden trösteten sich gegenseitig.

Frank Sinatra sagte, er sei »tief betrübt ... Sie wird mir sehr fehlen.« Sein Haushälter George Jacobs erinnert sich: »Das war eine schlimme Zeit in diesem August. Merkwürdige Dinge waren geschehen. Frank war nach Marilyns Tod wochenlang in einem Schockzustand, außer sich. Er rief mich an und sagte: ›Laß uns hier verschwinden‹; wir fuhren dann nach Palm Springs.«

Pat Newcomb, die am frühen Morgen an Marilyns Haus eintraf, machte eine Szene, als sie wieder wegfuhr. »Knipst ruhig weiter, ihr Geier!« schrie sie die Fotografen an. Dann fragte sie einen Reporter unter Tränen: »Wenn Ihr bester Freund sich umbringt, wie fühlen Sie sich dann?« In krassem Gegensatz zu allem, was wir wissen, behauptete Pat Newcomb, Marilyn habe sich am vorigen Abend »großartig gefühlt«, sie sei guter Laune gewesen.

Peter Lawford teilte der Öffentlichkeit mit: »Pat Kennedy und ich haben sie von ganzem Herzen geliebt. Sie war vielleicht einer der wunderbarsten und warmherzigsten Menschen, der mir je begegnet ist. Alles, was ich darüber hinaus noch sagen könnte, erübrigt sich.«

Als er am Morgen mit einem Freund telefonierte, war Lawford nicht in der Lage gewesen, sich verständlich auszudrücken. Er hatte im Strandhaus ein Paar Sandalen Marilyns gefunden und seinen Butler angewiesen, die Schuhe bronzieren zu lassen. Als er in die Villa der Nachbarin Sherry Houser kam, stand er »total unter Schock, er war fix und fertig und weinte. Er sagte immer wieder, er sei der letzte Mensch gewesen, der mit ihr gesprochen habe.« Dieses alles andere als nebensächliche Detail steht in direktem Zusammenhang mit dem Geheimnis, das Marilyns Tod umgibt. Am selben Tag ging Marilyns Biograph Maurice Zolotow in New York auf eine Party, wo es von Leuten wimmelte, die mit Politik zu tun hatten und von denen etliche den Kennedys nahestanden. Schon damals, erinnert sich Zolotow, fiel in Gesprächen über Marilyns tragisches Ende der Name Robert Kennedy.

An der Ostküste war es Nachmittag, und auf dem Familiensitz der Kennedys in Hyannis Port machte der alte Joseph Kennedy, der sich immer noch von seinem Schlaganfall erholte, gymnastische Übungen im Swimming-pool. In der Nähe hielten sich Verwandte und Gefolgsleute auf. Frank Saunders, Chauffeur und Faktotum des alten Kennedy, war bei ihm im Wasser. »Seine Nichte Ann Gargan kam zu uns und sagte, Marilyn Monroe ist tot«, erinnert sich Saunders. »Auf einmal fiel eine merkwürdige Stille über alle Anwesenden. Ich hielt das für eine seltsame Reaktion, und es ging mir nicht mehr aus dem Kopf. Als Jahre später die Gerüchte über Marilyn Monroe und John Kennedy und dann Robert Kennedy aufkamen, fiel mir die Stille an diesem Augustnachmittag wieder ein. Es war, als ob man an einer Leichenfeier teilnahm, bloß gab es keine ...«

Auf der Bates-Ranch in Kalifornien, südlich von San Francisco, wohnte Robert Kennedy an dem Morgen einem Gottesdienst bei. Anschließend ging er mit seinen Gastgebern reiten und spielte Touch-Football. John Bates berichtet, Marilyns Name sei nach Kennedys Auskunft am Freitag mehrfach gefallen, aber nur generell in Zusammenhang mit ihren Problemen. »Wir wußten alle, daß sie mit Jack näher bekannt war«, ergänzt er.

Bates glaubt, von Marilyns Tod sei erst am Sonntagabend die Rede gewesen, als sie in die Stadt fuhren. Auf die Frage, ob Kennedy irgendeine Reaktion gezeigt habe, antwortet Bates: »Nein. Eigentlich wurde es ziemlich gelassen aufgenommen ...« Als handele es sich nur um eine Hollywood-Tragödie unter vielen? »Das stimmt«, bestätigt Bates. »Die Gespräche darüber klangen eher locker und humorig.«

Am Montag hielt Robert Kennedy eine Ansprache vor einer Versammlung der Amerikanischen Anwaltsvereinigung. Anschließend traf er sich privat mit dem Direktor des CIA zum Essen, ehe er mit seiner Familie in die Ferien fuhr.

In Washington trug Präsident Kennedy wie geplant eine Bekanntgabe vor. Er appellierte an den Kongreß, strengere Gesetze zum Ziel einer besseren Kontrolle über den Konsum gefährlicher Drogen zu verabschieden.

Am frühen Sonntagmorgen fand sich in Los Angeles ein junger Mediziner, der Deputy Medical Examiner Dr. Thomas Noguchi, zu seiner Wochenendschicht ein. Auf seinem Schreibtisch lag eine Notiz seines Chefs, Coroner Theodore Curphey, mit der Bitte, die Autopsie Marilyn Monroes durchzuführen. Ein stellvertretender Bezirksstaatsanwalt mit forensischer Erfahrung, John Miner, werde als Vertreter der Staatsanwaltschaft anwesend sein.

Der stellvertretende Polizeichef Thad Brown, Chef der Kriminalpolizei von Los Angeles, war eine legendäre Figur, ein Mann, der nicht selten rund um die Uhr arbeitete. Wenn er sich erholen wollte, floh er in seinen Wohnwagen ohne Telefon nach Malibu. An diesem Sonntagmorgen traf dort ein Kurier der Polizei mit einer dringenden Nachricht ein. Marilyn Monroe sei tot, und es gäbe ein Problem. Ob der Leiter der Kriminalpolizei wohl umgehend zum Präsidium käme?

Für die Ermittlungen letztlich verantwortlich war Polizeipräsident William Parker, ein landesweit geachteter Beamter. Einen Großteil seiner Sorgen teilte er mit seiner Frau Helen, und er legte, wie sie sich erinnert, »Wert darauf, daß gerade dieser Fall von den Untersuchungsbeamten mit besonderer Aufmerksamkeit bearbeitet wurde, und versuchte, die besten Leute dorthin zu schicken, einschließlich Kriminalbeamten aus der Abteilung City, weil soviel davon geredet wurde, daß sie John oder Robert Kennedy sehr nahestand. Und Mr. Parker konnte Robert sehr gut leiden, hielt ihn für hochintelligent, war der Meinung, er hätte einen besseren Präsidenten abgegeben als John.«

»Robert und John Kennedy waren wohl Katholiken, glaube ich«, sagte die Witwe des Polizeipräsidenten, »und Mr. Parker war ebenfalls katholisch. Vielleicht dachte er ja, daß unzulässiger Druck ausgeübt werden könne, daß es vielleicht ein gefundenes Fressen für die Republikaner wäre. Also sagte er: ›Diese Sache muß von mehreren Seiten angepackt werden.‹ Mr. Parker war ein Mann, der alles sehr genau nahm, und er wollte mit aller Macht dafür sorgen, daß der Fall restlos aufgeklärt wurde. ›Geschont wird keiner‹, so lauteten seine Worte.«

Tatsächlich ist Polizeichef Parker immer noch als integrer Mann bekannt. Doch als seine Frau ihn Wochen später fragte, wie sich der Fall Monroe entwickle, drückte er sich ungewöhnlich vage aus. »Es stand offenbar ein großes Fragezeichen dahinter«, erinnert sich Helen Parker. »Ich weiß noch, daß er einfach nur so reagierte« - und sie zeichnete ein großes Fragezeichen in die Luft.

Es gab eine lückenhafte gerichtliche Ermittlung zur Untersuchung der Todesursache. Es gab eine polizeiliche Untersuchung - und es wurde allerhand vertuscht.

45

AM 5. AUGUST um 10.30 Uhr, sechs Stunden, nachdem man offiziell von Marilyns Tod erfahren hatte, lag der Körper, um den weltweit der größte Reklamerummel veranstaltet worden war, von einer Plastikplane bedeckt, in einem langen fensterlosen Raum unter dem Gerichtsgebäude. Der Autopsieassistent Eddy Day hatte Marilyn auf Tisch 1 vorbereitet, einem mit Wasserschlauch, Drainagesystem und einer Waage zum Abwiegen menschlicher Organe ausgerüsteten Operationstisch aus rostfreiem Stahl.

Seit diesem Tag wurde der die Autopsie durchführende Chirurg Dr. Noguchi zu einer kontroversen Figur. Nachdem er schon seit geraumer Zeit den Posten eines Chief Medical Examiners, eines leitenden Gerichtsmediziners, bekleidet hatte, wurde er vor kurzem degradiert, da er angeblich sein Amt schlecht geführt und mit dem Tod Prominenter Sensationsmache betrieben habe – ein Vorwurf, gegen den er immer noch ankämpft. Während der anschließenden hitzigen Kontroverse wählten ihn seine Kollegen zum Vorsitzenden der National Association of Medical Examiners.

Noguchi sezierte die Leichen von Sharon Tate, William Holden, Natalie Wood und John Belushi. 1968 untersuchte er den zerschossenen Kopf von Senator Robert Kennedy.

Als man die Plastikplane von Marilyn Monroe entfernt hatte, zeigten sich Noguchi und John Miner, der Beobachter der Staatsanwaltschaft, tief betroffen. »Tom und ich hatten schon Tausende von Leichen gesehen«, sagt Miner, »aber das hat uns beide sehr bewegt. Wir waren wirklich traurig und hatten das Gefühl, diese junge Frau könne jeden Augenblick vom Tisch aufstehen.«

Noguchis Autopsie Marilyns dauerte Stunden. Wie aus seinen Aufzeichnungen hervorgeht, war Marilyn »eine 36jährige, gutentwickelte, gutgenährte Weiße mit einem Körpergewicht von 53 Kilogramm und einer Körpergröße von 166 Zentimetern. Die Kopfhaut wird von gebleichtem blondem Haar bedeckt. Die Augen sind blau.« Weiter heißt es, daß »die Scham wie bei Frauen üblich behaart ist. Der Uterus ist von normaler Größe.« Erwähnt werden außerdem die von dem Fotografen so geschickt wegretuschierten Narben, die von der Blinddarmoperation und der Entfernung ihrer Gallenblase stammten. Fest steht, daß die lebende Marilyn trotz aller überlieferten Exzesse in recht guter Verfassung war.

Als man Marilyn fortrollte, war von ihrer Schönheit nichts mehr übrig. Ein Foto, das man in den Polizeiakten fand – soweit man weiß, das einzige noch existierende Foto der Leiche – zeigt ein verfallenes, aufgedunsenes Gesicht und Haare, die schlaff und glatt über den Tischrand hängen. Während der Entfernung des Gehirns waren ihre Gesichtsmuskeln durchtrennt und die Überreste nach Beendigung der ärztlichen Tätigkeit weggespült worden.

Wie Noguchi inzwischen wußte, lieferte der chirurgische Teil der Autopsie nicht die medizinische Erklärung für Marilyns Tod. Von einigen blauen Flecken abgesehen, die auch durch Stolpern über Möbelstücke entstanden sein konnten, gab es keinerlei Anzeichen von Gewaltanwendung. Da er wußte, sagt Noguchi, daß auf dem Nachttisch Tablettenfläschchen gefunden wurden, vermutete er bereits, der Toxikologe – der Giftspezialist – werde die Kernfrage beantworten müssen.

Es war früh am Montagmorgen, als der leitende Toxikologe Ralph Abernethy diverse Proben musterte, die in seinem Labor auf ihn warteten. Es waren acht Tablettenbehälter – darunter das leere Nembutal-Fläschchen –, Gefäße mit Blut und Urin sowie Proben aus Marilyns Magen, Därmen, Leber und Nieren. Dr. Noguchi hatte um Durchführung einer Analyse auf Alkohol und Barbiturate gebeten.

Stunden später wußte Noguchi, daß Marilyns Blut eine Barbiturat-Konzentration von 4,5 Milligramm-Prozent enthielt, aber keinerlei Alkohol; sie hatte in einem Zeitraum von mehreren Stunden vor ihrem

Ableben nicht einmal einen Schluck ihres Lieblingsgetränks, Champagner, zu sich genommen. Im Gegensatz zu immer wieder geäußerten Vermutungen starb Marilyn nicht an der klassischen Kombination aus Alkohol und Tabletten.

Doch die Drogen waren der Schlüssel. Weitere Tests ergaben eine Pentobarbital-Konzentration von 13 mg% in der Leber und eine Chloralhydrat-Konzentration im Blut von 8 mg%. Pentobarbital enthalten Schlaftabletten vom Typ Nembutal, und Chloralhydrat ist eines der weniger gefährlichen Schlafmittel, das man in Marilyns Haus fand.

Dr. Christopher Foster, Pathologe am St. Bartholomews Hospital in London, weist wie alle Mediziner darauf hin, daß es bekanntermaßen schwierig ist, genaue Angaben darüber zu machen, welche Mengen einer Droge eingenommen wurden. Er geht jedoch davon aus, daß Marilyn etwa das Zehnfache der normalen therapeutischen Dosis von Nembutal einnahm. Der Chloralhydrat-Pegel deutet auf »eine recht erstaunliche Menge« hin, etwa das Zwanzigfache der Dosis, die normalerweise für dieses Schlafmittel empfohlen wird. In solchen Mengen hätte jedes der beiden Medikamente für sich genommen bereits zum Tode führen können. Daß die Kombination zum Tode führt, ist sogar noch wahrscheinlicher. Noguchis Untersuchung der inneren Organe hatte Kongestion und Blutung der Magenschleimhaut ergeben, ein typisches Resultat von Reizungen, die durch im Übermaß eingenommene Barbiturate verursacht wurden. Wenn man dies, die Laboranalyse und die in Marilyns Zimmer gefundenen Fläschchen zusammennimmt, ergibt sich ein Medizinern, die täglich Opfer von Überdosen zu sehen bekommen, nur zu geläufiges Bild.

Am 10. August, fünf Tage nach Marilyns Tod, reichte Dr. Noguchi seinen endgültigen Autopsiebefund ein; als Todesursache stand dort »akute Barbituratvergiftung infolge von Einnahme einer Überdosis«. Unter der Rubrik »Todesart« machte er einen Kreis um das Wort »Selbstmord« und fügte handschriftlich »wahrscheinlich« hinzu. Diese Einschätzung sollte der Coroner eine Woche später vor der Presse bekanntgeben.

Eine Reihe von Kritikern ist mit dieser offiziellen Einschätzung nicht zufrieden. Sie bezweifeln vor allem Noguchis Schlußfolgerung, Marilyn habe die Überdosis geschluckt oder daß sie – wie es Coroner Curphey formulierte – »selbst verabreicht« war.

Die Kritiker haben mehrere Einwände. Sie führen einmal an, man finde normalerweise Tablettenspuren im Magen – Reste von Gelatinekapseln und manchmal komplette unverdaute Tabletten. Außerdem sagen sie, daß Barbituratkapseln im Körper eine verräterische Farbspur hinterlassen. Des weiteren erwähnen sie, daß sich Barbituratopfer in der Regel vor ihrem Ableben übergeben.

Skeptiker führen auch an, in Marilyns Schlafzimmer sei kein Trinkglas gefunden worden und kein Wasser – sie müsse doch sicher Wasser eingenommen haben, um all die Tabletten herunterzuspülen. Kurz gesagt: Sie vermuten, daß ein anderer Marilyn die tödliche Dosis verabreichte – daß sie ermordet wurde.

Das Fehlen eines Glases ist in der Tat merkwürdig. 1982, in einer Wiederaufnahme des Falls durch die Staatsanwaltschaft, versuchte man, dieses Problem dadurch aus der Welt zu schaffen, daß man auf ein Foto des Sterbezimmers verwies, das »offenbar ein Trinkgefäß zeigt«. Auf dem betreffenden Bild erkennt man neben dem Nachttisch einen Gegenstand, bei dem es sich um eine Flasche handeln könnte.

Wegen der Umbauarbeiten am Haus war in Marilyns Bad, das einen direkten Zugang zum Schlafzimmer hatte, das Wasser abgestellt. Falls sie sich aus einem anderen Raum Wasser holte, merkte Mrs. Murray jedenfalls nichts davon.

Hätte die Polizei von Anfang an gute Arbeit geleistet, so ginge aus den Unterlagen hervor, ob sich im Zimmer ein Glas befand oder nicht. Doch das Thema wird in keinem der drei einschlägigen Polizeiberichte angeschnitten. Die lückenhaften Unterlagen steigern die Verwirrung nur. Im Polizeibericht zum Tod steht, auf dem Nachttisch seien fünfzehn Fläschchen mit Medikamenten gefunden worden. In den Toxikologieberichten werden nur acht aufgeführt.

Die Presse berichtete, Marilyns Haus sei am Morgen nach ihrem Tod um 8.30 Uhr offiziell versiegelt worden. Als Vormund ihrer Mutter war Inez Melson berechtigt, sich um Marilyns persönliche Habe zu kümmern. Man ließ sie und ihren Mann am nächsten Tag ins Haus, und sie erinnert sich, daß der Nachttisch immer noch mit Tablettenfläschchen übersät war. »Wir fanden zahlreiche Flaschen«, berichtete Mrs. Melson. »Sie enthielten Schlaftabletten, unter anderem Nembutal und Seconal. Wer vor uns dagewesen war, hatte sie nicht mitgenommen.«

Die um Marilyns Ruf besorgte Mrs. Melson vernichtete unüberlegt die Pillen. »Wir haben sie alle in die Toilette gekippt, und die Fläschchen warfen wir wohl auf den Müll«, sagte sie. »Wie oft habe ich mir seitdem gewünscht, ich hätte sie aufgehoben.« Allerdings kann man Inez Melson keinen Vorwurf machen; daß nicht jede einzelne Flasche schon lange vorher dem Coroner übergeben worden war, ist als schweres Versäumnis zu werten.

Aus Presseberichten geht hervor, daß Fotografen groteskerweise vor der Versiegelung durchs Haus trampeln konnten. Es gelang mir, ein unveröffentlichtes Foto ausfindig zu machen, auf dem man deutlich eine Flasche mit der Aufschrift »Engelberg . . . 25. 7. 62 . . . 0,5 Gramm . . . vor dem Schlafengehen« erkennt. Der Name des Medikaments läßt sich nicht entziffern; wahrscheinlich handelte es sich um das Chloralhydrat, das dem Coroner übergeben wurde.

Wenn man von den Fehlern und Versäumnissen einmal absieht, wurden die anderen Einwände der Kritiker von führenden Gerichtspathologen generell zurückgewiesen. Während der Vorarbeiten zu diesem Buch wurden Gerichtsmediziner aus sechs amerikanischen Städten, zwei britische Pathologen, zwei Toxikologen und ein Gastroenterologe konsultiert; in einigen Fällen erfuhren die Experten nicht, daß von der Leiche Marilyn Monroes die Rede war.

In einem der strittigen Punkte sind die Mediziner einer Meinung mit dem leitenden Gerichtsmediziner von San Francisco, Dr. Boyd Stephens, der seine Auffassung 1982 in einem Bericht an den Bezirksstaatsanwalt von Los Angeles vertrat.

Was das Fehlen von Erbrochenem betrifft, so weisen die Pathologen einmütig die Behauptung zurück, die meisten Barbituratopfer übergäben sich vor ihrem Tod. Das kommt manchmal vor; häufiger jedoch entschlummern sie einfach friedlich, vor allem, wenn Nembutal im Verlauf mehrerer Stunden eingenommen wurde.

Nembutal-Kapseln enthalten zwar einen Farbstoff, der aber, anders als bei Seconal, nur selten eine Spur hinterläßt. Wenn aber wirklich eine Färbung auftritt, stammt sie eher von der Kapsel als aus dem Nembutal. Hätte man die Kapseln geöffnet und ihren Inhalt mit Flüssigkeit eingenommen, wären überhaupt keine Verfärbungen aufgetreten; Marilyn tat dies gelegentlich.

In der Frage, zu der sich die Kritiker am lautstärksten äußerten, differieren die Ansichten jedoch erheblich. Es handelt sich um die Tatsache, daß im Magen Marilyns keine Kapselrückstände gefunden wurden. Die Kritiker sagen, dies bedeute, sie habe die tödliche Dosis nicht geschluckt, sondern diese sei ihr auf anderem Wege verabreicht worden – möglichweise durch Injektion. Und das deute auf Mord hin.

In seinem 1982 der Staatsanwaltschaft von Los Angeles unterbreiteten Bericht zeigte sich Dr. Stephens durch fehlende Kapselrückstände nicht irritiert. Dies komme, bemerkte er, »manchmal vor, manchmal nicht.« Kapselrückstände finden sich häufig im Magen, ihr Auftreten hängt jedoch von mehreren Faktoren ab: Wann und wieviel das Opfer zum letzten Mal gegessen oder getrunken hat, vom individuellen Stoffwechsel des Opfers, ob das Opfer ein gewohnheitsmäßiger Tablettenkonsument mit einer hohen Toleranzschwelle war und ob die Droge in einer einzigen Dosis oder über einen Zeitraum von mehreren Stunden eingenommen wurde.

Im Fall Marilyn existieren widersprüchliche Angaben über ihre Nahrungsaufnahme. Während Eunice Murray sagt, Marilyn habe den ganzen Tag nichts gegessen, glaubt sich Pat Newcomb zu erinnern, zu Mittag mit ihr Hamburger gegessen zu haben. In jedem Fall wäre ihr Magen abends praktisch leer gewesen und hätte Barbiturate schnell resorbiert. Marilyn wies nach jahrelangem Tablettenmißbrauch mit großer Wahrscheinlichkeit eine hohe Barbituraттoleranz auf; Freunde erinnern sich, daß sie, ohne große Wirkung zu zeigen, erstaunlich große Dosen zu sich nahm.

Keiner der befragten Mediziner war bereit, sich auf die Anzahl der eingenommenen Kapseln festzulegen. Dr. Noguchi gab eine Zahl zwischen vierzig und fünfzig an, die Schätzungen der anderen Ärzte schwanken zwischen fünfzehn und vierzig.

Curphey, der Coroner von Los Angeles, vertrat auf seiner Pressekonferenz 1962 die Auffassung, Marilyn habe eine große Menge der Substanzen »in einem kurzen Zeitraum« geschluckt. Man zitierte ihn mit der Bemerkung, sie habe die Pillen in »einem Schluck innerhalb von – sagen wir mal – Sekunden« eingenommen.

Dieser Meinung schließt sich heute keiner der befragten Mediziner an, einschließlich Dr. Noguchi. Resorbierung eines Medikaments durch die Leber, wie in Marilyns Fall, bedeutet, daß der Verdauungsprozeß schon seit einiger Zeit im Gang war. Diese Tatsache läßt darauf schließen, daß Marilyn bereits mehrere Stunden vor ihrem Tod einen Teil der Substanzen einnahm.

An diesem Punkt sind sich die Experten nicht mehr einig. 1982 stellte Dr. Stephens in seinem Bericht an die Staatsanwaltschaft fest, aufgrund des Autopsieberichts wäre er ebenfalls zu dem Schluß gelangt, daß Marilyn »an akuter Barbituratvergiftung infolge von Einnahme einer Überdosis« starb. Anderen erfahrenen Ärzten ist dieser Schluß zu voreilig; sie irritiert der leere Magen.

Dr. Keith Emerson war emeritierter Professor für forensische Medizin an der Universität von London und war lange Zeit als leitender Pathologe für das Innenministerium tätig; er war der führende Gerichtsmediziner der britischen Regierung und kommentierte den Fall so: »Hätte ich diese Autopsie durchgeführt, wäre ich nicht damit zufrieden gewesen, hier rasch von einem Selbstmord infolge von Einnahme zu sprechen. Die Barbiturat-Konzentrationen in Blut und Leber sind, nach meiner Erfahrung, so hoch, daß man aller Wahrscheinlichkeit nach im Magen Kapselrückstände hätte finden müssen. Man fand jedoch nichts.

Man hätte routinemäßig das Verdauungssystem gründlicher untersuchen müssen, den Zwölffingerdarm und den übrigen Dünndarm. Eine Untersuchung dieser Organe hätte wahrscheinlich zumindest kleine Rückstände zutage gefördert, falls die Überdosis tatsächlich durch die orale Einnahme von Nembutal-Kapseln verursacht wurde.«

Wie Dr. Noguchi bedauernd einräumt, wurden solche Untersuchungen nie durchgeführt. Er schickte zwar Proben der in Frage kommenden Organe in das Labor, sie wurden jedoch nicht getestet. Dr. Noguchi vermutet, daß die Tests nicht durchgeführt wurden, weil der Toxikologe der Ansicht war, die Konzentration in Blut und Leber reiche als Beweis für die Todesursache aus.

Noguchi sagt, er habe verspätet versucht, die Organproben analysieren zu lassen. »Aus irgendeinem Grund hatte ich ein ungutes Gefühl«, berichtet er, »so daß ich, kurz nachdem man den Fall offiziell abgeschlossen hatte, die Toxikologie anrief und eine Überprüfung verlangte .. Abernethy teilte mir mit, die Organproben seien vernichtet worden.«

Der Toxikologe Abernethy weigert sich, zur Vernichtung des medizinischen Beweismaterials Stellung zu nehmen. John Miner, der bei der

Autopsie anwesende ehemalige stellvertretende Bezirksstaatsanwalt, sagt, die in den offiziellen Unterlagen aufgeführten Diapositive von den Proben hätten bis zum heutigen Tag aufbewahrt werden müssen. Versuche, sie 1984 aufzufinden, blieben ergebnislos. Medizinische Fotografien sind ebenfalls nicht erhalten geblieben, obwohl viele aufgenommen wurden.

Dr. Noguchi bemerkt heute, er wünsche, er hätte sofort Tests der Eingeweide veranlaßt. »Ich hätte darauf bestehen sollen, daß alle Organe analysiert wurden«, sagt er. »Aber ich beharrte nicht genügend darauf. Ich hatte das Gefühl, ich sei als untergeordneter Mitarbeiter nicht berechtigt, meinen Vorgesetzten Vorschriften zu machen ...«

Eine gründlichere Untersuchung des Dünndarms hätte zum Nachweis von Kapselrückständen führen können, die im Magen fehlten, womit große Kontroversen vermieden worden wären. So bleibt genug Raum für Mordtheorien.

Wurde Marilyn die tödliche Barbiturat-Dosis injiziert? Die befragten Mediziner äußern übereinstimmend, diese Methode – bei der die Droge durch eine Ader, in einen Muskel oder subkutan direkt in den Blutkreislauf eingeführt wird – führe sehr rasch zum Tod; dem steht entgegen, daß sich eine beträchtliche Menge Barbiturate lange genug im Körper befand, um von der Leber resorbiert zu werden. Alle drei bei der Autopsie anwesenden Personen bestätigen, Dr. Noguchi habe mit einer Lupe nach Einstichstellen gesucht, sogar in der Vagina und unter der Zunge. Er fand nichts.

Die tödliche Dosis könnte allerdings auch mit einer anderen Methode verabreicht worden sein. Es ist möglich, Medikamente durch ein Klistier, einen Einlauf aufzunehmen – eine Möglichkeit, die bisher in der Diskussion noch nicht erwähnt wurde.

John Miner, der bei der Autopsie anwesend war – und als Lehrbeauftragter an der medizinischen Fakultät der Universität von Südkalifornien Vorlesungen hielt –, schließt diese Möglichkeit nicht von vornherein aus.

Amy Greene sagt, Marilyn habe häufig Einläufe gemacht, und zwar bereits Mitte der fünfziger Jahre. Ihre ehemalige Nachbarin Jeanne Carmen weiß noch, daß Marilyn über chronische Verstopfung klagte. Zur Erleichterung wurden damals auch Einläufe verabreicht. Zeitweise waren sie geradezu eine Modeerscheinung, eine Methode zur schnellen Gewichtsverringerung, die damals vor allem von Leuten im Showbusiness verwendet wurde.

Peter Lawfords Exfrau Deborah Gould, die berichtet, ihr Mann habe ihr vertrauliche Dinge über Marilyn mitgeteilt, schrieb ihm eine merkwürdige Aussage zu. Sie habe Lawford gefragt, ob er irgend etwas darüber wisse, wie Marilyn starb. Seine einzige Antwort war, wie mir Deborah Gould während eines Interviews erzählte, bei dem von Einläufen überhaupt nicht die Rede war: »Marilyn hat sich ihren letzten großen Einlauf verabreicht.«

In der Tat ein sonderbarer Kommentar; aber da Peter Lawford 1984 starb, kann man ihn nicht mehr um eine Erläuterung bitten.

»Der Dickdarm weist eine markante Kongestion und eine purpurrote Verfärbung auf«, heißt es im Autopsiebericht. Dies hätte ein Anhaltspunkt sein können; allerdings erfahren wir nicht, wo im Dickdarm die Schädigung auftritt. John Miner erinnert sich, daß ihm der Zustand des Organs auffiel und er Dr. Noguchi empfahl, einen Analabstrich vorzunehmen. Dies geschah nicht. Wie Miner zu verstehen gibt, erfuhr er im Lauf seiner Arbeit an diesem Fall, daß Marilyn während ihrer letzten Tage tatsächlich Einläufe machte. Da es sich um eine vertrauliche Mitteilung handelte, gibt Miner keine weitere Stellungnahme ab.

Professor Simpson faßt zusammen: »Das angesichts der Barbiturat-Konzentration in Blut und Leber etwas überraschende Fehlen von Kapselrückständen läßt meiner Meinung nach drei Möglichkeiten offen. Einmal könnte Marilyn Monroe im Verlauf des Tages kontinuierlich Barbiturate zu sich genommen haben – und Dr. Greenson hatte den Eindruck, daß sie bei seinem Besuch etwas betäubt wirkte. Eine derartige frühe Nembutal-Einnahme bliebe bis zu acht oder zwölf Stunden im Blut. Wenn sie dann auf einen Schlag etwa fünfzehn Tabletten – es müssen nicht unbedingt mehr gewesen sein – einnahm, könnte sich dies, in Kombination mit den vorherigen Dosen, tödlich ausgewirkt haben. Man weiß von Marilyn Monroes Schlaftablettenmißbrauch, und es ist durchaus möglich, daß sie solch eine Dosis in der Vergangenheit überlebt hat. Unter Umständen ging sie davon aus, sie könne es wieder tun, ohne daß ihr die kumulative Wirkung der früher eingenommenen Tabletten klar war. In dem Fall war ihr Tod womöglich gar kein Selbstmord, sondern ein tragischer Irrtum.«

Ehe wir auf Professor Simpsons zweite Möglichkeit eingehen, sollten wir uns Marilyns Telefonate mit Jeanne Carmen ins Gedächtnis rufen. An diesem verhängnisvollen Samstag rief sie frühmorgens an und bat Jeanne, mit einigen Schlaftabletten vorbeizukommen. Den gleichen Wunsch äußerte sie später noch einmal, und gegen zehn Uhr abends rief sie dann wieder an – allerdings weiß Jeanne Carmen heute nicht mehr, ob sie da immer noch Pillen haben wollte.

Was bedeutet es, daß Marilyn um Pillen bat? Wollte sie genug Tabletten haben, um ganz sicher Selbstmord begehen zu können? Hatte sie schon den größten Teil der fünfundzwanzig Kapseln geschluckt, die ihr am Tag vorher verschrieben worden waren? Sah sie aus diesem Grund am Samstagmorgen so erledigt aus, wie Eunice Murrays Schwiegersohn bemerkt hatte? Diese Fragen lassen sich zwar nicht beantworten, aber sie führen uns zu Professor Simpsons zweiter Alternative, die ebenso traurig ist wie die erste.

»Außerdem wüßte ich gern«, sagte der Professor, »ob eine weitere Dosis über einen anderen Weg verabreicht wurde, zusätzlich zu den im Lauf des Tages eingenommenen Tabletten. Bei den vorliegenden Informationen sollte man eine andere Methode der Aufnahme ernsthaft in Betracht ziehen. Die tödliche Dosis könnte rektal verabreicht worden sein. Sie könnte durchaus mit einem Einlauf in den Körper gelangt sein.«

Diese letzte Dosis könne, wie Professor Simpson betont, von jemandem verabreicht worden sein, der nicht wußte, was für eine gefährlich hohe Schlafmittelkonzentration sich im Lauf des Tages bereits in Marilyns Körper akkumuliert hatte. Auch in diesem Fall wäre ihr Tod ein Unfall gewesen, der versehentlich von einem anderen herbeigeführt wurde.

Die dritte Möglichkeit, und mehr ist es nicht – eben eine Möglichkeit –, lautet, daß die tödliche Dosis, ebenfalls durch »eine andere Methode der Aufnahme«, vorsätzlich verabreicht wurde. In dem Fall hätten wir es natürlich mit Mord zu tun.

Lassen wir die Beweise einmal beiseite und fragen uns, welchen Grund gab es, Marilyn zu ermorden? Hatte irgendwer ein Motiv? Dazu wurden drei Haupttheorien vorgebracht.

Einige deuteten vage an, Marilyn habe zuviel gewußt, sie und ihr

Tagebuch seien zu brisant geworden, die Kennedys – oder eine in ihrem Auftrag handelnde Agentur im Hintergrund – hätten sie eliminiert. Andere spekulieren, daß Marilyn, die durch Klatsch und Tratsch bereits mit den Kennedys in Verbindung gebracht wurde, von Feinden der Brüder ermordet worden ist, um einen Riesenskandal auszulösen, der den Präsidenten hinwegfegte. Von welchen Feinden?

Ein rechtsradikales Traktat erwähnt, daß viele aus Marilyns Umgebung Kontakte zur Linken hatten, und unterstellt einen kommunistischen Mordplan mit dem Ziel, Robert Kennedy – der von der Rechten als fanatischer Linksradikaler geschildert wurde – vor einem Skandal zu schützen. Norman Mailer nahm in seinem 1973 erschienenen Buch über Marilyn die Mordtheorie ernst. Er stellte die These auf, daß »der rechte Flügel des FBI oder des CIA durchaus Grund gehabt hätte, Bobby Kennedy in einen Skandal zu verwickeln«.

Hank Messick hat ein preisgekröntes Buch über das organisierte Verbrechen geschrieben und als Berater des Gemeinsamen Legislativausschusses zur Verbrechensbekämpfung in New York gearbeitet. Er vertritt die Auffassung, die Mafia – die von den Affären mit den Kennedys wußte und durch Marilyns kürzlichen Beinahe-Suizid am Tahoe-See auf den Geschmack gekommen sei – habe die unter Tabletten gesetzte Marilyn dazu gebracht, einen Hilferuf auszusenden, damit Robert Kennedy in eine Falle gelockt werde.

Messick weist darauf hin, daß Mafiosi 1961 Chloralhydrat verwandten – eine der Chemikalien, die in Marilyns Körper gefunden wurden –, um einen Mann zu diskreditieren, der sich für ein Amt auf lokaler Ebene zur Wahl stellte. Sie verabreichten ihm das Schlafmittel, dann steckten sie ihn mit einer jungen Frau ins Bett und machten Fotos. Im Fall Marilyns sei, so Messick, geplant gewesen, daß Robert Kennedy Marilyn zu Hilfe komme. Dadurch, daß er sich mitten in der Nacht in Marilyns Haus aufhielt, wäre er gezwungen gewesen, in seinem Kampf gegen das Syndikat kürzer zu treten, wenn er nicht wollte, daß sein Verhältnis enthüllt und er erledigt wurde.

Der Plan schlug, so behauptet Messick, fehl, als Kennedy ungerührt blieb und den Köder nicht annahm. Er reagierte auf Marilyns Flehen nicht, und sie starb. Messick sagt, seine These beruhe auf Gesprächen mit Leuten aus dem Justizministerium und mit Mafiosi, deren Identität er nicht preisgeben könne.

Wer die Mordtheorien verwirft, weist gern darauf hin, daß Marilyn schon vorher Selbstmordversuche unternommen habe und offensichtlich im Begriff war, sich kaputtzumachen. Ihre Lebensgeschichte belegt das zweifellos. Dennoch, würden die Mordtheoretiker erwidern, gibt es denn eine ungefährlichere Methode, einen Testpiloten zu ermorden, als die, sein Flugzeug zu sabotieren? Wie konnte man Marilyn einfacher ermorden als durch die Vortäuschung eines Selbstmords?

Norman Mailer schrieb: »Für den, der die Absicht hatte, den Kennedys kräftig Schwierigkeiten zu machen und vielleicht eine Flüsterkampagne in Gang zu setzen, die sie 1964 vernichtend treffen mußte – für den war es ein perfekter Schachzug, Marilyn genauso umzubringen, daß es in den ersten Berichten wie Selbstmord aussehen mußte. Doch ist dieser Selbstmord so ungeschickt inszeniert, daß schon in der zweiten Woche alle Zeitungen auf Mord tippen. Das konnte den Kennedys heillosen Schaden zufügen. Wenn man an die Macht denkt, die das unterirdisch sich verbreitende Gerücht hat ... wer wird da noch glauben, daß sie nichts damit zu tun hätten? Da müßten sogar loyale Demokraten aufhorchen.«

Wie er bedauernd zugibt, schrieb Mailer ohne gründliche Recherchen. Für einen großen Schriftsteller war es ein riskantes Unternehmen, das keineswegs grundlos kritisiert wurde. Doch nun, da intensiv recherchiert wurde, gibt Mailer alles andere als ein lächerliches Bild ab.

Wenn man davon absieht, daß der Gerechtigkeit Genüge getan werden soll, ist es eigentlich unerheblich, ob Marilyn ermordet wurde, ob sie ihrem Leben selbst ein Ende bereitete oder ob sie – das ist immerhin möglich – ihre Aufnahmefähigkeit für Nembutal überschätzte. Der Schlüssel zu dem, was sich nach ihrem Ende ereignete, liegt in dem Wort »Skandal«.

Professor Robert Blakey, der Chefankläger des Kongreßausschusses, der unlängst die Ermordung des Präsidenten untersuchte, meint, eine Schwachstelle in John Kennedys Charakter – seine Frauengeschichten – könne verhängnisvoll für ihn gewesen sein: »die machten ihn anfällig für Mordanschläge durch das organisierte Verbrechen.«

Im August 1962 gaben sich die Brüder Kennedy durch Frauengeschichten – einschließlich ihrer Affären mit Marilyn und deren Ende – Blößen, die sie für eine andere Art von Anschlägen verwundbar machten. Von Juristen stammt der Satz: Wenn die Beweise fehlen, müssen wir manchmal Indizien anhäufen und uns anschließend über deren Bedeutung klarwerden. Für den Historiker ist dies ein durchaus legitimes Verfahren.

Die in diesem Buch angehäuften Informationen belegen zweifelsfrei, daß die Kennedys zum Sex eine gefährlich unbekümmerte Haltung einnahmen; gefährlich deshalb, weil die Indizien zeigen, daß ihre Feinde davon wußten, zuschauten, zuhörten und auf eine Gelegenheit warteten, die beiden bloßzustellen. Ob Mord oder nicht, Marilyns Tod stellte solch eine Gelegenheit dar.

Die Kennedys hatten Glück, daß die Presse Marilyns Ableben 1962 nicht untersuchte, daß sich nur rechte Schwätzer mit begrenztem Publikum der Sache annahmen. Aber Glück ist vielleicht das falsche Wort. Die Begleitumstände von Marilyns Tod, mit denen die Kennedys sehr viel zu tun hatten, wurden vorsätzlich vertuscht.

46

IN DEN WOCHEN nach Marilyns Tod bereiteten dem Pathologen Thomas Noguchi andere Dinge als forensische Details Kopfzerbrechen. An seinem Arbeitsplatz im Gerichtsgebäude hatte er, wie er sagt, »das deutliche Gefühl, daß das Verfahren verschleppt wurde und daß man den Fundort der Leiche nicht unangetastet gelassen hatte«.

1962, bevor ein Coroner eigene Ermittlungsbeamte einsetzen konnte, war ein Gerichtspathologe auf Polizeiquellen angewiesen, was anderes relevantes Beweismaterial als die Leiche selbst betraf. »Nach allem, was ich mitbekam«, sagt Noguchi, »hatte ich den Eindruck, daß die Polizei die Sache sehr wahrscheinlich abblockte. Ich habe das während meiner Laufbahn oft erlebt, bei Todesfällen, an denen wichtige Persönlichkeiten beteiligt waren ...« Die Fakten erhärten seinen Verdacht.

Am Morgen von Marilyns Tod und noch ehe das Haus versiegelt wurde, bemerkten erfahrene Reporter die bekannten Anzeichen für polizeiliche Ermittlungen in einem unnatürlichen Todesfall. »Es war eine typische Polizeiaktion«, erinnert sich James Bacon von Associated Press. »Die Beamten überprüften alles, brachten Kreidemarkierungen an, nahmen Messungen vor und so weiter.« Es wurden zahlreiche

Fotos gemacht, wie der Bezirksstaatsanwalt während des Wiederaufnahmeverfahrens im Jahr 1982 herausfand. Laut einem pensionierten Polizeibeamten, der ungenannt bleiben möchte, wurden Fingerabdrücke gesichert. Joe Hyams von der *New York Herald Tribune* beobachtete Kriminalbeamte, die Marilyns Schlafzimmer »zur Beweissicherung mit großen Leinentüchern« abdeckten.

Offenbar wurden die Ermittlungen in diesem frühen Stadium von Kriminalbeamten der Abteilung West Los Angeles durchgeführt, weil sich der Todesfall in ihrem Zuständigkeitsbereich ereignet hatte. Unterdessen begann die Zentrale mit ihrer eigenen Untersuchung, genau wie es Polizeipräsident Parker beabsichtigt und seiner Frau erzählt hatte. Die Öffentlichkeit erfuhr zwar nie etwas davon, aber diese Untersuchung dauerte mehrere Wochen.

Thad Brown, der Chef der Kriminalpolizei, den man nach Marilyns Tod aus seinem Wochenendversteck geholt hatte, bestand im allgemeinen darauf, engen Kontakt zu seinen Männern und den Fällen, die sie bearbeiteten, zu halten. »Um den Fall Monroe hat sich Thad persönlich gekümmert«, erinnert sich einer der leitenden Beamten Browns, der ehemalige Inspektor Kenneth McCauley. »Er hatte ein besonderes Interesse daran. Die Jungens machten ihre Hausaufgaben.« Browns Bruder und sein Sohn, beide selbst ehemalige Polizisten, bestätigen das.

Browns Adjutant »Pete« Stenderup kümmerte sich um den Papierkram seines Chefs. »Thad hat diese Sache konsequent durchgezogen«, erinnert er sich. »Meine Anweisung lautete, dafür zu sorgen, daß alle, die an diesem Fall arbeiteten und ihn sprechen wollten, auch zu ihm vorgelassen wurden. Wurde irgendwas Schriftliches eingereicht, dann sorgte ich dafür, daß er es bekam. Ich kann mich noch an drei bis acht Seiten pro Tag erinnern, und das wochenlang. Es waren Notizen, was wir ›fünfzehn/sieben‹ nannten, Vermerke von Polizeibeamten. Es handelte sich um vertrauliche Dinge, keine Akten, die gerichtlich angefordert werden können – inoffizielle Vermutungen darüber, was passiert sein könnte. Robert Kennedy wurde in diesen Berichten häufig erwähnt . . .«

Brown führte die Ermittlungen im Fall Monroe nicht persönlich durch. Er leitete die Mordkommission, und seinen Männern wurde der Fall nie übergeben – vielleicht aufgrund der frühen gerichtsmedizinischen Erkenntnisse. Statt dessen betraute man eine andere legendäre

Figur mit dem Fall: Captain James Hamilton, den Chef der Aufkärungsabteilung. Der behandelte die Angelegenheit als derart geheim, daß auch seine engsten Vertrauten nichts Näheres erfuhren.

Hamiltons engster Mitarbeiter, Lieutenant Marion Philips, berichtet: »Wir wußten zwar von den Ermittlungen, wurden aber nicht daran beteiligt. Die Sache war viel zu heiß. Captain Hamilton und Chief Parker standen in engem Kontakt deswegen. Das ging immer so weiter, und Wochen später wurde die Akte dem Polizeipräsidenten übergeben.«

Von der Papierflut, die damals über die Polizeischreibtische wanderte, ist heute so gut wie nichts mehr übrig. Als 1974 das öffentliche Interesse neu erwachte, gab der jetzige Commander Kenneth McCauley den Auftrag, nach den Unterlagen zum Fall Monroe zu suchen. Von der Sonderabteilung Mord erfuhr er folgendes:

> »RHD (*Robbery and Homicide Division* – Abteilung Raub und Mord) besitzt derartige Unterlagen nicht. Die Ermittlungsbeamten setzten sich mit der Abteilung West Los Angeles in Verbindung und bekamen Bescheid, daß in den dortigen Akten keine Unterlagen betreffs Miss Monroes Tod vorliegen ...«

Der Bericht kam zu dem Schluß, das Unterlagenvakuum resultiere aus einer alle zehn Jahre erfolgenden gesetzlich zulässigen Aktenvernichtung. Nach Presseberichten, Polizeichef Parker habe die Ermittlungen im Fall Monroe behindert, um sich bei den Kennedys lieb Kind zu machen, schickte der damalige Polizeipräsident Beamte der Abteilung Aufklärung/Organisiertes Verbrechen erneut auf die Suche. Sie fanden heraus, daß selbst der sogenannte »Death Report«, der bei jedem nicht natürlichen Todesfall routinemäßig erstellt wird, in den Akten fehlte. Nun begaben die Beamten sich auf eine recht peinliche Papierjagd quer durch die Stadt.

Schließlich fand man den »Death Report«, samt einer Handvoll anderer Unterlagen, in einer Vorortgarage. Kripochef Thad Brown, der mit dem Verlauf, den der Fall genommen hatte, nie zufrieden gewesen war, hatte einige Dokumente aus den Anfangsstadien der Ermittlung gehamstert. Sein Sohn übergab sie nun dem Aufklärungsteam, das sie pflichtgemäß überprüfte und sich bei der Einsatzzentrale zurückmeldete.

Offensichtlich als Nachklapp zu den Ermittlungen im Jahr 1975 ging 1979 ein Vermerk an Captain Finck vom OCID (Organized Crime Intelligence Division – Abteilung Aufkärung/Organisiertes Verbrechen). Dort stand:

»Der für Polizeichef Gates erstellte Fallhefter liegt im OSS bei den Akten; der Fallhefter im OSS enthält alle Berichte in diesem Hefter, außerdem zusätzliche Informationen und Fotografien.«

Das OSS (Office of Special Service – Sonderkommando) wurde für etwas abseitige Aufgaben eingesetzt, die nicht in die normalen Kategorien paßten. Da es der Polizei dermaßen schwerfiel, ihre Unterlagen beieinander zu halten, bleibt nur, darauf hinzuweisen, wo die übriggebliebene Monroe-Akte zuletzt gesichtet wurde. Es wäre natürlich interessant, diese Akte – einschließlich der »zusätzlichen Informationen und Fotografien« – einzusehen; doch da ist die Polizei alles andere als entgegenkommend.

Der Mann, der 1975 die Wiederaufnahme des Falles beaufsichtigte, war der damals für die Einsätze verantwortliche Polizeidirektor Daryl Gates. 1984, als Polizeipräsident, gab er nichts von dem heraus, was von der Original-Polizeiakte über Marilyns Tod übriggeblieben ist. Er reagierte auf einen formellen Antrag mit dem Bescheid: »Die von Ihnen beantragten Informationen befinden sich in einer Geheimakte und sind der Öffentlichkeit nicht zugänglich.«

Lieutenant Marion Philips, ehemaliger leitender Polizeioffizier der Aufklärungsabteilung, weiß nicht, was mit den Originalakten geschah. 1962 erfuhr er, Polizeipräsident Parker »habe die Akte an sich genommen, um sie jemandem in Washington zu zeigen. Danach haben wir nichts mehr von ihr gehört.«

Nach Parkers Tod forderte 1966 der republikanische Bürgermeister von Los Angeles, Sam Yorty, bei der Polizeibehörde die Akte Monroe an; er hatte die Gerüchte über Marilyn und die Kennedys gehört und war neugierig geworden. Die Polizei teilte ihm lakonisch mit: »Hier ist sie nicht ...«

Es wäre falsch anzunehmen, daß Polizeipräsident Parker im Fall Monroe seine traditionell eiserne Integrität aufgab. Es hat den Anschein, als habe er – nachdem er sich wahrscheinlich vergewisserte, daß es hier nicht um Mord ging – die Akte wohl eher an eine höhere Instanz weitergeleitet und sich aus allem herausgehalten. Das würde auch die einige Wochen später erfolgte müde Geste Parkers gegenüber seiner Frau erklären, als er einfach ein Fragezeichen in die Luft malte.

Die Polizei war nicht die einzige Behörde, die Marilyns Tod untersuchte. Nachdem es erneut zu einer öffentlichen Kontroverse gekommen war, wies der Stadtrat von Los Angeles die örtliche Staatsanwaltschaft an, den Fall wiederaufzurollen.

Ausgelöst wurde diese Wiederaufnahme durch die öffentliche Aussage eines ehemaligen Mitarbeiters des Coroners, Lionel Grandison. Er behauptete, man habe ihn gezwungen, Marilyns Totenschein zu unterschreiben, als er 1962 in der Dienststelle des Coroners tätig war. Da er beim County gearbeitet hatte, war der Stadtrat der Meinung, seine Behauptung solle überprüft werden.

Unterbezirksstaatsanwalt Ronald Carroll überprüfte Grandisons Behauptungen und einige andere Aspekte des Falls. Er befand Grandison für unglaubwürdig und warf auch noch ein paar andere falsche Spuren, die sich im Lauf der Jahre angesammelt hatten, auf den Müll. Er kam zu der – wenn auch von einem wichtigen Vorbehalt eingeschränkten – Erkenntnis, daß »ausgehend von den vorliegenden Informationen offenbar keine weiteren polizeilichen Ermittlungen über Miss Monroes Tod erforderlich sind«.

Ronald Carroll fand bei seinen Untersuchungen allerdings heraus, daß die Bezirksstaatsanwaltschaft nach Marilyns Tod sehr wohl aktiv wurde. John Dickey, der damals direkt mit dem Fall beschäftigte stellvertretende Bezirksstaatsanwalt, weigert sich heute standhaft, über diese Angelegenheit zu reden; das gilt auch für die Frage, ob er je versucht habe, Peter Lawford oder Robert Kennedy zu sprechen. In den verfügbaren Akten finden sich keine Spuren seiner Ermittlungsarbeit.

Im Zuge neuer Recherchen kam jedoch heraus, daß Frank Hronek, der Ermittlungsbeamte des Bezirksstaatsanwalts, der – wie bereits zuvor erwähnt – schon früher Marilyns Kontakte mit Mafiosi und die Ereignisse im Hause Lawford beobachtet hatte, 1962 eine Reihe von Berichten abfaßte. Heute findet man in den Akten der Staatsanwaltschaft keine Spur davon.

Hronek nahm, wie seine Familie berichtet, die Vermutung mit ins Grab, daß an den Ereignissen um Marilyns Tod Syndikatsmitglieder beteiligt waren und daß tatsächlich eine Verbindung zu Marilyns Affären mit den Kennedys existierte. Er erwähnte die Mafiosi Sam

Giancana und Johnny Roselli namentlich und sagte, der Geheimdienst CIA habe zu einem bestimmten Zeitpunkt eingegriffen. Hronek vermutete, Marilyn sei ermordet worden.

Ein anderer ehemaliger stellvertretender Bezirksstaatsanwalt ist überzeugt, daß mindestens ein Dokument in der Akte liegen müsse. Es handelt sich um John Miner, der bei Marilyns Autopsie als Beobachter der Staatsanwaltschaft anwesend war. Er bekam 1962 von Coroner Dr. Curphey den Auftrag, Dr. Greenson zu befragen. Miner vermutete, er wurde mit dieser Aufgabe betraut, weil er am Institut für Psychiatrie unterrichtete und Greenson persönlich kannte.

Er habe sich, berichtet Miner, einige Tage nach Marilyns Tod vier Stunden lang mit Greenson in dessen Büro unterhalten. Greenson war bedrückt. Er äußerte sich frank und frei gegenüber einem Mann, mit dem er notgedrungen sprechen mußte, der aber, wie er wußte, sein Vertrauen nicht in der Öffentlichkeit mißbrauchen werde. Miner gibt keine Einzelheiten preis. Doch was er verrät, enthält wichtige Informationen.

Greenson sprach nicht nur über vertrauliche Mitteilungen Marilyns, er spielte Miner auch ein vierzigminütiges Tonband vor, auf dem Marilyn sprach. Es handelte sich offensichtlich nicht um den Mitschnitt einer Therapiesitzung, und Greensons Stimme befand sich nicht auf dem Band. Es kann jedoch sein, daß Marilyn, die einige Wochen vor ihrem Tod ein Tonbandgerät kaufte, ihrem Psychiater private Gedanken anvertraute. Laut Miner vernichtete Greenson die Aufnahme anschließend.

Der Abgesandte der Staatsanwaltschaft verließ Dr. Greensons Büro in Konfusion. Aus dem, was er erfuhr, schloß er, es sei »äußerst unwahrscheinlich«, daß sich Marilyn absichtlich umgebracht habe. »Unter anderem«, sagt Miner, »wurde deutlich, daß sie Pläne und Erwartungen für ihre unmittelbare Zukunft hatte.« Daß einer der Kennedys bei diesen Plänen eine Rolle spielte, möchte Miner weder bestätigen noch dementieren.

Auf die Frage, ob Greenson der Meinung war, Marilyn sei ermordet worden, antwortet Miner: »Darauf kann ich keine Antwort geben.«

Im August 1962 mußte Miner über sein Gespräch mit Greenson Bericht erstatten. Er verfaßte darüber einen Vermerk, dessen Inhalt er sinngemäß wie folgt wiedergibt:

»Wie von Ihnen verlangt, habe ich Dr. Greenson getroffen und mit ihm über seine verstorbene Patientin Marilyn Monroe gesprochen. Unser Gespräch dauerte mehrere Stunden, und ich glaube, als Ergebnis von Dr. Greensons Auskünften und nach allem, was ich auf einer Tonbandaufzeichnung hörte, mit Bestimmtheit feststellen zu können, daß es sich nicht um Selbstmord handelte.«

Diese Mitteilung ging an Coroner Curphey, eine Abschrift bekam Miners Vorgesetzter bei der Bezirksstaatsanwaltschaft, Manley Bowler. Nicht ohne Beklommenheit wartete Miner auf die Reaktion. Aufgrund all der Indizien, dachte Miner, werde der Bezirksstaatsanwalt ein Großes Geschworenengericht einberufen und ihn als Zeugen vorladen. »Aus berufsethischen Gründen wäre ich gezwungen gewesen, mich zu weigern, und man hätte mir durchaus wegen Mißachtung des Gerichts den Prozeß machen können«, sagt Miner heute.

Miner sorgte sich unnötig. Auf die Notiz erfolgte überhaupt keine Reaktion, und heute ist sie unauffindbar. Auf die Frage, weshalb eine Reaktion ausblieb, zuckt Miner zunächst die Achseln. Dann meint er, der heute in einer privaten Anwaltspraxis tätig ist: »Sehen Sie, Bowler, mein Boß, war ein Bürokrat. Er hatte den Bericht des Coroners gelesen – weshalb schlafende Hunde wecken? So funktioniert das eben.«

1962 konnte man von den zuständigen Herren zunächst schöne Verlautbarungen hören. Sechsunddreißig Stunden nach Marilyns Tod gab Coroner Curphey die Anweisung, »alle verfügbaren Informationen« sollten dem Selbstmordverhütungszentrum von Los Angeles übergeben werden. Am nächsten Tag verkündete Dr. Norman Farberow, der Gründer des Zentrums: »Wir befragen alle und jeden. Wir werden so weit wie nötig zurückgehen.« Als er zwei Tage später bekanntgab, bei seinen Ermittlungen unterliege er keinerlei Beschränkungen, berichtete die *Los Angeles Times*: »GERICHTLICHE UNTERSUCHUNG WAHRSCHEINLICH.« Am nächsten Tag lautete die Schlagzeile der *New York Herald Tribune*: »WAS BRACHTE MARILYN UM? UNTERSUCHUNG AUSGEWEITET.«

Doch urplötzlich kamen die Ermittlungen zum Erliegen. Am 12. August, genau eine Woche nach Marilyns Tod, erschienen die Zeitungen in San Francisco und New York – jedoch nicht in Los Angeles – mit der Schlagzeile »UNVERHOHLENER GEHEIMNISVOLLER ›DRUCK‹ IN MARILYN-UNTERSUCHUNG«. Die erfahrene Polizeireporterin Florabel Muir schrieb, daß »auf die Polizei von Los Angeles ein merkwürdiger Druck ausgeübt wird ... wie heute abend aus den Ermittlern nahestehenden Kreisen verlautete ... Dieser angebliche Druck ist recht mysteriös. Er stammt anscheinend von Leuten, die Marilyn in den letzten paar Wochen nahestanden.«

Fünf Tage später schloß Coroner Curphey den Fall ab. Siebzig Journalisten wurden zusammengetrommelt und hörten sich an, wie er und das Selbstmordverhütungsteam ihr Verdikt abgaben: »Wahrscheinlich Selbstmord.« Es gab sehr viel zu sagen über Tabletten, Vorgeschichte und den wahrscheinlichen Todeszeitpunkt. Die Journalisten gingen zufrieden nach Hause – das war's also.

Im Widerstreit mit seinem Berufsethos hatte Dr. Greenson versucht, die Wahrheit preiszugeben. Er hatte den Behörden geholfen, als sie zu ihm kamen, und nichts war geschehen. Nun wurde er zur Zielscheibe infamer Gerüchte. Zwei Jahre später, als ihn ein Reporter befragte, sollte Greenson sagen: »Ich kann mich nicht rechtfertigen oder verteidigen, ohne Dinge zu verraten, die ich nicht verraten will. Ich befinde mich da in einer schrecklichen Lage, daß ich sagen muß, ich kann nicht darüber reden. Aber ich kann die ganze Geschichte nicht erzählen.«

47

DER SCHLÜSSEL ZU der »ganzen Geschichte« lag möglicherweise in dem stummen Zeugen, den Marilyn in ihren starren Fingern hielt, als Dr. Greenson sie tot in ihrem Zimmer fand: das Telefon. Es war ein dramatischer Aspekt, und die Presse stürzte sich drauf. Dies taten auch die Selbstmordexperten, kurz bevor ihre Ermittlungen ein abruptes Ende fanden.

Dr. Faberow, der Leiter des Teams, hatte Greenson fragen wollen, ob er ein Freizeichen hörte, bevor der den Hörer auflegte, oder ob die Leitung stumm gewesen sei, was auf eine unterbrochene Verbindung hätte schließen lassen. Hatte Marilyn mit jemandem gesprochen und wenn ja, mit wem? Am zweiten Tag tauchte das »geheimnisvolle Telefonat« in den Schlagzeilen auf, und der Star der Show hieß – eine Zeitlang – Eunice Murray.

In ihrem Presseinterview äußerte Mrs. Murray, sie »dachte, Marilyn hätte vielleicht noch ein Telefonat geführt, als sie gegen Mitternacht zu Bett ging und bemerkte, daß in Marilyns Schlafzimmer noch Licht brannte«.

Bereits in den Acht-Uhr-Nachrichten am nächsten Morgen zitierte man Mrs. Murray im Radio mit den Worten, sie »sah einen Lichtschein unter Miss Monroes Tür«. Woher Eunice Murray wissen konnte, daß das Licht an war, obwohl sie selbst zugibt, der neue Teppich habe kein Licht durchdringen lassen, das wurde zu einem regelrechten Zankapfel. Um das Licht zu bemerken, hätte sie in den Garten hinausgehen und einen Blick auf die Fenster werfen müssen.

Heute behauptet Mrs. Murray, nicht das Licht habe ihre Aufmerksamkeit erregt, sondern die Verlängerungsschnur des Telefons, die sich durch den Flur schlängelte und unter der Tür verschwand. Wie auch immer – das Telefonrätsel entwickelte sich zu einem größeren Medienereignis. Was den Anruf betraf, zitierte man Mrs. Murray mit den Worten: »Ich weiß nicht mehr, wieviel Uhr es war oder woher der Anruf kam, aber Marilyn schien er zu beunruhigen ...« Woher die Haushälterin wissen konnte, daß der Anruf Marilyn *beunruhigte*, obwohl sie sie gegen zwanzig Uhr zum letzten Mal gesehen haben will, ist ein weiterer strittiger Punkt. Heute gibt sie jedenfalls an, sie könne sich an den Anruf überhaupt nicht mehr erinnern.

Als man in der Zeitung die Balkenüberschrift »JAGD AUF GEHEIMNISVOLLEN FREUND« lesen konnte, tauchte einer von Marilyns Freunden aus der Versenkung auf. Der Schwager der Kennedys, Peter Lawford, gab durch seinen Agenten Milt Ebbins eine Stellungnahme ab. »Gegen neunzehn Uhr«, verkündete Ebbins, habe Lawford »angerufen, um sie und ihre Freundin Pat Newcomb zu einer kleinen Abendgesellschaft in seiner Villa einzuladen. Er sagt, Miss Monroe habe ihm erzählt, sie würde gern vorbeikommen, sei aber müde und wolle früh ins Bett.« Als man Lawford persönlich interviewte, sagte er: »Mit Marilyn schien alles in Ordnung zu sein. Sie hörte sich prima an.«

Welchen Wahrheitsgehalt Lawfords Geschichte – die er im Lauf der Zeit übrigens modifizierte – auch haben mochte, sie bedeutete auf keinen Fall, wie es eine Zeitung formulierte, »das Ende des Geheimnisses«. Wenn er um sieben Uhr mit ihr telefoniert hatte, wessen Anruf »beunruhigte« Marilyn am selben Abend, nur viel später?

1962 bereiteten die Behörden weiteren Spekulationen über eventuelle Telefonate erfolgreich ein Ende. »Es gab keinen Anruf«, erklärte ein Mitglied des Selbstmordverhütungsteams auf Coroner Curpheys letzter Pressekonferenz. Und was die Polizei betraf, die hatte trocken verkündet, Marilyn habe »zu keinem mit ihrem Tod in Zusammenhang stehenden Zeitpunkt Anrufe entgegengenommen«. Der Kriminalbeamte Sergeant Byron, der die Ermittlungen in Marilyns Haus in Gang gesetzt hatte, teilte kategorisch mit, Lawford habe als letzter bei Marilyn angerufen.

Diese angeblich »auf intensiver Ermittlungsarbeit« beruhende Erkenntnis läßt wahrhaft übernatürliche detektivische Fähigkeiten vermuten – es gibt nämlich keinerlei Möglichkeit, festzustellen, welche Anrufe von einem Apparat entgegengenommen werden; lediglich hinausgehende Telefonate werden von der Telefongesellschaft registriert, damit die Rechnung erstellt werden kann. Die von Marilyn getätigten Anrufe waren möglicherweise extrem wichtig. Daher überprüfte die Polizei sie noch am selben Morgen; doch diese Aktion verlief auf eine äußerst besorgniserregende Weise.

Unter den erhalten gebliebenen Resten der Polizeiakte befindet sich ein Bericht, den Sergeant Byron am Spätnachmittag des Tages nach Marilyns Tod verfaßte. Dort steht:

> »Miss Monroes Anschluß, GR6-1890, wurde überprüft, mit dem Ergebnis, daß im fraglichen Zeitraum keine Ferngespräche getätigt wurden. Die Telefonnummer 472-4830 wird gegenwärtig überprüft.«

Ausführliche Gespräche mit Angestellten von Marilyns Telefongesellschaft General Telephone (GTE) deuten darauf hin, daß dieser Bericht unsinnig ist. 1962 wurden die Ferngespräche von der Dame vom Amt in der örtlichen Telefonzentrale per Hand auf Pappkarten festgehalten. Diese wanderten in Schachteln, die sieben Tage in der Woche gegen Mitternacht abgeholt und in den Hauptsitz der Telefongesellschaft gebracht wurden. Gespräche, die im Selbstwählverkehr getätigt werden konnten, wurden auf einem gelben Lochstreifen festgehalten, der ebenfalls in der Zentrale landete. Gleich am Morgen sortierte man die Ferngespräche, dann verschwanden sie für mindestens eine Woche im Buchführungssystem, meistens länger.

»Nur frühmorgens gab es dieses kurze Zwischenstadium, wo man theoretisch an die Gespräche herankommen konnte«, verrät ein früherer Sicherheitsexperte der Gesellschaft. »Danach waren sie tagelang unerreichbar, und wenn J. Edgar Hoover persönlich sie haben wollte. Bei unseren damaligen Vorschriften hätte kein gewöhnlicher Polizist Marilyns Unterlagen in die Hände bekommen können, ehe nicht fast zwei Wochen nach ihrem Tod verstrichen waren.«

Sergeant Byron gibt keine Auskünfte zum Fall Monroe. GTE-Angestellte vermuten aber, bei seiner »Überprüfung« des einen Anschlusses könne es sich um eine Bemerkung aus der Sicherheitsabteilung der Firma handeln, die letzten verfügbaren Unterlagen bezögen sich auf Marilyns Telefonrechnung, die wahrscheinlich bis Ende Juli erstellt worden war, also bis vier Tage *vor* der entscheidenden Nacht.

Wenn eine polizeiliche Überprüfung erforderlich wurde, sah das Routineverfahren so aus, daß der Polizeipräsident persönlich eine Anfrage an die Telefongesellschaft unterschrieb. Standen die Gesprächskarten wieder zur Verfügung, marschierte ein Polizeibeamter zu General Telephone und machte sich Notizen. Die noch existierenden Ferngesprächsunterlagen Marilyns deuten darauf hin, daß genauso verfahren wurde: Sie entstanden etwa zwei Wochen nach ihrem Tod. Sie enthalten allerdings einige bemerkenswerte Informationen.

Die für Marilyns zwei Telefonapparate zur Rechnungserstellung aufgeführten Telefonatslisten enthalten bis Ende Juli zahlreiche Ferngespräche, unter ihnen die mit dem Justizministerium. Auf den von der Polizei erstellten Listen ihrer Anrufe in den letzten Tagen, vom 1. bis 4. August, finden sich nur drei Gespräche. Das eine, am Freitag, führte sie mit Norman Rosten in New York, und die anderen beiden gingen in die Umgebung von Los Angeles. Da wir wissen, daß Marilyn in den zwei letzten Tagen ihres Lebens eine ganze Menge Ferngespräche führte, ist das sehr merkwürdig. Was passierte in den zehn Tagen, ehe die Polizei ihre Notizen machte, mit den fehlenden Telefonaten?

In ihrem Artikel vom 12. August, in dem sie von »merkwürdigem Druck« auf den Fortgang der polizeilichen Ermittlungen berichtete, schrieb die Reporterin Florabel Muir über Marilyns Ferngesprächslisten eindeutig: »Die Polizei hat die auf Lochstreifen festgehaltenen Unterlagen über die nach außen gehenden Ferngespräche beschlagnahmt.« Florabel Muir war eine erfahrene Polizeireporterin mit ausgezeichneten Kontakten.

Auch Joe Hyams von der *Herald Tribune*, neben Florence Muir einer der wenigen Journalisten, der sich ernsthaft um Aufklärung bemühte, ließ seine Beziehungen spielen. Er stolperte über eine sensationelle Information.

»Am Morgen nach ihrem Tod«, sagt Hyams, »setzte ich mich mit einem Angestellten der Telefongesellschaft in Verbindung und bat ihn, mir eine Kopie der Liste aller Nummern auf ihrem Lochstreifen zu besorgen – was er für ein Entgelt erledigen wollte. Noch in derselben Stunde rief mich mein Kontaktmann aus einer Telefonzelle zurück. ›Hier drüben ist die Hölle los‹, erzählte er mir. ›Anscheinend sind Sie nicht der einzige, der an Marilyns Telefonaten Interesse hat. Aber der Lochstreifen ist verschwunden. Mir hat man gesagt, er sei vom Geheimdienst beschlagnahmt worden – ich hab noch nie vorher gehört, daß sich die Regierung um so was kümmert. Offenbar hat das ein ganz hohes Tier angeordnet.‹«

Wenn man Hyams und Muirs Informationskanäle überprüft, werden ihre Versionen bestätigt; sie lassen darauf schließen, daß die Gesprächslisten bereits Sonntagmorgen nicht mehr da waren, nur Stunden, nachdem Marilyns Tod in der Öffentlichkeit bekannt wurde. Es hat außerdem den Anschein, als habe das FBI, nicht der Geheimdienst die Unterlagen an sich genommen.

Daß die Unterlagen bereits am frühen Sonntagmorgen verschwanden, ist deshalb wichtig, weil sie nur zu diesem Zeitpunkt entfernt werden konnten, bevor sie für Wochen im Buchführungssystem verschwanden. Es liegt auf der Hand, daß ein derartig promptes und effektives Vorgehen nur durch das Eingreifen einer mit großer Autorität und Einfluß ausgestatteten Person möglich war, die einen leitenden Herrn der Telefongesellschaft am frühen Sonntagmorgen aus dem Bett holen und zum sofortigen Handeln veranlassen konnte.

Bob Warner, der 1962 der Sicherheitsmannschaft von General Telephone angehörte, ist heute noch bei der Firma. Er sagt, er »erinnert sich nicht« an die Entfernung von Marilyns Ferngesprächsbelegen. Ein anderer Mann weiß aber noch genau, was damals geschah. Der Exherausgeber des *Santa Monica Evening Outlook,* Dean Funk, war mit Robert Tiarks, dem verstorbenen Abteilungsleiter von General Telephone, eng befreundet. Funk kann sich noch genau erinnern, wie er nicht lange nach Marilyns Tod mit Tiarks vor einer Vorstandssitzung zusammensaß. »Er sagte mir, das FBI sei am nächsten Tag gekommen und habe die Unterlagen abgeholt.«

In einem 1973 verfaßten, teilweise zensierten FBI-Dokument gab ein ehemaliger leitender FBI-Mitarbeiter aus Los Angeles zu Protokoll, er habe auf eine Pressenachfrage zu dem Thema ebenfalls geantwortet, er »könne sich an solch einen Vorfall nicht erinnern«. »Sich nicht erinnern« ist eine altehrwürdige offizielle Floskel, wenn man etwas abstreiten und sich dennoch vorbehalten will, sich »zu erinnern«, falls die Tatsachen später aufgedeckt werden.

Während der Fertigstellung dieses Buches kam die Wahrheit ans Licht. Ich spürte einen anderen Ex-FBI-Agenten auf, der anonym bleiben möchte. Er war ein leitender Mitarbeiter, und 1962 unterstanden ihm die Ermittlungen gegen das organisierte Verbrechen in einer größeren Stadt an der Westküste.

»Ich bin überzeugt«, bekennt er, »daß das FBI gewisse Telefonunterlagen der Monroe an sich nahm. Als sie starb, hielt ich mich gerade besuchsweise in Kalifornien auf und erfuhr durch meine Kollegen in Los Angeles vom Abtransport der Unterlagen. Ich wußte, daß damals einige Leute dort waren, FBI-Personal, die da eigentlich nichts zu suchen hatten – Agenten von außerhalb. Die waren sofort am Ort des Geschehens, sobald sie tot war, ehe irgendwem klarwurde, was passiert war. Später erfuhr ich, daß Agenten die Unterlagen beseitigt haben. Es muß auf Anweisung von ganz oben geschehen sein, sogar von noch weiter oben als Hoover.«

Weiter oben als Hoover? Für den Exagenten stand seinerzeit fest, daß die Befehle »entweder vom Justizminister oder vom Präsidenten« kamen. »Das schloß ich aus meinen Kenntnissen über den Aufbau des FBI, darüber, wie damals solche Sachen gehandhabt wurden. Mir war klar, jemand hatte das telefonisch veranlaßt und nicht über ein Medium, das sich ausfindig machen läßt.« Damit nichts in den Unterlagen auftauchte? »So ist es«, erwiderte der Agent.

Dean Funk, der Zeitungsverleger aus Santa Monica, kann sich an eine weitere Einzelheit aus seinem Gespräch mit dem früheren leitenden Angestellten der Telefongesellschaft erinnern. »Er redete nur ungern darüber«, berichtet Funk, »aber er sagte, er wisse, daß in Marilyn Monroes Todesnacht ein Anruf nach Washington erfolgt sei.«

Bevor er seine Untersuchungen beenden mußte, erfuhr Dr. Litman vom Selbstmordverhütungsteam, daß Marilyn gegen neun Uhr abends mit der Ostküste telefoniert hatte, als die letzten Minuten ihres Lebens verrannen.

Die wichtigste Aussage zur Entfernung der Ferngesprächsunterlagen ist eindeutig die des pensionierten FBI-Agenten von der Westküste. Seine felsenfeste Überzeugung, die Anweisungen seien von »weiter oben als Hoover« gekommen – von Robert Kennedy oder dem Präsidenten persönlich –, ist nicht nur ein Anzeichen dafür, daß die Brüder sich des unkalkulierbaren Schadens bewußt waren, den sie hätten nehmen können, wären die Telefonlisten veröffentlicht worden. Zur Schadensbegrenzung waren sie überdies gezwungen, sich an den Amtsträger zu wenden, der Robert Kennedy am meisten haßte: J. Edgar Hoover. Es war mehr als demütigend – es bedeutete, daß die Brüder ewig in der Schuld des FBI-Direktors standen. Um die Verbindung zu Marilyn geheimzuhalten, mußten sie sich ausgerechnet auf ihn verlassen.

Aber Robert Kennedy war immer noch durch die Listen früherer Ferngespräche gefährdet, die in Marilyns Todesnacht schon so weit im Buchführungssystem gespeichert waren, daß sie durch Intervention des FBI bei General Telephone nicht mehr zu bekommen waren. Die Unterlagen über Marilyns zahlreiche Telefonate mit dem Justizministerium im Juni und Juli, die ich Dokumenten der Polizei von Los Angeles entnahm, ließen sich nur auf dem Dienstweg erlangen – durch einen Polizisten, der ein paar Wochen nach dem Tod der Schauspielerin dem Büro der Telefongesellschaft einen Besuch abstattete. Und wieder sorgte jemand dafür, daß die übliche Prozedur umgangen wurde.

1962 war die Polizeisekretärin Shirley Brough für die Ausstellung von Anträgen zur Einsicht in Telefonunterlagen verantwortlich. Sie weiß noch, daß man ihr, was völlig unüblich war, die Schreibarbeiten im Fall Monroe nicht auftrug. Shirley Brough, die damals in der Aufklärungsabteilung beschäftigt war, kann sich erinnern, daß »das alles von der Sekretärin des Captains erledigt wurde, und zwar aus Geheimhaltungsgründen. Es handelte sich um etwas ganz Besonderes, wegen der Leute, mit denen Marilyn Monroe damals bekanntermaßen Umgang pflegte. Also überlegte man sich, daß man lieber gar kein Risiko eingehen wollte.«

Der Captain und Chef der Aufklärungsabteilung war James Hamilton, der im Auftrag des Polizeipräsidenten Parker persönlich die Ermittlungen im Fall Monroe leitete. Einige Zeit nach ihrem Tod traf er sich zum Essen mit dem Gerichtsreporter Jack Tobin von der *Los Angeles Times,* den er inzwischen gut kannte und dem er vertraute. Tobin berichtet: »Hamilton sagte mir, er habe die Telefonbelege aus Marilyn Monroes letzten ein oder zwei Lebenstagen. Als ich Interesse bekundete, meinte er: ›Mehr sage ich Ihnen nicht.‹ Es war aber deutlich, daß er viel mehr wußte.«

Robert Kennedy kannte übrigens Captain Hamilton sehr gut. Er erwähnte ihn mehrmals in seinem Buch *Gangster dringen zur Macht* und bezeichnete ihn im Vorwort als »meinen Freund«. Kennedy bewunderte Hamiltons Methoden zur Beschaffung von Aufklärungsmaterial und ließ sich während seiner Tätigkeit im Senat und im Justizministerium vom Captain beraten.

Als er sich ein Jahr nach Marilyns Tod aus dem Polizeigeschäft zurückzog, wurde Hamilton Sicherheitschef der National Football League. Zu denen, die ihn für diese Aufgabe empfahlen, gehörte Robert Kennedy. Hamiltons Sohn sagt heute: »Er unterhielt Verbindungen zu den Kennedys, die über berufliche Kontakte hinausgingen.«

Nachdem Kriminalpolizeichef Thad Brown am Morgen von Marilyns Tod zum Polizeipräsidium beordert worden war, weil es ein »Problem« gab, verbrachte er den restlichen Tag mit Virgil Crabtree, dem stellvertretenden Leiter der regionalen Aufklärungsabteilung des Finanzministeriums. Das Problem lag, wie Crabtree von Brown erfuhr, darin, daß man in Marilyns Bettwäsche einen zerknitterten Zettel gefunden hatte; auf ihm stand eine Telefonnummer aus dem Weißen Haus.

Der Nachfolger von Polizeipräsident Parker, Tom Reddin, war 1962 einer dessen Stellvertreter. Er erzählt: »Was Hamilton und seine Aufklärungsabteilung betraf, so hatte keiner auch nur einen blassen Schimmer von dem, was da ablief. Hamilton redete nur mit zwei Leuten: mit Gott und Chief Parker. Mir war zwar bekannt, daß Hamilton im Fall Monroe ermittelte, aber ich erfuhr nie, in welche Richtung. Mir war auch bekannt, daß angeblich ein internes Papier existierte, das nie an die Öffentlichkeit gelangte.«

Der ehemalige Polizeipräsident Reddin ergänzt: »Auf meiner Ebene in der Polizeibehörde wußte man über die Monroe-Kennedy-Verbindung Bescheid. Daß Kennedy – ich sollte sagen: die Kennedys – Beziehungen zu Marilyn Monroe unterhielten, wurde allgemein angenommen. Wir hörten, einer ihrer letzten Anrufe habe Bobby gegolten.«

Lawrence Schiller, einer der Fotografen, die Marilyns Nacktbadeszene in *Something's Got to Give* geknipst hatten, war nicht in der Stadt, als er von ihrem Tod hörte. Er eilte nach Los Angeles zurück und saß abends im Büro von Arthur Jacobs, Marilyns Public-Relations-Berater.

Wie er so im Büro saß, habe er ein Gespräch zwischen Jacobs und Pat Newcomb mitangehört. Er sagt, was sie damals am meisten beunruhigte, war, »was die Unterlagen der Telefongesellschaft an den Tag bringen würden«.

Die Sorgen hätten sie sich sparen können. Um diesen potentiellen Gefahrenherd hatte man sich offenbar bereits gründlich gekümmert.

48

WAS PASSIERTE IN Marilyns Todesnacht wirklich? Wer tat was in den entscheidenden Stunden? Antworten darauf sind vorhanden, aber nur schwer faßbar. Die Zeugen reden nur widerwillig, einige überhaupt nicht mehr.

Als ich Peter Lawford 1983 in einem Nobelrestaurant in Los Angeles traf, sah er wie ein zerbrechlicher alter Mann aus. Er war zwar erst sechzig, aber von lebenslangen Exzessen ausgelaugt. Als das Gespräch auf die Todesnacht kam, erstarrte die in sich zusammengesunkene Gestalt, und seine zitternde Hand schob sich über den Tisch auf den Aschenbecher zu. Mit schleppender Stimme begann er, seine Geschichte zu erzählen. Dann sagte Lawford, halb schluchzend: »Bis auf den heutigen Tag verzeihe ich mir das nicht; es gibt keine Entschuldigung dafür, daß ich nicht hingegangen ...« Er brach in Tränen aus, und ich mußte das Thema fallenlassen. Als dieses Buch in den Druck ging, starb Lawford.

Ebenfalls 1983 saß Eunice Murray, mit zweiundachtzig geistig noch völlig auf der Höhe, in einem heruntergekommenen Haus in Santa Monica, hörte sich die Fragen an und überlegte sich ihre Antworten sehr genau. Ein Gedächtnis, das bei irrelevanten Details offenbar keinerlei Probleme hatte, verwirrte sich auf einmal, wenn es um zentrale Fragen über die tragische Nacht ging. Als der Reporter ging, hatte er das Gefühl, Mrs. Murray habe gerade auf sehr liebenswürdige Weise mit ihm Katz und Maus gespielt.

Lawford und Eunice Murray waren immer Hauptzeugen, was Marilyns letzte Stunden anging; sie wurden aber nie unter Eid vernommen. Die Polizei befragte Mrs. Murray wenige Stunden nach Marilyns Tod und noch einmal wenige Tage später. Beim zweiten Mal war Lieutenant Armstrong anwesend, der Leiter der kriminalpolizeilichen Abteilung von West Los Angeles. In dem Bericht über diese Befragung, der hier zum erstenmal veröffentlicht wird, heißt es (vgl. folgende Seite):

> »Der Beamte ist der Meinung, daß Mrs. Murray vage und möglicherweise ausweichend auf Fragen bezüglich Miss Monroes Aktivitäten während dieses Zeitraums antwortete. Es ist nicht bekannt, ob dies mit Absicht geschieht oder nicht.«

Mrs. Murray verunsicherte die Polizei vielleicht – bei Peter Lawford war jedoch gar nichts zu holen. In einem Polizeibericht aus dem Jahr 1962 steht: »Es wurde der Versuch unternommen, Kontakt zu Mr. Lawford aufzunehmen, doch seine Sekretärin informierte die Beamten, Mr. Lawford habe um 13.00 Uhr ein Flugzeug bestiegen.« Es war am 8. August, drei Tage nach Marilyns Tod, und Lawford hatte sich in das Haus der Kennedys nach Hyannis Port geflüchtet.

Dort schloß sich ihm, auf Einladung Robert Kennedys, Pat Newcomb an. Laut Dr. Farberow vom Selbstmordverhütungsteam hatte sie sich geweigert, vor ihrem Abflug eine Aussage zu machen. »Sie wandte eine Obstruktionstaktik an«, erinnert sich Faberow, »sie war alles andere als mitteilsam.«

Es dauerte dreizehn Jahre, bis Peter Lawford schließlich von der Polizei befragt wurde, als diese nämlich den Fall 1975 wiederaufrollte. Außerdem sprach er 1982 mit dem Bezirksstaatsanwalt. Den Ermittlern fiel es schwer, Lawfords Aussagen zu beurteilen. »Er war konzentriert«, sagt einer der Befrager. »Er war kein bißchen unsicher, er wußte ganz genau, was er sagte.«

Lawfords Geschichte änderte sich im Lauf der Jahre und von einer polizeilichen Befragung zur nächsten. Wenn wir die Aussagen der

Los Angeles Police Department
EMPLOYEE'S REPORT

DR 62-509 463

Subject: RE-INTERVIEW OF PERSONS KNOWN TO MARILYN MONROE

Date & Time Occurred	Location of Occurrence	Division of Occurrence
August 5, 1962	Various	

(Rank, Name, Assignment, Division)	Date & Time Reported
Lt. G. H. ARMSTRONG, COMMANDER, WEST L. A. DETECTIVE DIVISION	8-10-62 8:30A

DETAILS

The following is a resume of the interview conducted in an effort to obtain the times of various phone calls received by Miss Monroe on the evening of her death. All of the below times are estimations of the persons interviewed. None are able to state definite times as none checked the time of those calls.

MRS. EUNICE MURRAY - 933 Ocean Avenue, Apt #11, Santa Monica

Mrs. Murray stated that she had worked for Marilyn Monroe since November, 1961, that on the evening of 8-4-62 Miss Monroe had received a collect call from a Joe DiMaggio, Jr. at about 7:30P. Mrs. Murray said that at the time of this call coming in, Miss Monroe was in bed and possibly had been asleep. She took the call and after talking to Joe DiMaggio, Jr., she then made a call to Dr. Greenson and Mrs. Murray overheard her say, "Joe Jr. is not getting married, I'm so happy about this." Mrs. Murray states that from the tone of Miss Monroe's voice, she believed her to be in very good spirits. At about 9P, Mrs. Murray received a call from Mr. Rudin who inquired about Miss Monroe. Mr. Rudin did not talk to Miss Monroe. Mrs. Murray states that these are the only phone calls that she recalls receiving on this date.
Note: It is officers opinion that Mrs. Murray was vague and possibly evasive in answering questions pertaining to the activities of Miss Monroe during this time. It is not known whether this is, or is not intentional. During the interrogation of Joe DiMaggio, Jr., he indicated he had made three phone calls to the Monroe home, only one of which Mrs. Murray mentioned.

Auszug aus der Polizeiakte über Marilyns Tod, die nie öffentlich zugänglich war und kürzlich vom Autor ausfindig gemacht wurde. Mit der Aussage von Mrs. Murray, einer wichtigen Zeugin, waren die Polizeibeamten alles andere als zufrieden. Der untere, schwer zu entziffernde Teil des Berichts lautet in der Übersetzung:

Anmerkung: Der Beamte ist der Meinung, daß Mrs. Murray vage und möglicherweise ausweichend auf Fragen bezüglich Miss Monroes Aktivitäten während dieses Zeitraums antwortete. Es ist nicht bekannt, ob dies mit Absicht geschieht oder nicht. Joe DiMaggio jr. wies während seiner Befragung darauf hin, daß er dreimal im Haus Monroe anrief, wohingegen Mrs. Murray nur einen Anruf erwähnte.

Hauptpersonen mit denen der bisher noch nie Befragten vergleichen, können wir die letzten Stunden versuchsweise rekonstruieren.

An dem verhängnisvollen Samstagabend lud Lawford mehrere Gäste ein, darunter den Fernsehproduzenten Joe Naar und seine Frau Dolores. Die Naars wohnten drei Kilometer vom Strandhaus der Lawfords und nur vier Straßen von Marilyns Villa entfernt. Mit den Lawfords waren sie befreundet, und bei ihnen waren sie sowohl Marilyn als auch Robert Kennedy begegnet. Die Naars berichten, Peter Lawford habe sie irgendwann samstags angerufen und zum Abendessen eingeladen. Da Marilyn ebenfalls eingeladen war, habe er sie gebeten, diese in ihrem Auto mitzunehmen.

Später am Abend, kurz bevor sie aufbrachen, geschah laut Joe Naar folgendes: »Peter rief an und sagte, Marilyn wolle nun doch nicht vorbeikommen. Sie sei müde und bleibe lieber zu Hause.«

Es kann aber auch sein, daß Marilyn am frühen Abend kurz im Haus der Lawfords auftauchte – vielleicht weil sie, wie sie Dr. Greenson nachmittags ankündigte, doch zum Strand gefahren war.

1979, in einem Gespräch nach dem Begräbnis Darryl Zanucks, sagte die Schauspielerin Natalie Wood, die jahrelang mit Marilyn befreundet war, sie und der Schauspieler Warren Beatty seien ein paar Stunden vor Marilyns Tod im Haus der Lawfords gewesen.

Daraufhin nahm ich 1983 Verbindung zu Beatty auf. Sehr zögernd sagte er: »Ich, äh, ich sah sie am Abend, bevor sie starb. Aber, äh, ich glaube, es würde nichts bewirken, wenn ich mich dazu näher äußerte, ähem ... Ich will eigentlich nicht, daß Sie sich auf mich berufen. Ich sage wohl lieber nichts dazu ...«

Bezieht sich Beatty mit »am Abend, bevor sie starb« auf den Freitag oder auf Samstagnacht? Marilyns Aktivitäten an beiden Abenden bleiben im dunkeln. Beatty weigert sich, mehr zu diesem Thema zu sagen.

Wenn Marilyn am Samstagabend zu Lawford fuhr – an dem im übrigen auch Beatty und Natalie Wood anwesend waren –, dann handelte es sich um einen sehr kurzen Besuch, noch ehe die anderen Essensgäste eintrafen. Als Dolores und Joe Naar gegen 21.30 Uhr vorbeikamen, war keiner von ihnen im Haus.

Außer den Naars war auch der Produzent George »Bullets« Durgom Essensgast. Er sei auch schon früher bei den Lawfords gewesen, sagt er, als Marilyn »mit Bobby vorbeikam und dann wieder wegfuhr«. In dieser Nacht habe Lawford ein chinesisches Essen bringen lassen, und es sei erwähnt worden, daß man Marilyn eingeladen habe. Von diesem Punkt an differieren die Geschichten.

In seiner ersten Presseverlautbarung sprach Lawford von einem einzigen Anruf bei Marilyn, gegen sieben Uhr abends, bei dem sie absagte und als Grund Müdigkeit angab. Das stimmt mit der Version der Naars überein, wonach sie sich entschuldigte, ehe die beiden zur Party kamen. Als Lawford jedoch 1975 von der Polizei befragt wurde, fügte er eine ganze Reihe neuer Telefonate mit Marilyn sowie ein sich anschließendes Drama hinzu.

Lawford erzählte der Polizei, er habe Marilyn gegen 17 Uhr zum erstenmal angerufen; das war etwa zur gleichen Zeit, als eine verstörte Marilyn mit Dr. Greenson telefonierte. Lawford sagte aus, sie habe »verzweifelt geklungen« wegen ihres Rauswurfs aus *Something's Got to Give* und »einigen anderen privaten Angelegenheiten«. Er habe sie gedrängt, abends vorbeizukommen, und sie habe geantwortet, sie werde es sich überlegen.

Laut dieser Version Lawfords rief er gegen 19.30 Uhr oder etwas später noch einmal an, da sie nicht erschienen war. Sie klang immer noch deprimiert und »redete undeutlich. Sie erklärte, sie sei müde und werde nicht kommen. Ihre Stimme wurde immer leiser, und Lawford begann, sie anzuschreien. [Er nannte das eine verbale Ohrfeige.] Dann äußerte sie: ›Sag good bye zu Jack [John Kennedy] und sag good bye zu dir selbst, du bist nämlich ein netter Kerl.‹«

Damit war die Leitung unterbrochen, sagte Lawford 1975 der Polizei. Er habe angenommen, Marilyn habe aufgelegt, und noch mehrmals versucht, sie anzurufen, doch es sei immer besetzt gewesen.

1982 erzählte Lawford den Ermittlern der Staatsanwaltschaft eine ähnliche Geschichte – mit einigen Abweichungen. Nun sagte er, es habe kein zweites Telefonat stattgefunden, die Nummer sei immer besetzt gewesen, als er versuchte, erneut anzurufen. Nachdem eine halbe Stunde lang ständig besetzt gewesen sei, habe er das Amt angerufen. Dort erfuhr er, der Hörer sei nicht aufgelegt worden, worauf er sich ernste Sorgen machte. Zu diesem Zeitpunkt war Lawford, laut einem seiner Hausangestellten, bereits sehr betrunken.

Dr. Litman, ein Mitarbeiter des Selbstmordverhütungsteams, sagt, er habe erfahren, daß Lawford nach dem letzten Anruf Marilyns mit Washington telefonierte.

Lawford behauptet, er habe sich selbst um Marilyn kümmern wollen, sich aber zunächst von seinem Agenten Milt Ebbins beraten lassen. Daß dieses Gespräch stattfand, wird von Ebbins bestätigt; es existieren jedoch unterschiedliche Angaben darüber, ob Ebbins bei der Abendgesellschaft anwesend war oder ob Lawford ihn zu Hause anrief. Ebbins sagt, er habe Lawford mitgeteilt, es sei ein Fehler, zu Marilyn zu fahren, und statt dessen versprochen, er werde Milton Rudin, den Anwalt Marilyns und Frank Sinatras, der außerdem noch Dr. Greensons Schwager war, anrufen.

Ebbins sagt, er habe Rudin auf einer anderen Party erreicht, und Rudin, den die Polizei 1962 befragte, gab an, er habe den Anruf gegen 20.45 Uhr entgegengenommen. Er sagte weiter, Ebbins habe ihm den Grund der Besorgnis mitgeteilt, und er habe sich bereit erklärt, bei Marilyn zu Hause anzurufen. Als er etwa fünfzehn Minuten später anrief, sei Mrs. Murray am Apparat gewesen.

Rudin lehnte 1983 ein Interview ab, wir müssen uns also auf das beschränken, was er der Polizei drei Tage nach Marilyns Tod sagte. Im Polizeibericht steht, er habe Mrs. Murray gefragt, »wie es um Miss Monroes körperliches Wohlbefinden bestellt sei, und Mrs. Murray habe ihm versichert, Miss Monroe gehe es gut. Mr. Rudin glaubte, Miss Monroe sei gerade mal wieder niedergeschlagen, und er verwarf die Möglichkeit, daß darüber hinaus etwas nicht stimmen könne.«

Eunice Murray bestätigt Rudins Anruf; sie besteht aber darauf, der Anwalt habe nichts von einem beunruhigenden Telefonat erwähnt, das Lawford angeblich mit Marilyn geführt habe. Sie habe angenommen, es handele sich lediglich um eine beiläufige Erkundigung, und gesagt, alles sei in Ordnung, ohne noch einmal mit Marilyn Rücksprache zu halten. Laut dieser Version war es das denn auch. Mrs. Murray schlief bis gegen drei Uhr dreißig morgens, wachte auf, bemerkte die verschlossene Zimmertür und rief voller Sorge Dr. Greenson an.

Der Rest wäre Geschichte, wiese dieses Szenario nicht einige größere Lücken auf. Da sind als erstes zwei Fragen zu bedenken, zwei Schwachstellen in der offiziellen Berichterstattung. Beide Male geht es um den Beweggrund.

Selbst dreiundzwanzig Jahre danach wissen wir immer noch nicht, *warum* sich Mrs. Murray plötzlich mitten in der Nacht um Marilyn Sorgen machte. Wenn man ihr glaubt und Rudin also wirklich nichts gesagt hatte, was ihre Besorgnis um Marilyn weckte – ist es dann wirklich wahrscheinlich, daß der bloße Anblick einer Telefonverlängerungsschnur unter Marilyns Tür Mrs. Murray zum Telefon eilen und Dr. Greenson in den frühen Morgenstunden wecken ließ?

In ihren 1975 erschienenen Memoiren, bei denen ihre Verwandte Rose Shade als Ghostwriterin fungierte, erfahren wir lediglich, daß »ein sechster Sinn Eunice vor Gefahr warnte«. Das zu akzeptieren fällt nicht eben leicht.

Bei Mrs. Murray lautet die Frage »Warum?« – im Fall Peter Lawfords muß sie »Warum nicht?« heißen. Warum setzte sich Lawford nach seinem alarmierenden Telefonat mit Marilyn nicht einfach in seinen Wagen und fuhr die paar Kilometer zu ihrem Haus?

Darauf antwortete Lawford, er habe seinen Agenten angerufen, und Milt Ebbins habe gesagt: »Du darfst da nicht hinfahren! Du bist der Schwager des Präsidenten der Vereinigten Staaten. Deine Frau ist verreist. Ich werde mich mit ihrem Anwalt oder ihrem Arzt in Verbindung setzen, die sollen zu ihr fahren.«

Ebbins hat zwar den Kern dieser Geschichte bestätigt, aber klingt sie in sich schlüssig? Wenn es keine Verbindung zwischen Marilyn und den Kennedys gab, wie Lawford immer behauptete, warum hielt er es dann für nötig, eine komplizierte Telefonkette in Bewegung zu setzen? Weshalb hatte Ebbins den Eindruck, die Angelegenheit sei dermaßen heikel? Es gab wirklich keinen Grund, nicht den natürlichen Weg einzuschlagen und einfach bei Marilyn vorbeizuschauen.

Der nächste Haken steckt im Zeitproblem – sowohl bei Mrs. Murrays Verhalten als auch bei den Vorgängen im Hause Lawford. Hier verwickeln sich die verschiedenen Versionen in ein Knäuel von Widersprüchlichkeiten, die – sind sie erst einmal entwirrt – dazu beitragen, die eigentliche Frage zu klären.

Mr. und Mrs. Naar, von denen die schlüssigste Schilderung dieses Abends stammt, sagen, sie verließen die Lawfordsche Abendgesellschaft ziemlich früh, »reichlich vor elf Uhr«. Als sie zu Hause gerade schlafen gingen, bekamen sie einen unerwarteten Anruf Lawfords. Er sagte, er mache sich Sorgen, weil »Marilyn angerufen und gesagt hatte, sie habe Tabletten genommen, vielleicht zu viele. Sie selbst habe sich besorgt geäußert, daß sie es vielleicht übertrieben habe.«

Lawford habe Joe Naar gebeten, sich bereit zu halten, um notfalls bei Marilyn nach dem Rechten zu sehen, und Naar war einverstanden. Später, sagen die Naars, rief Lawford noch einmal an und teilte mit, es bestünde kein Grund zur Besorgnis. Das Ehepaar Naar ging zu Bett.

Die Aussage der Naars ist sehr wichtig, da sich so das ganze Drama auf einen viel späteren Zeitpunkt verlagert. Alle beide bestehen fest darauf, es sei während des Abendessens – also zwischen acht und kurz nach zehn abends – nicht von Sorgen um Marilyn die Rede gewesen, kein Wort über »Good-bye«-Anrufe gefallen. Hätte dieses Drama früher begonnen, so hätten sie davon etwas mitbekommen müssen, da sind sie sich ganz sicher. Es handelte sich um ein Beisammensein im engsten Kreis, und sie waren mit Lawford und Marilyn sehr gut bekannt. Und doch blieb alles ruhig, bis die Naars das Haus der Lawfords verließen.

Was die wichtige Frage der zeitlichen Abfolge betrifft, so stimmt die Aussage von »Bullets« Durgom, dem anderen bekannten Gast, mit der der Naars überein. Er sagt, es sei spätabends gewesen, er habe mit Lawford zusammengesessen und getrunken, als Lawford seine ernste Besorgnis über Marilyn äußerte. Zu diesem Zeitpunkt, sagt Durgom, fingen die Erkundigungen an. Hier müssen wir wieder auf Mrs. Murray zurückkommen. Kurz nach dem Tod schrieb Dr. Greenson Freunden, Mrs. Murray habe um *Mitternacht* zum erstenmal bemerkt, daß in Marilyns Zimmer Licht brannte. Dann war sie, so hatte Greenson sie verstanden, wieder eingeschlummert, bis ihr »sechster Sinn« sie gegen 3.30 Uhr morgens noch einmal weckte.

In dem allerersten ihr zugeschriebenen Pressezitat sprach Eunice Murray davon, sie habe das Licht »um Mitternacht« bemerkt. Der erste Polizist am Ort des Geschehens, Sergeant Clemmons, will von Mrs. Murray erfahren haben, sie habe sich zum erstenmal »um Mitternacht« Sorgen gemacht.

Mir erzählte sie während eines langen ersten Interviews – und zwar dreimal –, sie sei »gegen Mitternacht« aufgewacht und habe die Leiche entdeckt. Auf mein Nachfragen nahm Mrs. Murray dies zurück und sagte zu den Ereignissen dieser traurigen Nacht, sie seien in ihrem Gedächtnis inzwischen durcheinandergeraten.

Es habe eine längere Verzögerung gegeben, ehe die Polizei angerufen wurde, da stimmt Mrs. Murray zu; aber die Schuld an dieser Verzögerung schiebt sie den beiden Ärzten zu. »Sie redeten viel darüber, wie das geschehen konnte«, sagt sie, »wobei es zweifellos darum ging, wie viele Tabletten sie ihr verschrieben hatten.« Und doch stellte Dr. Greenson in seinen ersten Aussagen vor der Polizei und in seiner Korrespondenz kategorisch fest, er habe von der Krise zum erstenmal durch einen Anruf Mrs. Murrays um *3.30 Uhr morgens* erfahren.

Nun existiert aber tatsächlich und in der normalen Wahrnehmung eines Zeugen ein großer Unterschied zwischen Mitternacht und halb vier morgens. Wenn Mrs. Murray gegen Mitternacht klarwurde, daß Marilyn tot oder in ernsten Schwierigkeiten war, und sie Dr. Greenson nicht umgehend anrief, was passierte dann zwischen dem späten Abend und den frühen Morgenstunden?

Das Rätsel ist inzwischen wahrscheinlich weitgehend gelöst, was wir der Entdeckung neuer Zeugen mit überraschenden neuen Informationen verdanken.

Den inzwischen verstorbenen Arthur Jacobs, Leiter der Firma, die sich um Marilyns Öffentlichkeitsarbeit kümmerte, hat man nie über die Ereignisse in ihrer Todesnacht befragt. Dank seiner Witwe Natalie können wir jedoch auf einen Bericht aus erster Hand zurückgreifen, der unsere Geschichte von Grund auf verändert.

Wie wir bereits wissen, standen die Jacobs Marilyn Monroe nahe. In Marilyns letzten Monaten verbrachten die beiden viel Zeit mit ihr, kümmerten sich um sie, wenn es ihr dreckig ging, und hörten ihr zu, wenn sie von ihrer unglücklichen Liebe zum Präsidenten und ihren Begegnungen mit Bobby Kennedy erzählte.

Die Nacht des 4. August 1962 wird Natalie Jacobs nie vergessen. Es war der Vorabend ihres Geburtstags, und sie besuchte mit ihrem Mann in dieser Samstagnacht ein Konzert in der Hollywood Bowl. Unter dem Sternenhimmel lauschten sie dem Orchester Henry Mancini und Klavierduetten von Ferrante und Teicher.

Es war ein schöner Abend, und Natalie war verliebt. Sie und Arthur hatten noch nicht geheiratet; dies war einer ihrer seltenen friedlichen Abende, an dem ihn seine Hollywood-Klienten nicht in Anspruch nahmen. Plötzlich, gegen Ende des Konzerts, wurde der Friede gestört. Jemand, der ihrer Meinung nach zum Personal der Hollywood Bowl gehörte, brachte Jacobs eine Nachricht. Sie kam, wie Natalie annahm, von Pat Newcomb, und sie lautete: Marilyn ist tot.

»Wir erfuhren die Neuigkeit lange, bevor sie bekannt wurde«, sagt Natalie Jacobs. »Wir verließen das Konzert sofort, und Arthur setzte mich an unserem Haus ab. Er fuhr zu Marilyns Haus, und dann sah ich ihn wohl zwei Tage lang nicht mehr. Er mußte die Presse irreführen.«

Natalie Jacobs ist sich absolut sicher, daß sie vor dem Ende des Konzerts von Marilyns Tod erfuhren. Das Konzert begann um 20.30 Uhr, so stand es in der *Los Angeles Times* dieses Tages; es endete auf jeden Fall weit vor Mitternacht. Natalie Jacobs ist der Meinung, daß sie die Nachricht bereits um 23 Uhr hatten.

Ich erinnerte Natalie daran, daß Marilyns Leiche nicht vor 3.40 Uhr am nächsten Morgen gefunden wurde; dies habe man schließlich der Polizei und der Öffentlichkeit erzählt. Darauf erwiderte sie: »Gestatten Sie, daß ich Ihnen den Grund verrate. Mein Mann hat es so gedreht – warum, kann ich Ihnen nicht sagen. Ich war nicht dabei. Ich war zu Hause. Das war seine Angelegenheit.«

Durch diese neuen Informationen wird vieles klar. Jetzt wird verständlich, weshalb die Gäste im Hause Lawford am frühen Abend nichts von den beunruhigenden Telefonaten hörten. Nun verstehen wir, warum Lawford das Ehepaar Naar erst anrief, als sie schon wieder zu Hause waren, um sie zu bitten, sich bereit zu halten und gegebenenfalls nach Marilyn zu sehen. Wenn also an der Wahrheit »gedreht« wurde, wird deutlich, warum er später zurückrief und Entwarnung gab.

Nun wird es auch Zeit, daß wir uns einmal um die medizinischen Indizien kümmern. Der Experte Professor Keith Simpson zeigte sich sehr an der Information interessiert, daß an Marilyns Leichnam bereits die Leichenstarre eingetreten war, als Dr. Greenson gegen 3.40 Uhr morgens ihr Zimmer betrat. »Die Leichenstarre tritt erst nach vier bis sechs Stunden ein; der Todeszeitpunkt läßt sich also auf geraume Zeit vor Mitternacht festsetzen«, meinte Professor Simpson.

Als sie an diesem Samstagabend zwischen acht und zehn Uhr mit verschiedenen Freunden sprach, klang Marilyn konfus. Es ist sehr gut möglich, daß sie kurz nach 22 Uhr mitten in einem Telefongespräch mit Peter Lawford – oder einem seiner Gäste – verstummte und das Bewußtsein verlor. Es ist allerdings höchst unwahrscheinlich, daß sie einfach tot in ihrem Bett gelegen hat, bis Mrs. Murray in den frühen Morgenstunden Dr. Greenson anrief.

Es existieren andere neue Anhaltspunkte, die dafür sprechen, daß dieser zeitliche Ablauf zutrifft und das eigentliche Drama schon lange vor Greensons Alarmierung anfing. Diese Anhaltspunkte lassen darauf schließen, daß lange vor Marilyns Analytiker schon andere dagewesen waren und daß diese Leute eine Zeitlang hofften, sie werde überleben.

Als die Staatsanwaltschaft 1982 den Fall neu aufrollte, bekamen die Ermittler die absolut neue Information – von der vorher nicht einmal andeutungsweise die Rede gewesen war –, damals in der Nacht sei ein Krankenwagen zu Marilyns Villa gerufen worden.

Die Mitarbeiter des Bezirksstaatsanwalts sprachen mit einem früheren Krankenwagenfahrer namens Ken Hunter, der 1962 für die Firma Schaefer Ambulance arbeitete, den größten privaten Krankentransporteur im Gebiet von Los Angeles. Er sagte, er habe sich »in den frühen Morgenstunden« mit einem Helfer im Haus Marilyns eingefunden. Dort waren weder Journalisten noch Polizisten zugegen, noch erinnerte er sich an die Anwesenheit von Ärzten.

Als ich mit Hunter telefonierte, gab er ausweichende Antworten und war nach diesem ersten Telefonat zu keinen weiteren Gesprächen bereit. Der Staatsanwaltschaft hatte er verraten, soviel er wisse, habe ihn in dieser Nacht ein Angestellter namens Murray Liebowitz begleitet. Ich machte Liebowitz, der sich heute Leib nennt, ausfindig.

Mein telefonisches Interview mit Leib begann mit hartnäckigem Schweigen seinerseits, sogar auf die Frage, ob er früher einmal bei Schaefer Ambulance gearbeitet habe. Als ich ihm auseinandersetzte, warum ich an der Sache interessiert war, sagte er: »Ich will damit nichts zu tun haben ... Ich hatte in dieser Nacht keinen Dienst. Ich hörte davon, als ich am nächsten Morgen zur Arbeit kam ... Ich habe wegen gar nichts Angst, es besteht überhaupt kein Grund zur Sorge. Weitere Anrufe bei mir können Sie sich sparen.«

Als dieses Buch in Druck ging, sprach ich mit Walt Schaefer, damals wie heute Chef der Krankentransportfirma. Er war sich absolut sicher, daß ein Schaefer-Krankenwagen zu Marilyns Haus gerufen worden war. Auf die Frage, ob Murray Liebowitz zur Krankenwagenbesatzung gehörte, antwortete er: »Ich weiß, daß er dabei war.«

Als nächstes erwähnte der Krankentransporteur die erstaunlichste Einzelheit aller Ereignisse in jener verhängnisvollen Nacht. Er sagte, der Krankenwagen »brachte sie ins Krankenhaus von Santa Monica. Sie verschied im Krankenhaus, sie starb nicht zu Hause.«

Walt Schaefer weiß nicht mehr genau, wer den Krankenwagen kommen ließ oder ob jemand Marilyn in das Krankenhaus begleitete. In seiner Firma werden die Unterlagen nur fünf Jahre lang aufbewahrt, dieses Vorkommnis läßt sich also nicht dokumentieren. Erste Recherchen im Krankenhaus von Santa Monica verliefen im Sand. Das Personal hat seit 1962 oft gewechselt, und vielleicht haben die Mitarbeiter in der Notaufnahme nie erfahren, wen sie da behandelten – falls Marilyn je im Krankenhaus ankam.

Viele Fragen bleiben offen. Wer rief den Krankenwagen? Wer schaffte es, diese ganz und gar ungewöhnliche Prozedur über die Bühne zu bringen und die tote Marilyn nach Hause zurückzuschaffen – ehe Eunice Murray um drei Uhr dreißig morgens Alarm schlug?

Aus Zeugenaussagen wird ersichtlich, daß möglicherweise mehrere Menschen vor diesem Zeitpunkt in Marilyns Haus waren. Natalie Jacobs sagt, ihr Mann sei weniger als eine Stunde nach seinem Aufbruch aus der Hollywood Bowl dort eingetroffen, gegen 23.30 Uhr. Aus mehreren Aussagen geht hervor, der Anwalt Milton Rudin sei mitten in der Nacht in Marilyns Haus gewesen.

Lawfords Agent Ebbins, der berichtet, er habe Anwalt Rudin früher am Abend angerufen und so als erster Alarm geschlagen, sagt aus, der Anwalt habe ihn um vier Uhr morgens zurückgerufen – ehe die Polizei verständigt wurde.

Ebbins zitiert Rudin mit den Worten: »›Ich bin jetzt bei Marilyn zu Hause, und sie ist tot.‹ Und wissen Sie, daß keiner je erwähnte, Rudin sei im Haus gewesen? Er *war* da.«

Als sie 1973 interviewt wurde, gab Pat Newcomb ebenfalls an, sie habe »gegen vier« von Marilyns Tod gehört, und zwar von Rudin, der – wie sie annahm – aus Marilyns Villa anrief.

In einer Aussage vor Mitarbeitern der Staatsanwaltschaft ließ Peter Lawford 1982 zum erstenmal seine Version zum Thema, wann genau und wie er die Todesnachricht erfuhr, einfließen. Er sagte, um 1.30 Uhr habe Ebbins ihn telefonisch geweckt und ihm Rudins Meldung weitergegeben, daß Marilyn tot sei. Lawford sagte, er habe »die Bestätigung mit Sicherheit um 1.30 Uhr erhalten, weil er auf seinen Wecker sah, als Ebbins anrief«.

Ebbins dagegen behauptet, er habe tatsächlich versucht, die Neuigkeit an Lawford weiterzureichen – aber nicht vor 4 Uhr; und *er* sagt, er habe Lawford nicht erreicht. »Ich rief an, erreichte aber keinen«, sagt Ebbins. »Es meldete sich niemand ...« War Peter Lawford außer Haus? Und wenn ja, aus welchem Grund?

Lawfords Exfrau Deborah Gould hat beunruhigende Antworten parat: »Marilyn griff zum Telefon und wandte sich an Peter; sie teilte ihm mit, sie könne nicht mehr. Es wäre für alle das beste, wenn sie tot wäre, und daß sie sich umbringen würde. Peter hatte jede Menge getrunken, und er besaß einen zynischen Sinn für Humor, aber vielleicht nahm er sie auch nicht ernst.«

Es kann sein, daß Peter Lawford schließlich doch auf das beunruhigende Telefongespräch mit Marilyn reagierte, wenn auch eindeutig zu spät. Anscheinend war er einer der ersten, die bei ihr eintrafen.

Laut Deborah Gould reagierte Lawford auf Marilyns Selbstmorddrohung mit den Worten: »›Unsinn, Marilyn, reiß dich zusammen. Aber mein Gott, was immer du tust, hinterlaß nichts Schriftliches.‹ Damit endete das Gespräch, soviel ich von ihm weiß«, berichtet Deborah Gould.

Auf die Frage, ob Marilyn etwas Schriftliches hinterließ, antwortet Deborah Gould: »Ja, allerdings.« Den Inhalt kennt sie nicht: »Der Abschiedsbrief wurde vernichtet.« Wer hat ihn vernichtet? »Das wird Peter gewesen sein, jedenfalls hat er mir das gesagt«, erwidert Deborah Gould.

Lawford sei in dieser Nacht zu Marilyns Haus gefahren, sagt seine Exfrau. »Er fuhr dorthin, räumte auf und tat, was möglich war, ehe die Polizei und die Presse auftauchten ...« Auf die angebliche Vernichtung des Abschiedsbriefs angesprochen, sagt Deborah Gould, das habe Lawford getan, »um ihm nahestehende Betroffene zu schützen«.

Bei den ihm nahestehenden Betroffenen handelte es sich, laut Debbie Gould, um die Kennedys. »Das war Peters Aufgabe«, sagt sie, »die ganze Drecksarbeit zu erledigen und alles hinzubiegen.« Deborah Gould zitiert Lawford mit den Worten, die Kennedys hätten dafür gesorgt, daß es zu keinen ordnungsgemäßen Ermittlungen wegen Marilyns Tod kam.

49

BEVOR AM SONNTAG, dem 5. April, die Sonne aufging, traf gegen 5 Uhr früh ein Funkspruch in einem Apartment in Hollywood ein, das einer der erfolgreichsten und diskretesten Detektive an der Westküste benutzte. Erst nach schriftlicher Zusage, seinen Namen nicht zu nennen, erklärte er sich zu einem Gespräch bereit; doch fünf gründliche Interviews und intensive Überprüfungen bestätigen seinen beruflichen Hintergrund und lassen darauf schließen, daß er die Wahrheit sagt.

Der Funkspruch kam, sagt der Detektiv, von Fred Otash, der ihn zu sich bestellte; der Name des Privatdetektivs Otash tauchte, wie wir wissen, im Zusammenhang mit der Überwachung Marilyns und der Brüder Kennedy auf. Otash war, wie er bereitwillig zugibt, ein Mann, der für Geld nahezu alles machte. Diesmal lautete seine Aufgabe ironischerweise, ein Vertuschungsmanöver zugunsten der Kennedys zu inszenieren.

Der Detektiv brauchte etwa zwanzig Minuten, um aufzustehen und zu Otashs Büro zu fahren. Dort, so sagt er, traf er Otash in Gesellschaft Peter Lawfords an, »der sich wand wie ein Wurm in der Bratpfanne«.

Der Detektiv bekam präzise Instruktionen mit auf den Weg. Er erfuhr, daß Marilyn tot war, daß sie in der vorigen Nacht versucht habe, den Präsidenten im Weißen Haus zu erreichen – der sich übrigens das Wochenende in Hyannis Port aufhielt –, und zwar in großer Erregung wegen einer Auseinandersetzung mit Robert Kennedy.

Unser Gewährsmann und Detektiv ergänzt: »Lawford sagte, die Monroe sei wütend gewesen, weil sie sich ausgenutzt und abgelehnt fühlte. Sie wollte sich nicht wie ein Stück Fleisch behandeln lassen.« Der Detektiv erfuhr, Marilyn habe eine Art Abschiedsbrief hinterlassen, der bereits entfernt worden sei. Seine Aufgabe sei es, so erzählte man ihm, das Haus vor allem nach Zetteln und Briefen abzusuchen, die ihre Affären mit den Kennedys verraten könnten. Außerdem solle er versuchen, potentiell undichte Stellen ausfindig zu machen und sie möglichst abzudichten.

Auf die Aussagen dieses Detektivs angesprochen, sagt Fred Otash: »Mir war bekannt, daß dieser Detektiv behauptet hat, ich habe ihn mitten in der Nacht angerufen, und wir hätten uns mit Peter Lawford besprochen und darüber geredet, nach Marilyn Monroes Tod aufzuräumen. Nun ja, dazu kann ich nur sagen: ›Das werde ich weder bestätigen noch dementieren.‹ Ich brauche das bloß zuzugeben, schon lande ich vor einem Geschworenengericht.«

Der von Otash hinzugezogene Detektiv sagt, er hielt diese Aufgabe damals für undurchführbar, aber er sollte gut bezahlt werden – es ging um Tausende von Dollar. Er hatte, wie meine Recherchen bestätigten, hervorragende Kontakte zur Polizei, und gegen neun Uhr früh schaffte er es, in Begleitung eines Polizeibeamten Marilyns Haus zu betreten.

Der Polizist gehörte zu einer anderen Abteilung und hatte in dem Haus eigentlich nichts zu suchen. Er war nervös, und die beiden hielten sich nur zwanzig Minuten vor Ort auf. Daher blieb dem Detektiv keine Gelegenheit, seine Aufgabe zu erledigen, und er verschwand unverrichteter Dinge. Aber ehe er ging, fiel ihm noch etwas Wichtiges auf: im Gartenzimmer war ein Aktenschrank aufgebrochen worden.

Aus Rechnungen, die Marilyns Nachlaßverwaltung von einer Schloß- und Safefirma vorgelegt wurden, geht hervor, daß sie im Sommer ein neues Schloß in einen Aktenschrank in ihrem Haus einbauen ließ. Von Joe DiMaggios Freund Harry Hall, der ihn später am Sonntag ins Haus begleitete, erfahren wir, daß DiMaggio »nach etwas suchte, was er ›ein Buch‹ nannte, und es war verschwunden. Ihre ganzen privaten Aufzeichnungen waren verschwunden.«

Bei dem Treffen mit Lawford, zu dem man ihn am Sonntagmorgen per Funk bestellt hatte, erfuhr der Detektiv, daß »irgendwann am Samstag Bobby Kennedy in Marilyns Haus gewesen war und daß er irgendwann abends in Lawfords Haus war. Sie hatten Marilyn zu überreden versucht, daß sie auch ins Strandhaus kam. Ich hörte, Bobby sei in der Stadt gewesen und dann wieder mit etwas verschwunden, was Lawford ›die Luftwaffe‹ nannte. Ich glaube, er reiste kurz nach Marilyns letztem Anruf ab.«

Lawfords Exfrau Deborah Gould zitiert ihren Mann mit den Worten, der Justizminister habe Marilyn »schon ein paar Tage vor ihrem Tod« von Lawford überzeugen lassen wollen, daß zwischen ihnen alles aus war. Daraufhin, sagt Debbie Gould, passierte folgendes: »Sie versuchte verzweifelt, Bobby zu erreichen. Peter erwähnte, sie habe Pat angerufen, um herauszufinden, wo Bobby sei; sie fand heraus, daß er sich an der Westküste aufhielt, in San Francisco.«

Die Mitteilung, daß Lawford noch 1973 bei seiner Behauptung blieb, Robert Kennedy habe sich an diesem Wochenende an der Ostküste aufgehalten, kommentiert Debbie Gould mit dem Satz: »Peter ist zwar ein sehr guter Schauspieler, aber ein sehr schlechter Lügner.«

Unter Berufung auf Peter Lawford behauptet Deborah Gould, Kennedy sei an dem bewußten Wochenende von San Francisco nach Los Angeles gereist. Robert Kennedy hielt sich tatsächlich in Kalifornien auf, dafür existieren zahlreiche Belege. Aber blieb er im Gebiet um San Francisco, oder traf er sich in Los Angeles mit Marilyn?

»Das wäre sogar Peter Pan äußerst schwergefallen«, meint John Bates, an diesem Wochenende der Gastgeber Kennedys. »Es ist verrückt.« Während ihres Wochenendaufenthalts auf der Bates-Ranch verbrachten Robert und Ethel Kennedy sowie ihre Kinder einen Großteil ihrer Zeit mit der Familie Bates. Obwohl sie ein eigenes Gästehaus bewohnten, wurden die meisten Mahlzeiten gemeinsam eingenommen.

Bates glaubt, daß am Samstag alle zusammen ausritten; es war der letzte Tag in Marilyns Leben. Bates ist der Meinung, es wäre ihm aufgefallen, wenn Kennedy sich lange genug entfernt hätte, um bis Los Angeles zu kommen und in den ersten Stunden des Sonntags zurück zu sein.

Die Ranch liegt in Gilroy, fünfhundert Kilometer nordwestlich von Los Angeles. Fest steht nur, daß sich Kennedy am Sonntagmorgen um 9.30 Uhr in der katholischen Kirche von Gilroy, der Church of St. Mary, zur Messe einfand; dies bestätigt der Gemeindepriester.

Abgesehen von einer Befragung der Familie Bates, läßt sich Kennedys Aufenthalt auf der Ranch nur schwer überprüfen. Die Wochenendunternehmungen hatten privaten Charakter. Zeitweise wurden die Kennedys von dem FBI-Büro in San Francisco betreut, aber der damals verantwortliche Agent, Frank Price, weigert sich, über die Aktivitäten des Justizministers Auskünfte zu erteilen.

Falls Robert Kennedy an diesem Samstag wirklich einen Abstecher nach Los Angeles unternahm, muß er geflogen sein. In der Gegend gibt es mehrere Landefelder, auf denen ein Privatflugzeug aufsetzen kann. Eine Reihe von Zeugen geben an, Kennedy sei tatsächlich dort gewesen.

Die Ironie will es, daß Informationen dazu offenbar von Peter Lawford stammen, von dem Mann also, der in der Öffentlichkeit darauf beharrte, Robert Kennedy habe sich an diesem Wochenende nicht einmal in der Nähe von Los Angeles aufgehalten.

Marilyns ehemaliger Geschäftspartner Milton Greene berichtet, das Thema sei zur Sprache gekommen, als er sich nach Marilyns Tod mit Lawford in New York zum Essen traf. Lawford habe ihm, Greene, gesagt, Kennedy »sei in der Stadt gewesen. Er traf sich mit ihr. Dann fuhr er zum Strand, und Marilyn rief Lawford an.«

Zwei leitende Polizeibeamte sollen ebenfalls geäußert haben, daß Kennedy in Los Angeles war. Der ehemalige Bürgermeister Yorty sagt, Polizeipräsident Parker habe ihm erzählt, der Bruder des Präsidenten sei »in der Nacht, als sie starb, im Beverly Hilton Hotel gesehen worden«.

Kripochef Thad Brown erzählte mehreren Zeugen, er glaube, Kennedy sei in Los Angeles gewesen. Browns Bruder Finis, auch ein ehemaliger Kriminalbeamter, ermittelte selbst in dem Fall. Er habe, wie er sagt, mit Kontaktleuten gesprochen, die »angaben, sie hätten in der Nacht, als sie die Überdosis nahm, Kennedy und Lawson in einem Hotel gesehen. Ich gab diese Information an Thad weiter, und er sagte, das habe man ihm bereits mitgeteilt. Er ging davon aus, daß Kennedy in dieser Nacht in Los Angeles war.«

Hugh McDonald, der 1962 die Mordkommission im Büro des Sheriffs leitete, zitiert Thad Brown mit dem Satz: »Bobby war in dieser Nacht wirklich im Haus der Lawfords, er hielt aber eine Essensverabredung mit ihr nicht ein.«

Als die Staatsanwaltschaft den Fall vor kurzem wiederaufnahm, teilte der ehemalige stellvertretende Bezirksstaatsanwalt John Dickey den Ermittlungsbeamten mit, er habe 1962 erfahren, daß Kennedy in Los Angeles war, und dieser Information Glauben geschenkt.

Aus zwei bruchstückhaften Berichten – von einem ehemaligen Polizisten und einem Exmitarbeiter der 20th Century-Fox – geht hervor, daß ein Hubschrauber Kennedy in die Stadt brachte und in der Nähe von Studio 18 aufsetzte, auf einer Fläche, die damals von Hubschraubern frequentiert wurde, die Zubringerdienste für die Gegend um das Beverly Hilton leisteten. Diesen beiden Zeugen zufolge traf der Bruder des Präsidenten am frühen Nachmittag ein.

Einem Bericht, demzufolge Kennedy am Nachmittag bei seiner Ankunft in Marilyns Haus beobachtet worden war, schenkte die Staatsanwaltschaft 1982 oberflächliches Interesse. Ich spürte kürzlich die Urheberin dieser Geschichte auf, eine Frau namens Betty Pollard. Sie sagt, ihre Mutter spielte an diesem Tag im Haus einer Nachbarin Bridge, als ihre Gastgeberin plötzlich die Mitspielerinnen auf ein draußen geparktes Auto aufmerksam machte. Aus dem Wagen stieg, unverkennbar, Robert Kennedy und ging in Marilyns Haus. Die Gastgeberin erwähnte, sie habe ihn schon des öfteren vorbeikommen sehen.

Wenn sich dies so zugetragen hat, dann muß es vor 17 Uhr geschehen sein, als Dr. Greenson eintraf. Eunice Murray bestreitet, Kennedy an diesem Tag begegnet zu sein; sie räumt aber ein, daß sie zwischen zwei und vier Uhr nachmittags einkaufen war und Pat Newcomb samt Marilyn im Haus zurückließ.

Deborah Gould will von ihrem Exmann Lawford erfahren haben, daß Kennedy an diesem Nachmittag Marilyn tatsächlich einen Besuch abstattete. Bobby habe vorher versucht, ihre Beziehung aus der Ferne zu beenden, sagt Gould, »weil er nicht wollte, daß diese Sache zu große Bedeutung gewann. Unter anderem hatte er nämlich Angst, seine Feinde bekämen Informationen in die Finger, die seine Karriere ruinieren könnten. Peter sprach in dem Zusammenhang von ›Gangstertypen‹.«

Marilyn hatte sich, laut Deborah, geweigert, Botschaften von Kennedy anzunehmen, die Lawford ihr überbrachte, so daß Kennedy nun beschloß, ihr zum letztenmal gegenüberzutreten. »Er fuhr direkt zu Marilyn nach Hause«, sagt Debbie Gould. »Da wußte Marilyn, daß es aus und vorbei war, endgültig, und sie war ganz außer sich und deprimiert.«

Das war natürlich um 16.30 Uhr an dem Nachmittag, als Dr. Greenson, der Marilyn am Vortag recht gut gelaunt erlebt hatte, plötzlich einen unerwarteten Anruf von ihr bekam, bei dem sie deprimiert klang und offenbar Tabletten genommen hatte.

Laut einem Arzt des Selbstmordverhütungsteams, der mit Greenson sprach, war ein Grund für ihre Verzweiflung unter anderem der, daß »Marilyn erwartet hatte, an diesem Abend eine der ›prominenten Persönlichkeiten‹ zu treffen, diese Verabredung aber geplatzt war. Irgend etwas war passiert.«

Es gibt einen Augenzeugen, der Kennedy an diesem Tag in Los Angeles gesehen haben will. Eine Überprüfung vieler ehemaliger Strandanrainer brachte Ward Wood zutage, der direkt neben den Lawfords wohnte. Er sagt, er sei »am späten Nachmittag oder frühen Abend« zufällig vor seinem Haus gewesen und habe gesehen, wie Kennedy vorfuhr. Kennedy sei nicht in einem Dienstwagen gekommen. Wood, der einmal in der Automobilbranche tätig war, glaubt, es sei ein Mercedes gewesen.

Daß so viel Zeit verging, ehe man die Ärzte oder die Polizei verständigte – zwischen Mitternacht und 3.30 Uhr –, war laut Deborah Gould nötig, »um Bobby aus der Stadt zu schaffen«. Wieder zitiert sie Lawford: »Er nahm den Hubschrauber zum Flughafen.«

Joe Hyams, der ehemalige Leiter des *Herald-Tribune*-Büros, tat sich nach Marilyns Tod mehrere Tage mit dem Fotografen William Woodfield zusammen, um mehr über die Ereignisse der Todesnacht zu erfahren. Sie stellten einen Expolizisten an, der ihnen bei ihren Recherchen helfen sollte und der auch für dieses Buch interviewt wurde. Hyams und der Expolizist sagen übereinstimmend aus, sie hätten erfahren, daß spätnachts ein Hubschrauber in der Nähe der Lawford-Villa am Strand niederging. Sie fanden das in getrennten Interviews mit Lawfords Nachbarn heraus.

Daß bereits 1962 ein Hubschrauber eingesetzt wurde, um Gäste zu Lawfords Strandhaus zu bringen oder von dort abzuholen, ist nicht einmal unwahrscheinlich. Durch Gespräche mit Nachbarn und das Studium alter Zeitungsausschnitte wird deutlich, daß Lawford auf dieses relativ neue Fortbewegungsmittel, das damals Militärs und den ganz Reichen vorbehalten blieb, geradezu versessen war.

In einem Interview mit mir gab Lawford selbst vergnügt zu, er sei zu der Zeit »ein Hubschraubernarr« gewesen. Nachbarn am Strand von Santa Monica beschwerten sich regelmäßig, daß Hubschrauber – die während der Präsidentschaft Kennedys auf dem Strand landen durften – Sand in ihre Swimming-pools wirbelten.

Der Reporter Joe Hyams versuchte, den Hubschrauber zu finden, der in der verhängnisvollen Nacht anscheinend am Strand gelandet war. Er stellte fest, daß bei einer Verleihfirma für Luftfahrzeuge »in der Nacht, als Marilyn starb, ein kleiner Hubschrauber gemietet worden war. Die Firma war aber nicht bereit, mich einen Blick in ihre Unterlagen werfen zu lassen oder mir den Namen des Passagiers zu nennen. Man wies mich sogar vom Gelände.«

Hyams Kollege, der Fotograf William Woodfield, hatte mehr Glück. Als er kurz zuvor an einem Artikel über Frank Sinatras luxuriöses Privatflugzeug arbeitete, hatte er für Luftaufnahmen einen Hubschrauber benutzt. Der fragliche Hubschrauber wurde regelmäßig von Sinatra und Lawford gechartert. In den ersten drei Tagen nach Marilyns Tod, sagt Woodfield, stattete er dem Piloten, der ihn schon vorher geflogen hatte, auf dem Flugplatz Clover Field in Santa Monica einen erneuten Besuch ab. Dieser Flugplatz liegt Lawfords Strandvilla am nächsten.

Woodfield berichtet, er sei unter dem Vorwand zu dem Piloten gekommen, er bereite einen zweiten Artikel über die Benutzung von Hubschraubern durch Prominente vor; diese Idee hatte er bei ihrem letzten Treffen bereits erwähnt. Das klang nach willkommener Publicity für den Piloten und seine Firma, also zeigte er sich entgegenkommend. Er hatte auch nichts dagegen, als Woodfield bat, das Flugbuch des Hubschraubers durchblättern zu dürfen, vorgeblich auf der Suche nach prominenten Kunden, die in letzter Zeit befördert worden waren.

Wood saß ungestört über dem Flugbuch und blätterte ein paar Seiten zurück, bis zur Seite mit den Buchungen für die Nacht des 4. August 1962. Dort fand er, was er kaum zu hoffen gewagt hatte. Ein Eintrag für Marilyns Todesnacht belegte, daß ein Hubschrauber gemietet worden war, um einen Passagier am Strandhaus Lawfords abzuholen und zum Zentralflughafen von Los Angeles zu bringen.

»Im Flugbuch war ein Zeitraum nach Mitternacht angegeben«, erinnert sich Woodfield, »zwischen Mitternacht und zwei Uhr morgens, glaube ich.« Es zeigte deutlich, daß ein Hubschrauber Robert Kennedy am Strand von Santa Monica abgeholt hatte.

Vier Tage nach Marilyns Tod wurde Hyams und Woodfield klar, daß sie das Material zu einem bemerkenswerten Artikel in Händen hielten. Sie riefen Robert Kennedys Büro in Washington an. Einem Mitarbeiter des Ministers erzählten sie, was sie herausgefunden hatten, und fragten, ob Kennedy dazu Stellung nehmen werde, »damit die Story begraben werden kann«. Die Antwort kam rasch. Woodfield erinnert sich an folgenden Bescheid: »Der Justizminister würde es begrüßen, wenn Sie nichts darüber veröffentlichten.« Dennoch gab Hyams ihre Erkenntnisse telefonisch an die Redaktion der *Herald Tribune* in New York durch. Eine Stunde später rief ein leitender Redakteur zurück und beglückwünschte ihn zu seinen Recherchen. »Wir stehen zwar den Republikanern nahe, und außerdem ist Wahljahr«, sagte der Redakteur, »aber dieser Artikel wäre ein Schlag gegen den Präsidenten, den er nicht verdient. Von der Sache würde automatisch etwas an ihm hängenbleiben. Wir lassen die Story also sterben.«

Obwohl Marilyns Erwachsenenleben ein einziges langes Zeitungsereignis gewesen war, wurde der einzige ernsthafte Versuch, über ihren Tod zu berichten, sofort unter den Teppich gekehrt. Damit war die Bühne aufgebaut, über die zwei Jahrzehnte lang Gerüchte und Halbwahrheiten gingen.

Unter Berücksichtigung aller Beweise und Aussagen können wir heute zum erstenmal versuchen, Marilyns letzte Lebenstage und -stunden zu rekonstruieren. Mit Unterbrechungen unterhielt sie offenbar mehrere Monate lang sexuelle Beziehungen sowohl zum Präsidenten als auch zu Robert Kennedy. Für beide Brüder wie für Marilyn fing alles mit der Anziehungskraft zwischen Menschen an, die auf ihrem Gebiet Stars waren – Stars in den miteinander verzahnten Bereichen Politik und Showbusiness. Die Brüder waren im Bewußtsein groß geworden, daß sie jede Frau haben konnten, die sie begehrten; ihnen entging zunächst, daß sie es bei Marilyn mit einer Frau zu tun hatten, die doppelt gefährlich war.

Marilyn war auf eine Weise gefährlich, wie es weniger prominente Gespielinnen – wie Judith Campbell – nicht waren. Falls man nicht in flagranti ertappt wurde, vielleicht durch die Linse einer neugierigen Kamera, ließen sich angebliche Affären leicht mit einem Achselzucken abtun. In diesen Tagen vor Watergate, als man prominenten Politikern noch einen Vertrauensvorschuß einräumte, waren Gerüchte über eine Liaison mit den meisten Frauen nicht einmal ein Dementi wert. Doch bei Marilyn Monroe sah das völlig anders aus: Wenn man so will, war ihr Name ebenso bedeutend wie der der Kennedys.

Außerdem war Marilyn wegen ihrer Labilität gefährlich. Es muß bezweifelt werden, daß einer der Kennedys hinter ihrer Schönheit und

Intelligenz erkannte, wie zerrüttet ihre Persönlichkeit wirklich war – die sie, wie ihr Psychiater später zugab, wohl in eine Anstalt gebracht hätte, wäre ihr Name nicht Marilyn Monroe gewesen.

Was sie selbst betraf, deren Realitätssinn im Schwinden begriffen war, so mochte sie durchaus davon geträumt haben, daß aus der Beziehung zu einem Kennedy etwas Dauerhaftes werden könne. Aus einigen ihrer Äußerungen gegenüber Freunden geht hervor, daß sie sich – nach Ehen mit amerikanischen Größen aus Sport und Kultur – sogar der Selbsttäuschung hingab, einer der Kennedys werde ihr schließlich die Hand zum Ehebund reichen.

In lichteren Momenten muß Marilyn klargeworden sein, wie unwahrscheinlich eine derartige Vorstellung war. Mit dem Präsidenten traf sie sich immer nur sporadisch; im Sommer 1962 war wohl deutlich geworden, daß sie sein Interesse weitgehend seiner üblichen liebevollen, aber gedankenlosen Zügellosigkeit verdankte. Doch da war ja noch Robert Kennedy.

Der Justizminister, nie in dem Maße wie sein Bruder ein Frauenheld, verstand seine Beziehung mit Marilyn zu Anfang vielleicht als eine Art Rettungsmission, als Versuch, sie in ein emotional ruhigeres Fahrwasser zu steuern. Wie seinen Bruder lockte ihn anfangs möglicherweise nur das sexuelle Abenteuer; doch bald verfiel Robert Marilyn Monroes fragil flackerndem Feuer. Ihre Affäre zog sich über Monate hin. Nicht zuletzt aufgrund von zahlreichen Berichten, daß Kriminelle sich die Torheiten der Kennedys zunutze machen wollten, versuchte der Justizminister, die Verbindung zu beenden.

Das war nicht einfach. Marilyn hatte zum Sturzflug in die endgültige Verzweiflung angesetzt und ließ sich nicht einfach abschieben. Sie wurde lästig, verlangte nach ständiger Aufmerksamkeit und versuchte vielleicht sogar – wie Robert Slatzer andeutete –, ihren Geliebten zu halten, indem sie drohte, ihn öffentlich bloßzustellen.

Peter Lawford, dem Schwager der Kennedys, hatte man offenbar die Aufgabe zugewiesen, die Gefahr zu begrenzen. Er war ein schwacher Mensch und fühlte sich zwischen seinen Verbindungen zum Weißen Haus und seinen Kontakten zu Kriminellen wie Sam Giancana hin und her gerissen. Um Marilyn zu beruhigen, nahm er sie mehr als einmal mit an einen Ort, wo es von Feinden der Kennedys nur so wimmelte: zur Cal-Neva Lodge. Dort verbrachte sie ihr letztes ganzes

Wochenende und füllte sich mit Alkohol und Tabletten ab; für Joe DiMaggio, den Mann, der sie vielleicht vom Rand des Abgrunds hätte zurückholen können, war sie nicht mehr zugänglich.

An ihrem letzten Freitag, als Robert Kennedy in San Francisco eintraf, bestürmte Marilyn ihn offenbar wie nie zuvor mit Bitten. Vielleicht in der Hoffnung, vernünftig mit ihr reden zu können, unternahm der Justizminister einen kurzen Abstecher nach Los Angeles, wo er kurz nach Samstagmittag eintraf. Wahrscheinlich besuchte er sie kurz in ihrem Haus in Brentwood, wiederholte noch einmal, daß ihre Affären mit den Kennedys nun aufhören müßten, zog sich zurück und verbrachte den Abend entweder in Lawfords Haus am Strand oder in dessen Nähe.

Marilyn schaffte es nicht, ihre Qual durch die stetige Einnahme von Beruhigungsmitteln zu lindern, und ließ daraufhin ihren Analytiker Dr. Greenson kommen. Sie sagte ihm, sie habe erwartet, Robert Kennedy abends zu treffen, er zeige ihr aber die kalte Schulter. Greenson redete auf sie ein, wie man mit jemandem redet, der schwankend auf einem Dach steht, um sie zu beruhigen. Er ging im Glauben, dies sei ihm gelungen.

Allein mit ihrem Telefon und ihren Pillen, versuchte Marilyn, telefonisch Hilfe zu holen. Ihre Freunde waren entweder nicht zu Hause oder begriffen nicht, daß ihre Verzweiflung diesmal tiefer ging als sonst. Auch wiederholte Anrufe bei Robert Kennedy oder verzweifelte Nachrichten, die sie ihm durch Peter Lawford ausrichten ließ, bewirkten nicht, daß Kennedy zu ihr eilte. Wie viele andere, die versuchen, eine Geliebte oder einen Geliebten »abzulegen«, glaubte er vielleicht, dies ginge am besten, wenn er hart bliebe und Distanz wahre. Außerdem war es sicherer, wenn er nicht zu Marilyns Haus fuhr und sich dadurch der Gefahr aussetzte, seinen Feinden in die Hände zu fallen.

Heute kann man unmöglich feststellen, ob Kennedys Feinde – die Agenten Sam Giancanas und Jimmy Hoffas – in Marilyns letzten Stunden eine aktive Rolle spielten. Wie wir gesehen haben, lassen die medizinischen Beweise die Möglichkeit offen, daß Marilyn sich nicht selbst die tödliche Barbiturat-Dosis verabreichte. Wahrscheinlicher ist, daß sie einfach die Wirkung einer plötzlichen großen Dosis nach ständiger Tabletteneinnahme während des ganzen Tages unterschätzte. Ich bin nicht der Meinung, daß sie sich absichtlich umbrachte.

Am späten Samstagabend, wahrscheinlich gegen 10 Uhr, rief Marilyn zum letztenmal im Hause Lawford an. Sie sprach unzusammenhängend, wirr; irgendwann wurde klar, daß sie allmählich das Bewußtsein verlor. Man kann durchaus vermuten, daß Robert Kennedy dies erfuhr und sich, davon aufgerüttelt, zu einer anständigen, menschlichen Aktion aufraffte. Unter Umständen war er es, vielleicht begleitet oder gefolgt von Peter Lawford, der jetzt die paar Kilometer zu Marilyns Haus eilte. Dort fand man sie im Koma, aber noch nicht tot vor.

Hier gewinnt die, wenn auch bruchstückhafte Information, daß ein Krankenwagen gerufen wurde, zentrale Bedeutung. Falls der Chef des Krankentransportunternehmens recht hat, lebte Marilyn noch, als man sie aus dem Haus brachte. Vielleicht starb sie bei der Ankunft im Krankenhaus von Santa Monica, wo man sie, ungeschminkt und in Decken gehüllt, möglicherweise gar nicht erkannte. Meiner Ansicht nach ist es wahrscheinlicher, daß Marilyn *vor* ihrer Ankunft im Krankenhaus starb – daß sich jemand, der sie begleitete, vielleicht Robert Kennedy persönlich, in einem schrecklichen Dilemma befand.

Marilyn war unter Umständen gestorben, die den völligen Ruin des Justizministers bedeuten konnten. Selbst wenn er keine Affäre mit Marilyn gehabt haben sollte – und alles deutet auf das Gegenteil hin –, wäre es für einen Kennedy mit Sicherheit eine politische Katastrophe gewesen, hätte man ihn bei der toten Marilyn Monroe angetroffen, ob er sich nun aus Barmherzigkeit dort befand oder nicht.

Die Lösung hieß, die Leiche ins Haus nach Brentwood und in das Bett zurückzubringen, aus dem sie ihre letzten verzweifelten Anrufe getätigt hatte. Jetzt brauchte man Zeit, vor allem, damit Robert Kennedy aus der Stadt verschwinden konnte, aber auch Zeit, um in Marilyns Haus »aufzuräumen«. Erst nachdem das alles geschafft war, wurde Dr. Greenson angerufen, der auch sofort vorbeikam und die Leiche zwischen 3.30 Uhr und 4 Uhr »entdeckte«.

Wie die Spur erkennen läßt, der die Reporter Hyams und Woodfield folgten und von der Lawford seiner dritten Frau Deborah Gould erzählte, flog der Justizminister nach Nordkalifornien. In der Zwischenzeit vernichtete Lawford, wie er Deborah berichtete, ein kompromittierendes Dokument – wahrscheinlich eher einen angefangenen Brief als Abschiedsworte – und beauftrage den Privatdetektiv Fred

Otash, alle verbleibenden verräterischen Spuren zu verwischen. Wie auch immer, Otash und seine Mitarbeiter konnten nicht viel ausrichten. Als sie am frühen Sonntagmorgen aktiv wurden, hatte man schon weit mächtigere Räder in Bewegung gesetzt.

Nachdem man ihn aus dem Konzert in der Hollywood Bowl geholt hatte, eilte Marilyns Public-Relations-Berater Arthur Jacobs, ein Mann, der in Los Angeles beträchtlichen Einfluß hatte, zu ihrem Haus. Vielleicht hat er nie von allen Ereignissen dieser Nacht erfahren und nichts von dem gescheiterten Krankentransport und von Robert Kennedys nächtlichen Exkursionen gewußt; aber er war der richtige Mann, um, wie es seine Witwe heute formuliert, »alles zu vertuschen«. Zur gleichen Zeit weckte ein ganz Mächtiger, wahrscheinlich Robert Kennedy persönlich, den FBI-Direktor J. Edgar Hoover. Aus Washington kam der Befehl, die Unterlagen über Marilyns Ferngespräche der letzten Stunden einzuziehen, die zu dem Zeitpunkt noch bei der Telefongesellschaft auffindbar waren.

Diese Rekonstruktion mag in Einzelheiten fehlerhaft sein, ist jedoch ein fairer Versuch auf der Grundlage der heute verfügbaren Informationen. Sehr wahrscheinlich wurde in dieser Nacht kein Kapitalverbrechen begangen; daß man Marilyns Leiche in ihr Haus zurückbrachte, war allerdings absolut unzulässig, und daß Lawford den Brief vernichtete, war eindeutig rechtswidrig. Für Robert Kennedy müssen diese Nachtstunden und die folgenden Tage die quälendste Zeit seines Lebens gewesen sein. Wenn meine Rekonstruktion in den Grundzügen stimmt, dann war Marilyn Monroes Tod sein Chappaquiddick. Er hatte mehr Glück als sein Bruder Edward und entging, wenn auch nur um Haaresbreite, der öffentlichen Bloßstellung.

1983, an seinem eigenen Todestag, redete George Cukor, der Mann, der bei zwei Filmen Marilyns Regie geführt hatte, über Marilyns Ende. Es ist zwar nicht bekannt, was Cukor persönlich über die Ereignisse in der Nacht des 4. August 1962 wußte, aber mit seinem Kommentar traf er ins Schwarze. »Es war eine üble Angelegenheit«, sagte er seinem Gesprächspartner, »ihre schlimmste Zurückweisung. Macht und Geld. Am Ende war sie zu naiv.«

VI
NACHSPIEL

»Abheften und vergessen. Wir haben immer gute Gründe, nichts zu unternehmen.« Draußen schlief die Welt tief und fest.

JOHN LE CARRE'S *Smiley*,
in EINE ART HELD

50

»VERSPRICH MIR, DASS du mich schminkst, falls mir irgendwas zustößt«, hatte Marilyn neun Jahre zuvor ihrem Maskenbildner Whitey Snyder gesagt. Damals war sie erst siebenundzwanzig, stand gerade in *Blondinen bevorzugt* vor der Kamera und dachte schon an den Tod. Damit er es ja nicht vergaß, schenkte sie Snyder einen vergoldeten Geldschein-Clip mit der Inschrift: »Solange ich noch warm bin, Marilyn.«

Snyder verlor diese Spange im Laufe der Jahre immer mal wieder, aber er trug sie in seiner Tasche, als er sich zwei Tage nach Marilyns Tod auf den Weg zu der Leichenhalle im Friedhof Westwood Memorial Park machte. Außerdem hatte er eine Flasche Gin dabei.

Whitey Snyder und seiner späteren Frau Marjorie Plecher, der langjährigen Garderobiere Marilyns, blieb es überlassen, die einbalsamierte sterbliche Hülle wieder herzurichten, die einmal Marilyns Körper gewesen war.

Über die glatt und schlaff herunterhängenden Haare stülpten sie eine Perücke, die sie in *The Misfits – Nicht gesellschaftsfähig* getragen hatte. Um den Hals wurde ein Chiffon-Schal drapiert. Doch die berühmte Figur existierte nicht mehr. Ihre Brüste waren der Obduktion zum Opfer gefallen.

»Ach du lieber Himmel«, dachte Marjorie Plecher, »Marilyn ohne Busen! Das hätte sie nie überlebt.« Sie und Snyder zerrissen zum Auspolstern ein Kissen, suchten sich Plastiktüten und formten ihrer Freundin falsche Brüste. Dann zogen sie dem Leichnam ein einfaches Pucci-Kleid über, das Marilyn in letzter Zeit am liebsten getragen hatte. »Sie sah wunderschön aus«, sollte ein Trauernder beim Begräbnis sagen, »wie eine schöne Puppe.«

Mit der Erlaubnis ihrer Halbschwester Bernice Miracle übernahmen Joe DiMaggio und Marilyns ehemalige Managerin Inez Melson die Beisetzungsvorbereitungen. Da sie wußten, daß ihr der Gedanke, beerdigt zu werden, nicht gefallen hatte, entschieden sie sich für eine

Grabkammer. DiMaggio bezahlte die 800 Dollar teure Kammer und den Bronzesarg. Der Öffentlichkeit teilte man mit, Spenden sollten an Stiftungen für bedürftige Kinder gehen.

DiMaggio und Inez Melson verbreiteten in einer öffentlichen Erklärung, es solle ein Begräbnis im kleinen Kreis werden, »damit sie in der Ruhe zu ihrer letzten Ruhestätte geleitet wird, die sie immer gesucht hat«. Nur vierundzwanzig Personen wurden eingeladen, darunter die Greensons, Angehörige der Familie Karger, Lee und Paula Strasberg, ehemalige Mitarbeiter aus Marilyns Garderobenteam, der Masseur Ralph Roberts, der Anwalt Milton Rudin und Pat Newcomb.

Zu denen, die keine Einladung erhielten, gehörte Frank Sinatra. »Sinatra, Ella Fitzgerald und Sammy Davis jr. waren fest entschlossen zu kommen«, berichtete Mrs. Melson. »Sie besaßen die Unverfrorenheit, Wachleute mitzubringen und zu behaupten, sie hätten die Erlaubnis, die Kapelle zu betreten.« Sinatra wurde nicht eingelassen, aber der Pudel namens Maf, den er Marilyn geschenkt hatte, brachte eine Weile in Sinatras Hundezwinger zu.

Peter und Pat Lawford ließ man ebenfalls nicht zu der Trauergemeinde. Lawford, der noch mit einem Hubschrauber fortgeeilt war, um einige seiner Nachbarn aufzulesen, gefiel das überhaupt nicht. Er wetterte öffentlich darüber, daß seine Frau, die Schwester des Präsidenten, vergeblich von der Ostküste eingeflogen war. »Es scheint sich um einen konzertierten Versuch zu handeln«, sagte Lawford, »mit dem man verhindern will, daß einige alte Freunde Marilyns an der Bestattung teilnehmen.«

In der Leichenhalle schnappte jemand auf, was Joe DiMaggio einem der für das Begräbnis verantwortlichen Herren auftrug: »Sorgen Sie dafür, daß keiner dieser verdammten Kennedys zur Beisetzung kommt.«

Die Nacht vor dem Begräbnis verbrachte DiMaggio allein neben Marilyns Leichnam, die meiste Zeit kniend.

Während der Exmann in der Halle trauerte, hielten einige treue Anhänger die Nacht über vor den Toren Totenwache. Am nächsten Tag versammelte sich eine kleine Menschenmenge, etwa tausend Personen, um die Feier zu beobachten.

»Mehrere hundert Reporter und Fotografen hatten sich eingefunden«, erinnert sich Joan Greenson. »Der Lärm der Auslöser und

Kameramotoren machte jedes normale Gespräch unmöglich. Zunächst durften wir die Kapelle nicht betreten, richtete uns der Leichenbestatter aus, weil die Familie sich bei dem Leichnam aufhalte. Welche Familie? dachte ich im stillen. Hätte sie eine Familie gehabt, die sich um sie kümmerte, müßten wir wahrscheinlich gar nicht hiersein.«

Die handverlesenen Trauergäste versammelten sich schließlich in der Kapelle, vor ihnen ein Sarg, der viel zu groß schien. Die Grabrede hielt Marilyns Schauspiellehrer Lee Strasberg, der bei seiner letzten Reise an die Westküste nicht die Zeit gefunden hatte, Marilyn zu besuchen. Er sagte über sie: »Sie besaß etwas Leuchtendes, eine einzigartige Kombination aus Schwermut, strahlendem Glanz und Sehnsucht, die sie so unerreicht machte und gleichwohl in jedem den Wunsch wachrief, daran teilzuhaben.«

Ein nicht konfessionsgebundener Pfarrer hielt eine kurze Ansprache, in der er einen Vers aus den Psalmen variierte: »Wie wunderbar hat sie der HERR erschaffen!«

Die Melodie von »Over the Rainbow« ertönte aus den Lautsprechern – Marilyn war ein Fan von Judy Garland gewesen. Dann war es fast vorüber.

Feierlich schoben Helfer einen Blumenberg zum Fuß des Sargs und hoben den Deckel ab. Dabei, erinnert sich Joan Greenson, »quoll ein blonder Haarschopf heraus. Ich konnte nicht hinsehen.«

Der letzte von denen, die hinsahen, war DiMaggio. Dort lag Marilyn, gebettet auf Stoff, den die Presse »champagnerfarbenen« Samt nannte, in den toten Händen ein Sträußchen von DiMaggios Rosen.

DiMaggio, der während der gesamten Zeremonie geweint hatte, sagte immer und immer wieder »Ich liebe dich«, dann beugte er sich zu einem letzten kalten Kuß vor.

Zurückgehalten von einem größeren Polizeiaufgebot, als nötig gewesen wäre, sah die Menge zu, wie Marilyn zu ihrer letzten Ruhestätte geleitet wurde. Der Leichenwagen kam langsam voran, unpassenderweise von Wächtern der Agentur Pinkerton in graublauen Uniformen und weißen Handschuhen flankiert.

Der Pastor sagte »Asche zu Asche«, und der Sarg wurde zu einem Loch in der Mauer gekarrt, vor dem ein brauner Vorhang hing. Mit Schwierigkeiten schoben vier schwarzgekleidete, in der Hitze schwitzende Männer den Sarg in eine hüfthohe Grabkammer.

Unter den wenigen Kränzen von Prominenten waren die von Sinatra, Jack Benny und Spyros Skouras. Es gab Blumen mit einem Band, auf dem einfach nur »Arthur« stand, und andere von Millers Kindern.

Ein anonym gestifteter Kranz trug den kompletten Text eines Sonetts von Elizabeth Barrett Browning, das die Worte enthält:

How do I love thee? Let me count the ways.
... I love thee with the breath,
Smiles, tears of all my life! – and, if God choose,
I shall but love thee better after death.
(Wie ich dich liebe? Laß mich zählen wie:
... Ja, voll von Liebe sind
Mein Atmen, Lachen, Weinen. Will uns scheiden
Gott durch den Tod, lieb ich dich mehr denn je.)*

Zwanzig Jahre lang ließ Joe DiMaggio dreimal wöchentlich zwei rote Rosen zu der Grabkammer bringen. 1982 wurde dieser Dauerauftrag ohne Begründung gekündigt.

Nun sprang Marilyns Freund Robert Slatzer ein. Er schickt weiße Rosen, und zwar, vertraglich festgelegt, auch noch lange über seinen eigenen Tod hinaus.

»Wissen Sie, wo das arme Kind begraben liegt?« fragte der Regisseur George Cukor. »Um in den Friedhof zu kommen, muß man an einem Autohändler und einem Bankgebäude vorbei, und da liegt sie, genau zwischen Wilshire Boulevard und Westwood Boulevard, wo der Verkehr vorüberbraust.«

Nach ihrem Tod wurden einige andere Prominente Marilyns Nachbarn im Westwood Memorial Park. Die als letztes eingetroffene Asche von Peter Lawford liegt fünfzehn Meter von Marilyns Grabkammer entfernt. Manchmal, wenn die alten Blumen vor Marilyns Grab zum Wegwerfen noch zu frisch sind, trägt sie der Bote zum Grab von Natalie Wood, das nur ein paar Schritte entfernt liegt.

Eine Reihe über Marilyn liegt in derselben Mauer der Sarg eines Teenagers namens Darbi Winters. Sie wurde 1962, kurz nach Mari-

* Übersetzt von Gisbert Kranz, Stuttgart 1970.

lyns Tod, ermordet. Erst ein paar Tage vorher hatte sie ihrer Mutter gesagt, eines Tages in ferner Zukunft wolle sie neben Marilyn Monroe beerdigt werden.

Vor einigen Jahren boten die Eigentümer der leeren Grabkammer neben Marilyn die Ruhestätte für 25000 Dollar zum Verkauf an. Die Friedhofsverwaltung gibt nicht bekannt, ob die Kammer inzwischen den Besitzer wechselte.

Treue Monroe-Anhänger und Neugierige finden sich immer noch ein, um einen Blick auf die Grabkammer zu werfen. Die Abdeckplatte mußte einmal ersetzt werden, weil Souvenirjäger Teile abgeschlagen hatten und die Aufschrift durch Lippenstiftküsse weiblicher Fans unleserlich geworden war.

Die grüngekleidete Leinwandgöttin liegt hinter einer Marmortafel mit der einfachen Aufschrift: »Marilyn Monroe 1926–1962.« Sie liegt am ruhigsten aller Orte, wo keine Umarmungen stattfinden, weder wirkliche noch imaginäre.

Marilyns Schatten verfolgte Robert Kennedy, bis er sechs Jahre später selbst starb, ebenfalls in Los Angeles. Zwei Wochen nach ihrem Tod mußte der stellvertretende FBI-Direktor Courtney Evans den Justizminister Kennedy wieder einmal über eine neue Behauptung der Mafia informieren, er habe eine Affäre mit einer Frau in El Paso.

In einem Vermerk über Kennedys Reaktion schrieb Evans (siehe folgende Seite): »Er sagte, er sei nie in El Paso, Texas, gewesen, und diese Behauptung entbehre jeglicher Grundlage.

Er sagte, er begrüße, daß wir ihn darüber informierten; wenn man im öffentlichen Leben stehe, mußten die Klatschmäuler einem eben einfach was anhängen. Er sagte, er sei sich bewußt, daß es verschiedene Behauptungen gegeben habe, er sei möglicherweise mit Marilyn Monroe liiert gewesen. Er sagte, er habe Marilyn Monroe zwar kennengelernt, da sie eine gute Freundin seiner Schwester Pat Lawford gewesen sei, aber solche Behauptungen nähmen häufig Proportionen an, die mit der Wahrheit nichts mehr zu tun hätten.«

Am selben Tag, als Evans diesen Vermerk verfaßte, dem 20. August 1962, fingen Abhörmikrofone des FBI ein unheilverkündendes Gespräch zwischen drei Syndikatsmitgliedern auf. Sie unterhielten sich über »eine bedrohliche Situation«, wie es einer von ihnen nannte, in

UNITED STATES GOVERNMENT

Memorandum

TO : Mr. Belmont

DATE: 8/20/62

FROM : C. A. Evans

SUBJECT: [redacted]
ANTI-RACKETEERING

b7C

Robert F Kennedy

The Attorney General was contacted and advised of the information we had received alleging he was having an affair with a girl in El Paso. He said he had never been to El Paso, Texas, and there was no basis in fact whatsoever for the allegation.

He said he appreciated our informing him of it; that being in public life the gossip mongers just had to talk. He said he was aware there had been several allegations concerning his possibly being involved with Marilyn Monroe. He said he had at least met Marilyn Monroe since she was a good friend of his sister, Pat Lawford, but these allegations just had a way of growing beyond any semblance of the truth.

[redacted]

b7C

[redacted]
(4)
[redacted]

77-51387-310

NOT RECORDED
170 SEP 14 1962

ALL INFORMATION CONTAINED
HEREIN IS UNCLASSIFIED
DATE 1-27-82 BY

23 SEP 14 1962

SEP 14 1962

Vierzehn Tage nach Marilyns Tod verfaßte der stellvertretende FBI-Direktor Courtney Evans diesen nüchternen Vermerk, nachdem er Robert Kennedy über das Interesse der Mafia an den Frauengeschichten der Kennedys informiert hatte. Die neuesten Erkenntnisse hatten Überwachungsmikrophone des FBI aufgeschnappt; sie stammten von Meyer Lansky, dem Finanzminister der Unterwelt – und aus der Zeit kurz vor Marilyns Tod.

der ihm und seinen Spießgesellen wahrscheinlich eine Strafverfolgung blühe. Die lasse sich wohl nicht vermeiden; er erwähnte jedoch eine Taktik, mit deren Hilfe man die Regierung womöglich zur Zurückhaltung zwingen könne. Dazu gehörte offensichtlich, die Brüder Kennedy – und zwar besonders Robert Kennedy – mittels eines Skandals um Marilyn Monroe unter Druck zu setzen.

»Die machen vor keinem halt«, sagte das Syndikatsmitglied. »Es sei denn, der Bruder – das ist groß genug, um sie in einen Skandal hineinzuziehen. Würde ihm das schmecken, wenn es eine Schlagzeile über Marilyn Monroe gäbe? Und ihn? Wie würde ihm das gefallen? Was meint ihr? . . . er war oft dort. Es war 'ne heftige Affäre – und diese --- [Mitarbeiterin Marilyns] war die ganze Zeit bei ihm –, glaubt ihr denn, das ist ein Geheimnis?«

Aus den bisher aufgetauchten Unterlagen geht nicht hervor, ob tatsächlich ein Versuch unternommen wurde, den Justizminister wegen Marilyn zu erpressen. Sein Rundumschlag gegen die Mafia allerdings dauerte, wie wir wissen, so lange an, wie er sich im Amt befand, also bis 1964. Doch zwei Jahre nach Marilyns Tod bekam das Geheimnis, das seine Aktivitäten in ihren letzten Tagen umgab, gefährliche Publizität.

Am 8. Juli 1964 verständigte J. Edgar Hoover Kennedy schriftlich von der Veröffentlichung einer Broschüre durch den rechtsradikalen Aktivisten Frank Capell. »In seinem Buch wird Ihre angebliche Freundschaft mit der verstorbenen Miss Marilyn Monroe erwähnt werden. Mr. Capell stellte fest, er werde in seinem Buch aufzeigen, daß Sie und Miss Monroe intim waren und daß Sie zum Zeitpunkt ihres Todes in Miss Monroes Haus waren.«

Aus dem Bericht geht nicht hervor, ob oder wie der Justizminister auf diese Neuigkeit reagierte. Capells Büchlein verkaufte sich per Mail-order gut, doch die seriöse Presse ging seinen Behauptungen nicht nach. Wieder einmal war Kennedy knapp an Enthüllungen mit verheerenden Folgen vorbeigeschlittert, aber als er Hoovers Notiz bekam, muß ihm angst und bange geworden sein. Seit Marilyns Tod waren er und sein inzwischen verstorbener Bruder dem FBI-Direktor verpflichtet gewesen, der die Ferngesprächsunterlagen der Schauspielerin konfiszierte und die beiden vor öffentlicher Bloßstellung bewahrte. Diese Verpflichtung war, gelinde gesagt, zutiefst demütigend; und

Hoover, der den Justizminister absolut nicht ausstehen konnte, würde nie zulassen, daß Kennedy das vergaß.

Ob oder wie Kennedy auf Hoovers Information reagierte, ist nicht bekannt. Jedenfalls suchten seine Feinde immer noch nach Möglichkeiten, ihm über den Umweg Marilyn zu schaden. Jimmy Hoffa versuchte es Ende 1964 immer noch.

Bei meinen Recherchen zu diesem Buch bekam ich einen Briefwechsel in die Hände, aus dem hervorgeht, daß sich Hoffa und sein Abhörexperte Bernie Spindel mit dem Detektiv Fred Otash trafen, der angeblich Beweismaterial über Marilyns Affären mit beiden Kennedys besaß. Hoffa wollte, daß Otash bei der Erstellung einer Enthüllungsschrift über Robert Kennedy mitwirkte.

Dazu kam es nie. Im Morgengrauen des 15. Dezember 1966 fiel ein gemischtes Aufgebot aus Polizisten und Ermittlern der Staatsanwaltschaft, ausgerüstet mit einem Durchsuchungsbefehl, in Spindels Haus im Bundesstaat New York ein. Sie konfiszierten große Mengen Material, vor allem elektronische Gerätschaften, und Spindel behauptete prompt, ein Grund der Polizeiaktion sei die Beseitigung von Beweismaterial über Marilyn und Kennedy gewesen.

Aufgrund einer Klage unter Berufung auf das Gesetz zur Informationsfreiheit wurden 1985 Dokumente von CIA und FBI – stark zensiert – freigegeben, die kurz nach der Durchsuchung von Spindels Haus ausgestellt wurden. Aus ihnen geht hervor, daß beide Dienste über Spindel und dessen angebliche Erkenntnisse zu Marilyn und Robert Kennedy informiert wurden (siehe gegenüberliegende Seite; der letzte Abschnitt beginnt mit: »Außerdem sagte er, Senator Bobby Kennedy sei bei Marilyn Monroes Tod anwesend gewesen und ...«).

Spindels Anwälte klagten rasch auf Herausgabe der im Haus des Abhörexperten konfiszierten Gegenstände. In einem schriftlich eingereichten Antrag forderten sie ausdrücklich die Herausgabe von Spindels »vertraulichem Dossier, das Tonbänder und anderes Beweismaterial über die den Tod Marilyn Monroes betreffenden Umstände und dessen Ursachen enthält, woraus deutlich hervorgeht, daß die offiziell bekanntgegebenen Umstände ihres Todes unrichtig sind«. Die Formulierung dieses Dokuments könnte bedeuten, daß – wie Spindel privat behauptete – versteckte Mikrofone in ihrer Todesnacht Gespräche in Marilyns Haus aufgenommen hatten.

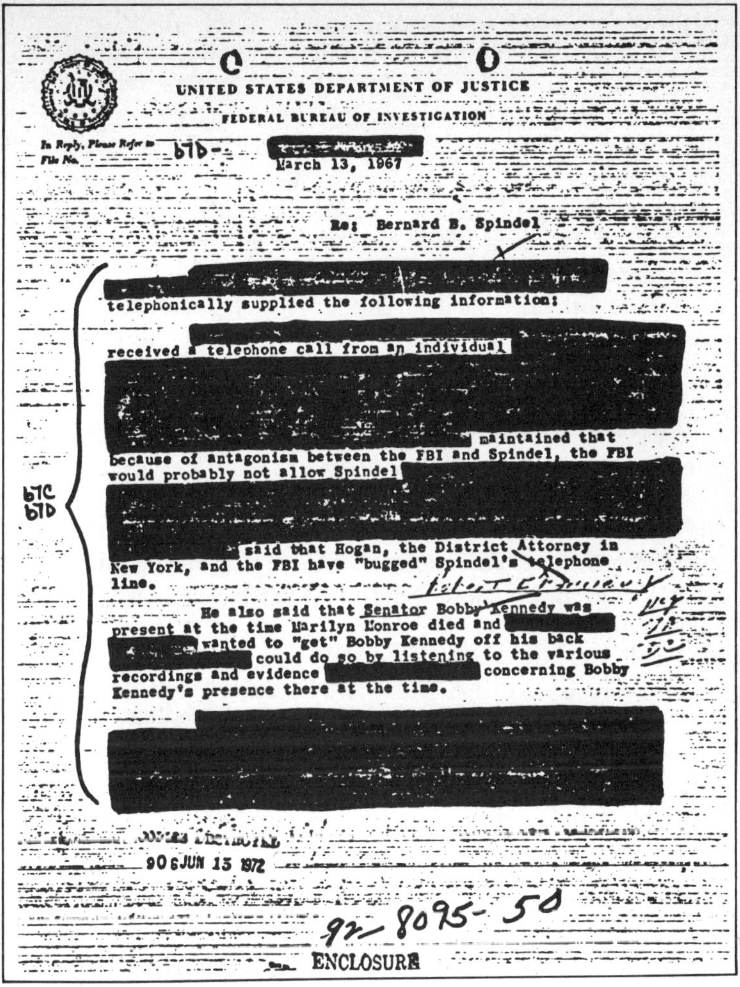

UNITED STATES DEPARTMENT OF JUSTICE

FEDERAL BUREAU OF INVESTIGATION

In Reply, Please Refer to File No. b7D- [redacted]

March 13, 1967

Re: Bernard B. Spindel

b7C
b7D

[redacted] telephonically supplied the following information:

[redacted] received a telephone call from an individual [redacted] maintained that because of antagonism between the FBI and Spindel, the FBI would probably not allow Spindel [redacted] said that Hogan, the District Attorney in New York, and the FBI have "bugged" Spindel's telephone line.

He also said that Senator Bobby Kennedy was present at the time Marilyn Monroe died and [redacted] wanted to "get" Bobby Kennedy off his back [redacted] could do so by listening to the various recordings and evidence [redacted] concerning Bobby Kennedy's presence there at the time.

[redacted]

90 6 JUN 13 1972

92-8095-50

ENCLOSURE

FBI-Dokument über den Abhörspezialisten Bernard Spindel.
Zum erstenmal gaben sowohl CIA als auch FBI stark zensierte Unterlagen frei, in denen von Spindel und dessen Behauptungen über Marilyn und Robert Kennedy die Rede ist.

Dem *Life*-Reporter John Neary sagte Spindel: »Hogan [der New Yorker Bezirksstaatsanwalt] hat Kennedy wirklich einen Gefallen getan, als er die Durchsuchung anordnete. Sie haben mir meine Bänder über Marilyn Monroe und meine gesamten Unterlagen gestohlen.«

Aus Gerichtsakten geht hervor, daß sich Spindel während der Polizeiaktion gegen die Beschlagnahmung bestimmter Akten verwahrte. Sie wurden vor der Übergabe versiegelt und tauchen als »2 versiegelte Ordner – Vertrauliche Mitteilungen« in einem unterschriebenen Verzeichnis auf.

Was die Behörden mit dem fehlenden Material taten, ließ sich nicht recherchieren. Eine Klage der Witwe Spindels auf dessen Herausgabe blieb ergebnislos. Das FBI will seine New Yorker Ermittlungsakte über Spindel routinemäßig vernichtet haben.

Das Gespenst eines Skandals wegen Marilyn bedrohte Robert Kennedy möglicherweise bis an sein Lebensende. Der Washingtoner Journalist und Kennedy-Kritiker Ralph de Toledano behauptet, im Frühjahr 1968 sei ein leitender Vertreter der amerikanischen Automobilindustrie an ihn herangetreten, der auf der Suche nach Propagandamaterial war, das er im Präsidentschaftswahlkampf gegen Robert Kennedy einsetzen konnte.

Der Industrielle, dessen Namen de Toledano nicht nennt, wollte die Monroe-Tonbänder kaufen, falls noch Kopien vorhanden wären. Der pensionierte Colonel der Armee E. Dennis Harris, den man zum Aufspüren der Bänder angeheuert hatte, berichtete, daß sie tatsächlich existierten. Er sagte, sie seien echt und zu einem angemessenen Preis auch käuflich. Die Verhandlungen waren im Gange, als Robert Kennedy im Juni desselben Jahres ermordet wurde.

1965, drei Jahre nach Marilyns Tod, hatte Joe DiMaggio in einer Ehrenaufstellung für den Baseballstar Mickey Mantle im New Yorker Yankee-Stadion seinen Platz eingenommen, als Robert Kennedy lächelnd und händeschüttelnd die Reihe abschritt. Um Kennedy nicht die Hand geben zu müssen, trat DiMaggio rasch rückwärts aus der Reihe.

Das Leben ihrer Ehemänner und einiger ihrer Liebhaber wurde durch deren Verbindungen zu Marilyn von Grund auf verändert. »Wie eine Fledermaus hängt sie in den Köpfen der Männer, die sie kannten«, sagt der Sänger Sammy Davis.

In einer finsteren Nacht des Jahres 1963, nur Monate nach dem Tod ihrer Tochter, flüchtete Marilyns Mutter aus dem Rock-Haven-Sanatorium in Kalifornien. Eine Bibel und ein Handtuch der Christlichen Wissenschafter umklammernd, kletterte sie ein aus Bettlaken zusammengeknotetes Seil hinunter und irrte durch die Vororte von Los Angeles.

Man entdeckte sie schließlich in einer baptistischen Kirche, und ein Geistlicher sprach mit ihr, ehe man sie in die Anstalt zurückbrachte.

»Marilyn«, sagte sie – sogar sie nannte sie merkwürdigerweise nicht Norma Jeane –, »sie ist von uns gegangen. Man hat es mir erzählt, nachdem es passierte. Ich habe von Anfang an nicht gewollt, daß sie Schauspielerin wurde, das sollten die Leute wissen. Ihre Karriere war nicht gut für sie.«

Einen Monat vor ihrem Tod gab Marilyn im Gespräch mit Peter Levathes, dem Studiochef der 20th Century-Fox, einen traurigen Kommentar über ihr Leben ab: »Als Frau habe ich versagt. Meine Männer erwarten so viel von mir, weil sie sich ein Image von mir aufgebaut haben und ich mir selbst ein Image als Sexsymbol aufgebaut habe. Männer haben so große Erwartungen, denen ich nicht gerecht werden kann. Sie erwarten, daß Glocken läuten und Orgeln pfeifen, dabei hab ich die gleiche Anatomie wie jede andere Frau auch. Ich kann diesen Erwartungen nicht entsprechen.«

Einige Tage nach diesem Gespräch fragte Marilyn den *Life*-Reporter Richard Meryman: »Kennen Sie das Buch *Jedermann?*« Meryman bejahte.

»Alles, was ich will, ist, in der Phantasie von jedermann weiterzuleben«, sagte ihm Marilyn.

Über Marilyn und andere Idole unserer Zeit vertritt Dean Martins Exfrau Jeanne folgende Ansicht: »Ich nenne sie die Poster People. Sie sind die Prominenten, die am längsten überdauern, dabei ist in vielen Fällen nichts dran an ihnen. Man findet sie nur in den Rollen, die sie in ihren Filmen verkörpert haben. Ich bin zwar kein unbarmherziger, mitleidloser Mensch, aber schauen Sie doch mal, was das für Leute waren. Die Montgomery Clifts und die Marilyn Monroes, Elizabeth Taylor und David Bowie. Im Leben fühlen sie sich zueinander hingezogen. Sie begegnen sich bei gesellschaftlichen Anlässen, sie stürzen aufeinander zu, aber sie haben nichts, was den Sterblichen irgend etwas bedeutet. Die Geschichte katapultiert sie vorwärts in der Zeit, und ich entdecke ihre Porträts an der Schlafzimmerwand meines Sohns, bleich und schön, aber der Realität entrückt.«

Marilyn Monroe jedoch war mehr als eine »Posterperson« – auch wenn sie im Krankenhauszimmer John Kennedys einmal genau das gewesen war. Zweifellos bestand Marilyn aus einer ganzen Reihe von Paradoxa: ein Sexsymbol, das kein Glück in der Liebe fand, eine Schauspielerin, die jedesmal, wenn sie vor eine Kamera trat, in Panik geriet. Sie war eine eifrige Verfechterin des Lernens, die nie gelernt hatte, mit sich selbst zu leben, die am Ende in etwas verfiel, was sich kaum von Wahnsinn unterschied.

Trotz alldem besteht Marilyns Vermächtnis aus haltbarerem Stoff als Phantasie. »Jedermann«, dem sie ihr letztes öffentliches Streben widmete, bleibt bezaubert von einer Frau, die Erstaunliches leistete. Marilyn flüchtete aus einer benachteiligten Jugend und bahnte sich mit mehr als Sex ihren Weg zu weltweiter Berühmtheit. Das gelang ihr durch pure harte Arbeit und eine angeborene Brillanz, die sogar aus den geistlosesten Streifen leuchtet, mit denen Hollywood sie lancierte. Ein Dutzend Jahre lang brachte ihre Präsenz auf der Leinwand und im sonstigen Leben Millionen zum Lachen und Weinen, und es sieht nicht so aus, als würden sie das je vergessen.

In diesem launischen Jahrhundert, das den »Starkult« erfunden hat, ist Charlie Chaplin der einzige, den man mehr gefeiert und über den man mehr geschrieben hat als Marilyn Monroe, was sie wahrscheinlich erstaunen und amüsieren würde. Dazu paßt, daß uns ihr brüchiges, zu lang anhaltendes Lachen durch all die Jahrzehnte einer Ära folgt, die manche auch das Zeitalter der Angst nennen. Etliche Wochen vor ihrem Tod hat sie sich in einem seltsamen Telegramm an Robert Kennedy einen der wenigen verbleibenden erdgebundenen Sterne genannt. »Im Grunde«, schrieb Marilyn in ihrem Telegramm, »bestanden wir doch nur auf unserem Recht zu funkeln.« Dieses Recht hat sie sich mehr als verdient, und jedermann machte sie unsterblich.

DANKSAGUNGEN

DIE ARBEIT AN diesem Buch dauerte kontinuierlich von 1982 bis Frühjahr 1986. Sie begann, nachdem die Bezirksstaatsanwaltschaft eine Überprüfung der Begleitumstände von Marilyn Monroes Tod angekündigt hatte. Ron Hall, Redakteur der Londoner Zeitung *Sunday Express*, gab mir den Auftrag, einen kurzen Artikel zu schreiben, und so reiste ich nach Kalifornien. Bald wurde mir klar, daß man dieses Thema unmöglich ohne monatelange Recherchen angehen konnte. Zu meinem Erstaunen entdeckte ich außerdem, daß sich bisher kein einziger Autor an einer umfassenden Untersuchung über das Privatleben der Schauspielerin, verbunden mit gründlichen Recherchen über ihren Tod und ihre angeblichen Verbindungen zu den Kennedys, versucht hatte. Mein Verlag war mutig genug, mich in meinem Glauben zu unterstützen, es sei möglich, ein neues, anregendes Buch zu diesem Thema zu schreiben.

Aus meinen Unterlagen geht hervor, daß ich etwa 500 Personen interviewt habe. Wer sie im einzelnen waren, steht im Text des Buches, und ich danke ihnen allen – auch wenn bestimmt viele bereuen, mir Rede und Antwort gestanden zu haben. Eine Handvoll Interviewpartner baten um Anonymität; ich war in einigen wenigen Fällen dazu bereit, wenn nämlich ihre Aussage entscheidende Bedeutung für die Story hatte und einer gründlichen Überprüfung standhielt. In all diesen Fällen wurde mein Verlag unterrichtet. Weder Joe DiMaggio noch Arthur Miller waren zu einem Interview bereit; ich bezweifle, ob der Baseballstar je über seine Exfrau sprechen wird, und der Dramatiker bereitet seine Autobiographie vor.

Von denen, die Marilyn Monroes Weg kreuzten und mit mir sprachen, ertrugen einige meine Fragen besonders geduldig und beantworteten sie besonders offen. Zu ihnen gehören Marilyns Presseagent Rupert Allan, ihre Gastgeber in New York, Milton und Amy Greene, Hildi Greenson, die Witwe ihres Analytikers, und dessen Kinder, Danny und Joan. Ihr früherer jugendlicher Fan James Haspiel, heute vielleicht der in Sachen Marilyn bestinformierte Mensch auf diesem

Planeten, gewährte mir großzügig Zugang zu seinem Wissen und seinem Archiv.

Ich danke der Familie Fred Kargers, den zu heiraten Marilyn einmal gehofft hatte, und besonders Anne Batté. Der ehemalige *Life*-Reporter Richard Meryman bewies, daß die Integrität eines Autors tausend Zeitungsspalten von der Sorte Blödsinn wettmachen kann, die sich so oft über Marilyn ergoß. Ihre letzte enge Vertraute, Patricia Newcomb, gewährte mir Interviews, obwohl sie andere abblitzen ließ. Sie gab sich Mühe, ehrlich zu sein, ohne ihre alte Loyalität zu den Brüdern Kennedy aufs Spiel zu setzen.

Einen Einblick in das Los Angeles vor dreißig und mehr Jahren verdanke ich Gordon Heaver und Gloria Romanoff, die beide Marilyn kannten. In New York schenkte mir Ralph Roberts sein Vertrauen und lieh mir eine einzigartige Tonbandaufzeichnung, und Norman Rosten öffnete nicht nur den Safe, in dem er Marilyns Gedichtfragmente aufbewahrt. Hal Schaefer, der stille Musiker, der wegen seiner Beziehung zu Marilyn während ihrer Ehe mit DiMaggio allerhand durchzumachen hatte, beeindruckte mich durch seinen Mut. Lynn Sherman klärte mich über die unter den reichen Strandbewohnern von Santa Monica früher üblichen Gesellschaftsspielchen auf. Steffi Skolsky, die Tochter von Marilyns Freund Sidney Skolsky, ließ mich einen ersten Blick in die Papiere ihres Vaters werfen, der starb, während dieses Buch in Arbeit war. Skolskys Archiv lagert inzwischen bei der Academy of Motion Picture Arts and Sciences, wo man mich sehr nachsichtig empfing.

Robert Slatzer, der behauptet, kurze Zeit mit Marilyn verheiratet gewesen zu sein, stellte sich, obwohl ernsthaft erkrankt, gut gelaunt meinen Fragen und erwies sich als Informationsquelle von unschätzbarem Wert. Neil Spotts, einer der zahlreichen interviewten Expolizisten, öffnete Türen, die lange fest verschlossen waren. Bobbette Butigan ließ mich von Recherchen profitieren, die nach Marilyns Tod erfolgten, und die über Nevada arbeitende Historikerin Bethel van Tassel informierte mich über die Cal-Neva Lodge. Bill Woodfield berichtete mir von dem einzigen ernsthaften zeitgenössischen Versuch, über Marilyns Tod zu forschen, und gewährte mir – mit seiner Frau Lili – warme Gastfreundschaft in einer kühlen Stadt.

Maurice Zolotows Buch über Marilyn, das er zu ihren Lebzeiten verfaßte, gilt immer noch als das beste. Er gewährte mir freundlicherweise Zugang zu dem geisteswissenschaftlichen Forschungszentrum, das an der Universität von Texas in Austin untergebracht ist. Zu Dank verpflichtet bin ich Paul M. Bailey von der Theater Arts Library am gleichen Ort und dem Kurator der Robert-F.-Kennedy-Sammlung in der John-F.-Kennedy-Bibliothek, Henry J. Gwiazda II, der sich alle Mühe gab, heikle Fragen aufrichtig zu beantworten. Carl Rollyson ließ mich Teile seines Manuskripts mit dem Titel *The Replicated Life of Marilyn Monroe* einsehen. Der altgediente Marilyn-Experte Edward Wagenknecht ließ mich in den Genuß seiner Sammlung seltener Artikel kommen, und Roy Turner, der sich mit der Aufklärung der Herkunft Marilyns abgemüht hat, gestattete mir großzügig, an seinem Wissen zu partizipieren.

Zum dritten Mal in meiner Laufbahn bat ich Professor Keith Simpson, den führenden britischen Gerichtspathologen (inzwischen verstorben), um Hilfe. Gemeinsam mit Dr. Christopher Foster, einem Pathologen am Londoner St.-Bartholomew's-Krankenhaus, analysierte er geduldig die medizinischen Aspekte von Marilyns Tod. Außerdem bin ich den Psychiatern des Selbstmordverhütungsteams aus Los Angeles zu Dank verpflichtet, besonders Dr. Robert Litman, der mir Einblick in bis dato nicht zugängliches Material gewährte. Großes Vergnügen bereitete mir das Ringen mit dem ehemaligen stellvertretenden Bezirksstaatsanwalt in Los Angeles, John Miner, einem mit Geheimnissen, die er nicht enthüllen darf, belasteten Ehrenmann. Der ehemalige stellvertretende FBI-Direktor Courtney Evans, der die beängstigende Funktion eines Verbindungsmanns zwischen J. Edgar Hoover und Justizminister Robert Kennedy wahrnahm, machte seinem Spitznamen »Courtly« (»Höflich«) mehr als Ehre. Ich habe versucht, den Unterstaatsanwalt von Los Angeles, »Mike« Carroll, nicht zu enttäuschen, der die eingeschränkte neue Untersuchung (1982) von Marilyns Tod gewissenhaft leitete und darauf vertraute, daß ich verantwortlich mit einem Fall umging, der bei ihm kein gutes Gefühl hinterließ.

Zu Beginn waren für dieses Projekt sowohl ein Dokumentarfilm als auch ein Buch geplant. Was ersteres betraf, tat ich mich mit dem früheren CBS-Angestellten Ted Landreth zusammen, der sich seit drei Jahren redlich bemüht, eine amerikanische Fernsehanstalt aufzutreiben, die mutig genug und willens ist, Marilyns tragisches Ende landesweit dem Publikum zu präsentieren. Die Fernsehgewaltigen hatten Angst davor, an diesem geschichtlichen Ereignis zu rütteln. Die große Fernsehanstalt ABC produzierte schließlich einen Film für das Programm »20/20« – doch er wurde am vorgesehenen Fernsehtag von der Geschäftsführung abgesetzt.

Unsere Bemühungen zeitigten jedoch Erfolg dank der British Broadcasting Corporation und der Förderung selbständiger Anstalten aus mehreren Ländern. Dank gilt vor allem Will Wyatt, George Carey und dem Produzenten Christopher Olgiati von der BBC. Ihr Programm, *Say Goodbye To The President*, erschien inzwischen überall in den USA und international – auch in Deutschland – auf dem Bildschirm. Es war der letzte Film des großen Filmredakteurs bei der BBC und treuen Freundes so vieler Produzenten, Ian Callaway (†).

Ich hege Respekt vor Landreth und seinem Team von Enthüllungsjournalisten, besonders vor Ed Tivnan und Anthony Cook, wegen ihrer hartnäckigen journalistischen Arbeit. Solange Amerika von einem ängstlichen Medien-Establishment eher ungenügend versorgt wird, ist es eine besondere Ehre, freischaffend und entschlossen tätig zu sein.

Fast alle wichtigen Interviews führte ich selbst durch, auch mit den Zeugen, an die andere Kollegen vor mir herantraten. Für Recherchen bin ich jedoch Kathy Castle und Gay Watson in England, Theresa Garofalo und Charlie Holland in New York, Larry Harris und Robert Ranftel in Washington, Jack Crane, Monica Gruler und Paul Hoch in Kalifornien und Mary Powers in Mexiko-Stadt zu Dank verpflichtet.

Sehr viel verdanke ich Lori Winchester in Los Angeles, ohne deren Sachverstand viele Zeugen unauffindbar geblieben wären, und ihrem Partner Bill Jordan, einem pensionierten Leutnant der Polizei von Los Angeles. Sie vermittelten mir die Hilfe der Firma WCJ Inc., die ihre Dienste bei Nachforschungen und zum Geleitschutz solch unterschiedlichen Leuten wie Politikern, Berühmtheiten und – 1984 – dem Organisationsteam für die Olympischen Spiele anbietet.

Kitty Kelley, die gerade trotz eines drohenden Rechtsstreits, mit dem man sie zu behindern sucht, über Frank Sinatra schreibt, tauschte großzügig Informationen mit mir aus. Rechtsanwalt James Lesar, ein großer Kenner des Labyrinths namens Gesetz zur Informationsfreiheit, arbeitete bis spät in die Nacht für mich. Mark Allen stellte mir unschätzbar wertvolle FBI-Dokumente zur Verfügung.

Cynthia Rowan stellte einmal mehr ihre Weisheit zur Verfügung und half bei der Zusammenstellung der Chronologie, auf der dieses Buch basiert. Jean Manship und Joan Withington zogen mich unter Papierbergen hervor, und Angie Carpenter kümmerte sich um die Logistik. Angela Curtin fungierte in Kalifornien als unentbehrliche Verbindungsperson. In Irland ertrugen Joanne Kett, Lesley Morrisson und Anne Stearn den Autor in den letzten Wochen des Projekts, und der Marathonläufer Willie Henry erwies sich wieder einmal als treuer Freund. Ich danke meinen Agenten Anne McDermid in London und Peter Ginsberg in New York. Außerdem danke ich meinen Lektoren, dem Verleger Hillel Black bei Macmillan, Michaela Hamilton bei Signet, Joanna Galsworthy bei Gollancz und Barbara Boote bei Sphere. Ebenfalls bei Macmillan arbeitete Brenda O'Brien unermüdlich am Manuskript.

Olga, meine Frau, beging den Fehler, mir zu sagen, ich solle ein neues Buch schreiben, dann – als ihr klar wurde, welche Erschütterung es bewirken würde – unterstützte sie mich mit eigener schwerer Arbeit. Ihre Familie, der man unter Umständen vergeben könnte, daß sie glaubte, es existiere nichts außer dem Thema Marilyn Monroe, hat uns beide geduldig ertragen.

Ihnen allen gilt mein aufrichtiger Dank.

A. S.

BILDQUELLEN

Ein junges Fotomodell, etwa neunzehn Jahre *(Mit freundlicher Genehmigung von Joseph Jasgur, Prime Entertainment, Inc.)*
Marilyns Mutter im Jahr 1963 *(Archivbild)*
Marilyns Mutter als junge Frau *(Archivbild)*
Marilyn mit einer ihrer »Familien« *(Archivbild)*
Mit ihrem ersten Ehemann, Jim Dougherty *(Archivbild)*
Mit dem Baby einer anderen *(Archivbild)*
Als Starlet mit Bücherei *(Archivbild)*
Die Joggerin, 1952 *(Archivbild)*
Johnny Hyde, Liebhaber und Agent *(Archivbild)*
André de Dienes, der Fotograf *(André de Dienes)*
Tommy Zahn, der Rettungsschwimmer *(Mit freundlicher Genehmigung von Tommy Zahn)*
Fred Karger, der Gesangslehrer *(Mit freundlicher Genehmigung von Anne Batté)*
Der zweite Ehemann *(Copyright 1952/1974, Robert F. Slatzer)*
Mit »Nana« Karger *(Mit freundlicher Genehmigung von Anne Batté)*
Eine Schauspielstunde mit Natasha Lytess *(Archivbild)*
Der Letzte Amerikanische Held umwirbt sie *(Archivbild)*
Der Fan – Jim Haspiel *(MND-Sammlung)*
Eine kurze Affäre mit Marlon Brando *(MND-Sammlung)*
Ein letzter Versuch mit José Bolaños *(MND-Sammlung)*
Tischnachbarn – mit Ronald Reagan *(Archivbild)*
Der Mann, der sich am längsten hielt – Arthur Miller *(Archivbild)*
Der französische Liebhaber – Yves Montand *(MND-Sammlung)*
Wodka im Kasino – mit Frank Sinatra *(Mit freundlicher Genehmigung von Don Dondere)*
Robert Kennedy und Frank Sinatra *(UPI/Bettmann)*
»Happy Birthday, Mister President« *(MND-Sammlung)*
Der Präsident um Mitternacht *(Mit freundlicher Genehmigung von Irving Steinberg)*

Der Psychiater Dr. Ralph Greenson *(Mit freundlicher Genehmigung von Mrs. Hildi Greenson)*
Mafiaboß Sam Giancana *(UPI/Bettmann)*
Jimmy Hoffa, Chef der Transportarbeitergewerkschaft *(UPI/Bettmann)*
Der letzte Geburtstag und das Ende einer Karriere *(MND-Sammlung)*
Drinks mit Peter Lawford *(Mit freundlicher Genehmigung von Ted Allan)*
Drei Monate vor dem Ende *(MND-Sammlung)*
Ein Ort zum Sterben *(Archivbild)*
Tod in einem Röhrchen *(Archivbild)*
Marilyns Nachttisch *(Archivbild)*
Die tote Marilyn *(Vertrauliche Quelle)*

BIBLIOGRAPHIE

I Über Marilyn Monroe

Agan, Patrick. *The Decline and Fall of the Love Goddesses.* New York: Pinnacle, 1979.

Anderson, Janice. *Marilyn Monroe.* New York: Hamlyn, 1983.

Capell, Frank A. *The Strange Death of Marilyn Monroe.* Herald of Freedom, 1966.

Carpozi, George, Jr. *The Agony of Marilyn Monroe.* London: World Distributors, 1962.

Conover, David. *Finding Marilyn: A Romance.* New York: Grosset & Dunlap, 1981.

Conway, Michael, und Mark Ricci. *Marilyn Monroe und ihre Filme.* München: Goldmann 1980.

Dougherty, James E. *The Secret Happiness of Marilyn Monroe.* Chicago: Playboy, 1976.

Franklin, Joe, and Laurie Palmer. *The Marilyn Monroe Story.* New York: Rudolph Field, 1953.

Goode, James. *The Story of the Misfits.* New York: Bobbs-Merrill, 1963.

Greenson, Joan. Unpublished manuscript by the daughter of Marilyn Monroe's last psychiatrist.

Guiles, Fred Lawrence. *Norma Jean: The Life of Marilyn Monroe.* London: W. H. Allen, 1969.

–. *Legend: The Life and Death of Marilyn Monroe.* London: Granada Publishing, 1985.

Hoyt, Edwin P. *Marilyn: The Tragic Venus.* London: Robert Hale, 1967.

Hudson, James A. *The Mysterious Death of Marilyn Monroe.* New York: Volitant, 1968.

Hutchinson, Tom. *The Screen Greats: Marilyn Monroe.* N. Y.: Exeter, 1982.

Kobal, John, ed. *Marilyn Monroe: A Life on Film.* London: Hamlyn, 1974.

Lembourn, Hans Jørgen. *Vierzig Tage mit Marilyn. Geschichte einer Liebe.* Wien, München, Zürich, Innsbruck: Molden 1980.

Lytess, Natasha, with Jane Wilkie. *My Years with Marilyn.* Unpublished manuscript (Zolotow Collection, University of Texas, Austin).

Mailer, Norman. *Marilyn Monroe. Eine Biographie.* München, Zürich: Droemer-Knauer 1976. (Knaur-Taschenbücher. 429.)

Mailer, Normen. *Ich, Marilyn Monroe. Meine Autobiographie.* München: Goldmann 1984. (Goldmann. 6758)

Martin, Pete. *Will Acting Spoil Marilyn Monroe?* New York: Doubleday 1956.
Mellen, John. *Marilyn Monroe. Ihre Filme – ihr Leben.* München: Heyne 1983.
Monroe, Marilyn. *Meine Story.* Mit dem Gedicht »Gebet für Marilyn« von Ernesto Cardenal. Frankfurt a. M.: Fischer Taschenbuch-Verl. 1980. (Fischer Taschenbuch 3663. Fischer-Cinema)
Moore, Robin, and Gene Schoor. *Marilyn & Joe DiMaggio.* New York: Manor, 1977.
Murray, Eunice, with Rose Shade. *Marilyn: The Last Months.* New York: Pyramid, 1975.
Pepitone, Lena, und William Stadiem. *Marilyn Monroe intim.* München: Heyne 1979. (Heyne-Bücher. Nr. 5557.)
Robinson, David, and John Kobal. *Marilyn Monroe: A Life on Film.* New York: Hamlyn, 1974.
Rosten, Norman. *Marilyn: An Untold Story.* London, Millington Ltd., 1974.
Sciacca, Tony. *Who Killed Marilyn?* New York: Manor, 1976.
Shaw, Sam. *Marilyn Monroe as the Girl: The Making of »The Seven Year Itch« In Pictures.* New York: Ballantine, 1955.
Skolsky, Sidney. *The Story of Marilyn Monroe.* New York: Dell, 1954.
Slatzer, Robert. *The Life and Curious Death of Marilyn Monroe.* London: W. H. Allen, 1975.
Smith, Milburn. *Marilyn.* New York: Barven, 1971.
Spada, James, und George Zeno. *Marilyn Monroe, ihr Leben in Bildern.* Herford: Busse 1983.
Sperigilo, Milo. *Marilyn Monroe: Murder Cover-Up.* Van Nuys, Calif.: Seville, 1982.
–. *The Marilyn Conspiracy.* New York: 1986
Stern, Bert. *Marilyns letzte Bilder.* München: Schirmer-Mosel-Verl. (1985).
Weatherby, W. J. *Conversations with Marilyn.* London: Robson Books, 1976.
Zolotow, Maurice. *Marilyn Monroe. Eine Biographie.* Mit 54 Abb. auf 25 Kunstdr. Taf. Stuttgart: H. E. Günther 1962.

II Allgemeine Literatur

Adams, Cindy, *My Friend the Dictator.* New York: Bobbs-Merrill, 1967.
–. *The Imperfect Genius.* New York: Doubleday, 1980.
Alleged Assassination Plots Involving Foreign Leaders. Interim Report of the Select Committee to Study Governmental Operations, with Respect to Intelligence Activities. U. S. Senate. Washington, D. C.: U. S. Government Printing Office, 1975.
Allen, Maury. *Where Have You Gone, Joe DiMaggio? The Story of America's Last Hero.* New York: Dutton, 1975.
Arnold, William. *Frances Farmer, Shadowland.* New York: Berkley, 1978.

Bacall, Lauren. *By Myself.* London: Jonathan Cape, 1978.
Bacon, James. *Hollywood Is a Four-Letter Town.* New York: Avon, 1976.
–. *Made in Hollywood.* Chicago: Contemporary, 1977.
Bentley, Eric, ed. *Thirty Years of Treason, Excerpts from Hearings before the House Committee on Un-American Activities, 1938–1968.* New York: Viking, 1971.
Berle, Milton. *An Autobiography.* New York: Delacorte, 1974.
Blair, Clay, Jr., and Joan. *The Search for J.F.K.* New York: Putnam, 1976.
Blakey, Robert G., and Richard N. Billings. *The Plot to Kill the President.* New York: Times Books, 1981.
Bonanno, Joseph, with Sergio Lalli. *A Man of Honor: The Autobiography of Joseph Bonanno.* New York: Simon & Schuster, 1983.
Bosworth, Patricia. *Montgomery Clift.* London: Sidgwick & Jackson, 1979.
Brashler, William. *The Don: The Life and Death of Sam Giancana.* New York: Ballantine, 1977.
Bryant, Traphes, and Frances Spatz Leighton. *Dog Days at the White House.* London: Collier Macmillan, 1975.
Capote, Truman. *Music for Chameleons, New Writing.* London: Hamish Hamilton, 1981.
–. *The Dogs Bark, Public People und Private Places.* London: Weidenfeld & Nicolson 1981.
Capote, Truman. *Musik für Chamäleons.* München, Zürich: Droemer-Knaur 1981.
Capote, Truman. *Wenn die Hunde bellen.* Stories und Portr. Wiesbaden: Limes 1974.
Chapman, Gil and Ann. *Who's Listening Now?* San Diego: Publishers Export, 1967.
Clinch, Nancy Gager. *The Kennedy Neurosis.* New York: Grosset & Dunlap, 1973.
Cogley, John. *Blacklisting: (Movies, Vol. I, and Radio & Television, Vol. II).* Fund for the Republic, 1956.
Cohen, Mickey, as told to John Peer Nugent. *In My Own Words: The Underworld Autobiography of Michael »Mickey« Cohen.* Englewood Cliffs, N. J.: Prentice-Hall, 1975.
Collier, Peter, und David Horowitz. *Die Kennedys. Ein amerikanisches Drama.* Berlin: Siedler 1985.
Dallas, Rita, with Jeanira Ratcliffe. *The Kennedy Case.* New York: Popular Library, 1973.
Davis, Deborah. *Katharine the Great: Katharine Graham and The Washington Post.* New York: Harcourt Brace Jovanovich, 1979.
Davis, Sammy, Jr. *Yes, I Can.* London: Cassell, 1965.
–. *Hollywood in a Suitcase.* London: Granada Publishing, 1980.
De Gregorio, George. *Joe DiMaggio: An Informal Biography.* New York: Stein & Day, 1981.

Demaris, Ovid. *The Last Mafioso.* New York: Times Books, 1981.
De Toledano, Ralph. *R.F.K.: The Man Who Would Be President.* New York: Putnam, 1967.
–. *J. Edgar Hoover: The Man in His Time.* New Rochelle, N. Y.: Arlington, 1973.
Dick, Bernard F. *Billy Wilder.* Boston: Twayne, 1980.
Dunleavy, Stephen, and Peter Brennan. *Those Wild, Wild Kennedy Boys!* New York: Pinnacle, 1976.
Easty, Edward Dwight. *On Method Acting.* Orlando, Fla.: The House of Collectibles, 1981.
Epstein, Morella and Edward Z. *Lana.* New York: Dell, 1971, 1982.
Exner, Judith, as told to Ovid Demaris. *My Story.* New York: Grove, 1977.
Farberow, Norman L., and Edwin S. Schneidman, eds. *The Cry for Help.* New York: McGraw-Hill, 1961.
Feinman, Jeffrey. *Hollywood Confidential.* Chicago: Playboy, 1976.
Field, Frederick Vanderbilt. *From Left to Right, An Autobiography.* Westport, Conn.: Lawrence Hill & Co., 1983.
Fisher, Eddie. *Eddie: My Life, My Loves.* London: W. H. Allen, 1982.
Frank, Gerold. *Judy.* London: W. H. Allen, 1975.
Gage, Nicholas. *The Mafia Is Not an Equal Opportunity Employer.* New York: McGraw-Hill, 1971.
Gehman, Richard. *Sinatra and His Rat Pack.* New York: Belmont, 1961.
Giancana, Antoinette, and Thomas C. Renner. *Mafia Princess.* London: Allen & Unwin, 1984.
Goodman, Ezra. *The Fifty-Year Decline and Fall of Hollywood.* New York: MacFadden, 1962.
Graham, Sheilah. *Scratch an Actor.* London: W. H. Allen, 1969.
–. *My Hollywood.* London: Michael Joseph, 1984.
Guiles, Fred Lawrence. *Marion Davies.* London: W. H. Allen, 1973.
Gussow, Mel. *Darryl F. Zanuck: Don't Say Yes Until I've Finished Talking.* London: W. H. Allen, 1972.
Hamblett, Charles. *Who Killed Marilyn Monroe?* London: Leslie Frewin, 1966.
Harris, Radie. *Radie's World.* London: W. H. Allen, 1975.
Head, Edith, and Paddy Calistro, *Edith Head's Hollywood.* New York: Dutton, 1983.
Hougan, Jim. *Spooks. Die dienstbaren Geister der Macht.* München: Rogner und Bernhard 1979.
Hunt, Irma. *The Presidents' Mistresses.* New York: McGraw-Hill, 1978.
Huston, John. *An Open Book.* London: Macmillan, 1981.
Hyams, Joe. *Mislaid in Hollywood.* New York: Wyden, 1973.
Israel, Lee. *Kilgallen.* New York: Dell, 1979.
Johnson, Dorris, and Ellen Leventhal, eds. *The Letters of Nunnally Johnson.* New York: Knopf, 1981.
Kanin, Garson, *Hollywood.* London: Hart-Davis MacGibbon, 1975.

Kennedy, Robert F. *Gangster drängen zur Macht.* Bern, München, Wien: Scherz 1964.
Kiernan, Thomas. *Olivier.* London: Sidgwick & Jackson, 1981.
Klurfeld, Herman. *Winchell: His Life and Times.* New York: Praeger, 1976.
Knef, Hildegard. *The Gift Horse.* London: André Deutsch, 1971.
Knef, Hildegard. *Der geschenkte Gaul.* Bericht aus einem Leben. 14. Aufl. Wien, München, Zürich: Molden (1975).
LaGuardia, Robert. *Monty. Eine Biographie über Montgomery Clift.* München: Heyne 1980. (Heyne-Bücher. 5681.)
Lambert, Gavin. *On Cukor.* London: W. H. Allen, 1973.
Lasky, Victor. *It Didn't Start with Watergate.* New York: Dial, 1977.
Leary, Timothy. *Flashbacks: An Autobiography.* Los Angeles: Tarcher, 1984.
Life Goes to the Movies. New York: Time-Life Books, 1975.
Logan, Joshua. *Movie Stars, Real People, and Me.* New York: Delacorte, 1978.
Madsen, Axel. *Billy Wilder.* London: Secker & Warburg, 1968.
Manchester, William. *The Glory and the Dream: A Narrative History of America.* London: Michael Joseph, 1975.
Martin, Ralph G. *A Hero for Our Time.* New York: Macmillan, 1983.
Martin, Robert A., ed. *Theater Essays of Arthur Miller.* London: Penguin, 1978.
Marvin, Susan. *The Women Around R.F.K.* New York: Lancer, 1967.
Masters, George, and Norma Lee Browning. *The Masters Way to Beauty.* New York: Dutton, 1977.
Mazzola, Reparata, and Sonny Gibson. *Mafia Kingpin.* New York: Grosset & Dunlap, 1981.
Meaker, M. J. *Sudden Endings.* New York: Doubleday, 1964.
Mellen, Joan. *Pyramid Illustrated History of the Movies.* New York: Pyramid, 1973.
Messick, Hank. *The Mob in Show Business.* New York: Pyramid, 1973.
Michaelis, David. *The Best of Friends: Profiles of Extraordinary Friendships.* New York: Morrow, 1983.
Miller, Arthur, *The Misfits.* London: Secker & Warburg, 1961.
–. *Death of a Salesman.* London: Heinemann Educational, 1968.
–. *I Don't Need You Any More (stories).* London: Secker & Warburg, 1967.
–. *After the Fall.* London: Secker & Warburg, 1965.
–. *Collected Plays, Vol II.* London: Secker & Warburg, 1981.
Miller, Arthur. *Nicht gesellschaftsfähig.* Reinbek b. Hamburg: Rowohlt 1965. (rororo Taschenbuch-Ausg. 446.)
Miller, Arthur. *Alle meine Söhne. Der Tod eines Handlungsreisenden.* Leipzig: Reclam 1965.
Miller, Arthur. *Ich brauche dich nicht mehr. Erzählungen.* Reinbek bei Hamburg: Rowohlt 1973. (rororo. 1620.)
Miller, Arthur. *Nach dem Sündenfall. Schauspiel.* Frankfurt a.M.: S. Fischer 1964. (Fischer-doppelpunkt. 12.)
Miller, Arthur. *Dramen. 1: 1947–55.* Frankfurt a.M.: S. Fischer 1966.

Miller, William »Fishbait,« as told to Frances Spatz Leighton. *The Memoirs of the Congressional Doorkeeper.* Englewood Cliffs, N.J.: Prentice-Hall, 1977.
Moldea, Dan E. *The Hoffa Wars.* London: Paddington Press, 1979.
Mordden, Ethan. *Movie Star: A Look at the Women Who Made Hollywood.* New York: St. Martin's, 1983.
Morella, Joe, and Edward Z. Epstein. *Lana: The Public and Private Lives of Miss Turner.* London: W. H. Allen, 1983.
Muir, Florabel. *Headline Happy.* New York: Holt, 1950.
Navasky, Victor. *Kennedy Justice.* New York: Atheneum, 1971.
Negulesco, Jean. *Things I Did and Things I Think I Did: A Hollywood Memoir.* New York: Linden, 1984.
Newfield, Jack. *Robert F. Kennedy: A Memoir.* London: Jonathan Cape, 1970.
Noguchi, Thomas T., with Joseph DiMona. *Coroner to the Stars.* London: Corgi, 1984.
O'Grady, John, and Nolan Davis. *O-Grady.* Los Angeles: Tarcher, 1974.
Olivier, Laurence. *Bekenntnisse eines Schauspielers.* München: Bertelsmann 1985.
Otash, Fred. *Investigation Hollywood.* Chicago: Regnery, 1976.
Paar, Jack. *P. S. Jack Paar.* New York: Doubleday, 1983.
Parish, James Robert. *The Fox Girls.* New York: Arlington House, 1971.
Parks, Lillian Rogers, with Frances Spatz Leighton. *My Thirty Years Backstairs at the White House.* New York: Avon, 1961.
Parmet, Herbet S. *Jack, The Struggles of John F. Kennedy.* New York: Dial, 1980.
–. *JFK, The Presidency of John F. Kennedy.* London: Penguin, 1984.
Parsons, Louella. *Tell It to Louella.* New York: Putnam, 1961.
Payne, Graham, and Sheridan Morley, eds. *The Noel Coward Diaries.* London: Weidenfeld & Nicolson, 1982.
Peary, Danny. *Close-Ups.* New York: Galahad, 1981.
Powers, Thomas. *CIA. Die Geschichte der Methoden der Komplotte. Ein Insider-Bericht.* Hamburg: Hoffmann & Campe 1980.
Reid, Ed. *The Grim Reapers.* Chicago: Regnery, 1969.
–. *Mickey Cohen: Mobster.* New York: Pinnacle, 1973.
Report of the Select Committee on Assassinations. U. S. House of Representatives, Ninety-fifth Congress. Washington, D.C.: U.S. Government Printing Office, 1979.
Rivkin, Allen, and Laura Kerr. *Hello, Hollywood.* New York: Doubleday, 1962.
Robinson, Edward G. *All My Yesterdays.* London: W. H. Allen, 1974.
Rosten, Leo. *Captain Newman, M. D.* New York: Harper & Row, 1961.
Rosten, Leo. *Captain Newman.* Roman. 2. Aufl. München: Heyne 1964. (Heyne-Bücher. Nr. 318.)
Saunders, Frank, with James Southwood. *Torn Lace Curtain.* London: Sidgwick & Jackson, 1983.

Scheim, David E. *Contract on America: The Mafia Murders of John and Robert Kennedy*. Silver Spring, Md.: Argyle, 1983.
Schickel, Richard. *The Stars*. New York: Dial, 1962.
Schlesinger, Arthur M., Jr. *John F. Kennedy in the White House*. London: André Deutsch, 1965.
–. *Robert Kennedy and His Times*. London: André Deutsch, 1978.
Sciacca, Tony. *Kennedy and His Women*. New York: Manor, 1976.
–. *Sinatra*.New York: Pinnacle, 1976.
–. *Screen Greats Vol. II*. New York: Starlog Press, 1980.
Selznick, Irene Mayer. *A. Private View*. London: Weidenfeld & Nicolson, 1983.
Shaw, Arnold. *Sinatra: Twentieth-Century Romantic*. New York: Pocket Books, 1969.
Sheridan, Walter. *The Fall and Rise of Jimmy Hoffa*. New York: Saturday Review Press, 1972.
Signoret, Simone. *Ungeteilte Erinnerungen*. Köln: Kiepenheuer und Witsch 1977.
Skolsky, Sidney. *Don't Get Me Wrong, I Love Hollywood*. New York: Putnam, 1975.
Smith, Joseph Burkholder. *Portrait of a Cold Warrior*. New York: Putnam, 1976.
Spindel, Bernard B. *The Ominous Ear*. New York: Award House, 1968.
Stempel, Tom. *Screenwriter: The Life and Times of Nunnally Johnson*. London: Tantivy Press, 1980.
Strasberg, Susan. *Bitter Sweet*. New York: Putnam, 1980.
Sullivan, William C., with Bill Brown. *The Bureau: My Thirty Years in Hoover's F.B.I.* New York: Norton, 1979.
Summers, Anthony. *Die Wahrheit über den Kennedy-Mord*. München, Berlin: Langen Müller 1983.
Talese, Gay. *Der Talese-Report. Sexualität und Erotik in der Männergesellschaft*. Wien, München, Zürich, New York: Molden 1981.
Teresa, Vincent. *Mein Leben in der Mafia*. Hamburg: Hoffmann & Campe 1973.
Thomas, Bob. *Winchell*. New York: Doubleday, 1971.
Thompson, Nelson. *The Dark Side of Camelot*. Chicago: Playboy, 1976.
Tierney, Gene, with Mickey Herskowitz. *Self Portrait*. New York: Wyden, 1979.
Ungar, Sanford J. *F.B.I.* Boston: Little, Brown, 1976.
Wagenknecht, Edward. *As Far as Yesterday, Memories and Recollections*. Norman: University of Oklahoma Press, 1968.
–. *Seven Daughters of the Theater*. Norman: University of Oklahoma Press, 1964.
Walker, Alexander. *The Celluloid Sacrifice*. London: Michael Joseph, 1966.
Wallace, Irving; Amy Wallace; David Wallechinsky; and Sylvia Wallace. *The*

Intimate Sex Lives of Famous People. London: Arrow Books, Hutchinson, 1982.
Warner, R. H., Chief Special Agent, General Telephone Co. *Wireless Electronic Surveillance, Handbook for Investigators.*
Wilkie, Jane. *Confessions of an Ex-Fan Magazine Writer.* New York: Doubleday, 1981.
Wills, Garry. *The Kennedy Imprisonment.* New York: Pocket Books, 1981, 1982.
Wilson, Earl. *The Show Business Nobody Knows.* London: W. H. Allen, 1972.
–. *Show Business Laid Bare.* New York: Putnam, 1975.
–. *Sinatra.* London: W. H. Allen, 1976.
–. *Hot Times: True Tales of Hollywood and Broadway.* New York: Contemporary Books, 1984.
Winters, Shelley. *Shelley.* London: Granada Publishing, 1981.
Wofford, Harris. *Of Kennedys and Kings.* New York: Farrar, Straus & Giroux, 1980.
Yeats, William Butler. *Ausgewählte Gedichte.* Neuwied, Berlin: Luchterhand 1970. (Yeats: Werke. 1.)
Zolotow, Maurice. *Billy Wilder in Hollywood.* London: W. H. Allen, 1977.

REGISTER

Bitte umblättern:

fi 1037/1

Fischer Cinema

Eine Auswahl

Die Geschwister Oppermann. *Band 3685*

Georges Sadoul
Geschichte der Filmkunst
Band 3677

Adolf Heinzlmeier / Bernd Schulz
Happy-End
Berühmte Liebespaare der Leinwand
Band 3668

Louise Brooks
Lulu in Berlin und Hollywood
Band 4465

Marilyn Monroe
Meine Story
Band 3663

Joe Hyams
Humphrey Bogart und Lauren Bacall
Band 3691

Groucho Marx
Schule des Lächelns
Band 3667

Die Groucho-Letters
Briefe von und an Groucho Marx
Band 3693

John Russell Taylor
Die Hitchcock-Biographie
Band 3680

Charles Chaplin
Die Geschichte meines Lebens
Band 4460

Lotte H. Eisner
Die dämonische Leinwand
Band 3660

André Bazin
Jean Renoir
Band 3662

Paul Werner
Roman Polanski
Band 3671
Film noir
Band 4452
Die Skandalchronik des deutschen Films 1900 bis heute
Band 4463

Hans-Jürgen Kubiak
Die Oscar-Filme
Band 4451

Manfred Schneider
Die Kinder des Olymp
Band 4461

Wolfram Schütte (Hg.)
Klassenverhältnisse
Von Danièle Huillet und Jean-Marie Straub.
Band 4455

Kurt Pinthus (Hg.)
Das Kinobuch
Band 3688

Thomas Brandlmeier
Filmkomiker
Band 3690

Eric Rohmer
Meine Nacht bei Maud
Band 4466

Gabriele Seitz (Hg.)
Der Zauberberg
Band 3676

Doktor Faustus
Ein Film von Franz Seitz nach dem Roman von Thomas Mann
Band 3681

Michael Verhoeven / Mario Krebs
Die Weiße Rose
Band 3678

Fischer Taschenbuch Verlag

fi 269/8

Fischer Cinema

Eine Auswahl

Rainer Werner Fassbinder
Filme befreien den Kopf
Band 3672
Die Anarchie der Phantasie
Band 4462

Rudolf Arnheim
Kritiken und Aufsätze zum Film
Band 3653
Film als Kunst
Band 3656

Beate Klöckner
Die wilde Ekstase des Paradieses
Der pornographische Film. *Band 4453*

Dorin Popa
Kurbel-Brevier
Handbuch für die Film- und Videoarbeit
Band 4450

Jean Luc Godard
Einführung in eine wahre Geschichte des Kinos
Band 3686

Kurt Pinthus (Hg.)
Das Kinobuch
Band 3688

Dieter Prokop
Soziologie des Films
Erweiterte Ausgabe
Band 3682

Helmut Korte (Hg.)
Film und Realität in der Weimarer Republik
Band 3661

Helmut Korte / Werner Faulstich (Hg.)
Action und Erzählkunst
Die Filme von Steven Spielberg
Band 4476

Michael Schaper
Wir handeln mit Träumen
Von Woody Allen bis Steven Spielberg
13 Interviews übers Filmemachen
Band 4477

Horst Schäfer
Film im Film
Band 3698

Hans C. Blumenberg
Kinozeit
Aufsätze und Kritiken zum modernen Film 1976–1980
Band 3664
Gegenschuß
Texte über Filmemacher u. Filme 1980–1983
Band 3692

Hans Richter
Filmgegner von heute – Filmfreunde von morgen
Band 3670
Der Kampf um den Film
Herausgegeben von Jürgen Römhild
Band 3651

Georges Sadoul
Geschichte der Filmkunst
Band 3677

H.-J. Syberberg
Syberbergs Filmbuch
Band 3650

Karsten Witte
Im Kino
Texte vom Sehen & Hören
Band 4454

Fischer Taschenbuch Verlag

fi 270 / 7